초등 과학 백과

? ni kotaeru! Shougakurika kaiteiban
ⒸGakken
First published in Japan 2019 by Gakken Plus Co., Ltd., Tokyo.
Koeran translation rights arranged with Gakken Plus Co., Ltd. through BC Agency.

이 책의 한국어판 저작권은 BC에이전시를 통해 저작권자와 독점계약을 맺은
동아시아사이언스에 있습니다.
저작권법에 의해 한국 내에서 보호를 받는 저작물이므로 무단전재와 복제를 금합니다.

초등 3학년~6학년
개정교과 반영

초등 과학 백과

Gakken Plus 지음
이보형·김종완·이현종 옮김

동아시아 science

추천의 글

코로나가 유행하기 전에 일본에 출장을 가게 되면 꼭 서점을 들르곤 했다. 주로 생명과학과 초등학교 교재 중심으로 살펴보곤 했었다. 흥미 있는 생명과학 단행본들도 많았지만, 『초등과학백과』가 매우 인상적이었다. 초등학교 과학 교육과정과 연계했다고 하지만, 내용으로 봐서는 초중등 또는 일부 고등학교의 내용까지도 체계적으로 정리되어 있었다. 일본어를 잘 모르지만, 풍부한 사진 자료와 그래픽자료가 내용을 압도하고 있었다. 특히 벼꽃의 구조나 오징어 해부도가 지면 공간 활용에서 매우 인상적이었다. 이런 종류의 과학백과가 우리나라에서도 발행되면 우리나라 학생들의 지적 호기심을 충족시키는 데 좋겠다는 생각을 한 적이 있었다.

이제 동아시아사이언스에서 이 『초등과학백과』 한국판을 낸다고 하니 반갑기 그지없다. 모바일과 인터넷으로 둘러싸여 수동적인 학습에 지친 학생이라면 이 책을 강력히 추천한다. 이 책은 과학교과서와 연계하여 〈생명편〉, 〈지구편〉, 〈물질편〉, 〈에너지편〉으로 구성되어 있고, 기초부터 최신 과학 용어까지 강력한 그래픽과 풍부한 사진자료를 적절히 활용하여 설명하고 있다. 우리 주변에 있는 생물과 지구에서 일어나는 여러 가지 흥미로운 과학 현상의 원인을 이 책을 이용하면 쉽게 알 수 있고, 혼자서도 할 수 있는 실험들이 많이 제시되어 있어서 심화학습을 원하는 영재학생들에게 안성맞춤이라고 생각한다.

과학현상에 대한 의문점이 생길 때마다

인터넷으로 검색하기보다는, 이 책의 책장을 넘겨서 의문점을 해결해가는 습관을 들이다 보면 과학적 사고력과 탐구력이 크게 향상될 것으로 믿는다.

신동훈
서울교육대학교 과학교육과 및
과학영재교육원 교수

추천의 글

초등학생 자녀를 둔 부모님들에게 자주 듣는 질문이 몇 개 있습니다.

첫째는, 과학은 왜 이리 어렵냐는 것이죠. 답은 간단합니다. 과학은 원래 어려운 것입니다. 그런데 과학만 어려운 게 아니잖아요. 역사도 어렵고, 예술도 어렵고, 경제도 어렵습니다. 하지만 유난히 과학이 어렵게 느껴지는 데는 이유가 있습니다. 언어가 다르기 때문입니다. 다른 분야는 아무리 어려워도 우리가 평소에 사용하는 자연어로 이야기합니다. 다 이해가 되는 것 같습니다. 하지만 과학은 수학이라고 하는 비자연어를 사용하기 때문에 아예 이해가 안 되는 경우가 많죠.

이 문제는 어떻게 해결해야 할까요? 수학을 잘하면 됩니다. 그런데 그게 쉽나요? 그래서 그림과 사진을 사용해서 표현합니다. 직관적으로 이해할 수 있도록 도와주는 것이지요. 과학자들도 마찬가지입니다. 과학자들이 수학을 잘하는 것은 사실이지만 좋은 그림이 없었다면 그들도 과학이 어려웠을 겁니다.

둘째는, 어떻게 하면 아이들이 과학에 대한 흥미를 잃지 않게 하느냐는 질문입니다. 아이들은 대개 선천적으로 과학을 좋아합니다. 오로지 인간에게만 있는 성향입니다. 주변에서 들어오는 온갖 정보를 해석하고 싶은 욕망이 있기 때문입니다. 그 덕분에 구석기인들이 지금의 우리로 발전할 수 있었지요. 하지만 어느 순간부터인가 과학에서 멀어지기 시작합니다.

많은 부모님들은 자신이 호기심에서 비롯된 아이들의 질문에 답을 제대로 해주지 못했기 때문에 아이들이 과학에서 멀어졌다고 자책하십니다. 착각입니다. 아이들이 과학에서 멀어지는 이유는 답이 없어서가 아니라 더 이상 질문을 찾아내지 못해서입니다. 질문이 없으면 흥미도 사라집니다. 꼬리에 꼬리를 무는 질문이 있어야 합니다. 질문이 끝나면 과학이 아닙니다. 과학관이 바로 그런 곳입니다. 해답을 얻어가는 곳이 아니라 질문을 얻어가는 곳이죠.

셋째는, 아이들에게 과학의 원리를 잘 알려주는 책이 왜 없냐는 질문입니다. 무수히 많은 교육 전문가들의 연구 결과가 그렇습니다. 초등학교 과정에서는 원리보다는 단편적인 지식을 흡수하면서 자연에 대한 흥미를 이어가야 합니다. 원리를 강조하는 순간 아이들은 과학에서 멀어집니다. 원리가 하늘에서 뚝 떨어지는 게 아닙니다. 시간이 필요합니다. 그런 점에서 아이들에게는 학교 교과서가 가장 좋은 책입니다.

어차피 부모님들은 아이들의 질문에 모두 답해주지 못합니다. 아이들은 선생님에게 질문을 잘 하지 않습니다. 어떻게 해야 할까요? 아이들이 스스로 탐색하게 해야 합니다. 아이들은 주로 인터넷을 이용하겠죠. 괜찮은 방법입니다만 아이들은 단편적인 지식에 머물게 됩니다. 맥락이 없죠. 그래서 필요한 게 백과사전입니다.

『초등과학백과』는 탁자 위에 놓아두면 좋은 과학백과사전입니다. 직관적으로 이해할 수 있는 좋은 그림들이 많이 들어 있습니다. 궁금했던 문제에 대한 답을 제시하면서 다음 질문을 불러일으킵니다. 쉽지 않은 내용까지 담겨 있습니다. 그리고 무엇보다도 백과사전이지만 맥락이 있습니다. 아이들뿐만 아니라 부모님과 학교 선생님도 즐길 수 있는 책입니다.

이정모
국립과천과학관 관장

차례

- 추천의 글 _ 신동훈 … 004
- 추천의 글 _ 이정모 … 006
- 다양한 단위 일람 … 674
- 찾아보기 … 676

생명편

제 **1** 장 곤충 …………………………… 014

01 곤충의 성장과 몸 3학년
…………………………………… 018

제 **2** 장 계절과 생물 ………………… 032

01 계절과 식물 4학년
…………………………………… 036

02 계절과 동물 3학년
…………………………………… 050

제 **3** 장 식물의 성장 방식 ………… 062

01 식물의 발아와 성장 4학년
…………………………………… 066

02 꽃에서 열매로 6학년 발전
…………………………………… 078

제 **4** 장 식물의 구조와 역할 ……… 094

01 뿌리·줄기·잎의 구조와 역할
6학년 발전
…………………………………… 098

02 식물의 양분 6학년
…………………………………… 107

03 식물의 분류 6학년 발전
…………………………………… 117

제 **5** 장 물고기와 사람의 탄생 … 122

01 물고기와 사람의 탄생 발전
…………………………………… 126

제 **6** 장 동물의 몸 …………………… 142

01 뼈와 근육 6학년 발전
…………………………………… 146

02 감각기관 6학년 발전
…………………………………… 151

03 호흡 6학년 발전
…………………………………… 155

04 소화와 흡수 6학년
…………………………………… 161

05 심장과 혈액 6학년 발전
…………………………………… 172

06 동물의 분류 3학년 발전
…………………………………… 182

제 **7** 장 생물과 환경 ………………… 190

01 생물의 생활과 순환 5학년
…………………………………… 194

008

지구편

제 1 장 기온과 날씨의 변화 …… 218

01 태양의 움직임 `6학년`
　…… 222

02 기온의 변화 `5학년`
　…… 224

수학칼럼 막대그래프와 꺾은선그래프
　…… 231

03 자연 속의 물 `4학년`
　…… 232

04 날씨 `5학년`
　…… 239

제 2 장 지구와 우주 …… 256

01 별자리와 별 `5학년` `발전`
　…… 260

02 달과 태양 `6학년`
　…… 288

03 태양의 움직임 `6학년`
　…… 304

수학칼럼 평행선과 각도
　…… 313

04 태양계와 은하 `5학년` `발전`
　…… 322

제 3 장 대지의 변화 …… 338

01 비의 이동과 지표면의 모습 `3학년` `4학년`
　…… 342

02 흐르는 물의 작용 `3학년`
　…… 346

03 지층이 만들어지는 원리 `4학년`
　…… 354

04 화산 `4학년`
　…… 371

05 지진 `4학년`
　…… 379

06 대지의 변동 `발전`
　…… 386

차례

물질편

제 1 장 물질의 성질 ········· 394

- **01** 물체의 무게 `4학년` ········· 398
- 수학칼럼 부피와 단위 ········· 401
- **02** 공기와 물의 성질 `3학년` ········· 404
- **03** 온도와 물질의 변화 `6학년` ········· 408
- **04** 물질의 가열 `5학년` ········· 415
- **05** 열의 이동과 온도의 변화 `5학년` ········· 421
- **06** 물의 상태 `4학년` ········· 422

제 2 장 용액 ········· 432

- **01** 물질은 어떻게 녹을까 `5학년` ········· 436
- 수학칼럼 비례·반비례 ········· 444
- **02** 산성·중성·염기성 `5학년` ········· 458
- **03** 용액과 금속의 반응 `5학년` `발전` ········· 468
- **04** 중화 `발전` ········· 472

제 3 장 기체 ········· 476

- **01** 물질의 연소 `6학년` ········· 480
- **02** 기체의 성질 `6학년` ········· 496

010

에너지편

제 1 장 빛과 소리 ······ 506

01 빛의 성질 `4학년`
······ 510

02 소리의 성질 `3학년` `발전`
······ 526

수학칼럼 속도
······ 534

제 2 장 자석 ······ 536

01 자석의 성질 `3학년`
······ 540

제 3 장 전기의 작용 ······ 550

01 전기가 지나가는 길 `6학년`
······ 554

02 전지의 작용 `6학년`
······ 565

03 전자석의 작용 `6학년`
······ 582

04 전류에 의한 자기장 `6학년`
······ 592

05 전기를 만들고 모으다 `발전`
······ 595

06 전류에 의한 발열 `6학년`
······ 606

07 전기의 이용 `6학년` `발전`
······ 614

제 4 장 물체의 운동 ······ 626

01 진자의 운동 `발전`
······ 630

수학칼럼 반올림, 평균 구하는 방법
······ 634

02 추의 운동과 힘 `발전`
······ 637

제 5 장 힘의 작용 ······ 642

01 바람과 고무 `발전`
······ 646

02 지렛대 `발전`
······ 648

03 축바퀴와 도르래 `발전`
······ 657

수학칼럼 비와 비의 계산
······ 659

04 힘과 용수철 `4학년` `발전`
······ 664

05 부력 `발전`
······ 670

캐릭터 소개

궁금증을
풀어보자

루루

호기심 많은 남자아이
궁금한 건
뭐든지 도전!

뭐지?
궁금하다

냥티

관찰하기 좋아하는
궁금증쟁이
'뭐지?'가 입버릇

뭐든지 물어봐

나나홍 선생님

전 세계를 날아다니는
뭐든지 알고 있는
모두의 선생님

책에는 알고 싶은 것들이
뭐든지 실려 있어

모모

영리하고 착실한
여자아이
책을 아주 좋아해

생명편

제 1 장	곤충	014
제 2 장	계절과 생물	032
제 3 장	식물의 성장 방식	062
제 4 장	식물의 구조와 역할	094
제 5 장	물고기와 사람의 탄생	122
제 6 장	동물의 몸	142
제 7 장	생물과 환경	190

생명편

곤충은 여러 장소에서 생활하고 있습니다. 나무도 생활하는 장소 중 하나입니다. 특히, 상수리나무는 곤충이 자주 모이는 나무로, 60종류의 곤충이 찾아든다는 기록이 있다고 합니다. 장수풍뎅이나 사슴벌레는 주로 밤에 찾아들고, 왕오색나비나 말벌은 낮에 모여듭니다. 이런 곤충들은 상수리나무의 수액을 빨아 먹으러 오는 것입니다.

상수리나무의 수액은 곤충이 매우 맛있어하는 것입니다. 수액 외에도, 상수리나무는 곤충이 생활하는 데 있어 여러 면에서 도움이 되고 있습니다.

• 밤에 모이는 곤충들 •

수액을 빠는 장수풍뎅이

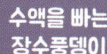

잎을 먹는 풍뎅이

수액을 빠는 왕사슴벌레

제1장 곤충

이번 장의 학습내용 헤드라인

장수풍뎅이와 귀뚜라미는 성장하는 방식이 다를까?

장수풍뎅이나 귀뚜라미를 길러본 적이 있나요? 둘 다 곤충의 종류이지만, 실제로 길러본 적이 있는 사람이라면 성장하는 방식에 커다란 차이가 있다는 것을 알 수 있을 것입니다.

장수풍뎅이는 애벌레에서 자라는 경우가 많습니다. 낙엽이나 썩은 잎이 섞인 땅속에서 애벌레의 모습으로 겨울을 지내고, 번데기가 되어 다음 초여름에 성충이 됩니다.

⇧ 장수풍뎅이

반면, 귀뚜라미는 성충을 사육 상자에 넣어서 기르면 벌레 우는 소리를 즐길 수 있습니다. 귀뚜라미도 장수풍뎅이와 마찬가지로 애벌레의 시기는 있습니다. 그렇지만 귀뚜라미에는 번데기 시기는 없습니다. 알에서 애벌레, 성충으로 자랍니다.

이와 같이 곤충은 두 종류의 성장하는 방식을 취합니다. 번데기의 시기가 있는 성장방식을 완전탈바꿈, 번데기의 시기가 없는 성장방식을 불완전탈바꿈이라고 합니다.

⇧ 귀뚜라미

번데기는 몸을 새롭게 만드는 시기로, 이 시기에는 먹이를 전혀 먹지 않습니다. 고치 상태로 지내거나 땅, 나무줄기 등에서 지내고, 번데기 상태로 겨울을 보내는 것도 많이 있습니다.

불완전탈바꿈을 하는 곤충은 애벌레가 허물을 반복해 벗으면서 성장하고, 그대로 성충이 됩니다.

거미는 곤충이 아닐까?

거미나 전갈, 지네 등은 곤충과 비슷하지만 곤충류는 아닙니다.

곤충의 몸은 머리, 가슴, 배 세 부분으로 나뉘어 있고 다리, 배는 가슴 부분에 붙어 있습니다. 하지만 거미나 전갈 등은 머리가슴과 배, 두 부분으로 되어 있고, 지네는 머리와 몸통, 두 부분으로 되어 있습니다. 이와 같이 곤충인지 곤충이 아닌지는 몸의 구조로 분류됩니다.

곤충은 무엇을 먹는 것일까?

곤충의 먹이는 곤충의 종류에 따라 꽃가루나 꽃의 꿀, 나무 체액, 작은 벌레, 잎, 풀 등과 같이 다양합니다. 먹이의 종류가 다양하기 때문에 입은 먹기에 적합한 여러 가지 모습을 하고 있습니다. 씹는 입, 핥는 입, 빨아 먹는 입 등이 있습니다.

돋보기를 사용해서 곤충의 머리를 정면에서 보세요. 먹이를 얻기 위한 여러 가지 입을 관찰할 수 있고, 자연에서 살아가기 위해 노력하는 것을 알 수 있습니다. 곤충을 관찰할 때 세세한 부분까지 살펴보면 재밌습니다.

↑ 잠자리의 입

제1장 곤충

01 곤충의 성장과 몸

1 자연관찰

중요도
★★★

관찰 방법

학교 운동장이나 학교 주변에는 여러 종류의 생물이 있습니다. 그러한 생물을 관찰할 때는 색, 모양, 크기, 전체 모습 등에 주목하고, 만졌을 때 손의 감촉도 확인하도록 합시다. 공벌레가 돌 밑에서 사는 것처럼 동물은 어떤 곳에 사는지, 민들레가 들판에 피는 것처럼 식물은 어떤 곳에서 자라는지에 대해서 살펴보겠습니다.

보는 것, 만져보는 것 외에, 새의 울음소리, 식물의 냄새에 대해서도 조사해봅시다. 다만, 식물은 가시가 있는 잎이 붙어 있을 수 있고, 벌레는 쏘는 경우도 있기 때문에 함부로 만지거나 잡지 않도록 조심합시다. 작은 생물은 돋보기를 사용하면 크게 볼 수 있습니다. 또한 식물과 동물의 이름은 도감이나 책에서 조사합시다.

돋보기를 사용하자!

기록 방법

조사한 것은 그림이나 글로 자세하게 기록합니다. 우선, 관찰한 생물의 이름, 관찰한 날짜, 자신의 이름을 써둡니다. 스케치는 색이나 모양을 알 수 있도록 정성껏 그리고, 관찰한 것을 중심으로 크게 그립니다. 알게 된 것이나 발견한 장소나 냄새, 울음소리 등을 스케치 할 경우에는, 표현할 수 없는 것에 대해서는 글로 기록해둡시다. 기록을 카드로 만들어서 정리해두면, 나중에 다시 살펴볼 때에 도움이 됩니다.

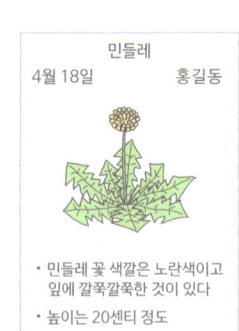

민들레
4월 18일   홍길동

- 민들레 꽃 색깔은 노란색이고 잎에 깔쭉깔쭉한 것이 있다
- 높이는 20센티 정도

COLUMN 더 자세히 관찰한 것을 스케치 할 때는 가는 선으로 그리고, 음영을 넣거나 덧대어 그리지 않습니다.

★★★ 돋보기

돋보기는 암술 끝이나 개미와 같이 작은 것을 확대해서 볼 때에 사용합니다. 중앙이 볼록한 볼록렌즈로 되어 있습니다.

관찰하는 것이 움직이는 경우에는, 돋보기는 눈 가까이에 들고 관찰할 것을 가깝게 대거나 멀리 대면서 확실하게 보이는 지점에서 멈춥니다. 관찰할 것이 움직이지 않는 경우에는, 돋보기를 가깝게 대거나 멀게 하면서 잘 보이는 지점에서 멈춥니다. 눈이 다칠 수 있기 때문에 절대로 돋보기로 태양을 보면 안 됩니다.

〈움직이는 것을 볼 때〉 〈움직이지 않는 것을 볼 때〉

※ 돋보기를 눈에 가까이 댄 채로 얼굴을 앞뒤로 움직여도 된다.

★★★ 수온 재는 방법

관찰할 생물이 올챙이나 송사리처럼 물속에 있는 것도 있습니다. 이때는 물속의 온도가 어느 정도 인지를 조사해둡니다. 수온은 햇빛이 <u>온도계</u>에 직접 닿지 않도록, 자신의 그림자에 넣어 측정합니다.

제1장 곤충

② 곤충의 성장방식

중요도 ★★★

곤충

곤충은 몸이 머리, 가슴, 배의 세 부분으로 나뉘어 있고, 마디가 있는 다리를 갖고 있는 절지동물 부류입니다. 번데기 단계를 거치는 <u>완전탈바꿈</u>을 하는 것, 번데기의 단계를 거치지 않는 <u>불완전탈바꿈</u>을 하는 것, <u>탈바꿈을 하지 않는 것(무변태)</u>의 세 종류가 있습니다.

★★★

완전탈바꿈

<u>알→애벌레→번데기→성충</u>처럼 번데기 단계를 거칩니다. 애벌레와 성충 단계에서 몸의 구조가 크게 달라지며, 보통 애벌레와 성충 단계에서 먹이가 달라집니다. 나비, 장수풍뎅이, 나방, 파리, 등에, 벌, 개미, 모기 등이 해당됩니다.

★★★

불완전탈바꿈

<u>알→애벌레→성충</u>처럼 번데기 단계를 거치지 않습니다. 애벌레와 성충 단계에서 먹이가 같은 경우도 많습니다. 귀뚜라미, 메뚜기, 잠자리, 매미, 사마귀, 바퀴벌레 등이 해당됩니다.

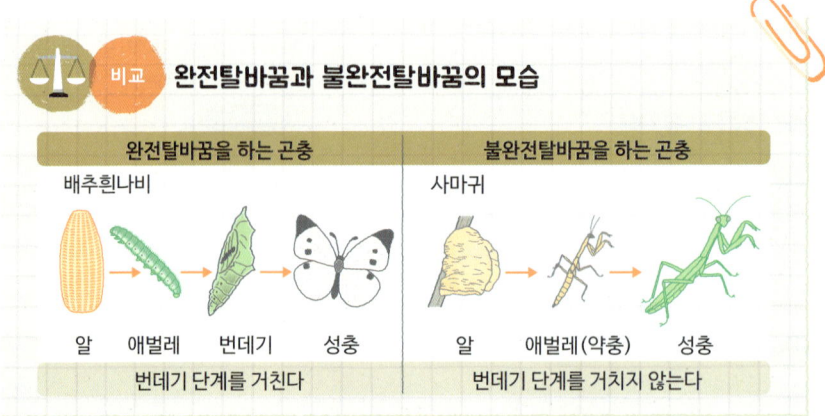
비교 완전탈바꿈과 불완전탈바꿈의 모습

★★★ 알

암컷이 낳고, 생명을 이어가는 원천이 되는 것입니다. 곤충의 경우에는 알에서 다음 단계인 애벌레로 변하는데 이것을 부화라고 합니다.

★★★ 애벌레(유충)

곤충의 경우 알에서 부화한 단계의 모습입니다. 성장하기 위해 껍질을 벗는 탈피 과정이 이루어집니다. 알에서 금방 부화한 애벌레를 1령유충이라고 하며, 한 번 껍질을 벗을 때마다 2령유충, 3령유충, …이라고 합니다.

★★★ 번데기

완전탈바꿈을 하는 곤충의 경우, 애벌레에서 성충으로 바뀌는 단계의 모습입니다. 번데기는 몸의 구조를 바꾸는 시기이고, 이 시기에는 먹이를 전혀 먹지 않습니다. 번데기에서 완전히 성충이 되는 것을 우화라고 합니다.

★★★ 성충

곤충의 한살이 동안, 마지막 시기의 모습을 말합니다. 교미나 산란을 통해 세대를 잇는 역할을 합니다. 성충의 수명은 보통 한 달가량이지만, 흰개미 여왕은 수십 년간 살기도 합니다.

★★★ 부화

알에서 애벌레나 새끼로 바뀌는 것을 의미합니다. 알에서 몸이 만들어진 애벌레가 알껍데기를 깨고 밖으로 나와 자신의 힘으로 생활할 수 있게 됩니다.

★★★ 탈피

곤충이 성장하는 과정에서 오랜 껍질을 벗어내는 것을 의미합니다. 성장을 위해서 몇 번의 탈피를 하는데, 곤충의 경우 애벌레 때에 5~7번 탈피를 합니다.

★★★ 우화

번데기에서 성충으로 바뀌는 것을 말합니다. 보통 날개가 있는 곤충을 말합니다.

COLUMN 더 자세히 우화하고 있는 동안은 적으로부터 공격당하기 쉽기 때문에, 우화는 저녁에서 밤에 걸쳐 이루어집니다.

제1장 곤충

★★★ 배추흰나비의 한살이(완전탈바꿈)

알→애벌레→번데기→성충으로 자랍니다.

알 애벌레의 먹이가 되는 유채과의 유채나 양배추 잎 뒷면에 알이 붙어 있습니다. 크기는 1mm 정도이고, 럭비공 같은 모양을 하고 있습니다. 알을 낳았을 때는 연노란색이고, 부화하기 전은 짙은 노란색입니다. 3~6일 정도 후에 부화합니다.

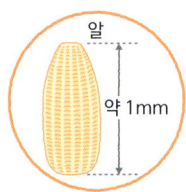
알 약 1mm

애벌레 금방 부화한 1령유충은 2mm 정도로 노란색을 띠고, 먼저 자신이 나온 알껍데기를 먹습니다. 애벌레가 식물의 잎을 먹으면서 몸이 초록색으로 변하기 때문에 '초록 벌레'라고도 합니다. 16개의 다리가 있고, 가슴다리는 성충의 다리가 됩니다. 배다리와 꼬리다리는 성충이 되면 없어집니다. 네 번 껍질을 벗은 5령유충은 2~3cm 정도가 되고, 입에서 실을 뽑아 몸을 나무나 잎에 고정시켜 움직이지 않습니다. 마지막에 껍질을 벗고 번데기가 됩니다.

1령유충 (부화했을 때의 애벌레)

5령유충 머리 가슴다리(6개) 배다리(8개) 꼬리다리

번데기가 되기 직전의 5령유충 실

번데기 번데기 때는 아무것도 먹지 않고 움직이지 않지만, 안에서는 성충의 몸이 만들어지고 있습니다.

번데기

성충 번데기가 된 지 일주일이 지나면 날개 모양이 비쳐 보이고 성충이 나옵니다. 성충은 몇 시간 후에는 날 수 있습니다. 우화해서 날아오르는 성충은 짝짓기를 하고, 암컷은 알을 낳습니다. 알에서 성충이 되기까지는 봄과 가을에는 30~40일 정도, 여름에는 20일 정도 걸립니다. 성충은 꽃의 꿀을 빨아 먹습니다. 1년에 몇 번 이와 같은 한살이가 반복되는데, 가을에 번데기가 된 것은 겨울을 보내고 봄이 되면 우화합니다.

성충

COLUMN 깨알지식 번데기에 빛을 비추거나 가볍게 툭 건드리면 꾸물꾸물 작게 움직입니다.

★★★ 호랑나비의 성장방식(완전탈바꿈)

알	애벌레	번데기	성충
	5령		
귤이나 탱자 잎에 알이 달라붙어 있다 지름 약 1mm	귤, 탱자 등의 잎을 먹는다	아무것도 먹지 않고, 2주 정도 있으면 우화한다	꽃의 꿀을 빨아 먹고, 낮에 활동한다

★★ 누에나방의 성장방식(완전탈바꿈)

알	애벌레	번데기	성충
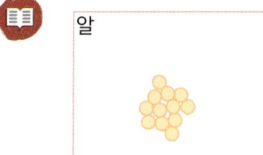	5령 	번데기 고치 	
뽕잎에 알이 달라붙어 있다 지름 약 1mm	뽕잎을 먹는다	5령유충은 입에서 실을 뽑아서 고치를 만들고, 아무것도 먹지 않는다	아무것도 먹지 않고, 밤에 활동한다

★★★ 장수풍뎅이의 성장방식(완전탈바꿈)

알	애벌레	번데기	성충
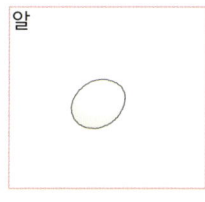	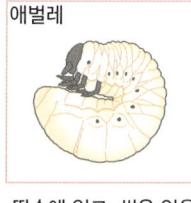	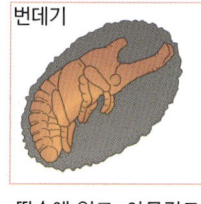	
가을에 땅속에 하나씩 알을 낳는다 지름 약 2mm	땅속에 있고, 썩은 잎을 먹는다	땅속에 있고, 아무것도 먹지 않는다	수컷은 긴 뿔을 갖고 있으며, 나무즙을 빨아 먹고 밤에 활동한다

COLUMN 깨알지식 누에나방은 옛날부터 사람들이 길러왔고, 누에고치에서 실을 뽑기 위해 개량된 곤충입니다.

제1장 곤충

★★★ 모기의 성장방식(완전탈바꿈)

알	애벌레	번데기	성충
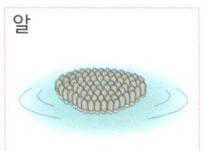	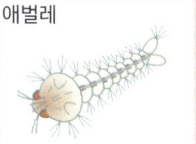		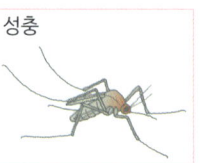
물 위에 모아서 알을 낳는다	장구벌레라고 하며, 물속에 있는 플랑크톤 등을 먹는다	아무것도 먹지 않는다	꽃의 꿀 등을 빨아 먹지만, 알을 낳기 전 암컷은 동물의 피를 빨아 먹는다

★★ 칠성무당벌레의 성장방식(완전탈바꿈)

알	애벌레	번데기	성충

잎 등에 모아서 알을 낳는다	진딧물을 먹는다	성충의 색과 비슷해진다	진딧물을 먹으며, 붉은색 바탕에 7개의 검은 반점이 있다

★★ 귀뚜라미의 성장방식(불완전탈바꿈)

알	애벌레	성충
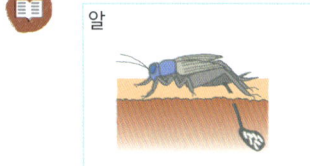		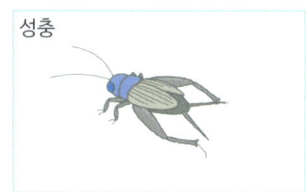
얕은 땅속에 알을 낳는다	작은 벌레나 식물의 잎 등을 먹는다	날개가 커지며, 작은 벌레나 식물의 잎 등을 먹는다

COLUMN 깨알지식 칠성무당벌레는 몸에 7개의 점이 있기 때문에 칠성무당벌레라고 합니다.

★★★ 메뚜기의 성장방식(불완전탈바꿈)

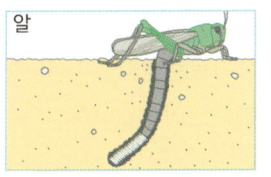
알 — 얕은 땅속에 알을 낳는다

애벌레(약충) — 왕바랭이, 강아지풀 등의 잎을 먹는다

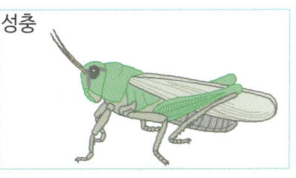
성충 — 왕바랭이, 강아지풀 등의 잎을 먹는다

★★★ 잠자리의 성장방식(불완전탈바꿈)

알 — 물속에 알을 낳는다

애벌레(약충) — 잠자리 애벌레 같은 물속의 작은 생물을 먹는다

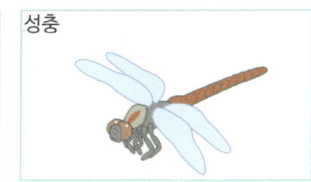
성충 — 공중을 날아다니면서 작은 생물을 먹는다

★★★ 매미의 성장방식(불완전탈바꿈)

알 — 나무줄기에 알을 낳는다

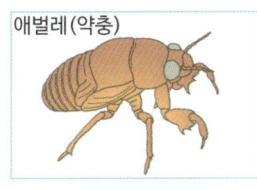
애벌레(약충) — 땅속에서 4~7년간 생활한다

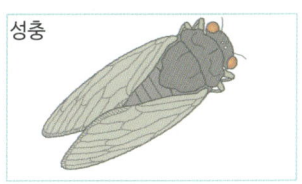
성충 — 잡목림 등을 날아다니며 나무즙을 빨아 먹는다

★★★ 탈바꿈을 하지 않는 것(무변태)

좀(좀벌레)이나 톡토기의 애벌레는 성충과 거의 비슷한 모양을 하고 있습니다. 점차 성장하면서 커지지만 모양은 변화하지 않습니다. 이와 같은 성장방식을 무변태라고 합니다.

↑ 좀(좀벌레)

↑ 톡토기 ©コーベット

특별한 이름으로 불리는 애벌레

곤충의 애벌레는 보통 '사마귀 애벌레'처럼, '~애벌레'라고 부르는 방식을 따릅니다. 그러나 이와 같은 방식이 아니라, 다음과 같이 특별한 이름이 붙은 것이 있습니다.

↑ 초록벌레(배추흰나비 애벌레)

↑ 누에나방

↑ 누에(누에나방의 1령유충)

↑ 구더기(파리 애벌레)

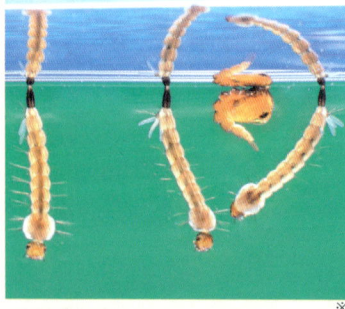

← 장구벌레 (모기 애벌레)

명주잠자리 애벌레는 개미귀신이라 불립니다. 절구 모양의 덫을 만들어서, 떨어지는 개미 등을 먹습니다.

↑ 개미귀신(명주잠자리 애벌레)

↑ 명주잠자리

3 곤충의 몸의 구조

곤충의 몸의 구조

곤충의 몸은 머리(두부), 가슴(흉부), 배(복부)의 세 부분으로 나뉘어 있습니다.

머리(두부)…더듬이(촉각), 겹눈, 홑눈, 입이 달려 있습니다.

가슴(흉부)…다리, 날개가 달려 있습니다.

배(복부)…기문이 달려 있습니다.

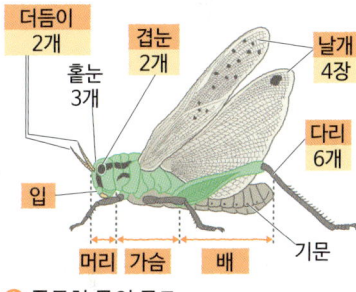

↱ 풀무치 몸의 구조

〈여러 곤충의 몸의 구조〉

장수풍뎅이	배추흰나비	잠자리
벌	매미	개미

제1장 곤충

★★★ 더듬이(촉각)

곤충의 머리 부분에 달려 있습니다. 주변의 물체를 알아보거나, 냄새나 맛을 느끼는 곳입니다. 곤충에는 1쌍(2개)이 있습니다.

★★★ 겹눈

곤충의 머리 부분에 달려 있고, 형태나 색을 감지할 수 있습니다. 수없이 많고 작은 눈(개안)이 모여서 하나의 눈을 이루고 있습니다. 둥근 모양으로 나란히 이루어져 있기 때문에, 넓은 범위를 볼 수 있습니다.

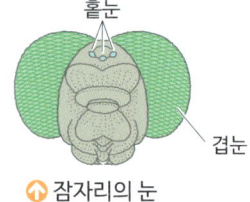
↑ 잠자리의 눈

★★★ 홑눈

곤충이나 거미 등의 머리 부분에 달려 있는 작은 형태로 간단한 구조의 눈입니다. 밝기를 느낍니다. 배추흰나비의 성충에는 없습니다.

★★★ 입

곤충의 먹이는 정해져 있기 때문에, 입 모양은 먹이를 잡는 데에 적합한 구조로 이루어져 있습니다.

비교 곤충의 입의 구조와 역할

매미	모기	나비
꽂아서 빤다	꽂아서 빤다	빤다

풀무치	잠자리	집파리
풀을 씹는다	동물의 살을 씹는다	핥는다

★★★ 다리

곤충의 가슴의 마디는 3개로 나뉘어 있습니다. 각각의 마디에서 1쌍(2개)의 다리가 나와 있습니다. 곤충마다 자신에게 알맞은 구조를 갖고 있습니다.

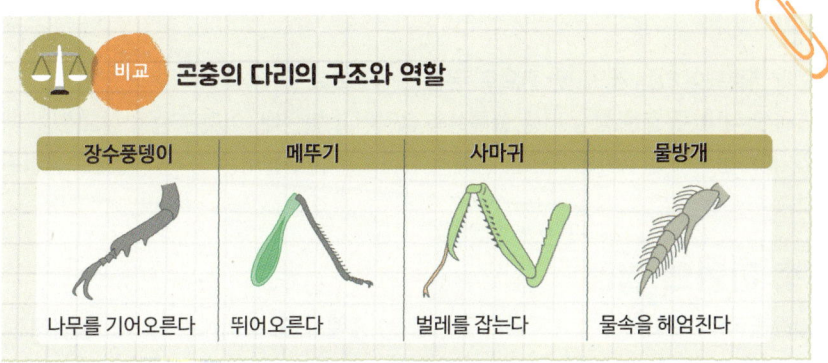

비교 곤충의 다리의 구조와 역할

장수풍뎅이	메뚜기	사마귀	물방개
나무를 기어오른다	뛰어오른다	벌레를 잡는다	물속을 헤엄친다

★★★ 날개

가슴에 달려 있고, 4장, 2장, 날개가 없는 것이 있습니다. 날개가 4장 있는 것에는 나비, 장수풍뎅이, 벌, 잠자리, 메뚜기 등이 있습니다. 등 쪽에서 보았을 경우, 뒷날개가 앞날개보다 아래에 있습니다. 날개가 2개 있는 것에는 파리, 등에, 모기 등이 있고, 뒷날개는 퇴화했습니다. 날개가 없는 것에는 벼룩, 톡토기, 개미 등이 있고, 공중을 나는 능력이 없어진 부류입니다.

〈여러 곤충의 날개〉

  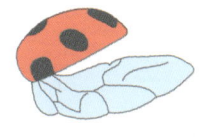 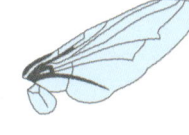

- 호랑나비
  비늘과 같은 가루가 붙어 있다
- 매미
  두꺼운 맥이 있다
- 칠성무당벌레
  앞날개가 딱딱하다
- 파리
  뒷날개가 퇴화되어 있다

COLUMN 더 자세히 — 퇴화란 그 생물이 종으로서 발생했을 때, 어떤 기관이 작아지거나 없어지게 되는 것입니다.

제1장 곤충

중요도

★★★ **기문**

배나 가슴에 붙어 있고, 숨을 쉬기 위해 공기 출입구 역할을 하는 작은 구멍입니다.

★★★ **기관**

기문과 연결되어 있는 가느다란 관으로, 곤충은 이곳으로 호흡을 합니다. 곤충은 항상 배를 실룩실룩 움직이고 있는데, 이것은 숨을 쉬고 있기 때문입니다. 몸속에 둘러싸인 기관을 통해서 기문으로부터 들어온 공기가 체내로 운반됩니다.

★★★ **곤충 이외의 벌레**

절지동물(다리에 마디가 있고 등뼈가 없는 동물) 중에, 곤충 이외에는 거미류, 공벌레류, 지네류 등이 있습니다.

	거미	공벌레	지네
몸의 구조	더듬이다리 / 머리가슴 / 배	머리 / 가슴 / 배	머리 / 몸통
다리	8개	14개	많음

여러 가지를 관찰해보자

위장

곤충 중에는 적으로부터 자신을 지키기 위해 다른 생물의 모습과 비슷하게 만드는데, 이것을 위장이라고 합니다. 혹독한 자연 속에서 살아남기 위해서, 천성적으로 그와 같은 방법을 알게 된 것입니다.

자벌레는 자나방과에 속하는 나방의 애벌레로 나뭇가지와 비슷한 모양을 하고 있습니다.

↑ 자벌레

↑ 자나방 성충

또 성충이 되면, 나무껍질과 비슷해져서 나무와 구별하는 것이 어려워집니다. 모두 적으로부터 자신의 몸을 지키기 위한 방법입니다.

가랑잎나비는 가슴 뒤쪽이 마른 잎과 비슷하게 생겨서, 이와 같은 이름이 붙여졌습니다. 이 외에 대벌레, 송장메뚜기, 사마귀 등에서도 위장술을 볼 수 있습니다.

↑ 가랑잎나비

호랑나비 애벌레는 2령에서 4령까지는 새에게 잡아먹히지 않기 위해서 새똥으로 위장을 하고 있습니다. 5령유충이 되면, 등에 눈동자 같은 모양이 생겨서 마치 뱀의 머리처럼 보입니다. 이러한 모습으로 적을 위협하기도 합니다.

↑ 호랑나비의 5령유충

제2장 계절과 생물

식물과 생활

우리의 생활과 식물은 관계가 깊습니다. 또한 식물은 옛날부터 다양하게 사용되어 왔습니다. 여기에서 그중 몇 개를 소개하겠습니다.

대나무(1월)
똑바로 잘 자란 대나무는 건강하게 오래 살 수 있기를 기원하는 바람이 담겨 있다고 합니다.

1월 2월 3월 5월

복숭아(3월)
복숭아는 꽃이 아름다울 뿐만 아니라, 과실의 맛이 좋습니다. 동쪽으로 난 가지가 귀신을 쫓는다는 속설이 있습니다.

호랑가시나무(2월)
호랑가시나무 가지를 꺾어다가 불에 태운 정어리 머리를 꿰어 창나나 처마 끝에 매달아 놓습니다. 이렇게 하면 악귀가 겁을 먹고 접근하지 못한다고 합니다.

 생명편

창포 (5월)
5월 5일 단옷날 창포를 넣어 끓인 물로 머리를 감고 목욕을 하는 풍습이 있습니다. 창포는 약초로도 사용되어왔습니다.

조릿대 (7월)
우리나라에서는 아니지만, 이웃 나라 일본에서는 7월 7일 칠석에 소원을 종이에 써서 조릿대에 장식하는 풍습이 있다고 합니다. 조릿대는 별이 보이는 처마 밑에 세워둡니다.

7월   9월   10월   12월

참억새 (9~10월)
참억새는 억센 풀로 이엉을 만들 때 요긴하게 사용되었습니다. 풀이 억세서 '억새'가 되었다는 이야기도 전해져 옵니다.

호박과 유자 (12월)
호박은 겨울에 걸리기 쉬운 감기를 막아주는 효과가 있어 옛날부터 먹었다고 합니다. 이웃 나라 일본에서는, 유자 열매를 띄운 물(유자탕)로 목욕을 하면 감기에 걸리지 않는다고 하여 지금도 이런 관습이 남아 있습니다.

제2장 계절과 생물

이번 장의 학습내용 헤드라인

❓ 식물을 보면 계절을 알 수 있을까?

학교 주변이나 운동장, 공원, 들판, 마당, 화단, 길가 등을 비롯해 우리 주변에는 다양한 식물이 피어 있습니다.

봄이 되어 기온이 올라가면 식물은 한꺼번에 꽃을 피워서 우리를 즐겁게 해줍니다. 식물은 꽃구경이나 화초처럼 우리들 일상생활 속에도 깊이 관계되어 있습니다.

봄에 씨를 뿌리는 식물들은 대부분 여름에 꽃을 피웁니다. 가을이 되면 곳곳에서 멋진 단풍을 즐길 수 있어서 우리 눈은 행복해집니다. 또한 이듬해 봄에 꽃을 피우는 식물은 이 시기에 씨앗이나 알뿌리를 심습니다. 씨앗은 '종자'라고도 합니다. 식물은 다양한 번식 방법을 취합니다. 보통은 꽃이 피는 식물은 씨앗으로 번식을 합니다. 자세한 것은 이 장을 읽어봅시다.

대부분의 식물은 추운 겨울을 견디면서 봄이 오기를 기다립니다. 낙엽수는 낙엽이 떨어지기는 하지만, 줄기나 가지는 그대로 있어서 나름 멋진 모습을 하고 있는 것도 있습니다.

식물의 이름을 기억하는 것은 물론 식물의 구조, 계절을 보내는 방식 등을 조사해보면, 새로운 지식도 얻을 수 있을 뿐만 아니라 마음도 풍요로워집니다. 주변의 다양한 생명에 관심을 갖고, 계절의 변화를 느껴보세요.

동물도 겨울은 힘들까?

엇? 정말?

식물은 겨울이 되면 추위를 견디면서 가만히 봄이 오기를 기다리는데, 동물은 어떨까요?

먹이가 되는 식물이나 동물의 수가 줄어들기 때문에 우리가 볼 수 있는 동물의 수는 줄어듭니다. 특히 곤충은 현저하게 줄어듭니다. 곤충은 어떻게 겨울을 지내는 것일까요?

곤충의 모습은 알, 애벌레, 번데기, 성충 네 가지가 있습니다. 곤충은 종류에 따라 이 중에서 어느 한 가지의 모습으로 겨울을 지내고 있습니다. 성충으로 겨울을 지내는 것은 둥지 안이나 낙엽 안에서 지냅니다. 그 때문에 눈에 잘 띄지 않습니다.

동물 중에는 도마뱀이나 뱀, 개구리, 곰처럼 겨울잠을 자면서 겨울을 보내는 것도 있습니다. 추위가 매서워지면 땅속에서 봄이 오기를 기다립니다.

⬆ 주머니나방
(둥지 안에서 애벌레로 겨울을 보낸다)

이와 같이, 겨울에는 동물의 모습이 좀처럼 보이지 않지만, 겨울에만 볼 수 있는 동물도 있습니다. 바로 겨울을 보내기 위해서 찾아오는 새들입니다. 이러한 것들은 철새 중에서도 겨울새라고 합니다. 그때까지 지내왔던 좀 더 북쪽에 있는 나라에서는 강한 추위가 이어져 먹이가 없어지기 때문에, 먹이를 구하기 위해서 남쪽으로 찾아오는 것입니다. 봄이 되면 다시 북쪽으로 이동해서 그곳에서 새끼를 기르기 시작합니다.

⬆ 큰고니

※ⓒアフロ

제2장 계절과 생물

01 계절과 식물

1 봄 식물

중요도 ★★

봄 식물의 모습

봄이 되면 기온이 점점 올라가서 다양한 풀과 나무에 꽃이 핍니다.

★★★ 봄에 꽃이 피는 식물

수목 3월 중순부터 4월 초에 걸쳐 한꺼번에 꽃을 피웁니다.

↑ 풍년화	↑ 목련	↑ 백목련
↑ 매화	↑ 벚꽃	↑ 복숭아꽃
↑ 서향	↑ 산당화(명자나무)	↑ 조팝나무

COLUMN 깨알지식 1

목련은 가을에는 붉은 열매를 맺고, 서향 꽃은 좋은 향기가 납니다.

들판에 피는 꽃

⬆ 복수초

⬆ 머위

⬆ 살갈퀴

⬆ 유채꽃

⬆ 서양민들레

⬆ 자운영

⬆ 자주광대나물

⬆ 큰개불알풀

⬆ 토끼풀

화단의 꽃

⬆ 튤립

⬆ 수선화

⬆ 팬지

※Ⓒアフロ

COLUMN 깨알지식
서양민들레, 자주광대나물, 토끼풀은 외래종(귀화식물)입니다. 튤립, 수선화의 알뿌리에는 알칼로이드라는 독성분이 있습니다.

제2장 계절과 생물

★★★ 봄에 씨앗을 뿌리는 식물

봄에 씨앗을 뿌리는 식물에는 수세미, 여주, 호리병박, 해바라기, 나팔꽃, 분꽃, 채송화, 코스모스, 백일홍(백일초), 미모사 등이 있고, 대부분은 여름에 꽃이 핍니다.

★★★ 봄의 일곱 가지 풀

미나리, 냉이, 떡쑥, 별꽃, 개보리뺑이, 순무, 무를 봄의 일곱 가지 풀이라고 합니다.
개보리뺑이는 노란색 꽃을 피우는 국화과 식물입니다. 이 식물에 대해 일본에서는 봄의 일곱 가지 풀 중 하나로 '광대나물'이라고 부르지만, 한국에서의 이름은 '개보리뺑이'입니다. 일본에서는 노란색 꽃의 국화과 식물도, 붉은 보라색 꽃의 꿀풀과 식물도 모두 '광대나물'이라고 같은 이름으로 부르고 있습니다. 하지만 한국에서 말하는 '광대나물'은 개보리뺑이와 다른 식물입니다. 따라서 '봄의 일곱 가지 풀' 중에 광대나물이 있다고 누군가 말한다 하더라도 그 식물은 개보리뺑이를 말하는 것입니다.

⬆미나리

⬆냉이

⬆떡쑥

COLUMN 더 자세히
유채꽃이나 냉이 등과 같이, 밤의 길이가 일정 시간 이상 짧아지면 꽃의 싹을 틔우기 시작하는 식물을 장일식물이라고 합니다.

⬆ 별꽃

⬆ 개보리뺑이

⬆ 순무

⬆ 무

★★★ 개화전선

지도상에서 표고가 같은 지점을 연결한 선을 표고선이라고 합니다. 이것과 마찬가지로, 어떤 식물의 꽃이 먼저 피기 시작하는 날짜가 같은 지점을 연결한 지도상의 선을 개화전선이라고 합니다. 벚꽃전선이 대표적인 예입니다. 벚꽃은 기온이 높아지면 피기 시작하기 때문에, 개화전선은 남쪽 지방 쪽이 빠릅니다. 또한 같은 지방이라도 표고가 낮은 지점과 높은 지점에서는 기온이 다르기 때문에, 선이 꼬불꼬불 구부러집니다.

⬆ 왕벚나무

※©アフロ

제2장 계절과 생물

2 여름 식물

★★★ 여름 식물의 모습
여름이 되어 더워지면 식물이 잘 자라서 잎이 무성해지며 꽃이 핍니다.

★★★ 여름에 꽃이 피는 식물

수목 꽃이 피는 기간이 긴 식물과 매일 다시 피는 식물이 있습니다.

↑ 백일홍나무(배롱나무)

↑ 협죽도

↑ 치자나무

↑ 자귀나무

↑ 수국

↑ 무궁화

들판에 피는 꽃

↑ 개망초

↑ 닭의장풀

↑ 엉겅퀴

COLUMN 깨알지식
백일홍나무(배롱나무)는 꽃이 100일 동안 붉게 핀다고 해서 '백일홍'이라는 이름이 유래했습니다. 자귀나무의 꽃처럼 보이는 실 모양은 수술이 길게 자란 것입니다. 수국의 꽃잎처럼 보이는 것은 꽃받침입니다.

⬆ 약모밀

⬆ 질경이

⬆ 거지덩굴

⬆ 봉선화

⬆ 큰달맞이꽃

⬆ 메꽃

화단의 꽃

⬆ 나팔꽃

⬆ 해바라기

⬆ 분꽃

⬆ 꽈리

⬆ 일일초

⬆ 채송화

※©アフロ

COLUMN 깨알지식
약모밀의 줄기와 잎을 베어서 말리면 약모밀차를 만들 수 있습니다. 질경이는 질겨서 짓밟혀도 잘 자라고, 거지덩굴은 다른 식물 위에다 잎을 뻗습니다.

제2장 계절과 생물

3 가을 식물

중요도 ★★★
가을 식물의 모습
가을이 되면 꽃이 피는 식물은 적어집니다. 또한 추운 겨울을 지내기 위해 준비를 시작하는 식물도 있습니다.

★★★
가을에 꽃이 피는 식물

수목

⬆ 금목서

⬆ 호랑가시나무

⬆ 은목서

들판에 피는 꽃

⬆ 석산(꽃무릇)

⬆ 양미역취

⬆ 강아지풀

화단의 꽃

⬆ 국화

⬆ 코스모스

⬆ 맨드라미

COLUMN 더 자세히
국화나 코스모스와 같이, 밤의 길이가 일정 시간 이상 길어지면 꽃이 피기 시작하는 식물을 단일식물이라고 합니다.

★★★ 가을에 씨앗을 뿌리거나 알뿌리를 심는 식물

씨앗		알뿌리	
	유채꽃		튤립
	팬지		아네모네
	수레국화		백합
	스위트피		크로커스
	금어초		히야신스
	데이지		라넌큘러스 (미나리아재비)

★★★ 가을의 일곱 가지 풀

싸리, 참억새, 도라지, 패랭이꽃, 마타리, 칡, 등골나물을 가을의 일곱 가지 풀이라고 합니다. 칡은 뿌리에서 얻을 수 있는 갈분(하얀색 가루의 녹말)으로 떡을 만들거나 과자를 만들어 먹기도 하며 약으로도 사용됩니다.

↑ 싸리

↑ 참억새

↑ 도라지

↑ 패랭이꽃

↑ 마타리

↑ 칡

↑ 등골나물

※©アフロ

제2장 계절과 생물

★★★ 단풍

잎에서 만들어진 녹말은 물에 녹기 쉬운 당으로 변해서 식물의 각 부분으로 운반됩니다. 그러나 가을이 되어 잎이 떨어질 시기가 되면, 잎이 붙어 있는 부분이 막혀서 통과할 수 없게 됩니다. 그래서 갇혀 있는 당에서 붉은색의 알갱이가 만들어져서 두드러지게 보이는 것이 단풍입니다.

⬆ 단풍나무

⬆ 마가목

⬆ 단풍철쭉

★★★ 황엽

잎에는 많은 녹색 알갱이(엽록체)가 있습니다. 가을에 기온이 내려가면 녹색 알갱이 속의 엽록소가 망가지지 시작합니다. 그래서 잎에 처음부터 있었던 노란색 알갱이가 두드러지게 되는 것이 황엽입니다. 황엽을 지닌 나무에는 은행나무, 자작나무, 팽나무, 계수나무, 미루나무 등이 있습니다.

⬆ 은행나무

⬆ 자작나무

⬆ 팽나무

COLUMN 깨알지식
단풍은 안토시안, 황엽은 카로티노이드라고 하는 색소 때문에 나타납니다.

★★★ 낙엽수

공기가 건조한 겨울에 수분이 증발하는 것을 막기 위해, 잎을 일제히 떨어뜨리는 나무를 낙엽수라고 합니다. 낙엽수는 활엽수(넓고 평평한 잎을 가진 나무)에 많고, 이것을 낙엽활엽수라고 합니다.

★★★ 상록수

겨울에 잎을 떨어뜨리지 않고 1년 내내 녹색의 잎을 달고 있는 나무를 상록수라고 합니다. 침엽수(바늘처럼 가느다란 잎을 가진 나무)의 경우는 상록침엽수, 활엽수의 경우는 상록활엽수라고 합니다.

낙엽수	상록수	
단풍나무, 마가목, 검양옻나무, 은행나무, 자작나무, 계수나무, 비투나무, 흰목련, 벚꽃, 매화, 느릅나무, 참느릅나무, 느티나무, 너도밤나무	**활엽수** 동백나무, 애기동백나무, 떡갈나무, 모밀잣밤나무, 녹나무, 호랑가시나무, 금목서, 은목서, 감탕나무
	침엽수 소나무, 삼나무, 팽나무, 전나무, 미지나무

★★★ 도토리

너도밤나뭇과의 참나무속 부류에 속하는 열매입니다.

⬆ 상수리나무 ⬆ 졸참나무 ⬆ 구실잣밤나무

⬆ 가시나무 ⬆ 종가시나무 ⬆ 돌참나무

※ⓒアフロ

COLUMN 더 자세히 단풍이나 황엽을 가진 나무는 모두 낙엽수입니다.

제2장 계절과 생물

4 겨울 식물

★★★ 겨울 식물의 모습

겨울이 되면 기온이 내려가서 나무는 낙엽이 지고 풀은 시들어버리지만, 겨울을 지내기 위해서 여러 가지 노력을 합니다.

★★★ 겨울에 꽃이 피는 식물

⬆ 비파나무

⬆ 애기동백나무

⬆ 동백나무

★★★ 화초의 겨울나기

화초는 씨앗, 땅속줄기, 뿌리, 어린 식물의 모습, 잎을 땅바닥에 넓게 펼친 모습으로 겨울을 지냅니다.

씨앗	나팔꽃, 해바라기, 벼, 봉선화, 수세미, 코스모스
땅속줄기	참억새, 붓꽃, 연꽃, 글라디올러스, 토란, 감자
뿌리	달리아, 국화, 고구마
어린 식물의 모습	완두콩, 보리
잎을 땅바닥에 넓게 펼친 모습(로제트 잎)	민들레, 냉이, 봄망초, 큰달맞이꽃, 뽀리뱅이, 수영, 질경이

★★★ 로제트 잎

땅바닥에 방사선 모양으로 넓게 펼쳐진 잎을 로제트 잎이라고 합니다. 잎을 땅바닥에 넓게 펼치는 것은 땅바닥의 열이 공기 중으로 달아나는 것을 막기 위해서입니다. 가능한 한 열을 유지하면서 온도가 내려가지 않도록 하고 있습니다.

⬆ 민들레의 로제트 잎

겨울눈

겨울이 되면, 벚꽃과 은행나무 등 수목에서 잎이 한 장도 보이지 않게 됩니다. 잎이 시들어버려서만은 아닙니다. 가지에는 곳곳에 겨울눈이라고 하는 작은 봉오리가 있습니다. 이것은 이듬해 봄에 꽃과 잎이 되는 부분입니다. 따뜻해졌을 때의 준비를 하고 있는 것입니다. 겨울눈은 딱딱한 껍질(비늘조각)로 덮여 있거나, 찐득찐득한 상태로 있거나, 털로 덮여 있는 것이 있습니다.

⬆ 벚꽃
단단한 껍질로 덮여 있다
(큰 것이 꽃눈, 작은 것이 잎눈)

⬆ 칠엽수
찐득찐득하다

⬆ 백목련
털로 덮여 있다

⬆ 벽오동
털로 덮여 있다

⬆ 녹나무
매끈매끈하다

⬆ 목련
털로 덮여 있다

여러 형태의 겨울눈이 있구나!

※©アフロ

제2장 계절과 생물

5. 1년 동안의 기온의 변화와 식물의 모습

★★★ 기온과 식물의 1년

식물은 기온이 높아지면 꽃을 피우거나 잎을 무성하게 자라게 합니다. 반대로 기온이 낮아지면 잎이 말라서 떨어지고, 가지에 새싹을 달고서 겨울을 지내기도 하고, 씨앗을 남기고는 시들어버립니다.

★★★ 수세미의 1년

봄에는 씨앗에서 싹이 나오고, 따뜻해지면 꽃을 피워서 여름이 되면 왕성하게 자랍니다. 가을이 되면 씨앗을 남기고 시들어버리고, 씨앗의 상태로 추운 겨울을 지냅니다.

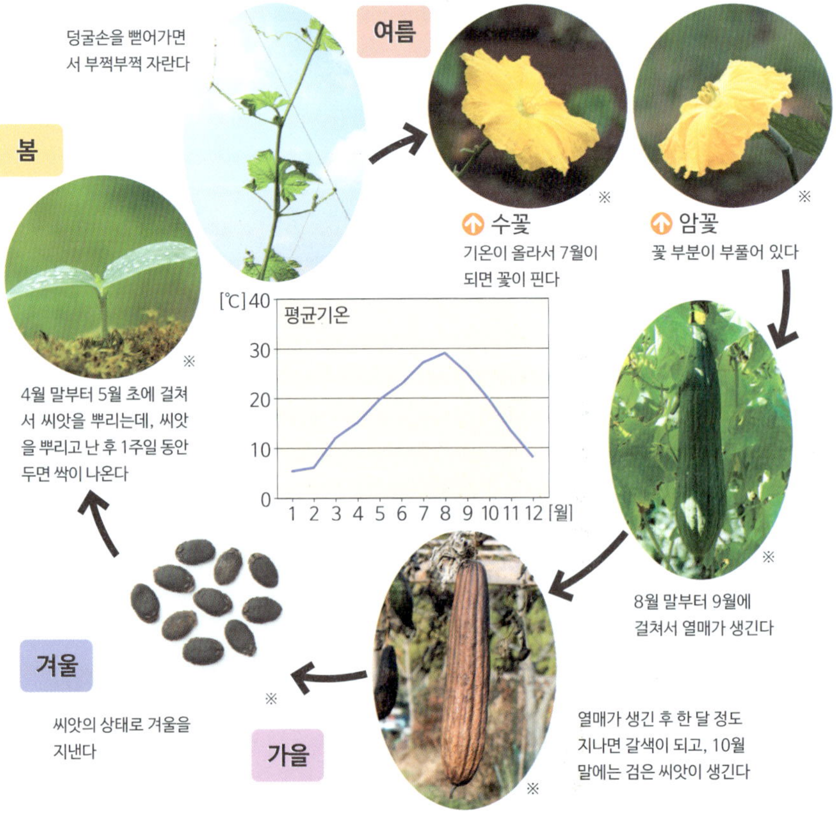

봄: 4월 말부터 5월 초에 걸쳐서 씨앗을 뿌리는데, 씨앗을 뿌리고 난 후 1주일 동안 두면 싹이 나온다

덩굴손을 뻗어가면서 부쩍부쩍 자란다

여름:
- ↑ 수꽃: 기온이 올라서 7월이 되면 꽃이 핀다
- ↑ 암꽃: 꽃 부분이 부풀어 있다

평균기온 [℃]

가을: 8월 말부터 9월에 걸쳐서 열매가 생긴다. 열매가 생긴 후 한 달 정도 지나면 갈색이 되고, 10월 말에는 검은 씨앗이 생긴다

겨울: 씨앗의 상태로 겨울을 지낸다

COLUMN 깨알지식: 수세미는 줄기에서 물을 얻을 수 있는데, 예전부터 이 물을 화장수 등으로 사용해왔습니다.

벚꽃(왕벚나무)의 1년

이른 봄, 가지에는 봉오리가 많이 달려서 한꺼번에 꽃이 핍니다. 꽃이 지면 잎이 나옵니다. 여름에는 파릇파릇한 잎이 무성해지고 가을이 되면 단풍이 듭니다. 마침내 잎은 모두 지고, 겨울눈을 달고 겨울을 지냅니다.

3월 말부터 5월 초에 걸쳐서 꽃이 핀다

꽃이 지면 잎이 나온다

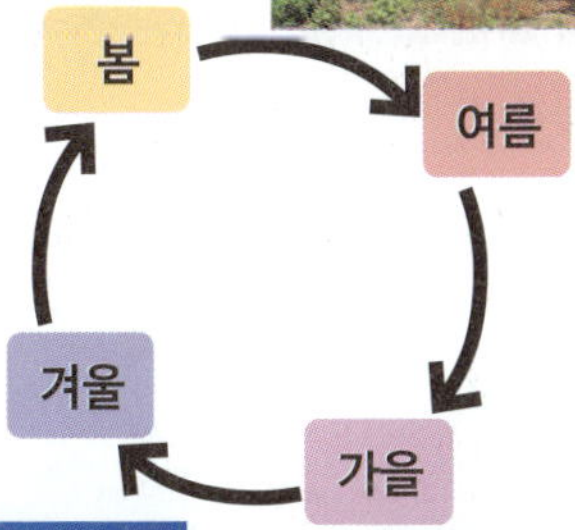

겨울눈으로 봄이 오기를 기다린다

봄 → 여름 → 가을 → 겨울

열매가 생긴다

단풍이 든다

잎을 모두 떨어뜨린다

※ⓒアフロ

02 계절과 동물

1 봄 동물

봄 동물의 모습

봄이 되면 기온이 점점 올라가서 다양한 식물이 꽃을 피웁니다. 그 꽃의 꿀을 구하기 위해 배추흰나비와 호랑나비가 날아다니고, 다양한 곤충들이 활동을 시작합니다. 또한 겨울잠에서 깨어난 개구리가 연못에 나타나고, 남쪽에서 제비 등이 찾아옵니다. 봄은 생명의 기운을 느끼게 해주는 계절입니다.

〈봄에 볼 수 있는 동물〉

곤충 알과 애벌레, 번데기, 성충의 모습으로 겨울을 지낸 곤충이 한꺼번에 나타나서 꽃의 꿀을 모으거나 알을 낳기도 합니다.

↑ 호랑나비　　↑ 꿀벌　　↑ 배추흰나비

↑ 칠성무당벌레　　↑ 꽃등에　　↑ 부화하는 왕사마귀

개구리

겨울잠에서 깨어난 개구리는 물속에 알을 낳고, 알에서 부화해 올챙이로 자라서 새끼 개구리가 됩니다.

↑ 올챙이

새

이동을 해서 우리나라로 찾아오는 제비, 뻐꾸기, 두견새, 큰유리새 등이 있습니다.

↑ 제비　　↑ 뻐꾸기　　↑ 두견새

텃새인 박새, 종달새, 떠돌이새인 휘파람새 등이 활발하게 활동을 시작합니다.

↑ 박새　　↑ 종달새　　↑ 휘파람새

※©アフロ

COLUMN 깨알지식
뻐꾸기는 때까치나 멧새 등의 둥지에 알을 낳습니다. 이와 같이 다른 새의 둥지에다 알을 낳아서 기르게 하는 것을 '탁란'이라고 합니다.

051

제2장 계절과 생물

2 여름 동물

중요도 ★★★

여름 동물의 모습

여름이 되면 식물이 잘 자랍니다. 잘 자란 식물을 먹는 곤충이 점점 늘어나고, 이런 곤충을 먹는 다른 곤충도 늘어납니다. 물가에서는 잠자리나 반딧불이가 날아다니고, 잡목림에서는 장수풍뎅이나 사슴벌레가 모여들고, 매미가 시끄럽게 울어댑니다. 봄에 알에서 부화한 올챙이는 개구리 모습으로 변하고, 봄에 건너온 제비 등은 산란을 마치고 곤충 등을 잡아서 새끼에게 주며 새끼를 키우는 데 힘씁니다.

〈여름에 볼 수 있는 동물〉

곤충

⬇ 왕잠자리 　　⬇ 털보말벌

⬆ 밀잠자리

사슴벌레  ➡　　⬅ 장수풍뎅이

⬆ 반딧불이 　　⬆ 반딧불이 애벌레 　　⬆ 풍이

반딧불이는 완전탈바꿈을 하고, 알, 애벌레, 번데기, 성충의 모든 시기에서 빛을 냅니다.

⬆ 풀무치　　　⬆ 방아깨비　　　⬆ 박각시나방

⬆ 딜매미(씽씽매미)　　⬆ 참매미　　⬆ 저녁매미

⬆ 말매미　　⬆ 유지매미　　⬆ 애매미

물속이나 물 위의 동물

물속에는 물장군나 물방개 등의 곤충류, 송사리나 붕어, 미꾸라지 등의 어류, 우렁이, 다슬기(반딧불이의 먹이가 된다) 등의 조개류, 미국가재, 새뱅이 등이 살고 있습니다. 또한 물 위에는 소금쟁이나 물맴이 등도 있습니다.

⬆ 미국가재

※ⓒアフロ

제2장 계절과 생물

3 가을 동물

중요도 ★★★

가을 동물의 모습

가을이 되면 곤충이 짝짓기를 하는 시기를 맞이해서 수컷이 힘차게 울어대며 암컷을 유혹합니다. 또한 잠자리는 물 위에 알을 낳고, 사마귀는 가느다란 가지나 풀줄기 등에 알을 낳습니다. 개구리는 활동이 둔해지고 겨울잠을 잘 준비를 시작하고, 봄에 건너왔던 제비 등은 남쪽 나라로 돌아갑니다.

〈가을에 볼 수 있는 동물〉

↑ 왕귀뚜라미　　↑ 방울벌레　　↑ 여치

↑ 철써기　　↑ 솔귀뚜라미　　↑ 청솔귀뚜라미

↑ 고추좀잠자리 　　↑ 왕잠자리의 산란　　↑ 왕사마귀의 산란

COLUMN 깨알지식　짝짓기란 수컷과 암컷이 짝을 이루어서 수컷이 암컷의 몸에 정자를 넣는 것을 말합니다.

4 겨울 동물

★★★ 겨울 동물의 모습

겨울이 되면 기온이 내려가서 동물은 거의 활동을 하지 않습니다. 그 때문에 곤충이나 다른 동물도 거의 볼 수 없습니다. 다만, 추운 북쪽 나라에서 겨울을 지내기 위해 찾아오는 새가 있습니다.

〈겨울에 볼 수 있는 동물〉

이동을 해서 온 큰고니, 흑두루미, 재두루미, 청둥오리, 기러기 등이 있습니다.

⇧ 큰고니

⇧ 흑두루미

⇧ 청둥오리

★★★ 겨울잠

겨울 동안에 동굴 속, 땅속, 낙엽 밑, 물속 등에서 꼼짝하지 않고 잠을 자면서 겨울을 지내는 동물이 있습니다. 이와 같은 동물의 모습을 겨울잠이라고 합니다. 개구리나 뱀 등은 체온이 기온과 함께 변화하는데, 겨울에는 체온이 많이 내려가서 잘 움직일 수 없어 먹이를 구하기 어렵기 때문에 겨울잠을 자는 것입니다. 곰은 포유류의 한 부류라서 체온은 기온과 상관없이 거의 일정하지만, 동굴 속에서 겨울잠 상태에 들어가고, 이 시기에 새끼를 낳습니다. 같은 포유류인 박쥐, 겨울잠쥐도 겨울잠을 자는데, 겨울잠을 자는 동안은 체온이 내려갑니다.

겨울잠쥐 ⇨

※ⓒアフロ

제2장　계절과 생물

곤충의 겨울나기

중요도 ★★★

곤충은 종류에 따라서 알, 애벌레, 번데기, 성충의 모습으로 겨울을 지냅니다. 성충으로 겨울을 지내는 곤충 중 하나인 칠성무당벌레는 낙엽이나 바위 밑과 같이 온도 변화가 작은 곳에 모여 겨울을 지냅니다. 또한 개미나 꿀벌은 비교적 온도 변화가 작은 둥지 안이나 땅속에서 겨울을 지냅니다.

비교 — 곤충의 겨울나기

알	유충	번데기	성충
• 사마귀…알은 '알주머니'에 둘러싸여 있다 • 귀뚜라미…땅속 • 메뚜기…땅속 • 고추좀잠자리…물속 • 천막벌레나방…나뭇가지	• 장수풍뎅이…썩은 잎이 섞인 땅속 • 매미…나무 뿌리가 있는 땅속 • 잠자리…연못이나 늪 등의 물웅덩이 • 주머니나방(도롱이나방, 모기류)…썩은 잎이나 썩은 가지를 모아다 주머니 모양의 집을 짓는다 • 노랑쐐기나방(모기류)…나뭇가지에 고치를 만든다	• 배추흰나비 • 호랑나비 • 박각시나방	• 개미…땅속 둥지 안 • 꿀벌…둥지 안 • 칠성무당벌레…처마 밑이나 바위 속 등 • 네발나비(나비류)…풀숲

COLUMN 더 자세히

노랑쐐기나방은 애벌레 마지막 단계에서 고치를 만들어 겨울을 지내고, 봄이 되어 따뜻해지면 번데기가 됩니다.

겨울에 몸 색깔이 하얗게 되는 동물

겨울이 되면 눈이 내려서 주위가 하얗게 됩니다. 그에 걸맞게 털이나 깃털의 색깔이 하얗게 변하는 동물이 있습니다. 적으로부터 자신을 보호하기 위해서 눈에 잘 보이지 않게 하는 것입니다. 이러한 동물은 여름에는 털이나 깃털이 녹색을 띠는데, 이렇게 하는 것도 주변 색깔에 맞춰서 적으로부터 보호하기 위해서입니다.

⬆여름의 북극여우　　　　　⬆겨울의 북극여우

⬆여름의 담비　　　　　⬆겨울의 담비

⬆여름의 뇌조　　　　　⬆겨울의 뇌조

※©アフロ

제2장 계절과 생물

5 1년동안의 기온의 변화와 동물의 모습

중요도 ★★

기온과 동물의 1년

대부분의 동물은 기온이 올라가면 활발하게 활동합니다. 알을 낳거나 먹이를 구하러 열심히 돌아다닙니다. 기온이 낮아져 추운 계절이 되면 활동이 둔해져서, 다양한 모습으로 겨울을 지내면서 따뜻해지기를 기다립니다.

★★

사마귀의 1년의 모습

알로 겨울을 지낸 왕사마귀는 봄이 되면 알에서 부화해 애벌레가 됩니다. 기온이 높아지는 여름에는 성충이 되어서 왕성하게 활동합니다. 가을이 되면 알을 낳고, 그 알은 다시 겨울을 지냅니다.

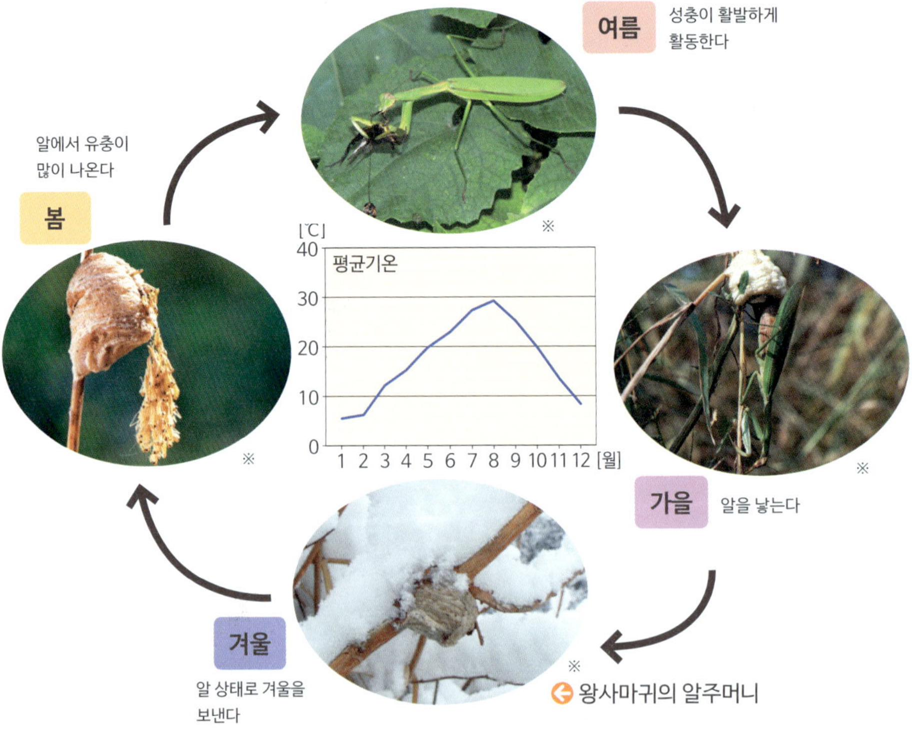

여름 성충이 활발하게 활동한다

봄 알에서 유충이 많이 나온다

평균기온

가을 알을 낳는다

← 왕사마귀의 알주머니

겨울 알 상태로 겨울을 보낸다

개구리(두꺼비)의 1년

3~4월에 걸쳐 겨울잠에서 깨어나서 연못에 알을 낳습니다. 알에서 부화한 올챙이는 작은 곤충이나 물풀 등을 먹고 자라고, 다리가 나오고 꼬리가 없어지면서 개구리의 모습이 됩니다. 여름에서 가을에 걸쳐 작은 벌레와 같은 먹이를 구하러 활발하게 활동합니다. 기온이 내려가 겨울이 되면 땅속에서 겨울잠을 자면서 봄이 오기를 기다립니다.

봄 / ↓ 알 / ↓ 올챙이 / ↓ 다리가 나온 올챙이 / 여름 ~ 가을 / ← 성장한 두꺼비 / 겨울 / ↑ 겨울잠 자는 모습

제비의 1년

봄에 따뜻한 남쪽 나라에서 찾아옵니다. 집 처마 밑 등에 둥지를 틀고 알을 낳습니다. 새끼가 부화하면 어미 새는 먹이가 되는 작은 벌레를 구하러 강가나 들판을 날아다니면서 새끼를 기릅니다. 여름에는 새끼가 무럭무럭 자라고, 기온이 낮아지는 가을이 되면 따뜻한 남쪽 나라로 건너갑니다.

봄 ~ 여름 / ↑ 새끼에게 먹이를 주는 어미 새 / ↓ 제비가 사라진 둥지 / 가을

COLUMN 깨알지식
개구리는 평지에서도 살고 산지에서도 살고 있습니다. 연못이나 늪 등에 한 번에 2,000개~1만 2,000개의 알을 낳습니다.

제2장 계절과 생물

★★☆ ## 이동

계절에 따라 사는 장소를 옮기기 위해서 여행을 떠나는 것을 이동이라고 하며, 이동을 하는 새를 철새라고 합니다. 봄부터 여름에 걸쳐 찾아오는 여름새, 가을부터 겨울에 걸쳐 찾아오는 겨울새가 있습니다.

★★★ ## 여름새

봄부터 여름에 걸쳐 따뜻한 남쪽에서 와서 여름을 나는 새를 말합니다. 이동해 와서는 알을 낳고 새끼를 기릅니다. 가을이 되면 남쪽 나라로 건너갑니다. 제비, 뻐꾸기, 두견새, 큰유리새, 붉은가슴울새, 소쩍새 등이 있습니다.

★★★ ## 겨울새

가을부터 겨울에 걸쳐 추운 북쪽 나라에서 와서 겨울을 보내는 새를 말합니다. 봄이 되면 북쪽 나라로 건너갑니다. 큰고니, 두루미, 청둥오리, 재두루미, 기러기 등이 있습니다.

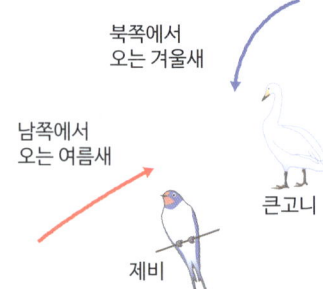

북쪽에서 오는 겨울새 / 남쪽에서 오는 여름새 / 큰고니 / 제비

★★☆ ## 나그네새

이동하는 도중에 잠시 들르는 새입니다. 제비딱새, 검은가슴물떼새, 꼬까도요, 목도리도요 등이 있습니다.

★★★ ## 텃새

1년 내내 사는 장소를 옮기지 않고 같은 장소에서 생활하는 새를 말합니다. 박새, 종달새, 제비, 흰뺨검둥오리, 물까치, 멧비둘기, 큰부리까마귀, 동박새, 때까치 등이 있습니다.

떠돌이새

가까운 지역을 계절에 따라 이동하는 새입니다. 검은머리쑥새처럼 폭넓게 이동하는 것과 휘파람새처럼 산과 평지를 이동하는 것이 있습니다.

밤에 활동하는 동물

올빼미 부류는 사냥감의 작은 소리도 들을 수 있는 귀를 갖고 있어서 밤에 활동합니다. 쥐와 같은 작은 동물이나 파충류, 양서류, 물고기, 곤충 등을 재빠르게 낚아채서 먹습니다.

⬆ 올빼미

⬆ 수리부엉이

너구리나 여우도 밤에 활동합니다. 하지만 한밤중에는 잘 보이지 않습니다. 주로 저녁부터 오후 10시 정도까지와 이른 아침에 활동합니다.

여름에 활발하게 활동하는 곤충 중에는 밤에 활동하는 것이 많이 있습니다. 장수풍뎅이, 사슴벌레, 누에나방 외에 가을밤 벌레 우는 소리로 즐거움을 선사해주는 방울벌레나 왕귀뚜라미가 있습니다. 여치, 그리고 여름밤에 무리 지으며 날아다니면서 환상적인 빛의 무대를 보여주는 반딧불이도 주로 밤에 활동합니다.

⬆ 반딧불이

제 3장 식물의 성장

다양한 식물의 이름

식물 중에는 한 번 들으면 잊히지 않는 재미있는 이름을 가진 것이 있습니다. 그런 것들은 주로 다양한 것에 빗대어서 붙여진 것입니다. 여기에서 몇 가지를 소개해 보겠습니다.

이팝나무

벼농사가 잘되어 쌀밥을 먹게 되는 데서 유래한 것이라고 전해집니다. 입하 무렵에 꽃이 피기 때문에 이팝나무라고 불렀다는 설과, 나무에 열린 꽃이 쌀밥과 같다고 하여 이팝나무라고 불렀다는 설이 있습니다.

미키마우스트리

남아프리카가 원산지인 상록저목입니다. 붉은 꽃받침과 검은 열매가 미키마우스와 닮아서 붙여진 이름입니다.

판다제비꽃

보라색과 흰색이 조화롭게 생긴 모습이 판다의 얼굴과 닮아서 붙여진 이름입니다. 오스트리아가 원산지인 제비꽃으로, 키우기 쉽습니다. 원래 이름은 헤데라케아제비꽃인데 호주제비꽃으로도 불립니다.

방식

손수건나무

※ 중국이 원산지인 낙엽고목입니다. 꽃잎처럼 보이는 2장의 커다란 총포(봉오리를 둘러싸고 있는 잎)가 손수건과 비슷해서 붙여진 이름입니다.

인도와 말레이반도가 원산지인 다년초입니다. 암술과 수술이 고양이 수염과 닮아서 붙여진 이름입니다.

고양이수염

시계꽃

※ 3개로 나뉜 꽃의 암술의 끝이 시계의 문자판에 있는 시곗바늘과 비슷해서 붙여진 이름입니다.

제3장 식물의 성장 방식

이번 장의 학습내용 헤드라인

❓ 씨앗은 어떻게 싹을 틔울까?

모든 생물은 살아가기 위해서 물과 공기가 필요합니다. 씨앗이 싹을 틔우기 위해서는 이 외에 무엇이 필요할까요? 봄이 되어 기온이 올라가면 식물은 한꺼번에 싹을 틔웁니다. 이러한 점으로 보아 적당한 온도가 필요하다는 것을 알 수 있습니다.

씨앗에서 나온 싹이 자라기 위해서는 물 이외에 비료도 필요합니다. 특히, 식물은 햇빛을 이용한 광합성 작용을 통해서 성장하기 때문에 성장에는 빛도 필요합니다.

이와 같이 식물은 필요한 조건이 갖추어져야만 싹을 틔워서 성장할 수 있습니다.

❓ 씨앗에 비료를 주지 않아도 될까?

씨앗, 즉 종자는 어디에서 양분을 얻어서 싹을 틔우는 것이 아니라 씨앗 속에 발아에 필요한 양분을 갖추고 있습니다. 그 양분이란 주로 녹말(전분)입니다.

우리는 벼, 옥수수, 밤의 씨 부분을 먹고 있습니다. 우리는 이러한 씨앗에 포함되어 있는 녹말을 얻어서 양분으로 삼고 있습니다.

녹말이 있는 것을 확인하기 위해서 아이오딘-아이오딘화칼륨 용액을 사용합니다. 녹말이 있으면 푸른빛을 띤 보라색으로 변합니다.

꽃에도 수컷과 암컷이 있을까?

꽃에서는 '수컷', '암컷'이라고 하지는 않지만, 동물의 수컷과 암컷의 차이가 있는 것처럼 꽃에도 '수술', '암술'이라는 것이 있습니다.

꽃의 구조는 식물의 종류에 따라 다르지만, 수술과 암술이 있는 것은 거의 같습니다.

수술과 암술이 각각 다른 꽃으로 분류된 식물도 있는데, 이러한 꽃은 각각 '수꽃', '암꽃'으로 불립니다.

식물은 왜 꽃을 피울까?

많은 식물은 씨앗을 만들어서 종족을 번식합니다.

꽃 속의 수술에서 만들어진 꽃가루가 암술 끝에 달라붙으면, 암술 속에서 씨앗이 만들어집니다. 그래서 꽃을 피우는 것은 씨앗을 만들기 위한 것이라고 해도 좋을 것입니다.

씨앗을 만드는 데 필요한 꽃가루는 여러 방법에 의해 암술에 옮겨집니다. 곤충의 몸에 달라붙거나, 바람에 날려 꽃가루는 암술까지 옮겨 옵니다. 거기에서 생긴 씨앗은 특히 다양한 방법으로 옮겨지고, 옮겨진 곳에서 싹을 틔웁니다.

이와 같이 식물은 꽃을 피우거나 씨앗을 만드는 일로 생명을 이어갑니다.

제3장 식물의 성장 방식

01 식물의 발아와 성장

1 발아의 조건

중요도
★★★ **씨앗**
씨앗은 식물의 생명을 이어가는 것입니다. 암술 끝에 꽃가루가 붙으면(수분), 암술이 있는 부분이 열매가 되고 열매 안에 씨앗이 생깁니다.

★★★ **발아**
씨앗에서 싹이 나오는 것을 발아라고 합니다. 씨앗은 조건이 갖춰져 있지 않으면 발아할 수 없습니다.

★★★ **발아의 조건**
씨앗이 발아하기 위해서는 물, 공기, 적당한 온도, 이 세 가지가 필요합니다. 또 많은 식물에서는 발아에 햇빛과 비료는 필요하지 않습니다.

●발아와 물
2개의 용기 ①, ②에 탈지면을 넣고, ①은 물에 적셔둡니다. 각각 강낭콩 씨앗을 놓고, 씨앗이 발아하는지를 비교합니다.

① 물에 적셔둔 탈지면

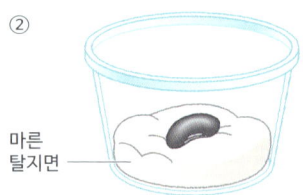
② 마른 탈지면

물을 준 ①에서는 발아하고 물을 주지 않은 ②에서는 발아하지 않은 점으로 보아, 씨앗의 발아에는 물이 필요하다는 것을 알 수 있습니다.

바꾸는 조건	물	①준다	②주지 않는다
같은 조건	공기	있다	
	온도	25℃ 정도	

발아했다 / 발아하지 않았다

COLUMN 깨알지식

비료가 함유되어 있지 않은 흙에는 질석과 진주암이 있습니다. 그래서 씨앗의 발아에 비료가 필요 없는 것인지 조사할 때, 식물의 성장에 비료가 필요한 것인지를 조사할 때에 사용됩니다.

●발아와 공기

2개의 용기 ③, ④에 탈지면을 넣고, ③은 물에 적셔두고 ④에는 용기 안에 물을 넣어, 각각 강낭콩 씨앗을 놓아서 씨앗이 발아하는지를 비교합니다.

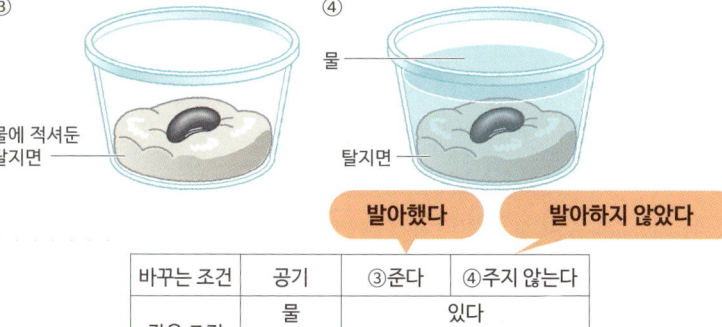

바꾸는 조건	공기	③준다	④주지 않는다
같은 조건	물	있다	
	온도	25℃ 정도	

공기를 준 ③에서는 발아하고 공기를 주지 않았던 ④에서는 발아하지 않은 점으로 보아, 씨앗의 발아에는 공기가 필요하다는 것을 알 수 있습니다.

●발아와 적당한 온도

2개의 용기 ⑤, ⑥에 물에 적셔둔 탈지면을 넣어 각각 강낭콩 씨앗을 두고, ⑤는 햇빛이 들지 않는 어두운 곳에, ⑥은 냉장고에 넣어서 씨앗이 발아하는지를 비교합니다.

바꾸는 조건	온도	⑤25℃ 정도	⑥5℃ 정도
같은 조건	물	있다	
	공기	있다	

온도가 25℃였던 ⑤에서는 발아하고 온도가 5℃였던 ⑥에서는 발아하지 않은 점으로 보아, 씨앗의 발아에는 적당한 온도가 필요하다는 것을 알 수 있습니다.

 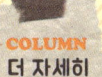

COLUMN 더 자세히

조사할 조건만을 바꾸고 다른 조건은 같게 해서 하는 실험을 대조실험이라고 합니다. 이와 같은 실험을 하면 실험 결과가 조사하는 조건의 차이에 달려 있다는 점을 알 수 있습니다.

다양한 씨앗의 발아

대부분의 식물의 발아에는 햇빛은 필요하지 않지만, 물을 흡수한 후에 햇빛이 들지 않으면 발아하지 않는 경우도 있습니다. 이와 같이 싹이 트는 과정에서 빛이 필요한 종자를 광발아 씨앗이라고 합니다. 대표적으로 양상추나 담배가 광발아 씨앗입니다.

이것과는 반대로 빛이 들면 발아하기 힘든 씨앗도 있습니다. 이와 같은 씨앗을 암발아 씨앗이라고 합니다. 호박이나 맨드라미가 암발아 씨앗에 속합니다.

↑ 양상추 꽃

씨앗의 발아에는 공기가 필요하지만, 벼는 공기가 없는 물속에서도 발아할 수 있습니다. 이것은 벼의 씨앗이 물속에 녹아 있는 적은 양의 산소를 이용할 수 있기 때문입니다. 그러나 발아한 후에는 가능한 한 빨리 산소가 있는 수면 위로 잎을 내지 않으면 죽어버립니다. 그래서 물속의 벼 씨앗은 뿌리보다도 먼저 싹을 틔워서 자랍니다.

↑ 벼의 발아

씨앗 중에는 씨껍질이 단단하다는 것 등의 이유로 물이 스며들지 못해 쉽게 발아할 수 없는 것이 있습니다. 이러한 씨앗은 땅속에서 미생물에 의해 분해되어 부드러워지거나 모래나 씨껍질이 서로 닿아서 쌓이기도 합니다. 혹은 새가 먹어서 반은 소화되거나, 소에게 밟혀 갈라지거나 해서 간신히 발아하는 경우도 있습니다. 이와 같은 씨앗을 경실이라고 합니다.

나팔꽃은 가장 일반적인 경실입니다. 판매되고 있는 씨앗은 미리 흠을 내어둔 것이라서 쉽게 발아합니다. 그러나 자연 속에서 얻은 씨앗은 흠이 나 있지 않습니다, 따라서 전지라 해서, 씨앗의 등 부분(둥근 부분)을 줄로 갈고 난 후에 뿌립니다. 이렇게 하면 발아가 쉬워집니다.

2 씨앗의 구조와 발아

★★★ 씨앗의 구조

씨앗에는 발아를 하는 데 필요한 양분이 포함되어 있는 부분과, 발아한 후에 뿌리, 줄기, 잎이 되는 부분이 있습니다. 또한 씨껍질은 씨앗을 건조함으로부터 지키고 있습니다. 발아에 필요한 양분을 떡잎에 저장해두고 있는 무배유 종자와, 배젖에 저장해두고 있는 유배유 종자 두 종류가 있습니다.

★★ 무배유 종자

배젖이 없고, 발아를 위한 양분을 떡잎에 저장해두고 있는 씨앗입니다. 씨앗의 알맹이가 2개로 나뉘어 있는 것이 많습니다.

★★ 유배유 종자

발아에 필요한 양분을 배젖에 저장해두고 있는 씨앗입니다. 어린잎, 배, 어린뿌리, 떡잎을 명확하게 구별할 수 없는 것이 많습니다. 외떡잎식물은 전부 유배유 종자입니다.

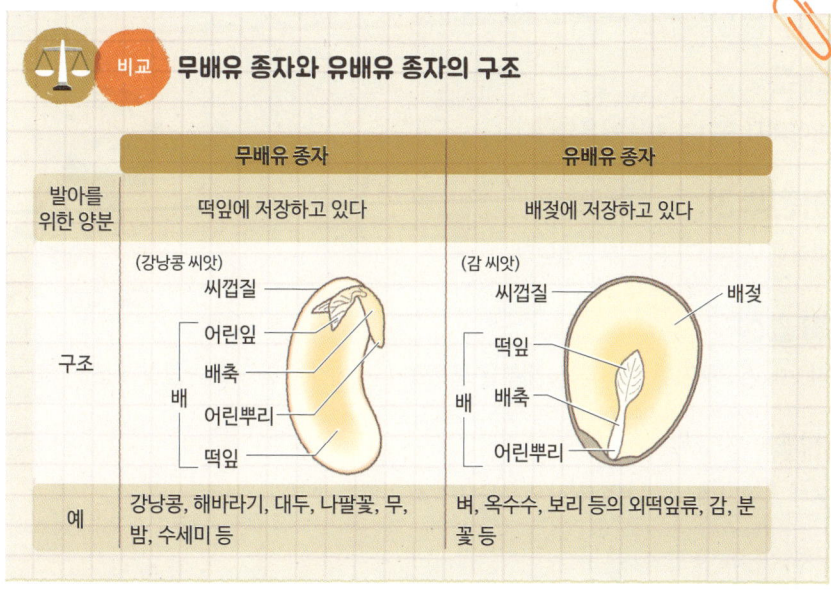

비교 무배유 종자와 유배유 종자의 구조

	무배유 종자	유배유 종자
발아를 위한 양분	떡잎에 저장하고 있다	배젖에 저장하고 있다
구조	(강낭콩 씨앗) 씨껍질, 어린잎, 배축, 어린뿌리, 떡잎	(감 씨앗) 씨껍질, 배젖, 떡잎, 배축, 어린뿌리
예	강낭콩, 해바라기, 대두, 나팔꽃, 무, 밤, 수세미 등	벼, 옥수수, 보리 등의 외떡잎류, 감, 분꽃 등

제3장 식물의 성장 방식

중요도

★★★ **떡잎**

씨앗이 발아할 때에 처음 나오는 잎입니다. 벼나 옥수수 등은 1장의 떡잎이, 강낭콩이나 감 등은 2장의 떡잎이 나옵니다. 떡잎이 1장인 식물을 외떡잎식물이라고 하며, 2장인 식물을 쌍떡잎식물이라고 합니다. 무배유 종자에서는, 발아를 위한 양분을 저장하고 있는 부분에 해당됩니다.

★★★ **배**

배는 나중에 식물의 몸이 되는 부분입니다. 맨 처음에 나오는 떡잎, 발아 후에 줄기가 되는 배축, 뿌리가 되는 어린뿌리, 발아해서 잎이 되는 어린잎으로 불리는 부분이 있습니다. 벼나 옥수수 등과 같이 각 부분을 구별하기 어려운 것도 있습니다.

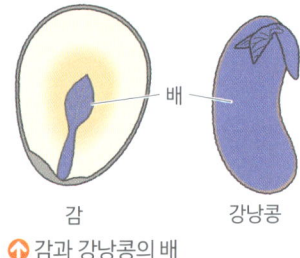

⬆ 감과 강낭콩의 배

★★★ **어린잎**

발아해서 잎이 되는 부분입니다. 잎은 떡잎이 나온 후에 나옵니다. 씨앗이 발아해서 계속 성장하면 잎이 많이 나고 크게 자랍니다.

★★★ **배축**

발아해서 줄기가 되는 부분입니다.

나중에 어느 부분으로 자랄지는 이미 씨앗 상태일 때 결정되어 있네

★★★ **어린뿌리**

발아해서 뿌리가 되는 부분입니다.

★★★ **씨껍질**

씨앗이 건조해지는 것을 막고, 내부를 보호합니다. 씨앗을 덮고 있는 껍질 부분입니다.

★★★ **배젖**

유배유 종자에서, 발아를 위한 양분을 저장하고 있는 부분입니다.

★★★ 강낭콩 씨앗

강낭콩은 배젖이 없는 무배유 종자입니다. 씨껍질 이외의 모든 부분이 배이고, 떡잎에는 녹말이 저장되어 있습니다.

★★★ 해바라기 씨앗

해바라기는 배젖이 없는 무배유 종자입니다. 떡잎은 유분으로 덮여 있고, 배축은 확실하지 않습니다.

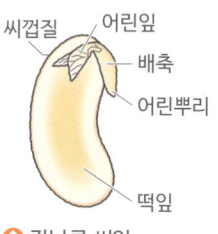
↑ 강낭콩 씨앗

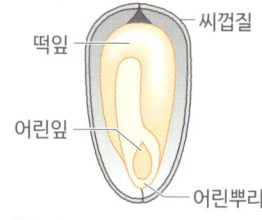
↑ 해바라기 씨앗

★★ 옥수수 씨앗

옥수수는 배젖이 있는 유배유 종자입니다. 배젖에는 발아에 필요한 양분인 녹말이 많이 포함되어 있습니다. 씨앗은 식용으로 먹고 있습니다.

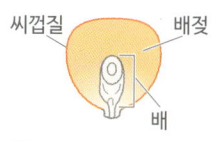
↑ 옥수수 씨앗

★★ 감 씨앗

감은 배젖이 있는 유배유 종자이고, 씨앗 속의 반투명한 부분이 배젖입니다.

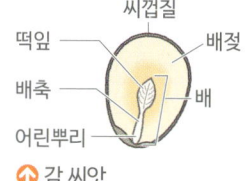
↑ 감 씨앗

★★ 벼 씨앗

벼는 배젖이 있는 유배유 종자입니다. 왕겨를 제거하면 현미로 불리는 쌀이 됩니다. 현미에서 쌀겨(씨껍질)와 배 등을 제거해서 배젖만 남아 있는 것이 백미입니다. 배젖에는 녹말이 많이 함유되어 있는데, 우리는 이것을 먹는 것입니다.

↑ 벼의 씨앗

★★★ 발아 모습

보통은 뿌리가 먼저 나오고, 줄기가 자라서 떡잎이 땅 위로 나온 후, 마지막으로 잎이 나옵니다. 떡잎은 외떡잎식물은 1장, 쌍떡잎식물은 2장이 나옵니다. 소나무처럼 많이 나오는 것도 있으며, 떡잎이 땅 위로 나오는 것과 땅속에 남아 있는 것도 있습니다.

COLUMN 깨알지식 떡잎이 땅속에 남는 쌍떡잎식물에는 완두콩, 누에콩, 밤, 팥 등이 있습니다.

제3장 식물의 성장 방식

★★★ 강낭콩의 발아 모습

처음에 뿌리가 나오고 그다음에 줄기가 자라서, 떡잎이 나와 2개로 갈라집니다. 떡잎 사이에서 잎이 나와 자랍니다. 떡잎은 나중에 시들어서 떨어집니다.

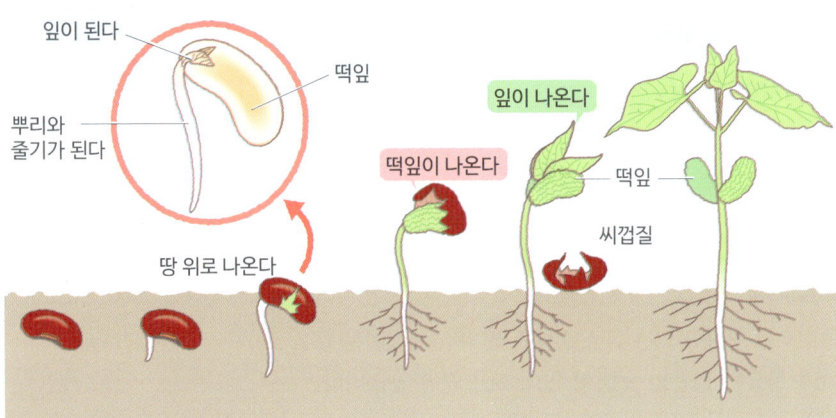

★★★ 옥수수의 발아 모습

처음에 뿌리가 나오고, 그다음에 가늘고 긴 떡잎이 1장 나옵니다.

★★★ 벼의 발아 모습

씨앗이 물에 잠겨 있어도 싹이 나옵니다. 물에 잠겨 있을 때는 처음에 1장의 떡잎이 나오고 나서 뿌리가 나옵니다. 나중에 잎이 땅 위로 자랍니다.

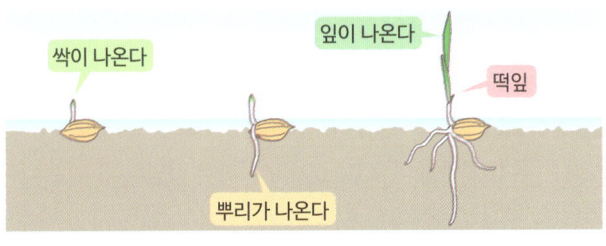

  **COLUMN 깨알지식** 벼나 옥수수, 보리 등의 볏과 식물의 열매는 과육이 없고, 열매껍질이 씨앗과 하나로 되어 있습니다. 이와 같은 과실을 '곡과'라고 합니다.

★★★ 발아와 양분

씨앗이 발아하는 데 필요한 양분은 씨앗 안에 저장되어 있습니다. 무배유 종자는 떡잎에, 유배유 종자는 배젖에 저장되어 있습니다. 예를 들면, 떡잎을 반으로 가르면 양분의 양이 적어져 발아 후 한참 동안은 잘 자라지 않습니다.

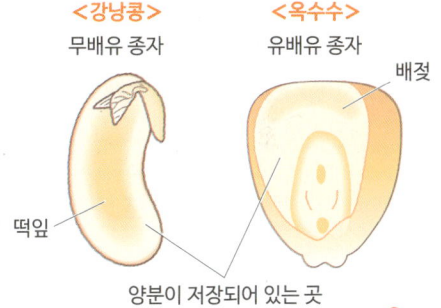

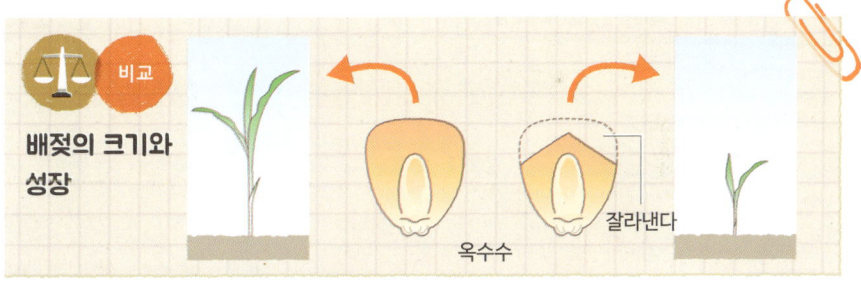

★★★ 녹말(전분)

녹말은 씨앗이 발아하는 데 필요한 양분입니다. 씨앗의 발아뿐만 아니라 생물이 살아가는 데 필요한 양분 중 하나입니다. 쌀이나 밀, 감자 등에 많이 함유되어 있습니다. 녹말은 탄수화물의 일종입니다.

★★★ 아이오딘-아이오딘화칼륨 용액

녹말이 있는지 없는지를 조사할 때에 사용하는 용액입니다. 녹말이 있는 부분에 이 용액을 뿌리면, 푸른빛을 띤 보라색으로 변화합니다. 물에 담가둔 강낭콩의 씨앗을 잘라서 이 용액을 뿌리면, 푸른빛을 띤 보라색으로 변화합니다. 이러한 점으로 보아 강낭콩의 씨앗에는 녹말이 함유되어 있는 것을 알 수 있습니다.

⬆ 아이오딘-아이오딘화칼륨 용액을 뿌리기 전의 강낭콩

⬆ 아이오딘-아이오딘화칼륨 용액을 뿌린 뒤의 강낭콩

※ⓒアフロ

제3장 식물의 성장 방식

아이오딘 녹말 반응
★★★

아이오딘-아이오딘화칼륨 용액은 녹말에 닿으면 푸른 빛을 띤 보라색으로 변화합니다. 이것을 아이오딘 녹말 반응이라고 합니다. 이 반응을 통해서 녹말이 함유되어 있는지 없는지를 조사할 수 있습니다.

아이오딘-아이오딘화칼륨 용액에 푸른빛을 띤 보라색으로 변한 감자

비교 - 발아 전과 후의 씨앗의 양분

	발아 전 씨앗	발아 후 시간이 지난 씨앗
발아 전 씨앗과 발아 후 떡잎에 아이오딘-아이오딘화칼륨 용액을 뿌린다		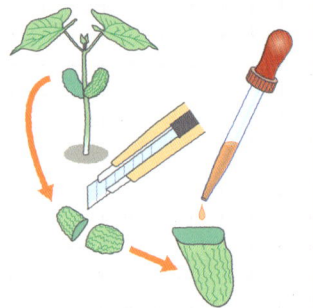
아이오딘 녹말 반응	푸른빛을 띤 보라색으로 변한다 (녹말이 있다)	 푸른빛을 띤 보라색 부분이 보이지 않는다 (녹말이 없다)

발아 전 씨앗에는 녹말이 있고 발아 후 씨앗에는 녹말이 없기 때문에, 발아나 그 이후의 성장을 위해서 녹말이 사용된다는 것을 알 수 있습니다.

  COLUMN 깨알지식 아이오딘-아이오딘화칼륨 용액은 보통 시판되는 루골 용액(물에 아이오딘과 아이오딘화칼륨 등을 녹인 용액)을 3~10배 희석해서 사용합니다.

3 식물의 성장

★★★ 성장의 조건

식물을 기를 때에는 햇빛에 두고 비료를 줍니다. 식물이 성장하기 위해서는 발아 조건인 물, 공기, 적당한 온도 이외에도, 햇빛, 비료가 필요합니다.

〈성장과 햇빛의 관계를 조사하는 실험〉

방법
① 강낭콩의 모종을 2개 준비해서 ⓐ, ⓑ 모두 양지바른 곳에 두고, ⓑ에는 덮개를 씌웁니다
② ⓐ, ⓑ 모두 비료를 넣은 물을 매일같이 같은 양으로 줍니다
③ 약 1주일 후에 ⓐ, ⓑ의 성장하는 모습을 비교합니다

결과 ⓐ에서는 잎이 진한 녹색을 띠고 잎의 개수도 많아지면서 잘 자라지만, ⓑ에서는 잎은 노래지면서 잎의 개수도 적어지고 비슬비슬하며 잘 자라지 않았다.

ⓐ와 ⓑ의 식물이 성장하는 모습을 통해서 식물의 성장에는 햇빛이 필요하다는 것을 알 수 있습니다. 식물이 햇빛을 쐬면 광합성을 해서 양분(녹말)을 만들기 때문에 튼튼하게 자랍니다. 햇빛을 받지 못하면 광합성이 이루어지지 않아 성장이 더디고 나중에는 시들어버립니다.

제3장　식물의 성장 방식

〈성장과 비료의 관계를 조사하는 실험〉

방법
① 강낭콩 모종을 2개 준비해서 ⓒ, ⓓ 모두 양지 바른 곳에 둡니다.
② ⓒ에는 매일 비료를 넣은 물을 주고, ⓓ에는 매일 같은 양의 물을 줍니다.
③ 약 2주일 후에 ⓒ, ⓓ의 성장하는 모습을 비교합니다.

결과 ⓒ에서는 잎의 개수도 많아지고 잘 자라지만, ⓓ에서는 잎의 개수도 적어지고 잘 자라지 않았다.

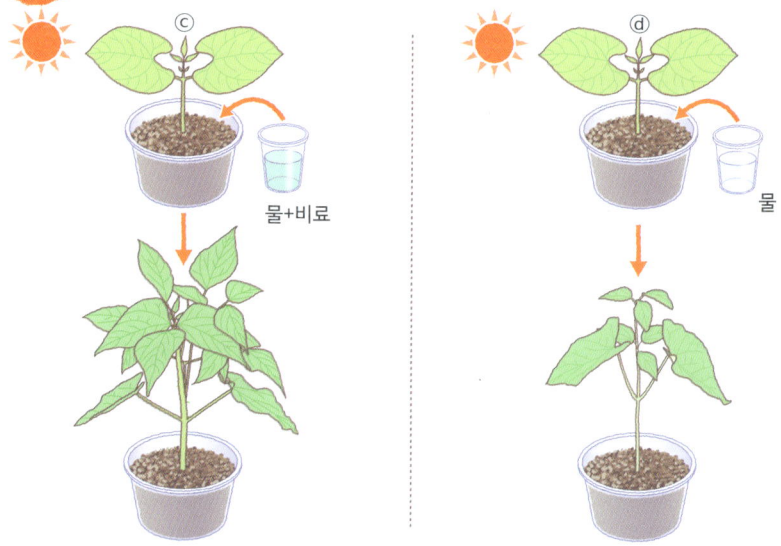

ⓒ와 ⓓ의 식물이 성장하는 모습을 통해서 식물의 성장에는 비료가 필요하다는 것을 알 수 있습니다.

식물이 자라기 위해서는 햇빛과 비료가 필요한 거구나

굴광성과 굴지성

식물이 자라기 위해서는 물, 공기, 적당한 온도, 햇빛, 비료 5개의 조건이 필요합니다. 그러나 이러한 조건이 갖추어지지 않을 경우에는 식물은 움직일 수 없기 때문에, 이러한 것들을 얻기 위해서 굴성이라고 하는 성질로 환경의 변화에 대응하고 있습니다.

식물이 심어진 화분에 구멍을 낸 덮개를 씌워서 한참 동안 방치해둡니다. 그러면 줄기는 햇빛이 오는 방향을 향해 자랍니다. 햇빛을 받아 성장하려는 것입니다. 이것을 양성굴광성이라고 합니다. 줄기와는 반대로 뿌리는 빛이 오는 방향과는 반대 방향으로 자라려고 하는 성질이 있습니다. 이것을 음성굴광성이라고 합니다.

햇빛을 받으면 줄기는 햇빛 쪽으로, 뿌리는 반대 방향으로 자랍니다

식물은 중력(지구가 물체를 중심 방향으로 끌어당기는 힘)에 대해서도 정해진 성질을 보입니다.

뿌리는 중력에 반응하여 아래로 자라는 성질이 있습니다. 이것을 양성굴지성이라고 합니다. 이와 같은 성질이 있기 때문에, 뿌리는 햇빛이 없는 땅속에서도 밑으로 향할 수가 있는 것입니다.

뿌리와는 반대로 줄기는 중력과는 반대 방향으로 자라려고 하는 성질이 있습니다. 이것을 음성굴지성이라고 합니다.

예를 들면, 화분이 쓰려졌을 때에 가만히 두면 줄기가 위를 향해서 자라는 것이 관찰됩니다. 이때, 뿌리는 양성굴지성 때문에 아래를 향해서 자랍니다.

쓰러지면 줄기는 중력과 반대로 자라고, 뿌리는 아래로 자랍니다

이처럼 식물은 성장하기 위한 성질을 원래부터 갖고 있습니다.

제3장 식물의 성장 방식

02 꽃에서 열매로

1 꽃의 구조

★★★ **꽃의 구조**

수술, 암술, 꽃잎, 꽃받침이 갖추어져 있는 꽃과, 수술만을 가진 꽃, 암술만 갖고 있는 꽃, 꽃받침과 꽃잎이 없는 꽃 등, 꽃의 종류에 따라서 구조는 다릅니다.

★★★ **나팔꽃의 구조**

바깥쪽에서부터 차례로, <u>꽃받침</u>, <u>꽃잎</u>, 수술, 암술이 달려 있습니다. 꽃받침은 5장이고, 5장의 꽃잎이 붙어 있는 <u>통꽃(합판화)</u>입니다. 수술은 5개, 암술은 1개 있고, 암술이 있는 곳에 <u>씨방</u>이 있습니다.

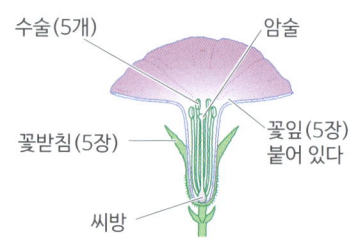

★★★ **암술**

꽃의 중심에 1개 있습니다. 암술 끝부분을 <u>암술머리</u>, 암술머리와 <u>씨방</u>을 연결하는 부분을 암술대, 아래의 불룩한 부분을 <u>씨방</u>이라고 합니다. 밑에 꿀을 내는 꿀샘을 갖춘 것도 있습니다.

★★★ **암술머리**

암술의 끝부분입니다. 끈적끈적해서 꽃가루가 잘 달라붙고, 털이 나 있는 것도 있습니다.

⬆ 나팔꽃의 암술머리

★★★ **씨방**

암술 밑의 불룩한 부분입니다. <u>수분</u> 후, 성장해서 열매가 됩니다. 씨방이 없는 식물(겉씨식물)은 열매를 맺지 못합니다.

COLUMN 더 자세히

씨방은 유채나 나팔꽃, 감 등에서는 꽃받침 위에 달려 있지만, 사과나 수세미, 수박 등에서는 꽃받침 밑에 달려 있습니다.

★★★ 밑씨

씨방 속에 있는 작은 알갱이로, 밑씨의 개수는 식물을 종류에 따라 따릅니다. 수분 후, 자라서 씨앗이 됩니다. 밑씨가 씨방으로 싸여 있는 식물을 속씨식물이라고 합니다.

★★★ 수술

수술은 암술을 감싸듯이 붙어 있는데, 수술의 개수는 식물의 종류에 따라 다릅니다. 수술 끝이 꽃가루주머니처럼 볼록한 부분을 꽃밥이라고 하며 꽃가루가 들어 있습니다. 꽃밥을 받치고 있는 가느다란 자루와 같은 부분을 수술대라고 합니다.

★★★ 꽃밥

수술 끝에 달려 꽃가루를 만드는 장소입니다. 꽃밥은 주머니 모양으로 되어 있어서 꽃가루주머니라고도 합니다.

↑ 나팔꽃의 꽃밥

★★★ 꽃가루

꽃밥에 들어 있는 가루처럼 생긴 작은 알갱이입니다. 암술의 암술머리에 꽃가루가 붙는 것을 수분이라고 합니다. 수분이 이루어지면 마침내 밑씨는 씨앗이 되고, 씨방은 열매가 됩니다.

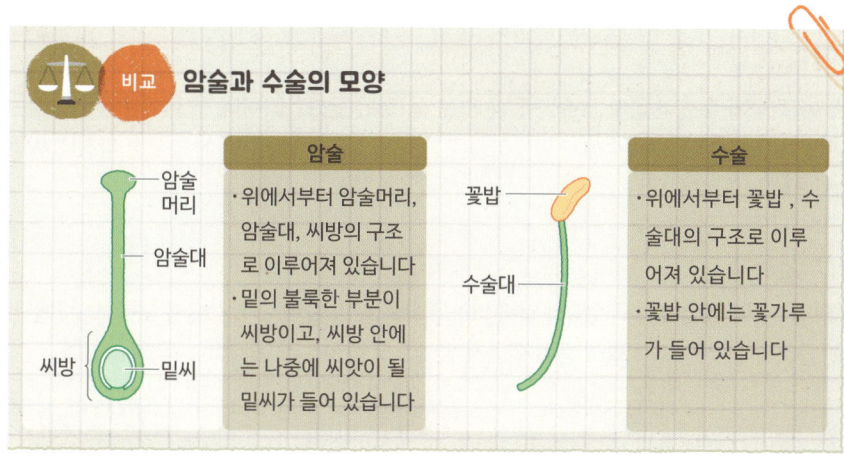

※ⓒアフロ

제3장 식물의 성장 방식

★★★ 꽃잎
꽃에서 가장 눈에 잘 띄는 부분으로 수술과 암술을 보호하듯이 감싸고 있습니다. 꽃잎의 수는 종류에 따라 다릅니다. 꽃잎을 화판이라고도 하며, 꽃잎이 1장씩 떨어져 있는 꽃을 갈래꽃(이판화)이라고 합니다. 꽃잎이 밑에 달려 있는 꽃을 통꽃이라고 합니다.

★ 꽃받침
꽃의 뿌리를 감싸듯이 달려 있습니다. 꽃봉오리는 내부를 보호하고 꽃잎을 받치고 있습니다.

★★★ 수세미 꽃의 구조
수술만 달려 있는 수꽃과, 암술만 달려 있는 암꽃이 있습니다. 이와 같은 꽃을 단성화라고 합니다. 암꽃은 꽃받침에 긴 씨방이 있어 구분할 수 있습니다. 수꽃, 암꽃 모두 5장의 꽃잎이 꽃받침에 달려 있는 통꽃입니다. 또한 수술과 암술 끝이 모두 갈라져서 울퉁불퉁한 것이 특징입니다.

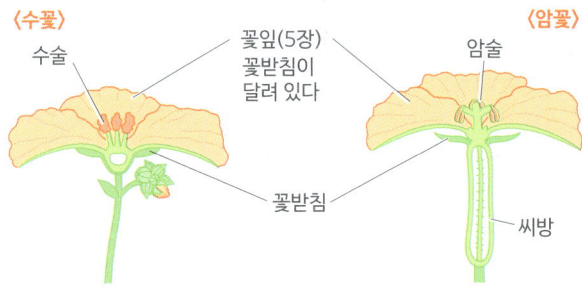

★★★ 암꽃
하나의 꽃에 수술이 없고 암술만 달려 있는 꽃으로, 단성화입니다. 속씨식물인 암꽃에는 씨방이 있고, 수꽃의 수술에서 만들어진 꽃가루가 암술의 암술머리에 붙으면 마침내 씨방이 열매가 됩니다.

★★★ 수꽃
하나의 꽃에 암술이 없고 수술만 달려 있는 꽃으로, 단성화입니다. 수술 부분에서 꽃가루가 만들어져서, 바람이나 벌레 등에 의해서 암꽃으로 꽃가루가 옮겨집니다.

COLUMN 깨알지식 수세미의 열매가 익으면, 안에 줄기와 같은 단단한 실이 그물코처럼 발달합니다.

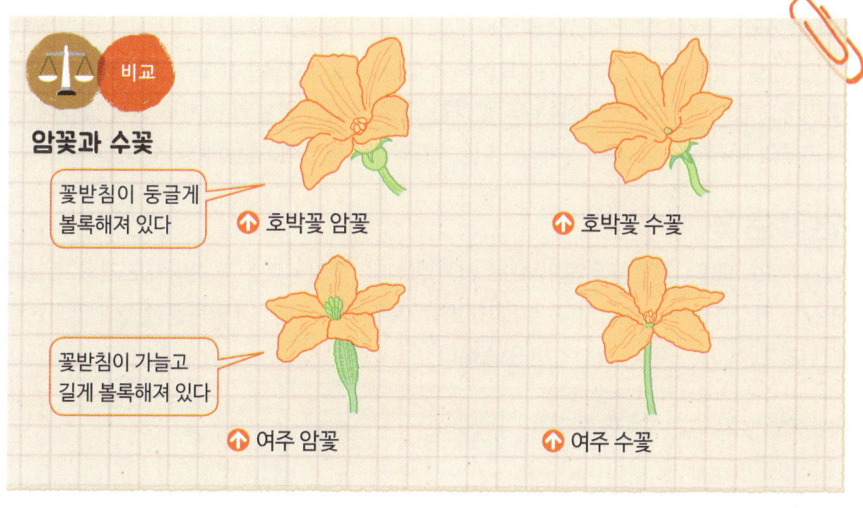

★★★ 양성화

하나의 꽃에 암술과 수술이 붙어 있는 꽃입니다. 나팔꽃, 유채, 벚꽃, 완두콩, 민들레, 벼 등이 있습니다.

★★★ 단성화

하나의 꽃에 암술과 수술 중 하나만 달려 있는 꽃입니다. 암술만 있는 꽃을 암꽃, 수술만 있는 꽃을 수꽃이라고 합니다. 단성화의 종류에는 암꽃과 수꽃이 한 그루에 있는 암수한그루와, 암꽃과 수꽃을 따로 피우는 암수딴그루가 있습니다. 암수한그루에 해당하는 식물은 수세미, 호박, 옥수수, 소나무 등이 있습니다. 암수딴그루에 해당하는 식물에는 은행나무, 버드나무, 뽕나무 등이 있습니다.

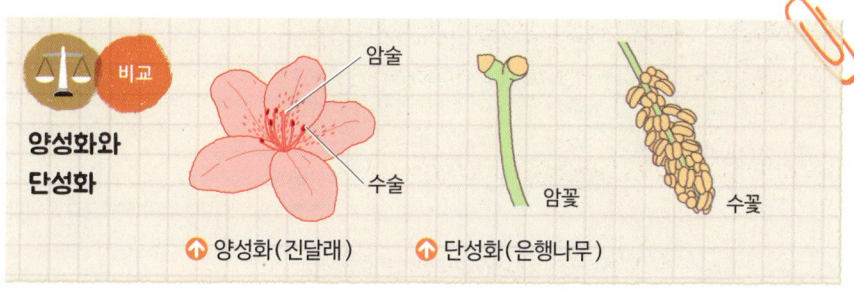

제3장 식물의 성장 방식

★★★ 갖춘꽃

암술, 수술, 꽃잎, 꽃받침을 꽃의 4요소라고 합니다. 꽃의 4요소가 모두 갖춰진 꽃을 갖춘꽃이라고 합니다. 보통, 바깥쪽부터 꽃받침, 꽃잎, 수술, 암술의 순서로 달려 있습니다. 갖춘꽃의 종류에는 나팔꽃, 유채꽃, 벚꽃, 맨드라미, 민들레, 진달래 등이 있습니다.

★★★ 안갖춘꽃

암술, 수술, 꽃잎, 꽃받침을 꽃의 4요소라고 합니다. 꽃의 4요소 중 하나라도 갖춰져 있지 않으면 안갖춘꽃이라고 합니다. 수세미, 호박, 여주, 옥수수, 소나무 등은 수꽃과 암꽃으로 나뉘었고, 벼에는 꽃잎, 꽃받침이 없습니다.

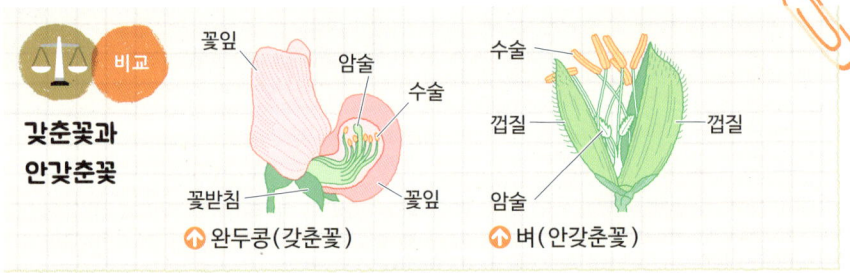

갖춘꽃과 안갖춘꽃

⬆ 완두콩(갖춘꽃) ⬆ 벼(안갖춘꽃)

★★★ 유채꽃의 구조

바깥쪽부터 꽃받침, 꽃잎, 수술, 암술이 순서대로 달려 있는 갖춘꽃으로 양성화입니다. 꽃받침, 꽃잎은 4장이고, 꽃잎이 1장씩 떨어져 있는 갈래꽃입니다. 수술은 6개인데, 2개는 짧고 4개는 깁니다. 암술의 꽃받침에는 꿀을 내는 꿀샘이 있습니다. 꽃은 나무 아래쪽부터 핍니다.

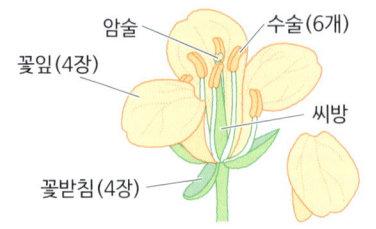 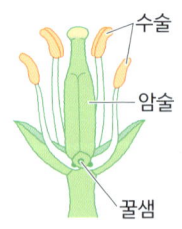 

십자 모양으로 보인다

★★★ 벚꽃의 구조

바깥쪽부터 순서대로 꽃받침, 꽃잎, 수술, 암술이 달려 있는 갖춘꽃으로 양성화입니다. 꽃받침, 꽃잎은 5장이고, 꽃잎은 1장씩 떨어져 있는 갈래꽃입니다. 수술은 많고, 암술은 1개 있습니다. 수많은 수술이 꽃잎으로 변화한 것이 천엽벚나무입니다.

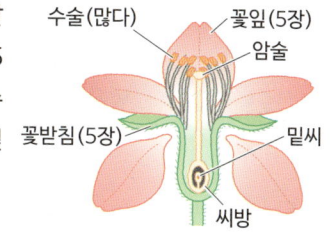

★★ 완두 꽃의 구조

바깥쪽부터 순서대로 꽃받침, 꽃잎, 수술, 암술이 달려 있는 갖춘꽃으로 양성화입니다. 꽃받침, 꽃잎은 5장이고, 꽃잎은 1장씩 떨어져 있는 갈래꽃입니다. 수술은 10개이고, 1개만 떨어져 있습니다. 암술은 1개이고, 끝은 솔처럼 되어 있어 꽃가루가 달라붙기 쉽습니다.

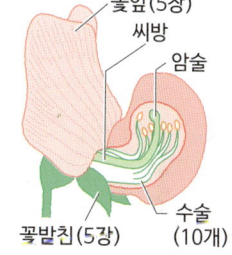

★★ 갈래꽃(이판화)

꽃잎을 화판이라고도 합니다. 쌍떡잎식물 중 유채꽃, 벚꽃 등과 같이 꽃잎(화판)이 1장씩 떨어져 있는 꽃을 갈래꽃이라고 합니다.

★★★ 민들레 꽃의 구조

민들레 꽃은 수많은 작은 꽃으로 이루어져 있습니다. 하나의 꽃에는 꽃잎이 5장 붙어 있어 1장처럼 보입니다(통꽃). 수술은 5개, 암술은 1개로 양성화입니다. 꽃받침에 해당하는 갓털은 열매가 다 익은 후, 우산 모양의 털이 달려 씨앗이 바람에 의해 멀리 날아갈 수 있도록 합니다.

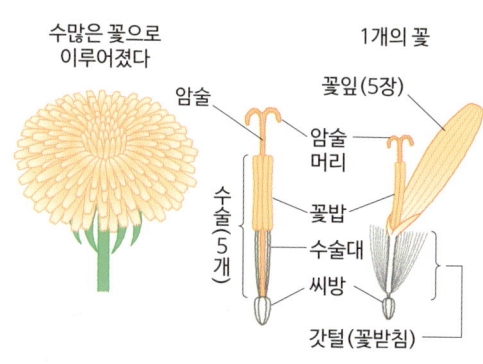

제3장 식물의 성장 방식

진달래꽃의 구조

봄에 붉은색과 흰색의 꽃을 피웁니다. 바깥쪽부터 순서대로 꽃받침, 꽃잎, 수술, 암술이 달려 있는 갖춘꽃으로 양성화입니다. 꽃받침, 꽃잎은 5장이고, 꽃잎은 꽃받침에 달려 있는 통꽃입니다. 잎은 5개로 나뉘어 있습니다. 기다란 5~10개의 수술이 눈에 띕니다.

통꽃(합판화)

꽃잎을 화판이라고도 합니다. 쌍떡잎식물 중 나팔꽃과 민들레, 진달래 등과 같이 꽃잎(화판)이 꽃받침에 붙어 있는 꽃을 말합니다. 수꽃과 암꽃으로 나뉘어 있는 수세미, 호박, 여주 등도 통꽃입니다.

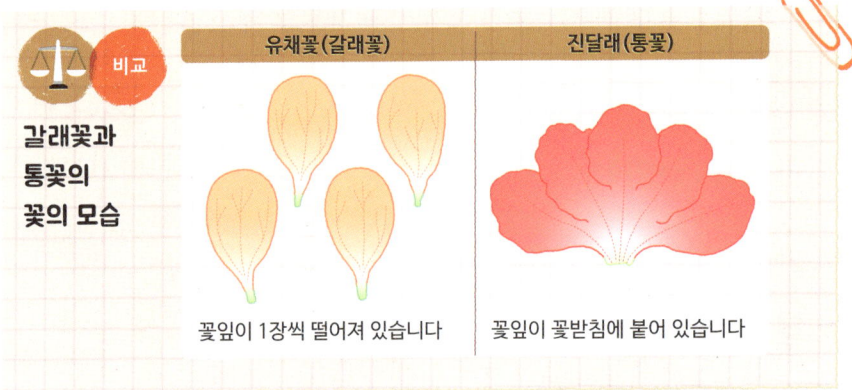

갈래꽃과 통꽃의 꽃의 모습

유채꽃(갈래꽃): 꽃잎이 1장씩 떨어져 있습니다.
진달래(통꽃): 꽃잎이 꽃받침에 붙어 있습니다.

벼꽃의 구조

벼는 꽃받침과 꽃잎이 없는 안갖춘꽃으로, 수술과 암술이 하나의 꽃에 있는 양성화입니다. 수술은 6개, 암술은 1개 있으며, 끝이 2개로 갈라져 있습니다. 꽃잎이 없는 대신에 껍질 부분이 수술과 암술을 감싸고 있습니다. 바깥껍질(외영)과 안껍질(내영)은 열매가 생길 때에 왕겨가 되는 부분입니다.

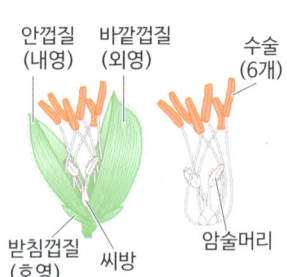

★★★ 옥수수 꽃의 구조

옥수수는 한 그루에 수술이 달려 있는 수꽃과, 암술이 달려 있는 암꽃을 피우는 단성화로 안갖춘꽃입니다. 수꽃은 줄기 맨 위에 붙어 있고, 암꽃은 잎이 붙은 부분에 있는 이삭 안에 있습니다. 이삭에서 나온 수염 같은 것은 암술의 한 부분입니다. 끝에 암술머리가 있고, 옥수수염의 수만큼 암이삭 안에 가지런하게 놓여 있습니다. 벼와 마찬가지로 꽃잎과 꽃받침이 없고 껍질이 있습니다.

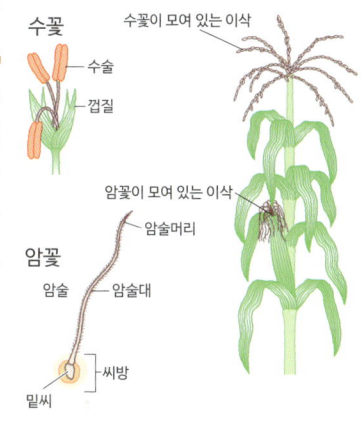

★★★ 소나무 꽃의 구조

소나무 꽃은 수꽃과 암꽃이 한 그루에서 피는 단성화입니다. 꽃잎, 꽃받침, 수술, 암술이 없는 안갖춘꽃으로, 비늘잎(인편, 인엽)이라고 하는 가늘고 각진 비늘처럼 생긴 것이 겹쳐진 모양을 하고 있습니다. 암꽃은 새롭게 자란 나뭇가지 끝에 붙어 있고, 씨방이 없고, 비늘잎에 밑씨가 노출되어 붙어 있는 겉씨식물입니다. 수꽃은 암꽃보다 조금 밑에 붙어 있는데, 꽃가루가 들어 있는 꽃밥(꽃가루주머니)이 비늘잎에 달려 있습니다. 암꽃은 마침내 솔방울이 됩니다.

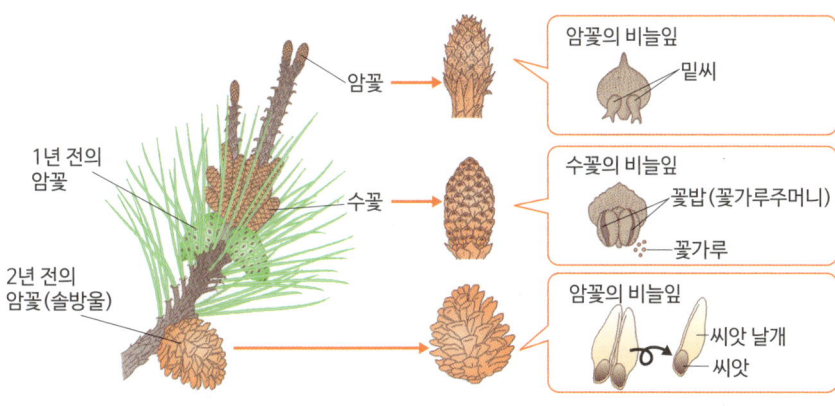

제3장 식물의 성장 방식

2 열매와 씨앗이 생기는 방법

중요도
★★★
꽃가루의 역할

꽃가루가 암술머리에 달라붙으면, 열매가 생기고 안에는 씨앗이 생깁니다. 그러나 꽃가루가 암술머리에 붙지 않으면 열매는 생기지 않습니다. 이와 같이 꽃가루는 식물이 씨앗을 만들기 위한 중요한 역할을 하고 있습니다.

★★★
수분

수술의 꽃밥에서 나온 꽃가루가 암술머리에 붙는 것을 수분이라고 합니다. 수분을 하면 암술에 있는 씨방이 열매가 되고, 안에 씨앗이 생깁니다.

〈꽃가루의 작용을 조사하는 실험〉

 방법
① 다음 날에 필 것 같은 수세미의 암꽃 ⓐ, ⓑ 2개의 봉오리에 봉지를 씌웁니다
② 꽃이 피면 한쪽 암술 끝에 꽃가루를 묻혀 곧바로 봉지를 씌웁니다. 다른 한쪽은 봉지를 씌운 채로 둡니다.
③ 꽃이 시들면 둘 다 봉지를 벗깁니다.
④ ⓐ와 ⓑ에 열매가 생기는지를 조사합니다.

결과 ⓐ에서는 열매가 생기고 ⓑ에서는 열매가 생기지 않았다.

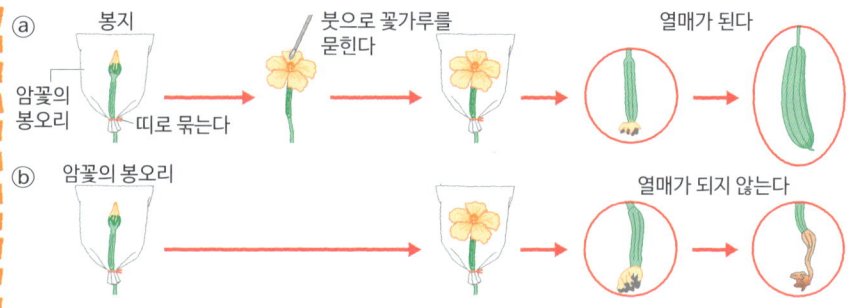

ⓐ에서는 열매가 생기고 ⓑ에서는 열매가 생기지 않습니다. 열매가 생기기 위해서는 암술머리에 꽃가루가 붙는 것(수분)이 필요하다는 것을 알 수 있습니다.

★★★ 자가수분

같은 꽃 안에서 수술의 꽃가루가 암술머리로 수분하는 것을 말합니다. 나팔꽃, 벼, 완두콩 등에서 볼 수 있습니다.

★★★ 타가수분

수술의 꽃가루를 같은 종류의 다른 꽃의 암술머리로 수분하는 것을 말합니다. 대부분의 꽃에서 볼 수 있는 수분으로, 바람이나 곤충 등이 꽃가루를 운반하는 역할을 합니다.

★★★ 인공수분

과수나 원예식물의 열매를 잘 맺게 하기 위하여 인공적으로 수분을 시키는 것입니다. 사과나 멜론, 배 등의 재배에 이용되고 있습니다.

↑ 사과의 인공수분

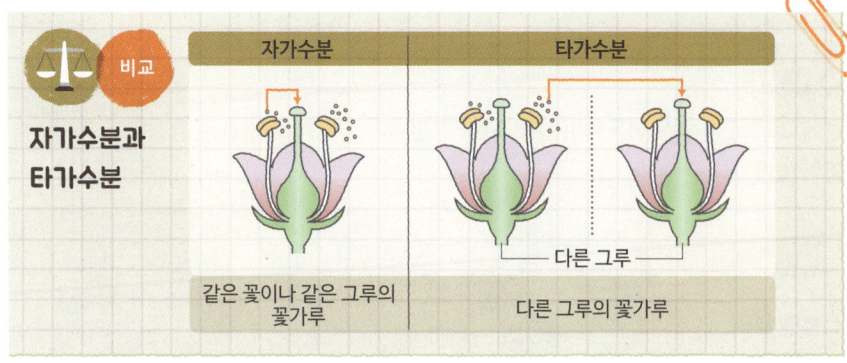

비교 자가수분과 타가수분

자가수분 — 같은 꽃이나 같은 그루의 꽃가루
타가수분 — 다른 그루의 꽃가루

★★★ 꽃가루를 옮기는 방식

타가수분을 하는 꽃에서는 꽃가루가 곤충에 의해 옮겨지거나(충매화), 바람에 의해 옮겨집니다(풍매화). 이 외에도 새에 의해서 옮겨지거나(조매화), 물에 의해서 옮겨지는(수매화) 꽃가루도 있습니다.

※ ⓒアフロ

COLUMN 더 자세히 — 인공수분은 곤충이 들어갈 수 없는 비닐하우스 안에서 과일 등을 재배할 때에도 이루어집니다.

제3장 식물의 성장 방식

중요도

★★★ ## 풍매화

바람에 의해 꽃가루가 이동하여 수분하는 꽃입니다. 꽃가루는 가볍고 양이 풍부하며 쉽게 바람에 날립니다. 꽃은 수수하며, 향기와 꿀 등 꽃가루 매개자를 끌어들이는 물질을 거의 만들지 않습니다. 풍매화의 종류에는 소나무, 삼나무, 옥수수, 참억새 등이 있습니다.

★★★ ## 충매화

곤충에 의해 꽃가루가 이동하여 수분하는 꽃입니다. 곤충에 달라붙기 쉽도록 꽃가루에 가시나 털이 있거나, 끈적끈적한 것이 있습니다. 곤충을 유혹하기 위해 꽃이 화려하고 진한 향기와 꿀을 가진 것이 있습니다. 충매화의 종류에는 해바라기, 봉선화, 딸기, 유채, 수세미 등이 있습니다.

★★★ ## 조매화

새에 의해 꽃가루가 이동하여 수분하는 꽃입니다. 동백나무, 애기동백나무는 겨울에 꽃이 피고, 곤충이 적은 겨울에도 동박새 등에 의해 꽃가루가 이동하여 수분할 수 있습니다.

★★★ ## 수매화

물에 의해 꽃가루가 이동하여 수분하는 꽃입니다. 물속에서 자라는 검정말과 붕어마름 등이 있습니다.

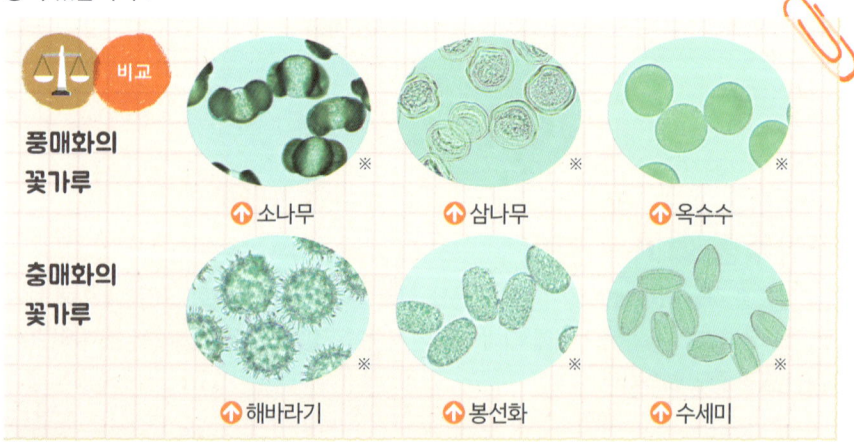

COLUMN 깨알지식

삼나무의 꽃가루는 이른 봄에 멀리 날아가는데, 눈 가려움, 재채기, 콧물 등의 알레르기 증상(꽃가루알레르기)을 일으키는 경우가 있습니다.

★★ 열매와 씨앗이 생기는 구조

꽃가루가 암술머리에 붙으면(수분) 그 후에 수정이 이루어집니다. 수정이 이루어지면 밑씨와 밑씨를 둘러싼 씨방이 자라서, 밑씨는 씨앗이 되고 씨방은 열매가 됩니다.
씨앗이 생기면 발아하여 자라면서 꽃을 피웁니다.
이와 같은 방식으로 식물은 꽃을 피우고, 씨앗을 만들어서 생명을 이어갑니다.

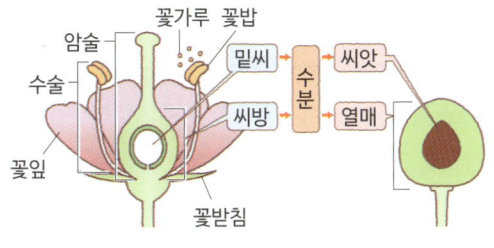

★★ 수정(식물)

꽃가루가 암술머리에 붙으면(수분) 꽃가루가 꽃가루관을 자라게 합니다.
길게 자란 꽃가루관은 밑씨를 향하고, 정세포의 핵과 밑씨 안의 난세포의 핵이 합쳐집니다. 이것을 수정이라고 합니다.
수정이 일어난 후, 밑씨는 씨앗이 되고 씨방은 열매가 됩니다.

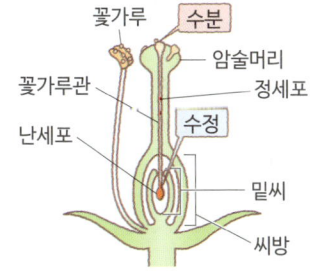

★★ 꽃가루관

꽃가루가 암술머리에 붙으면, 꽃가루는 밑씨를 향해 기다란 관을 뻗습니다. 이 관을 꽃가루관이라고 합니다. 꽃가루관 안에 있는 정세포는 밑씨 안의 난세포와 합쳐집니다(수정).

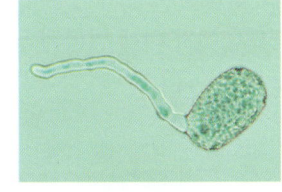

⬆ 봉선화의 꽃가루관

COLUMN 더 자세히 정세포와 난세포는 식물이 종족을 늘리기 위한 특별한 세포입니다. 정세포는 꽃가루에 있고, 난세포는 밑씨에 있습니다.

씨앗을 옮기는 방식

식물은 씨앗을 만들어서 생명을 이어가고 있기 때문에 자신의 씨앗이 좋은 환경으로 옮겨지는 것이 중요한 문제입니다. 이와 같은 이유로 자신과 관계 깊은 환경과 동물을 이용해서 씨앗을 옮기는 방법을 발달시켜왔습니다.

바람을 타고 옮긴다

소나무나 단풍나무의 씨앗은, 씨앗의 일부가 날개처럼 펼쳐져 있고, 가지에서 떨어질 때 회전하면서 날아갑니다. 또한 민들레나 참억새의 씨앗에는 솜털이 있어서 바람을 타고 멀리까지 날아갈 수 있습니다.

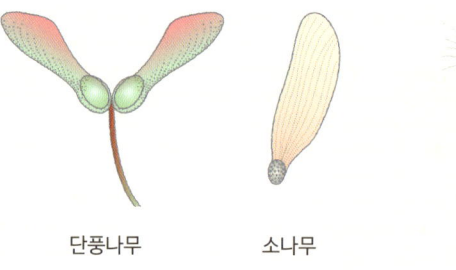

단풍나무　　소나무　　민들레

동물의 몸에 붙어 옮긴다

동물의 몸에 붙어서 먼 곳까지 옮겨 가는 씨앗도 있습니다. 끈적끈적한 털에 붙는 털진득찰, 열매의 표면에 있는 가시 돋친 껍데기 같은 가시에 달라붙은 도꼬마리, 열매가 아래 방향에 달려서 동물의 몸이나 사람의 옷에 달라붙기 쉬운 쇠무릎 등이 있습니다.

씨앗　털진득찰

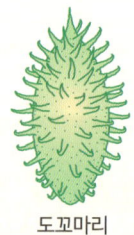
도꼬마리

쇠무릎

튀어 날아간다

괭이밥과 제비꽃, 봉선화의 열매는 여문 뒤에 마르면 자극에 의해 터져서, 안에 있는 씨앗이 튀어 날아갑니다.

괭이밥   제비꽃   봉선화

새에게 먹혀서 배설물로 나온다

열매가 새에게 먹히면, 씨앗은 소화되지 않고 항문에서 배설물과 함께 나옵니다. 이렇게 해서 씨앗은 먼 곳까지 옮겨 갑니다.

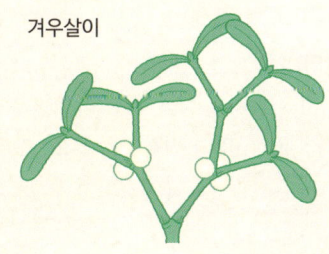
겨우살이

남천

굴러가서 퍼진다

도토리로 불리는 떡갈나무나 상수리나무 열매는 둥글기 때문에 떨어진 후에 굴러가서, 열매가 달려 있는 나무에서 조금 떨어진 곳에서 발아합니다. 다람쥐가 가져가서 먹다 남은 것도 씨앗이 먼 곳까지 옮겨 가도록 해줍니다.
또한 어치(새)는 도토리를 매우 좋아해서, 도토리를 통째로 삼켜서 갖고 간 뒤 낙엽 밑 등에 숨겨두는데, 그 가운데 몇 개가 발아한다고 합니다.

상수리나무

떡갈나무

제3장 식물의 성장 방식

3 감자·고구마의 성장 방식

★★ 감자·고구마의 성장 방식
보통, 식물은 씨앗을 뿌려 키우는데, 씨앗을 뿌리지 않아도 잘 자라는 식물이 있습니다. 감자는 씨감자, 고구마는 모종을 심어 키웁니다.

★★ 감자의 성장 방식

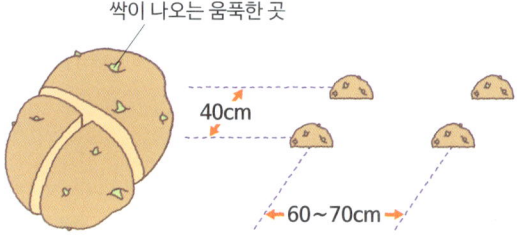

① 옮겨심기
- **씨감자** 작은 감자는 그대로 심고, 큰 감자는 모두 싹이 나올 수 있게 움푹한 곳이 있게끔 몇 개로 잘라서 그것을 씨감자로 합니다.
- **옮겨심기** 3~5월에 걸쳐서 씨감자를 심습니다. 비료를 섞은 밭에 60~70cm 간격으로 홈을 파서, 홈 안에 약 40cm마다 씨감자를 두고, 그 위에 10cm 정도 흙을 덮습니다.

② 감자의 성장

- **순따주기** 옮겨 심은 후 2~3주 안에 싹이 나오는데, 튼튼한 싹만 남겨두고 나머지는 따줍니다. 이것을 순따주기라고 합니다.
- **잎이 난다** 20℃ 정도일 때에 가장 잘 성장합니다. 하나의 줄기에 많은 잎이 달립니다.

③ 수확

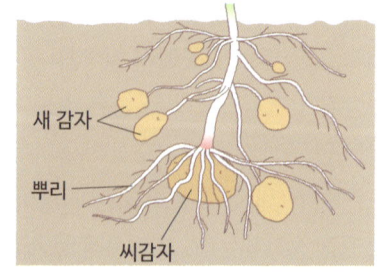

- **새 감자** 땅속줄기 끝에 양분(녹말)이 저장되어 생깁니다. 감자 덩이는 땅속줄기가 성장해서 생긴 것입니다.
- **수확** 땅위줄기와 잎이 누렇게 되어 시들면 땅속 감자의 성장도 멈추기 때문에, 이 무렵에 수확을 합니다.

COLUMN 더 자세히 감자가 성장하면 씨감자 속의 녹말은 줄어들고, 다시 저장되는 일은 없습니다.

★★★ 고구마의 성장 방식

① 옮겨심기

- **모종판** 씨고구마를 3~4월 무렵에 모종판에 심어 싹을 나게 합니다. 이때 씨고구마는 싹이 나는 쪽(고구마가 덩굴에 달려 있던 쪽)이 위로 향해 있고, 뿌리가 나는 쪽이 아래로 향한 모습을 하고 있습니다.
- **옮겨심기** 싹이 20~30cm가 되면 잘라내서 튼튼한 것을 모종으로 심습니다. 고구마는 꺾꽂이로 키웁니다.

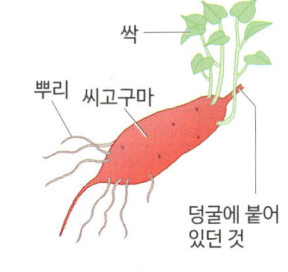

② 고구마의 성장

뿌리는 줄기의 마디(잎이 붙어 있던 곳)에서 나와 덩굴이 자랍니다. 여름 무렵에는 특히 무성하게 덩굴이 자라는데, 모종을 옮겨 심고 나서 한 달 정도 있으면 뿌리가 부풀이 오르기 시작하면서 점점 커집니다.

잎은 땅 위로 나온다

③ 수확

- **새 고구마** 고구마는 뿌리에 양분이 저장되어 있습니다.
- **수확** 고구마는 감자와는 달리 날씨가 좋으면 계속해서 성장하기 때문에 땅 윗부분이 마르기 전에 수확합니다.

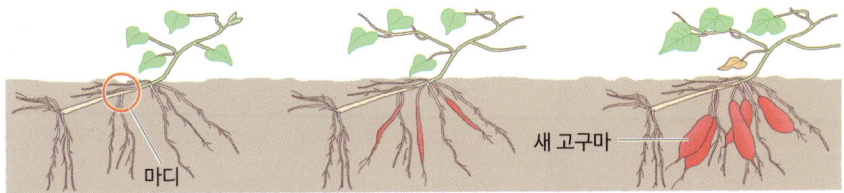

감자와 고구마 비교

	감자	고구마
심는 방법	씨감자를 심는다	모종을 심는다
양분을 저장하고 있는 부분	땅속줄기	뿌리

COLUMN 깨알지식 고구마는 군고구마를 만들 때처럼, 충분히 열을 가하면 단맛이 증가합니다. 이것은 고구마의 녹말(전분)이 당으로 변하기 때문입니다.

제4장 식물의
세상에서 가장 큰 나무, 잎, 꽃

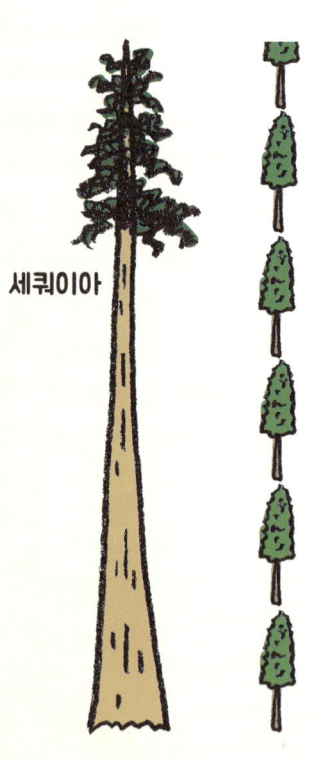

세쿼이아

삼나무

세상에서 가장 큰 나무

세쿼이아
미국 캘리포니아주에 있는 삼나뭇과의 세쿼이아는 높이가 약 110m라고 합니다. 식물이 증산작용으로 뿌리에서 물을 빨아올릴 수 있는 것은 130m 정도이기 때문에, 세쿼이아가 거의 한계 높이라고 합니다.

©アフロ

구조와 역할

생명편

파초
중국에서 온 바나나 종류로서 길이 1~2m, 폭 50cm 이상 됩니다. 서프보드 크기 정도 입니다.

파초의 잎
초등학생(키 130cm)

가장 큰 잎

라플레시아

해바라기

지름이 가장 큰 꽃은 라플레시아 입니다. 강한 냄새를 뿜습니다.

세상에서 가장 큰 꽃

라플레시아
인도네시아의 수마트라섬에서 자라고, 꽃의 지름은 150cm나 됩니다.

제4장 식물의 구조와 역할
이번 장의 학습내용 헤드라인

식물에도 입이 있을까?

동물은 입이 있지만, 식물은 어떻게 물을 마시고 양분을 섭취하고 있는 걸까요?

식물이 성장하기 위해서는 물과 비료가 필요합니다. 물과 비료는 뿌리에서 흡수되어 줄기를 통해서 식물의 몸 각 부분으로 운반됩니다.

또한 잎에서는, 뿌리에서 흡수된 물이 공기 중으로 내보내지는 것 이외에, 광합성 작용으로 녹말 등의 양분을 만들고 있습니다. 이 양분은 다시 줄기를 통해서 몸의 각 부분으로 운반됩니다.

이와 같이 뿌리, 줄기, 잎은 동물의 입, 장기와 혈관처럼 서로 관계하면서 식물이 살아가는 데 중요한 역할을 하고 있습니다.

식물도 밥을 먹을까?

동물은 스스로 영양분을 만들 수 없기 때문에 동물인 인간은 식사를 해서 영양분을 얻습니다. 그러나 동물과 달리 식물은 식사를 하지 않아도 스스로 양분을 만들어낼 수 있습니다.

식물은 엽록체에서 뿌리를 통해 흡수한 물과, 잎에서 흡수한 이산화탄소를 사용해서 녹말을 만들어냅니다.

식물은 살아가기 위한 양분을 스스로 만들 뿐만 아니라, 생물이 발생하는 이산화탄소를 흡수해서 생물이 필요로 하는 산소를 만들어냅니다.

식물도 호흡을 할까?

동물은 살아가기 위해서 산소를 흡수하고 이산화탄소를 배출합니다. 생물이 살기 위해 산소를 흡수하고 이산화탄소를 배출하는 것을 '호흡'이라고 합니다. 그렇다면 식물도 호흡을 하는 걸까요?

식물은 햇빛을 받으면, 광합성 작용에 의해 호흡과는 반대로 이산화탄소를 흡수하고 산소를 배출합니다. 식물은 광합성뿐만 아니라 호흡도 하루 종일 하고 있습니다.

햇빛이 잘 드는 낮에는 광합성 작용이 호흡보다 활발하게 이루어지기 때문에, 식물은 전체적으로 이산화탄소를 흡수하고 산소를 배출하는 것처럼 보이는 것뿐입니다.

씨앗이 생기지 않는 식물도 있을까?

많은 식물은 씨앗, 즉 종자를 만들어서 번식하고 있습니다. 씨앗을 만들어서 번식하는 식물을 종자식물이라고 합니다. 종자식물에는 여러 가지 부류가 있습니다. 예를 들면, 벚꽃에는 열매가 생기고 소나무는 열매가 생기지 않기 때문에, 벚꽃과 소나무는 다른 부류로 분류됩니다. 또한 튤립은 잎줄기의 모양 등으로 나뉘기 때문에, 벚꽃이나 소나무와도 다른 부류로 분류됩니다.

반면, 씨앗을 만들지 않는 식물도 있다는 것을 알고 있나요? 고사리나 고비, 쇠뜨기 등의 양치식물, 솔이끼나 우산이끼 등의 선태식물은 종자가 아닌 홀씨(포자)를 만들어서 번식합니다.

제4장 식물의 구조와 역할

01 뿌리·줄기·잎의 구조와 역할

1 뿌리의 구조와 역할

중요도 ★★★
뿌리의 구조

뿌리는 보통 땅속에 있고, 식물의 몸을 지탱하고 있습니다. 식물의 종류에 따라 크게 두 가지로 나눌 수 있는데, 수염뿌리를 갖는 것과 원뿌리·곁뿌리를 갖는 것이 있습니다. 뿌리 끝부분에는 가는 머리카락과 같은 뿌리털이 있습니다.

★★★
수염뿌리

거의 같은 크기의 뿌리로, 뿌리줄기 밑동에서 수염처럼 많이 뻗어 나온 것을 말합니다. 벼, 옥수수 등의 외떡잎식물에서 볼 수 있는 뿌리입니다.

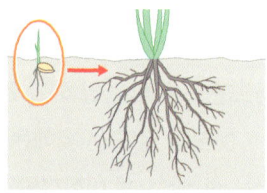
⬆ 수염뿌리

★★★
원뿌리

식물 최초의 뿌리로서, 식물 뿌리의 중심이 되는 굵은 뿌리를 말합니다. 원뿌리에서 곁뿌리가 자랍니다. 유채나 봉선화 등의 쌍떡잎식물에서 볼 수 있는 뿌리입니다.

★★★
곁뿌리

원뿌리에서 갈라져 나와 주변으로 자라는 가는 뿌리입니다. 쌍떡잎식물에서 볼 수 있습니다.

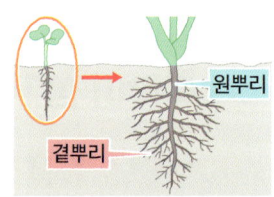
⬆ 원뿌리와 곁뿌리

★★★
뿌리털

뿌리 표면의 곁뿌리 일부분이 가늘고 길게 자란 것입니다. 흙 알갱이의 좁은 틈에 들어가서, 물과 물에 녹아 있는 양분(비료분)을 흡수합니다. 뿌리털이 있어서 뿌리의 표면적이 커져, 물과 양분을 흡수하는 데 알맞은 형태가 됩니다.

⬆ 무의 뿌리털

★★★ 생장점

뿌리 끝 쪽에 있고, 뿌리가 잘 자라는 부분입니다. 뿌리의 세포가 분열해 새로운 세포가 점점 생깁니다. 생장점은 뿌리 끝부분이나 줄기 끝부분에도 있습니다.

★★★ 뿌리골무

뿌리 끝에 있는 생장점을 보호하고 있는 부분입니다. 뿌리골무의 안쪽에는 세포가 왕성하게 분열하는 생장점이 있습니다.

★★ 뿌리의 역할

뿌리는 땅속에 튼튼하게 심어져 있어서 식물의 몸을 지탱해주거나 물과 물에 녹은 양분(비료분)을 흡수하는 역할을 합니다. 고구마, 당근, 우엉 등과 같이 뿌리에 양분을 저장하고 있는 것도 있습니다.

2 줄기의 구조와 역할

★★★ 줄기의 구조

줄기는 뿌리 위에 있고, 잎과 꽃 등을 달고 있는 부분입니다. 뿌리에서 흡수한 물과 양분(비료분)이 통과하는 관(물관), 광합성에 의해 잎에서 만들어진 녹말 등의 양분이 통과하는 관(체관)이 있습니다. 물관과 체관은 다발처럼 모여 있어서 관다발이라고 불립니다.

★★ 물관

뿌리에서 흡수한 물과 물에 녹은 양분(비료분)이 통과하는 관입니다. 관다발의 안쪽(줄기 중심 쪽)에 분포해 있습니다.

★★ 체관

광합성에 의해 잎에서 만들어진 양분이 통과하는 관입니다. 관다발의 바깥쪽(줄기의 표피 쪽)에 분포해 있습니다.

COLUMN 깨알지식 물관이 모여 있는 부분을 물관부라고 하며, 체관이 모여 있는 부분을 체관부라고 합니다.

제4장   식물의 구조와 역할

★★★ 관다발

물관과 체관이 모여 있고, 다발처럼 된 부분을 관다발이라고 합니다. 관다발은 뿌리⇔줄기⇔잎으로 연결되어 있고, 식물의 몸 전체에 퍼져 있습니다. 줄기에서의 관다발의 모습은 식물의 종류에 따라 나눌 수 있습니다. 외떡잎식물은 흩어져 있지만, 쌍떡잎식물은 둥근 원 모양으로 배열되어 있습니다. 또한 쌍떡잎식물에서는 물관과 체관 사이에 형성층이 있습니다.

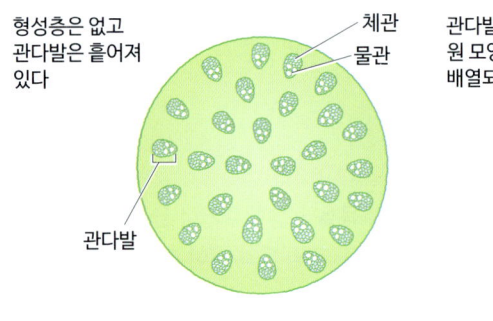
↑ 외떡잎식물 줄기의 단면

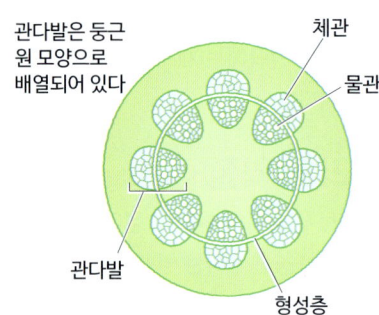
↑ 쌍떡잎식물 줄기의 단면

★★ 형성층

물관과 체관의 사이에 있는 것으로, 세포가 증가해서 줄기를 굵게 하는 부분입니다. 쌍떡잎식물에는 있지만 외떡잎식물에는 없습니다.

★★★ 줄기의 역할

줄기는 뿌리에서 흡수한 물과 물에 녹은 양분(비료분)의 통로이고, 잎에서 물과 양분을 운반하는 역할을 합니다. 또한 광합성으로 잎에서 만든 양분을 몸의 각 부분으로 운반하는 역할을 합니다. 잎과 꽃을 지탱하고 감자나 연근처럼 양분을 저장하는 것도 있습니다.

뿌리는 식물의 몸 전체를 받쳐주고, 줄기는 잎과 꽃을 받쳐주고 있는 거구나!

COLUMN 더 자세히 이끼식물이나 미역, 다시마 등의 해조류에는 관다발이 없습니다. 이것들은 몸 표면 전체에서 물을 흡수합니다.

3 잎의 구조와 역할

★★★ 잎의 구조

잎은 보통 줄기에서 나오고 잎몸, 잎자루, 턱잎 3개의 부분으로 만들어져 있습니다. 잎에서 보이는 많은 줄기는 잎맥인데, 줄기에서 이어져 있는 잎의 관다발에 있습니다. 잎의 안쪽에는 증산작용이 이루어지는 기공이 많이 분포되어 있습니다.

★★ 잎몸

녹색을 띠고 있는 잎의 본체라고 할 수 있는 부분으로 평평한 모양을 하고 있습니다. 이 부분에는 엽록체가 많이 있어서 양분을 만드는 광합성 작용이 이루어지고 있습니다.

★★★ 잎자루

잎몸 부분을 받치고 줄기에 붙어 있는 자루 부문입니다.

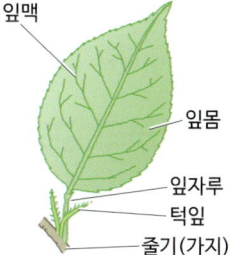

↑ 벚꽃 잎의 구조

★★★ 턱잎

잎자루 밑에 붙어 있는 한 쌍의 작은 잎입니다. 쌍떡잎식물에서 많이 볼 수 있고, 잎이 다 자라면 떨어지는 것이 있습니다.

★★★ 잎맥

식물의 잎에 있는 관다발을 말하며 잎 속의 물과 양분의 이동통로입니다. 관다발의 윗부분(잎의 표면 부분)에 물관, 아랫부분(잎의 뒷면)에 체관이 있습니다.
잎맥의 모습은 식물의 종류에 따라 분류되며 외떡잎식물은 나란히 배열되어 있는 나란히맥, 쌍떡잎식물은 그물처럼 퍼져 있는 그물맥입니다.

COLUMN 깨알지식 은행잎의 잎맥은 두 갈래로 갈라지는 것이 반복된 형태로 되어 있는 것이 많습니다.

제4장 식물의 구조와 역할

★★★ 나란히맥

벼나 옥수수, 튤립 등의 외떡잎식물에서 볼 수 있는 나란히 배열해 있는 잎맥입니다.

★★★ 그물맥

나팔꽃, 민들레, 감자 등의 쌍떡잎식물에서 볼 수 있는 그물처럼 퍼져 있는 잎맥입니다.

잎맥이 나란히 배열되어 있다
↑ 나란히맥(외떡잎식물)

잎맥이 그물처럼 퍼져 있다
↑ 그물맥(쌍떡잎식물)

★★★ 잎 내부의 구조

표피의 안쪽에는 많은 작은 방처럼 생긴 것을 볼 수 있는데 이것을 세포라고 합니다. 또한 세포 속에는 엽록체가 있습니다. 관다발이 통해 있고, 잎의 뒷면에는 기공이 많이 보이는 것이 일반적입니다.

★★★ 표피

잎의 겉과 뒤의 가장 바깥쪽 부분입니다. 한 층의 세포로 되어 있으며 엽록체는 포함되어 있지 않습니다.

★★★ 책상조직

잎의 단면에서, 위쪽의 세포가 빽빽이 배열되어 있는 구조입니다. 광합성이 왕성하게 진행됩니다.

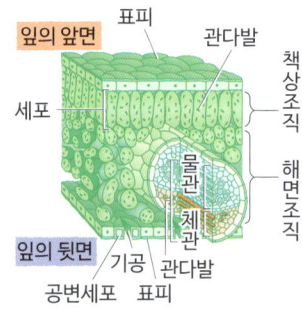
↑ 잎의 단면도

★★★ 해면조직

잎의 단면에서, 아래쪽의 틈이 많은 스펀지 모양으로 되어 있는 구조입니다. 광합성의 원료가 되는 이산화탄소와, 광합성으로 생긴 산소, 증산작용으로 공기 중으로 나가는 수증기가 잘 통하도록 되어 있습니다.

★★★ 엽록체

잎 내부의 세포 속에 있는 녹색의 작은 알갱이입니다. 엽록소라고 하는 녹색 색소를 포함하고 있습니다. 잎이 녹색으로 보이는 것은 엽록체가 있기 때문입니다. 엽록체에서는 광합성이 이루어지고 있습니다.

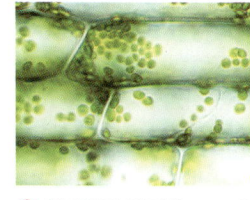
↑ 검정말의 엽록체

★★★ 기공

잎의 표피에 있는 한 쌍의 초승달 모양을 한 세포(공변세포)에 둘러싸여 있는 구멍입니다. 보통 잎의 뒷면에 많이 있습니다. 광합성과 호흡을 할 때 이산화탄소, 산소의 출입구, 증산작용을 할 때 수증기의 출구가 됩니다.

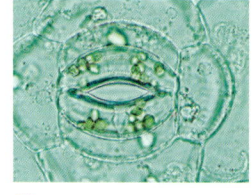
↑ 닭의장풀의 기공

★★★ 공변세포

기공을 둘러싸고 있는 한 쌍의 초승달 모양을 한 세포입니다. 공변세포의 작용으로 기공이 열리거나 닫힙니다. 엽록체는 표피세포에는 없지만, 공변세포에는 있습니다.

★★★ 기공의 열리고 닫힘

기공은 공변세포의 작용으로 열리고 닫히며, 체외로 방출하는 수증기의 양을 조절하고 있습니다. 보통 낮 동안은 열리고 밤에는 닫혀 있지만, 여러 조건이 갖추어져야 열리고 닫힙니다.

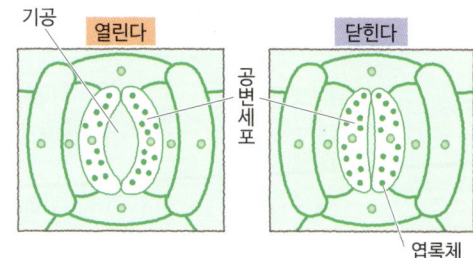

★★★ 잎의 역할

잎의 엽록체에서는, 광합성으로 녹말 등의 양분을 만들고 산소를 방출합니다. 기공에서 식물 체내의 물을 수증기로 내보내는 증산작용과, 산소를 흡수하고 이산화탄소를 배출하는 호흡도 이루어지고 있습니다.

※Ⓒアフロ

COLUMN 더 자세히 기공은 대부분 잎의 뒷면에 많이 있지만, 수련처럼 물에 떠 있는 것은 잎의 앞면에 있습니다.

제4장 식물의 구조와 역할

★★★ 증산작용

식물 체내의 물이 수증기로 체외로 나가는 것입니다. 주로 잎의 뒷면에 많이 있는 기공에서 이루어지고 있습니다. 증산작용으로 체내의 수분 양을 조절하고, 뿌리로부터 물과 물에 녹은 양분(비료분)을 흡수하는 데 도움이 됩니다. 또한 물이 수증기로 될 때 주변으로부터 열을 빼앗아서 식물의 몸의 온도가 오르는 것을 막기도 합니다.

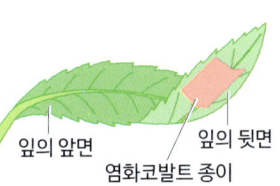

증산의 확인 방법
푸른색 염화코발트 종이를 물에 담가두면 붉은색으로 변합니다. 오른쪽 그림처럼, 푸른색 염화코발트 종이를 잎의 뒷면에 붙여 잠시 놓아두면 붉은색으로 변합니다. 이와 같은 점으로 보아, 잎에서 물(수증기)이 나오고 있는 것을 확인할 수 있습니다.

잎의 앞면 / 잎의 뒷면
염화코발트 종이 → 붉은색으로 변한다

〈 증산이 이루어지는 곳을 조사하는 실험 〉

방법
같은 크기, 같은 장수의 잎이 달린 가지를 준비합니다. 그다음에, 아래 그림과 같이 잎의 뒷면, 앞면에 바셀린을 바른 가지를 같은 양의 물이 든 시험관에 꽂습니다. 잠시 후, 물이 줄어드는 방식을 비교해봄으로써 어디에서 증산이 이루어졌는지 조사합니다.
(잎의 뒷면에 바셀린을 바르는 이유는 기공을 막기 위해서입니다. 또 수면에 기름을 띄우는 이유는 수면에서의 물의 증발을 막기 위해서입니다.)

① 잎의 뒷면에 바셀린을 바른다 / 기름 / 물
잎의 앞면으로부터 증산

② 잎의 앞면에 바셀린을 바른다
잎의 뒷면으로부터 증산

③ 그대로 물에 꽂는다
잎의 모든 면으로부터 증산

결과 시험관의 물은 ③이 가장 많이 줄어들었고, 그다음으로 ②가 줄어들었다. ①은 그다지 줄어들지 않았다.

★★★ 식물의 물이 통과하는 길

식물의 뿌리로부터 흡수된 물은 뿌리, 줄기, 잎의 물관을 통해서 몸의 각 부분으로 운반됩니다. 잎의 기공에서 수증기가 되어 공기 중으로 나갑니다.

COLUMN 깨알지식 맑은 날에는 1개의 해바라기에서 약 1L의 증산이 이루어집니다.

〈물이 통하는 길을 조사하는 실험〉

방법 봉선화를 뿌리째 파묻고, 뿌리에 붙은 흙을 털어냅니다. 그다음, 붉은색 식용물감을 풀어놓은 물이 들어 있는 용기에 봉선화를 담가둡니다. 잠시 후, 뿌리·줄기·잎이 물들면 뿌리·줄기·잎을 잘라서 안쪽의 모습을 관찰합니다. 뿌리와 줄기는 세로와 가로로 자릅니다.

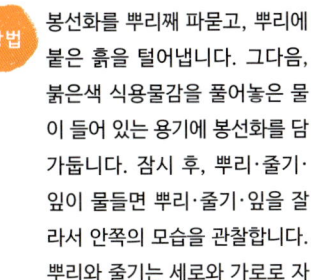
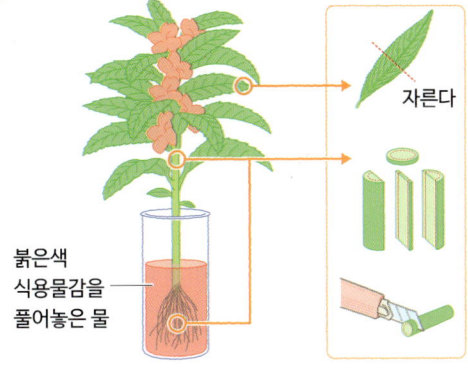

결과 각각의 뿌리, 줄기, 잎에서 정해진 부분이 붉은색 식용물감으로 물들었다.

실험 결과로부터 식물의 뿌리, 줄기, 잎에는 뿌리에서 흡수한 물이 통과하는 정해진 통로(물관)가 있는 것을 알았습니다. 물은 물관을 통해서 식물의 몸 전체로 운반됩니다.

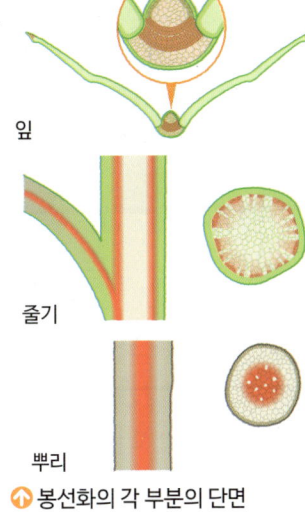

▲ 봉선화의 각 부분의 단면

봉선화는 쌍떡잎식물이라서 관다발이 둥근 모양으로 배열되어 있습니다. 따라서 줄기의 단면에서 붉은색 식용물감으로 물든 부분도 둥근 모양으로 배열되어 있습니다.

옥수수에서 같은 실험을 하자, 옥수수는 관다발이 흩어져 있는 외떡잎식물이라서, 줄기의 단면에서 붉은색 식용물감으로 물든 부분은 흩어져 있습니다.

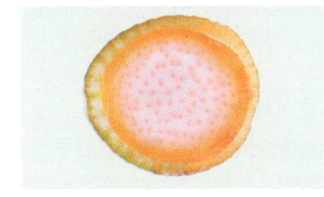

▲ 옥수수 줄기의 단면

※ⓒアフロ

채소, 어디를 먹는 것일까?

양파에서 식용으로 먹는 부분은 어디인지 알고 있나요? 식용으로 먹는 것은 땅속의 비늘줄기라고 하는 부분입니다. 비늘줄기는 짧은 줄기에 양분을 저장해서 살이 두꺼워진 잎이 덮듯이 붙어 있는 부분입니다. 보통은 발아에 필요한 양분은 씨앗에 저장되어 있지만, 양파에서는 비늘줄기에 저장되어 있습니다. 마찬가지로 마늘도 땅속의 비늘줄기를 먹고 있습니다.

⬆ 양파

⬆ 브로콜리

⬆ 콜리플라워

브로콜리나 콜리플라워는 어느 부분을 식용으로 먹는 것일까요? 실제로는 봉오리입니다. 브로콜리는 녹색 봉오리 부분을 먹고, 콜리플라워는 흰색 봉오리 부분을 먹습니다.

씨앗을 식용으로 먹는 채소도 있습니다. 강낭콩은 어린 꼬투리(열매)째로 먹는 품종과, 씨앗(콩)만을 먹는 품종이 있습니다. 또한 완두콩도 씨앗을 먹긴 하지만 어릴 때는 꼬투리(열매)째 먹습니다.

⬆ 강낭콩

⬆ 완두콩

한입에 먹는 채소라고 해도 다양한 부분을 먹고 있는 것입니다.

02 식물의 양분

1 양분이 생기는 방법(광합성)

중요도 ★★★

식물의 양분

햇빛을 충분히 받은 잎은 녹말(양분)이 많이 포함되어 있습니다. 따라서 식물은 살아가기 위한 양분을 스스로 만들고 있다는 것을 알 수 있습니다. 또한 잎에서 생긴 양분은 식물의 성장에도 사용됩니다.

●햇빛을 받으면 잎에 녹말이 생기는 것을 확인하는 실험●

방법
① 오후에 감자 3장의 잎 ⓐ~ⓒ에 알루미늄박을 씌우고, 다음 날 아침까지 놓아둡니다.
② 다음 날 아침에, ⓐ와 ⓑ의 알루미늄박을 벗겨서 ⓐ에 녹말이 있는지를 아이오딘-아이오딘화칼륨 용액을 사용해 조사합니다. ⓑ는 햇빛을 받게 하고 ⓒ는 그대로 둡니다.
③ 4~5시간 후, ⓑ와 ⓒ에 녹말이 있는지를 아이오딘-아이오딘화칼륨 용액을 사용해 조사합니다.

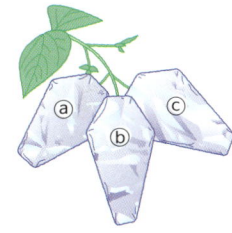

결과

| ⓐ색이 변하지 않았다 | ⓑ푸른빛을 띤 보라색으로 변했다 | ⓒ색이 변하지 않았다 |

ⓐ의 결과에서 아침에는 잎에 녹말이 없다는 것을 알 수 있습니다. 햇빛을 받은 ⓑ에는 녹말이 생겼고, 햇빛을 받지 못했던 ⓒ에는 녹말이 생기지 않는 점으로 보아, 햇빛을 받으면 잎에 녹말이 생긴다는 것을 알 수 있습니다.

또한 방법 ①은 잎에 남아 있는 녹말을 없애기 위한 것입니다. 또한 방법 ②에서 ⓐ의 잎에 녹말이 있는지 없는지를 조사하는 것은, 그 시점에 잎에 녹말이 없는 것을 확인해두기 위해서입니다.

제4장 식물의 구조와 역할

중요도
★★★
잎에 생긴 녹말을 확인하는 방법

녹말에 아이오딘-아이오딘화칼륨 용액을 가하면 푸른빛을 띤 보라색으로 변화합니다. 이것을 이용해서 잎에 녹말이 있는지 없는지를 확인할 수 있습니다. 확인하는 방법에는 다음의 두 가지가 있습니다.

●에탄올로 잎의 녹색을 빼서 조사하는 방법

①잎을 뜨거운 물에 담근다
(잎을 부드럽게 하기 위해서)

②따뜻해진 에탄올에 잎을 넣는다

③뜨거운 물(또는 물)에 넣어 씻고 나서 아이오딘-아이오딘화칼륨 용액에 담근다

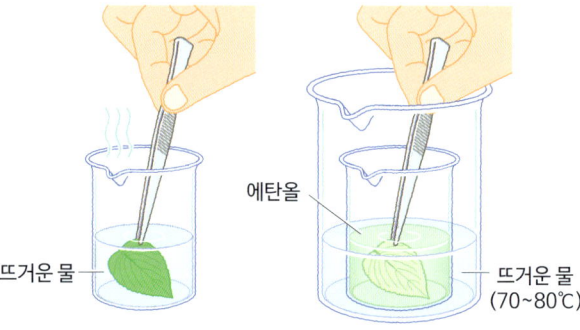

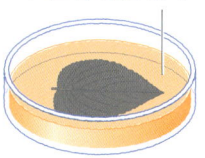

●거름종이를 사용해서 두드리는 방법

①거름종이에 잎을 얹고, 그 위에 다른 1장의 거름종이를 겹쳐둔다

②거름종이를 플라스틱 등의 시트에 끼워 잎의 모양이 비쳐 보일 때까지 나무망치로 두드린다

③잎을 떼어 거름종이를 뜨거운 물에 넣어 씻은 뒤 아이오딘-아이오딘화칼륨 용액에 담근다

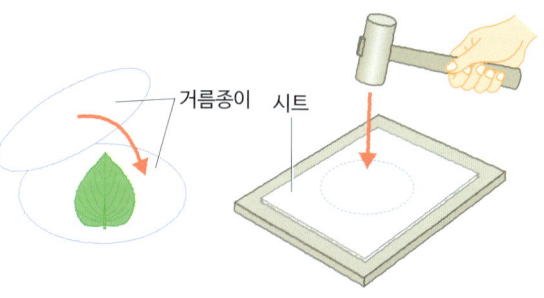

COLUMN 더 자세히 　따뜻하게 데운 에탄올에 잎을 넣으면 잎의 녹색이 에탄올에 녹기 시작해서 에탄올은 녹색이 됩니다.

★★★ 광합성

식물은 뿌리로부터 흡수한 물과 기공에서 흡수한 <u>이산화탄소</u>를 바탕으로, 빛에너지를 이용해서 녹말 등의 양분을 만들 수 있습니다. 이 작용을 광합성이라고 합니다. 광합성은 잎의 <u>엽록체</u>에서 이루어지고, 녹말을 만드는 것 외에 <u>산소</u>가 나옵니다.

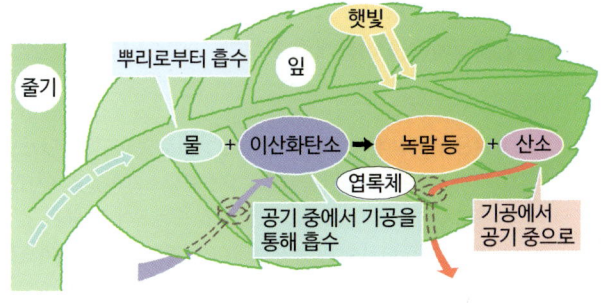

〈광합성이 엽록체에서 이루어지는 것을 확인하는 실험〉

잎의 녹색 부분에는 <u>엽록체</u>가 있습니다. 그러나 점박이 잎의 점박이 부분은 <u>하얀색</u>을 띠고 있으며 엽록체가 없습니다. 따라서 점박이 잎을 사용하면 엽록체에서 광합성이 이루어진다는 것을 확인할 수 있습니다.

방법
① 점박이 잎이 있는 화분을 하루 밤낮 동안 빛이 들지 않는 장소에 둡니다
② 다음 날 아침에 잎을 햇빛에 충분히 쏘인 후에 점박이 잎을 떼어 뜨거운 물에 담가둡니다
③ 따뜻하게 데운 에탄올에 넣고 물에 씻은 뒤, 아이오딘-아이오딘화칼륨 용액을 떨어뜨려서 녹색 부분 ⓐ와 잎맥 부분 ⓑ의 색 변화를 조사합니다

결과 ⓐ는 푸른빛을 띤 보라색으로 변했다 ⓑ는 색이 변하지 않았다

엽록체가 있는 녹색 부분 ⓐ에서는 녹말이 생겼지만, 엽록체가 없는 반점 부분 ⓑ에서는 녹말이 생기지 않았습니다. 이 점으로 보아, 광합성은 엽록체에서 이루어진다는 것을 알 수 있습니다.

제 4 장 식물의 구조와 역할

〈 광합성으로 이산화탄소가 사용되는 것을 확인하는 실험 〉

광합성을 하는 원료 중 하나는 이산화탄소입니다. 식물이 광합성을 하면 이산화탄소가 사용되는 것을 <u>기체검지관</u>을 이용해서 조사할 수 있습니다.

방법
① 맑은 날 아침에 식물을 폴리에틸렌 봉지로 덮고 구멍에다가 빨대로 숨을 불어 넣습니다
② 기체검지관으로 봉지 속에 있는 이산화탄소의 비율을 조사합니다
③ 봉지 구멍을 테이프로 막고 햇빛이 잘 드는 곳에 둡니다
④ 몇 시간 후, 다시 한 번 봉지 안의 이산화탄소의 비율을 기체검지관으로 조사합니다

결과 잎을 햇빛에 쐰 후에는 이산화탄소의 비율이 줄어들었다

잎을 햇빛에 쐬기 전의
봉지 안의 이산화탄소

잎을 햇빛에 쐬고 난 후의
봉지 안의 이산화탄소
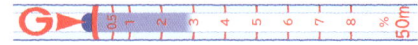

날숨에는 들숨에 비해 이산화탄소가 많이 포함되어 있습니다. 빨대로 봉지에 날숨을 불어 넣는 것은 이산화탄소의 양을 늘리기 위해서입니다. 잎을 햇빛에 쏘인 후에는, 봉지 안의 이산화탄소의 비율이 줄어들기 때문에 식물은 햇볕을 받으면 광합성이 이루어져서 이산화탄소를 흡수한다는 것을 알 수 있습니다.

봉지 안의 산소의 비율을 기체검지관으로 조사해보면 햇빛을 쐰 후에는 산소의 비율이 증가해서 광합성을 통해 산소가 배출된다는 것을 알 수 있습니다.

잎을 햇빛에 쐬기 전의
봉지 안의 산소
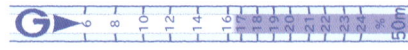

잎을 햇빛에 쐬고 난 후
의 봉지 안의 산소
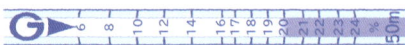

COLUMN 더 자세히 공기 중에 이산화탄소는 약 0.04%밖에 포함되어 있지 않습니다.

★★★ 잎에서 생긴 양분의 이동

광합성 작용으로 잎에 생긴 주된 양분은 녹말입니다. 녹말은 물에 잘 녹지 않기 때문에 물에 녹기 쉬운 당으로 변해 줄기 안의 체관을 통해서 식물 몸의 각 부분으로 운반됩니다. 각 부분으로 운반된 양분은 식물의 성장을 위해 사용되기도 하고, 다시 녹말로 변해서 열매나 씨앗, 땅속줄기 등에 저장되기도 합니다.

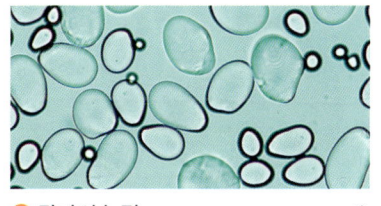

↑ 감자의 녹말 ※

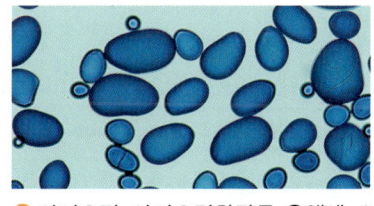

↑ 아이오딘-아이오딘화칼륨 용액에 ※
의해 푸른빛을 띤 보라색으로 변한
감자의 녹말

★★★ 양분을 저장하는 곳

식물의 광합성 작용을 통해 만들어진 양분은 열매나 씨앗 이외에 뿌리나 줄기에 저장됩니다. 그 뿌리나 줄기를 우리가 먹는 것입니다.

〈줄기에 양분을 저장하고 있는 식물〉

 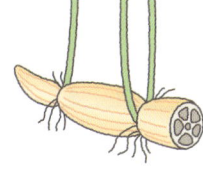 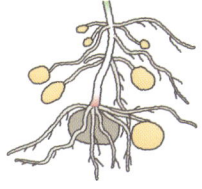 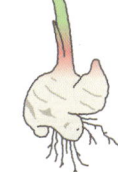

↑ 토란   ↑ 연꽃(연근)   ↑ 감자   ↑ 생강

〈뿌리에 양분을 저장하고 있는 식물〉

 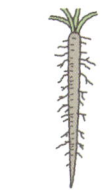 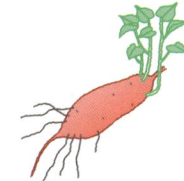

↑ 당근   ↑ 우엉   ↑ 고구마

※ ⓒ アフロ

식물의 잎이 줄기에 달려 있는 방식과 햇빛

식물은 햇빛을 받아서 광합성 작용을 하면서 살고 있기 때문에 햇빛이 부족하면 잘 자라지 못합니다. 그래서 가능한 한 모든 잎이 햇빛을 받을 수 있도록 잎이 겹치지 않도록 달려 있습니다.

잎이 달려 있는 방식은 식물마다 다르고 다음과 같은 종류가 있습니다.

해바라기나 개망초, 붓꽃 등은 하나의 줄기에 잎이 1장씩 달려 있고, 차례대로 잎이 어긋나게 달려 있습니다. 이와 같이 잎이 달려 있는 방식을 어긋나기라고 합니다.

또한 수국과 별꽃, 백년초 등은 하나의 줄기에 2장의 잎이 마주 보면서 나는데, 이것을 마주나기라고 합니다.

특히, 협죽도, 검정말, 갈퀴덩굴 등은 하나의 줄기에 3장 이상의 잎이 줄기를 감싸듯이 달려 있습니다. 이러한 방식을 돌려나기라고 합니다.

이 외에 민들레나 질경이 등과 같이, 잎이 뿌리가 붙어 있는 부분에서 땅 위로 방사형으로 퍼지듯이 나는 방식을 근생이라고 합니다.

위에서 본 모습

⇧ 해바라기

⇧ 수국

⇧ 협죽도

⇧ 민들레

2 식물의 호흡

중요도 ★★★
식물의 호흡

사람이나 다른 동물이 살아가기 위해서는 호흡을 통해 산소를 받아들여야만 합니다. 식물도 동물과 마찬가지로 호흡을 합니다. 호흡으로 공기 중의 산소를 들이마시고 이산화탄소를 공기 중으로 내보냅니다.

★★★
식물의 기체의 출입

식물에 햇빛이 비치면 광합성을 하고, 이산화탄소를 받아들이고 산소를 내보냅니다. 또한 식물은 동물과 마찬가지로 호흡을 하고 있기 때문에, 산소를 받아들이고 이산화탄소를 배출합니다. 즉, 햇빛 받을 때는 광합성과 호흡이 동시에 이루어지고 있는 것입니다. 호흡보다 광합성이 더 활발하게 이루어지기 때문에, 호흡에 의한 기체의 출입보다도 광합성에 의한 기체의 출입이 많아집니다. 이 때문에 햇빛을 받고 있을 때는, 전체적으로는 이산화탄소를 흡수하고 산소를 배출하고 있는 것처럼 보입니다.

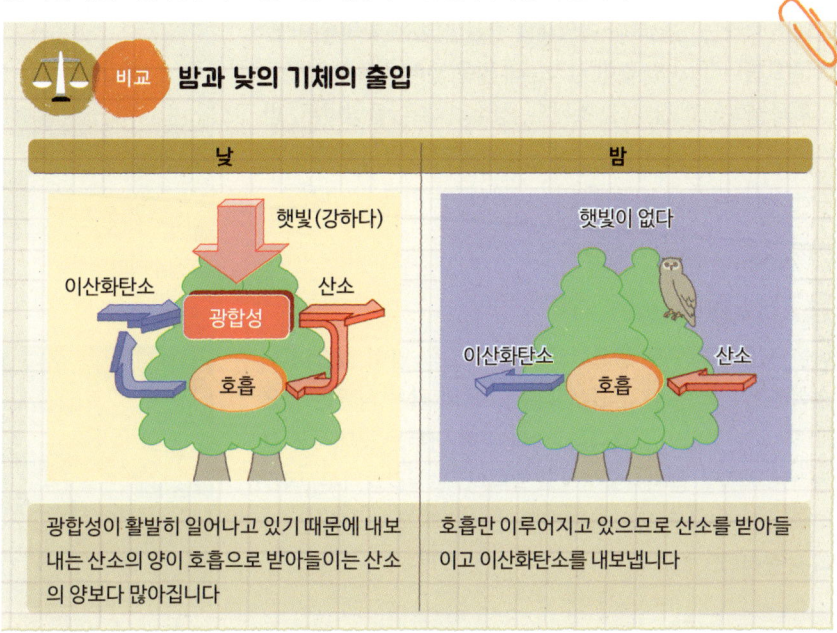

제4장 식물의 구조와 역할

★★★ 햇빛의 세기와 광합성·호흡

햇빛의 세기와 식물에 의한 이산화탄소의 흡수·방출의 관계를 그래프로 나타내면 오른쪽 그래프처럼 됩니다. A 점에서는 햇빛을 전혀 받지 못했기 때문에 광합성은 일어나지 않아서 호흡에 의한 이산화탄소가 방출되고 있을 뿐입니다.

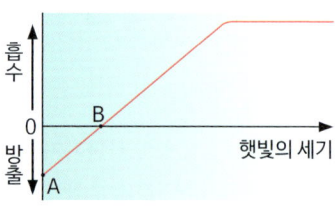
↑ 햇빛의 세기와 이산화탄소의 흡수·방출량

햇빛을 계속해서 받게 되면 광합성에 의해 이산화탄소가 흡수되어, B 점에서는 외견상 흡수도 방출도 되지 않고, 광합성에 의한 흡수량과 호흡에 의한 방출량이 같은 상태입니다.
B 점보다 더 햇빛을 강하게 받으면 광합성이 활발하게 이루어져 이산화탄소의 흡수량은 많아집니다. 그러나 햇빛이 어느 정도의 세기보다도 더 강해지면 광합성은 그 이상 이루어지지 않고, 이산화탄소의 흡수량은 일정해집니다.

★★★ 양지식물

식물은 살아가는 데 필요한 최소한의 빛의 양이 있습니다. 들판에서 자라는 민들레나 참억새와 같은 식물은 빛의 양이 많이 필요합니다. 이와 같이 자라는데 많은 빛이 필요한 식물을 양지식물이라고 합니다. 소나무, 상수리나무, 졸참나무, 밤나무 등과 같이, 양지식물인데 중심에 줄기가 있어서 크게 자라는 고목(키가 큰 나무)을 양지나무(양수)라고 합니다.

↑ 상수리나무 ※

★★★ 음지식물

식물은 살아가는 데 필요한 최소한의 빛의 양이 있습니다. 숲속에서 자라는 양치식물이나 맥문동과 같은 식물은 필요로 하는 빛의 양이 적습니다. 이와 같이 어두운 곳에서도 잘 자라는 식물을 음지식물이라고 합니다. 모밀잣밤나무, 떡갈나무, 너도밤나무 등의 음지식물의 나무를 음지나무(음수)라고 합니다.

↑ 가시나무 ※

※ⓒアフロ

COLUMN 깨알지식 정원수로 많이 심는 음지나무에는 동백나무, 팔손이나무, 식나무, 남천 등이 있습니다.

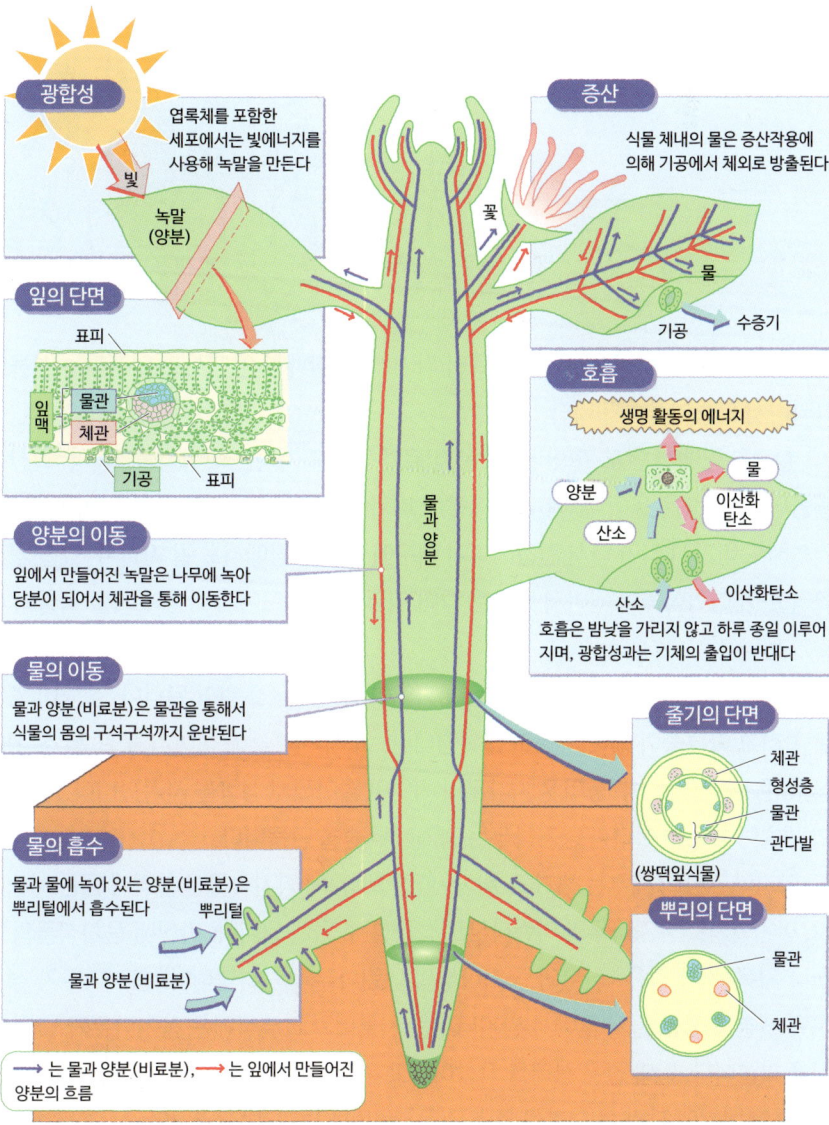

숲의 식물과 변천

화산의 분화 등으로 인해서 초목이 나지 않는 황폐한 땅에서도 언젠가는 식물이 자라나서 모습이 변화됩니다.

황폐한 땅에서 먼저 자라나는 것은 비료가 없이도 자라는 이끼식물입니다. 화산분출물이 쌓인 땅은 물이 잘 빠지기 때문에 비가 내려도 금방 스며듭니다. 이끼식물은 건조해도 비가 내리면 다시 건강해지기 때문에 척박한 땅에서도 잘 자랄 수 있습니다. 그리고 이 이끼식물이 썩어서 비옥한 땅이 되어 빗물을 모아서 나중에 자랄 식물의 비료가 됩니다.

얼마 후 시간이 지나면 참억새 등의 씨앗이 날아와서 초원이 됩니다. 햇빛이 좋아 잘 자라고 마른풀이 되어 비료도 많아집니다. 이 시기에 풀에 섞여서 옮겨 온 소나무, 상수리나무, 졸참나무 등의 양지나무의 씨앗이 발아해서 성장을 시작합니다. 수십 년의 세월이 흐르면 이러한 양지나무는 양지나무 숲을 만듭니다.

양지나무 숲의 내부는 해가 잘 비치지 않기 때문에 양지식물인 참억새 등은 시듭니다. 마찬가지로 양지나무의 어린나무도 성장할 수 없게 됩니다. 마침내 음지식물의 풀이나 저목(키가 작은 나무)과 음지나무의 어린나무가 자라납니다. 음지나무가 성장하면 햇볕이 점점 들지 않아서 양지나무는 시들어가고 결국에는 음지나무가 숲의 중심을 이룹니다. 이와 같은 상태를 극상이라고 하며 숲은 안정되어 변화하지 않습니다.

숲의 변천에 가장 큰 영향을 주는 것은 햇빛이 비치는 방식입니다.

03 식물의 분류

★★★ 식물의 분류

식물은 우선 꽃이 피고 씨앗을 만들어서 종족을 번식하는 종자식물과 꽃이 피지 않고 씨앗을 만들지 않는 식물, 크게 두 가지로 나뉩니다. 종자식물은 속씨식물과 겉씨식물로 나뉩니다. 속씨식물은 외떡잎식물과 쌍떡잎식물로 나뉩니다. 쌍떡잎식물은 통꽃류와 갈래꽃류로 나뉩니다.

★★★ 종자식물

꽃이 피고 씨앗을 만들어서 종족을 번식하는 식물을 종자식물이라고 하며, 많은 식물이 여기에 해당됩니다. 종자식물은 밑씨가 씨방에 포함되어 있는 속씨식물과 씨방이 없어서 밑씨가 노출된 겉씨식물로 나뉩니다.

★★★ 속씨식물

종자식물 중, 꽃의 구조에서 밑씨가 씨방에 싸여 있는 식물을 속씨식물이라고 합니다. 속씨식물은 발아의 형태로 두 종류로 나뉘는데, 발아의 떡잎이 1장인 외떡잎식물과 떡잎이 2장인 쌍떡잎식물이 있습니다. 쌍떡잎식물은 통꽃과 갈래꽃으로 나뉩니다.

★★★ 겉씨식물

종자식물 중, 꽃의 구조에서 씨방이 없어 밑씨가 노출되어 있는 식물을 겉씨식물이라고 합니다. 겉씨식물에는 씨방이 없기 때문에, 열매(과실)는 생기지 않습니다. 소나무, 은행나무, 삼나무, 소철나무 등이 있습니다. 겉씨식물의 꽃은 단성화인데, 소나무, 삼나무는 한 그루에 암꽃과 수꽃이 핍니다. 반면 은행나무, 소철나무는 수꽃이 피는 수그루와 암꽃이 피는 암그루로 나뉘어 있습니다.

⬆ 삼나무

제4장 식물의 구조와 역할

중요도
★★★ ## 외떡잎식물

속씨식물 중, 발아할 때 떡잎이 1장인 식물을 외떡잎식물이라고 합니다. 뿌리는 수염뿌리이고 줄기의 관다발은 흩어져 있습니다. 잎맥은 나란하게 배열되어 있습니다(나란히맥).

★★★ ## 쌍떡잎식물

속씨식물 중, 발아할 때에 떡잎이 2장인 식물을 쌍떡잎식물이라고 합니다. 뿌리는 원뿌리와 곁뿌리로 되어 있고, 줄기의 관다발은 원형 모양으로 배열되어 있습니다. 잎맥은 그물처럼 퍼져 있습니다(그물맥).

비교 외떡잎식물과 쌍떡잎식물의 뿌리, 줄기의 관다발, 잎맥

	뿌리	줄기의 관다발	잎맥
외떡잎식물	수염뿌리 	흩어져 있다 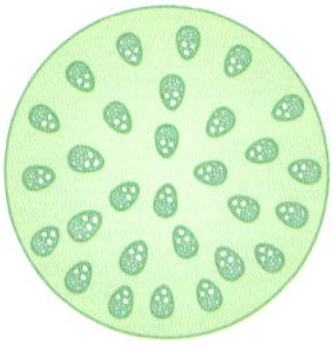	나란히맥 
쌍떡잎식물	원뿌리와 곁뿌리 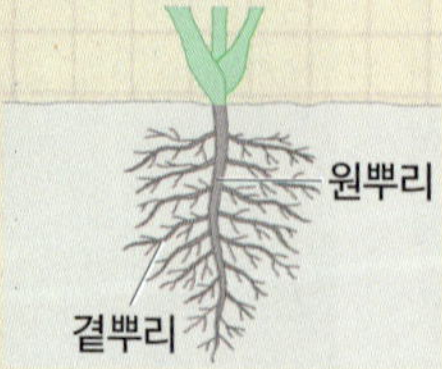	원형 모양으로 배열되어 있다 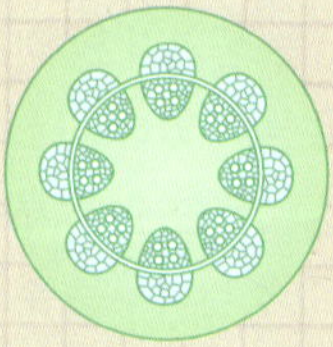	그물맥 

차이점을 확실하게 알자

★★★ 통꽃류

속씨식물인 쌍떡잎식물 중, 꽃잎이 달라붙어 있는 통꽃을 지칭하는 식물의 부류를 통꽃류라고 합니다. 나팔꽃, 진달래, 민들레 등이 있습니다.

★★★ 갈래꽃류

속씨식물의 쌍떡잎식물 중, 꽃잎이 1장씩 떨어져 있는 갈래꽃을 지칭하는 식물의 부류를 갈래꽃류라고 합니다. 유채꽃, 벚꽃, 완두콩 등이 있습니다.

★★★ 씨앗을 만들지 않는 식물

씨앗을 만들지 않고 종족을 번식시키는 식물도 있습니다. 개고사리, 고비, 쇠뜨기 등의 양치식물과 솔이끼, 우산이끼 등의 이끼식물은 홀씨(포자)를 만들어서 종족을 번식시킵니다. 분류상 식물이 아니지만 다시마나 미역 등의 조류는 홀씨로 종족을 번식시키는 것과 몸이 2개로 나뉘어서 종족을 번식시키는 것이 있습니다.

★★ 양치식물

개고사리, 고비, 쇠뜨기 등의 부류를 양치식물이라고 합니다. 대부분 음지의 축축한 곳에서 자랍니다. 씨앗이 아닌 홀씨를 만들어서 종족을 번식시킵니다. 개고사리 등에서는 잎의 뒷면에 홀씨주머니(포자낭)가 달려 있고 그 안에서 홀씨가 만들어집니다. 양치식물의 몸의 구조는 다음과 같은 특징이 있습니다.

· 뿌리·줄기·잎의 구별이 없고, 뿌리에서 물을 흡수해서, 관다발을 통해 물을 운반한다
· 엽록체를 갖고 있으며, 광합성을 한다

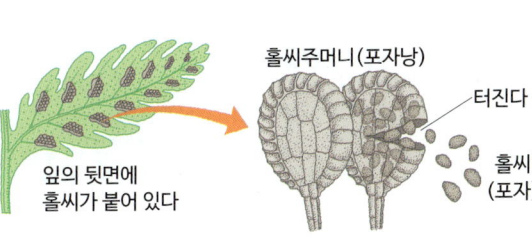

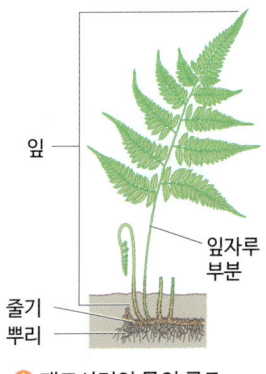

↑ 개고사리의 몸의 구조

COLUMN 깨알지식

수억 년 전에는 줄기가 꼿꼿하게 자라서 높이가 30cm나 되는 거대한 양치식물도 있었으며, 양치식물로 이루어진 우거진 숲이 형성되었을 거라고 생각됩니다.

제4장 식물의 구조와 역할

★★★ 이끼식물

솔이끼, 우산이끼 등의 '~이끼'라고 불리는 식물의 부류를 이끼식물이라고 합니다. 대부분 음지의 축축한 곳에서 자랍니다. 씨앗이 아닌 홀씨(포자)를 만들어서 종족을 퍼트립니다. 수그루와 암그루의 구별이 있는 것이 많고, 암그루에는 홀씨주머니(포자낭)가 달려 있고, 그 안에서 홀씨가 만들어집니다. 이끼식물의 몸의 구조는 다음과 같은 특징이 있습니다.

- 뿌리·줄기·잎의 구별은 없다
- 몸의 표면에서 물을 흡수하며, 관다발은 없다
- 엽록체를 갖고 있으며, 광합성을 한다

★★★ 조류

바닷속에서 생활하고 있는 다시마, 미역, 톳 등과, 하천에서 생활하고 있는 반달말, 장구말, 해캄 등의 부류를 조류라고 합니다. 대부분의 조류는 홀씨를 만들어서 번식하지만, 반달말과 장구말 등은 몸이 2개로 나뉘어 번식합니다. 광합성을 하지만 분류상 식물이 아닙니다. 조류의 몸의 구조는 다음과 같은 특징이 있습니다.

- 뿌리·줄기·잎의 구별은 없다
- 몸의 표면에서 물을 흡수하며, 관다발은 없다
- 엽록체를 갖고 있으며, 광합성을 한다

⇧ 미역

⇧ 다시마

COLUMN 더 자세히
이끼식물과 조류에서 뿌리처럼 보이는 부분을 헛뿌리라고 합니다. 물을 흡수하는 기능은 없고 몸을 땅 위나 바위에 고정하는 역할을 합니다.

〈식물의 분류〉

찾고 싶은 식물은 어떻게 하면 찾을 수 있을까?

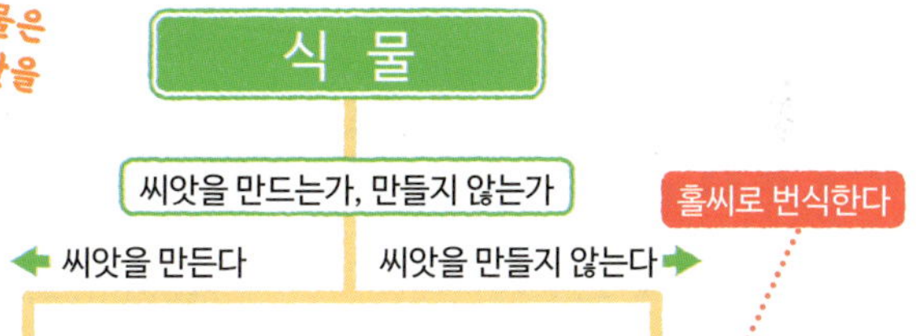

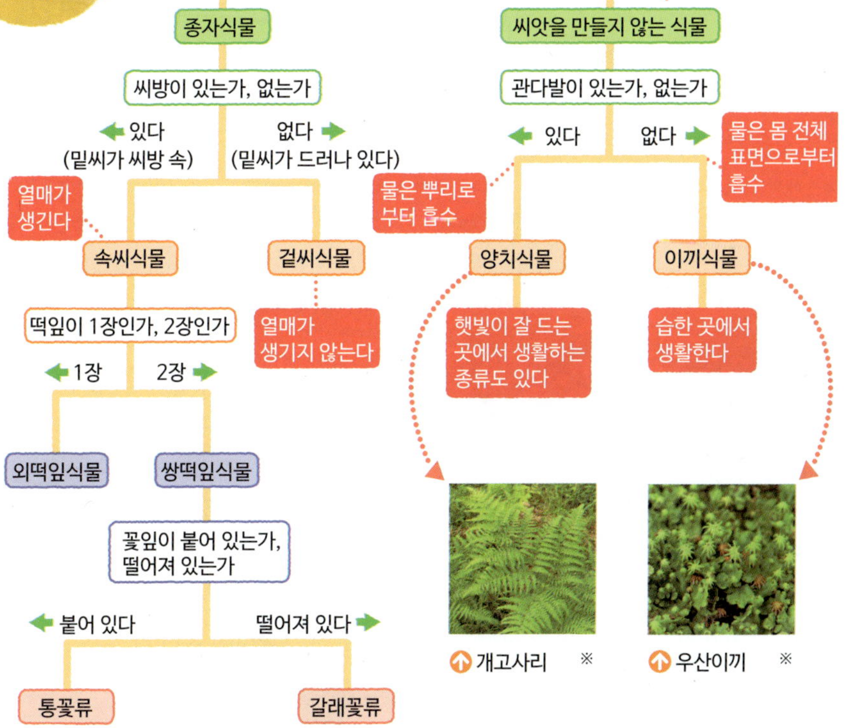

식물
- 씨앗을 만드는가, 만들지 않는가
  - ← 씨앗을 만든다 → **종자식물**
    - 씨방이 있는가, 없는가
      - ← 있다 (밑씨가 씨방 속) → **속씨식물** / 열매가 생긴다
        - 떡잎이 1장인가, 2장인가
          - ← 1장 → **외떡잎식물**
          - 2장 → **쌍떡잎식물**
            - 꽃잎이 붙어 있는가, 떨어져 있는가
              - ← 붙어 있다 → **통꽃류**
              - 떨어져 있다 → **갈래꽃류**
      - 없다 (밑씨가 드러나 있다) → **겉씨식물** / 열매가 생기지 않는다
  - 씨앗을 만들지 않는다 → **씨앗을 만들지 않는 식물** / 홀씨로 번식한다
    - 관다발이 있는가, 없는가
      - ← 있다 → **양치식물** / 물은 뿌리로부터 흡수 / 햇빛이 잘 드는 곳에서 생활하는 종류도 있다
      - 없다 → **이끼식물** / 물은 몸 전체 표면으로부터 흡수 / 습한 곳에서 생활한다

↑ 개고사리 ※　　↑ 우산이끼 ※

식물의 분류는 이것으로 충분해!

※ ⓒ アフロ

제 5 장 물고기와

배 속에 있는 날수 비교

사람은 수정하고 나서 약 38주 사이에 아기가 태어납니다. 포유류는 몸이 큰 만큼 새끼가 배 속에 있는 날수는 길어집니다. 코끼리가 가장 길어서 약 21개월이나 배 속에 있습니다.

판다는 몸의 크기에 비해 배 속에 있는 날수가 짧아서 약 4개월입니다. 가장 기간이 짧은 것은 주머니쥐로 약 12일입니다.

*낳는 새끼의 수는 한 번에 낳는 수

주머니쥐 12일
캥거루 등과 마찬가지로 배 속에서 새끼를 키우기 위해 주머니를 갖고 있으며, 쥐와 닮아서 주머니쥐라고도 합니다.

쥐 20일
쥐는 보통 6마리 정도의 새끼를 낳습니다.

토끼 1개월
토끼는 3~6마리 정도의 새끼를 낳습니다.

개 2개월
개는 보통 6마리 정도의 새끼를 낳습니다.

사람의 탄생

 생명편

코끼리 21개월

코끼리는 1마리의 새끼를 낳습니다. 태어날 때까지 많은 날이 걸리지만, 태어나면 바로 어미와 행동할 수 있습니다. 코끼리는 70~80년 정도 살 수 있습니다.

550

600

기린 15개월

기린은 1마리의 새끼를 낳습니다. 기린의 새끼는 사자에게 쫓기는 경우가 있습니다.

500

400

360

고래 12개월

※ 고래는 1마리의 새끼를 낳습니다. 물속에서 새끼를 기릅니다.

450

말 11개월

말은 1마리의 새끼를 낳습니다. 낳을 때까지 시일이 걸리지만, 태어나면 바로 일어나서 어미와 행동할 수 있습니다.

※

330 300 250

200

판다 4개월

판다는 1~2마리의 새끼를 낳습니다. 태어났을 때의 새끼의 몸무게는 100~150g밖에 되지 않습니다.

00   110   ※   120 130

※ⓒアフロ

제5장 물고기와 사람의 탄생

이번 장의 학습내용 헤드라인

❓ 송사리 수컷과 암컷의 몸의 구조는 어떻게 다를까?

송사리는 생물의 성장을 관찰하는 데 자주 이용됩니다. 수컷과 암컷을 같은 수조에서 길러서 알 낳는 법을 관찰하거나 알의 변화를 조사합니다. 얼핏 보면 구별이 어렵지만, 등지느러미 모습의 차이로 구분할 수 있습니다.

⬆ 송사리 수컷과 암컷

❓ 송사리의 알 속은 어떻게 되어 있을까?

송사리의 알은 투명해서 밖에서 안의 모습을 쉽게 관찰할 수 있습니다. 송사리는 알 속에 있는 양분을 사용해서 자라고, 수정하고 나서 11일 정도 후에 새끼 송사리가 알의 막을 깨고 나옵니다. 현미경을 사용하면, 검은 눈이 만들어지는 모습, 심장이 움직여서 붉은 피가 몸속을 흘러가는 모습 등을 관찰할 수 있습니다.

⬆ 검은 눈이 생긴 송사리의 알

배꼽은 무엇을 위해 있을까?

아기는 엄마의 몸에서 울음을 터뜨리면서 태어납니다. 태어날 때의 몸무게는 3kg 정도이지만, 원래는 1mm도 안 되는 상당히 작은 수정란에서부터 자란 것입니다.

이처럼 작은 수정란에서 어떻게 해서 자라는 것일까요? 엄마의 몸속에서 자라고 있는, 태어나기 전의 아기를 태아라고 합니다. 태아는 엄마한테서 산소와 양분을 얻고 이산화탄소나 불필요한 것을 걸러가면서 자랍니다. 이렇게 태아가 엄마한테서 필요한 것을 얻는 것이 태반인데, 태반과 태아는 탯줄이라고 하는 관을 통해 연결되어 있습니다. 탯줄은 태아가 배 속에서 잘 자랄 수 있도록 파이프 역할을 하고 있습니다.

태어난 아기는 엄마의 젖을 먹으면서 자라기 때문에 탯줄이 필요 없어집니다. 불필요해진 탯줄을 뗀 자국이 '배꼽'입니다.

동물은 어떻게 해서 태어나는 걸까?

사람은 개, 소 등과 마찬가지로 포유류입니다. 포유류는 어미의 몸에서 어미와 닮은 모습으로 태어납니다.

포유류 이외의 동물은 알로 태어납니다. 알은 물속과 땅 위, 나무 안 등, 동물의 종류에 따라 낳는 장소가 다릅니다.

물속에서 태어난 알에는 껍데기가 없는 반면, 땅 위에서 태어난 알에는 딱딱한 껍질이 있습니다. 이것은 알이 건조해지지 않도록 하기 위해서입니다. 이와 같이 알은 그 동물이 살아가는 데 적합한 구조를 하고 있습니다.

⬆ 메추라기의 알

제5장 물고기와 사람의 탄생

01 물고기와 사람의 탄생

1 송사리의 탄생

송사리 수컷과 암컷

송사리는 가슴지느러미, 배지느러미가 각각 2장, 등지느러미, 꼬리지느러미, 뒷지느러미가 각각 1장이 있어서 모두 7장의 지느러미를 갖고 있습니다. 수컷과 암컷은 등지느러미, 배지느러미의 모양이 달라서 이 2개의 지느러미로 수컷과 암컷을 구분할 수 있습니다. 또한 암컷은 배가 불룩한 것으로도 구별할 수 있습니다.

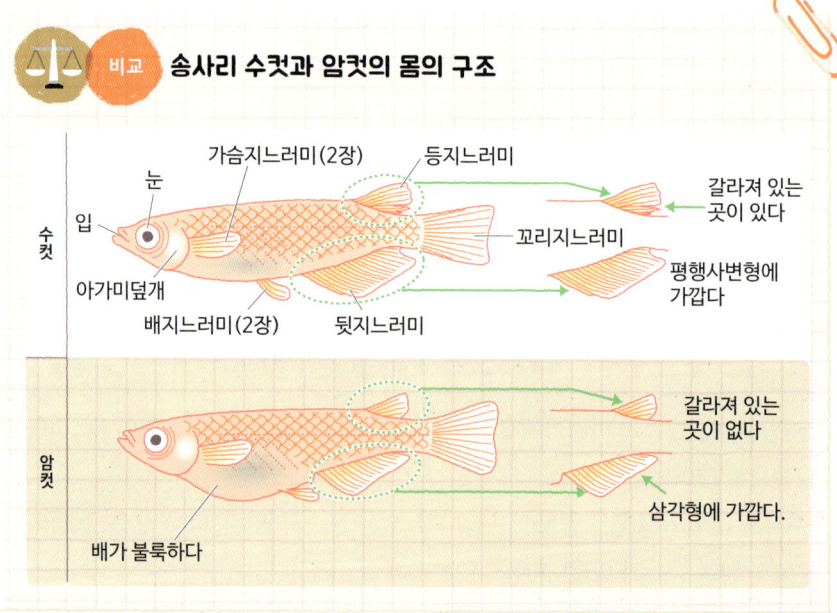

비교 송사리 수컷과 암컷의 몸의 구조

COLUMN 깨알지식 1

송사리는 물의 오염 등으로 멸종될 위험에 놓여 있습니다.

★★★ 송사리 기르는 방법

송사리를 기를 때에는 햇빛이 닿는 방법, 수조에 넣은 물과 수초, 먹이를 주는 방법 등에 주의가 필요합니다.

① 수조는 햇빛이 직접 닿지 않는 밝은 곳에 둔다
② 물은 하루 미리 받아놓은 수돗물이나 연못 또는 하천의 물을 사용한다
③ 먹이는 남기지 않을 정도의 양만 준다
④ 알을 낳도록 수컷과 암컷을 함께 기른다
⑤ 알을 쉽게 낳도록 수초를 준비한다
⑥ 물이 흐려지면 반 정도 양의 물을 바꿔준다

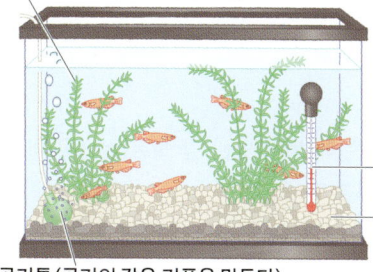

수초(어항마름, 아나카리스 등) / 수온계 / 깨끗하게 씻은 작은 돌을 깐다 / 공기통(공기의 작은 거품을 만든다)

★★★ 송사리의 산란

수온이 18~30℃, 낮이 13시간 이상이 되는 4~9월 무렵에 산란합니다. 가장 적합한 온도는 25℃로, 아침 일찍 산란합니다.

▶ 송사리의 산란과 수정하는 모습

수컷이 암컷을 쫓아다니기 시작한다 → 수컷이 암컷과 나란히 헤엄치며 몸을 맞대며 문지른다 → 암컷이 알을 낳으면 수컷이 정자를 배출한다 / 암컷은 수정란을 수초에 휘감기게 한다

★★★ 수정(동물)

암컷의 알과 수컷의 정자가 합쳐지는 것을 수정이라고 하며, 수정한 알을 수정란이라고 합니다.

  **COLUMN 더 자세히** 송사리를 기를 때에 미리 받아놓은 물을 사용하는 것은, 소독을 위해 수돗물에 사용된 염소라는 물질을 없애기 위해서입니다. 수초를 넣는 것은 광합성으로 산소를 공급해주기 위해서입니다.

제5장 물고기와 사람의 탄생

★★★ 수정란

암컷의 알과 수컷의 정자가 합쳐서 수정을 한 알을 말합니다. 수정란은 성장해서 새로운 개체가 됩니다. 송사리의 수정란의 경우, 지름은 약 1~1.5mm 정도이고, 표면에 짧은 털이 나며, 내부에는 좁쌀 같은 기름 알갱이가 들어 있습니다.

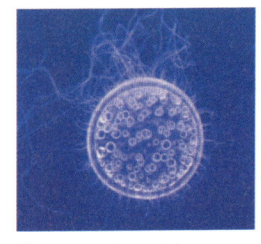

↑ 송사리의 수정란
©コーベット

★★★ 부착실

송사리의 수정란에 붙어 있는 긴 털로, 수정란이 수초에 잘 감기게 하는 데 도움이 됩니다.

★★★ 송사리 알의 변화

수정란 중 몸이 되는 부분은 정해진 순서대로 변화하고, 알 속의 양분을 사용해서 약 11일째(25℃)에 새끼 송사리가 탄생(부화)합니다.

수정 직후
기름 알갱이
알 속에 있는 좁쌀 같은 알갱이가 흩어져 있다

6~7시간 후
기름 알갱이
몸이 되는 부분
양분을 포함한다

2일 후
눈언저리
몸의 모습
몸의 모습을 알 수 있게 된다

4일 후
눈
눈이 검어지고, 심장이 생기기 시작한다

6일 후
심장
눈
심장이 움직이고, 혈액이 흐른다

8일 후
물고기의 모습
물고기와 같은 모습이 된다

10일 후
몸이 커지면서 활발하게 움직인다

11일 후
3mm 정도
부푼 곳
알에서 새끼 송사리가 나오며, 부푼 배 안의 양분을 사용해서 2~3일 자란다

부화 3일 후
4.5mm 정도
작아진다
배에 부푼 것이 없어지며 활발하게 움직이면서 먹이를 먹는다

COLUMN 더 자세히

알 속에서 자란 후, 알의 막을 깨고 새끼 송사리가 나오는 것을 부화라고 합니다. 다른 동물에서도 알에서 새끼가 태어나는 것을 부화라고 합니다.

해부현미경

송사리 알 등의 약간 큼직한 것을 관찰하는 데에 적합합니다. 접안렌즈만으로도 크게 보이기 때문에 사용법이 간단한 현미경입니다. 또한 프레파라트(현미경 표본)를 만들지 않아도 관찰할 것을 직접 볼 수 있습니다. 배율은 10~20배입니다.

① 햇빛이 직접 닿지 않는 밝은 곳에 둔다
② 접안렌즈를 들여다보면서 반사경을 움직여 밝게 보이도록 한다
③ 관찰할 물건을 스테이지에 올려놓고 조절나사를 돌려가며 렌즈를 위아래로 움직이면서 초점을 맞춘다

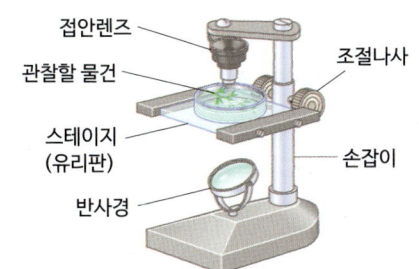

 ## 쌍안실체현미경

두 눈으로 볼 수가 있어서, 송사리 알처럼 두께가 있는 것을 입체적으로 관찰할 수 있습니다. 또한 프레파라트를 만들지 않고도 관찰할 물건을 직접 볼 수 있습니다. 배율은 20~40배입니다.

① 햇빛이 직접 닿지 않는 밝은 곳에 둔다
② 관찰할 물건을 대물렌즈 바로 아래에 오도록 둔다
③ 접안렌즈의 폭에 맞춰서 두 눈으로 보고, 보이는 것이 하나로 겹쳐지도록 조절한다
④ 오른쪽 눈으로 보면서 조절나사를 돌려서 초점을 맞추고, 왼쪽 눈으로 보면서 시도조절렌즈를 돌려서 잘 보이도록 조절한다

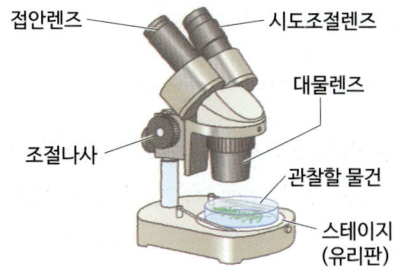

연어의 일생

연어는 강 상류에서 태어나서 강을 내려와 바다로 갑니다. 바다로 간 연어는 북태평양을 돌아다니면서 성장하고, 몇 년이 지나면 다시 태어난 강으로 돌아옵니다.

태어난 강으로 돌아오려면 태양컴퍼스(동물이 어떤 시점의 태양 위치를 기준으로 해서, 체내시계에 근거한 시각의 감각과 태양의 위치로부터 일정한 방위를 아는 것)와 지자기(지구의 북극 부근에 S극, 남극 부근에 N극이 있는 것에 의해 생기는 커다란 자석의 힘)를 이용하고 있다고 합니다.

⬆ 상류를 향하는 연어

⬆ 연어의 산란

강으로 돌아가기 위해 육지로 가까이 온 연어는 기억하고 있는 강의 냄새에 의지해서 강을 정확하게 선택하고, 산란하기 위하여 고향인 상류로 향합니다. 연어의 산란은 암컷이 강바닥의 모래를 파고 웅덩이를 만들어서 알을 낳습니다. 그 알에 수컷이 정자를 뿌려서 수정합니다. 산란하면 연어는 그곳에서 일생을 마칩니다.

연어는 일생을 마치고 나서도 독수리 등의 여러 동물에게 잡아먹힙니다. 일생을 마치고도 다른 동물의 먹이가 되어서, 생태계에 도움을 주고 있다고 할 수 있습니다.

2 사람의 탄생

중요도 ★★★
남자와 여자의 몸

사람은 열 살 정도가 되면 남녀로 몸매의 변화가 나타나기 시작합니다. 남성은 다부진 몸이 되고 목젖이 나오고 목소리가 변합니다. 여성은 몸매가 곡선형으로 발달하며 유방이 커집니다.

★★
정소

남성의 몸에 있고 정자가 만들어지는 부분으로 2개(1쌍)가 있습니다. 정자의 크기는 약 0.06mm이고, 꼬리 부분을 힘차게 움직여서 여성의 몸에서 만들어진 알(난자)을 향해 나아갑니다.

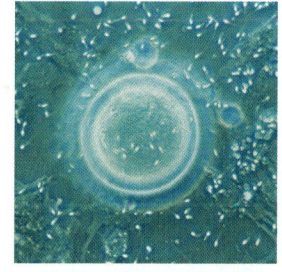

↑ 여성의 난자와 그 주위로 무리 지은 정자 ©OPO

★★
난소

여성의 몸에 있고 알(난자)이 만들어지는 부분으로 2개(1쌍)가 있습니다. 난자의 지름은 거의 0.14mm이고, 난소에서 만들어진 난자는 자궁과 연결되어 있는 난관을 통해 나옵니다.

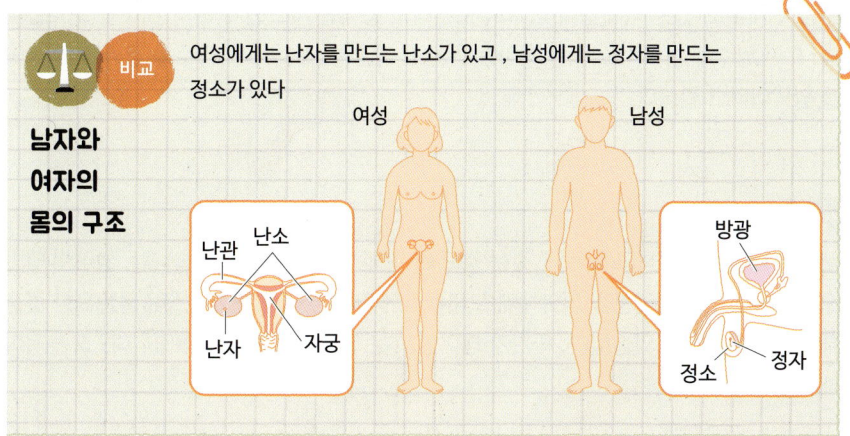

남자와 여자의 몸의 구조

비교: 여성에게는 난자를 만드는 난소가 있고, 남성에게는 정자를 만드는 정소가 있다

여성 - 난관, 난소, 난자, 자궁
남성 - 방광, 정소, 정자

 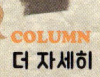
COLUMN 더 자세히
정자는 가늘고 긴 올챙이와 같은 형태를 하고 있으며, 꼬리에 해당하는 편모라고 불리는 부분을 움직여서 알(난자)에 도달할 수 있습니다.

제5장 물고기와 사람의 탄생

★★★ 사람의 생명의 탄생

남성에서 나온 정자와 여성의 몸에 있는 알(난자)이 난관에서 수정합니다. 수정란은 난관을 통해 이동해서 자궁벽에 부착해서 성장합니다. 수정란으로부터 몸의 여러 부분이 생기고, 수정하고 나서 약 38주(266일) 후에 아기가 태어납니다.

★★★ 자궁

자궁은 여성의 몸 안에 있고 알(난자)과 정자가 만나서 생긴 수정란이 자라는 방입니다. 태어나기 전의 아기를 태아라고 부르며, 양수에 웅크리고 있고 탯줄로 태반과 연결되어 있습니다.

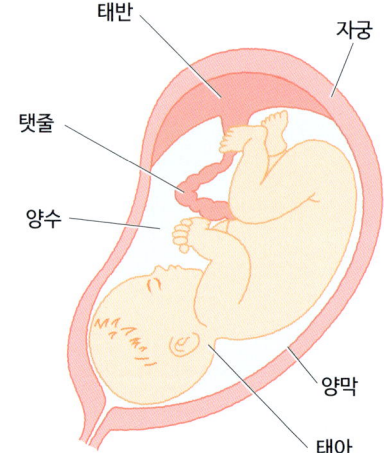

★★★ 태아

엄마의 자궁에서 자라고 있는 태어나기 전의 아기를 태아라고 합니다. 태아는 탯줄을 통해 태반과 연결되어 있고, 양수에 웅크린 상태로 성장합니다.

★★★ 양수

자궁을 채우고 있는 액체입니다. 외부로부터의 충격을 부드럽게 해서 태아를 보호합니다. 또한 양수에 웅크리고 있는 태아는 몸을 움직일 수 있습니다. 양수를 감싸고 있는 막을 양막이라고 합니다.

★★★ 탯줄

태아와 태반을 연결하고 있는 끈 같은 것으로, 안에 혈관이 통하고 있습니다. 엄마의 태반으로부터 산소와 영양분을 태아에게 보내주고, 태아로부터 이산화탄소나 불필요한 것을 태반으로 운반하고 있습니다. 아기가 태어난 후는 필요 없어져서 떨어집니다. 그 흔적이 배꼽입니다.

★★★ 태반

수정란이 자궁벽에 붙으면 태반이 만들어집니다. 태반에서는 엄마의 혈관과 태아의 혈관이 얇은 막을 두고 접해 있습니다. 엄마의 혈액에 의해 운반된 태아의 성장에 필요한 산소나 영양분 등과, 태아의 혈액에 의해 운반된 이산화탄소나 불필요한 것이 교환됩니다.

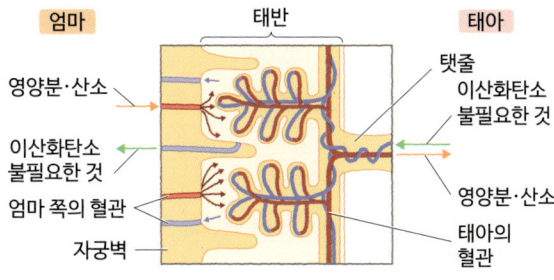

★★★ 태아의 성장

자궁 안에서 자란 태아는 수정하고 나서 약 38주 후에 아기로 태어납니다. 태어났을 때 아기의 크기는 개인에 따라 차이가 있지만 대략 몸길이 50cm, 몸무게 3kg 정도입니다.

① 수정 후 4주째…머리가 생기고, 심장이 움직이기 시작한다
② 수정 후 8주째…눈과 귀가 생기고, 손발의 형태를 알 수 있다
③ 수정 후 16주째…몸의 형태, 머리가 확실해지고, 남녀의 구별을 할 수 있다
④ 수정 후 24주째…심장이 활발하게 움직이고, 몸을 회전시켜 잘 움직이게 된다
⑤ 수정 후 36주째…몸을 회전할 수 없을 정도로 커진다
⑥ 수정 후 38주째…태어난다

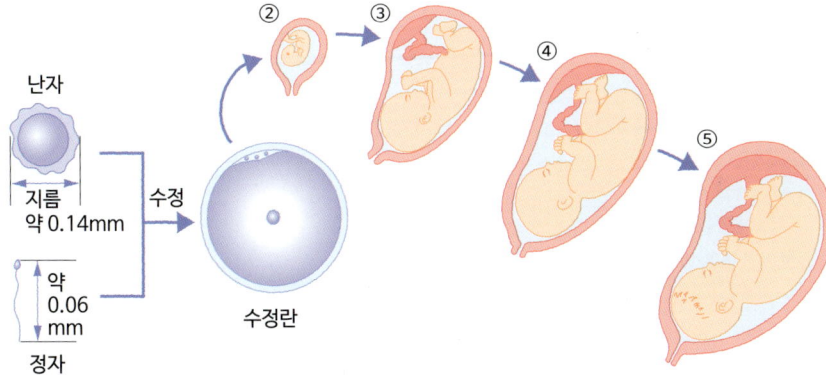

COLUMN 깨알지식 출산이 가까워지면 아기를 바깥으로 내보려고 자궁이 강하게 수축해서 진통을 일으킵니다.

제5장 물고기와 사람의 탄생

★★★ **첫울음**

자궁 안의 태아는 양수에 떠 있으며, 입과 코를 사용해서 호흡은 하지 않습니다. 태어난 직후에 아기는 우렁찬 소리를 내면서 웁니다. 이 울음소리를 첫울음이라고 합니다. 울음소리를 내면서 폐에 공기를 넣어서 스스로 호흡을 시작합니다. 즉, 첫울음이 폐호흡의 시작인 것입니다.

태어난 아기는 한참 동안 엄마의 젖을 먹고 자랍니다. 태어난 아기는 성장해서 마침내 어른이 되고, 다시 아기를 낳으면서 생명을 이어갑니다.

 **생명의 연결 : 식물·송사리·사람**

식물, 송사리, 사람은 전부 수정에 의해 새 생명을 낳고, 새 생명이 성장해서 부모가 되어 생명을 이어갑니다.

	식물(종자식물)	송사리	사람
수정하는 방법	암술 끝에 꽃가루가 붙으면 (수분) 꽃가루관을 뻗쳐서 꽃가루의 정세포의 핵과 밑씨의 난세포의 핵이 합쳐진다	암컷이 물속에 낳은 알에 수컷이 정자를 뿌려 수정시킨다	여성의 난소에서 만들어진 난자와 남성의 정소에서 만들어진 정자가 만난다
발아·알·태아가 양분을 얻는 방법	발아에 필요한 양분은 씨앗에 저장되어 있다	알 속의 양분을 사용해서 자란다	엄마로부터 태반을 통해 영양분 등을 공급받는다
양분과 성장방법	광합성으로 스스로 양분을 만든다	작은 생물을 먹고 자란다	엄마의 젖을 먹고 자란다
새 생명을 이어가는 방법	밑씨가 씨앗이 되어 생명을 이어간다	알에서 부화한 송사리의 새끼는 자라서 부모가 되어 생명을 이어간다	태어난 아기가 성장해서 어른이 되어, 다시 아이를 낳아 생명을 이어간다

| 3학년 | 4학년 | 5학년 | 6학년 | **발전** |

★★★ 세포

세포는 생물의 몸을 만드는 가장 작은 단위로, 작은 방과 같은 것입니다. 모양과 크기는 다양하지만, 세포의 구조에는 공통된 특징이 있습니다. 보통 1개의 세포에는 1개의 핵이 있습니다. 핵은 둥그런 모양을 하고 있으며 생명 활동의 중심이 됩니다. 핵의 주변을 주로 물과 단백질로 이루어진 세포질이 둘러싸고 있으며, 세포질의 가장 바깥에는 세포막이 있습니다. 핵 속에는 <u>염색체</u>가 포함되어 있으며, 그 속에는 생물의 형태나 성질을 전하는 물질이 되는 <u>유전자</u>가 포함되어 있습니다.

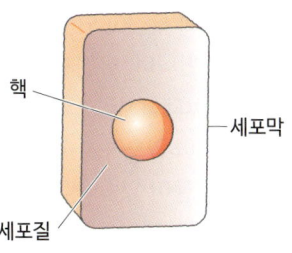
↑ 세포의 구조(동물)

사람은 약 37조 개의 세포로 이루어져 있대!

★★★ 염색체

<u>세포</u>가 분열될 때에 나타나는 끈 모양의 것으로, 세포의 핵 안에 포함되어 있습니다. 아세트산카민 용액과 아세트올세인 용액 등이 염색체에 잘 물듭니다. 염색체 속에는 생물의 몸의 특징이 되는 형태나 성질(형질)을 나타내는 것이 되는 <u>유전자</u>가 포함되어 있습니다.

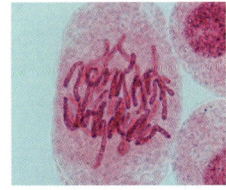
↑ 염색체 ©アフロ

★★★ 유전

생물의 몸의 특징이 되는 형태나 성질을 형질이라고 하며, 부모의 형질이 자식에게 전해지는 것을 유전이라고 합니다. 형질을 나타내는 물질을 <u>유전자</u>라고 하며, 유전자는 <u>세포</u>의 핵 속에 있는 <u>염색체</u>에 포함되어 있습니다. 유전은 유전자가 부모의 세포로부터 자식의 세포로 전해짐으로써 일어납니다. 이때 부모에게서는 보이지 않았던 형질이 자식에게 나타나거나, 자식에게 나타나지 않았던 형질이 손자나 손녀에게 나타나는 경우가 있습니다.

  **COLUMN 깨알지식** 염색체 수는 생물의 종류에 따라 정해져 있으며, 사람은 46개, 개는 78개, 고양이는 38개, 침팬지는 48개 있습니다.

제5장 물고기와 사람의 탄생

★★★ 유전자

생물의 몸의 특징이 되는 형태나 성질을 형질이라고 하며, 형질을 나타나게 하는 것을 유전자라고 합니다. 유전자는 세포의 핵에 있는 염색체에 포함되어 있습니다. 유전자의 본체는 DNA(데옥시리보핵산)라고 하는 물질이라는 것을 알 수 있습니다. DNA는 유전자가 많이 모여 있으며 사슬처럼 이어진 것입니다. 그 생물의 몸의 구조, 즉 살아가기 위한 모든 정보가 들어 있습니다. DNA는 A, T, G, C의 4종류의 기호로 표기되는 구성요소(염기)가 이어져서 만들어지며, 이 구성요소에 의해 유전자가 만들어집니다.

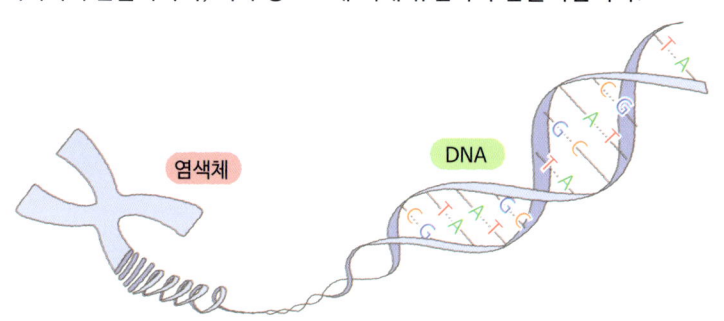

★★★ iPS세포(유도만능줄기세포)

사람의 피부 등의 체세포로부터 만들어진 세포로서, 다양한 장기를 만들어낼 수 있는 줄기세포입니다.

사람의 몸은 원래 1개의 수정란이고, 이 1개의 세포로부터 뇌나 뼈, 근육, 장기 등 많은 세포를 만들 수 있습니다. 이와 같이 다양한 종류의 세포가 되는 능력을 가진 세포를 줄기세포라고 합니다.

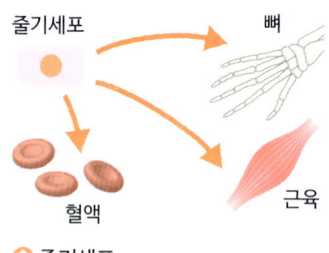

줄기세포 이외의 세포(체세포)는, 한 번 피부나 근육 등으로 만들어지도록 역할이 정해진 세포가 되면 다른 세포가 될 수 없습니다. iPS세포는 체세포를 사용해서 인공적으로 만들어진 줄기세포를 말합니다.

iPS세포를 사용해, 잃어버린 몸의 일부를 재생할 수 있습니다. 좀 더 과학이 발전되면 병의 원인을 알아낼 수도 있을 것입니다.

3 동물의 탄생

★★★ 동물의 탄생방식

동물이 태어나는 방식에는 태어날 때 부모와 닮은 모습으로 태어나는 방식과, 알로 태어나는 방식 두 가지가 있습니다. 부모와 닮은 모습으로 태어나는 방식을 태생이라고 하며, 포유류가 이에 해당됩니다. 알에서 태어나는 방식을 난생이라고 하며, 포유류 이외의 동물이 해당됩니다.

↑ 젖을 먹는 강아지

★★★ 알에서 태어나는 동물

포유류 이외의 동물은 난생입니다. 어류, 양서류, 파충류, 조류의 척추동물 외에, 곤충, 거미류, 공벌레 등의 갑각류, 지네나 노래기 등의 다지류, 오징어와 문어 등의 연체동물, 지렁이 등의 환형동물, 성게, 불가사리 등의 극피동물, 해파리 말미잘 등의 자포동물 등이 있습니다.

★★★ 난생

알에서 태어나는 탄생방식을 난생이라고 합니다. 포유류 이외의 동물이 해당됩니다.

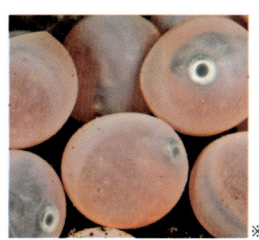

↑ 연어(어류)의 알

↑ 거북이(파충류)의 알

● 알의 구조

땅 위에 알을 낳는 곤충류와 조류의 알에는 건조해지지 않도록 껍질이 있지만, 물속에 알을 낳는 어류와 양서류의 알에는 껍데기가 없습니다.

● 알의 부화방법

알은 알 속에 저장되어 있는 양분을 사용해서 성장하고 부화합니다. 조류는 어미가 알을 따뜻하게 품어 부화시키고, 새끼가 되고 나서는 먹이를 주면서 돌보지만, 그 이외의 동물은 보살피지 않습니다.

※ⓒアフロ

제5장 물고기와 사람의 탄생

중요도
★★★ ## 체외수정

어류나 개구리 등의 양서류는 암컷이 낳은 알에 수컷이 정자를 뿌려서 수정을 합니다. 체외에서 이루어지는 수정이 체외수정입니다.

★★★ ## 체내수정

파충류, 조류, 포유류는 암컷의 체내에 수컷의 정자를 넣는 교미라고 하는 행동을 해서, 암컷의 체내에서 수정을 합니다. 이것을 체내수정이라고 합니다. 체내수정은 곤충에서도 볼 수 있습니다.

★★★ ## 달걀의 구조

닭은 체내수정을 한 후, 땅 위에 껍질이 있는 알을 낳습니다. 껍질이 있기 때문에 땅 위에서도 건조해지지 않습니다. 알에는 배아, 난황, 난백, 알끈, 기실 등의 구조가 있습니다.

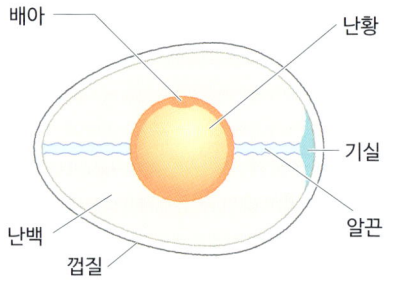

- ●배아
나중에 몸이 되는 부분입니다

- ●난황
배아가 자라기 위한 양분을 포함하고 있습니다

- ●난백
대부분이 수분이고, 배아와 난황을 세포로부터 보호합니다

- ●알끈
난백의 일종으로, 난황을 가운데에다 잘 유지하도록 하고 배아가 위를 향하게 합니다

- ●기실
산란 전후의 온도 차이에 따라 발생하는 공기층입니다.

COLUMN 더 자세히

달걀에서 수정란이 자라기 위해서는 공기(산소)가 필요한데, 달걀의 껍질과 껍질 안에 있는 막은 공기를 통과시킬 수 있습니다.

★★★ 태생

수정란이 암컷의 자궁 안에서 자란 후에 부모와 닮은 모습으로 태어납니다. 이와 같은 탄생 방식을 태생이라고 하며, 태어난 후는 어미가 젖을 주는 식으로 보살피며 키웁니다. 사람, 사자, 개, 고양이 등의 포유류는 태생입니다.

비교 태생과 난생

태생	난생
부모와 닮은 모습으로 태어난다	알에서 태어난다
포유류	포유류 이외의 동물
사람, 고양이, 개, 호랑이, 사자, 말	물고기의 부류, 개구리 등의 부류, 새의 부류, 거북이와 뱀의 부류, 곤충 등
새끼에게는 어미가 젖을 주어 보살피고 키웁니다	새의 부류 외에는 돌봐주지 않습니다. 새의 부류는 부모가 알을 품고, 알에서 부화하고 나서도 새끼에게 먹이를 주고 돌보고 있습니다

COLUMN 더 자세히 동물의 탄생방식에는 난생과 태생의 두 종류가 있지만, 거피(열대어)나 상어의 일종은 암컷의 몸 안에서 수정란이 부화해서 새끼의 모습으로 태어납니다. 이와 같은 탄생방식을 난태생이라고 합니다.

동물의 수컷과 암컷

동물 중에는 수컷과 암컷을 한눈에 구별할 수 있는 동물이 있습니다.

사자는 수컷에는 갈기가 있지만, 암컷에는 없습니다. 수컷에 갈기가 있는 이유는 수컷끼리 싸울 때 머리나 목을 보호하기 위해서라는 설이 있습니다. 이 설 외에도 길고 짙은 갈기는 사나움과 용맹스러움을 나타낸다는 설도 있습니다. 사납고 용맹스러운 수컷은 암컷을 차지할 확률이 높습니다.

⬆ 사자 (왼쪽이 암컷, 오른쪽이 수컷)

⬆ 수사슴

⬆ 암사슴

사슴의 수컷에는 뿔이 있지만, 암컷에는 없습니다. 뿔이 큰 수컷 쪽이 뿔이 작은 수컷보다 암컷을 차지하기 쉽습니다. 수컷끼리 싸우기 위해서 뿔이 나는 것인데, 커다란 뿔을 가진 수컷이 당연히 힘이 세기 때문에 암컷을 차지하기 쉬워집니다.

크리스마스 때 친숙한 순록은 사슴의 부류이지만, 순록은 수컷과 암컷 모두 뿔이 있습니다.

조류 중에서 공작새의 수컷은 길고 아름다운 깃털을 갖고 있습니다. 아름다운 깃털을 펼쳐서, 암컷의 마음을 유혹합니다.

닭의 머리에는 벼슬이 달려 있습니다. 벼슬은 피부가 발달해서 생긴 장식을 위한 기관입니다. 수컷

⬆ 닭의 벼슬 ※　　⬆ 날개를 펼친 수컷 공작새 ※

과 암컷 모두 있지만, 수컷의 벼슬이 암컷의 벼슬보다 큽니다. 이것은 자신이 강하고 건강한 수컷임을 암컷에게 드러내기 위해서라고 합니다.

또한 일반적으로 조류 중에는 화려한 색을 갖고 있는 쪽이 수컷입니다.

⬆ 꿩(왼쪽이 수컷, 오른쪽이 암컷) ※　　⬆ 청둥오리(왼쪽이 암컷, 오른쪽이 수컷) ※

곤충도 수컷과 암컷의 구별이 뚜렷한 것이 있습니다. 사슴벌레와 장수풍뎅이는 수컷에는 뿔과 같은 것이 있지만, 암컷에는 없습니다.

⬆ 사슴벌레 수컷　　⬆ 사슴벌레 암컷　　⬆ 장수풍뎅이(왼쪽이 암컷, 오른쪽이 수컷)

※ⓒアフロ

제6장 동물의 몸

동물은 먹잇감을 잡기 위해서 빠르게 달리거나 껑충껑충 뛰기도 합니다. 또한 적으로부터 도망치기 위해서도 빨리 달릴 필요가 있습니다. 치열한 자연에서 살아남기 위해, 그런 능력을 태어날 때부터 갖고 있는 것입니다.

내 친구는 멀리뛰기 챔피언이네

👑 스피드 챔피언 = 치타

치타는 가장 빨리 달릴 수 있는 동물로, 시속 110km 정도의 속도를 낼 수가 있습니다. 그러나 오래 달릴 수 없어서, 재빠르게 먹잇감의 숨통을 끊어놓을 필요가 있습니다. 긴 시간 달릴 수 있는 동물은 가지뿔영양입니다. 시속 60km 가까이 계속 달릴 수 있습니다.
가장 느린 대표선수는 나무늘보로, 시속 800m 정도입니다. 나무 위에서 생활하고 있어서, 다른 동물로부터 공격받을 일이 많이 없습니다.

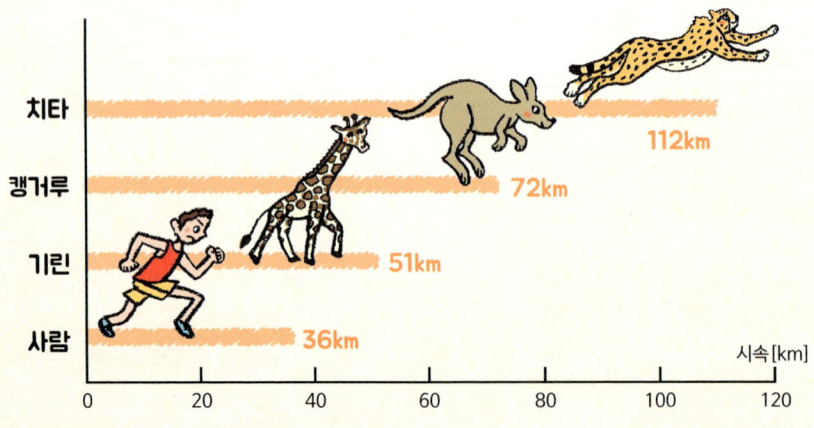

 멀리뛰기 챔피언 = 눈표범

고양이 부류는 점프를 잘합니다. 가장 긴 거리를 점프할 수 있는 것은 눈표범이지만, 퓨마도 11m를 넘을 수 있습니다.

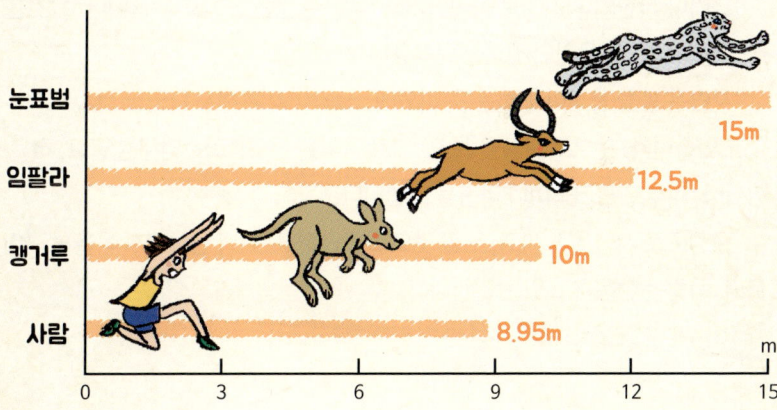

 수영 챔피언 = 범고래

하마는 땅 위에서의 움직임은 느리지만, 물속에서는 사람보다도 빨리 헤엄칠 수 있습니다.

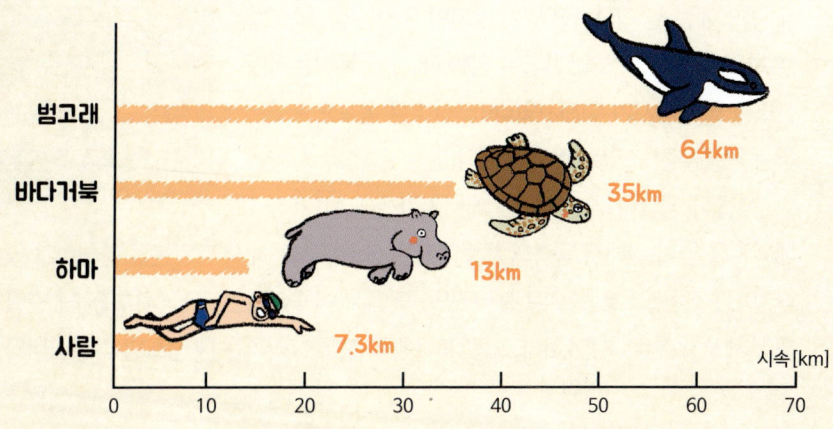

제6장 동물의 몸

이번 장의 학습내용 헤드라인

❓ 사람의 몸은 어떻게 해서 움직일까?

사람은 뼈와 근육을 사용해서 자유롭게 몸을 움직일 수 있습니다.

그러나 자신의 의지대로 움직이거나 멈출 수 없는 근육도 있습니다. 그것은 심장과 소장 등의 내장을 움직이게 하는 근육입니다.

사람은 몸을 움직이게 하는 것 이외에, 오감이라고 해서 다양한 것을 느끼는 기관을 갖고 있습니다. 눈으로 사물을 보고, 귀로 음악을 듣고, 코로 냄새를 맡고, 혀로 맛을 느끼거나, 피부로 뜨거움이나 아픔을 느낍니다.

오감으로 사물을 느끼고, 느낀 것으로 판단하고, 뼈와 근육으로 몸을 움직이게 함으로써, 사람은 행동하고 있는 것입니다.

❓ 왜 숨을 쉬지 않으면 살 수 없을까?

평소에는 잘 의식하고 있지 않지만 우리는 숨, 즉 호흡을 하며 생활하고 있습니다. 수영할 때 숨을 돌리는 것은 산소를 들이마시기 위해서입니다. 산소를 몸속으로 흡수하는 작용을 하고 있는 것이 폐입니다.

생물이 생활하기 위해서는 에너지가 필요합니다. 그 에너지를 얻기 위해서 몸속의 세포에서는 산소를 사용해서 영양분을 분해하고 있습니다. 이런 작용도 '호흡'으로 불리지만, 폐에서 이루어지는 호흡(외호흡)과 구별하기 위해 세포호흡(내호흡)이라고 합니다. 양쪽 모두 살아가는 데 중요한 작용입니다.

| 3학년 | 4학년 | 5학년 | **6학년** | 발전 |

❓ 음식은 몸속에서 어떻게 될까?

사람이 살아가기 위해서는 영양분을 얻어야 합니다.

입을 통해 들어온 음식의 영양분은 이로 잘 씹더라도 그 크기로는 체내에 흡수되지 않습니다. 그래서 점점 작은 알갱이로 변해갑니다. 이 작은 알갱이로 바뀌게 하는 작용을 하는 것이 위와 소장이라고 하는 소화기관입니다. 작은 알갱이로 변한 영양분은 소장에서 흡수됩니다.

흡수된 영양분을 몸 구석구석까지 운반하는 것이 혈액입니다. 혈액을 통해 몸 전체로 운반된 영양분은 사람이 살아가는 데 필요한 에너지로 사용됩니다.

❓ 동물에는 어떤 종류가 있을까?

동물은 등뼈가 있는 척추동물과 등뼈가 없는 무척추동물로 크게 2개로 나눌 수 있습니다.

이 중 척추동물은 어류, 양서류, 파충류, 조류, 포유류 5개로 분류되는데, 우리 사람은 포유류입니다.

무척추동물에는 곤충류, 거미류, 두꺼운 껍질을 가진 게와 새우 등의 갑각류와, 지렁이류, 성게·불가사리류, 해파리와 말미잘류 등이 있습니다.

⬆ 해파리

지구상에는 100만 종류 이상의 동물이 있다고 하며, 그중 대부분을 무척추동물이 차지하고 있습니다.

※©アフロ

제6장 동물의 몸

01 뼈와 근육

중요도
★★★
뼈

몸을 만지면 단단한 부분이 있습니다. 이 단단한 부분이 뼈입니다. 뼈는 몸을 지탱해주거나, 몸의 형태를 유지하기도 합니다. 또한 뇌와 내장을 보호하는 것 이외에 근육과 하나로 이루어져서 몸을 움직일 때 사용합니다. 사람의 몸에는 약 200개의 뼈가 있으며 이 뼈 조직을 골격이라고 합니다.

★★★
골격

여러 개의 뼈는 서로 맞물려 있고, 관절 등으로 연결되어 있어 복잡한 구조를 하고 있습니다. 이와 같은 구조를 골격이라고 합니다.

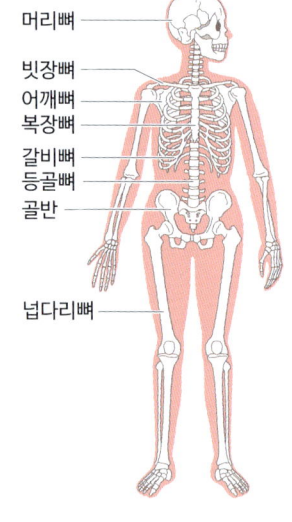

머리뼈
빗장뼈
어깨뼈
복장뼈
갈비뼈
등골뼈
골반

넙다리뼈

- **머리뼈(두개골)**…뇌를 보호하고 있고 움직일 수는 없습니다.
- **빗장뼈(쇄골)**…뇌의 상부에서 목의 연결 부분에 1쌍 있습니다. 어깨뼈와 함께 팔의 기점이 되는 뼈입니다.
- **어깨뼈(견갑골)**…팔을 몸에 묶는 골격의 일부를 이루는 뼈입니다. 어깨의 등 쪽에 있습니다.
- **복장뼈(흉골)**…가슴 전면의 중앙에 있는 뼈로, 갈비뼈와 빗장뼈로 이어져 있습니다.
- **갈비뼈(늑골)**…좌우에 12개씩 있고, 복장뼈와 등골뼈로 연결되어 있고, 심장과 폐를 보호하고 있습니다.
- **등골뼈(척추뼈)**…짧은 몇 개의 뼈로 연결되어 있습니다. 연결 부분이 쿠션 역할을 하고 있고 하나하나가 조금씩 구부러져 부드러운 S자형으로 되어 있어서, 외부로부터의 충격이나 체중의 부담을 완화시키고 있습니다.
- **골반**…허리 부분에 있고, 척추뼈와 다리를 연결하고 있습니다. 내장을 지탱하고, 아이를 낳을 여성의 경우는 태아를 지탱하기 위해서 발달되어 있습니다.
- **넙다리뼈(대퇴골)**…넓적다리 부분에 있으며, 걷거나 달릴 때 사용됩니다.

COLUMN 깨알지식 뼈는 혈액으로부터 인과 칼슘 등을 취해서 딱딱해진 것입니다.

뼈와 뼈의 연결 방식

어깨, 팔꿈치, 무릎과 같이 자주 움직이는 부분의 연결고리를 관절이라고 합니다. 등골뼈와 갈비뼈, 복장뼈 등은 연결 부위에 연골이라고 하는 부드러운 뼈가 붙어 있어서 조금 움직입니다. 또한 머리뼈처럼 뼈끼리 짜 맞춘 포합이라고 하는 움직이지 않는 연결 방식도 있습니다.

관절

손발의 연결 부위나 무릎, 복사뼈 등 구부릴 수 있는 곳의 뼈와 뼈의 이음매입니다. 2개의 뼈가 연골로 되어 있습니다. 연골 틈에는 액체가 들어 있어 움직임을 부드럽게 합니다.

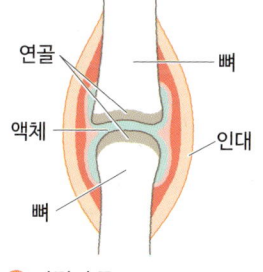

↑ 관절의 구조

인대

관절의 부분으로 뼈와 뼈를 연결하고 있는 끈 모양의 것입니다. 관절이 어긋나지 않도록 단단히 보호하는 역할을 하고 있습니다.

연골(물렁뼈)

뼈와 뼈 사이에 있고, 뼈끼리 부딪치지 않게 부드럽게 움직이는 작용을 하고 있습니다. 등골뼈의 이음매와 갈비뼈와 복장뼈의 이음매는 연골로 이어져 있습니다. 귀와 코뼈도 연골입니다.

포합

머리뼈처럼, 몇 개로 이루어진 뼈와 뼈가 깔쭉깔쭉한 이음매로 덧대어 잇듯이 단단히 서로 맞물려 있는 연결 방식을 말합니다. 뼈와 뼈가 전혀 움직이지 않는 연결 방식으로 되어 있기 때문에, 뇌를 단단하게 싸서 내부를 보호하고 있습니다.

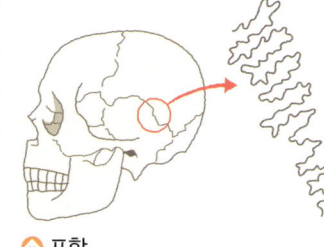

↑ 포합

147

제6장 동물의 몸

★★★ 골수

뼈의 중심 부분을 골수라고 합니다. 골수는 젤리 모양으로 되어 있고, 여기에서 혈액의 성분인 적혈구, 백혈구, 혈소판이 만들어집니다.

★★★ 근육

근육은 근섬유라고 불리는 가늘고 긴 세포의 집합체입니다. 신경으로부터 자극 신호가 전해지면 근육은 수축하거나 이완해서 몸을 움직일 수 있는 것입니다. 사람의 몸을 만드는 근육에는 뼈에 붙어 있는 골격근, 내장을 움직이게 하는 내장근, 심장을 움직이게 하는 심근의 3종류가 있습니다.

★★★ 골격근

팔이나 손가락, 발, 얼굴 등에 붙어 있는 근육으로 자신의 의지대로 움직일 수 있지만, 쉽게 피곤해지는 것이 특징입니다. 붉은색을 띠고 있지만, 근육이 뼈에 붙어 있는 곳은 하얗고 딱딱해져서 건이라고 불립니다.

★★★ 건

골격근 끝의 뼈에 붙어 있는 곳으로, 하얗고 딱딱한 부분입니다. 특히 장딴지 근육과 발뒤꿈치의 뼈를 연결하는 건을 아킬레스건이라고 합니다.

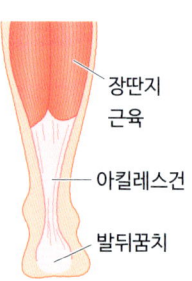

↑ 아킬레스건의 연결

★★★ 내장근

위와 장 등의 소화기관과 혈관 등을 만들고 있는 근육입니다. 내장 등이 쉬지 않고 천천히 운동해서 피곤해지지 않는 근육이지만, 자신의 의지대로 움직일 수는 없습니다.

★★★ 심근

심장의 벽을 만들고 심장박동을 일으키는 근육입니다. 자신의 의지와는 관계없이 움직이며, 쉴 수 없습니다.

COLUMN 깨알지식

아킬레스건은 아무리 강한 사람이라도 이 건이 끊어져버리면 걸을 수가 없습니다. 이 때문에 강한 것의 급소를 찌르는 말로도 사용됩니다.

★★★ 몸이 움직이는 원리

팔을 펴거나 구부릴 때, 근육이 수축하거나 이완하는 관절 부분으로 뼈를 움직이게 하고 있습니다. 사람의 몸에는 많은 뼈, 근육, 관절이 있고 이것들이 작용해서 몸을 움직이거나 지탱하고 있는 것입니다. 근육은 쌍으로 되어 있고 한쪽이 수축하면, 다른 한쪽이 이완해서 몸을 움직이게 합니다.

예를 들면, 팔을 구부릴 때는 팔 안쪽에 있는 근육이 수축하고, 바깥쪽에 있는 근육이 이완해서 팔이 구부러집니다. 반대로, 팔을 펼 때는 팔의 안쪽에 있는 근육이 이완하고, 팔의 바깥쪽에 있는 근육이 수축해서 팔이 펴집니다.

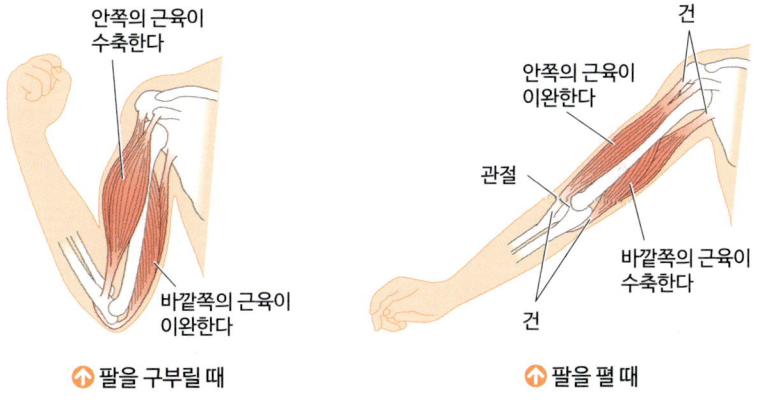

⬆ 팔을 구부릴 때   ⬆ 팔을 펼 때

발목을 움직일 때도 정강이의 근육과 장딴지의 근육이 수축과 이완을 하면서 관절 부분에서 뼈를 움직이게 하고 있습니다.

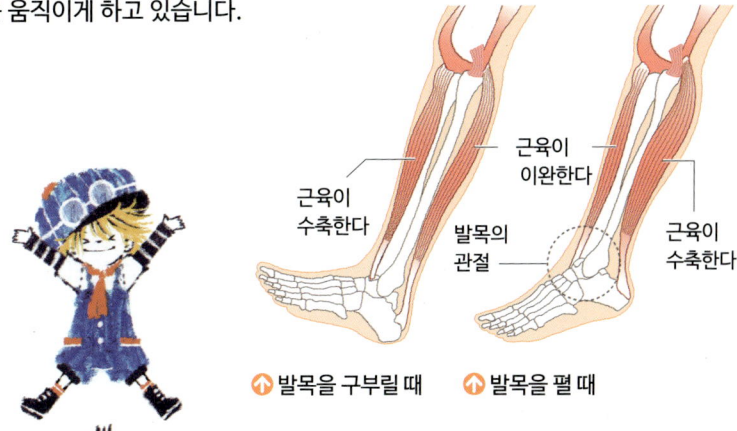

⬆ 발목을 구부릴 때   ⬆ 발목을 펼 때

  COLUMN 더 자세히 곤충과 거미는 몸 내부에 뼈는 없고, 바깥쪽에 딱딱한 껍데기를 갖고 있습니다. 이것을 외골격이라고 하며, 외골격의 내부에 있는 근육에서 골격을 움직여서 운동합니다.

척추동물의 골격이 같을까?

4개의 다리로 걷는 동물, 하늘을 나는 동물, 두 발로 걷는 사람은 전체 골격의 모습은 다르지만, 닮은 부분도 있습니다.

예를 들면, 개구리(양서류)나 거북(파충류)의 앞다리, 비둘기(조류)의 날개, 개(포유류)의 앞다리에서는 모양과 작용이 크게 다름에도 골격의 기본적인 구조에는 공통점이 있습니다.

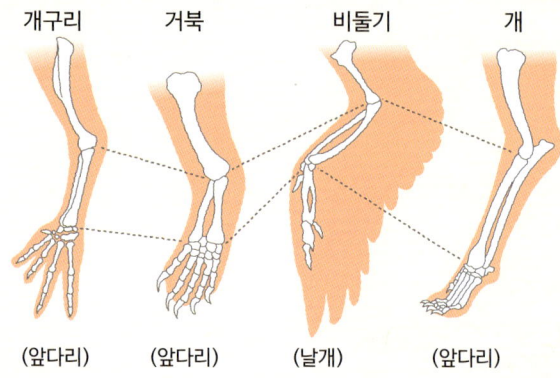

포유류에서만 보아도, 하늘을 나는 박쥐의 앞다리는 날개, 물속을 헤엄치는 고래의 앞다리는 지느러미, 두 발로 걷는 사람의 앞다리는 팔과 같이, 앞다리가 갖는 역할은 다릅니다. 그렇지만 앞다리의 골격을 비교해보면, 여기에서도 기본적인 구조에는 공통점이 있습니다.

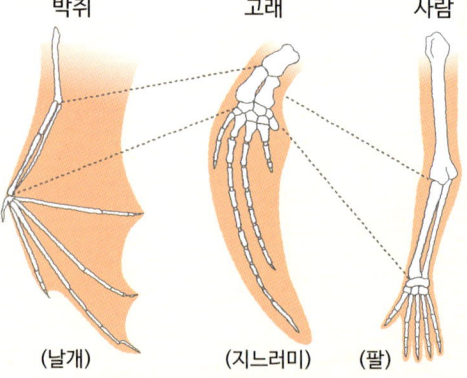

이와 같이, 동일한 것에서부터 변화한 것으로 생각되는 동물의 기관을 상동기관이라고 합니다.

상동기관은, 동일한 기본적인 구조를 가진 옛날의 척추동물이 진화함에 따라서, 현재의 척추동물이 생겨났다는 것을 증명할 수 있는 증거라고 할 수 있습니다.

02 감각기관

중요도
★★★ ## 자극
빛과 어둠, 냄새 등, 외부로부터 생물에 작용해서 생물이 느낄 수 있는 것을 자극이라고 합니다. 받은 자극은 신경을 통해 뇌로 전달되어서 첫 자극으로 느낄 수 있습니다.

★★★ ## 감각
빛과 어둠, 냄새 등의 자극을 감지하는 것을 감각이라고 합니다. 눈으로 보는 감각을 시각, 귀로 듣는 감각을 청각, 코로 냄새를 맡는 것을 후각, 혀로 맛을 느낄 수 있는 것을 미각, 피부에 닿는 것을 느끼는 감각을 촉각이라고 합니다.

★★★ ## 감각기관
빛과 어둠 등의 외부로부터의 자극을 감지하는 기관을 감각기관이라고 합니다. 빛을 느끼는 눈, 음악을 느끼는 귀, 냄새를 느끼는 코, 맛을 느끼는 혀, 온도와 통증, 압력 등을 느끼는 피부가 있습니다. 자극의 종류에 따라서 각각의 자극을 감지하기 쉬운 구조로 되어 있습니다.

★★★ ## 눈의 구조와 역할
눈은 각막, 눈동자, 홍채, 수정체(렌즈), 유리체, 망막, 시신경 등으로 이루어져 있습니다. 망막, 눈동자를 통과한 빛은 수정체에서 굴절하여 망막 위에 상이 맺힙니다. 망막에서 빛의 자극은 신호로 변해서, 신경을 통해 뇌로 전달되고, 뇌에서 처음으로 사물이 보였다고 판단하는 것입니다.
눈은 사물의 형태와 색, 모습을 감지할 수 있어서, 동물이 행동할 때 중요한 역할을 합니다.

제6장 동물의 몸

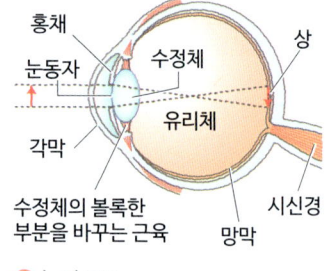
△ 눈의 구조

★★★ 각막
안구의 가장 앞에 있는 투명한 막으로 수정체를 보호하고 있습니다.

★★★ 눈동자
동공이라고도 하며, 각막을 통과한 빛이 눈의 수정체로 들어오는 부분입니다. 홍채의 작용으로 눈동자의 크기가 변화합니다.

★★★ 홍채
눈동자의 주변에 있는 눈으로 들어오는 빛의 양을 조절하고 있는 부분입니다. 커지거나 작아지면서 눈동자의 크기를 바꾸면서 빛의 양을 조절합니다.

〈밝을 때〉 홍채가 넓어지고 눈동자가 작아진다
〈어두울 때〉 홍채가 좁아지고 눈동자가 커진다
△ 눈동자 크기의 변화

★★★ 수정체(렌즈)
볼록렌즈와 같은 역할을 하고, 각막을 통과한 빛을 굴절시켜서 상을 망막 위에 맺히게 합니다. 망막 위에 상이 생기도록 수정체 주변의 근육으로 두께를 조절할 수 있게 되어 있습니다.

★★★ 유리체
안구 속을 채우고 있는 투명하고 젤리 같은 것입니다. 이것에 의해 안구의 형태가 유지되며, 빛의 난반사를 막습니다.

★★★ 망막
빛을 감지하는 세포(시세포)가 있는 얇은 막으로, 수정체에서 굴절된 빛이 상으로 맺히는 부분입니다. 시세포에서 자극을 신호로 바꿉니다. 상은 상하좌우가 실물과 반대로 되어 있지만, 신호가 뇌에 전달되면 실물과 같은 방향으로 보이게 됩니다.

★★★ 시신경
망막에서 오는 신호를 뇌에 전달합니다.

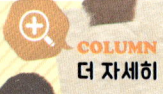
COLUMN 더 자세히
망막에 비친 상은 빛이 사라진 후에도 바로 사라지지 않고, 매우 짧은 시간(몇십 분의 1)은 남아 있습니다. 이것을 잔상이라고 합니다.

★★★ 귀의 구조와 역할

귀는 귓불과 소리를 고막까지 전달하는 외이도로 이루어진 외이와, 고막과 귓속뼈로 이루어진 중이, 달팽이관과 반고리관으로 이루어진 내이로 되어 있습니다. 소리를 감지하거나, 몸의 회전과 기울기를 느끼는 역할을 합니다.

★★ 외이도

귓불에 밀집된 여러 방향에서 들려오는 소리를, 고막까지 이끄는 통로입니다.

★★★ 고막

외이와 중이의 경계에 있는 막입니다. 외이도로 들어온 소리의 진동이 고막을 쳐 진동해서 이소골로 전달됩니다.

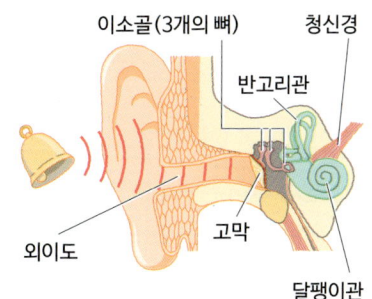

↑ 귀의 구조

★★ 귓속뼈(이소골)

고막과 달팽이관을 연결해서 고막의 진동을 달팽이관으로 전달하는 작은 뼈입니다.

★★★ 달팽이관

달팽이 껍질 같은 모양을 하고 있어서 달팽이관이라고 합니다. 소리의 자극을 감지해서, 신호로 바꾸는 세포(청세포)가 있는 곳입니다. 안에 림프액(혈액의 액체 성분이 림프관에 들어 있는 것)이 들어 있는데, 림프액의 진동을 신호로 바꿔서 청신경에 전달합니다.

★★★ 반고리관

삼반규관이라고도 하며, 몸의 기울기나 회전을 느끼는 부분입니다. 어둠 속에서 차를 타고 돌아도 그 움직임을 알 수 있는 것은, 이 기관의 역할 때문입니다.

★★ 청신경

달팽이관에서 오는 신호를 뇌로 보내는 신경입니다.

제6장 동물의 몸

★★★ 코의 구조와 역할

코는 <u>호흡</u> 때 공기의 통로가 될 뿐만 아니라, 냄새의 자극을 감지하는 <u>감각기관</u>이기도 합니다. 이 냄새의 감각을 후각이라고 합니다. 코는 콧구멍과, 콧구멍으로 연결되는 공동(비강)이라고 하는 부분으로 되어 있는데, 코 안쪽에 냄새의 물질을 감지하는 세포(후각세포)가 있습니다.

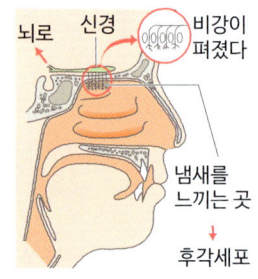

↑ 코의 구조

★★★ 혀의 구조와 역할

혀는 입에 들어온 음식을 침으로 잘 섞는 역할을 할 뿐만 아니라, 맛에 의한 자극을 감지하는 <u>감각기관</u>이기도 합니다. 혀의 표면에는 작은 돌기가 있고 그 표면에 미각세포가 밀집된 맛봉오리가 분포되어 있습니다. 물에 녹는 물질이 맛봉오리를 자극하면, 그 자극이 미각신경에 의해 뇌로 전달되어 맛의 감각이 발생합니다.

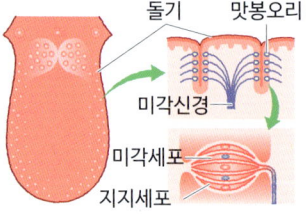

↑ 혀의 구조

★★★ 피부의 구조와 역할

피부에는 튼튼한 표피가 있어서 수분의 증발을 막습니다. 또한 땀샘이 있는데, 땀을 내서 불필요한 물질을 내보내거나 체온 조절을 합니다. 이러한 기능 외에 피부는 <u>감각기관</u>이기도 합니다. 피부에는 통증, 따뜻함, 차가움, 압력을 느끼는 부분이 있습니다.

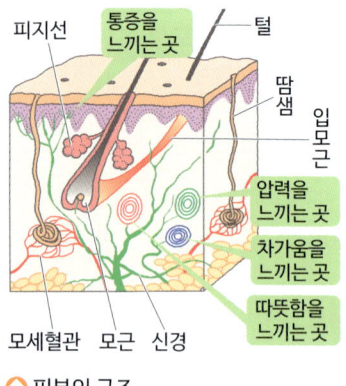

↑ 피부의 구조

03 호흡

★★★ 호흡

동물과 식물이 산소를 마시고, 이산화탄소나 물을 내보내는 것을 호흡이라고 합니다. 사람과 토끼 등은 폐로, 물고기는 아가미로 호흡을 합니다.

들숨과 날숨 비교

	들숨	날숨
이산화탄소	적다(약 0.04%)	많다(약 4%)
산소	많다(약 21%)	적다(약 17%)
질소	변화 없다(약 78%)	변화 없다(약 78%)
수증기	적다	많다

날숨에 이산화탄소, 수증기가 많은 것은 호흡으로 인해 만들어졌기 때문입니다. 날숨에 산소가 적은 것은 호흡을 하는 데 사용되었기 때문입니다. 또한 질소는 호흡에 관계하지 않기 때문에 변화하지 않습니다.

〈들숨과 날숨의 차이를 알아보는 실험〉

방법
① 폴리에틸렌 봉지 2개를 준비해서, 1개의 봉지에는 들숨(주변의 공기)을 넣고, 다른 1개의 봉지에는 날숨을 넣는다
② 각각의 봉지에 석회수를 넣고 잘 흔든 뒤 석회수의 모습을 비교한다

결과 들숨에서는 석회수는 거의 변화가 없었지만, 날숨에서는 석회수가 하얗게 흐려졌다.

석회수가 하얗게 흐려진 점으로 보아, 날숨에는 이산화탄소가 많이 포함되어 있다는 것을 알 수 있습니다.

 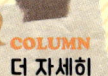 **COLUMN 더 자세히**
호흡의 역할은 받아들인 산소를 사용해 체내의 영양분을 태워서 열과 활동에 필요한 에너지를 발생하는 것입니다. 이때, 이산화탄소와 물이 나오는데, 불필요한 물질이라 몸 밖으로 나오는 것입니다.

제6장 동물의 몸

★★★ 기관
목 안부터 기관지까지 공기가 통과하는 관입니다. 연골로 되어 있고, 안쪽은 점막으로 덮여 있습니다.

★★★ 기관지
기관이 가지 모양으로 갈라져서 기관지라고 합니다. 기관지의 끝은 작은 주머니 모양의 폐포에 연결되어 있습니다.

★★★ 폐

폐는 폐포가 많이 밀집해서 만들어져 있습니다. 체내에 필요한 산소와 체내에서 나온 이산화탄소가 폐에서 교환됩니다. 폐포가 있어 폐의 표면적이 상당히 커지고, 기체의 교환이 효율적으로 잘 이루어집니다.

★★★ 폐포(허파꽈리)
폐 속에서 매우 가늘게 가지처럼 나뉜 기관지 끝에 붙어 있습니다. 작은 주머니 모양의 구조를 가집니다. 폐포 주변은 모세혈관이 둘러싸고 있고, 폐포로 들어온 공기 중 산소의 일부분은 모세혈관을 흐르는 혈액 속으로 흡수됩니다. 또한 혈액으로 운반되어 온 이산화탄소는 폐포로 나갑니다.

★★★ 폐호흡
포유류나 조류, 파충류가 하는 폐에서 이루어지는 호흡을 폐호흡이라고 합니다. 양서류의 어미는 폐호흡을 하지만, 폐호흡만으로는 충분하지 않기 때문에 피부로도 호흡을 하고 있습니다.

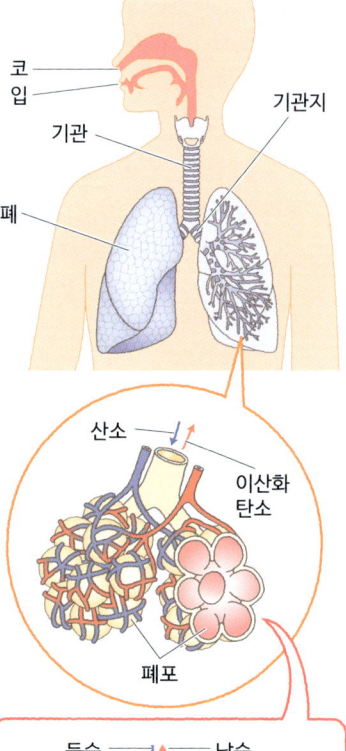
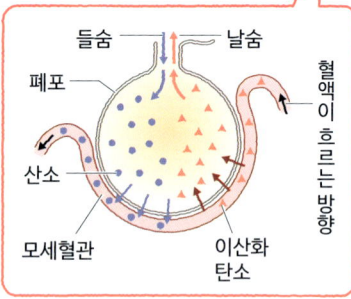
⬆ 폐의 구조

COLUMN 깨알지식 한 번에 최대로 들이마셨다가 내쉴 수 있는 공기의 양을 폐활량이라고 합니다. 성인 남성의 폐활량은 약 3,000~4,000cm³ 정도입니다.

★★★ 호흡운동

폐에는 근육이 없어서 폐 자체가 부풀어 오르거나 오그라들 수 없습니다. 늑골과 가로막(횡격막)이라고 하는 막의 작용으로, 폐의 공간을 넓게 하거나 좁게 함으로써 폐가 부풀어 오르거나 오그라들어 공기가 나오고 들어가는 것입니다.

★★★ 가로막(횡격막)

가슴와 배의 경계를 짓는 둥근 지붕 모양으로 생긴 근육입니다. 가로막이 올라갔다 내려갔다 하는 것이 폐에 공기가 나가고 들어오는 데 도움이 됩니다.

비교

폐의 호흡운동 모델

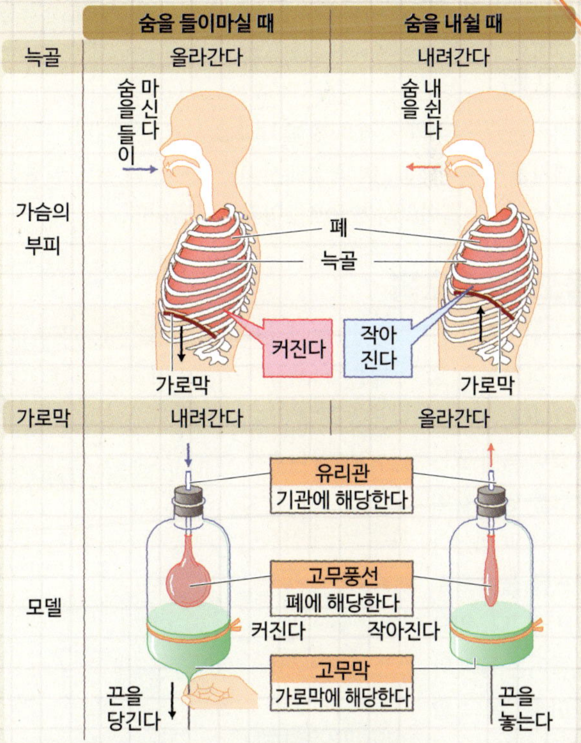
숨을 들이마실 때
숨을 내쉴 때
늑골
올라간다
내려간다
숨을 들이마신다
숨을 내쉰다
가슴의 부피
폐
늑골
커진다
작아진다
가로막
가로막
가로막
내려간다
올라간다
모델
유리관
기관에 해당한다
고무풍선
폐에 해당한다
커진다
작아진다
고무막
가로막에 해당한다
끈을 당긴다
끈을 놓는다

고무막(가로막)을 당기면 유리병 속의 부피가 넓어져서 압력이 내려가고, 유리관(기관)으로부터 외부의 공기가 흘러들어 와서 풍선(폐)이 부풀어 오릅니다.

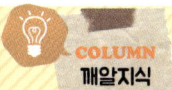

COLUMN 깨알지식

호흡운동에는 두 종류가 있습니다. 가로막을 크게 움직여서 호흡을 하는 것이 복식호흡(배호흡)이고, 가로막을 그다지 움직이지 않고 늑간근를 사용해서 호흡하는 것이 흉식호흡(가슴호흡)입니다.

제6장 동물의 몸

★★★ 세포호흡

혈액 속으로 들어온 산소는 세포로 운반되어 영양분으로부터 에너지를 만들어내는 데에 사용됩니다. 이 작용이 세포호흡입니다. 이때 이산화탄소와 물이 생기고, 이것이 폐로 운반되어 폐에서 나갑니다.

영양분 + 산소 → 이산화탄소 + 물 + 에너지

★★★ 외호흡

호흡기관(사람은 폐)에서 이루어지는, 외부와 혈액 사이에서 이루어지는 기체 교환을 외호흡이라고 합니다. 체내로 산소를 받아들이고 이산화탄소와 물을 체외로 내보냅니다.

★★★ 내호흡

혈액과 세포 사이의 기체 교환을 내호흡이라고 합니다. 산소를 사용해 영양분으로부터 에너지를 만들어내고, 이 과정에서 이산화탄소와 물이 방출됩니다. 내호흡은 세포에서 이루어지는 호흡이라서 세포호흡이라고도 합니다.

★★★ 물고기의 호흡

물고기는 폐가 없어서 아가미로 호흡합니다. 아가미로 물에 녹아 있는 산소를 받아들이고 체내의 이산화탄소를 물속으로 내보냅니다. 입으로 들어온 물이 아가미를 통과할 때, 물속의 산소를 혈액 속으로 받아들이고 이산화탄소를 혈액을 통해서 내보냅니다.

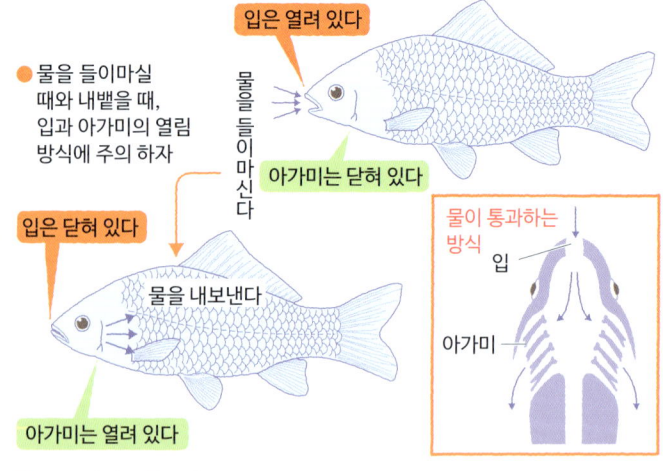

↑ 물고기의 호흡 모습

COLUMN 깨알지식

물속에 녹아 있는 산소는 공기 중의 산소보다 훨씬 적습니다. 물고기가 수면에서 입을 뻐끔거릴 때는 물속의 산소가 부족한 것입니다.

★★★ 아가미

물고기의 경우는 아가미덮개 안쪽에 있습니다. 아가미는 가는 빗살 형태의 모양을 하고 있고, 그 틈으로 물이 빠져나갑니다. 또한 아가미에는 많은 모세혈관이 통과하고 있습니다. 아가미가 빗살처럼 많이 갈라져 있는 것은 아가미 전체의 표면적을 크게 하기 위해서입니다. 사람이 폐에 많은 폐포가 있는 것과 같은 이유입니다.

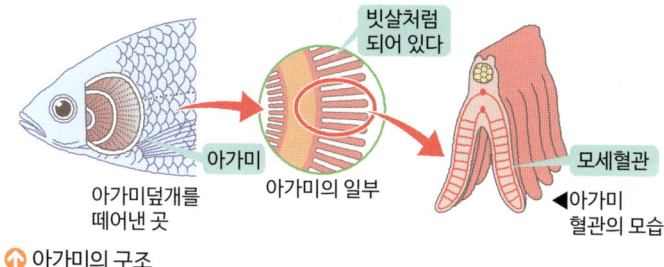

↑ 아가미의 구조

★★★ 아가미호흡

물고기와 같이 아가미로 호흡하는 것을 아가미호흡이라고 합니다. 양서류는 새끼 때(개구리의 경우는 올챙이)는 아가미로 호흡을 하고 있습니다. 또한 새우나 게, 조개류도 아가미로 호흡을 합니다.

★★★ 피부호흡

양서류는 새끼 때는 물속에서 생활하기 때문에 아가미호흡을 하고, 자라면 아가미는 없어지고 폐호흡을 합니다. 그러나 폐가 충분히 발달하지 않아 피부호흡도 합니다. 피부호흡을 하기 위해서는 피부가 항상 축축해야 해서, 어른이 되어서도 물 근처에서 생활합니다.

↑ 올챙이와 개구리의 호흡

COLUMN 더 자세히 피부호흡은 양서류뿐만이 아니라 사람도 하고 있습니다. 그러나 사람이 피부호흡으로 흡수한 산소의 비율은 약 0.6%로 상당히 작습니다.

COLUMN

고래의 물 내뿜기

고래는 바다에 살고 있지만, 사람과 개 등과 마찬가지로 새끼를 낳고, 어미의 젖을 먹고 자라는 포유류입니다. 그 때문에 물고기와 달리 물속에서 숨을 쉴 수 있는 구조가 아닙니다. 사람과 마찬가지로 폐호흡을 하고 있습니다. 숨을 쉬거나 내뱉을 때는 바다 위로 코를 내밀면서 하는데, 이때 물을 내뿜는 모습을 볼 수 있습니다. 즉, 고래의 물 내뿜기는 고래가 폐에서 내보낸 숨입니다.

↑ 고래의 호흡

예를 들면, 우리가 수영장에서 숨을 참고 수영할 때, 얼굴이 물 밖으로 나온 순간 숨을 쉴 수 있는데 이것과 같은 식입니다. 물 내뿜기라고 하면 바닷물을 분수처럼 내뿜고 있다고 생각하고 있는 사람이 많은데 그것은 착각입니다. 바다 위로 나와서 곧바로 공기를 내뿜는데, 아직 몸에 붙어 있는 바닷물과 콧구멍의 움푹 파인 쪽에 괴어 있는 바닷물이 안개처럼 뿜어져서 하얗게 보이는 것입니다. 또한 추울 때는 주변의 기온보다 숨이 따뜻하기 때문에 더욱 하얗게 보입니다.

물 내뿜기의 크기와 모양은 고래의 종류에 따라 대체로 정해져 있으며 물 내뿜기를 보는 것만으로 고래의 종류를 알 수 있는 사람도 있습니다. 지구상에서 가장 큰 동물인 대왕고래(몸길이 25~30m 정도)의 물 내뿜기는 무시무시해서 10~15m나 뿜어 올립니다.

04 소화와 흡수

1 소화의 역할

★★★ 소화

입에서 들어온 음식을 잘게 부수고 잘 섞이게 한 뒤, 소화액으로 분해해서 작게 만들어 몸에 흡수되기 쉬운 영양분으로 변화시키는 것입니다. 음식 속에 있는 영양분에는 녹말(탄수화물), 단백질, 지방, 비타민 등이 있고, 탄수화물, 단백질, 지방을 3대 영양소라고 합니다.

★★★ 소화관

입→식도→위→소장→대장→항문까지의 음식물의 통로로, 하나로 이어진 관으로 되어 있습니다. 음식의 영양분은 소화기관을 통과하는 동안에, 소화액의 작용으로 작게 부서져서 몸에 흡수되기 쉬운 상태로 변화해갑니다.

★★★ 소화기관

음식물의 소화에 관계하고 있는 기관 전체를 말합니다. 입→식도→위→소장→대장→항문으로 이어지는 소화관 외에 이러한 기관에 소화액을 분비하는 침샘, 간, 쓸개, 이자가 있습니다.

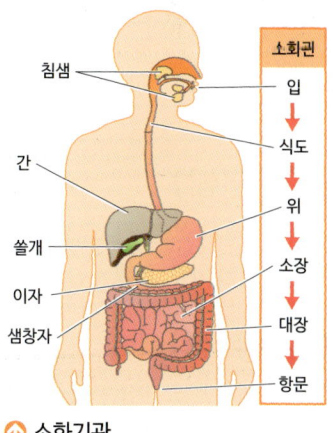
⬆ 소화기관

★★ 입

음식물을 이로 씹어서 잘게 만듭니다. 침샘에서 나온 침이 녹말을 분해합니다.

COLUMN 깨알지식

사람의 소화관의 길이는 키의 약 5배입니다. 소나 말과 같은 풀을 먹는 동물(초식동물)의 경우, 풀은 소화되기 어려워서 소화관이 깁니다.

제6장 동물의 몸

중요도

★★★ **식도**

입에서 위로 음식물을 보내는 관으로, 소화의 작용은 이루어지지 않습니다. 식도의 근육이 파도치는 것처럼 오그라드는 연동운동으로 음식물을 위로 보내고 있습니다.

★★★ **위**

큰 주머니와 같은 모습을 하고 있습니다. 위벽에서 위액을 분비해서 단백질을 최초로 소화합니다.

★★★ **간**

간은 다음과 같은 작용을 합니다.
① 쓸개즙(담즙)이라는 소화액을 만든다
② 포도당을 저장한다
③ 유해한 암모니아를 해가 적은 요산으로 바꾼다
④ 체내의 유해물질을 분해해서 무해한 것으로 바꾼다

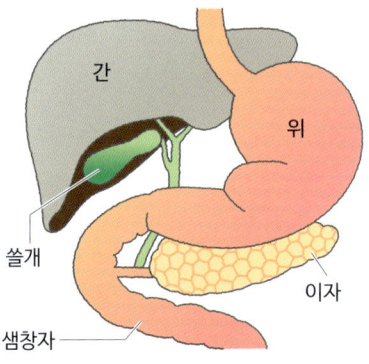

★★★ **쓸개(담낭)**

간에서 만들어진 쓸개즙(담즙)을 저장하고 있는 부분입니다. 쓸개즙은 소화효소를 포함하고 있지 않지만, 지방의 소화를 돕는 작용을 하고 있습니다.

★★★ **이자(췌장)**

위의 아래쪽에 있고 이자액(췌액)이라는 소화액을 분비합니다. 이자액으로 녹말, 단백질, 지방이 소화됩니다.

★★★ **샘창자(십이지장)**

위에서 연결되어 있고, 소장의 처음 25cm 정도까지의 부분을 지칭합니다. 이곳에서는 이자에서 나온 이자액과, 간에서 만들어져 쓸개에 저장된 쓸개즙이 나옵니다.

COLUMN 더 자세히

간은 사람의 몸에서도 가장 큰 기관으로, 앞에서 보면 삼각형 모양을 하고 있습니다. 당분은 간에서 글리코젠(글리코겐)이라는 물질로 바뀌어 저장됩니다.

★★★ 소장

긴 관으로, 위와 연결된 첫 부분을 샘창자라고 합니다. 소장의 내부 벽에는 주름이 많이 있고, 주름의 표면에는 융모(융털돌기)로 불리는 돌기가 있어, 이곳에서 물과 함께 소화된 영양분이 흡수됩니다.

★★ 대장

소장에서 이어져 있는 관으로, 소장보다 굵습니다. 소장에서 흡수되지 않았던 것이 보내지고, 주로 수분을 흡수합니다.

★★★ 항문

남은 음식물이 대변(똥)으로 항문을 통해 몸 밖으로 나옵니다.

★★★ 3대 영양소

음식물에 포함된 영양분 중, 녹말(탄수화물), 단백질, 지방을 3대 영양소라고 합니다. 녹말과 지방은 에너지의 원천이 되고, 단백질은 몸을 만드는 원천이 됩니다.

★★★ 녹말(탄수화물)

많은 포도당이 결합해서 만들어진 물질로, 동물의 활동과 열의 에너지원으로 사용됩니다. 쌀과 보리, 감자 등에 많이 포함되어 있습니다. 식물의 광합성에 의해 물과 이산화탄소로부터 만들어집니다.

★★★ 단백질

다수의 아미노산이 결합해서 만들어진 물질로, 주로 생물의 근육과 혈액 등 몸을 만드는 재료로 사용됩니다. 고기나 생선, 달걀, 대두에 많이 포함되어 있습니다.

★★★ 지방

동물의 활동과 열의 에너지원으로 사용되고, 남은 것은 피하지방으로 저장됩니다. 고기의 기름 부위, 참깨, 유채꽃 씨앗에 많이 포함되어 있습니다.

제6장 동물의 몸

★★★ 소화액

음식의 영양분을 작게 만들어 몸에 흡수되기 쉬운 상태로 변화시키는 액을 말합니다. 침(타액), 위액, 쓸개즙(담즙), 이자액(췌액), 장액이 있습니다. 소화액은 다음과 같이 종류에 따라 분비되는 곳과 작용하는 영양분이 정해져 있습니다.

- 침샘(침을 분비하는 기관) … 입에서 침을 분비한다
- 위샘(위액을 분비하는 기관) … 위에서 위액을 분비한다
- 간 … 쓸개즙을 분비하며, 쓸개즙은 쓸개에 일시적으로 저장되어, 그다음 소장의 첫 부분(샘창자)으로 나온다
- 이자 … 소장의 첫 부분(샘창자)에서 이자액을 분비한다
- 창자샘 … 소장에서 장액을 분비한다

소화액이 작용하는 영양분

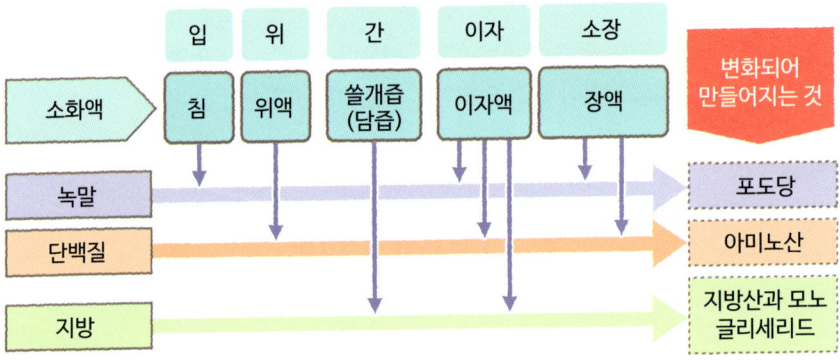

★★★ 침(타액)

침은 귀밑이나 턱에 있는 침샘이라고 하는 곳에서 나오고, 녹말은 침의 작용으로 소화되어 다른 것(엿당 등)으로 변합니다. 이 때문에 녹말을 많이 포함한 밥을 오래 씹고 있으면 달게 느껴집니다. 또한 침은 음식물을 삼키기 쉽게 하는 역할도 합니다.

★★★ 침의 작용을 알아보는 실험

침은 녹말을 다른 것(엿당)으로 바꾸는 작용을 합니다. 녹말은 아이오딘-아이오딘화칼륨 용액에서 푸른빛을 띤 보라색으로 변화하기 때문에, 침의 작용을 아이오딘-아이오딘화칼륨 용액을 사용해서 조사할 수 있습니다.

방법
① 옅은 녹말 용액을 조금씩 넣은 시험관 ⓐ, ⓑ를 준비합니다.
② ⓐ에는 침을 넣고, ⓑ에는 침과 같은 양의 물을 넣어서 잘 흔듭니다.
③ 약 40℃의 물에서 5분 정도 데웁니다.
④ ⓐ, ⓑ의 시험관에 아이오딘-아이오딘화칼륨 용액을 첨가해서 색의 변화를 관찰합니다.

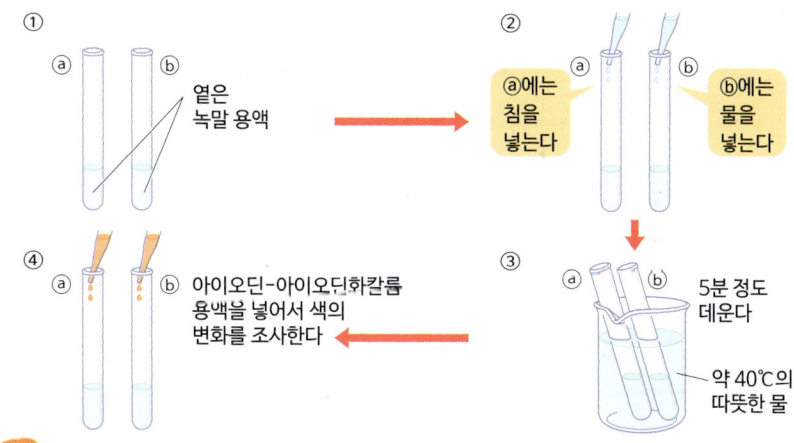

결과 ⓐ에서는 색의 변화가 없고, ⓑ에서는 푸른빛을 띤 보라색이 된다.

침을 넣은 시험관 ⓐ에는 녹말은 없고 물을 넣은 시험관 ⓑ에는 녹말이 있는 것으로 보아, 침은 녹말을 다른 것으로 바꾸는 작용을 한다는 것을 알 수 있습니다.

★★★ 베네딕트 시약

엿당 등에 베네딕트 시약을 넣고 가열하면, 적갈색의 침전물이 생깁니다. 위의 실험에서 사용한 녹말 용액에 침을 넣어 생긴 물질에 베네딕트 시약을 넣고 가열하면 적갈색의 침전물이 생깁니다. 이것으로부터 녹말은 침에 의해 다른 것(엿당 등)으로 변한다는 것을 알 수 있습니다.

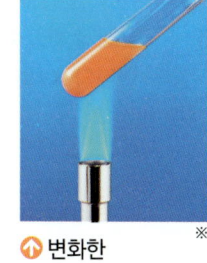

↑ 변화한 베네딕트 시약

※ⓒアフロ

COLUMN 더 자세히 침의 작용을 알아보는 실험에서 약 40℃의 물에서 데우는 것은 사람의 체온과 같은 정도의 온도로 유지해서 침이 잘 기능하도록 하기 위해서입니다.

제 6 장 　 동물의 몸

★★★ 위액
위에서 나온 소화액으로, 펩신이라는 소화효소를 포함하며, 단백질을 가장 먼저 소화합니다. 위액은 염산을 포함한 산성이 강한 액체로, 위액에 의해 음식물을 살균합니다.

★★★ 쓸개즙(담즙)
간에서 만들어진 소화액으로 쓸개에 저장됩니다. 쓸개즙에는 소화효소는 포함되어 있지 않지만, 지방의 소화를 돕는 역할을 합니다.

★★★ 이자액(췌액)

이자에서부터 소장의 첫 부분(샘창자)에서 나오는 소화액입니다. 아밀레이스(아밀라아제), 트립신, 라이페이스(리파아제), 말테이스(말타아제), 펩티데이스(펩티다아제) 등의 소화효소를 포함하고 있으며, 녹말, 단백질, 지방을 소화합니다.

★★★ 장액
소장의 장샘이라고 하는 기관에서 나온 액으로, 말테이스, 펩티데이스 등의 소화효소에 의해 특히 녹말, 단백질을 소화합니다.

★★★ 소화효소
소화액에 포함되어서 영양분을 작은 알갱이로 분해하는 물질입니다. 아주 적은 양으로 다량의 영양분을 분해하는데, 소화효소 자체는 영양분의 분해 전후에는 변화하지 않고, 정해진 영양분으로만 작용하는 성질을 갖고 있습니다. 또한 소화효소는 사람의 체온과 가까운 30~40°C일 때 잘 작용합니다.

★★★ 아밀레이스(아밀라아제)
침에 포함된 소화효소로, 녹말을 엿당으로 분해하는 작용을 합니다. 아밀레이스는 이자액에도 포함되어 있습니다.

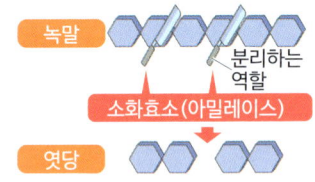

↑ 녹말이 분해되는 구조

COLUMN
더 자세히
장액은 소화효소를 포함하고 있지만, 장액은 장샘에서 나오는 것이 아니라 소장의 벽에 있는 소화효소가 섞인 것입니다.

★★★ 펩신

위샘이라고 하는 기관에서부터 위로 분비되는 위액에 포함되어 있는 소화효소입니다. 단백질을 펩톤이라는 물질로 분해합니다.

★★★ 트립신

이자에서 나온 이자액에 포함되어 있는 소화효소입니다. 단백질이 펩신에 의해 분해되어 생긴 펩톤을 더 잘 분해합니다.

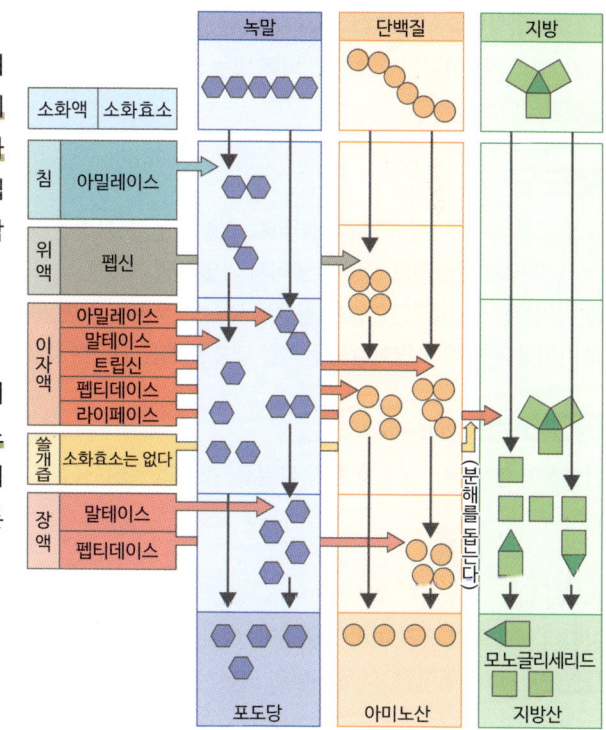

↑ 소화액·소화효소와 영양분의 분해

★★★ 라이페이스(리파아제)

이자에서 나온 이자액에 포함되어 있는 소화효소입니다. 지방을 지방액과 모노글리세리드로 분해합니다.

★★★ 말테이스(말타아제)

이자에서 나온 이자액과 소장의 벽 표면에 있는 소화효소입니다. 녹말이 아밀레이스에 의해 분해되어 생긴 엿당을 포도당으로 분해합니다.

COLUMN 더 자세히

위는 단백질로 만들어져 있지만, 강한 산성인 위액에는 녹지 않습니다. 이것은 위가 위액을 분비할 때 점액을 분비해서 위벽을 보호하고 있기 때문입니다.

제6장 동물의 몸

★★★ 펩티데이스(펩티다아제)
이자에서 나온 이자액과 소장의 벽에 있는 소화효소입니다. 특히 단백질을 아미노산으로 분해합니다.

★★★ 포도당
녹말이 분해되어 생긴 마지막 물질로, 소장의 융털(융털돌기)의 모세혈관에서 흡수됩니다. 포도당에 베네딕트 시약을 넣어서 가열하면 적갈색의 침전물이 생깁니다. 또한 녹말에 아이오딘-아이오딘화칼륨 용액을 넣으면 푸른빛을 띤 보라색으로 변하지만, 포도당에 아이오딘-아이오딘화칼륨 용액을 넣으면 색은 변화하지 않습니다.

★★★ 아미노산
단백질이 분해되어 생긴 마지막 물질로, 소장의 융털(융털돌기)의 모세혈관에서 흡수됩니다.

★★★ 지방산
지방이 분해되어 생긴 마지막 물질 중 하나입니다. 모노글리세리드와 함께 소장의 융털(융털돌기)로 들어가면, 다시 지방이 되어서 림프관으로 흡수됩니다.

★★★ 모노글리세리드(모노글리세라이드)
지방이 분해되어 생긴 마지막 물질 중 하나입니다. 지방산과 함께 소장의 융털(융털돌기)로 들어가면, 다시 지방이 되어서 림프관으로 흡수됩니다.

영양분은 융털에서 흡수되는 거네

COLUMN 깨알지식 포도당은 물에 녹기 쉽고 단맛을 지니고 있습니다. 혈액 속에도 포함되어 있고, 열매나 벌꿀에도 포함되어 있습니다.

② 소화된 영양분의 흡수

★★★ 소장의 구조

소장의 안쪽 벽에는 많은 주름이 있고, 주름의 표면은 <u>융털</u>이라는 돌기로 덮여 있습니다. 융털 내부에는 많은 모세혈관과 림프관이 분포해 있어서, 소화된 영양분은 융털의 모세혈관과 림프관에서 흡수됩니다.

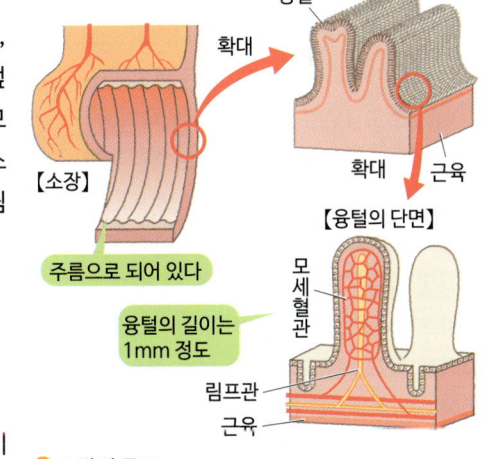

⬆ 소장의 구조

★★★ 융털(융털돌기)

소장의 안쪽 주름에 있는 수많은 돌기로, 주름을 덮고 있습니다. 소장에는 1mm 정도의 길이의 많은 미세 융털이 있습니다. 융털은 음식물과 접촉하는 표면적을 넓혀서 영양분을 효과적으로 흡수할 수 있도록 도움을 줍니다.

★★★ 소화된 영양분의 흡수

녹말은 <u>포도당</u>으로 분해되어, 소장 융털의 모세혈관으로 흡수된 후에 문맥이라고 하는 혈관을 통해서 간으로 운반됩니다.
단백질은 <u>아미노산</u>으로 분해되어, 소장 융털의 모세혈관으로 흡수됩니다. 지방은 <u>지방산</u>과 <u>모노글리세리드</u>로 분해되어, 소장 융털 속으로 흡수됩니다. 또한 지방으로 합성되어 림프관으로 흡수됩니다.

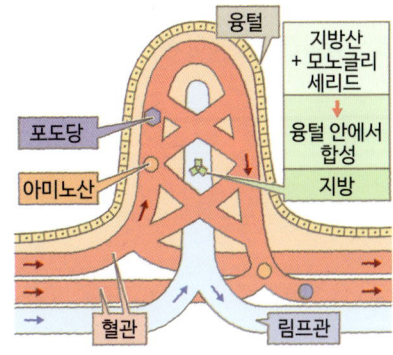

⬆ 영양분의 흡수

제6장 동물의 몸

★★★ 흡수된 영양분의 이동

녹말이 분해되어서 생긴 포도당은, 간으로 운반되면 일부는 글리코젠(글리코겐)이라는 물질로 바뀌어서 저장되고, 나머지는 온몸으로 운반됩니다. 글리코젠은 몸이 필요할 때에 포도당으로 변해서 이용됩니다.
단백질이 소화되어 생긴 아미노산은 간으로 운반되고 나서 온몸으로 운반됩니다.
지방이 소화되고 나서 생긴 지방산과 모노글리세리드는 융털에서 흡수되면 다시 지방이 되어 림프관으로 들어갑니다. 그리고 두꺼운 림프관을 통과해 두꺼운 혈관으로 들어가서 온몸으로 운반됩니다. 지방이 남으면 피하지방 등으로 저장됩니다.

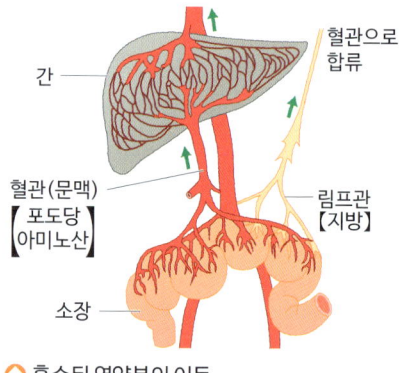
⬆ 흡수된 영양분의 이동

★★★ 림프관

온몸에 가지처럼 갈라져서 분포하고 있는 관으로, 안에는 림프액이라는 액체가 흐르고 있습니다. 소장에서 흡수된 지방의 통로가 되기도 합니다. 많은 림프관이 모여서 마지막에는 목 부분 근처에서 정맥에 합류합니다. 하반신과 왼쪽 상반신의 림프관이 모여서 굵게 만들어진 것을 특히 흉관이라고 합니다.

COLUMN 더 자세히 팔과 다리가 이어지는 부분, 목 부분 등의 림프관에는 림프절이라고 하는 덩어리가 있습니다.

물고기와 새의 소화관

물고기의 소화관은 위와 장의 구별이 명확하지 않은 관 모양으로 되어 있는 것이 많고, 입에서 들어온 먹이는 그 관을 통과하는 동안에 소화됩니다. 이것으로, 아래의 물고기를 해부한 그림에 있는 것처럼 먹이가 입 가까운 쪽에서는 소화가 많이 되어 있지 않고, 항문 가까운 쪽에서는 대부분 소화되어 있는 것을 알 수 있습니다.

해부방법

① 항문에서부터 뾰족한 가위 끝으로 찔러서 등 쪽을 조금 자른다
② 한 번 가위를 뽑고, 다음은 앞의 둥근 쪽으로 넣어서 배의 벽을 왼쪽 그림의 점선처럼 자른다.

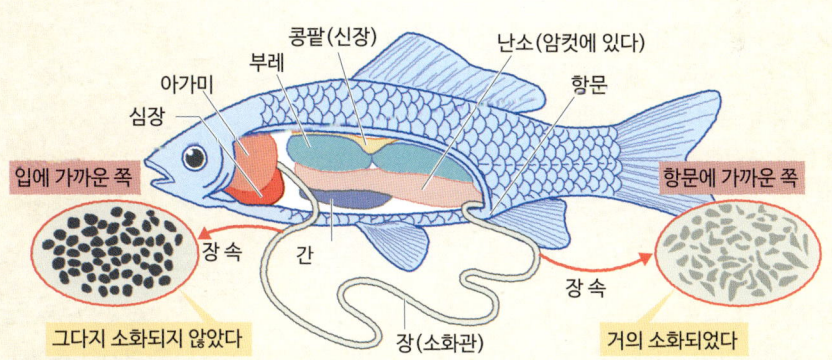

새는 입에서 항문까지 사람과 같은 소화관의 구조를 하고 있지만, 위 부분에는 돌멩이나 모래가 들어 있는 사낭이라고 하는 모래주머니가 있습니다. 사낭의 벽은 단단하고 두꺼운 근육으로 되어 있습니다. 새는 이가 없습니다. 그래서 먹이는 사낭에서 잘게 부서져 소화되기 쉬운 상태로 됩니다. 즉, 사낭은 이 역할을 대신하고 있는 것입니다.

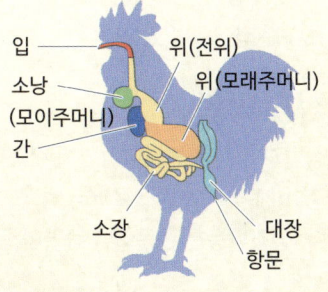

⬆ 닭의 소화관

05 심장과 혈액

1 심장과 혈액·혈관

★★★ 심장

심장은 가슴의 약간 왼쪽 아래에 있는 심근이라고 하는 근육에서 만들어진 주먹 정도 크기를 가진 주머니 모양의 기관입니다. 내부는 4개의 방으로 나뉘어 있고, 규칙적으로 수축하거나 이완하는 운동(심장박동)에 의해 혈액을 온몸으로 내보내는 펌프 역할을 하고 있습니다. 또 혈액의 역류를 막기 위해서 판막이 달려 있습니다.

★★★ 심방

심장의 4개의 방 가운데 위쪽에 있는 2개의 방입니다. 온몸에서 이산화탄소를 많이 포함한 혈액이 들어오는 우심방과, 폐에서 산소를 많이 포함한 혈액이 나가는 좌심방이 있습니다.

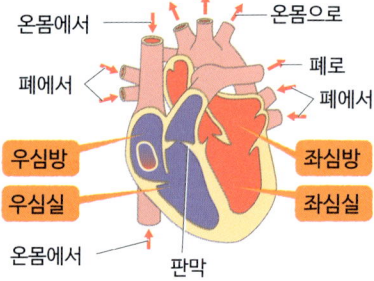

⬆ 심장의 구조

★★★ 심실

심장의 4개의 방 가운데 아래쪽에 있는 2개의 방입니다. 우심방에서 나온 혈액이 들어와서 폐로 혈액을 보내는 우심실과, 좌심방에서 나온 혈액이 들어와서 온몸으로 혈액을 내보내는 좌심실이 있습니다.

★★★ 심장박동

심방과 심실은 번갈아가면서 수축하거나 이완합니다. 이것을 심장박동이라고 합니다. 수축할 때 각각의 방으로부터 혈액이 운반되고, 이완할 때 각각의 방으로 혈액이 들어옵니다. 심장박동은 손목이나 목덜미 등에서 맥박으로 느낄 수 있습니다.

COLUMN 더 자세히
심방보다 심실, 우심실보다 좌심실 벽의 근육이 두껍습니다. 이것은 좌심실에서 전신으로 혈액을 보내기 위해서인데, 강한 힘으로 혈액을 보내는 데 적합한 구조라고 할 수 있습니다.

①심방이 이완하면서 혈액이 들어온다

②심방이 수축하면서 심실로 혈액이 들어온다

판막

→ 동맥혈
→ 정맥혈

폐에서
온몸에서
좌심방
폐에서
우심방
온몸에서
우심실
좌심실

폐로
온몸으로

③심실이 수축하면서 동맥으로 혈액이 나간다

 사람의 심장의 운동

★★★ 맥박

심장박동에 의해 혈액이 동맥으로 보내질 때, 혈압(심장의 수축에 의한 압력)의 변화가 파동이 되어서 전달됩니다. 이것이 맥박입니다. 손목이나 목덜미에서 느낄 수 있습니다.

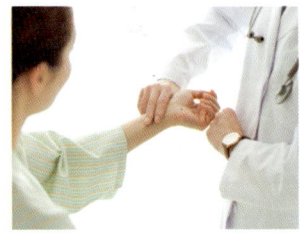

 맥박 재는 법

★★★ 혈액

혈액은 옅은 노란색의 투명한 액체 성분인 혈장과 딱딱한 성분인 혈구로 만들어져 있습니다. 혈구에는 적혈구·백혈구·혈소판 3개가 있습니다. 혈구는 골수 등에서 만들어집니다.

혈액은 몸에 필요한 산소나 영양분, 불필요한 이산화탄소나 요소 등을 운반하는 역할을 하고 있습니다.

※ⓒアフロ

혈액의 양은 성인은 체중의 7~8% 정도입니다. 체중이 60kg인 사람의 혈액의 양은 약 4~5L가 되는데, 이 경우에 한 번에 약 1L를 잃으면 생명이 위험해집니다.

제6장 동물의 몸

★★★ 적혈구

혈액의 딱딱한 성분으로, 중앙이 움푹 들어간 오목한 원반 형태를 하고 있습니다. 헤모글로빈이라고 하는 붉은 색소를 포함하고 있어서 혈액은 붉습니다.

헤모글로빈은 산소가 많은 곳(폐)에서는 산소와 결합하고, 산소가 적은 곳(세포)에서는 산소를 분리하는 성질을 갖고 있습니다. 적혈구는 헤모글로빈의 이러한 성질에 의해 산소를 온몸으로 운반하고 있습니다.

★★★ 백혈구

혈액의 딱딱한 성분입니다. 아메바처럼 자유롭게 움직이고, 몸속으로 들어온 세균 등을 잡아먹는 역할을 하고 있습니다. 백혈구는 적혈구보다 수는 적고 몇 개의 종류가 있습니다.

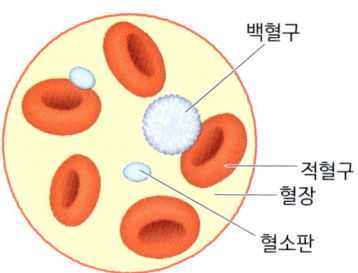

⬆ 혈액을 이루는 것

★★★ 혈소판

혈액의 딱딱한 성분입니다. 상처 자리에서 혈액이 나왔을 때, 혈액을 굳게 해서 혈관의 상처 자리를 막아주는 역할을 하고 있습니다.

★★★ 혈장

혈액의 옅은 노란색의 투명한 액체 성분으로, 대부분이 물입니다. 소장에서 흡수된 영양분, 세포호흡으로 나온 이산화탄소나 요산 등이 혈장에 녹아서 운반됩니다.

★★★ 혈관

혈액이 흐르는 관을 혈관이라고 하며, 몸속 곳곳에 가지처럼 갈라져서 분포하고 있습니다. 심장 가까운 혈관은 굵고, 끝으로 갈수록 가늘어집니다. 심장에서 나온 혈액이 흐르는 혈관을 동맥이라고 하며, 심장으로 다시 돌아오는 혈액이 흐르는 혈관을 정맥이라고 합니다. 동맥은 가지처럼 갈라지고 점차 가늘어져서, 마침내 그물 모양의 모세혈관이 되어 정맥에 이어져 있습니다.

COLUMN 깨알지식 혈액형에는 A형, B형, AB형, O형이 있고, 태어날 때부터 평생 변하지 않습니다. 이와 같은 혈액 사이에는 수혈을 할 수 있는 경우와 할 수 없는 경우가 있습니다.

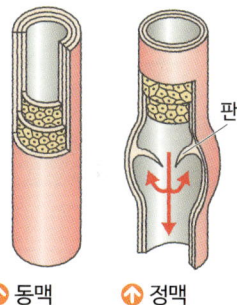

★★★ 동맥

심장에서 나온 혈액이 흐르는 혈관입니다. 벽이 두껍고 탄력성이 있습니다. 대부분은 몸의 깊은 부분을 통과하고 있고 맥이 뛰고 있습니다.

★★★ 정맥

심장으로 다시 돌아오는 혈액이 흐르는 혈관입니다. 동맥보다 혈관 벽이 얇고, 몸의 표면 근처를 통과하고 있습니다. 곳곳에 혈액의 역류를 막아주는 판막이 있습니다.

★★★ 모세혈관

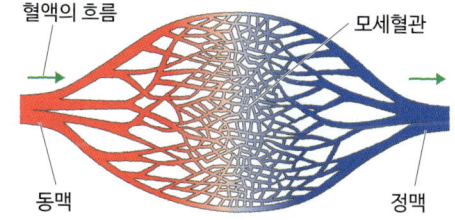

몸 곳곳에 그물코처럼 분포하고 있는 혈관입니다. 동맥은 가지처럼 갈라지고 점차 가늘어져서 마침내 그물코 모양의 모세혈관이 되어 정맥에 연결되어 있습니다. 모세혈관의 벽은 매우 얇아서 혈장은 모세혈관에서 배어 나올 수 있습니다. 혈액과 세포 사이에서의 산소와 이산화탄소, 영양분과 불필요한 것의 교환은 모세혈관의 얇은 벽을 통해서 이루어집니다.

★★★ 동맥혈

산소를 많이 포함한 혈액을 동맥혈이라고 하며, 선명한 붉은색을 띠고 있습니다. 폐에서 산소를 흡수하고 심장의 좌심방으로 보내지는 혈액이 흐르는 혈관(폐정맥)과, 좌심실에서 온몸으로 보내지는 혈액이 흐르는 혈관(대동맥)이 흐르고 있습니다.

★★★ 정맥혈

산소를 잃어서 이산화탄소를 많이 포함한 혈액을 정맥혈이라고 하며, 어두운 붉은색을 띠고 있습니다. 온몸에서 심장의 우심방으로 들어오는 혈액이 흐르는 혈관(대정맥)과, 우심실에서 폐로 보내지는 혈액이 흐르는 혈관(폐동맥)이 흐르고 있습니다.

COLUMN 더 자세히 모세혈관은, 더울 때는 혈액이 많이 흘러서 몸의 열을 방출하고, 추울 때는 혈액이 많이 흐르지 않게 해서 열이 도망가지 않도록 하는 역할을 합니다.

제6장 동물의 몸

2 혈액순환

중요도
★★★ **혈액순환**

혈액이 심장의 작용으로 온몸을 도는 것을 혈액순환이라고 합니다. 체순환과 폐순환 2개가 있습니다.

★★★ **체순환**

혈액이 심장에서 나와 폐 이외의 온몸을 돌아 심장으로 돌아오는 순환입니다. 온몸에 산소와 영양분을 주고, 이산화탄소나 불필요한 것을 흡수합니다.
심장(좌심실) ➡ 대동맥 ➡ 온몸의 모세혈관 ➡ 대정맥 ➡ 심장(우심방)

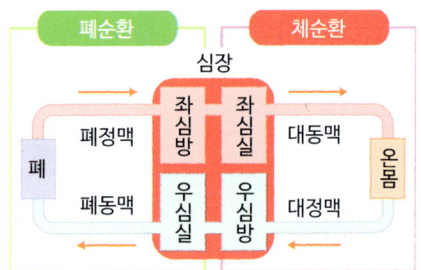

★★★ **폐순환**

혈액이 심장에서 나와 폐를 통해서 심장으로 돌아오는 순환입니다. 폐에서 이산화탄소를 내보내고, 산소를 받아들입니다.
심장(우심실) ➡ 폐동맥 ➡ 폐의 모세혈관 ➡ 폐정맥 ➡ 심장(좌심방)

★★★ **대정맥**

온몸에서 심장의 우심방으로 돌아오는 정맥혈이 흐르고 있는 혈관입니다.

★★★ **대동맥**

심장의 좌심실에서 온몸으로 향하는 동맥혈이 흐르고 있는 혈관입니다.

★★★ **폐정맥**

폐에서 심장의 좌심방으로 향하는 동맥혈이 흐르고 있는 혈관입니다.

★★★ **폐동맥**

심장의 우심실에서 폐로 향하는 정맥혈이 흐르고 있는 혈관입니다.

 **COLUMN 더 자세히** 폐동맥에는 정맥혈이 흐르고, 폐정맥에는 동맥혈이 흐르고 있습니다. 혈관의 '동', '정'과, 혈액의 종류인 '동', '정'이 반대로 되어 있는 것에 주의하세요.

★★★ 문맥

소장에서 간으로 향하는 혈액이 흐르고 있는 혈관입니다. 소장에서 흡수된 영양분이 포함되어 있습니다.

비교 혈액순환과 물질의 흐름

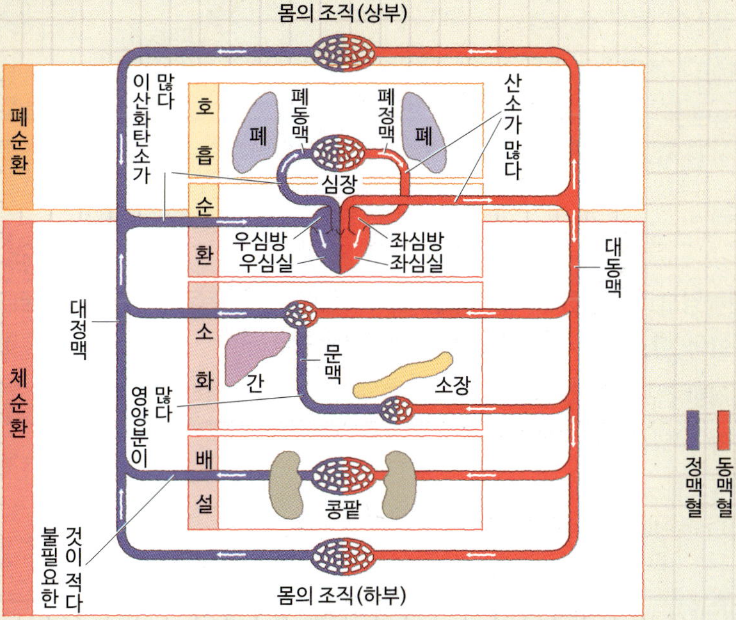

★★★ 장기

호흡을 하는 폐, 영양분의 소화와 흡수에 관계하고 있는 위, 소장, 간, 이자와, 혈액순환의 작용을 하는 심장 등과 같이, 살아가기 위해 필요한 역할을 하고 있는 곳을 장기라고 합니다.

송사리의 혈액 흐름 관찰

송사리의 꼬리지느러미는 얇고 투명해서 꼬리지느러미의 혈관 속을 흐르는 혈액의 모습을 현미경으로 관찰할 수 있습니다(송사리 대신 금붕어를 사용해도 됩니다).

송사리를 살아 있는 상태로 만들기 위해 슬라이드글라스에 놓은 송사리를 적신 거즈로 쌉니다. 현미경으로 관찰할 때의 배율은 100~150배 정도로 합니다.

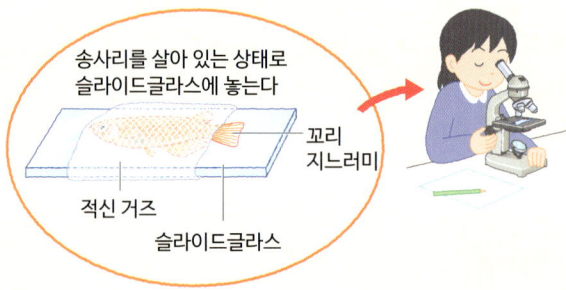

현미경으로 관찰하면, 작은 알갱이(적혈구)가 혈관 속을 굴러가듯이 흐르고 있는 것을 알 수 있습니다. 그 흐름의 방향은 일정합니다.

이러한 점으로 미루어보아, 혈액이 모세혈관 속을 일정한 방향으로 흐르고 있다는 것을 알 수 있습니다.

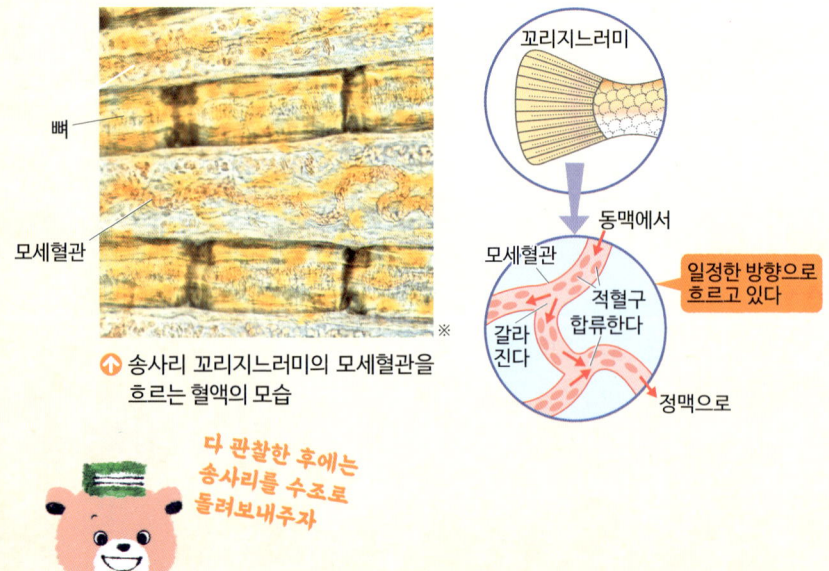

↑ 송사리 꼬리지느러미의 모세혈관을 흐르는 혈액의 모습

다 관찰한 후에는 송사리를 수조로 돌려보내주자

척추동물의 심장 구조

척추동물의 심장 구조는 어류, 양서류, 파충류, 조류·포유류에 따라 다릅니다.

어류의 심장은 1심방 1심실입니다. 어류는 심장에서 아가미 쪽으로 혈액을 내보내고, 아가미에서 혈액 속으로 산소가 흡수되어 온몸으로 운반됩니다.

개구리와 같은 양서류의 심장은 2심방 1심실로 되어 있습니다. 심실이 1개라서 동맥혈과 정맥혈이 심실 내에서 섞이지만, 피부호흡도 이루어지고 있어서 산소 부족을 보충합니다.

⇧ 어류의 심장 — 심장 속의 혈액은 모두 정맥혈

⇧ 양서류의 심장 — 동맥혈과 정맥혈이 섞인다

파충류의 심장은 2심방 1심실로 되어 있는데, 양서류와 조류·포유류의 심장의 중간 구조를 하고 있습니다. 심실의 구분이 불완전해서 동맥혈과 정맥혈이 조금 섞입니다.

파충류의 심장 ➡ 2개의 심실을 나누는 벽은 불완전하다

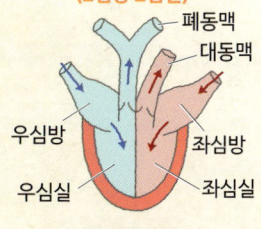

⇧ 조류·포유류의 심장 — 정맥혈과 동맥혈은 섞이지 않는다

조류와 포유류의 심장은 2심방 2심실로 좀 더 복잡한 구조로 되어 있습니다. 구조가 복잡하다고 해서 동맥혈과 정맥혈이 섞이는 것은 아닙니다. 이러한 이유로 효율적으로 산소를 온몸으로 전달할 수 있고, 이산화탄소를 회수하여 폐로 보낼 수 있습니다.

제6장 동물의 몸

3 불필요한 물질을 내보내는 방법

중요도 ★★★
배설

몸에 불필요한 것이나, 몸속에 지나치게 많은 것이 남아 있으면 해가 되는 물질을 몸 밖으로 내보낼 필요가 있습니다. 이와 같이 불필요한 물질이나 몸속에 지나치게 많은 물질을 몸 밖으로 내보내는 것을 배설이라고 합니다.

★★★
불필요한 물질

불필요한 물질에는 호흡으로 나오는 이산화탄소나 물의 일부분, 콩팥에서 걸러지는 요산 등이 있습니다. 날숨이나 오줌, 땀으로 배설됩니다.

★★★
콩팥(신장)

허리 부분의 등 안쪽에 1쌍(2개)으로 되어 있고, 누에콩과 닮은 모양을 하고 있습니다. 혈액에 녹아 운반된, 몸에 불필요한 것이 물과 함께 콩팥에서 걸러져 오줌이 만들어집니다. 오줌은 오줌관을 통해 방광으로 보내집니다.

★★★
요산

단백질이 분해되어 생긴 암모니아는 유해하기 때문에, 간에서 해가 적은 요산으로 변합니다. 혈액에 녹은 요산은 콩팥에서 걸러집니다.

★★★
오줌관(요관)

콩팥에서 만들어진 오줌을 방광까지 운반하는 관입니다.

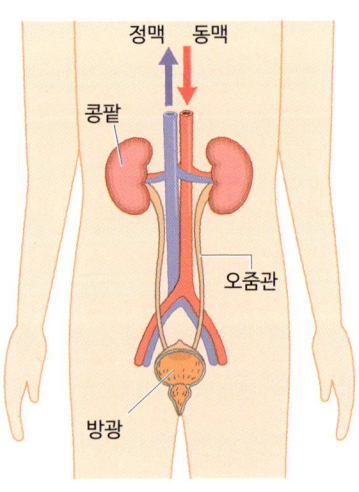

⬆ 콩팥에서 방광까지의 연결

COLUMN 더 자세히 콩팥은 혈액 속의 염분 농도를 일정하게 유지하는 역할도 하고 있습니다.

★★★ 방광

오줌을 모아두는 주머니 모양의 구조입니다.

★★★ 오줌

혈액에 녹아 운반되어서 온 것으로, 몸에 불필요한 요산 등이 물과 함께 콩팥에서 걸러진 액체입니다. 오줌은 방광에 모였다가 요도를 통해 몸 밖으로 배설됩니다.

★★★ 땀샘

피부로 통하는 긴 관을 갖고 있으며, 땀샘의 끝은 실타래처럼 뭉친 덩어리로 되어 있고 모세혈관이 분포해 있습니다. 혈액 속의 불필요한 물질은 물과 함께 걸러져 땀으로 배설됩니다. 땀샘은 온몸에 골고루 분포해 있는 것이 아니고, 땀이 특히 많이 나오는 부분이 있습니다.

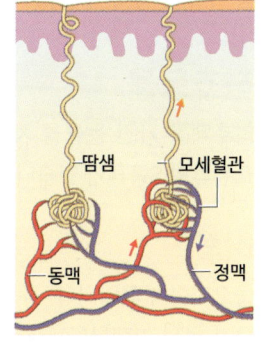

⬆ 땀샘의 구조

★★★ 땀

피부의 표면에는 땀샘에서 이어져 있는 땀이 나오는 많은 구멍이 있고, 몸에 불필요한 것들을 땀으로 배설하고 있습니다. 땀의 성분은 오줌과 비슷해서 거의 물이고, 염화나트륨(소금)이 조금 포함되어 있어서 핥아보면 짭짤한 맛이 납니다. 또한 땀은 체온을 조절하는 역할도 합니다. 피부의 표면에서 땀이 증발할 때 몸의 표면에서 기화열을 빼앗아 체온을 내립니다. 땀의 양은 더울 때는 많아지고 추울 때는 적어집니다.

제6장 동물의 몸

06 동물의 분류

★★☆ 동물의 분류

동물은 척추뼈를 가진 척추동물과 척추뼈를 갖지 않은 무척추동물로 크게 분류됩니다. 척추동물에는 어류·양서류,·파충류·조류·포유류의 5종류가 있고, 무척추동물에는 곤충류·거미류·갑각류 등이 있습니다.

★★★ 척추동물

척추뼈를 가진 동물을 지칭해서 척추동물이라고 합니다. 어류·양서류·파충류·조류·포유류의 5종류가 있습니다.

★★★ 어류

물고기의 부류입니다. 물속 생활에 적합한 구조(대부분은 부레를 갖고 있어서 물의 부력으로 몸을 지탱한다)를 갖고 있고, 일반적으로 몸은 비늘로 덮여 있습니다. 아가미로부터 물속의 산소를 흡수하고 있습니다(아가미호흡). 물속에 껍질이 없는 알을 낳고, 알에서 새끼가 태어나는 난생입니다. 한 번에 많은 알을 낳고 알은 자연적으로 부화합니다. 주변의 수온 변화에 따라 체온이 변하는 변온동물입니다.

★★★ 양서류

개구리나 영원(도롱뇽의 일종) 등의 부류입니다. 유생(새끼 시절)은 물속에서 생활하면서 아가미호흡을 합니다. 성체는 물가에서 생활하면서 폐와 피부로 호흡합니다. 몸의 표면은 피부호흡을 하는데 점액질로 되어 있어 축축합니다. 우뭇가사리 모양과 같은 물질에 싸여 있고 껍질이 없는 알을 물속에 낳습니다. 알에서 새끼가 태어나는 난생으로, 알은 자연적으로 부화합니다. 주변의 온도 변화에 따라서 체온이 변하는 변온동물입니다.

⬆ 두꺼비의 알

※Ⓒアフロ

COLUMN 더 자세히 어류의 부레는 식도의 일부에서 갈라져 변화한 것이라고 추정됩니다. 안의 공기량을 바꿔서 크기를 바꾸거나, 뜨고 가라앉음을 조절합니다.

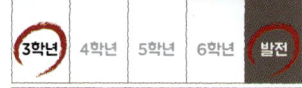

★★★ 파충류

도마뱀붙이나 도마뱀, 뱀 등의 부류입니다. 주로 땅 위에서 생활하고 몸은 비늘이나 단단한 등딱지로 덮여 있어서 땅 위에서도 건조하지 않습니다. 땅 위에 껍질이 있는 알을 낳습니다. 알에 껍질이 있어서 건조함으로부터 견딜 수 있습니다. 알에서 새끼가 태어나는 난생으로, 알은 자연적으로 부화합니다. 알에는 영양분이 많아서, 충분히 자라고 나면 어미와 같은 모습으로 태어나서는 곧바로 움직일 수 있습니다. 폐호흡을 하고, 주변의 온도 변화에 따라서 체온이 변하는 변온동물입니다.

★★★ 조류

새의 부류입니다. 앞다리가 날개로 발달하였고, 하늘을 나는 데에 적합한 구조로 되어 있습니다. 육상 생활을 하고, 몸은 깃털로 덮여 있습니다. 땅 위에 둥지를 지어 껍질이 있는 알을 낳고, 알에서 새끼가 태어나는 난생입니다. 어미가 알을 품어 부화시키고, 새끼를 적으로부터 보호하며 먹이를 주면서 기르기 때문에 새끼가 어미로 자랄 확률은 높습니다. 폐호흡을 하고 주변의 온노가 변해도 체온을 일정하게 유지할 수 있는 항온동물입니다.

비교 새의 부리와 발

	참수리	참새	흰뺨검둥오리	두루미
부리의 모양				
부리의 특징	육식으로 대형 어류를 좋아하고 먹이를 덮치는 데 적합합니다	곡물 등을 쪼아 먹는 데 적합합니다	양쪽이 빗살 모양으로, 물속의 생물을 잡는 데 적합합니다	가늘고 길며, 물 바닥의 생물을 잡는 데 적합합니다
발	먹이를 잡는다		물갈퀴가 있다	

COLUMN 깨알지식 타조, 펭귄 등은 하늘을 날지 못하고, 닭, 집오리, 꿩, 메추라기, 뇌조 등은 날기 위해 근육이 붙은 흉골이 발달되어 있지 않아서 오래 날지는 못합니다.

제6장 동물의 몸

★★★ 포유류

사람이나 개, 말 등의 부류입니다. 대부분은 땅 위에서 생활하고 몸은 털로 덮여 있습니다. 보통 아래를 향해 붙어 있는 4개의 다리를 갖고 있으며, 골격과 근육을 함께 움직여서 재빠른 운동을 할 수 있습니다. 새끼를 체내에서 어느 정도 키우고 나서 낳는 태생이라고 하는 탄생 방식을 취합니다.

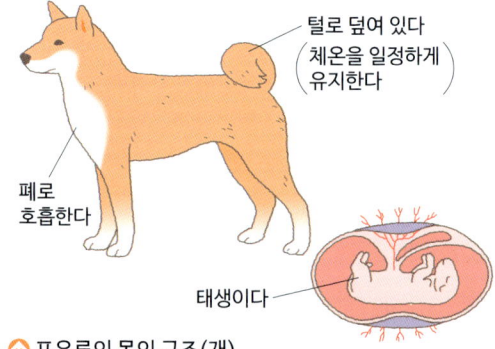

⬆ 포유류의 몸의 구조(개)

어미는 태어난 새끼에게 젖을 먹여서 키우고, 적으로부터 보호합니다. 또한 어미는 새끼에게 먹이를 잡는 법이나 적으로부터 도망치는 법을 가르칩니다. 폐호흡을 하고 주변의 온도가 변해도 체온을 일정하게 유지할 수 있는 항온동물입니다. 포유류는 먹이에 따라서 초식동물과 육식동물로 분류됩니다.

★★★ 변온동물

주변의 온도가 변하면 체온이 변화하는 동물입니다. 몸을 만지면 차갑게 느껴집니다. 어류·양서류·파충류·무척추동물이 여기에 해당되며, 변온동물은 겨울잠을 자는 동물이 많이 있습니다.

★★★ 항온동물

주변의 온도가 변해도 체온을 일정하게 유지할 수 있는 동물입니다. 몸을 만지면 따뜻하게 느껴집니다. 항온동물은 조류와 포유류뿐이고 깃털이나 털이 체온을 유지하는 데 도움을 주고 있습니다.

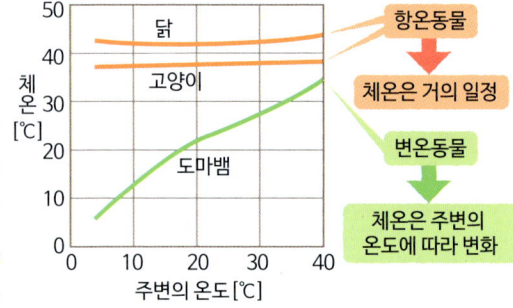

⬆ 동물의 체온

체내에 체온을 조절하는 기능을 갖고 있어서 체온을 거의 일정하게 유지할 수 있습니다.

COLUMN 깨알지식 항온동물은 정온동물, 온혈동물이라고도 불리는 경우가 있습니다.

★★★ 척추동물의 분류

척추동물은 호흡법, 새끼를 낳는 방법, 몸의 표면, 체온에 따라서 다음과 같이 분류할 수 있습니다.

호흡기관	아가미	아가미(유생) 폐와 피부 (성체)	폐	폐	폐
새끼를 낳는 방법	난생	난생	난생	난생	태생
몸의 표면	비늘	점막	단단한 등딱지나 비늘	깃털	털
체온	변온	변온	변온	항온	항온
분류	어류 붕어, 가다랑어, 메기, 송사리, 상어 등	양서류 개구리, 영원, 도롱뇽 등	파충류 도마뱀, 악어, 거북, 뱀, 도마뱀붙이 등	조류 비둘기, 제비, 닭, 펭귄 등	포유류 사람, 원숭이, 개, 고양이, 돌고래, 오리너구리 등
새끼를 낳는 장소	새끼는 물속에서 태어난다		새끼는 땅 위에서 태어난다		
알의 모양	껍질이 없는 알을 물속에 낳는다	우뭇가사리 모양과 같은 물질에 싸인 알을 물속에 낳는다	껍질이 있는 알을 땅 위에 낳는다		

↑ 송사리의 알   ↑ 영원의 알   ↑ 장지뱀의 알   ↑ 종달새의 알

※Ⓒアフロ

착각하기 쉬운 척추동물

척추동물 중에는 같은 부류라도 모습이나 형태, 생활하고 있는 장소가 다른 경우가 있습니다. 착각하기 쉬운 동물을 살펴봅시다.

고래, 돌고래, 범고래는 바다에 살고 있지만 포유류입니다. 어류는 꼬리지느러미를 가로로 움직이면서 나가지만 고래나 돌고래는 세로로 움직이면서 나갑니다.

박쥐는 하늘을 날지만, 조류가 아니라 포유류입니다.

펭귄, 타조는 하늘을 날지 못하지만 조류입니다.

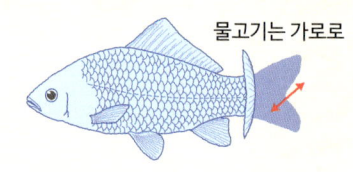

물고기는 가로로

돌고래는 세로로

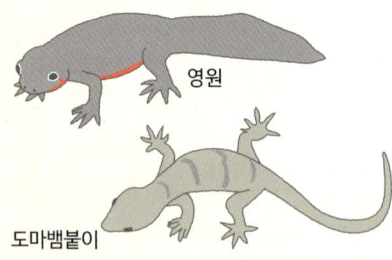

영원

도마뱀붙이

자주 헷갈리는 것이 영원과 도마뱀붙이입니다. 영원은 물가에 사는 양서류, 도마뱀붙이는 땅 위에 사는 파충류입니다.

도롱뇽은 물고기로 생각할 수 있지만, 어류가 아닌 양서류입니다.

이 외에 악어는 물가에서, 거북은 물속에서 생활하고 있지만, 양서류가 아닌 파충류입니다.

도롱뇽

| 3학년 | 4학년 | 5학년 | 6학년 | 발전 |

중요도
★★★ 무척추동물

척추뼈가 없는 동물을 무척추동물이라고 합니다. 곤충류, 거미류, 갑각류, 다지류 등의 절지동물이 있고, 연체동물, 환형동물, 극피동물, 자포동물 등이 있습니다.

★★★ 절지동물

몸과 다리가 몇 개의 마디로 나뉘어 있습니다. 이 때문에 절지동물이라고 합니다. 단단한 외골격이라고 하는 껍질에 싸여 있고, 외골격과 그 안쪽에 붙어 있는 근육으로 몸을 움직일 수 있습니다. 곤충류, 거미류, 갑각류, 다지류 등이 있습니다.

★★★ 곤충류

메뚜기나 나비, 장수풍뎅이, 매미 등의 부류로, 절지동물에 포함됩니다. 몸은 머리, 가슴, 배 3개의 부분으로 나뉘고, 머리 부분에는 1쌍의 더듬이와 1쌍의 겹눈이 있으며 대부분은 작은 홑눈이 달려 있습니다. 가슴 부분에는 3쌍(6개)의 다리가 달려 있습니다. 기문이라고 불리는 구멍에서 공기를 흡수해서, 기문과 연결된 기관으로 호흡을 합니다. 완전탈바꿈을 하는 것과 불완전탈바꿈을 하는 것이 있습니다.

★★★ 거미류

거미, 전갈, 진드기의 부류입니다. 탈바꿈은 하지 않고 어미와 같은 모습으로 태어납니다. 몸은 머리가슴 부분과 배 부분 2개의 부분으로 되어 있고, 머리가슴 부분에는 보통 4쌍(8개)의 홑눈과 4쌍(8개)의 다리가 있지만, 날개는 없습니다. 거미의 배 뒷부분에는 수많은 돌기가 있고 여기에서 끈끈한 액체를 분비해서 이 액체가 공기와 만나서 실이 됩니다. 입은 튼튼한 턱을 갖고 있고, 독이 있는 액체를 분비하는 것도 있습니다. 거미집에 걸려든 먹이를 이 독이 있는 액체로 마비시켜서 체액을 흡수합니다.

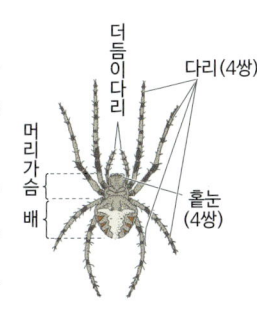

⬆ 왕거미의 몸

COLUMN
더 자세히

거미류는 서폐와 기관에서 호흡을 하고 있습니다. 서폐는 몸속에 있는 공동(동굴)과 같은 것인데, 이곳에서 기체의 교환이 이루어집니다.

제6장 동물의 몸

★★★ 갑각류

새우, 게의 부류입니다. 몸은 석회질의 단단한 껍질로 덮여 있고 이 껍질을 갑각이라고 합니다. 대부분이 물속에서 생활하고 있지만, 땅 위에서 생활하는 공벌레도 갑각류입니다. 몸은 머리가슴 부분과 배 부분(또는 머리 부분, 가슴 부분, 배 부분)으로 나뉩니다. 게의 머리가슴 부분에 있는 1쌍의 다리 끝은 커다란 집게발로 되어 있습니다. 몸 표면은 외골격이라고 하는 단단한 껍질로 덮여 있고, 몸과 다리에 마디가 있습니다. 아가미호흡을 하고 알에서 새끼가 태어나는 난생입니다.

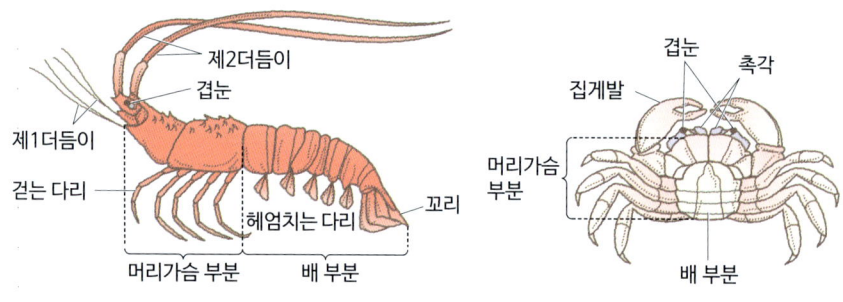

⬆ 왕새우의 몸   ⬆ 농게의 몸

★★★ 다지류

지네나 노래기의 부류입니다. 몸은 머리 부분과 몸통 부분으로 나뉘고, 몸통 부분은 수많은 마디로 이루어져 있습니다. 머리 부분을 제외한 각 마디에 1쌍 또는 2쌍의 다리가 있습니다. 기관으로 호흡을 하며 난생입니다.

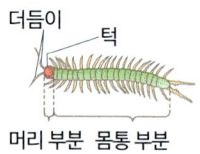

⬆ 지네의 몸

★★★ 연체동물

몸에는 외투막이라고 하는 막이 있어서 내장이 있는 부분을 싸고 있습니다. 몸과 다리에는 마디는 없습니다. 조개류, 오징어, 문어의 부류가 있습니다.

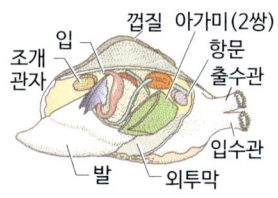

⬆ 바지락의 몸

COLUMN 더 자세히
바지락 등의 이매패에서는 바닷물은 입수관을 통해 들어오고 출수관을 통해 배출됩니다. 또 입수관을 통해 바닷물과 함께 들어온 플랑크톤을 걸러서 먹습니다.

- **조개류** 조개류에는 고둥류, 이매패류가 있습니다. 몸 안쪽에 외투막이 있고, 바깥쪽에는 석회질의 껍질로 보호되어 있습니다. 대부분이 아가미호흡을 하지만, 땅 위에 사는 달팽이는 폐호흡을 하고, 모두 난생입니다.
- **오징어, 문어의 부류** 몸은 머리 부분과 몸통, 다리로 나뉘며, 머리 부분에 오징어는 10개, 문어는 8개의 다리가 있습니다. 아가미호흡을 하고 난생이며, 알이 부화하면 어미와 같은 모습으로 태어납니다.

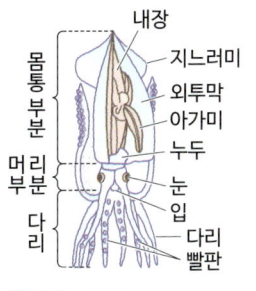

↑ 오징어의 몸

★★★ 환형동물

지렁이, 갯지렁이의 부류입니다. 몸은 가늘고 길며, 마디가 많고, 물속에 사는 것이 많지만, 지렁이는 땅속에 살면서 마른 잎을 먹습니다.

★★★ 극피동물

해삼, 성게, 불가사리의 부류입니다. 모두 바다에 살고 난생이며, 가시 등으로 움직입니다.

↑ 지렁이

★★★ 자포동물

해파리, 말미잘의 부류입니다. 몸은 방사형이고, 모두 물속에 살며 난생입니다.

↑ 성게

★★★ 외골격

몸의 바깥쪽에 있는 단단한 골격입니다. 절지동물의 몸을 덮고 있는 단단한 껍질을 말합니다. 외골격과 근육으로 날렵한 운동을 할 수 있습니다.

↑ 말미잘

★★★ 내골격

뼈가 몸의 내부에 있는 골격입니다. 척추동물의 골격은 모두 내골격입니다. 내골격과 근육으로 힘세고 날렵한 운동을 할 수 있습니다.

제 7장 생물과 환경

우리는 이산화탄소를 얼마나

생물은 호흡을 통해 산소를 흡수하고 이산화탄소를 배출하면서 살아가고 있습니다. 이산화탄소는 식물에 의해 흡수되고, 식물은 광합성으로 산소를 만들어내고 있습니다. 생물이 하루에 발생하는 이산화탄소는 어느 정도 나무가 자란 숲이 있으면 하루에 흡수할 수 있을 것입니다.

사람의 호흡
하루에 내뱉는 이산화탄소
346L

사람 한 명이 생활에서 배출하는 이산화탄소의 합계
하루에 나오는 이산화탄소
14102L

자릿수가 달라

필요한 숲
나무
18.9그루

769.8그루

 생명편

배출하고 있을까?

침팬지
내뱉는 이산화탄소
227L

개
87L

소
1500L

돼지
750L

12.4그루  4.8그루 81.9그루  40.9그루

인도코끼리
6439L

양
316L

집오리
33L

351.5그루    17.3그루    1.8그루

제7장 생물과 환경

이번 장의 학습내용 헤드라인

몸집이 큰 동물은 먹이도 클까?

↑ 큰고래

지구상에서 가장 큰 동물은 바다에 사는 큰고래라고 하는 포유류로, 몸길이가 25~30m나 됩니다. 이렇게 몸집이 큰 동물이라 잡아먹는 물고기도 분명히 클 것이라고 생각할 수도 있습니다. 그러나 뜻밖에도 큰고래의 먹이는 크기가 불과 몇 cm에 불과한 크릴새우라고 하는 새우와 비슷한 플랑크톤입니다. 큰고래는 이빨이 없기 때문에 물과 함께 플랑크톤을 입 가득히 빨아들여서 먹습니다. 그 양은 하루에 4t이나 된다고 합니다.

큰고래에게 잡아먹힌 크릴새우는 자신보다 작은 바닷속 식물플랑크톤이나 동물플랑크톤을 먹고 있습니다.

이와 같이 생물은 '잡아먹느냐, 잡아먹히느냐' 하는 관계로 연결되어 있는데, 이 관계를 '먹이사슬'이라고 합니다.

동물은 스스로 영양분을 만들 수 없기 때문에, 식물이 만들어낸 양분을 먹거나 다른 동물을 먹습니다.

식물은 양분을 생산하기 때문에 '생산자', 식물이나 다른 동물을 먹는 동물을 '소비자'라고 합니다.

하지만 지구가 생물의 시체나 동물의 똥으로 가득 차지 않은 이유는 왜일까요? 사실은 자연계에는 이런 것들을 분해하고 있는 생물이 있습니다. 곰팡이나 버섯류 등의 균류와, 대장균 등의 세균류들인데, 이것들은 생물을 분해하는 역할을 하기 때문에 '분해자'라고 합니다.

↑ 버섯

지구를 보호하기 위해 어떤 일을 해야 할까?

사람이 살 수 있는 별은 현재로서는 지구 외에는 없습니다. 그래서 지구에 있는 한정된 에너지를 쓸모 있게 사용하거나 환경을 훼손하지 않고 생활하는 것이 중요합니다.

하지만 최근 몇 년 동안 지구의 환경이 조금씩 악화되어가고 있습니다. 지구 전체의 기온이 올라가는 지구온난화나, 사막 환경으로 확산되어가는 사막화가 진행되고 있습니다. 또한 산성비로 인해 삼림이 시들거나, 태양이 발산하는 자외선으로부터 생물을 보호해주는 오존층이 파괴되고 있습니다.

우리 일상생활에서는 많은 석유를 연소해서 에너지를 만들고 있는데, 석유를 연소하면 이산화탄소가 많이 발생되며, 이것이 지구온난화의 원인이 됩니다.

⬆ 산성비로 시들어버린 삼림

현재, 태양광발전이나 풍력발전이라고 하는, 석유를 사용하지 않는 발전 방법의 실용화가 진행되어 이산화탄소를 줄이려는 노력으로 이어지고 있습니다.

우리가 곧바로 실천할 수 있는 일도 많이 있습니다. 예를 들면, 자동차로 이동하는 대신에 지하철이나 버스로 이동한다면 차를 사용하는 횟수가 적어져 우리가 발생하는 이산화탄소의 양은 훨씬 줄어듭니다. 또한 열심히 전기를 꺼서 사용하는 전기의 양을 줄이는 것만으로도 화력발전으로 발생하는 이산화탄소의 양을 줄일 수 있습니다.

한정된 자원을 소중히 여기면서 우리가 지구를 보호하기 위해서는 이산화탄소를 적게 발생하는 저탄소 사회, 물건을 소중히 여기는 순환형 사회, 삼림이나 환경을 보호하는 자연 공동사회라는 세 가지 형태를 조합할 필요가 있습니다.

제7장 생물과 환경

01 생물의 생활과 순환

1 생물과 먹이의 관계

중요도 ★★★
먹이를 통한 생물끼리의 관계

식물은 광합성으로 녹말을 만들고, 그것을 사용해 성장합니다. 동물은 스스로 영양분을 만들 수 없기 때문에 식물이나 다른 동물을 먹고, 그 속에 포함되어 있는 영양분을 섭취합니다. 이와 같이 생물끼리는 먹이를 통해서 연결되어 있다고 할 수 있습니다.

★★★
먹이사슬

자연계의 생물들은 먹고 먹히는 관계 속에서 생활하고 있습니다. 이와 같은 생물 사이에서의 먹이로 인한 연결을 먹이사슬이라고 합니다. 먹이사슬에서는 광합성으로 스스로 양분을 만들어낼 수 있는 식물이 출발점이 되고, 그다음으로 초식동물, 마지막에 육식동물이 있습니다. 또한 먹이사슬은 많은 종류의 생물이 복잡하게 얽혀 있습니다.

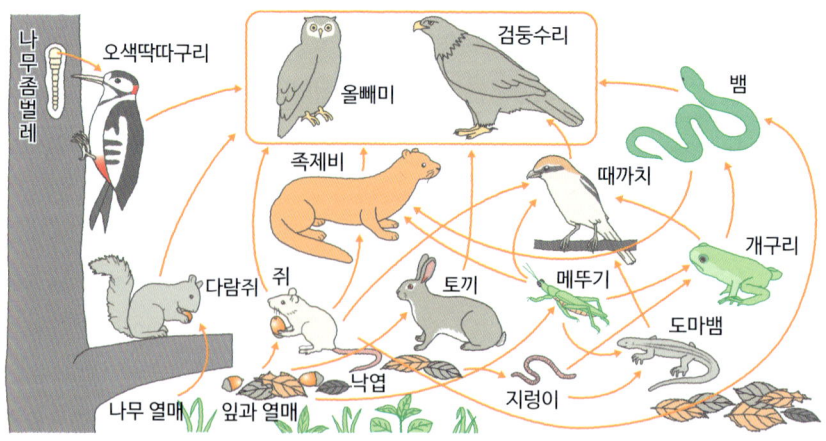

※화살표 표시 방향은 잡아먹히는 것에서부터 잡아먹는 것으로 향해 있습니다.
↑ 육지 생물의 먹이사슬의 예

COLUMN 더 자세히
어떤 지역에 살고 있는 모든 생물과, 그 지역의 물과 공기와 토양 등 생물 이외의 환경을 종합적으로 파악하는 것을 생태계라고 합니다.

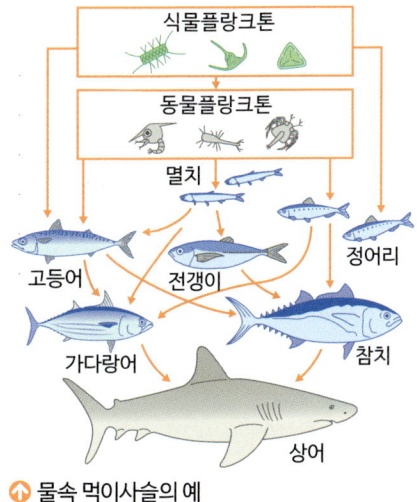

↑ 물속 먹이사슬의 예

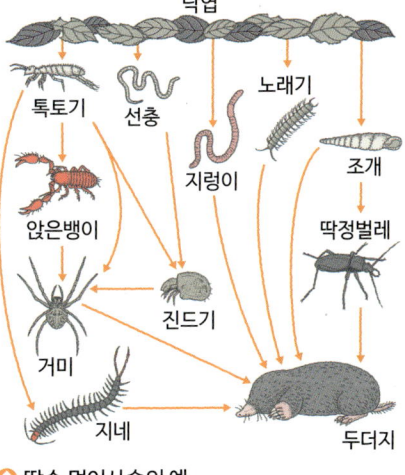

↑ 땅속 먹이사슬의 예

★★★ 초식동물

토끼나 소, 말 등과 같이 식물을 먹고 생활하고 있는 동물입니다. 앞니와 어금니가 발달되어 있습니다.

★★★ 앞니

입 앞쪽에 있는 얇은 이빨로, 딱딱한 풀 등을 끊어 먹을 때 적합하며 초식동물에서 발달되어 있습니다.

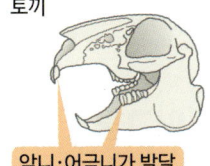

↑ 초식동물의 머리 골격

★★★ 어금니

입 안쪽에 있는 이빨로, 먹이를 으깨 먹을 때 적합한 넓고 평평한 이빨입니다. 초식동물에서 발달되어 있습니다.

★★★ 육식동물

사자나 호랑이, 고양이 등과 같이 다른 동물을 먹고 생활하고 있는 동물입니다. 송곳니가 발달되어 있습니다.

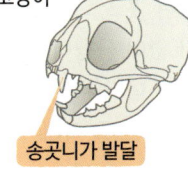

↑ 육식동물의 머리 골격

★★ 송곳니

먹이의 숨통을 끊어놓을 때 적합한 날카로운 이빨입니다. 육식동물에서 발달되어 있습니다.

COLUMN 더 자세히 — 땅속에는 광합성을 하는 식물은 없습니다. 그러나 낙엽이나 마른 잎 혹은 식물의 뿌리가 가장 먼저 먹히기 때문에 땅속의 먹이사슬에서도 식물이 출발점이 됩니다.

제7장 생물과 환경

★★★ 잡식동물

사람이나 곰, 쥐, 돼지 등과 같이 식물과 동물을 모두 먹는 동물입니다. 이빨의 구조는 초식동물과 육식동물 양쪽의 특징을 갖고 있습니다.

비교 초식동물과 육식동물의 몸 구조의 차이점

	초식동물(얼룩말)	육식동물(사자)
이빨	앞니·어금니가 발달	송곳니가 발달
눈이 달린 방식	옆에 붙어 있고, 후방까지 넓은 범위가 보인다	앞에 붙어 있고, 두 눈으로 입체적으로 보이는 범위가 넓어서 먹이까지의 거리를 파악하기 쉽다
발끝	발굽이 있어서 적으로부터 뛰어 달아나는 데 적합하다	날카로운 발톱이 있어서 먹이를 잡는 데 적합하다

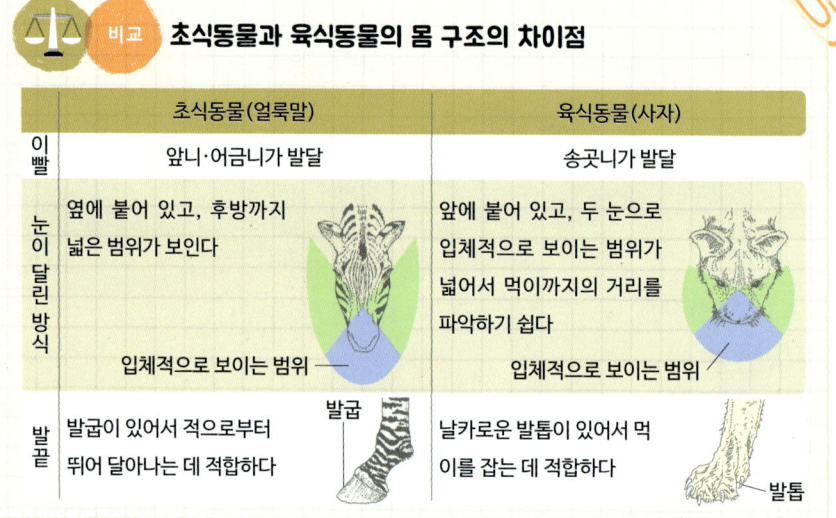

★★★ 먹이그물

생물 사이에서 먹고 먹히는 관계가 그물처럼 연결되어 있는 것입니다.

★★★ 생물 수량의 균형

일정한 지역의 생물은 먹이사슬에 의해 연결되어 있고, 그 종류와 수는 전체에서 큰 변화가 없이 균형이 유지됩니다. 수량의 관계를 표로 나타내면, 식물을 밑변으로 하고 대형 육식동물을 꼭대기로 한 피라미드 형태가 됩니다.

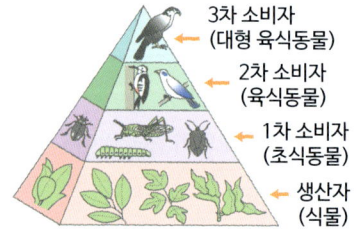

↑ 생물량 피라미드

COLUMN 더 자세히 일반적으로 생물량 피라미드의 밑변에 가까운 동물일수록 몸은 작고, 꼭대기에 가까운 동물일수록 몸은 큽니다.

●균형이 유지되는 조합

오른쪽 표와 같이 어떤 동물이 갑자기 많이 증가해도, 그 동물을 잡아먹거나 그 동물에게 잡아먹히거나 해서 생물의 양이 늘어나고 줄어드는 것이 반복되므로, 길게 보면 일정하게 균형이 이루어집니다.

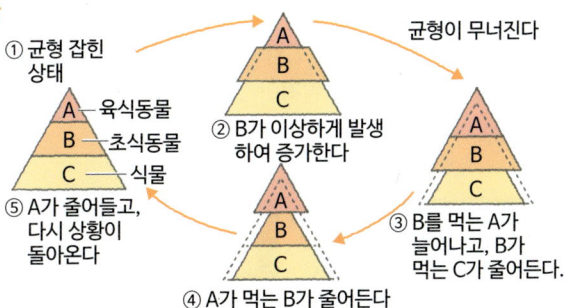

① 균형 잡힌 상태
A - 육식동물
B - 초식동물
C - 식물
② B가 이상하게 발생하여 증가한다
균형이 무너진다
③ B를 먹는 A가 늘어나고, B가 먹는 C가 줄어든다.
④ A가 먹는 B가 줄어든다
⑤ A가 줄어들고, 다시 상황이 돌아온다

★★★ 생산자

광합성으로 녹말 등의 양분을 만들어내고 있는 식물을 자연계의 생산자라고 합니다.

★★★ 소비자

스스로 영양분을 만들지 못하고, 식물이나 다른 동물을 먹음으로써 영양분을 얻는 동물을 자연계의 소비자라고 합니다. 초식동물을 1차 소비자, 1차 소비자를 먹는 소형의 육식동물을 2차 소비자, 2차 소비자를 먹는 대형 육식동물을 3차 소비자라고 합니다.

★★★ 분해자

낙엽이나 마른 잎, 동물의 시체나 똥 등을 먹고, 호흡을 통해 이산화탄소나 물 등으로 분해하는 생물을 자연계의 분해자라고 합니다. 균류나 세균류 등입니다.

★★ 균류

곰팡이나 버섯류로, 자연계의 분해자입니다. 엽록체는 없고, 낙엽이나 마른 잎, 동물의 시체를 분해해서 영양분을 흡수하고 있습니다.

★★★ 세균류

하나의 세포로 이루어진 생물로, 현미경으로만 볼 수 있습니다. 유산균이나 대장균 등이 해당됩니다. 자연계의 분해자입니다.

COLUMN 더 자세히 균류는 양치식물이나 이끼식물과 마찬가지로 대부분은 홀씨로 번식합니다. 또한 세균류는 하나의 몸이 두 개로 나뉘는 분열 방법으로 번식합니다.

제7장 생물과 환경

중요도 ★★★

귀화생물(외래종)

사람이 외국에서 들여오거나 외국에서 종자가 섞여 들어와서 야생화한 생물을 귀화생물이라고 합니다. 처음에는 천적이 없기 때문에 수량이 많아져 생물의 균형이 무너지는 경우가 있습니다.

〈귀화식물〉

⇧ 양미역취 ※

⇧ 서양민들레 ※

⇧ 토끼풀 ※

⇧ 개망초 ※

⇧ 자주광대나물 ※

⇧ 큰개불알풀 ※

〈귀화동물〉

⇧ 블루길 ※

⇧ 블랙배스 ※

⇧ 미국가재 ※

⇧ 대만다람쥐

⇧ 미국너구리

⇧ 붉은등거미 ※

※ⓒアフロ

COLUMN

공생과 천적

진딧물은 진디라고도 불리는 작고 연약한 곤충류입니다. 식물의 줄기 등에 무리 지어 살고, 많이 움직이지 않습니다. 채소를 볼품없게 만들어서 인간에게 해충으로 여겨집니다.

↑ 진딧물과 무당벌레

진딧물은 줄기의 관다발의 체관 속에 있는 양분이 많은 즙을 빨아서 생활하고 있지만, 활발하게 움직일 수 없기 때문에 무당벌레에게 쉽게 잡아먹힙니다.

그래서 진딧물은 개미로부터 보호받고 있습니다. 진딧물은 엉덩이에서 당분이 높은 꿀을 만들어서 개미에게 줍니다. 개미는 진딧물한테 꿀을 얻는 대신에 무당벌레를 쫓아냅니다.

진딧물과 개미처럼 두 종류의 생물이 서로 도움을 주고받거나 한쪽이 다른 쪽한테 도움을 받거나 하는 식의 관계를 공생이라고 합니다. 땅속의 뿌리혹박테리아라는 세균은 콩과 식물의 뿌리에 들어 있지만, 질소(단백질의 원료가 된다)를 포함한 양분을 콩과 식물에게 주고, 콩과 식물은 양분을 뿌리혹박테리아에게 주고 있습니다. 이것도 공생의 하나입니다.

이에 비해, 진딧물과 무당벌레의 관계처럼 자연계에서 그 생물의 적이 되는 것을 천적이라고 합니다.

제7장 생물과 환경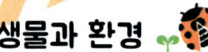

2 물속의 작은 생물과 그 관찰

중요도
★★★ **물속의 작은 생물**

강이나 연못, 바다 등의 물속에는 물벼룩이나 때목말처럼 눈에 보이지 않을 정도로 작은 생물이 살고 있습니다. 물속의 물고기가 살아갈 수 있는 것은 이러한 작은 생물을 먹고 있기 때문입니다.

★★★ **플랑크톤**

물속에 살고 있으며 헤엄치는 능력이 없어서 연약하기 때문에 떠다니면서 생활하고 있는 생물입니다. 플랑크톤에는 광합성을 하는 식물플랑크톤과 스스로 움직일 수 있는 동물플랑크톤이 있습니다. 또한 이러한 플랑크톤은 1개의 세포로 만들어져 있는 단세포생물과 많은 세포로 만들어져 있는 다세포생물로 분류됩니다. 식물플랑크톤은 물속 먹이사슬의 출발점이 되고 있습니다.

비교 녹색 생물과 돌아다니는 생물

플랑크톤은 식물플랑크톤과 동물플랑크톤으로 분류되지만, 녹색 생물인지 돌아다니는 생물인지로 분류되기도 합니다.

녹색 생물	돌아다니는 생물
식물플랑크톤	동물플랑크톤
엽록체를 갖고 있어서 녹색으로 보이고, 광합성을 해서 스스로 양분을 만들 수가 있습니다.	스스로 양분을 만들 수가 없어서 다른 생물을 먹고 생활하고 있으며, 또한 돌아다니기 위한 구조를 하고 있습니다.

유글레나는 엽록체를 갖고 있기 때문에 식물플랑크톤이라고 할 수 있지만, 돌아다닐 수 있는 구조(편모)를 갖고 있어서 동물플랑크톤이라고도 할 수 있습니다.

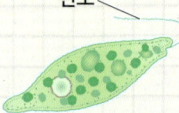
편모

COLUMN 깨알지식
물벼룩은 다양한 종류가 있고, 큰 것은 1~2mm 정도 되며 육안으로도 보입니다. 새우나 게와 마찬가지로 절지동물류입니다.

● 하천이나 연못 속의 작은 생물

〈동물플랑크톤〉

⬆ 물벼룩　　　※　　⬆ 짚신벌레　　　※　　⬆ 종벌레　　©コーベット

〈식물플랑크톤〉

⬆ 클로스테리움　※　　⬆ 때목말　　　※　　⬆ 해캄　　　　※

● 바닷속의 작은 생물

〈동물플랑크톤〉

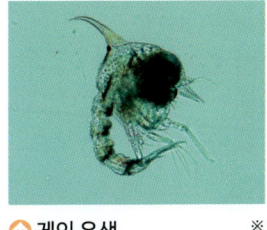

⬆ 게의 유생　　※　　⬆ 방산충　　　※　　⬆ 새우의 유생　©コーベット

〈식물플랑크톤〉

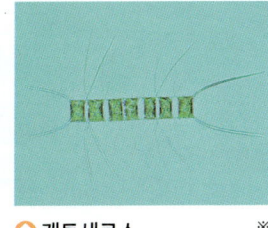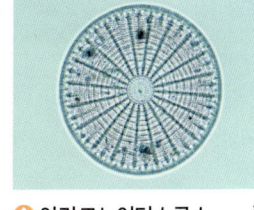

⬆ 세라티움　　※　　⬆ 케토세로스　※　　⬆ 아라크노이디스쿠스

※©アフロ

COLUMN 깨알지식

바닷속 플랑크톤이 너무 많이 불어나서 바닷물이 붉게 되는 현상을 적조라고 합니다. 적조가 발생하면 바닷속 산소가 부족해지고, 또 아가미가 막혀서 물고기나 조개가 대량으로 죽는 경우가 있습니다.

제7장 생물과 환경

프레파라트(현미경 표본)

가늘고 긴 직사각형의 슬라이드글라스 위에 관찰할 것을 놓고, 그 위에 네모난 유리덮개를 덮고 현미경으로 관찰할 수 있도록 한 것입니다.

● 프레파라트 만드는 방법

〈물속 작은 생물의 경우〉

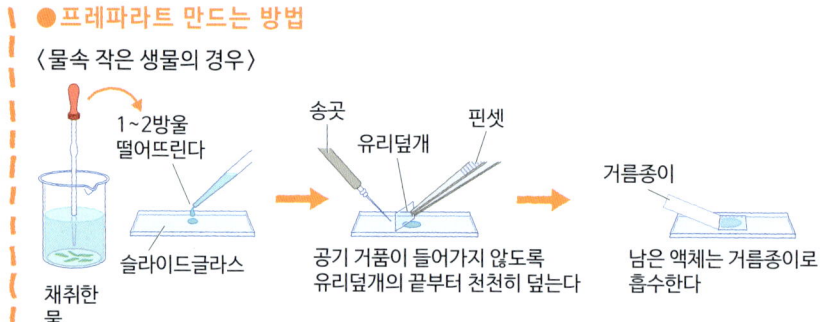

현미경

현미경은 눈에 보이지 않는 작은 것을 40~600배로 확대해서 볼 때에 사용하는 기구입니다. 보려고 하는 것과 시야 속에 보이는 것은 보통 상하좌우가 반대로 되어 있습니다. 스테이지(재물대)를 위아래로 움직이면서 초점을 맞추는 스테이지 상하식 현미경과, 경통을 위아래로 움직이면서 초점을 맞추는 경통 상하식 현미경 2개가 있습니다.

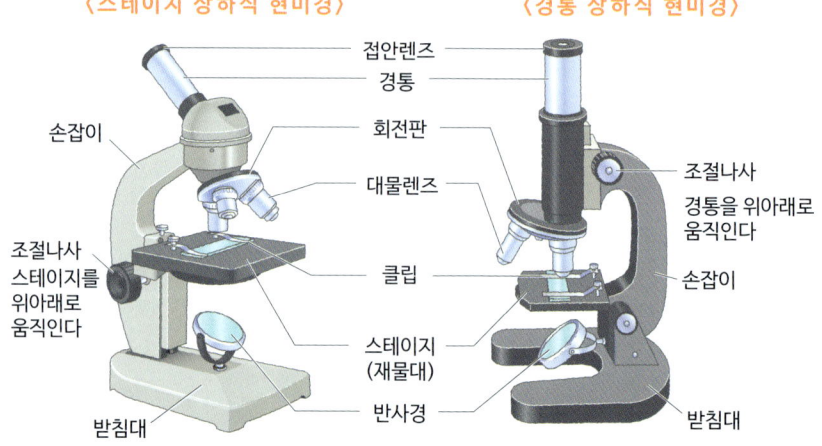

● 현미경 사용법

① 빛이 직접 닿지 않는 밝고 평평한 곳에 둔다
② 통 안으로 먼지가 들어가는 것을 방지하기 위해서 접안렌즈→대물렌즈 순으로 렌즈를 설치한다(관찰할 것을 보기 편하게 하기 위해서 렌즈는 우선 저배율로 한다)
③ 반사경을 조절해서 시야 전체를 밝게 한다
④ 프레파라트를 스테이지에 얹는다
⑤ 프레파라트와 대물렌즈가 부딪히지 않도록 옆에서 보면서 조절나사를 돌려가며 대물렌즈와 프레파라트를 가능한 한 가깝게 댄다
⑥ 접안렌즈를 들여다보면서 조절나사를 돌려가며 대물렌즈와 프레파라트를 멀리 떼어놓으면서 초점을 맞춘다
⑦ 잘 보이도록 조절한다
　· 보고 싶은 것을 시야 중앙으로 오게 한다
　· 좁혀서 빛의 양을 조절한다
　· 고배율의 렌즈로 하는데, 배율을 높이면 시야가 어두워져 보이는 범위가 좁아지는 것에 주의한다

③

④

⑤

⑥

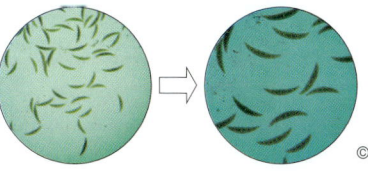
 100배　　 200배

● 현미경의 배율
현미경의 배율은 접안렌즈의 배율×대물렌즈의 배율로 구할 수 있습니다.

● 프레파라트 작동방법
현미경으로 보이는 상은, 보통 실물과 상하좌우가 반대로 되어 있기 때문에, 시야 안에서 움직이고 싶은 방향과 반대 방향으로 움직입니다.

관찰했다면 스케치하자!

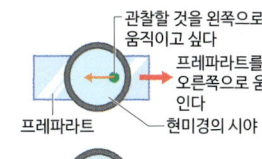
관찰할 것을 왼쪽으로 움직이고 싶다
프레파라트를 오른쪽으로 움직인다
프레파라트　현미경의 시야

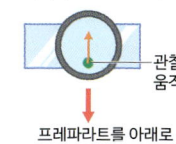
관찰할 것을 위로 움직이고 싶다
프레파라트를 아래로 움직인다

제7장 생물과 환경

3 생물과 공기·물의 관계

★★★ 생물과 공기의 관계

식물이 햇빛을 받으면 광합성을 해서 이산화탄소를 흡수하고 산소를 배출합니다. 한편 동물이나 식물은 호흡을 하는데, 식물이 배출하는 산소를 흡수해서 이산화탄소를 배출합니다. 이와 같이 생물은 공기와 관계를 맺으면서 살아가고 있습니다.

★★★ 탄소의 순환

탄소를 포함한 물질을 유기물이라고 합니다. 식물은 공기 중의 이산화탄소를 흡수해서 광합성으로 녹말(유기물)을 만듭니다. 이 유기물의 형태를 취한 탄소는 먹이사슬에 의해 생산자에서 소비자·분해자로 이동합니다. 이러한 유기물 중의 탄소는 생물의 호흡에 의해 이산화탄소로 대기 중으로 다시 돌아옵니다. 이와 같이 자연계의 탄소는 이산화탄소로서 대기 중에 존재하고 유기물로서 생물의 몸속에도 존재하며, 광합성과 호흡 기능과 먹이사슬에 의해 순환하고 있습니다.

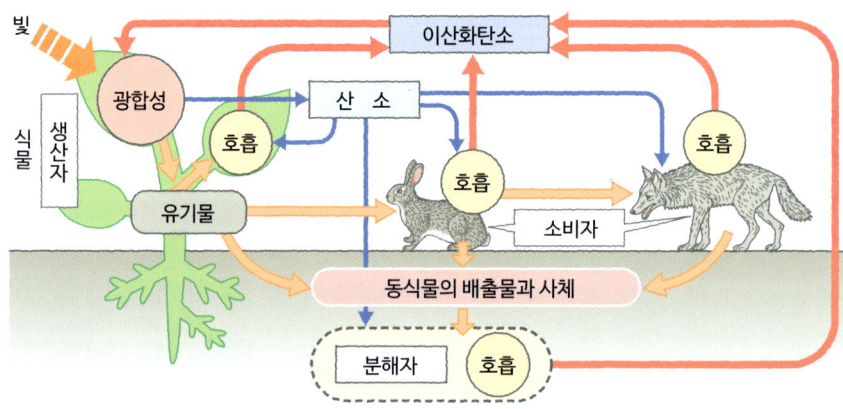

↑ 자연계에서의 탄소와 산소의 순환

COLUMN 더 자세히
식물은 광합성으로 인해 만들어진 유기물과 뿌리에서 흡수한 질소를 포함한 무기물(유기물 이외의 물질)을 원료로 해서 단백질을 합성하고 있습니다.

★★★ 생물과 물의 관계

사람과 동물은 물을 흡수하여 몸의 기능을 유지하고 있습니다. 하천이나 바다는 물고기의 삶의 터전이 되고, 물고기나 조개 등은 물속의 산소를 흡수하여 호흡을 하고 있습니다. 식물의 씨앗이 발아할 때에는 물이 필요한데, 식물은 뿌리에서 물을 흡수해서 광합성을 하고 물이 부족하면 시들어버립니다. 또한 사람이나 다른 동물, 식물의 몸에는 많은 물이 포함되어 있어서, 모든 생물은 물과 깊은 관계를 맺으면서 살고 있는 것입니다.

⬆ 은어

⬆ 발아하는 씨앗

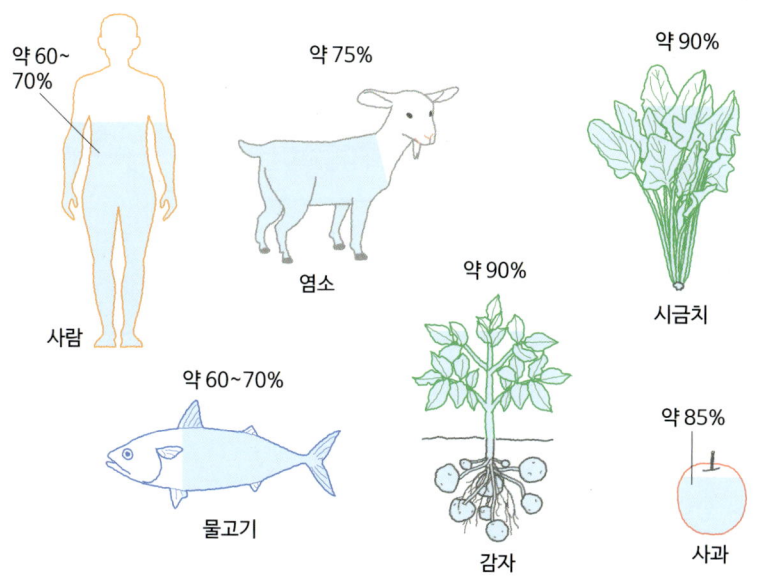
⬆ 생물에 포함되어 있는 물의 비율

※ⓒアフロ

제7장 생물과 환경

생물과 공기, 물, 먹이의 관계 정리

생물은 먹이사슬을 통해서 먹이와 연관되어 있고, 공기를 통해서 산소와 이산화탄소를 교환하고, 물을 통해서 몸의 기능을 유지하고 있습니다. 이와 같이 생물은 다양한 것과 관계를 맺으며 살고 있습니다.

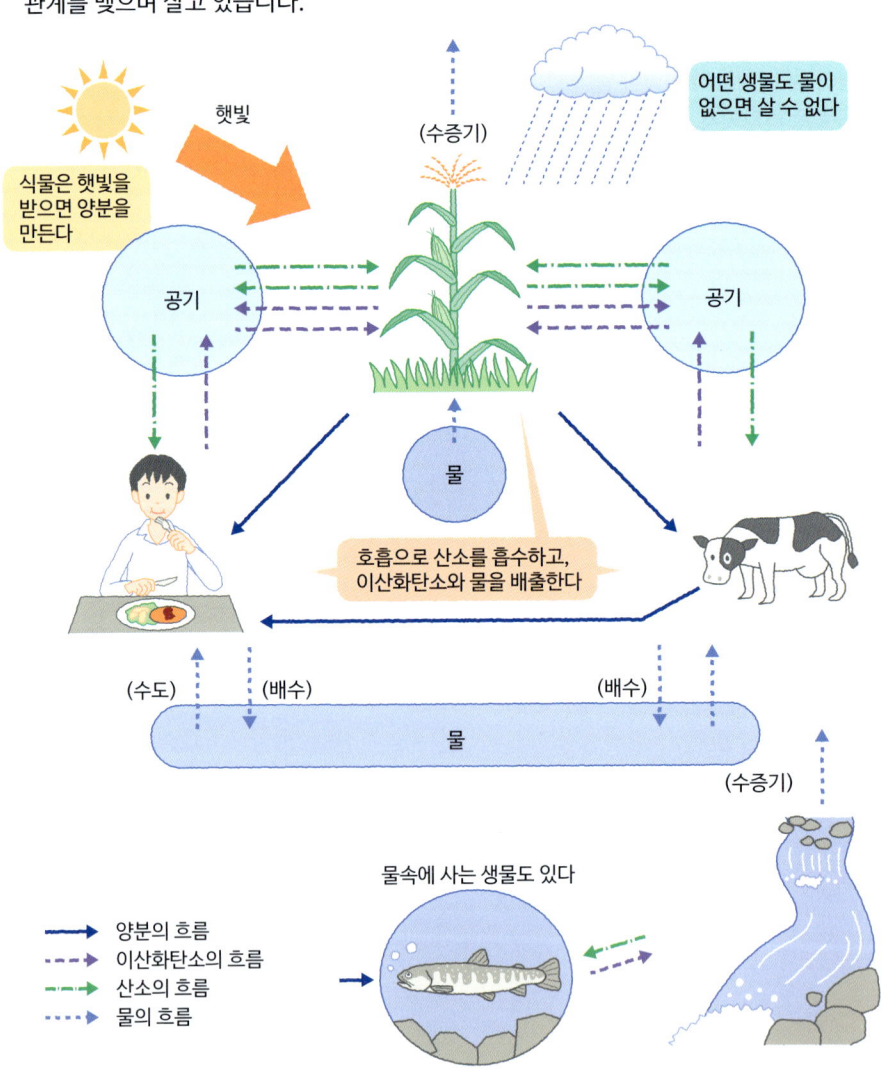

COLUMN

생물다양성이란?

자연계에는 다양한 동물과 식물이 존재하고 있습니다. 이러한 것들은 모두가 서로 이용하고, 유지하면서 관계를 맺으면서 살고 있습니다. 인간도 그 부류 중 하나입니다. 이러한 자연계에 다양한 생물이 존재하고 있는 상태를 생물다양성이라고 합니다.

현재, 주로 인간의 생활에 의해서 멸종한 동식물과 앞으로 멸종위기에 처할 동식물이 급속하게 늘어가고 있습니다. 하나의 생물이 멸종하면 생태계의 균형이 무너져서 다른 생물에게도 영향을 미칩니다. 많은 동식물이 존재함으로써 우리 인간의 생활도 이루어지는 것입니다.

〈개체수가 줄어드는 새〉

↑ 참수리 ※

↑ 관수리

↑ 흰눈썹뜸부기 ※

생물다양성조약은 지구상의 모든 동식물을 보호하고자 하는 조약으로, 1992년 브라질에서 개최된 지구정상회담에서 결정되었습니다.

지구상의 생물은 많은 종류가 있지만, 그 '종'의 다양성 이외에도 '유전자(유전의 근원이 되는 것)'의 다양성, '생태계(생활환경)'에서의 다양성이 존재하고 있습니다. 그 생물의 다양성을 지키고, 식품이나 의약품으로서, 특히 물이나 공기를 제공해주는 생물자원으로서 이용하는 것이 지속될 수 있는지 측정하려는 것입니다.

제7장 생물과 환경

4 인간의 생활과 환경

★★★ 인간의 생활과 공기

전기의 대부분은 석유나 석탄 등의 화석연료를 태우는 화력발전으로 만들어집니다. 자동차는 휘발유 등을 태워서 그 에너지로 달리고 있습니다. 그 결과 지구온난화의 원인으로 여겨지는 이산화탄소와 공기를 오염시키는 물질이 발생합니다. 그래서 석유를 태우지 않고 바람의 힘을 이용한 풍력발전이나 태양광을 이용한 태양광발전으로 전기를 만드는 대체 방법이 이루어지고, 이산화탄소를 배출하지 않는 전기자동차 등의 실용화가 진행되고 있습니다. 또한 전기의 사용량이 적은 발광다이오드의 조명을 사용하는 경우가 많아지고 있습니다.

⬆ 풍력발전

식물은 광합성으로 이산화탄소를 흡수하고 산소를 배출하기 때문에, 삼림을 보호하거나 나무를 심거나 하는 일이 공기를 보호하는 데 매우 중요합니다. 또한 수세미 등의 덩굴성 식물을 커튼 대신 이용하는 그린커튼을 만들어서 사용하는 경우도 있습니다. 그린커튼으로 햇빛을 차단하면 4℃ 정도 방의 온도가 내려가서 냉방 이용을 줄일 수가 있습니다. 이와 같이 공기를 보호하는 다양한 대책이 여러 가지 방법으로 이루어지고 있습니다.

★★ 인간의 생활과 물

우리는 일상생활에서 많은 물을 사용하고, 세제 등으로 물을 오염시키고 있습니다. 공장에서는 다양한 목적으로 물을 사용하고 있으며 작물을 키우는 데에도 물은 사용됩니다. 지구상의 물은 하천이나 바다 등을 통해 순환되는데, 어딘가에서 물이 오염되면 생선이나 채소, 더 나아가 인간의 몸에도 영향을 끼칩니다.

그래서 수원함양림을 보호하는 대책이 필요해서 하수처리장에서 오염된 물을 깨끗하게 처리해서 하천으로 내보냅니다. 하천이나 바다가 깨끗해지면 다양한 생물이 서식하기 쉬워져 풍부한 자연환경 속에서 모든 생물이 살아갈 수 있습니다.

COLUMN 깨알지식 실제로 눈에 보이지는 않지만, 농작물을 재배하고, 가축을 기르고, 공산품을 생산할 때에 사용되는 물을 가상수라고 합니다.

★★★ 인간의 생활과 음식

사람은 다른 동물과 마찬가지로 음식 섭취를 통해 살아갈 수 있습니다. 채소나 가축 등 음식물을 만드는 것은 공기나 물, 토양과 크게 관련되어 있습니다. 공기나 물, 토양이 오염되면 식물이 잘 자라지 못하고, 고기나 달걀을 주로 먹는 동물도 살아갈 수 없게 됩니다. 채소나 고기 등의 식품을 어느 정도 수송했는지를 (식품의 무게) × (수송한 거리)로 구할 수 있고, 푸드 마일리지로 나타내는 경우가 있습니다. 식품의 수입량이 많으면 푸드 마일리지가 높아서 식품을 수송하기 위해서 더 많은 연료를 사용하게 됩니다.

★★★ 환경문제

지구온난화나 삼림파괴, 사막화가 진행되고, 산성비가 내리고, 오존층이 파괴되어가는 등 지구에서 발생하고 있는, 환경에 악영향을 주고 있는 문제를 말합니다.

★★★ 지구온난화

근래, 지구의 평년온도가 조금씩 높아져서 지구가 따뜻해지는 경향이 있습니다. 석유나 석탄 등의 화석연료를 대량으로 사용하는 것과 전 세계 삼림의 감소에 따라 대기 중의 이산화탄소의 농도가 높아지고 있습니다. 이산화탄소는 지표에서 방출되는 열을 놓치지 않는 성질이 있기 때문에 대기를 따뜻하게 데우는 역할(온실효과)을 해서 지구의 평균기온이 상승합니다. 지구온난화가 진행되면, 남극의 얼음과 빙하가 녹아 해수면이 상승해서 저지대가 바다에 잠길 우려가 있습니다.

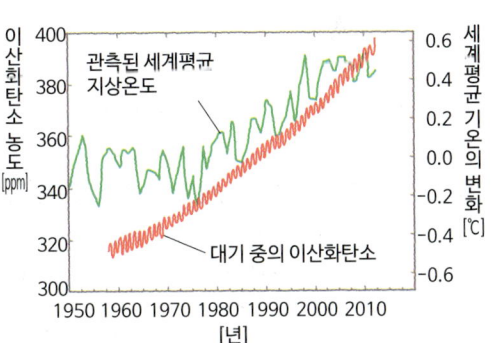

세계평균 기온의 변화는 1961~1990년의 평균기온과의 차
ppm은 100만 분의 1을 나타내는 단위로, 1ppm=0.0001%

⬆ 세계의 기온과 대기 중의 이산화탄소의 관계

COLUMN 더 자세히 인도양에 있는 몰디브 공화국은 해면으로부터의 높이가 약 2m인 섬나라로, 해수면 상승에 의해 국토가 잠길 우려가 있습니다.

제7장 생물과 환경

★★★ 온실효과

대기 중에 방출된 이산화탄소나 메테인(메탄) 등이 우주 공간으로 방출되는 열을 흡수하고, 흡수한 열의 일부분은 지구의 표면으로 되돌아와서, 지구의 온도를 높게 유지하는 작용입니다.

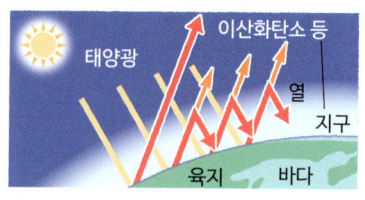
⬆ 온실효과의 원리

★★★ 온실효과가스

온실효과의 원인이 되는 기체를 온실효과가스라고 합니다. 주로 이산화탄소이지만, 메테인이나 오존, 프레온가스 등도 포함되어 있습니다.

★★★ 화석연료

석유, 석탄, 천연가스를 말합니다. 모두 태고 때의 식물이나 동물이 땅속에 묻히고, 오랜 세월 동안 변질해서 화석이 되어 석유나 석탄 등이 만들어진 것이라고 추정됩니다.

★★★ 삼림파괴

삼림벌채나 화전에 의해서 삼림이 손실되는 것입니다. 전 세계적으로 홍수, 토양의 유실, 생태계의 변화를 초래하고, 사막화나 지구온난화를 진행시키는 요인이 됩니다. 아프리카, 중앙아프리카, 남아메리카, 동남아시아의 열대림 파괴가 특히 심각합니다.

⬆ 개간하기 위해 불을 놓는 열대림 ※

★★★ 사막화

지구상의 육지가 사막으로 변해가는 현상입니다. 원래 비가 적게 와서 건조해진 땅에 무리해서 많은 작물을 재배하거나 많은 가축을 기르면 토지가 식물을 키우는 힘을 잃습니다. 그러면 작물이 자라지 못할 뿐만 아니라 풀도 자라지 못하는 땅이 되어버립니다. 태양을 막아줄 것이 없어서 온도가 올라가 더욱더 사막화가 진행됩니다. 특히 아프리카에서 사막화가 심각해지고 있습니다.

※ ©アフロ

COLUMN 깨알지식

도심 지역의 지상 기온이 주변보다 높아지는 현상을 열섬 현상이라고 합니다. 기온이 같은 지점을 연결한 등온선을 그리면, 도심 지역이 바다 위의 섬처럼 보인다고 해서 이 같은 이름이 붙었습니다.

★★★ 산성비

석유나 석탄 등의 화석연료를 태우면, 유황산화물이나 질소산화물이 대기 중으로 방출됩니다. 이러한 물질이 비에 녹아서 산성이 강한 황산과 질산 등으로 변화해 땅 위에 내리는 비를 산성비라고 합니다. 원래 비는 대기 중의 이산화탄소가 녹아 있기 때문에 강한 산성을 띠고 있지만, 그것보다도 산성이 강한 비입니다. 산성비는 호수나 늪, 하천의 물을 산성이 강하게 만들어, 물고기를 감소시키거나 삼림을 시들게 하거나 콘크리트 건물을 부식시킵니다.

⬆ 산성비로 시들어버린 삼림

★★★ 질소산화물

대기 중에 있는 일산화질소나 이산화질소 등을 말합니다. 석유나 석탄 등의 화석연료를 태우면 대기 중으로 방출됩니다. 산성비의 원인이 되는 것 외에, 자외선의 작용으로 광화학반응을 일으켜서 옥시던트를 만들어서 광화학스모그의 원인이 됩니다.

★★★ 유황산화물

대기 중에 있는 이산화황 등을 말합니다. 석유나 석탄 등의 화석연료를 태우면 대기 중으로 방출됩니다. 산성비의 원인이 되는 것 외에 호흡기관에 영향을 줍니다.

★★★ 광화학스모그

공장이나 자동차에서 나온 배출가스 중 질소산화물이나 탄화수소가 자외선에 의해 화학변화를 일으켜 옥시던트가 생깁니다. 이 옥시던트가 원인이 되어서 발생하는 것이 광화학스모그입니다. 눈이나 목 등을 자극하고 식물에도 영향을 줍니다. 대도시 등에서 화창한 여름, 바람이 없는 날에 가끔씩 발생합니다. 광화학스모그 주의보가 발령되면 가능한 한 외출을 삼가도록 합시다.

제7장 생물과 환경

★★★ 오존층

지구를 둘러싼 대기 가운데 오존이라고 하는 기체가 많이 밀집된 층을 말합니다. 오존층의 고도는 지상 10~50km 범위에서, 특히 20~25km 부근이 가장 많이 분포되어 있습니다. 오존은 산소가 자외선에 의해 화학변화를 일으켜서 생긴 물질입니다. 오존층은 태양으로부터 오는 자외선을 흡수해서 지구상의 생물을 보호하는 역할을 하고 있습니다.

★★★ 오존홀

지구 상공에 있는 오존이라고 하는 기체가 많이 밀집된 오존층이 매우 얇아져서 구멍이 뚫린 것 같은 상태를 말합니다. 스프레이 분무제나 냉장고, 에어컨 등에 사용되는 프레온가스에 의해 상공의 오존층이 파괴되어왔습니다. 특히 남극의 상공에서 오존홀이 커져서 지상으로 쏟아져 내리는 자외선 양이 증가하고 있습니다. 자외선이 증가하면 눈병이나 피부암 등이 증가하고 면역력이 떨어집니다.

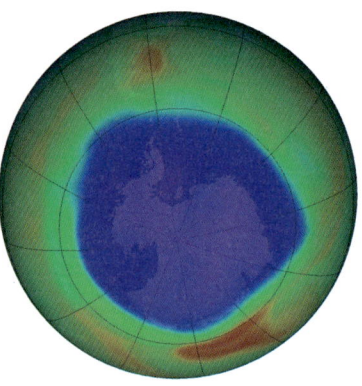

⬆ 오존홀(파란 부분)

★★★ 자외선

자외선은 사람에게는 보이지 않는 태양 빛의 한 종류입니다. 햇빛을 쐬어 피부가 타는 것은 자외선 때문입니다. 자외선을 강하게 받으면 눈병이나 피부암 등이 증가해서 면역력이 떨어집니다. 지구를 둘러싼 오존층이 자외선을 흡수하기는 하지만, 오존층이 파괴됨으로써 지상으로 쏟아져 내리는 자외선의 양이 증가하고 있습니다.

★★★ 리사이클

다 사용한 것을 다시 자원으로 되돌려 제품을 만드는 것을 말합니다. 철이나 알루미늄, 종이, 페트병 등이 리사이클의 대표적인 예입니다. 한정된 자원을 조절하여 쓰레기를 줄여서 환경의 부담을 적게 하기 위한 대책입니다.

COLUMN 더 자세히

쓰레기를 줄이는 행동으로, Reduce(리듀스: 사용하는 자원이나 쓰레기의 양을 줄이는 것), Reuse(리유스: 물건을 반복해서 사용하는 것), Recycle(리사이클), 이렇게 3개의 R(3R)이 있습니다.

★★★ 환경호르몬(내분비 교란물질)

동물의 몸에 들어오면 성장과 생식(자손을 남기는 일) 등에 관련된 호르몬과 같은 역할을 해서 내분비 기능을 교란시키는 화학물질을 말합니다. 이런 이유로 내분비 교란물질이라고 합니다. 염소를 포함한 쓰레기 등이 연소할 때에 발생하는 유독 다이옥신이나 PCB(폴리염화비페닐), 프탈산에스테르 등이 그 물질로 문제가 되고 있습니다. 남성의 정자 수 감소나 암이 발생하는 것과도 관련되어 있습니다.

★★★ 다이옥신

염소를 포함한 쓰레기를 태울 때에 발생하는 유독물질입니다. 환경호르몬의 하나로, 암을 유발하거나 기형아 출산 등을 일으킵니다.

★★★ 생물농축

어떤 물질이 먹이사슬을 통해서 생물의 체내에 쌓이는 것을 말합니다. 생물 체내로 흡수된 물질이 분해와 배출이 이루어지지 않을 경우, 먹이사슬에 따라 상위 영양 단계로 갈수록 체내에 더 많이 쌓입니다. PCB나 유기수은, 가드뮴 등이 그 예입니다. 사람은 먹이사슬의 정점에 있기 때문에 특히 피해가 크고, 미나마타병(수은 중독으로 생기는 병)이나 이타이이타이병과 같은 심각한 사회문제가 되는 경우가 있습니다.

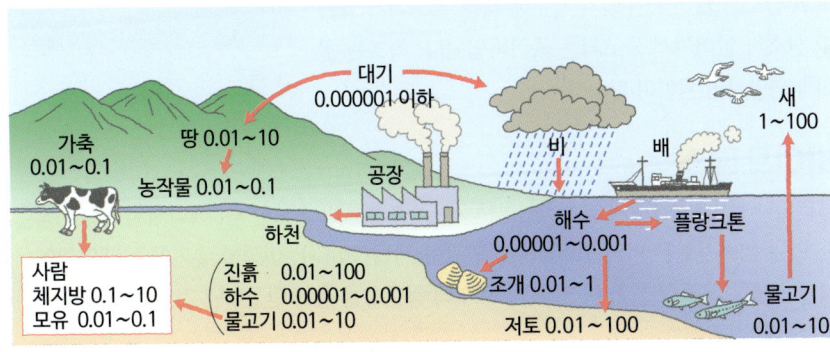

⬆ PCB의 경로와 축적되는 양의 예(단위는 ppm)
※ppm은 100만 분의 1을 나타내는 단위. 1ppm=0.0001%

COLUMN 더 자세히

이타이이타이병은 일본 도야마현 진즈강 하류 지역에서 발생해서 1955년부터 알려진 병입니다. 상류 지역에 있던 광산에서 배출된 하수로 인해 카드뮴이 농작물에 농축되었고, 그것을 먹은 사람이 병에 걸렸습니다.

제7장 생물과 환경

중요도
★★★ ## 적조

바닷속 플랑크톤이 대량으로 발생해서 바다의 색깔이 붉은색이나 적갈색으로 변하는 현상입니다. 사람이 사용한 세제나 농약, 비료 등에 포함된 질소나 인이 하천이나 호수로 많이 흘러들고, 물속에 영양분이 지나치게 많아지는 상태가 되어서 플랑크톤이 대량으로 발생함으로써 일어납니다. 적조가 되면 플랑크톤이 바닷속 산소를 대량으로 사용해 어류의 아가미에 들러붙어서 물고기나 조개가 죽어버리는 경우가 있습니다. 물속의 영양이 지나치게 많아지는 상태를 물의 부영양화라고 합니다.

⬆ 적조

★★★ ## 녹조

남조라고 하는 식물플랑크톤이 대량으로 발생한 것으로, 호수나 늪 등의 수면이 녹색 페인트를 풀어놓은 것처럼 물의 색깔이 녹색으로 변하는 현상입니다. 일부는 물고기에게 먹히지만 대부분은 죽어버리고, 부패할 때 고약한 냄새가 납니다. 녹조의 시체가 썩어서 분해될 때 물속의 산소가 많이 사용되기 때문에 다른 물고기가 호흡할 산소가 없어져서 물고기는 죽어버립니다. 녹조는 물의 부영양화가 원인이 됩니다.

⬆ 녹조

★★★ ## 바이오매스

낙엽이나 톱밥, 공장에서 발생하는 폐목재, 가축의 똥이나 오줌 등, 에너지원으로 이용할 수 있는 생물자원을 의미합니다(화석연료는 제외합니다). 이러한 유기체는 태양광에너지를 사용해 식물이 물과 이산화탄소로부터 광합성을 통해 만들어낸 것인데 재생 가능한 에너지입니다.

※ⓒアフロ

하천의 수질은 생물로 알 수 있다!

하천이나 호수, 늪에는 다양한 생물이 살고 있고 그곳에 살고 있는 생물을 통해 물의 오염 정도를 알 수 있습니다. 물은 깨끗한 물, 조금 더러운 물, 더러운 물, 매우 더러운 물 4개로 나눌 수 있습니다. 매우 더러운 물에는 생물이 살고 있지 않을 것이라고 생각하지만, 더러운 물속에도 생물은 존재하고 있습니다.

깨끗한 물에 살고 있는 것은 담수산 게 종류인 민물참게, 뱀잠자리·강도래·납작하루살이 등의 유충입니다.

⬆ 민물참게

⬆ 다슬기

조금 더러운 물에는 다슬기(패류), 반딧불이·장수잠자리의 유충 등이 살고 있습니다. 반딧불이 유충의 먹이는 다슬기입니다. 잡아먹히는 생물과 잡아먹는 생물이 같은 오염 상태의 물에 살고 있는 셈입니다.

더러운 물에 살고 있는 것은 우렁이나 거머리, 게아재비 등입니다. 거머리는 지렁이와 비슷하며 사람의 체액을 빨아 먹는 것도 있습니다. 또 게아재비는 겉모습이 사마귀와 닮았고 작은 물고기 등을 잡아서 그 체액을 빨아 먹습니다.

⬆ 게아재비

⬆ 왼돌이물달팽이

매우 더러운 물에 살고 있는 것은 귀화생물인 미국가재나 왼돌이물달팽이 등입니다. 매우 더러운 물이라도 거기에 살고 있는 생물에게는 자신의 집이라고 할 수 있을지도 모릅니다.

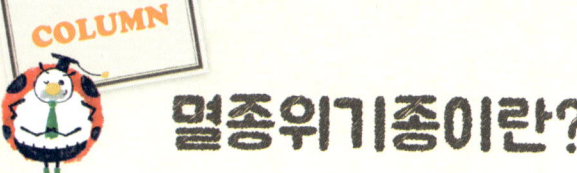

멸종위기종이란?

지구상에서 그 종류의 생물이 사라지는 것을 '멸종'이라고 하며, 멸종할 위험이 높은 생물을 '멸종위기종'이라고 합니다.

멸종위기종은 어느 지역에서 이미 멸종됐다고 여겨지는 것에서부터 조건에 따라서는 앞으로 멸종할 가능성이 있는 것까지 몇 개의 단계로 나눌 수 있습니다.

예를 들면, 늑대와 수달 등이 있습니다.

⬆ 수달

©アフロ

2018년에 발표된 멸종위험이 있는 야생생물의 리스트에 의하면 멸종될 위기에 처한 종이 3,675종이 되어서 2007년 리스트보다 520종이나 많아졌습니다.

많은 생물이 멸종할 가능성이 높아지고 있는 것은, 삼림 등의 개발을 진행해서 생물의 생활 장소를 빼앗고, 털가죽이나 새털 등을 판매할 목적으로 생물을 대량으로 포획하는 등 인간의 이기적인 생활이 원인이 되고 있습니다.

생물이 멸종해버리면, 그 지역의 먹이를 통한 생물끼리의 관계나 생물과 공기·물의 관계 등의 균형이 무너져서 인간도 살아갈 수 없게 됩니다.

자연을 보호하고, 사람과 동물, 식물이 함께 살 수 있는 환경을 만드는 것이 필요합니다.

지구편

제 **1** 장　기온과 날씨의 변화 ·················· 218

제 **2** 장　지구와 우주 ·························· 256

제 **3** 장　대지의 변화 ·························· 338

제 1 장 기온과

거대 소용돌이 접근!

아래 영상 사진은 태풍이 다가오고 있는 모습입니다.
태풍은 열대 지방에서 발생한 열대저기압으로,
최대 풍속이 초속 17.2m 이상 되는 것을 말합니다.
태양에 의해 바닷물이 따뜻해지면,
수증기가 발생하며 상승합니다.
상승한 수증기는 상공에서 구름이 되고,
여기에 강한 상승기류가 일어나 점점 수증기를 빨아들이며
거대한 소용돌이로 발달하는 것입니다.

1초 동안 17.2m 부는 바람!?

작은 '눈'이 있다!

2015년 7월 13일
중심기압 960hPa
최대 풍속 초속 35m

2015년 7월 14일
중심기압 950hPa
최대 풍속 초속 40m

날씨의 변화

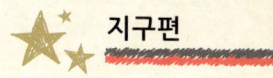
지구편

태풍의 특징

태풍은 발생해서 소멸될 때까지 약 1주일에서 1개월 정도의 수명을 가집니다. 보통 형성기·성장기(발달기)·최성기·쇠약기의 4단계로 구분할 수 있습니다.

① 형성기: 저위도 지방에 약한 저기압선 순환으로 발생하여 태풍 강도에 달할 때까지의 기간입니다.

② 성장기: 한층 더 발달하여 중심기압이 최저가 되어 가장 강해질 때까지의 기간입니다. 영향을 미치는 구역이 비교적 좁습니다.

③ 최성기: 등압선은 점차 주위로 넓어지고 폭풍을 동반하는 반지름은 최대가 됩니다.

④ 쇠약기: 온대저기압으로 변하거나 소멸되는 기간입니다.

2015년 7월 15일
중심기압 945hPa
최대 풍속 초속 45m

2015년 7월 16일
중심기압 955hPa
최대 풍속 초속 40m

위험해!

※영상 제공: 일본 국립정보학연구소

제1장 기온과 날씨의 변화

이번 장의 학습내용 **헤드라인**

❓ 태양은 움직이고 있다?

태양은 동쪽 하늘에서 떠서, 남쪽 하늘을 지나, 서쪽으로 집니다. 하지만 태양은 실제로 움직이지 않습니다. 우리들이 살고 있는 지구가 서쪽에서 동쪽으로 자전하기 때문에, 태양이 움직이는 것처럼 보이는 것입니다.

또한 태양을 등지고 서면 그림자가 생기지요. 그림자는 태양과 정반대 쪽에 생깁니다. 그렇기 때문에 땅 위에 세워둔 막대의 그림자는 하루 동안 서쪽에서 동쪽으로 움직입니다.

⬆ 일출

❓ 공기는 태양이 따뜻하게 데우는 게 아니었어?

지구의 공기가 따뜻한 것은 태양열이 도달하기 때문이지만, 태양이 공기를 직접 데우는 것은 아닙니다. 태양열은 '복사'라는 방식으로 전해지는데, 우주 공간과 공기는 그대로 통과하고, 제일 먼저 지표면을 따뜻하게 만듭니다. 그 후 따뜻해진 지표면의 열이 공기를 따뜻하게 만드는 것입니다. 그래서 맑은 날 하루 가운데, 지표면의 온도가 가장 높은 시각은 오후 1시경이고, 기온이 가장 높은 시각은 오후 2시경으로 조금 차이가 납니다.

구름의 정체는 뭘까?

푹신푹신한 솜사탕 같은 소나기구름. 이러한 구름을 만들고 있는 것은 무엇일까요?

구름의 정체는 공기 중에 있던 수증기가 식으면서 생긴 물과 얼음 알갱이입니다. 공기 중에는 눈에 보이지 않는 수증기가 포함되어 있습니다.

⬆ 소나기구름(적란운)

맛있을 것 같다!

수증기는 온도에 따라 공기 중에 포함될 수 있는 양에 한도가 있습니다. 공기가 차가워지면, 공기 중에 더 이상 포함될 수 없게 된 수증기가 달라붙으며 물방울과 얼음 알갱이가 됩니다. 이것들이 공기 중에 떠다니는 것이 구름입니다.

산에서 종종 발생하는 안개는 구름과 마찬가지로 물방울이 공기 중에서 떠 있는 것입니다. 구름 속은 진한 안개처럼 되어 있습니다. 푹신푹신한 구름을 타고 여행을 떠난다는 것은 조금 힘들 것 같네요.

일기예보는 어떻게 하는 걸까?

나도 할 수 있어?

일기예보는 일기도와 기상위성이 찍은 구름 영상, 공기의 상태를 관측한 데이터를 기본으로 하여, 슈퍼컴퓨터를 이용해 날씨를 예상하여 발표하는 것입니다.

보통 '고기압'일 때 날씨는 맑습니다. 반대로 '저기압'이 가까이 다가오면 그곳으로는 구름이 생기기 쉬워, 흐리거나 비가 옵니다. 또한 편서풍의 영향으로 날씨는 서쪽에서 동쪽으로 바뀌어갑니다.

이런 것들을 알고 있으면 신문과 텔레비전에 나오는 일기도와 구름 영상을 보고, 내일 날씨를 어느 정도 예상할 수 있겠지요. 한번 해봅시다.

제1장 기온과 날씨의 변화

01 태양의 움직임

★★★ 햇빛

태양의 빛을 햇빛이라고 합니다. 햇빛은 태양에서 나와 사방으로 퍼지며, 직진하는 성질이 있습니다. 또한 지구에 도달하는 햇빛은 평행광선이 됩니다.

★★★ 태양의 하루 동안의 움직임

태양은 동쪽에서 떠서 남쪽 하늘 높은 곳을 지나 서쪽으로 집니다.
(북반구의 경우)

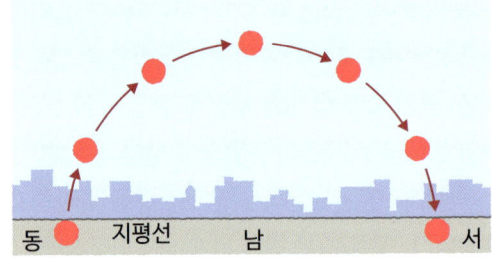

⬆ 태양의 하루 동안의 움직임

★★★ 그림자의 하루 동안의 움직임

햇빛이 직진하기 때문에, 그림자는 태양과 정반대 쪽에 생깁니다. 그림자가 생기는 방향이 바뀌는 것은 태양이 움직이고 있기 때문입니다. 태양은 동쪽에서 떠서 남쪽 하늘을 지나 서쪽으로 집니다. 따라서 그림자는 서쪽에서 북쪽을 지나 동쪽으로 이동합니다. 결국 태양이 움직이는 방향과 그림자가 움직이는 방향은 정반대가 됩니다.

그림자 길이는 태양이 높이 뜰수록 짧아지기 때문에, 태양이 가장 높이 뜨는 12시경에 그림자 길이는 가장 짧아집니다.

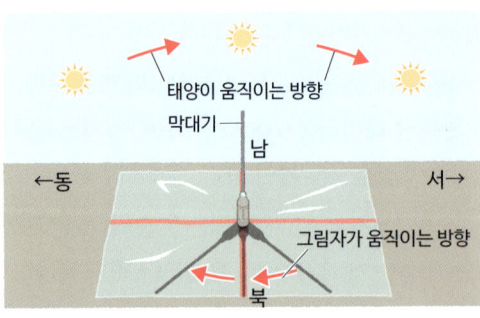

⬆ 태양과 그림자의 움직임

| 3학년 | 4학년 | 5학년 | **6학년** | 발전 |

★★★ 나침반

나침반 바늘은 남과 북을 가리키며 멈춥니다. 나침반을 사용하면 동서남북과 같은 방위를 알 수 있습니다.

 사용방법
① 조사할 방향을 향해 나침반을 수평으로 든다
② 바늘의 움직임이 멈추면, 나침반을 돌려서 '북'이라고 쓰인 글자를 색칠한 바늘에 맞춰 방향을 읽는다.

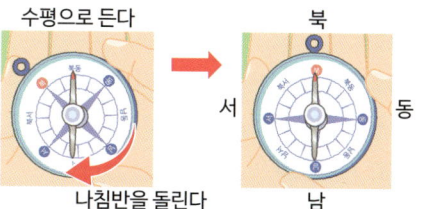
수평으로 든다 → 북 / 서 동 / 남
나침반을 돌린다

지구편

제1장 기온과 날씨의 변화

제2장 지구와 우주

제3장 대지의 변화

★★★ 해시계

태양이 움직이면 그림자의 방향이 바뀝니다. 해시계는 이것을 이용한 시계인데, 그림자의 방향으로 시각을 알 수 있습니다.

➡ 해시계

★★★ 양달과 응달

양달은 햇볕이 드는 따뜻한 곳입니다. 햇볕이 들지 않는 응달은 양달에 비해 어둡고 지표면은 축축합니다.

비교 양달과 응달의 차이

	양달	응달
지표면의 온기	따뜻하다	차갑다
밝기	밝다	어둡다
지표면의 축축한 정도	말라 있다	축축하다

★★★ 지표면의 온도(지온)

지표면과 땅속의 온도를 지온이라 합니다. 지표면 가까운 곳의 지온은 땅을 조금 파 온도계의 앞부분(구부)을 집어넣은 다음 흙을 덮고 온도를 잽니다. 태양 빛이 온도계에 닿지 않도록 덮개를 씌웁니다.

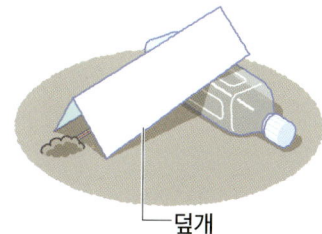
덮개

 **COLUMN 깨알지식**
남반구에서 태양은 동쪽에서 떠서 '북쪽' 하늘을 지나 서쪽으로 집니다.

223

제1장 기온과 날씨의 변화

02 기온의 변화

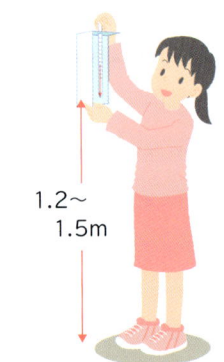

1.2~1.5m

★★★ 기온

공기의 온도를 기온이라 합니다. 기온은 하루 사이에도 변하고, 1년 사이에도 변합니다.

기온은 다음과 같이 잽니다.
- 주변이 트인 바람이 잘 통하는 곳에서 잰다
- 지표면에서 1.2~1.5m 떨어진 높이에서 잰다
- 햇빛이 온도계에 직접 닿지 않도록 주의하면서 잰다

★★★ 온도계

물질의 차갑거나 따뜻한 정도를 수량으로 나타낸 것을 온도라 하며, 온도계를 사용해 잽니다. 온도계의 구부에 닿는 공기와, 흙, 물 등의 온도를 잴 수 있습니다.

온도계는 구부가 바깥에서 받은 열을 통해 유리관 안에 들어 있는 액체의 부피가 변하는 성질을 이용해 온도를 잴 수 있습니다.
액체의 미세한 부피 변화는 그 위에 있는 얇은 관을 통과하며 크게 나타나고, 이로써 온도를 알 수 있습니다.
온도계에는 알코올온도계와 수은온도계 등이 있습니다.
0℃보다 낮을 때의 온도는 '영하 ○℃'라고 표시합니다. 예를 들면
0℃보다 8℃낮을 때 영하 8℃,
또는 -8℃라고 합니다.

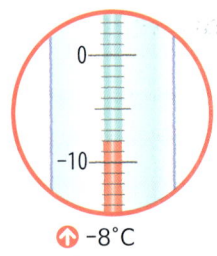

⬆ -8℃

← 알코올온도계

★★★ 온도계 사용방법

온도계 눈금을 읽을 때에는 온도계와 시선을 직각으로 하여 읽습니다.

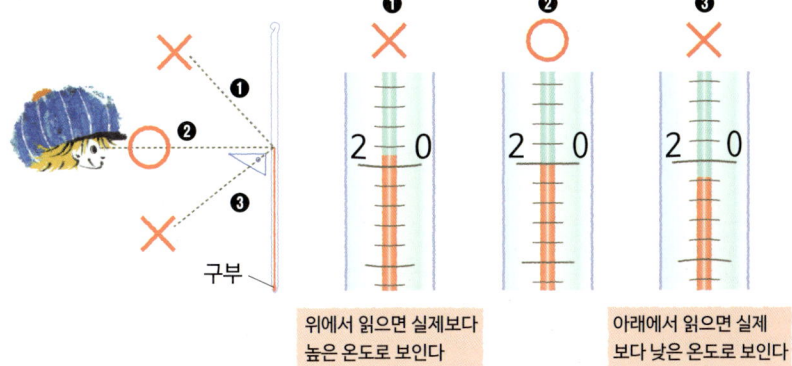

위에서 읽으면 실제보다 높은 온도로 보인다

아래에서 읽으면 실제보다 낮은 온도로 보인다

액체 끝부분이 눈금선과 눈금선 사이에 있을 때에는, 가까운 쪽의 눈금을 읽습니다.

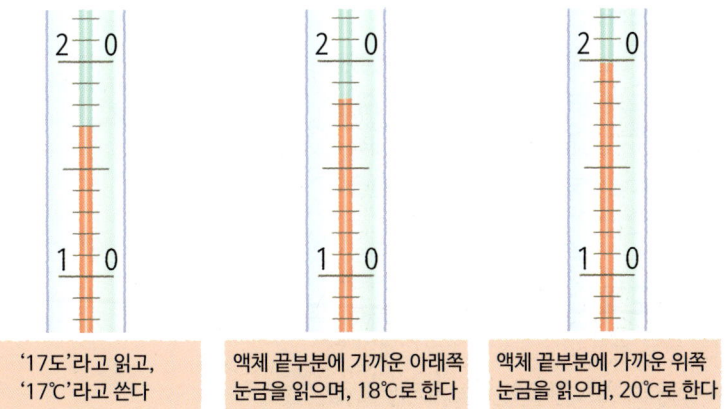

'17도'라고 읽고, '17℃'라고 쓴다

액체 끝부분에 가까운 아래쪽 눈금을 읽으며, 18℃로 한다

액체 끝부분에 가까운 위쪽 눈금을 읽으며, 20℃로 한다

주의할 점

- 손의 온기가 전달될 수 있으므로 구부를 잡으면 안 된다
- 지표면의 온도를 잴 때, 온도계로 지표면을 파서는 안 된다
- 온도계를 사용하지 않을 때나 가지고 이동할 때에는 케이스에 넣어둔다
- 책상 위에 올려놓은 채로 놔두면 안 된다

COLUMN 더 자세히

보통 쓰는 온도계의 눈금 단위는 ℃(섭씨)입니다. 1기압에서 물이 얼 때의 기온을 0℃, 물이 끓을 때의 온도를 100℃로 하며, 그 사이를 100등분한 것이 1℃입니다.

제1장 기온과 날씨의 변화

★★★ 기록온도계(자기온도계)

기록온도계는 기온을 연속해서 재고, 그래프로 기록할 수 있습니다. 용지를 감은 통이 회전하며 펜 끝에 묻은 잉크로 기록할 수 있도록 되어 있습니다.

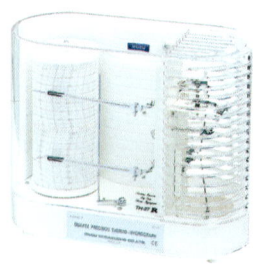

↑ 자기온습도계
온도와 습도를 동시에 자동으로 기록한다 ※제공: 일본 이스즈제작소

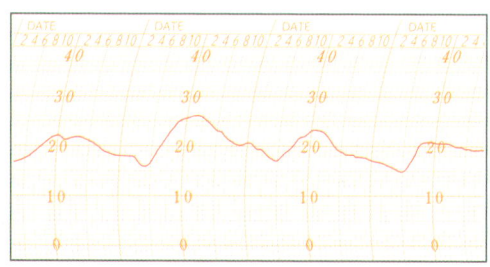

↑ 기록 예

★★★ 최고온도계

액체가 들어 있는 구부 부근에는 잘록한 부분이 있고, 온도가 올라갈 때에는 액체가 이 잘록한 부분을 지납니다. 하지만 온도가 내려갔을 때에는 액체가 되돌아갈 수 없도록 만들어졌기 때문에 최고기온이 기록됩니다.

★★★ 최저온도계

유리로 만든 작은 막대를 알코올온도계의 액체 속에 넣고, 액체 표면이 있는 높이만큼 끌어 올립니다. 온도가 내려가면 액체 표면이 막대를 밀면서 내려가고, 온도가 올라가면 액체는 막대 옆으로 빠져나가고 막대는 올라가지 않기 때문에 유리 막대의 위치는 최저온도를 표시한 채로 남게 됩니다.

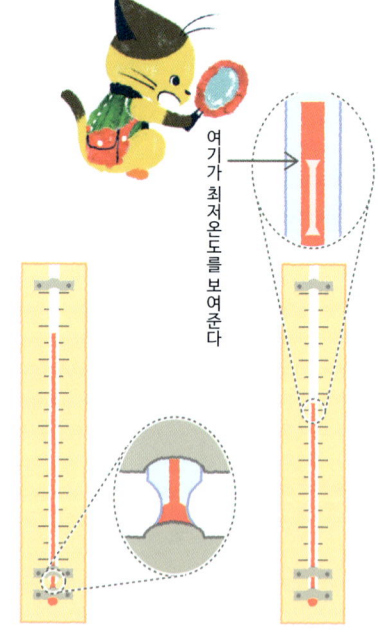

여기가 최저온도를 보여준다

↑ 최고온도계   ↑ 최저온도계

★★★ 백엽상

지상에서 기상관측을 위해 설치한 장치로, 기록온도계(자기온도계)와 자기습도계, 건습계, 최고온도계, 최저온도계 등이 들어 있습니다.

⬆ 백엽상

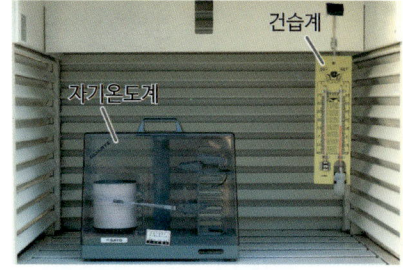
⬆ 백엽상 내부

적절한 관측을 위해, 다음과 같은 구조로 되어 있습니다.
- 전체가 흰색으로 칠해져 있다→태양열 흡수가 어렵도록
- 주변이 덧문 형태로 되어 있다→통풍이 잘되고, 직사광선이 닿지 않으며, 비가 들어가지 못하도록
- 잔디밭 위에 세워져 있다→지표면에서 이루어지는 열 반사를 방지하기 위해
- 문은 북향으로 달려 있다→문을 열었을 때 직사광선이 들어가지 않도록

★★★ 기온의 하루 동안의 변화

하루 동안 기온은 보통 낮에는 높고, 밤에는 낮아지는 경우가 많습니다. 하지만 날씨에 따라 기온 변화의 모습에는 차이가 있습니다. 하루 가운데 가장 높은 기온을 최고기온이라고 하며, 가장 낮은 기온을 최저기온이라고 합니다. 맑은 날 기온은 해 뜨기 전이 가장 낮고, 오후 2시경이 가장 높습니다.

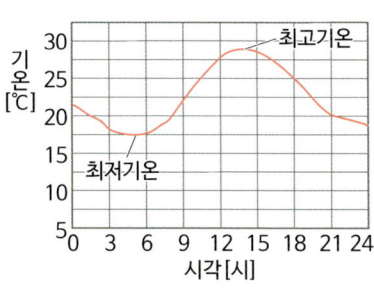
⬆ 기온의 하루 동안의 변화 (맑은 날)

COLUMN 더 자세히
하루 동안의 최고기온과 최저기온의 차이를 일교차라고 합니다. 맑은 날은 일교차가 크고, 흐리거나 비 오는 날은 일교차가 작습니다.

제1장 기온과 날씨의 변화

★★★ 기온의 변화와 날씨

하루 동안의 기온의 변화는 날씨에 따라 달라집니다.

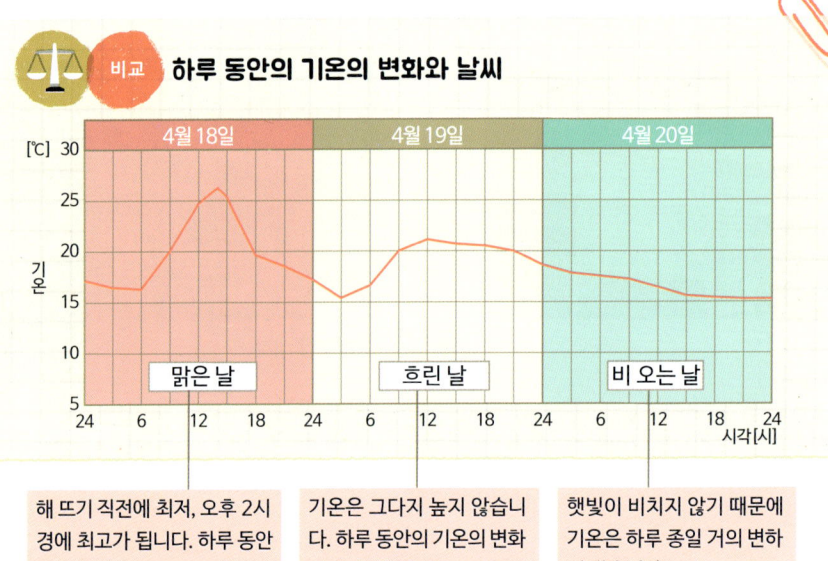

하루 동안의 기온의 변화와 날씨

- **맑은 날**: 해 뜨기 직전에 최저, 오후 2시 경에 최고가 됩니다. 하루 동안의 기온의 변화가 큽니다.
- **흐린 날**: 기온은 그다지 높지 않습니다. 하루 동안의 기온의 변화가 작습니다.
- **비 오는 날**: 햇빛이 비치지 않기 때문에 기온은 하루 종일 거의 변하지 않습니다.

★★★ 기온 및 지온과 태양의 높이

맑은 날 하루 동안의 기온은 태양의 높이 변화에 비해 조금 늦게 변합니다. 태양의 높이는 12시경에 최고가 됩니다. 지온은 오후 1시경에 최고가 됩니다. 또한 기온은 오후 2시경에 최고가 됩니다.

최고지온과 최고기온 시간이 차이가 나는 이유는 태양열에 의해 지표면이 따뜻해지고, 그 지표면에서 나온 열이 전해지며 공기가 따뜻해지기 때문입니다.

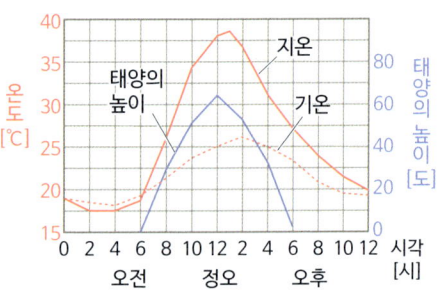

↑ 하루 동안의 기온 및 지온과 태양의 높이의 변화

★★★ 태양의 높이와 지표면이 따뜻해지는 원리

태양의 높이가 높을수록 같은 면적을 비추는 빛의 양은 많아집니다. 이러한 이유 때문에, 태양의 높이가 높을수록 정해진 면적에서 지표면이 받는 열은 많아지고 지표면은 더 빨리 따뜻해집니다.

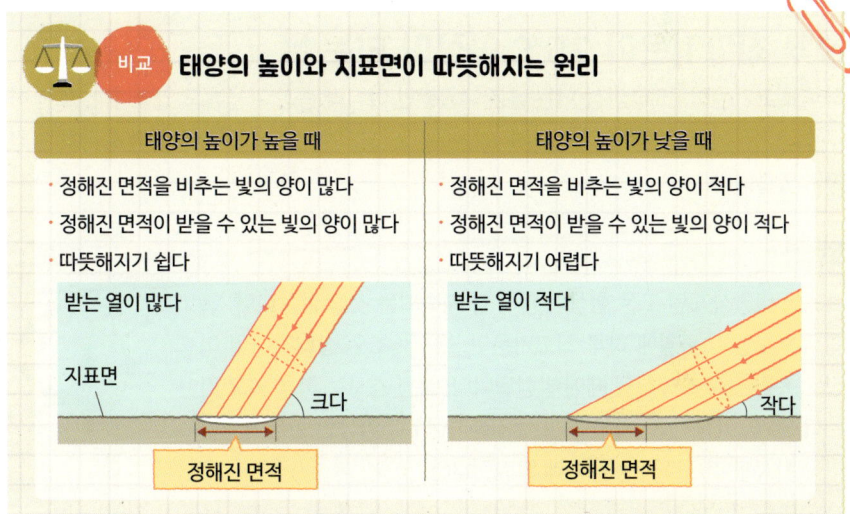

★★★ 기온의 1년 동안의 변화

태양의 남중고도는 하지(양력 6월 21일경)에 최고가 되고, 동지(양력 12월 22일이나 23일경)에 최저가 됩니다.

기온은 하지에서 2개월 늦은 8월에 최고가 되며, 동지에서 1개월 늦은 1월에 최저가 됩니다.

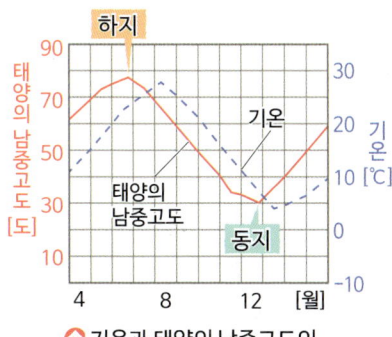

↑ 기온과 태양의 남중고도의 1년 동안의 변화

COLUMN 더 자세히 태양의 고도는 남중했을 때 가장 높아지므로, 하루 중 지표면이 받는 열의 양이 최대가 되는 것은 태양이 남중했을 때입니다.

제1장 기온과 날씨의 변화

중요도
★★★ 하루 최저기온이 0℃ 미만이 되는 날
하루 최저기온이 0℃ 미만이 되는 날은 눈이 내리거나 서리가 내릴 것으로 예상되는 날입니다. 또한 하루 최고기온이 0℃ 미만인 날은 눈과 서리가 하루 종일 녹지 않는 엄청 추운 날입니다.

★★★ 하루 최고기온이 25℃ 이상이 되는 날
하루 최고기온이 25℃ 이상 되는 날은 여름뿐만 아니라 봄과 가을에도 있습니다. 또한 하루 최고기온이 30℃ 이상 되는 날도 있는데, 1년 중 이러한 날이 최근 들어 증가하는 경향이 있습니다.

★★★ 폭염
폭염은 비정상적인 고온 현상이 여러 날 지속되는 것을 말합니다. 폭염 주의보는 여름철에 하루 최고기온이 33~35℃인 상태가 2일 이상 지속될 것으로 예상될 때에 발령됩니다. 폭염 경보는 하루 최고 기온이 35℃ 이상이고, 하루 최고 열지수가 41℃ 이상인 상태가 2일 이상 지속될 것으로 예상될 때에 발령됩니다.

수분과 염분을 제대로 섭취하자

★★★ 열대야
저녁 무렵부터 다음 날 아침까지의 최저기온이 25℃ 이상 되는 밤을 열대야라고 합니다. 더워서 잠들기 힘든 밤을 표현하는 용어로 사용됩니다.

★★★ 열섬 현상
도심부 기온이 교외보다 높아지는 현상을 말합니다. 도심부에는 기온을 낮추는 식물이 적고, 자동차와 에어컨 등에서 열이 많이 발산되며, 열을 모으기 쉬운 콘크리트로 덮여 있는 지표면이 많은 것이 원인입니다.

열섬 현상은 '열로 이루어진 섬'이라는 뜻입니다. 지도에서 보면 기온이 높은 곳이 섬처럼 보인다고 해서 이러한 이름이 붙었습니다.

COLUMN 깨알지식 열사병은 주변이 몹시 덥거나 습도가 높을 때, 체온 조절이 잘 되지 않아 발생합니다.

막대그래프와 꺾은선그래프

실험과 관찰에서는 데이터를 먼저 표로 기록합니다. 표의 데이터를 막대그래프와 꺾은선그래프로 나타내면 차이와 변화에 대한 양상을 한눈에 보기 쉽습니다.

막대그래프는 여러 가지를 비교할 때 적합합니다. 가로축이 연속해 있지 않은 것이면 좋겠지요. 예를 들면 오전과 정오의 양달과 응달의 온도를 각각 막대그래프로 나타내면, 온도 차를 알기 쉽습니다.

꺾은선그래프는 연속적으로 변화하는 것을 나타내는 데 적합합니다. 예를 들면 가로축에 시각을 설정하고 하루 동안의 기온의 변화를 기록하는 경우 등이 있습니다. 꺾은선그래프를 이용하면 기온 변화를 알기 쉽습니다.

● 막대그래프 그리는 방법
- 조사한 온도에 맞게 그래프의 막대를 그린다
- 조사한 시각을 적는다

● 꺾은선그래프 그리는 방법
- 가로축에 시각, 세로축에 기온을 쓰고 단위를 붙인다
- 시각과 기온이 만나는 부분에 점을 찍고 직선으로 연결한다

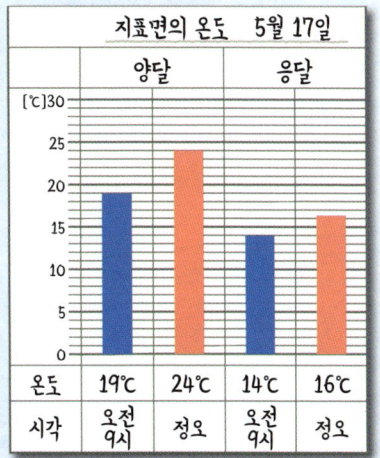

양달과 응달의 온도

시각	오전 9시	정오
양달 지표면의 온도	19℃	24℃
응달 지표면의 온도	14℃	16℃

하루 동안의 기온 변화

시각	오전 9시	오전 10시	오전 11시
기온	16℃	17℃	19℃
정오	오후 1시	오후 2시	오후 3시
21℃	22℃	24℃	22℃

제1장 기온과 날씨의 변화

03 자연 속의 물

★★★ 물의 순환

비가 내리면 지표면에 웅덩이가 생기지만, 잠시 후 웅덩이는 사라집니다. 또한 빨래를 널면 마릅니다. 물은 열이 없어도 증발하여 수증기가 되고, 공기 중으로 흩어집니다.

● 물이 공기 중으로 흩어지는 것을 조사하는 실험

방법
① 2개의 용기에 같은 양의 물을 넣고 하나에는 뚜껑을 덮지 않고(ⓐ), 다른 하나에는 뚜껑을 덮어서(ⓑ) 3일 동안 양달에 두어 물이 줄어드는 모습을 조사합니다.
② ①과 마찬가지로 2개의 용기 ⓒ, ⓓ를 3일 동안 응달에 두고, 물이 줄어드는 모습을 조사합니다.

〈양달에 둔다〉

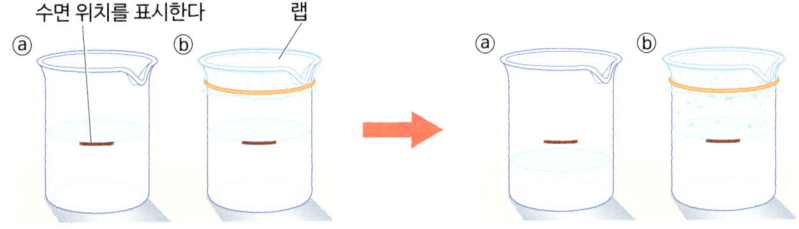

〈응달에 둔다〉

결과 실험 결과, 물은 ⓐ와 ⓒ에서는 ⓐ 쪽이 많이 줄어들었습니다.
ⓑ와 ⓓ에서는 양쪽 모두 물은 거의 줄지 않았고, 용기 안쪽과 랩 안쪽에 물방울이 맺혀 있었습니다.

ⓐ와 ⓒ의 결과를 통해, 물은 끓지 않더라도 표면에서 증발해 수증기가 되고, 공기 중으로 흩어진다는 것을 알 수 있습니다.

ⓐ와 ⓒ에서는 ⓐ 쪽이 물이 많이 줄었다는 점에서, 물은 양달이 응달보다 빨리 증발한다는 것을 알 수 있습니다. 결국 물은 따뜻해지면 빨리 증발한다고 볼 수 있습니다.

ⓑ와 ⓓ에서는 뚜껑 안쪽에 물방울이 맺혔다는 점에서, 증발한 수증기가 또다시 물이 되었다고 볼 수 있습니다.

★★ 공기 중의 수증기

물기가 없는 컵에 얼음물을 넣고 잠시 놓아두면 컵 바깥쪽에 물방울이 생깁니다. 이것은 공기 중에 있었던 수증기가 얼음물로 차가워진 컵에 닿으며 차가워지면서 물방울이 되어 컵에 달라붙은 것입니다. 이것으로, 공기 중에는 눈에 보이지 않는 수증기가 포함되어 있음을 알 수 있습니다.

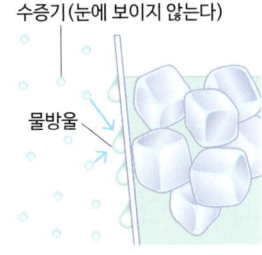

★★ 응결(결로)

따뜻한 공기가 갑자기 차가워지거나, 차가운 것에 닿았을 때 공기 중에 있던 수증기가 물 알갱이가 되어 달라붙는 것을 응결이라고 합니다. 건물 안과 밖의 기온차가 생길 때, 창문과 벽에 물방울이 맺힙니다. 또 추운 바깥에서 따뜻한 방으로 들어올 때, 쓰고 있던 안경이 흐려지는 경우도 있습니다.

↑ 응결로 물방울이 맺힌 창문

★★ 자연 속의 물

자연 속의 물 중에서 가장 일상적인 것은 액체 형태입니다. 비가 와서 땅 위에 내리고, 강을 흘러 바다로 들어갑니다. 또한 연못과 저수지, 호수 등을 만들고 있습니다. 고체 형태로 볼 수 있는 것은 구름과 눈, 서릿발 등이 있습니다. 물의 기체 형태는 수증기이지만, 수증기는 눈으로 볼 수 없습니다. 이처럼 물은 자연 속에서 모습을 바꿉니다.

제1장 기온과 날씨의 변화

★★★ 구름

작은 물방울과 얼음 알갱이가 많이 모여 하늘에 떠 있는 것이 구름입니다. 구름이 생기는 높이와 모양에 따라 소나기구름(적란운), 비층구름(난층운), 새털구름(권운), 비늘구름(권적운), 면사포구름(권층운), 양떼구름(고적운), 높층구름(고층운), 안개구름(층운), 두루마리구름(층적운), 뭉게구름(적운)의 열 가지 종류로 나눌 수 있습니다.

★★★ 구름이 만들어지는 원리

구름은 상승기류가 있는 곳에서 생깁니다. 공기가 상승하여 하늘 위로 올라갈수록 기압은 낮아지고 공기는 점점 팽창하며 온도가 내려갑니다. 온도가 내려감에 따라 공기 중에 있던 수증기는 포화 상태에 가까워집니다. 기온이 이슬점 이하가 되면 수증기는 물방울이 됩니다. 더욱 상승하면 얼음 알갱이가 됩니다. 이처럼 물과 얼음 알갱이가 되어 하늘 높은 곳에 떠 있는 것이 구름입니다. 구름을 만드는 상승기류에는 다음 네 가지 형태가 있습니다.

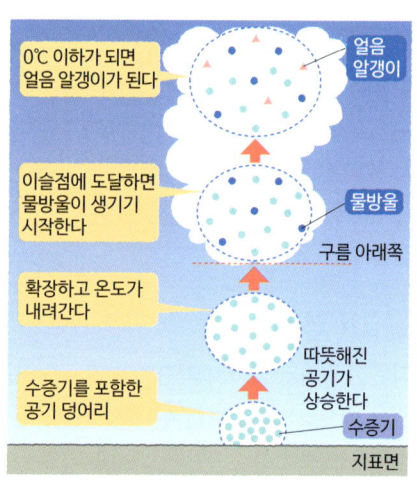

⬆ 구름이 만들어지는 원리

⬆ 바람이 산으로 불며 맞부딪쳐 생기는 상승기류
구름은 바람이 상승하는 쪽에서 생긴다

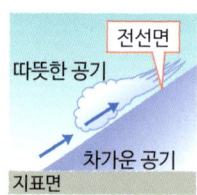

⬆ 전선면에서 생기는 상승기류
따뜻한 공기가 차가운 공기 위로 올라가 구름이 생긴다

⬆ 저기압에서 생기는 상승기류
저기압 중심 부근에서 생기는 상승기류로 구름이 생긴다

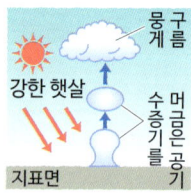

⬆ 강한 햇살에 의한 상승기류
지표면 가까이에 있던 공기가 따뜻해지면 상승하고 뭉게구름을 만든다

COLUMN 더 자세히 공기는 팽창하면 공기가 가진 에너지는 줄고 온도가 내려가며, 압축되면 공기가 가진 에너지는 늘어나며 온도가 올라갑니다.

★★★ 안개

지표면 가까이에 있는 공기가 차가워져 이슬점 이하가 되면, 수증기가 작은 물방울이 되어 지표면을 덮는 것입니다. 안개가 생기기 위한 조건은 세 가지입니다.
- 지표면 가까이에 있던 공기가 이슬점 이하로 차가워진다
- 공기 중에 있던 수증기가 물방울이 되는 데 필요한 먼지 같은 작은 알갱이가 있다
- 바람이 약하다

새하얗다

↑ 안개

★★★ 비

비는 작은 물방울과 얼음 알갱이에서 만들어집니다. 구름을 만드는 물방울과 얼음 알갱이가 상승기류에서 더 이상 버틸 수 없게 되면 지표면을 향해 떨어지기 시작합니다. 그리고 기온이 0℃ 이상 되는 곳까지 떨어지면, 얼음이 녹아 물방울이 되어 지표면까지 떨어집니다. 이것이 비입니다.

★★★ 눈

비와 마찬가지로 구름을 만드는 얼음 알갱이가 떨어지기 시작할 때, 지상 근처의 기온이 0℃ 이하면 얼음이 녹지 않고 땅 위까지 낙하합니다. 이것이 눈입니다.

★★★ 서리

수증기가 얼음이 되어 지상에 있는 물체에 달라붙은 것을 서리라고 합니다.

겨울 같은 때, 이슬점이 0℃ 이하가 되면 수증기가 직접 얼음이 되어 지상에 있는 물체에 달라붙습니다. 서릿발은 땅속에 있던 수분이 언 것으로, 공기 중에 있던 수증기가 직접 얼음이 된 서리와는 다릅니다.

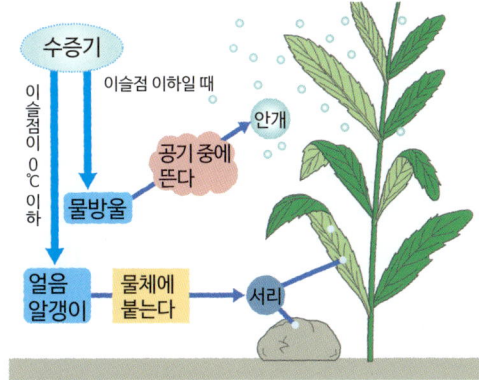
↑ 서리, 안개가 만들어지는 원리

COLUMN 더 자세히 시계가 1km 이상 확보되지 않은 경우를 안개라고 하며, 시계가 1km 이상 확보된 경우를 연무라 합니다.

제1장 기온과 날씨의 변화

중요도
★★★ ## 포화수증기량

공기 $1m^3$ 가운데 포함될 수 있는 수증기 양에는 한도가 있습니다. 어떠한 것을 더 이상 포함할 수 없는 상태를 포화라고 합니다.

어떤 기온에서 $1m^3$의 공기가 포함될 수 있는 수증기의 한도량을 포화수증기량이라고 합니다.

포화수증기량은 기온이 높을수록 커집니다.

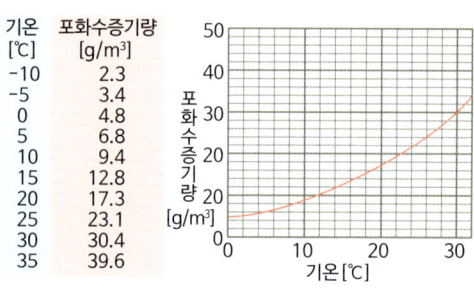

기온 [℃]	포화수증기량 [g/m³]
-10	2.3
-5	3.4
0	4.8
5	6.8
10	9.4
15	12.8
20	17.3
25	23.1
30	30.4
35	39.6

⬆ 기온과 포화수증기량

★★★ ## 이슬점

수증기를 포함하고 있는 공기의 온도를 떨어뜨리면, 마침내 수증기의 일부가 기체에서 액체로 바뀌며 물방울이 되는 순간이 있습니다. 이때의 온도를 이슬점이라고 합니다.

이슬점을 측정하려면 물을 담아둔 금속으로 만든 컵에 얼음물을 부어 컵을 차갑게 만듭니다. 그러면 컵 표면에 물방울이 맺히기 시작합니다. 이때의 온도가 이슬점입니다. 공기 중에 포함된 수증기 양이 많을수록 이슬점은 높아집니다.

★★★ ## 습도

공기의 축축한 정도를 나타낸 것을 습도라고 합니다. $1m^3$ 공기 중에 포함되어 있는 수증기가 그 기온의 포화수증기량의 몇 %에 해당하는지를 나타냅니다. 습도는 계산으로 구하는 방법과 건습계를 사용해 구하는 방법이 있습니다.

$$습도[\%] = \frac{공기\ 1m^3\ 중의\ 수증기량[g/m^3]}{그\ 기온에서의\ 포화수증기량[g/m^3]} \times 100$$

COLUMN
더 자세히

기온이 높고 맑은 날은 비가 오는 날에 비해 공기 중에 수증기를 더 많이 포함할 수 있어서 빨래가 잘 마릅니다.

★★★ 건습계

건습계는 건구온도계와 습구온도계의 두 가지 온도계를 이용해 습도를 측정하는 장치입니다. 건구온도계는 보통의 온도계입니다. 반면에 습구온도계 구부는 물에 적신 거즈로 싸여 있습니다. 구부를 감싼 거즈 표면에서 물이 증발하며 주변으로부터 열을 빼앗기 때문에 구부가 차갑고, 건구온도계가 나타내는 값보다 낮아집니다. 건습계 각각의 온도계가 나타내는 눈금의 숫자와 습도표를 이용해 습도를 구합니다.

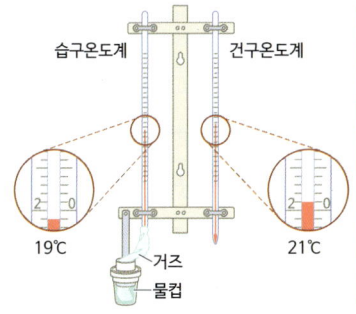

↑ 건습계

건구온도계가 나타내는 눈금 의 숫자[℃]	건구온도계와 습구온도계가 나타내는 눈금의 숫자 차이[℃]			
	1.0	2.0	3.0	4.0
24	91%	83%	75%	68%
23	91	83	75	67
22	91	82	74	66
21	91	82	73	65
20	91	81	72	64
19	90	81	72	63
18	90	80	71	62

↑ 습도표

★★★ 습도표

건습계에서 읽은 눈금의 숫자를 이용해 습도를 구할 때 사용하는 표입니다.
건구온도계에서 눈금의 숫자는 21℃, 습구온도계 눈금의 숫자는 19℃일 때, 두 눈금의 차는 21-19=2[℃]입니다. 습도표를 이용해서, 건구온도계 눈금의 숫자인 21℃와 건구온도계와 습구온도계 눈금의 차 2.0℃ 각각 해당하는 칸에서 만나는 숫자를 가지고 습도를 구합니다. 위의 예에서 습도는 82%라는 것을 알 수 있습니다.

맑은 날의 기온과 습도의 변화

맑은 날, 기온이 올라가면 포화수증기량이 커지기 때문에 습도는 내려갑니다.
반대로 기온이 내려가면 포화수증기량은 적어지기 때문에 습도는 올라갑니다. 이처럼 맑은 날에는 기온과 습도가 정반대입니다.

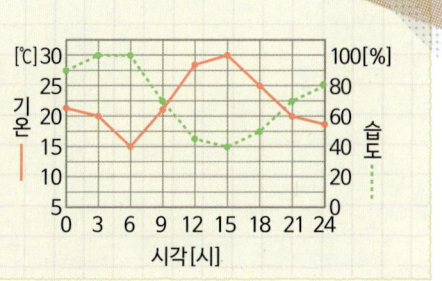

COLUMN 더 자세히 습구온도계의 구부를 감싼 거즈 표면에서 물이 증발할 때, 주변으로부터 빼앗기는 열을 기화열이라고 합니다. 액체(물)가 증발하기(기화) 위해 사용되는 열입니다.

물의 순환

물은 지구상에서 기체(수증기), 액체(물), 고체(얼음)의 세 가지 상태로 존재하고 있습니다. 가장 쉽게 볼 수 있는 상태는 바다와 강이나 호수 등에 있는 물과, 비가 되어 내리는 액체 상태의 물이지요.

지표면에 있는 액체 상태의 물은 태양열로 인해 육지와 바다의 표면에서 증발하고, 수증기가 되어 공기 중으로 섞여 들어갑니다. 공기 중으로 섞여 들어간 수증기의 일부는 상공에서 차가워져 가느다란 비와 얼음 알갱이로 변해 구름이 됩니다. 구름을 만들고 있는 물과 얼음 알갱이가 커지면 마침내 비와 눈이 되어 지표면으로 떨어집니다. 지표면으로 떨어진 비는 연못이나 댐, 호수, 논 등에 저장되고, 강을 따라 바다로 흘러 들어갑니다. 그리고 이러한 지표면에 있던 물 가운데 일부는 또다시 증발해 공기 중으로 섞여 들어갑니다.

이처럼 물은 수증기, 구름과 안개, 비와 눈처럼 모습을 바꿔가며 지상과 하늘 사이를 끊임없이 순환하고 있습니다.

물은 지구를 순환하고 있어

04 날씨

1 구름과 날씨의 변화

구름과 날씨의 변화
날씨가 변할 때에는 구름의 양과 움직임, 모양(종류)이 변합니다. 비를 내리게 하는 구름에는 비층구름(난층운)과 소나기구름(적란운)이 있으며, 둘 다 구름이 두껍고 밑에서 보면 거무스름하게 보입니다.

구름의 양과 날씨
날씨는 하늘을 덮고 있는 구름의 양에 따라 정해집니다. 하늘 전체의 넓이를 10으로 보고, 하늘에 구름이 하나도 없을 때 구름의 양을 0, 하늘 전체가 구름으로 뒤덮여 있을 때 구름의 양을 10으로 해서 대략적으로 구름의 양을 숫자로 표시합니다. 그 양에 따라 날씨를 정합니다. 단, 비가 내릴 때의 날씨는 구름의 양과 상관없이 비이고, 눈이 내릴 때의 날씨는 눈입니다.

⇧ 구름의 양 1 / 쾌청

쾌청
하늘 전체의 넓이를 10으로 했을 때, 구름의 양이 0, 1일 때의 날씨가 쾌청입니다.

⇧ 구름의 양 7 / 맑음

맑음
하늘 전체의 넓이를 10으로 했을 때, 구름의 양이 2~8일 때의 날씨가 맑음입니다.

흐림
하늘 전체의 넓이를 10으로 했을 때, 구름의 양이 9, 10일 때의 날씨가 흐림입니다.

⇧ 구름의 양 10 / 흐림

※ ⓒ 考森まさひで / アフロ

제1장 기온과 날씨의 변화

★★★ 구름의 종류

구름의 모양과 높이에 따라 열 종류로 나눕니다. '적'이라는 글자가 붙어 있는 구름은 덩어리 상태, '층'이라는 글자가 붙어 있는 구름은 옆으로 펼쳐져 있는 구름을 나타냅니다.

⬆ 소나기구름

★★★ 소나기구름(적란운)

뭉게뭉게 피어오른 산처럼 생긴 구름입니다. 적란운이라고도 하며, 여름에 소나기를 뿌리는 구름입니다.

★★★ 비층구름(난층운)

나지막하게 하늘을 덮고 있는 검고 두꺼운 구름입니다. 난층운이라고도 하며, 이 구름이 생기면 낮이라도 금세 어두워지고 비가 내리기 시작합니다.

⬆ 비층구름

★★ 새털구름(권운)

높은 하늘에서 만들어지는 새하얗고 가느다란 구름입니다. 권운이라고도 하며, 날씨가 좋을 때 보이는 구름입니다.

⬆ 새털구름

★★ 비늘구름(권적운)

하얗고 조그만 구름이 많이 모여 있는 높은 하늘에서 만들어지는 구름입니다. 권적운이라고도 하며, 다음 날에는 비가 오는 경우가 많습니다.

⬆ 비늘구름

COLUMN 깨알지식 비늘구름(권적운)은 양떼구름(고적운)과 매우 비슷합니다. 비늘구름은 양떼구름보다 구름 하나하나가 작고 두께가 얇다는 특징이 있습니다.

| 3학년 | 4학년 | 5학년 | 6학년 | 발전 |

면사포구름(권층운) ★★★

하얀 면사포처럼 하늘을 넓게 뒤덮은 구름입니다. 권층운이라고도 하며, 몇 시간 뒤에 비가 오는 경우가 많습니다.

↑ 면사포구름

양떼구름(고적운) ★★★

크고 둥근 모양의 구름이 많이 늘어선 모양입니다. 고적운이라고도 하며, 이 구름이 바로 사라질 때에는 날이 개는 경우가 많습니다.

↑ 양떼구름 ©アフロ

높층구름(고층운) ★★★

회색빛 유리 같은 구름입니다. 고층운이라고도 하며, 시간이 지나면서 비층구름으로 변하며 비를 뿌리는 일도 있습니다.

↑ 높층구름 ©坂本照／アフロ

안개구름(층운) ★★★

가장 낮은 곳에서 생기는 구름입니다. 하나의 무리가 아닌 회색과 흰색의 안개 같은 구름입니다. 층운이라고도 합니다. 구름 밑이 지표면에 닿아 있지 않습니다.

↑ 안개구름

COLUMN 깨알지식
높은 산에 올라 산 아래쪽을 보면 한쪽으로 운해라고 불리는 구름이 바다처럼 펼쳐져 있을 때가 있습니다. 이것은 안개구름입니다.

제 1 장 기온과 날씨의 변화

★★★ 두루마리구름(층적운)

낮은 하늘에서 볼 수 있는 회색 구름입니다. 층적운이라고도 하며, 커다란 구름 덩어리가 층층이 겹쳐져 있습니다.

⬆ 두루마리구름
©アフロ

★★★ 뭉게구름(적운)

위로는 뭉게뭉게 피어오르고 있고, 아래로는 평평한 모습을 한 하얀색 구름입니다. 적운이라고도 하며, 낮은 하늘에서 볼 수 있습니다. 발달하면 <u>소나기구름</u>이 됩니다.

⬆ 뭉게구름

★★★ 구름 영상

아득히 높은 하늘에서 기상위성을 통해 지구를 덮고 있는 구름을 관측할 수 있습니다. 이때 구름영상을 얻을 수 있습니다.

텔레비전이나 신문에서 사용되는 것은 적외선 화면인데, 기온이 낮은 상공의 구름일수록 또렷하게 찍힙니다.

상공의 구름은 비를 내리지 않는 경우가 많기 때문에, 비가 내리는 지역을 알고 싶을 때는 두꺼운 구름을 찍은 가시 영상이 편리합니다. 수증기 영상은 구름이 아닌 기체인 수증기가 많이 있는 곳을 하얗게 찍은 것으로, 이를 통해 구름이 확장될 장소를 찾아낼 수 있습니다.

⬆ 적외선 영상

⬆ 가시 영상

⬆ 수증기 영상

※제공: 일본 기상청

구름의 높이와 날씨

구름에는 열 종류가 있고, 각각의 구름이 생기는 높이에는 차이가 있습니다.

주로, 발생되는 높이에 따라 7,000m 이상에서 생기는 상층운, 2,000~5,000m에서 생기는 중층운, 2,000m 이하에서 생기는 하층운의 세 종류로 분류하고 있습니다.

또한 가로 방향으로 넓은 구름을 층운형(안개구름형), 세로 방향으로 높은 구름을 적운형(뭉게구름형)이라고 합니다.

구름은 종류에 따라 성질과 만들어지는 조건이 다릅니다.

예를 들어 온난전선이 접근해 오면 새털구름→양떼구름→높층구름의 순서로 나타나며, 구름이 점점 낮게 뜨면서 마지막에는 중층운인 비층구름이 나와 추적추적 약한 비가 계속 내리게 됩니다.

이와 같이, 구름을 관찰함으로써 앞으로 날씨가 어떻게 될지를 어느 정도 예측할 수 있습니다.

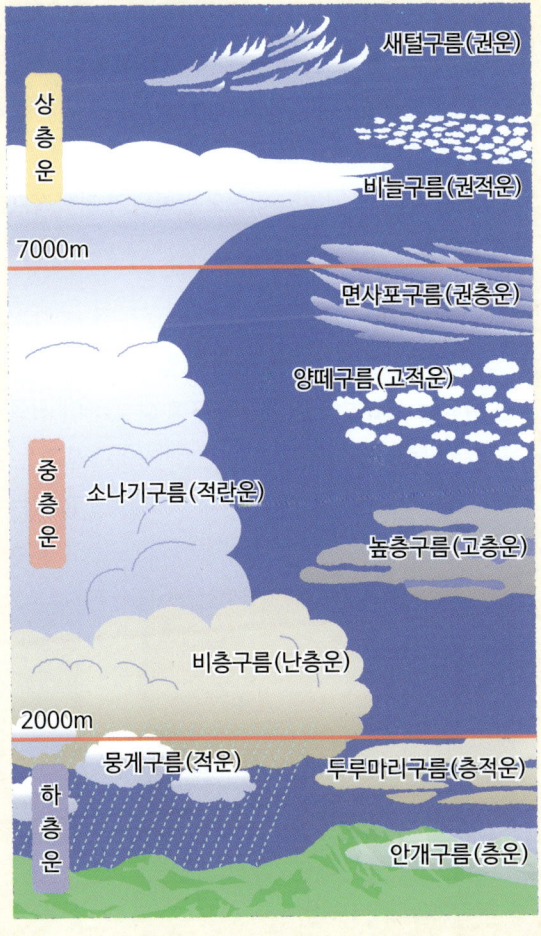

날씨에 관한 속담

옛날에는 현재처럼 기상관측 기술이 발달하지 않았습니다. 그래서 날씨를 예측할 때 구름의 모양과 산이 보이는 방식, 동물의 행동 등 일상생활에서 일어나는 현상을 통해 날씨를 판단하였습니다. 이와 같은 방식으로 날씨를 예측하는 방식을 관천망기(觀天望氣)라고 합니다.

날씨에 관해 옛날부터 내려오는 속담이 과학적으로도 맞는 것이 많다는 사실이 오늘날 밝혀졌습니다.

● **노을은 맑음**

노을은 서쪽 하늘이 맑을 때 보입니다. 날씨는 서쪽부터 변하기 때문에 다음 날은 맑습니다.

● **아침 무지개는 비**

아침 무지개는 동쪽에 있는 태양 빛이 서쪽 하늘에 있는 빗방울에 부딪혀 생기는 것이기 때문에, 서쪽에서 내리고 있는 비가 동쪽으로 다가오고 있다고 볼 수 있습니다.

● **제비가 낮게 날면 비**

제비는 작은 곤충을 잡아먹습니다. 축축한 공기가 접근하며 공기 중에 수분이 많아지면 곤충은 높이 날 수 없습니다. 그러한 이유에서 곤충을 잡아먹는 제비 또한 낮게 납니다.

● 비늘구름은 비

물고기의 비늘처럼 생긴 비늘구름(권적운)이 보인다는 것은 저기압이 다가온다는 것을 의미합니다. 이 때문에 하층부에 있던 구름의 양이 늘어나며 비가 내립니다.

● 거미줄에 이슬이 맺히면 맑음

맑게 갠 날 밤, 날씨가 추워지면 거미줄에 많은 이슬이 맺히는 것을 볼 수 있습니다. 이러한 때는 맑은 날이 계속됩니다.

● 산에 삿갓이 걸려 있으면 비

산 위쪽으로 삿갓 모양을 한 삿갓구름이 생기는 것은, 공기가 산을 넘어가며 상승하면서 기온이 낮아지기 때문입니다. 상공에 습기를 머금은 공기가 있기 때문에 비가 내리기 쉬운 날씨가 됩니다.

⇧ 삿갓구름

● 해무리와 달무리는 비

해무리와 달무리를 만드는 얇은 구름층이 생기는 날은 비층구름(난층운)이 계속 끼어 있는 경우가 많습니다. 상공에 습기를 머금은 공기가 있어서 비가 내리기 쉬운 날씨가 됩니다.

⇧ 해무리

제1장 기온과 날씨의 변화

일기도

넓은 지역에 걸쳐 있는 어떤 시각의 날씨 상태를 한눈에 알아볼 수 있도록 만든 것이 일기도입니다. 일정한 시각에 관측된 풍향, 풍력, 날씨, 기압, 기온 등을 기호와 수치로 기입하고, 등압선을 그어 저기압과 고기압의 중심 위치와 전선의 위치를 기입한 것입니다.

등압선

기압이 같은 지점을 연결한 곡선을 등압선이라 합니다. 등압선은 1000hPa(헥토파스칼) 선을 기준으로, 보통 4hPa 간격으로 선을 잇고, 20hPa마다 선을 진하게 표시합니다. 바람은 기압이 높은 쪽에서 낮은 쪽으로 불지만, 북반구에서는 바람은 등압선에 대해 수직 방향에서 오른쪽으로 휘어져 붑니다. 또한 등압선 간격이 좁을수록 바람은 세집니다.

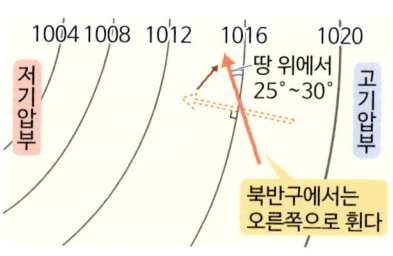

↑ 등압선과 풍향의 관계(북반구의 경우)

일기도 기호

○ 안에 날씨를 표시하고 화살의 방향으로 풍향을, 화살의 깃 개수로 풍력을 나타냅니다. 필요에 따라 기온과 기압을 덧붙입니다.

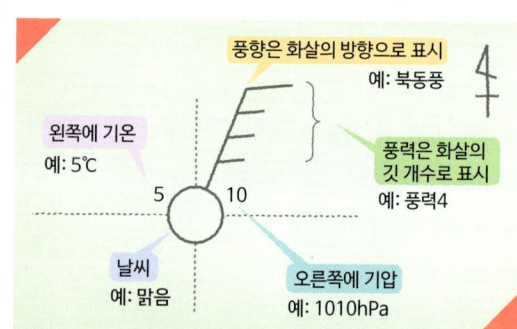

↑ 일기도 기호의 표시 방법

일기기호

맑음, 흐림, 비와 같은 날씨를 기호로 표시하는 것입니다.

| 맑음 | ○ | 갬 | ◐ | 흐림 | ● | 뇌우 | ⦥ | 안개 | ≡ |
| 비 | • | 소나기 | ▽ | 가랑비 | ● | 눈 | ✳ | 진눈깨비 | ✻ |

COLUMN 더 자세히

풍향이 등압선에 대해 수직 방향 아닌 오른쪽으로 휘어져 부는 이유는 지구 자전에 따른 힘을 받기 때문입니다. 이 힘을 전향력(코리올리력)이라고 합니다.

★★★ 풍향

바람이 불어오는 방향을 풍향이라 합니다. 16방위로 나누어 나타냅니다. 10분 동안의 평균 방향을 풍향이라 합니다.

★★★ 풍속

바람이 움직이는 속도를 풍속이라고 하고, m/초(m/s)의 단위로 표시합니다.

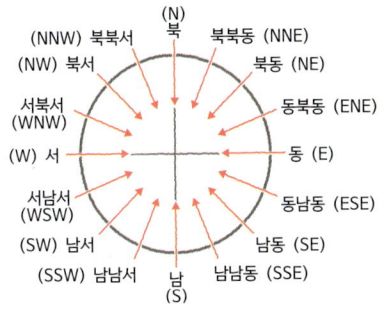

⬆ 풍향의 16방위

★★★ 풍력

바람의 세기를 사물에 미치는 힘으로 나타낸 것을 풍력이라 하며, 아래 표와 같이 0~12까지의 풍력 계급으로 나타냅니다. 보퍼트의 풍력 계급표에 따르면 다음과 같습니다.

풍속	바람이 부는 상태	풍속 [m/초]	바람의 명칭
0	조용하고 연기가 똑바로 올라간다	0~0.3 미만	고요
1	연기가 나부끼는 것으로 간신히 풍향을 안다	0.3~1.6 미만	실바람
2	얼굴로 바람을 느끼고, 나뭇잎이 움직이며 풍향계가 움직인다	1.6~3.4 미만	남실바람
3	나뭇잎과 작은 나뭇가지가 움직인다	3.4~5.5 미만	산들바람
4	모래먼지가 일고, 작은 가지가 꽤 많이 움직인다	5.5~8.0 미만	건들바람
5	잎이 달린 키 작은 나무가 흔들리기 시작하고, 연못 등의 수면에 물결이 인다	8.0~10.8 미만	흔들바람
6	큰 가지가 움직이고, 전선이 소리를 내며, 우산을 펴기 힘들다	10.8~13.9 미만	된바람
7	나무 전체가 흔들리고, 바람을 향해 걸어가기 힘들다	13.9~17.2 미만	센바람
8	작은 가지가 부러지고, 바람을 향해 걸어갈 수 없다	17.2~20.8 미만	큰바람
9	건물에 작은 피해가 생긴다	20.8~24.5 미만	큰센바람
10	나무가 뿌리째 쓰러지고, 건물 피해도 크다	24.5~28.5 미만	노대바람
11	건물에 큰 피해가 있다	28.5~32.7 미만	왕바람
12	피해가 점점 커진다	32.7 이상	싹쓸바람

⬆ 풍력 계급

제1장 기온과 날씨의 변화

중요도
★★★
기압(대기압)

지구는 두꺼운 대기로 둘러싸여 있으며 지표면에는 대기 무게에 따른 압력, 즉 기압(대기압)이 작용하고 있습니다. 지상에서 높이가 같은 지점에는 모든 방향에서 똑같은 크기로 기압이 작용하며, 해수면에서 높아질수록 기압은 작아집니다. 등압선은 기압이 같은 지점을 연결한 곡선입니다. 바람은 기압이 높은 곳에서 낮은 곳으로 붑니다.

● 기압의 단위

기상에서 기압은 헥토파스칼(기호 hPa)이라는 단위로 표시합니다. 해수면에서의 기압은 약 1013hPa 이고, 이것을 1기압이라고 합니다.

★★★
저기압

등압선이 고리처럼 막혀 있고 주변보다 기압이 낮은 곳을 저기압이라 합니다. 중심 부근에서 위쪽으로 부는 대기의 흐름인 상승기류가 있으며, 저기압 중심을 향해 반시계 방향(왼쪽으로 회전)으로 바람이 불어 들어옵니다. 등압선 간격이 좁기 때문에 바람은 세며, 상승기류로 인해 구름이 생기기 쉬워 흐리거나 비가 옵니다.

★★★
고기압

등압선이 고리처럼 막혀 있고 주변보다 기압이 높은 곳을 고기압이라고 합니다. 중심 부근 아래쪽으로 부는 대기의 흐름인 하강기류가 있으며, 고기압 중심에서 시계 방향(오른쪽으로 회전)으로 바람이 불어 나갑니다. 등압선 간격이 넓기 때문에 바람은 약하며, 하강기류로 인해 구름은 생기지 않으며 날씨는 맑습니다.

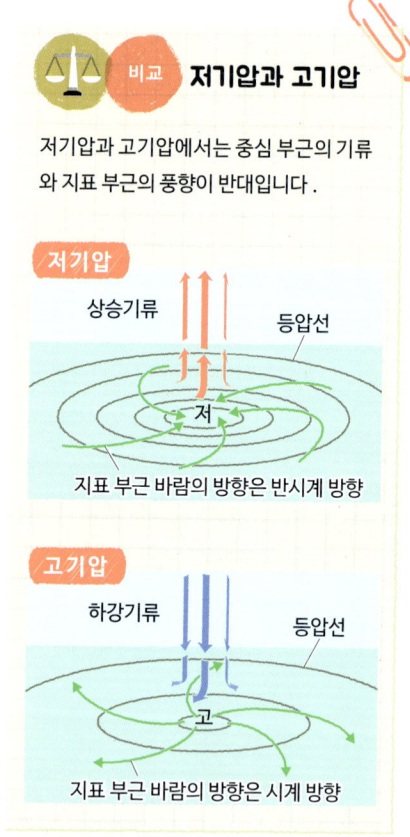

비교 **저기압과 고기압**

저기압과 고기압에서는 중심 부근의 기류와 지표 부근의 풍향이 반대입니다.

저기압
상승기류 / 등압선 / 저
지표 부근 바람의 방향은 반시계 방향

고기압
하강기류 / 등압선 / 고
지표 부근 바람의 방향은 시계 방향

COLUMN 더 자세히
남반구에서 저기압과 고기압의 지표 부근에서 부는 바람은 반대입니다. 저기압은 중심을 향해 시계 방향으로 바람이 불어 들어오고, 고기압은 중심에서 반시계 방향으로 바람이 불어 나갑니다.

★★★ 전선면

커다란 공기 덩어리를 기단이라고 합니다. 성질이 다른 2개의 기단(따뜻한 공기와 찬 공기)이 부딪치는 경우에 양쪽 기단은 섞이지 않고 경계가 생깁니다. 이 경계면을 전선면이라고 합니다.

★★★ 전선

전선면과 지표면이 만나는 부분을 전선이라 하며, 온난전선과 한랭전선, 정체전선, 폐색전선의 네 종류가 있습니다.

↑ 전선면과 전선

★★★ 온대저기압

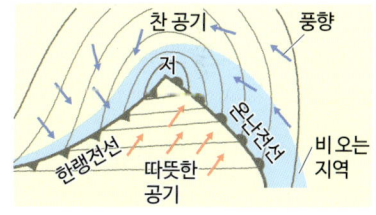

온대 지방은 따뜻한 공기와 찬 공기가 접하는 지역이라서 전선이 생기기 쉽습니다. 이 전선 위에 발달한 저기압을 온대저기압이라고 합니다.
중심에서 남동 방향으로 온난전선, 남서 방향으로 한랭전선이 발달되어 있습니다.

↑ 온대저기압의 구조

★★★ 온대저기압의 일생

① 찬 공기와 따뜻한 공기가 접하는 전선이 만나면, 공기의 소용돌이가 생기면서 저기압이 발생합니다.
② 저기압은 전선을 동반하며, 상공에서 편서풍이 부는 방향인 동쪽(북동)으로 이동하면서 발달합니다.
③ 한랭전선이 온난전선을 따라잡으며 폐색전선이 만들어지고, 찬 공기가 따뜻한 공기를 밀어 올립니다.
④ 마침내 따뜻한 공기는 상공에서 고위도로 이동하고, 찬 공기는 지표면에서 저위도로 이동함으로써 기온차가 적어지며 전선과 저기압은 사라집니다.

↑ 온대저기압의 일생

제1장 기온과 날씨의 변화

★★★ **한랭전선** (기호: ▲▲▲)

찬 공기가 따뜻한 공기 밑으로 들어가, 따뜻한 공기를 밀어 올리며 이동하는 전선입니다. 전선이 접근할 때 전선면에 강한 상승기류가 발생하고, 뭉게구름(적운)과 소나기구름(적란운)처럼 수직으로 발달한 구름이 만들어지며 곧바로 온 하늘을 뒤덮습니다. 전선이 통과하면 천둥과 번개를 동반한 세찬 비가 내리며, 때에 따라서는 돌풍이 불고 우박이 내리는 일도 있습니다. 비는 곧 멈추고, 전선이 통과하면 날씨는 원래 상태로 돌아가며 찬 공기로 뒤덮이기 때문에, 기온이 내려가고 바람이 남쪽에서 북쪽으로 바뀝니다.

★★★ **온난전선** (기호: ●●●)

따뜻한 공기가 찬 공기 위로 천천히 올라타 찬 공기를 후퇴시키며 이동하는 전선입니다. 전선이 접근하면 가느다란 비가 오랫동안 내립니다. 전선이 통과하면 비는 멈추고 날씨는 원래 상태로 돌아갑니다. 따뜻한 공기로 뒤덮이기 때문에 기온은 올라가며, 바람은 동쪽에서 남쪽으로 바뀝니다.

 **한랭전선과 온난전선의 형성**

한랭전선은 온난전선보다 전선면의 기울기가 급하기 때문에, 수직으로 발달한 구름이 생기기 쉽습니다. 또한 전선의 진행 방향에 비해 발달한 구름의 범위는 좁기 때문에 강하고 짧게 비가 내립니다. 찬 공기는 따뜻한 공기보다 무겁기(밀도가 크기) 때문에, 찬 공기는 반드시 따뜻한 공기 아래쪽에 위치합니다.

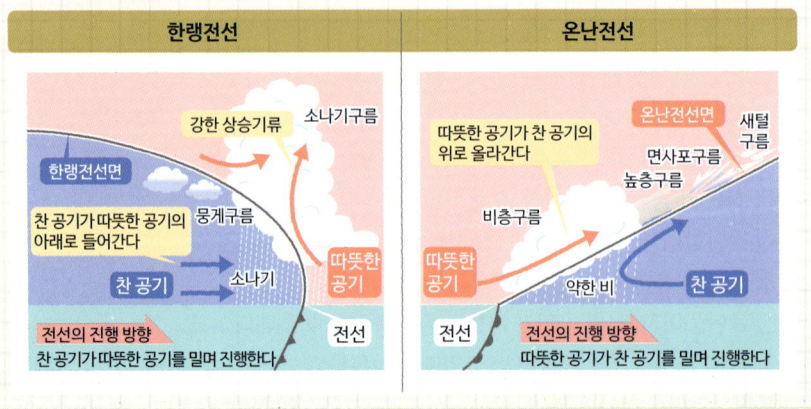

★★★ 정체전선 (기호: ━●━●━)

찬 공기와 따뜻한 공기의 세력이 비슷하며, 남북 방향으로는 거의 이동하지 않고 동서 방향으로 점점 확장되는 전선입니다. 전선 형성은 온난전선과 비슷합니다.

정체전선의 북쪽(찬 공기 쪽)에서는 그 위로 따뜻한 공기가 올라타 비층구름(난층운)이 펼쳐지며 오랫동안 비가 내립니다.

● 장마전선
6~7월 장마 무렵에는 오호츠크해기단(찬 공기)과 북태평양기단(따뜻한 공기) 세력이 비슷해지면서 남해상에 정체전선이 생깁니다. 이 전선을 장마전선이라고 합니다.

● 가을장마전선
9~10월경에 오호츠크해기단(찬 공기)과 북태평양기단(따뜻한 공기) 세력이 비슷해지면서, 남해상에 정체전선이 생깁니다. 이 전선을 가을장마전선이라고 합니다.

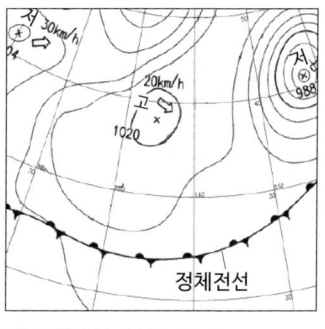
↑ 정체전선이 있는 일기도

★★★ 폐색전선 (기호: ━▲●▲●━)

온대저기압이 온난전선과 한랭전선을 동반하며 동쪽으로 이동할 때, 한랭전선 쪽이 온난전선보다 빠르게 이동하기 때문에 온난전선을 뒤따라와, 찬 공기가 따뜻한 공기를 지표면에서 상공으로 밀어 올립니다. 이 전선 부근에서는 따뜻한 공기가 급격히 솟아오르기 때문에 소나기구름(적란운) 같은 두터운 구름이 생기며, 강한 비가 내리며 바람도 강합니다. 하지만 폐색전선은 형성된 지 2~3일 만에 사라집니다.

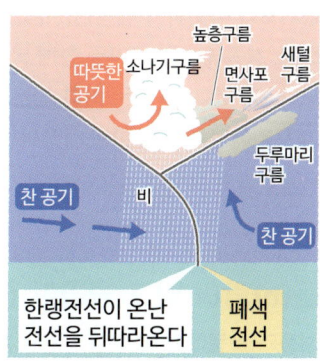
↑ 폐색전선의 단면도

COLUMN 더 자세히 — 한랭전선의 이동속도는 시속 30~40km이며, 온난전선의 이동속도는 시속 20~30km입니다. 그렇기 때문에 결국 한랭전선이 온난전선을 뒤따라와 폐색전선이 생깁니다.

제1장 기온과 날씨의 변화

★★★ 바람이 부는 원리

바람은 두 지점 사이의 기압 차이가 있을 때 불고, 기압이 높은 곳에서 낮은 곳으로 붑니다. 이때 기압 차가 클수록 센 바람이 붑니다. 두 지점 사이에서 기압 차가 생기는 중요한 원인은 두 지점 사이의 기온차에 따른 공기의 무게 차이입니다.
또한 바람은 등압선에 대해 수직 방향에서 오른쪽으로 휘어져 붑니다.

★★★ 해풍

육지는 바닷물에 비해 따뜻해지기 쉽고 차가워지기도 쉽습니다. 따라서 맑은 날 낮, 해안 지방에서는 육지 위의 공기는 바다 위의 공기보다 따뜻해지므로 가벼워져 상승하고, 상공에서는 바다를 향해 바람이 불기 시작합니다. 그 결과, 바다 위는 육지보다 기압이 높아지며 바다에서 육지를 향해 바람이 붑니다. 이 바람을 해풍이라고 합니다.

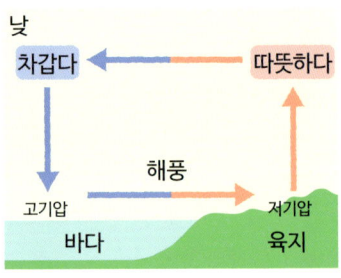
⬆ 해풍이 부는 원리

★★★ 육풍

밤에는 육지가 차갑고 바다 위의 공기가 육지 위의 공기보다 따뜻하기 때문에, 바다 위의 공기가 상승하고, 상공에서는 육지를 향해 바람이 불기 시작합니다. 그 결과, 육지는 바다 위보다 기압이 높아지며 육지에서 바다를 향해 바람이 붑니다. 이 바람을 육풍이라고 합니다.

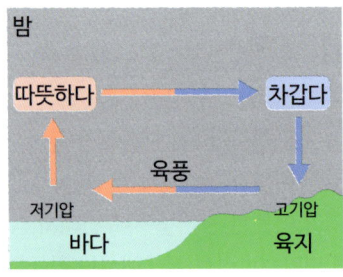
⬆ 육풍이 부는 원리

★★★ 뜸(바람이 멎고 물결이 잔잔해지는 현상)

해풍과 육풍에서 낮과 밤의 풍향은 반대가 됩니다. 따라서 풍향이 바뀌는 아침과 저녁에는 바다와 육지의 온도가 거의 같아지기 때문에 바람이 잠시 멈춥니다. 이것을 각각 아침뜸, 저녁뜸이라고 부릅니다.

저녁뜸일 때는 무더워

COLUMN
깨알지식

뜸은 영어로 calm이라고 씁니다. 아침뜸은 morning calm, 저녁뜸은 evening calm입니다.

★★★ 편서풍

중위도의 상공에서는 강한 서풍이 붑니다. 이 바람을 편서풍이라고 하고, 편서풍이 부는 지역의 구름과 이동성고기압, 저기압은 편서풍의 영향으로 서쪽에서 동쪽으로 움직입니다. 이 때문에 날씨도 서쪽에서 동쪽으로 이동해서 변화합니다.

★★★ 계절풍

해양과 대륙 사이에서 1년 주기로 풍향과 풍속이 변하는 바람을 계절풍이라고 합니다. 대륙에서 여름은 온도가 높기 때문에 기압이 낮아지고, 겨울에는 온도가 낮아지기 때문에 기압이 높아집니다. 이 때문에 대륙 주변으로, 여름에는 대륙으로 불어 들어오는 바람이, 겨울에는 대륙에서 불어 나가는 바람이 붑니다. 이처럼 계절풍은 계절에 따라 현저하게 풍향이 변화합니다.

★★ 대기

지구를 둘러싼 기체를 대기라고 합니다. 지표면에서 가까운 순서대로 대류권, 성층권, 중간권, 열권으로 나눌 수 있습니다. 기상변화가 일어나고 있는 곳은 대류권입니다.

지구 대기의 모습

COLUMN 깨알지식 지구를 지름 1m의 구라고 하면, 대류권은 지표면에서 약 1mm까지의 지점에 해당합니다.

제1장 기온과 날씨의 변화

2 태풍과 날씨의 변화

중요도 ★★★

태풍

열대 부근에서 발생한 열대저기압 가운데 중심부의 최대 풍속이 초속 17.2m 이상 되는 것을 태풍이라고 합니다. 태풍은 전선을 동반하지 않습니다. 중심부에는 강한 상승기류가 있고, 많은 비와 강한 바람을 동반합니다. 소용돌이 중심에는 태풍의 눈이라 불리는 부분이 있으며, 하강기류가 발생하므로 구름은 없습니다.

태풍이 다가오면 태풍 정보가 발표되는데, 강풍 지역, 폭풍 지역, 폭풍 경계 지역, 예보원 등이 표시됩니다. 태풍의 세력은 크기와 강도로 표시합니다. 크기는 강풍 지역의 넓이이고, 강도는 중심부의 최대 풍속으로 나타냅니다. 태풍은 북태평양기단의 가장자리 쪽으로 휘어져 상륙하기도 합니다. 일본 부근에 이르면 편서풍을 타고 동쪽 방향으로 진로를 바꿉니다.

↑ 태풍의 구름 사진

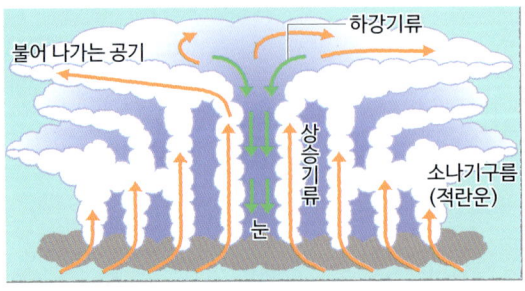

↑ 태풍의 단면도

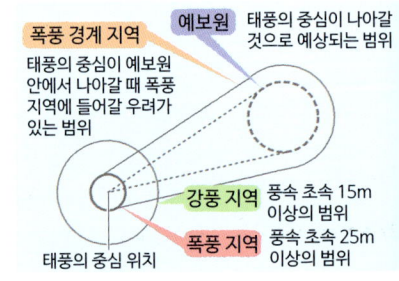

↑ 태풍의 진로 예상도

COLUMN 깨알지식

예보원은 태풍이나 폭풍 영역을 수반하는 저기압의 중심이 12시간, 24시간, 48시간 및 72시간 후에 도달할 것으로 예상되는 범위를 원으로 나타낸 것입니다.

254

●태풍 진행 방향과 바람의 세기
태풍 진행 방향에 대해, 태풍의 동쪽(오른쪽)에서는 태풍이 나아가는 방향과 태풍으로 불어오는 바람의 방향이 같아지므로, 바람과 비가 세차집니다.

●태풍으로 인한 피해와 좋은 점
태풍으로 인한 재해에는 많은 비에 따른 홍수와 산사태, 토사 범람 등이 있습니다. 또한 강풍으로 나무와 건물이 쓰러지거나 농작물의 피해를 불러옵니다.
태풍으로 인한 좋은 점은 많은 비로 물 부족이 해소된다는 것입니다. 내린 비는 댐에 가두어 식수나 농업용수 등으로 씁니다.

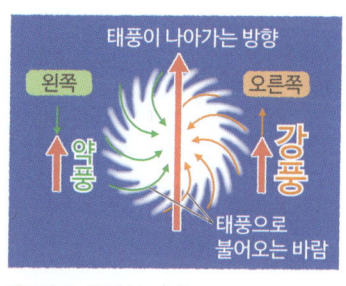

↑ 태풍 주변의 바람

★★★ 열대저기압
열대 지방 해상에서 발생하는 저기압을 열대저기압이라고 합니다. 전선을 동반하지 않는 것이 특징입니다. 열대저기압이 발달해 중심 부근의 최대 풍속이 초속 17.2m 이상 되는 것을 태풍이라고 합니다.

★★★ 집중호우
짧은 기간에 비교적 좁은 범위에 많은 양의 비를 뿌리는 것을 말합니다. 태풍이 아니어도 발생합니다. 장마가 끝날 즈음에 전선과 저기압을 향해 매우 습한 공기가 흘러들고, 어떤 장소에 집중적으로 소나기구름(적란운)이 발달하면서 일어납니다.

★★★ 해일
태풍과 같은 강한 저기압에 의해 해수면이 평소와 달리 매우 높아지는 현상입니다. 낮은 기압에서 그 부근의 해수면이 솟아오르거나, 강풍으로 바닷물이 한데 모이면서 발생합니다.
해일이 일어나면 해안에서 가까운 집들은 침수될 염려가 있기 때문에 주의가 필요합니다. 만과 같이 바다가 육지로 들어와 있는 지형에서는 해수면이 높아지는 경우가 있으며, 그럴 때는 큰 해일 피해가 발생하기도 합니다.

COLUMN 깨알지식 인도양 등에서 발생한 강한 열대저기압을 사이클론, 카리브해와 멕시코만 등에서 발생한 강한 열대저기압을 허리케인이라고 합니다.

제 2 장 지구와 우주

별의 일생

별자리를 구성하는 별과 태양과 같은 항성에도 사람의 일생처럼 탄생과 죽음이 있습니다.
항성은 태어날 당시의 무게로 거의 일생이 결정됩니다.

무거운 별
태양의 8배 이상

주계열성
스스로 빛날 수 있고, 스스로의 역할을 하는 별.

가벼운 별
태양의 8배 이하

주계열성

원시별
아기 별. 가스 구름의 진한 부분이 모여 뜨거워지며 별이 탄생한다. 여기서 행성이 만들어지는 경우도 있다.

너무 가벼운 별
태양의 0.08배

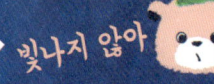
빛나지 않아

가스구름
수소와 헬륨 등이 모인 가스. 별을 만드는 재료가 된다.

갈색왜성
너무 가벼워 스스로 빛을 낼 수 없으며 항성이 될 수 없다.

아기…

 지구편

 폭발!!

매우 무거운 별 →

블랙홀
중성자별보다도 밀도가 크고 매우 중력이 큰 별. 빛도 빨아들인다.

적색초거성
적색거성보다 크고 밝으며 나이가 많은 별.

초신성 폭발
연료가 없어 균형이 무너지면 폭발해 일생을 마친다. 태양의 10배 정도 되는 무게의 별의 수명은 약 100만 년. 폭발로 날아간 물질은 또다시 별을 만드는 재료가 된다.

무거운 별 ↘

중성자별
밀도가 크고 중력이 큰 별.

 →  →  →

적색거성
붉고 부풀어 있으며 나이가 많은 별.

행성상성운
별에서 가스가 흘러나온다.

백색왜성
가스가 사라져 빛을 낼 수 없게 된 별.

257

제2장 지구와 우주

이번 장의 학습내용 헤드라인

❓ 밤하늘의 별은 왜 여러 가지 색깔과 밝기를 가질까?

밤하늘에 보이는 별자리를 만드는 별에는 여러 가지 색깔과 밝기가 있습니다. 색깔이 다른 것은 그 별의 표면 온도 때문입니다. 오리온자리의 리겔처럼 청백색 별은 온도가 높고, 베텔게우스처럼 붉은색 별은 온도가 낮은 별입니다.

별자리를 구성하는 별은 스스로 빛을 내는 항성인데, 태양도 그중 하나입니다. 우주에는 항성 이외에도 지구처럼 항성 주위를 도는 행성, 행성의 주위를 도는 위성 등이 있습니다.

⬆ 여러 가지 색깔의 별
백조자리의 데네브(왼쪽 가운데) 근처

❓ 태양, 별, 달은 움직이고 있는 듯 보이지만…

태양과 별자리를 구성하는 별, 여러 가지 모습의 달은 시간이 지나면서 보이는 위치가 달라집니다. 모두 동쪽에서 떠서 남쪽의 높은 하늘을 지나 서쪽으로 집니다. 실은 이러한 하루 동안의 움직임은 지구가 자전하고 있게 때문에 생기는 겉보기운동입니다.

자동차를 타고 있으면 풍경이 자동차가 이동하는 방향과 반대로 움직이고 있는 것처럼 보이지요. 마찬가지로 지구는 서쪽에서 동쪽으로 자전하고 있기 때문에, 태양과 별, 달은 그 반대 방향인 동쪽에서 서쪽으로 움직이고 있는 것처럼 보이는 것입니다.

오리온자리는 전갈자리로부터 도망치고 있다?

무서워?

그리스 신화에는 다음과 같은 이야기가 있습니다. 사냥의 명수였던 오리온은 자신의 힘을 자랑하여 신을 화나게 만들었고, 신이 보낸 전갈에게 물려 그 독 때문에 죽고 맙니다. 그 후 오리온과 전갈은 모두 별자리가 되었는데, 오리온이 전갈을 무서워해, 여름에 전갈자리가 뜨면 오리온자리는 진다는 이야기입니다.

오리온자리는 겨울에 보이는 별자리로, 여름에는 보이지 않습니다. 이처럼 별자리가 바뀌어가는 것은 지구가 1년에 걸쳐 태양 주위를 돌고 있어서, 같은 시각에 보이는 별자리 위치가 조금씩 변하기 때문입니다.

달의 모양은 왜 변하나요?

태양은 언제 보더라도 둥글지만, 달은 초승달, 반달, 보름달로 모습이 바뀌어 보입니다. 왜 그럴까요?

달은 스스로 빛을 내지 못합니다. 달은 지구 주위를 공전하고 있기 때문에 지구, 태양, 달의 위치가 바뀌며, 태양 빛을 받아 밝게 보이는 부분이 변하게 됩니다. 그 때문에 모양이 바뀌어 보이는 것입니다. 또한 지구, 태양, 달의 위치에 따라 일식과 월식을 볼 수도 있습니다.

⬆ 개기일식 때 볼 수 있는 다이아몬드링

제2장 지구와 우주

01 별자리와 별

1 별의 밝기와 색

 천체

모든 천체를 포함한 공간을 우주라고 합니다. 우주에 있는 것들의 모든 것들을 천체라고 합니다. 천체에는 항성, 행성, 위성, 혜성, 성단, 성운, 은하 등이 있습니다.

별의 밝기

별자리를 구성하는 별은 태양처럼 스스로 빛을 내는 항성이라는 천체입니다. 별의 밝기는 별에 따라 다르며, 밝은 별부터 1등성, 2등성, 3등성 등의 등급으로 표시하고 있습니다. 큰개자리인 시리우스는 밤하늘에서 가장 밝은 별입니다.

↑ 여러 가지 밝기의 별

별의 등급

지구에서 본 별과 같은 천체의 밝기를 표시한 것입니다. 육안으로 볼 수 있는 가장 어두운 별을 6등성, 가장 밝은 별을 1등성이라고 합니다. 등급마다 약 2.5배씩 밝기 차이가 나며, 1등성은 6등성의 100배 밝기입니다.

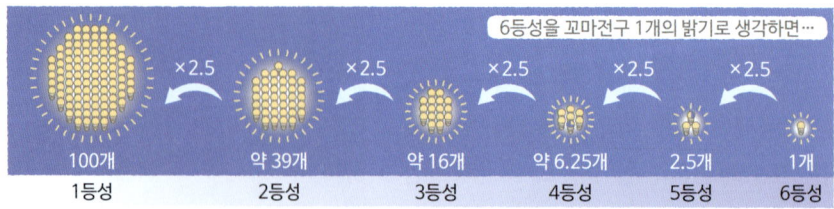

↑ 등급 차이와 밝기

  COLUMN 더 자세히 등급을 정할 당시에 가장 밝은 별은 1등성이었지만, 현재는 1등성보다 밝은 별은 0등성, -1등성 등으로 표기하며, -1.5등성처럼 소수로 표현하는 별도 있습니다.

● 절대등급

지구로부터 같은 거리(약 32.6광년)에 별이 있다고 보고, 별의 밝기를 나타낸 것입니다. 별의 밝기에 차이가 나는 것은 별 자체가 가진 밝기도 다르며, 지구에서의 거리가 별마다 다르기 때문입니다. 같은 밝기의 별이라도 지구에서 멀리 떨어진 곳에 있는 별은 지구에서는 어둡게 보입니다.

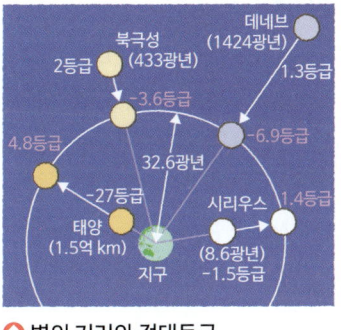

↑ 별의 거리와 절대등급

★★★ 별의 색깔과 온도

별의 색깔은 별마다 다르며, 그 별의 표면 온도의 차이에 따라 달라집니다. 온도가 높을수록 청백색에 가깝고, 온도가 낮을수록 붉은빛으로 보입니다.

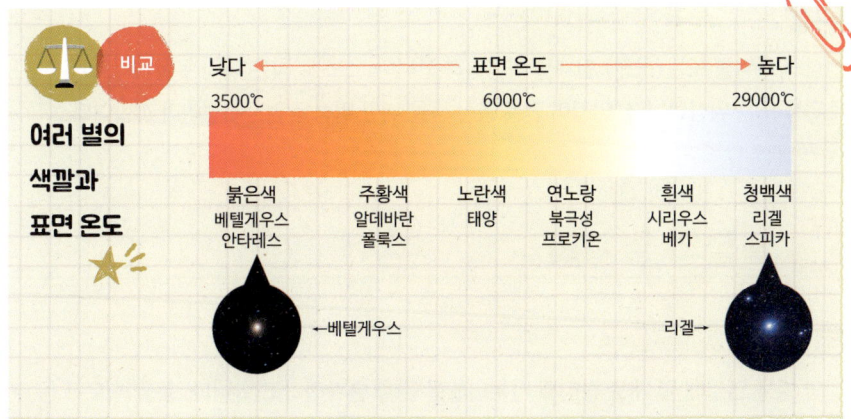

★★★ 항성

별자리를 만드는 별과 태양처럼 스스로 빛을 내는 천체를 항성이라고 합니다. 항성은 매우 먼 곳에 있기 때문에 항성까지의 거리는 광년이나 파섹(pc)으로 표시합니다. 1파섹은 3.26광년입니다.

제2장 지구와 우주

태양 빛이 지구에 도달하는 것은 약 8분 뒤야

중요도
★★★ ## 광년

항성까지의 거리를 나타내는 단위입니다. 태양 이외의 항성은 매우 먼 곳에 있기 때문에 빛이 도달할 때까지 걸린 연수(광년)로 나타냅니다. 빛이 1년간 이동하는 거리를 1광년이라고 합니다. 빛은 1초에 약 30만 km(지구의 약 7바퀴 반)을 이동하기 때문에, 1광년은 약 9조 4,600억 km가 됩니다.

★★★ ## 행성

항성 주변을 도는(공전) 천체를 행성이라고 합니다. 스스로 빛은 내지 못합니다. 태양 빛을 반사하여 빛나 보입니다.
태양계의 행성에는 태양에서 가까운 순서대로 수성, 금성, 지구, 화성, 목성, 토성, 천왕성, 해왕성의 8개가 있으며, 태양 주변을 돌고 있습니다.

★★★ ## 위성

행성의 주위를 도는(공전) 천체를 위성이라 합니다. 스스로 빛은 내지 못합니다. 달은 지구 주위를 도는 위성입니다. 인간이 만든 통신 등을 위한 위성은 인공위성이라고 합니다.

2 계절의 별자리

★★★ ### 별자리

별과 별을 연결해 몇 개로 정리해 나누어놓은 것을 별자리라고 합니다. 동물과 도구 등 여러 가지 사물을 본떠 이름을 짓습니다. 지역과 시대에 따라 여러 별자리가 만들어졌지만, 현재에는 국제천문학연합(IAU)이 정한 전 세계적으로 공통된 88개의 별자리가 있습니다. 지구에서 보이는 별자리는 계절에 따라 바뀝니다.

COLUMN 깨알지식 별자리 이름과 경계선은 정해져 있지만, 별의 연결 방식과 별자리 그림에 대해서는 정식으로 정해져 있지 않습니다.

★★★ 별자리판(별자리조견)

어느 날 하늘의 어떤 위치에서 어떤 별과 별자리가 보이는지, 혹은 어떤 별과 별자리가 어느 무렵 어느 방향에서 보이는지를 조사할 때 사용하는 도구가 별자리판(별자리조견)입니다. 날짜와 시각의 눈금에 맞추면 그에 해당하는 별이 뜬 하늘 모습이 창에 보입니다.

●별자리판 만들기

별자리판은 2장의 판으로 만들어져 있습니다. 위쪽 판에는 타원형 창과 가장자리에 시각을 표시한 눈금이 있습니다. 아래쪽 판에는 1년간 볼 수 있는 별자리 그림과 가장자리에 날짜 눈금이 있습니다.

2장의 판을 꽂은 연결 금속(원의 중심)은 북극성을 나타내며, 창의 남북을 연결하는 직선과 동서를 연결하는 곡선의 교점은 관측자의 머리 바로 위인 천정을 나타냅니다. 타원형 창의 가장자리는 지평선을 나타냅니다.

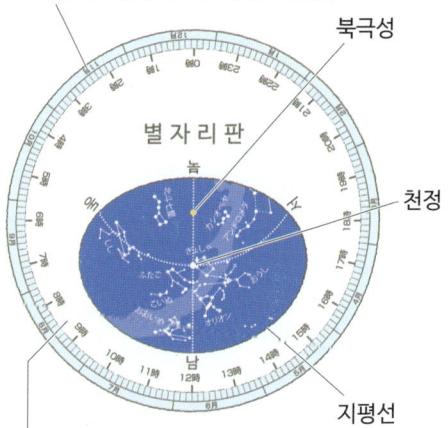

아랫부분: 별자리 그림과 날짜 눈금
북극성
천정
지평선
윗부분: 시각 눈금
⬆ 별자리판

사용 방법
① 관찰하려는 시각의 눈금을 날짜 눈금에 맞춥니다
② 관찰하려는 방향을 향해, 관찰하려는 방향을 아래로 하고 머리 위쪽으로 별자리판을 찾습니다.

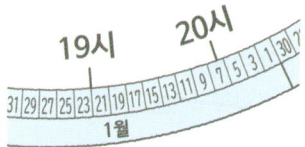
⬆ 눈금 맞추는 방법
(1월 22일 19시에 맞출 때)

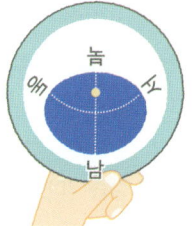
⬆ 남쪽 하늘을 볼 때
(남을 아래에 둔다)

머리 위쪽을 찾는 거니까 동서 방향은 지도와는 반대야

COLUMN 깨알지식
별과 같은 천체의 위치는 방위와 높이로 나타냅니다. 천체의 대략의 높이를 잴 때, 팔을 뻗어 맨주먹 1개 정도가 높이 약 10°가 됩니다.

제2장 지구와 우주

★★★ 1년 내내 볼 수 있는 별자리

북쪽 하늘에서 볼 수 있는 작은곰자리와 큰곰자리, 카시오페이아자리 등의 북극성에 가까운 별자리는 거의 1년 내내 볼 수 있습니다. 같은 시각에 보이는 별자리 위치는 계절에 따라 변합니다.

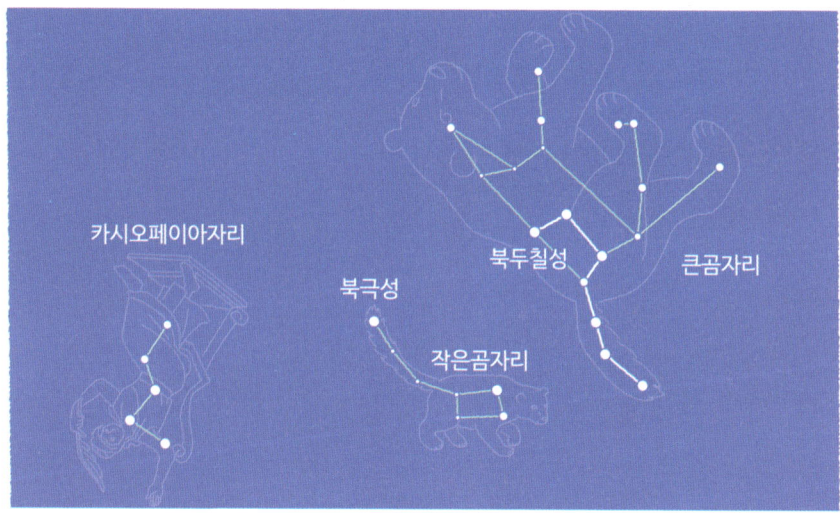

↑ 북쪽 하늘에 보이는 별자리

★★★ 작은곰자리

북쪽 하늘에 있으며, 1년 내내 관찰할 수 있는 별자리입니다. 북극성을 포함하고 있습니다.

내 별자리네

★★★ 북극성

작은곰자리 꼬리 끝에 있는 2등성입니다. 자전축의 북쪽 연장선상에 있기 때문에 거의 진북에 해당하며 거의 움직이지도 않습니다. 그래서 북쪽 방향을 나타내는 상징이 되는 별입니다. 또한 북쪽 하늘에 뜬 별들이 회전하는 중심이 됩니다.

어느 지점에서 보이는 북극성의 높이는 그 지방의 위도(북위)와 같습니다. 북위 37°에서 북극성의 높이는 37°가 됩니다.

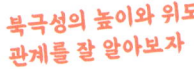
북극성의 높이와 위도 관계를 잘 알아보자

COLUMN 더 자세히 — 북극성은 북위 90°인 북극점에서는 높이가 90°이기 때문에 바로 위쪽으로 보이며, 위도가 0°인 적도에서는 높이가 0°이기 때문에 수평선 방향에 있습니다. 남반구에서는 볼 수 없습니다.

★★★ 북극성 찾는 방법

북극성은 북쪽 하늘에 떠 있는 북두칠성과 카시오페이아자리를 통해 발견할 수 있습니다.
북두칠성을 이용하는 경우에는, 아래 그림처럼 북두칠성 2개의 별 사이 간격인 A만큼의 길이를 5배 늘인 위치에 있습니다.
카시오페이아자리를 이용하는 경우에는, 아래 그림처럼 카시오페이아자리에 있는 B의 길이를 5배 늘인 위치에 있습니다.

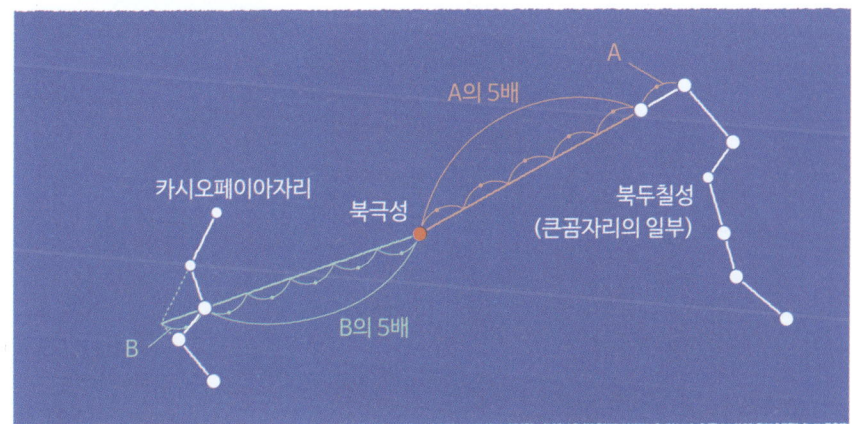

★★ 큰곰자리

북쪽 하늘에 있으며, 1년 내내 관찰할 수 있는 별자리입니다. 큰곰자리에 포함된 7개의 별은 북두칠성이라 불립니다.

★★★ 북두칠성

큰곰자리의 일부로, 국자 모양으로 보이는 7개의 별이 모여 있습니다. 한가운데의 1개를 뺀 6개의 별은 2등성입니다. 봄에는 북쪽 밤하늘 높은 곳에서 볼 수 있습니다.

↑ 국자

★★★ 카시오페이아자리

북쪽 하늘에 있으며, 1년 내내 관찰할 수 있는 별자리입니다. 알파벳 W(위치에 따라서는 M) 모양으로 늘어서 있습니다. 북극성을 끼고 북두칠성과 거의 정반대의 위치에 있습니다. 가을에는 북쪽 하늘 높은 곳에서 볼 수 있습니다.

제2장 지구와 우주

봄 별자리

봄의 대표적인 별자리는 사자자리와 처녀자리, 목동자리가 있습니다. 봄의 대삼각형 별자리의 상징입니다. 북두칠성의 국자 손잡이 부분에 해당하는 3개의 별에서 곡선을 연장해 보면 목동자리인 아르크투루스, 처녀자리인 스피카에 이르게 됩니다. 이 곡선을 봄의 대곡선이라고 합니다.

↑ 5월 중순, 오후 9시경의 별이 뜬 하늘

★★★ 사자자리

봄 하늘의 높은 곳에서 볼 수 있으며, '?' 마크를 뒤집어놓은 듯 별들이 늘어서 있는 것을 볼 수 있습니다. 레굴루스라는 청백색의 1등성이 있습니다. 백색인 2등성 데네볼라는 봄의 대삼각형을 이룹니다.

★★★ 처녀자리

봄 하늘에서 볼 수 있습니다. 스피카라는 청백색 1등성은 봄의 대삼각형을 이룹니다. 스피카 이외의 별은 그다지 눈에 띄지 않습니다.

★★★ 목동자리

봄에 처녀자리보다 높은 위치에서 볼 수 있습니다. 아르크투루스라고 하는 주황색 1등성은 봄의 대삼각형을 이룹니다.

★★★ 봄의 대삼각형

처녀자리의 1등성 스피카, 목동자리의 1등성 아르크투루스, 사자자리의 2등성 데네볼라까지의 3개의 별을 잇는 삼각형을 봄의 대삼각형이라고 합니다.

↑ 봄의 대삼각형을 이루는 별자리

데네볼라만 2등성이구나

COLUMN 깨알지식   목동자리의 아르크투루스와 처녀자리의 스피카, 두 별을 '봄의 부부별'이라고도 부릅니다.

중요도 ★★★

여름 별자리

여름의 대표적인 별자리로 백조자리, 독수리자리, 거문고자리, 전갈자리가 있습니다. 여름 별자리의 상징인 여름의 대삼각형이 하늘 높은 곳에서 보입니다. 또 여름의 대삼각형의 중심을 통과하는 은하수가 잘 보입니다.

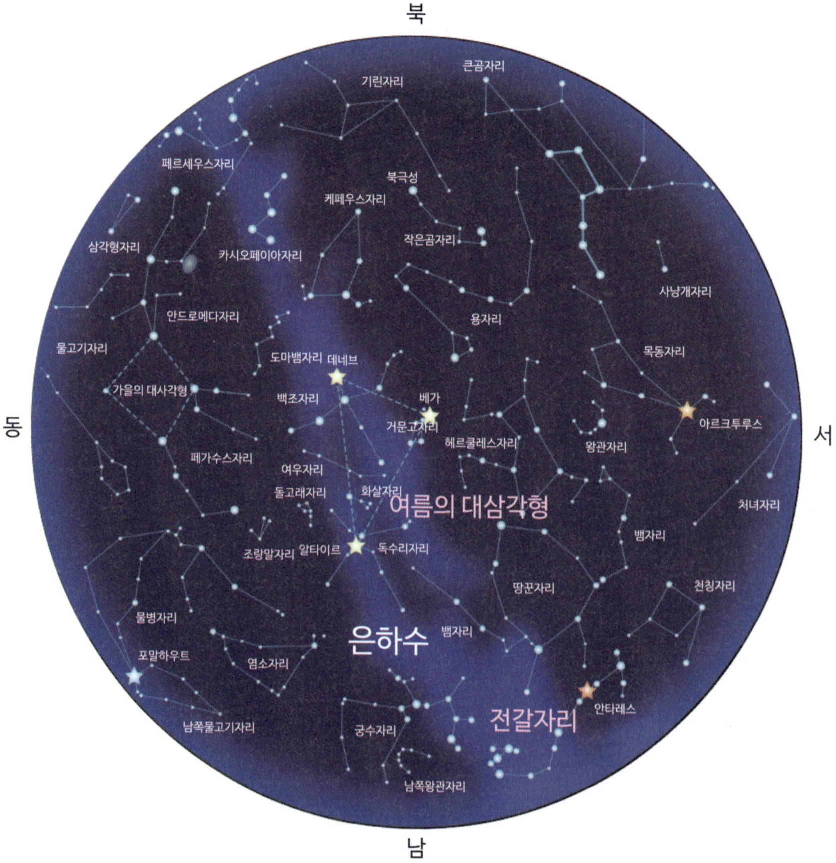

8월 중순, 오후 9시경의 별이 뜬 하늘

COLUMN 깨알지식

부지런한 일꾼이던 직녀와 견우가 결혼하고 나서는 놀기만 해서, 화가 난 신이 두 사람을 떨어뜨려놓고 1년에 한 번 7월 7일에만 은하수를 건너 만날 수 있게 허락했다는 이야기가 칠석 이야기입니다.

★★★ 여름의 대삼각형

백조자리의 데네브, 독수리자리의 알타이르, 거문고자리의 베가까지의 1등성을 잇는 삼각형을 여름의 대삼각형이라고 합니다. 은하수 부근에서 볼 수 있습니다.

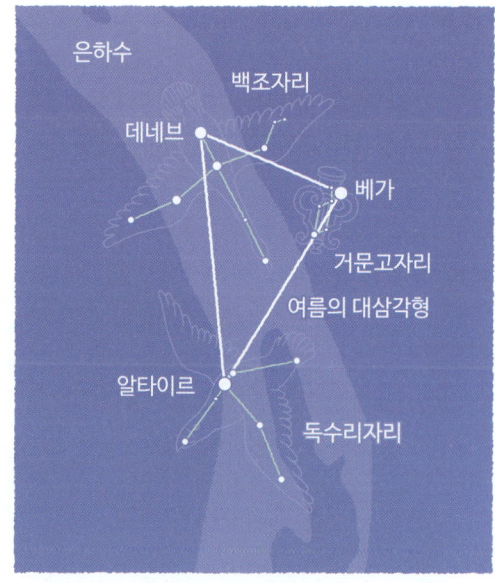

↑ 남쪽 하늘을 올려 보았을 때의 여름의 대삼각형

★★★ 백조자리

여름날 하늘 높이 뜨며, 은하수 가운데 십자 모양으로 보입니다. 백조 꼬리에 해당하는 지점에 있는 백색의 1등성인 데네브는 여름의 대삼각형을 만드는 별 중 하나입니다.

★★★ 독수리자리

여름날 하늘에 보이며, 은하수 동쪽에 있습니다. 백색의 1등성인 알타이르는 여름의 대삼각형을 이루며, 칠석 이야기에 나오는 견우성입니다.

★★★ 거문고자리

여름날 하늘 높이 보이며, 은하수 서쪽에 있습니다. 백색의 1등성인 베가는 여름의 대삼각형을 이루며, 칠석 이야기에 나오는 직녀성입니다.

★★★ 전갈자리

여름날 낮은 남쪽 하늘에서 보이며, 알파벳 S자 형태로 별이 늘어서 있습니다. 전갈의 심장에 해당하는 부근에 붉은색 1등성인 안타레스가 있습니다.

→ 전갈자리

COLUMN 더 자세히 여름의 대삼각형이 밤하늘에 뜨는 순서는 베가→데네브→알타이르이지만, 질 때는 알타이르→베가→데네브 순서가 됩니다.

제2장 지구와 우주

가을 별자리

가을의 대표적인 별자리는 페가수스자리와 안드로메다자리, 남쪽물고기자리가 있습니다. 가을 밤하늘을 여름이나 겨울과 비교해보면 밝은 별이 적지 않으며, 가을의 대사각형이 상징이 됩니다. 또한 카시오페이아자리를 북쪽 밤하늘 높은 곳에서 볼 수 있습니다.

↑ 11월 중순, 오후 8시경의 별이 뜬 하늘

COLUMN 깨알지식

가을 밤하늘은 카시오페이아 왕비의 딸인 안드로메다 공주를 공격하던 바다 괴물을 천마 페가수스를 탄 용감한 페르세우스가 퇴치한다는 페르세우스-안드로메다 신화의 등장인물이 모두 등장합니다.

★★★ 가을의 대사각형

페가수스자리와 안드로메다자리에 있는 4개의 별로 만들어진 커다란 사각형을 가을의 대사각형이라고 하며, 페가수스자리 대사각형이라고도 불립니다.

★★★ 페가수스자리

가을날 높은 하늘에서 보입니다. 페가수스자리에 있는 3개의 별은 가을의 대사각형을 이룹니다.

⬆ 가을의 대사각형을 이루는 별자리

★★★ 안드로메다자리

가을날 높은 하늘에서 페가수스자리의 동쪽에서 보입니다. 가을의 대사각형의 일부를 이룹니다. 안드로메다자리에는 안드로메다은하가 있으며, 눈으로도 어렴풋이 보입니다.

⬆ 안드로메다은하

★★★ 남쪽물고기자리

가을의 남쪽 하늘 낮은 곳에서 보이며, 백색 1등성인 포말하우트가 있습니다. 가을 밤하늘에 보이는 유일한 1등성으로 '가을의 하나의 별'라고도 불립니다.

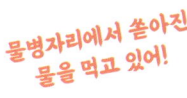
물병자리에서 쏟아진 물을 먹고 있어!

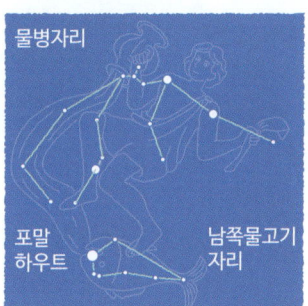

제2장 지구와 우주

★★★ 겨울 별자리

겨울의 대표적인 별자리로는 오리온자리, 큰개자리, 작은개자리, 쌍둥이자리, 황소자리 등이 있으며, 1등성을 포함하는 별자리가 많이 보입니다. 겨울의 대삼각형이 유명합니다.

⬆ 2월 중순, 오후 8시경의 별이 뜬 하늘

COLUMN 깨알지식
알데바란, 리겔, 시리우스, 프로키온, 폴룩스, 마차부자리의 카펠라를 묶어 만든 육각형을 겨울의 대육각형(또는 겨울의 다이아몬드)이라 합니다.

★★★ 겨울의 대삼각형

3개의 1등성인 오리온자리의 베텔게우스, 큰개자리의 시리우스, 작은개자리의 프로키온이 만드는 삼각형을 겨울의 대삼각형이라고 합니다.

●겨울의 대삼각형이 뜨는 방식과 지는 방식

겨울의 대삼각형이 하늘에 뜰 때는 베텔게우스→프로키온→시리우스 순서, 질 때는 시리우스→베텔게우스→프로키온의 순서가 됩니다.

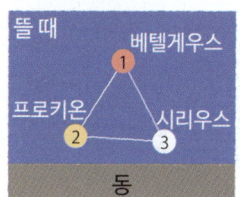
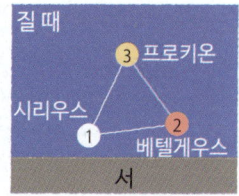

★★★ 오리온자리

중심부에 3개의 별이라 불리는 2등성 3개가 나란히 떠 있는 겨울의 대표적인 별자리입니다. 붉은색의 베텔게우스와 청백색의 리겔에 2개의 1등성이 있습니다. 베텔게우스는 겨울의 대삼각형을 만드는 별 중 하나입니다.

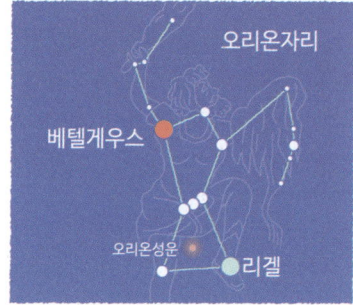

COLUMN 더 자세히
오리온자리에 있는 3개의 별 아래로 희미하게 보이는 것은 오리온성운입니다. 여기서 많은 별들이 태어나고 있습니다.

제2장 지구와 우주

큰개자리
★★★

겨울에 오리온자리보다 동쪽 낮은 곳에서 보입니다. 별자리를 만드는 별 가운데 가장 밝게 빛나는 백색의 1등성인 시리우스가 있습니다. 시리우스는 겨울의 대삼각형을 만드는 별 중 하나입니다.

작은개자리
★★★

겨울에 오리온자리 동쪽에 있는 별자리입니다. 노란색의 1등성인 프로키온이 있으며, 겨울의 대삼각형을 만듭니다.

⬆ 큰개자리와 작은개자리

쌍둥이자리
★★★

겨울에 높은 하늘에서 보이며, 주황색의 1등성인 폴룩스와 옆에 있는 2등성인 카스토르 2개의 별이 눈에 띕니다.

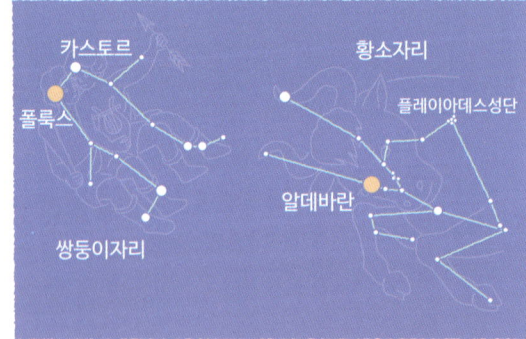

황소자리
★★★

겨울에 높은 하늘에서 보입니다. 황소의 눈에 해당하는 곳에 주황색 1등성인 알데바란이 있습니다. 황소의 어깨에 해당하는 곳에는 청백색의 젊은 항성이 모여 있는 플레이아데스성단이 있으며, '묘성'이라고도 불립니다.

⬆ 플레이아데스성단

오리온자리가 확 뒤집혔다?

남반구에서 오리온자리 보는 법

남반구에서 오리온자리를 보면 완전히 거꾸로입니다. 이것은 지구가 둥글기 때문으로 남반구에서 서 있는 사람은 북반구에서 서 있는 사람이 물구나무 서 있는 것처럼 느껴지는 것과 같은 원리입니다.

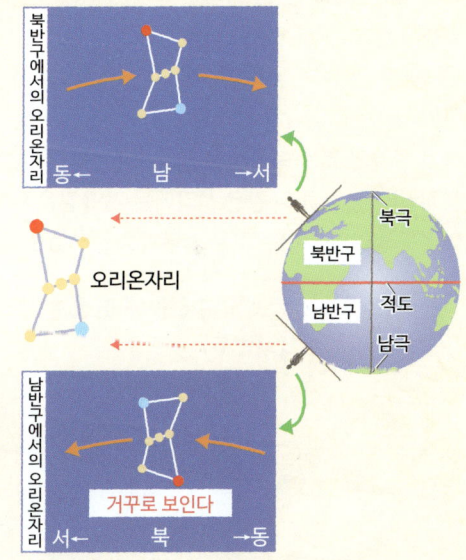

남반구에서 오리온자리는 북쪽 하늘을 지나지

남반구에서 보이는 별자리

별자리는 하늘 전체에 88개가 있지만, 이것을 모두 볼 수 있는 것은 아닙니다. 남반구에서는 남십자자리(남십자성) 같은 북반구에서 볼 수 없는 별자리를 볼 수 있습니다. 반대로 북극성을 포함한 작은곰자리 같은 별자리는 남반구에서는 볼 수 없습니다.

⬆ **남십자자리**
4개의 별을 십자 형태로 연결한 별자리

북반구와 남반구에서 볼 수 있는 별자리가 달라

제2장 지구와 우주

3 별의 움직임

별의 하루 동안의 움직임

별과 별자리는 시간이 지나면 보이는 위치가 달라집니다. 위치가 달라져도 별의 배열은 바뀌지 않습니다.

동쪽에서 뜬 별은 남쪽 하늘을 지나 서쪽으로 집니다. 이때 별은 동쪽에서 서쪽으로 1시간에 15° 움직입니다.

북쪽 하늘의 별은 북극성을 중심으로 반시계 방향(왼쪽으로 회전)으로 1시간에 약 15° 움직입니다. 하루 뒤 같은 시각에는 거의 같은 위치에서 보입니다.

이렇듯 별이 움직이는 것은 지구가 자전하고 있기 때문입니다.

비교 동서남북 하늘에 떠 있는 별의 하루 동안의 움직임 (북반구)

1시간에 15° 움직이는군

북극성

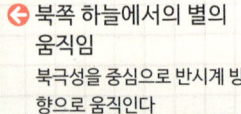
⬅ 북쪽 하늘에서의 별의 움직임
북극성을 중심으로 반시계 방향으로 움직인다

⬆ 동쪽 하늘에서의 별의 움직임 ※
오른쪽 위쪽으로 움직인다

⬆ 남쪽 하늘에서의 별의 움직임 ※
동쪽에서 서쪽으로 커다란 호를 그리며 움직인다

⬆ 서쪽 하늘에서의 별의 움직임 ※
왼쪽 아래쪽으로 움직인다

※©コーベット

COLUMN 더 자세히
같은 시각에 보이는 별자리의 위치는 실제로는 하루에 약 1°씩 어긋나 있다.

● 별이 하루 동안 움직이는 원인

각 방위마다 별의 움직임은 다르지만, 별의 하루 동안의 움직임을 하나로 정리해보면, 하늘 전체의 별은 북극성을 중심으로 동쪽에서 서쪽으로 움직입니다. 이것은 지구가 자전축을 중심으로 서쪽에서 동쪽으로 하루(24시간) 동안 한 바퀴(360°) 돌고 있기(자전하기) 때문입니다. 별은 동쪽에서 서쪽으로 움직이며, 북극성은 자전축의 북쪽 연장선상에 위치하고 있기 때문에 거의 움직이지 않습니다.

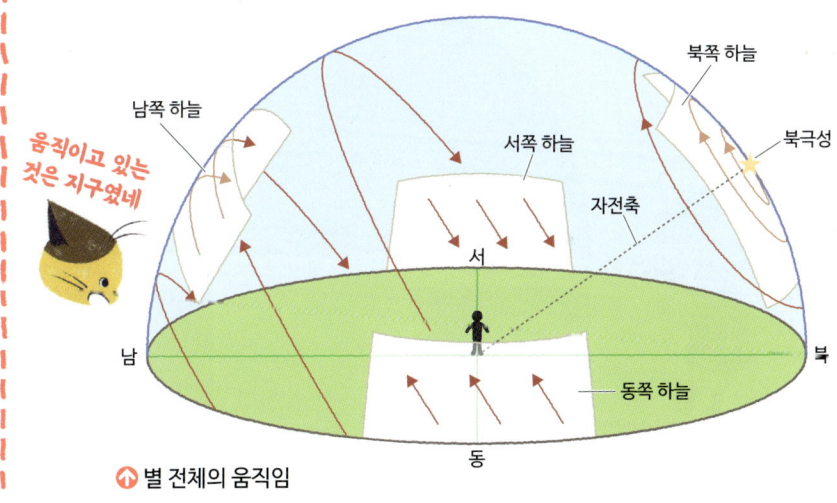

↑ 별 전체의 움직임

★★★ 북두칠성의 하루 동안의 움직임

북쪽 하늘에 있는 북두칠성은 북극성을 중심으로 반시계 방향으로 1시간에 15°씩 움직입니다.

예를 들면 어떤 날 오후 7시에 오른쪽 그림 A의 위치에서 북두칠성이 보였을 때, 4시간 후인 오후 11시경에는, 15×4=60이니까 60° 반시계 방향으로 움직인 B의 위치에 있습니다.

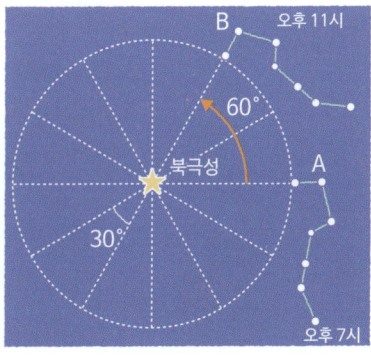

제2장 지구와 우주

 ★★★ **오리온자리의 하루 동안의 움직임**

오리온자리는 동쪽에서 서쪽으로 1시간에 약 15°씩 움직이고, 남중했을 때 가장 높은 위치에 있게 됩니다. 오리온자리에 있는 3개의 별은 정동에서 떠서 정서로 집니다. 뜰 때는 지평선에 대해 거의 수직이며, 질 때는 지평선에 대해 거의 평행이 됩니다.

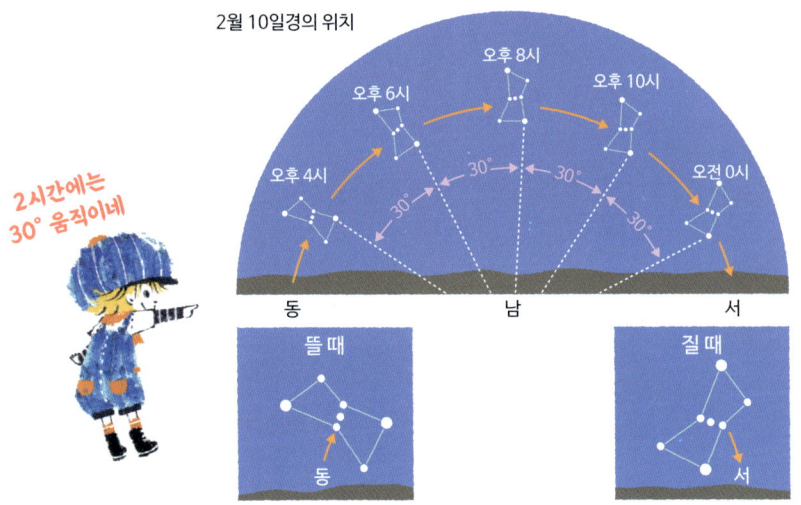

★★★ **전갈자리의 하루 동안의 움직임**

전갈자리는 동쪽에서 서쪽으로 1시간에 약 15°씩 움직이고, 남중했을 때 가장 높은 위치에 있게 됩니다. 전갈자리는 지평선 가까이 보이며, 오리온자리가 지나는 길보다 낮은 위치에서 움직입니다.

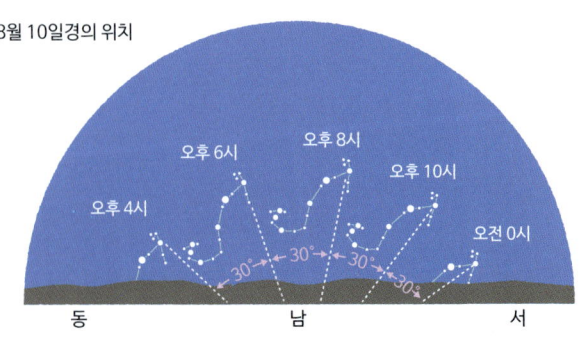

COLUMN 더 자세히

오리온자리 등 남쪽 하늘에서 보이는 별의 움직임은, 남쪽 지평선 아래에 있는 천구의 남극을 중심으로 하는 각도로 나타냅니다.

★★★ 자전

천체가 그 천체의 축을 중심으로 일정한 방향으로 회전하는 것을 자전이라고 합니다. 지구 등 태양계의 행성, 태양, 달 등 대부분의 천체는 자전하고 있습니다. 한 번 자전하는 데 걸리는 시간을 자전주기라고 합니다.

★★★ 지구의 자전

지구는 팽이처럼 돌고 있고, 자전축을 회전축으로 해 하루에 한 번 서쪽에서 동쪽(북반구에서 보면 반시계 방향)으로 360° 회전하고 있습니다. 자전의 속도는 거의 일정하고 1시간에 약 15° 돕니다(360÷24시간).

↑ 지구의 자전

● 일주운동

천체가 지구 주변을 동쪽에서 서쪽으로 하루에 한 바퀴 도는 것처럼 보이는 현상으로, 지구의 자전에 따른 천체의 겉보기운동입니다. 지구가 서쪽에서 동쪽으로 자전하고 있기 때문에 별과 태양은 동쪽에서 서쪽으로 움직이는 것처럼 보입니다.

↑ 일주운동

자동차를 타고 있으면 경치가 진행 방향과 정반대 방향으로 움직이는 것처럼 보이는 것과 같은 거야

★★★ 자전축

지구의 북극과 남극을 연결하는 축입니다. 지구의 중심을 지나, 지구 자전의 중심이 되는 축입니다. 공전궤도면에 수직으로 세운 선에 대해 약 23.4°(23.44°) 기울어져 있습니다. 자전축의 기울기는 계절의 변화와 관계있습니다.

COLUMN 더 자세히

지구는 하루에 360° 자전하면서 자전과 같은 방향으로 매일 약 1°씩 공전하고 있기 때문에 약 361° 회전하게 되므로, 지구의 자전주기는 정확하게는 23시간 56분 4초입니다.

제2장 지구와 우주

★★★ 천구

하늘을 둥근 형태의 천장이라고 본 것입니다. 별자리를 이루는 별까지의 거리는 각각 다르지만, 매우 멀리 떨어져 있기 때문에 거리의 차이를 느낄 수 없습니다. 그래서 어느 별이나 플라네타리움(천체투영장치)처럼 구로 이루어진 면 위에 있다고 생각할 수 있습니다. 천구의 중심은 지구의 중심 또는 관찰자의 위치를 나타냅니다.

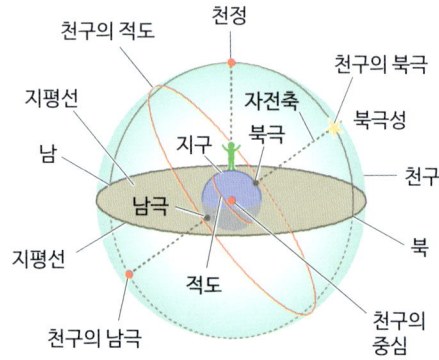

천구에서는, 지구는 움직이지 않고 천구에 붙어 있는 별이 움직이는 것으로 별의 움직임을 생각합니다.

●천정
관측자의 머리 바로 위의 점을 천정이라고 합니다.

●천구의 북극
자전축을 연장해 천구와 만나는 점의 북극 쪽을 천구의 북극이라고 합니다. 북극성은 천구의 북극 부근에 있습니다.

●천구의 남극
자전축을 연장해 천구와 만나는 점의 남극 쪽을 천구의 남극이라고 합니다. 남반구에서는 천구의 남극을 중심으로 별이 움직이는 것처럼 보입니다.

●천구의 적도
지구의 적도면을 확대해 천구와 만나는 선을 천구의 적도라고 합니다.

●지평선
관측 지점의 지평면을 확대해 천구와 만나며 생기는 선을 지평선이라고 합니다.

천구는 실제로는 없지만 위치와 움직임을 생각하는 데 편리하구나

여러 장소에서의 별의 움직임

지구는 자전축을 중심으로 서쪽에서 동쪽으로 자전하고 있기 때문에, 하늘의 하루 동안의 움직임은 북극과 남극 이외에는 지구 어느 곳에서나 동쪽에서 서쪽으로 돌고 있는 듯 보입니다. 자전축의 북쪽 연장선상에 있는 북극성의 높이는 위도에 따라 변하며, 별의 움직임도 장소에 따라 변합니다.

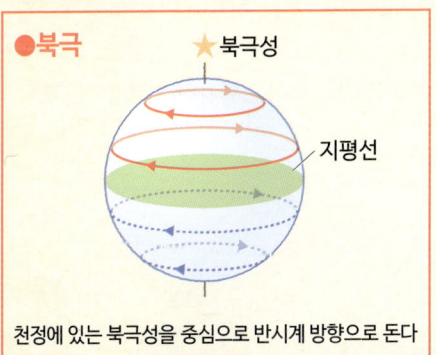

●북극

천정에 있는 북극성을 중심으로 반시계 방향으로 돈다

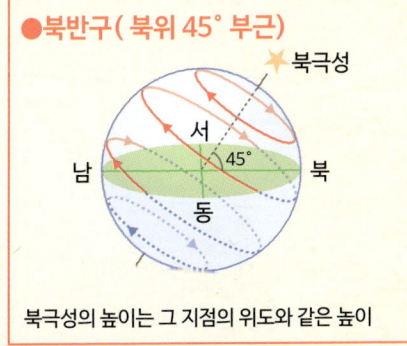

●북반구(북위 45° 부근)

북극성의 높이는 그 지점의 위도와 같은 높이

지평선 아래에 있는 별은 보이지 않아

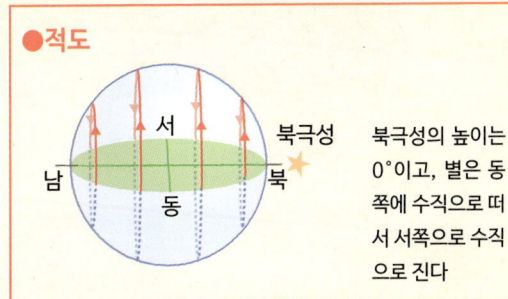

●적도

북극성의 높이는 0°이고, 별은 동쪽에 수직으로 떠서 서쪽으로 수직으로 진다

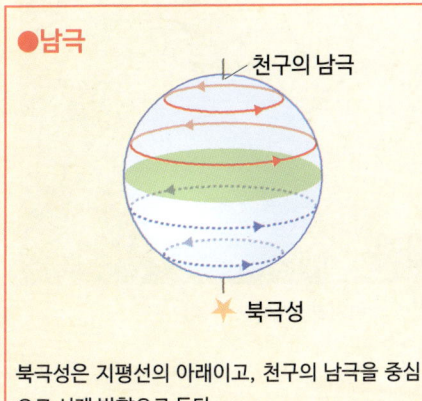

●남극

북극성은 지평선의 아래이고, 천구의 남극을 중심으로 시계 방향으로 돈다

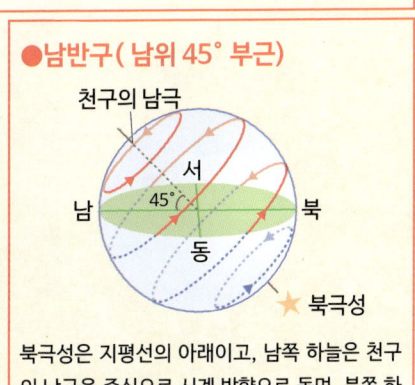

●남반구(남위 45° 부근)

북극성은 지평선의 아래이고, 남쪽 하늘은 천구의 남극을 중심으로 시계 방향으로 돌며, 북쪽 하늘은 동쪽에서 서쪽으로 움직인다

제2장 지구와 우주

★★★ 별의 1년 동안의 움직임

같은 시각에 보이는 별의 위치는 매일 조금씩 이동하며, 하루에 약 1°, 한 달에 약 30° 동쪽에서 서쪽으로 움직입니다. 1년이 지나면 같은 시각에 같은 위치에서 보입니다.

북쪽 하늘에서는 별의 위치는 북극성을 중심으로 하루에 약 1°, 한 달에 약 30° 반시계 방향으로 움직입니다.

별은 1시간에 약 15° 동쪽에서 서쪽으로 움직이기 때문에 30° 움직이는 데 2시간이 걸립니다. 따라서 별이 같은 위치에 보이는 시각은 한 달에 약 2시간(하루에 약 4분)씩 빨라집니다.

같은 시각에 보이는 별의 위치가 달라지거나, 계절에 따라 보이는 별자리가 달라지는 이유는 지구의 공전 때문입니다.

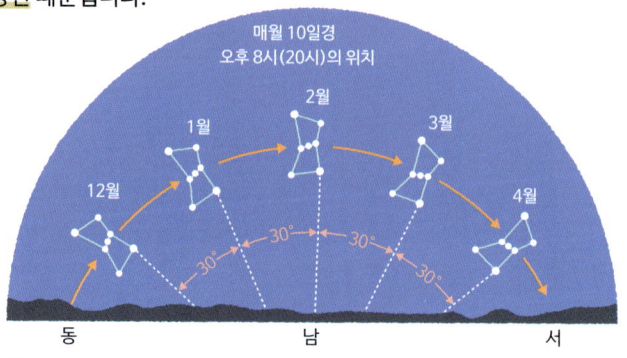

⬆ 오리온자리의 위치 변화

3월 10일 오리온자리가 정남에 오는 것은 오후 6시야

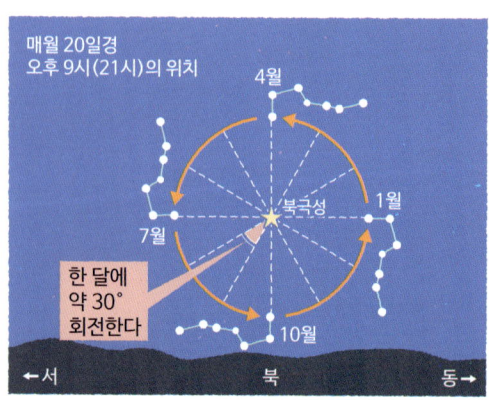

⬆ 북두칠성의 위치 변화(북쪽 하늘)

●같은 시각에 보이는 별의 위치가 비켜나 보이는 이유

지구는 태양 주위를 1년(365일)에 한 바퀴(360°) 공전하고 있기 때문에, 하루에 약 1°(360÷365일), 한 달에 약 30°(360°÷12개월), 북극 쪽에서 보면 반시계 방향으로 움직입니다.

아래 그림처럼 지구가 A의 위치에 있을 때, 오리온자리는 한밤중에 남중하고 있습니다. 한 달 후 지구가 30° 공전해 B의 위치로 올 때는 한밤중으로, 오리온자리는 정남 방향에서 30° 서쪽으로 비켜나 위치한 것처럼 보입니다.

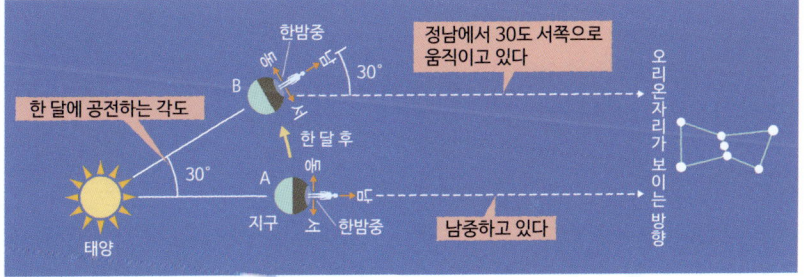

↑ 지구의 공전과 별자리가 보이는 방향

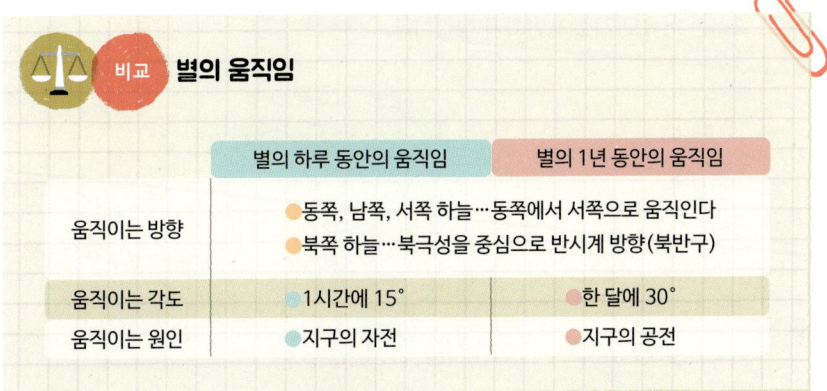

별의 움직임

	별의 하루 동안의 움직임	별의 1년 동안의 움직임
움직이는 방향	●동쪽, 남쪽, 서쪽 하늘…동쪽에서 서쪽으로 움직인다 ●북쪽 하늘…북극성을 중심으로 반시계 방향(북반구)	
움직이는 각도	●1시간에 15°	●한 달에 30°
움직이는 원인	●지구의 자전	●지구의 공전

★★★ 공전

하나의 천체의 주변을 다른 천체가 일정한 방향으로 도는 것을 공전이라 합니다. 태양계의 행성은 태양의 주위를 같은 방향으로 공전하고 있습니다. 한 번 공전하는 데 걸리는 시간을 공전주기라고 합니다.

 **COLUMN 더 자세히** 별자리 모양을 만드는 별(항성)은 매우 멀리 있기 때문에, 별에서 나오는 빛은 태양 빛과 마찬가지로 지구에 대해 평행하게 이동해 온다고 생각할 수 있습니다.

제2장 지구와 우주

★★★ 공전궤도

공전하는 천체가 지나는 길을 공전궤도라 하며, 태양계 행성은 원에 가까운 궤도를 그립니다.

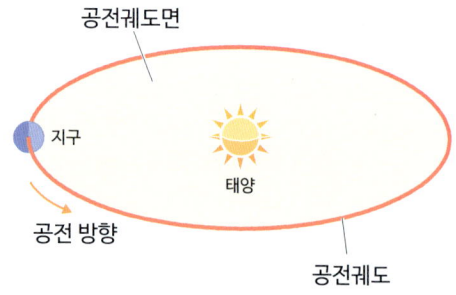

★★★ 공전궤도면

공전궤도가 만드는 면을 공전궤도면이라 합니다. 태양계 행성은 거의 같은 평면상을 공전하고 있습니다.

🔼 공전궤도와 공전궤도면

★★★ 지구의 공전

지구가 태양의 주위를 1년에 걸쳐 일주하는 것입니다. 지구는 자전하면서 태양의 주위를 공전하고 있습니다. 지구의 공전 방향은 북극 쪽에서 보면 반시계 방향으로, 자전 방향과 같습니다.

자전축을 공전궤도면에 수직으로 세운 선에서 약 23.4°(23.44°) 기울어진 채 공전하고 있습니다. 그러한 이유로 계절의 변화가 생깁니다.

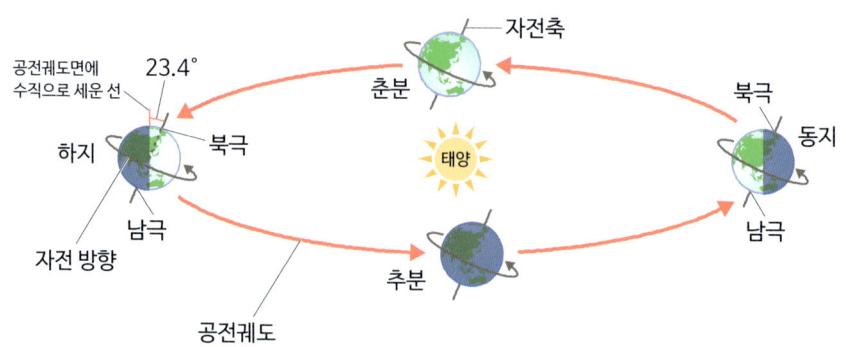

> ●연주운동
>
> 천체가 1년간 지구 주위를 한 번 도는 것처럼 보이는 것을 천체의 연주운동이라 합니다. 지구의 공전에 따른 천체의 겉보기운동입니다.

★★★ 별자리의 1년 동안의 이동 변화

지구는 태양의 주위를 1년에 한 바퀴 공전하고 있기 때문에, 지구에서 보이는 별자리는 1년 내내 변화합니다.

지구에서 보면 태양과 반대 방향에 있는 별자리는 한밤중에 남중하고, 하루 밤 내내 보이기 때문에 그 계절의 대표적인 별자리가 됩니다. 또한 태양과 같은 방향에 있는 별자리는 볼 수 없습니다.

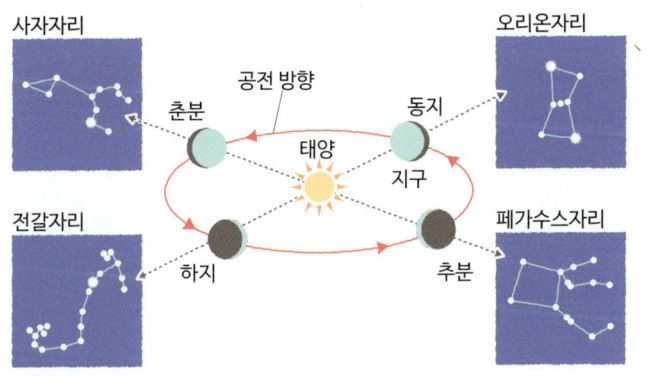

↑ 지구의 공전과 계절의 별자리

●별자리의 위치와 보이는 방식

예를 들면 하짓날 한밤중에, 전갈자리는 남중하고, 페가수스자리는 동쪽에서, 사자자리는 서쪽에서 보입니다. 태양 방향에 있는 오리온자리는 보이지 않습니다.

추분날 한밤중에, 페가수스자리는 남중하고, 오리온자리는 동쪽에서, 전갈자리는 서쪽에서 보입니다. 태양 방향에 있는 사자자리는 볼 수 없습니다.

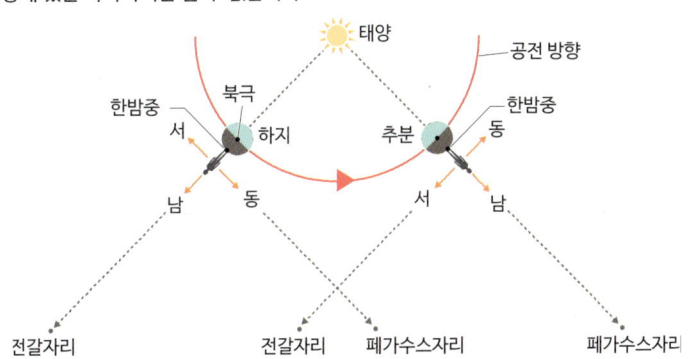

제2장 지구와 우주

중요도 ★★★
지구상의 방위

지구상에서는 경선을 따라 북극 쪽이 북쪽, 남극 쪽이 남쪽이 됩니다. 그 지점의 경선에 직각으로 만나는 위선 방향이 동쪽과 서쪽이 됩니다.

북쪽을 뒤에 두고 양손을 벌렸을 때 정면이 남쪽, 왼손 방향이 동쪽, 오른손 방향이 서쪽이 됩니다.

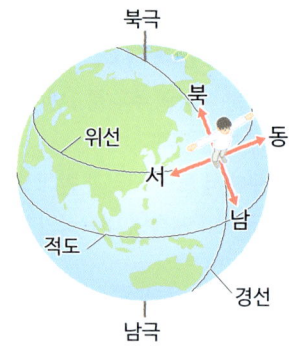

⬆ 지구상의 방위

★★★
지구상의 시각

지구상의 시각은 태양과의 위치 관계를 기준으로 정해져 있지만, 지구가 자전하고 있기 때문에 장소(경도)에 따라 시각이 달라집니다.

오른쪽 그림에서 A 지점은 태양이 남중해서 정오(12시), B 지점은 일몰(저녁 18시), C 지점은 한밤중(0시), D 지점은 일출(새벽 6시)이 됩니다. 지구의 자전과 더불어 6시간 후에 A 지점은 일몰, B 지점은 한밤중, C 지점은 일출, D 지점은 정오가 됩니다.

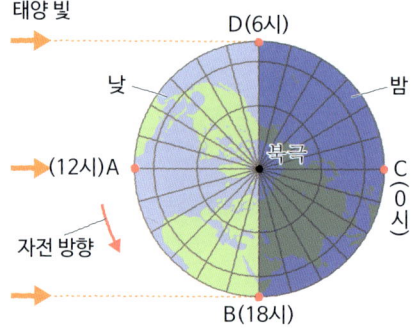

⬆ 지구의 자전과 시각

지구상에서의 시각과 위치를 정리하면 오른쪽 그림처럼 됩니다.

A 지점은 정오로 태양이 남중하고, B 지점은 일몰로 태양은 서쪽에서 보이며, C 지점은 한밤중으로 태양은 보이지 않습니다. D 지점은 일출로 태양이 동쪽에서 보입니다.

> 하루를 0시부터 24시까지로 나타내는 것을 24시제라고 하며, 0시는 오전 0시(자정), 6시는 오전 6시, 12시는 정오, 18시는 오후 6시입니다.

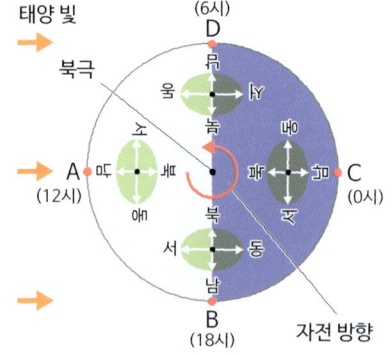

COLUMN 더 자세히
북극점과 남극점에는 동쪽과 서쪽이 없습니다. 북극점에서는 어느 방향이나 남쪽, 남극점에서는 어느 방향이나 북쪽이 됩니다.

천동설과 지동설

지구 위에 있는 우리들은 지구의 움직임이 느껴지지 않기 때문에, 지구는 멈춰 있고 지구의 주위를 별이 움직이고 있는 듯 보입니다.

옛날 사람들도 마찬가지로 지구가 우주 중심에 있고 지구 주위를 행성(당시에는 수성, 금성, 화성, 목성, 토성밖에 발견되지 않았습니다)과 태양, 달이 돌고 있다고 생각했습니다. 이것을 천동설이라 하며, 2세기 고대 그리스 과학자인 프톨레마이오스가 왼쪽 아래의 그림과 같이 정리했습니다. 그 이후 오랫동안 천동설이 사람들이 생각하는 우주 모습이었습니다.

16세기에 이르러 천동설에 의문을 가진 폴란드의 과학자 코페르니쿠스는 태양이 우주의 중심에 있으며, 태양 주위를 지구 같은 행성들이 돌고 있다고 하는 학설을 발표했습니다. 이것이 지동설입니다. 하지만 지동설은 곧바로 받아들여지지 않았습니다. 그 후 관측 기술의 발달과 지동설을 뒷받침할 만한 법칙의 발견에 의해 점차 지동설이 인정받게 되었습니다.

●천동설에 기반한 우주

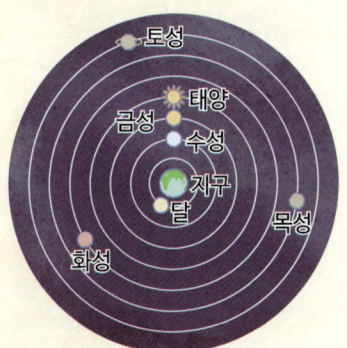

↑ 프톨레마이오스의 우주

●지동설에 기반한 우주

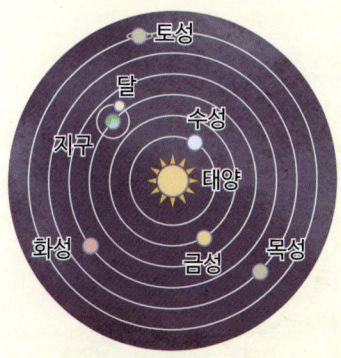

↑ 코페르니쿠스의 우주

프톨레마이오스입니다
지구가 모든 것의 중심이죠~

코페르니쿠스입니다
지구는 태양의 주위를 돌고 있어요

제2장 지구와 우주

02 달과 태양

1 달의 움직임과 모양 변화

★★★ 달의 하루 동안의 움직임

달의 형태는 여러 가지가 있습니다. 하지만 어떤 모양의 달도 태양과 별과 마찬가지로 동쪽에서 떠서 남쪽 하늘을 거쳐 서쪽으로 집니다. 이 움직임은 지구의 자전에 따른 겉보기운동입니다. 남중했을 때, 달의 위치는 하루 중 가장 높아집니다.
달의 모양에 따라 보이는 시각과 위치는 달라집니다.

★★ 삭

태양과 같은 방향에 있는 달로, 볼 수 없습니다.
새벽녘에 동쪽에서 떠서, 정오경에 남쪽 하늘을 지나 저녁에 서쪽으로 집니다.

★★★ 초승달

오른쪽 일부가 가느다랗게 빛나는 달입니다. 오전 8시경에 동쪽에서 떠서, 오후 2시경에는 남쪽 하늘 높이 떠 있습니다. 저녁 무렵에는 서쪽 하늘 낮은 곳에서 떠서, 오후 8시경에 서쪽으로 집니다.

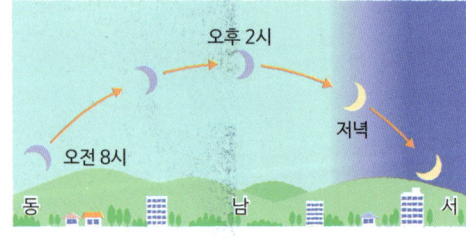

★★★ 상현달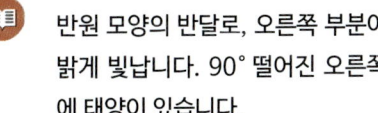

반원 모양의 반달로, 오른쪽 부분이 밝게 빛납니다. 90° 떨어진 오른쪽에 태양이 있습니다.

정오 무렵에 동쪽에서 떠서, 저녁 무렵에는 남쪽 하늘 높은 곳에서 보입니다. 한밤중에 서쪽으로 집니다.

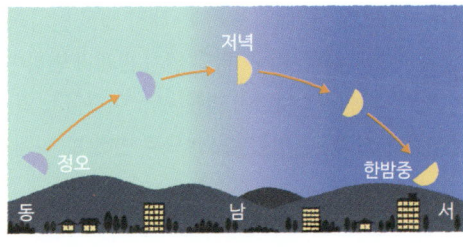

★★★ 보름달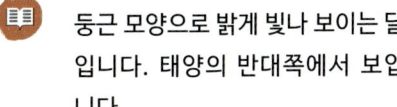

둥근 모양으로 밝게 빛나 보이는 달입니다. 태양의 반대쪽에서 보입니다.

저녁 무렵에 동쪽에서 떠서, 한밤중에 남쪽 하늘 높은 곳에서 보이며, 새벽녘에 서쪽 하늘로 집니다. 밤 동안 내내 볼 수 있습니다.

★★★ 하현달

반원 모양의 반달로, 왼쪽 부분이 밝게 빛납니다. 90° 떨어진 왼쪽에 태양이 있습니다.

한밤중 무렵에 동쪽에서 떠서, 새벽녘에 남쪽 하늘 높은 곳에서 보이며, 정오 무렵에 서쪽으로 집니다.

질 때의 모습은 활의 현을 아래로 당긴 모양이네

보름달은 지구에서 보면 태양과 반대쪽에 있기 때문에, 태양과는 반대로 달의 남중고도는 여름에 낮고 겨울에 높아집니다.

제2장 지구와 우주

달의 모양 변화(달의 참과 이지러짐)

달은 스스로 빛을 내지 못하며, 태양 빛을 반사해 빛이 납니다. 달이 지구 주위를 공전하고 있기 때문에 태양, 지구, 달의 위치 관계가 변하며, 지구에서 달의 밝은 부분이 보이는 방향이 바뀌면서 달의 모양이 변합니다. 이것을 달의 참과 이지러짐이라 합니다. 삭→초승달→상현달→보름달→하현달→삭으로 변하며, 삭에서 다음 삭까지 걸리는 시간은 약 29.5일 입니다.

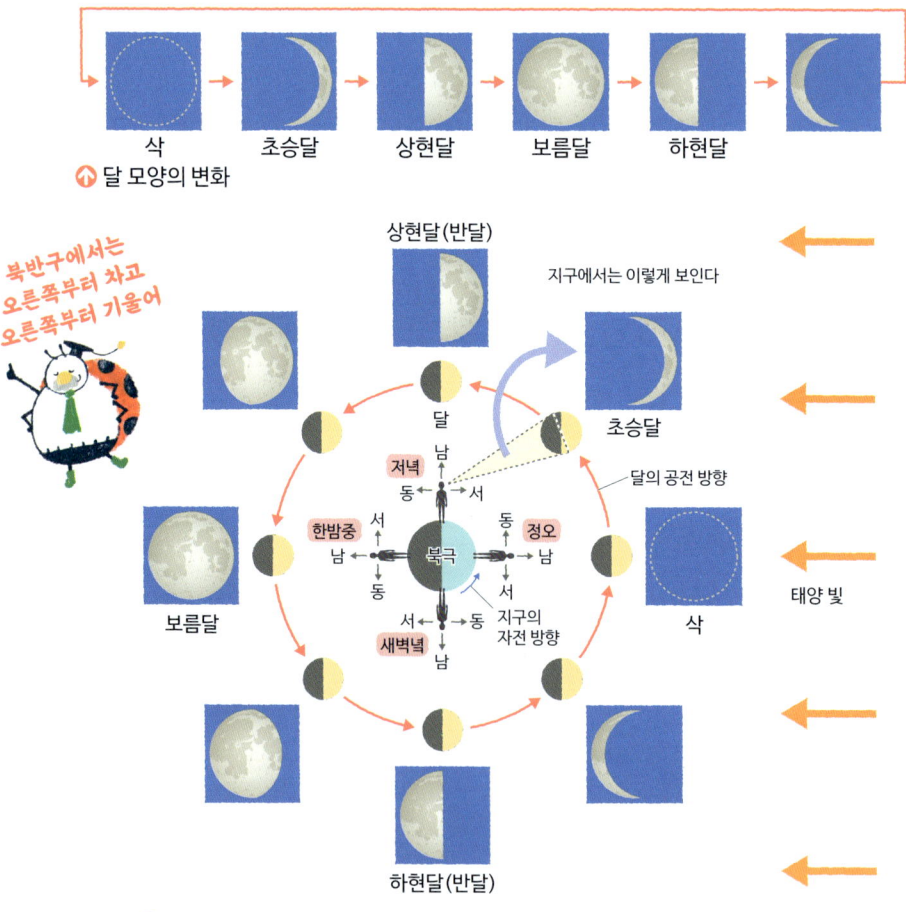

↑ 달 모양의 변화

↑ 달의 공전에 따른 참과 이지러짐

● 같은 시각에 보이는 달의 위치와 모습

태양과 달의 위치 관계가 변하기 때문에 매일 같은 시각에 달을 관찰하면, 서쪽에서 동쪽으로 하루에 약 12°씩 움직이는 것처럼 보이고, 달의 밝은 부분의 모습이 변화합니다.

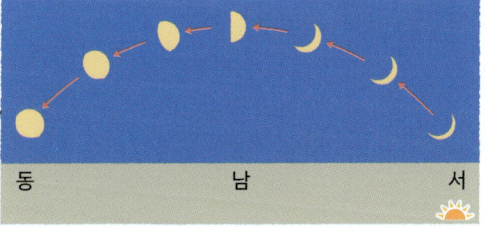

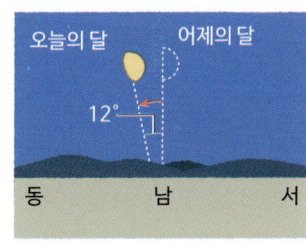

⬆ 일몰 직후에 보이는 달의 위치와 모양 변화   ⬆ 달의 하루 동안의 차이

● 달이 하루에 12° 움직인 것처럼 보이는 이유

달은 약 27.3일 동안 지구 주위를 공전하기 때문에, 달은 지구 주위를 하루에 약 13°(360÷27.3)씩 서쪽에서 동쪽(반시계 방향)으로 움직이고 있습니다. 또한 지구도 공전하며 하루에 약 1°(360÷365일)씩 서쪽에서 동쪽으로 움직이고 있습니다. 따라서 같은 시각에 지구에서 달을 보면 전날 위치보다 12°(13°-1°)씩 서쪽에서 동쪽으로 이동한 것처럼 보입니다.

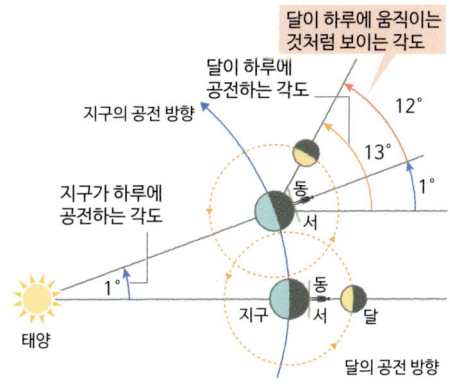

● 달이 뜨는 시각의 차이

달이 뜨는 시각과 달이 남중하는 시각은 하루에 약 48분씩 늦어집니다. 같은 시각에 보이는 달의 위치는 하루에 서쪽에서 동쪽으로 약 12°씩 차이가 나기 때문에, 달이 전날과 같은 위치에서 보려면 지구는 12°씩 자전해야 합니다. 지구가 1° 자전하는 데 걸리는 시간은 4분(24시간×60분÷360°)이기 때문에 12° 자전하는 데 걸리는 시간은 48분이 됩니다.

COLUMN 더 자세히 — 달이 뜨는 시각의 차이는 실제로는 계절과 장소, 달의 위치에 따라 변합니다.

제2장 지구와 우주

월령

삭을 0이라 하고 거기서 경과한 일수를 수치로 표시한 것입니다. 달의 모양 변화에 대한 상황을 알 수 있는 기준이 됩니다. 삭은 월령 0일, 초승달은 월령 2~3일, 상현달은 월령 7일 전후, 보름달은 월령 15일 전후, 하현달은 월령 22일 전후입니다.

달의 공전

달은 지구의 위성으로, 지구 주위를 공전하고 있습니다. 지구 북극에서 보면 반시계 방향으로 약 27.3일 걸려 한 바퀴 돕니다.

달의 자전

달은 자전하고 있고, 지구 북극에서 보면 반시계 방향으로 약 27.3일 걸려 한 바퀴 돌고 있습니다. 또한 달은 자전하면서 자전과 같은 방향으로 지구 주위를 공전하고 있는데, 그 주기는 자전과 마찬가지로 약 27.3일입니다. 그러한 이유에서 달은 언제나 지구에 같은 면을 향하고 있으며, 지구에서 달의 뒷면은 볼 수 없습니다.

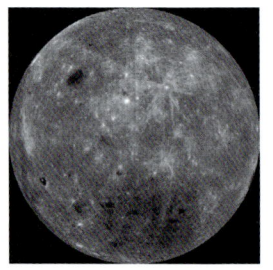

↑ 달의 뒷면

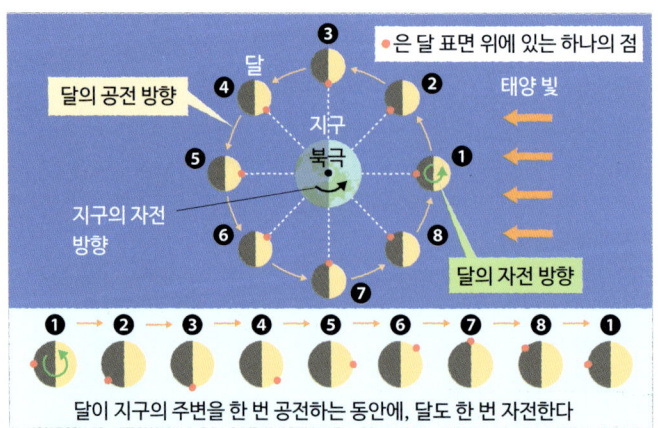

↑ 달의 공전과 자전

같은 곳밖에 볼 수 없네

달의 공전주기와 참과 이지러짐 주기의 차이

달의 공전주기는 약 27.3일이며, 달이 차고 이지러지는 주기는 약 29.5일입니다. 왜 주기에 차이가 생기는 걸까요?

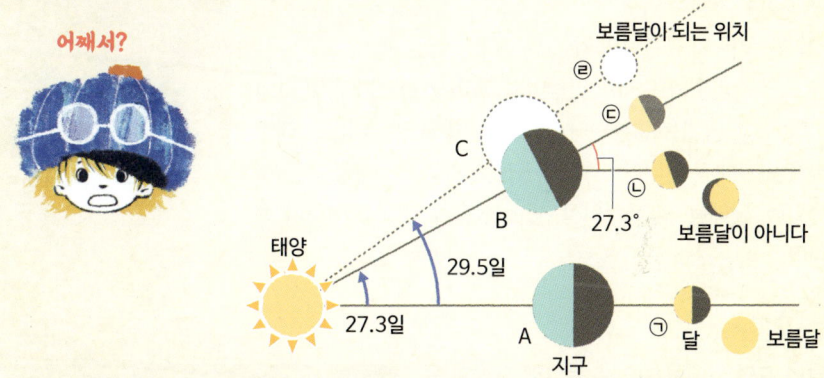

위 그림은 북극에서 본 달과 지구의 운동을 나타낸 것입니다. 지구 A의 위치에서 본 달 ㉠은 보름달입니다.

㉠의 달은 27.3일 후에 한 바퀴 도는 360° 공전을 하며 ㉡의 위치에 옵니다. 하지만 27.3일간 지구도 공전을 하며 움직입니다. 지구의 공전은 하루에 약 1°이기 때문에 27.3일 후에는 A의 위치에서 27.3° 공전해 B의 위치에 옵니다.

㉡의 달은 ㉠에서 지구 주위를 한 바퀴 공전했지만 태양과의 위치 관계로 보름달은 되지 않았습니다. 보름달의 위치에 해당하는 ㉢의 위치가 될 때까지는 27.3° 부족합니다. 그림의 점선에 표시한 ㉣의 위치까지 가야 합니다.

그렇다면 ㉡에서 ㉣까지 움직이는 데 걸린 시간을 구해봅시다.

달은 매일 약 13.2°(360÷27.3)씩, 지구는 매일 약 1°씩 공전하고 있기 때문에 그 차이는 하루에 13.2-1=12.2°가 줄어듭니다. 따라서 27.3°를 줄이기 위해서는 27.3÷12.2=2.23…이므로 약 2.2일 더 걸립니다.

이로써 보름달에서 다음 보름달까지 차고 이지러지는 주기는 공전주기인 27.3일에 2.2일을 더한 27.3+2.2=29.5일이 되는 것입니다.

제2장 지구와 우주

2 달과 태양의 표면 모습

중요도 ★★★
달

지구의 위성으로, 자전하며 지구의 주위를 공전하고 있습니다. 구 모양을 하고 있으며, 지구에서 약 38만 km 떨어진 거리에 있습니다. 지름은 약 3,500km로, 지구 지름의 약 $\frac{1}{4}$입니다. 달의 중력은 지구 중력의 약 $\frac{1}{6}$입니다.

달 표면은 바위와 모래로 이루어져 있고, 분화구가 많이 보입니다. 물과 공기는 없습니다. 스스로는 빛을 낼 수 없고, 태양빛을 반사해 빛납니다. 낮이 약 15일, 밤이 약 15일 동안 계속되며, 낮에는 100°C 이상, 밤에는 영하 150°C 이하가 됩니다.

↑ 지구에서 보이는 쪽의 달

★★★
분화구

달의 표면 등에서 보이는 둥그런 모양의 움푹 파인 흔적입니다. 운석과 충돌해서 생긴 것으로 추정됩니다. 달에는 물과 공기가 없기 때문에 풍화와 침식 작용을 받지 않아, 아주 옛날부터의 모습이 그대로 남아 있습니다.

↑ 달의 분화구

★★★
달의 바다

지구에서 달을 보았을 때 검게 보이는 부분을 달의 바다라고 부릅니다. 검은색 바위로 둘러싸인 평평한 장소로, 실제로 물이 있는 것은 아닙니다. 밝게 빛나는 부분은 고지(육지)로 불리며, 분화구가 많이 있고, 높낮이 차가 심한 장소입니다.

COLUMN 깨알지식
지구 표면에도 많은 분화구가 있습니다. 하지만 지구에는 대기와 물이 있어서, 풍화와 침식 작용을 통해 많은 분화구는 형태가 뚜렷하게 남아 있지 않습니다.

★★★ 태양

스스로 빛을 내는 항성으로, 태양계의 중심 항성입니다. 지구에서 약 1억 5,000만 km 떨어져 있습니다. 지름은 약 140만 km로 지구 지름의 약 109배입니다. 태양은 매우 뜨거운 기체(주로 수소) 덩어리로, 강한 열과 빛을 내고 있습니다. 태양의 표면 온도는 약 6,000°C, 중심부 온도는 약 1,600만 °C입니다.

↑ 특수카메라로 본 태양

● **태양으로부터 나온 빛과 열**

태양으로부터 나온 빛과 열은 지구에 도달하여 지구를 따뜻하게 데우고 공기와 물을 순환시켜줍니다.

또한 식물은 태양 빛을 이용해 양분을 만들고, 그 식물을 먹고 자라는 생물이 있습니다.

태양은 지구 생물에게 없어서는 안 될 존재입니다.

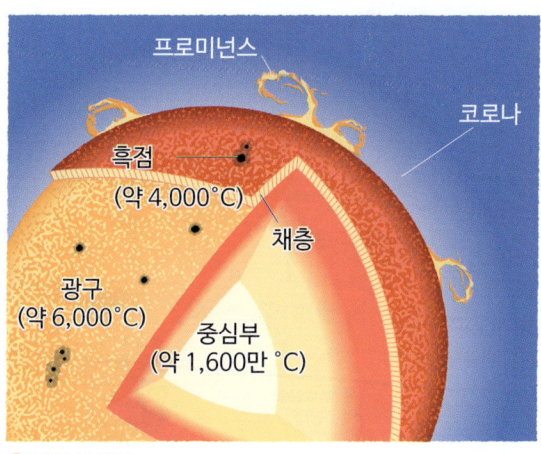

↑ 태양의 구조

★★ 광구

태양 표면의 밝게 빛나는 부분입니다. 온도는 약 6,000°C로, 모든 것이 기체 상태로 존재합니다.

COLUMN 더 자세히

태양 내부에서 수소 원자핵 4개가 헬륨 원자핵으로 변하는 반응이 계속 일어나고 있습니다. 이 반응을 핵융합 반응이라 하며, 많은 열과 빛을 냅니다.

제2장 지구와 우주

채층
태양의 광구 바깥쪽에 있는 기체(주로 수소)층으로, 두께가 약 수천 km입니다.

흑점
태양 표면에 검은 반점처럼 보이는 것으로, 주변보다 온도가 낮기(약 4,000°C) 때문에 검게 보입니다. 흑점을 관측해보면 흑점의 형태는 가장자리로 갈수록 점점 일그러져 보이는데, 이를 통해 태양이 구 모양임을 알 수 있습니다. 또한 지구에서 보면 동쪽에서 서쪽으로 약 14일간 태양 표면을 반 바퀴 돈다는 점에서, 태양이 동쪽에서 서쪽으로 약 28일의 주기로 자전하고 있음을 알 수 있습니다.

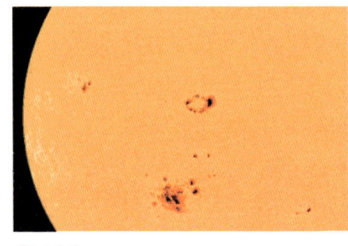
↑ 흑점

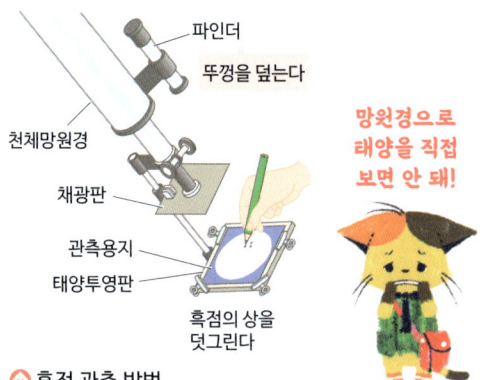
↑ 흑점 관측 방법

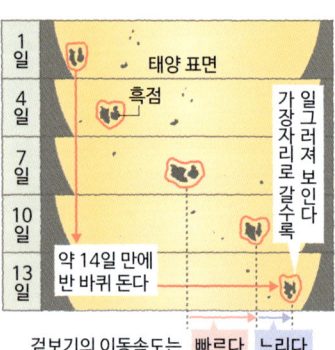
↑ 흑점 관측 결과

프로미넌스(홍염)
태양 표면에서 뿜어내는 붉은 불꽃 상태의 가스의 움직임으로 홍염이라고도 합니다. 높이는 수만에서 수천만 km입니다.

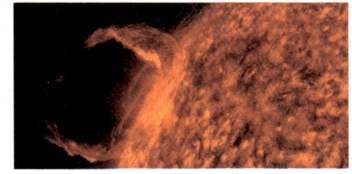
↑ 커다란 프로미넌스

COLUMN 깨알지식
태양의 활동은 흑점 수가 많을수록 활발하며, 지구에서는 전파 장해가 일어나거나 합니다. 또한 태양의 활동이 활발할 때에는 오로라(고위도에서 볼 수 있는 하늘의 발광 현상)의 출현도 많아집니다.

코로나

태양의 바깥쪽을 둘러싼 고온의 얇은 기체층입니다. 온도는 100만 °C 이상으로 개기일식 때 볼 수 있습니다.

비교 — 달과 태양과 지구

	달	태양	지구
모양	구형	구형	구형
천체의 종류	위성	항성	행성
지름	약 3,500km	약 140만 km	약 1만 3,000km
지구와의 거리	약 38만 km	약 1억 5,000만 km	———
빛을 내는 방식	스스로 빛을 내지 못하고 태양 빛을 반사해 빛난다	스스로 강한 빛을 낸다	스스로 빛을 내지 못하고 태양 빛을 반사해 빛난다
표면의 모습	바위와 모래로 이루어져 있고, 분화구가 있으며, 대기와 물은 없다	고온의 기체 덩어리로, 흑점과 프로미넌스, 코로나 등을 볼 수 있다	바위로 이루어져 있고, 대기와 물이 있으며, 표면의 30%는 육지이고 70%는 바다다
표면 온도	낮에는 100°C 이상 밤에는 -150°C 이하	약 6,000°C (흑점은 약 4,000°C)	평균 약 15°C

달의 얼룩 모양

달의 표면에는 바다라고 불리는 검게 보이는 부분과 고지(육지)라고 불리는 밝게 보이는 부분이 있습니다. 달의 명암이 만드는 모양은 한국과 일본 등에서는 토끼가 방아를 찧고 있는 것으로 비유되었고, 세계 각국에도 다른 여러 가지 모양에 빗대어 이야기하고 있습니다.

달은 언제나 지구에 같은 면을 향해 있기 때문에 달의 얼룩 모양 자체는 어디서 보아도 똑같지만, 달이 동쪽→남쪽→서쪽으로 움직이면, 달의 얼룩 모양이 회전하듯 기울기가 변합니다. 달의 기울기와 그 지역의 문화적 차이 등으로 달의 얼룩 모양을 보는 방식은 달라지는 것 같습니다.

⬆ 달의 모양
(남중했을 때)

한국, 일본

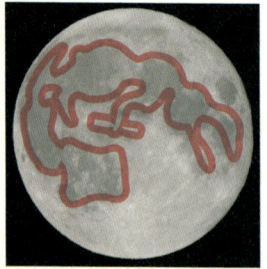

⬆ 토끼가 방아 찧는 모습

북유럽

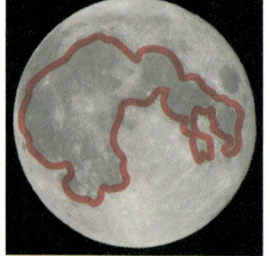

⬆ 책 읽는 할머니

남유럽

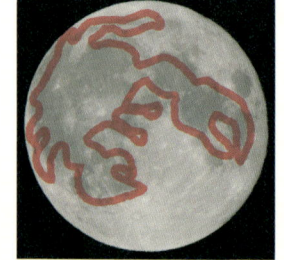

⬆ 게

동유럽

⬆ 여성의 옆얼굴

아라비아

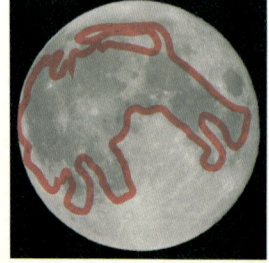

⬆ 사자

간조와 만조

간조와 만조의 원인은 주로 달의 인력 때문입니다. 지구와 달은 서로 중력에 의해 끌어당기고 있습니다. 지구가 달과 마주 보고 있는 곳에서는 달이 끌어당김으로써 해수면이 팽창하며 만조가 됩니다. 달과 반대편에서는 달의 인력에 의한 영향은 적으며, 지구의 공전에 의한 원심력으로 인해 해수면이 팽창하면서 만조가 됩니다. 달의 방향과 90°를 이루는 곳은 해수면이 낮아져 간조가 됩니다. 한 곳에서 하루 2번씩 만조와 간조를 맞이합니다.

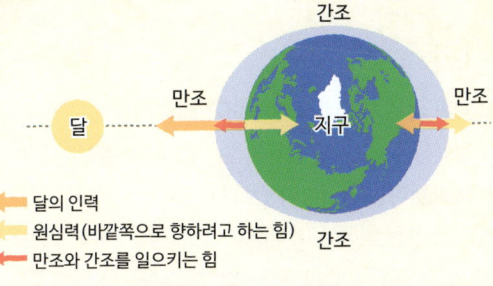

또한 태양을 통해서도 바닷물이 끌어당겨지므로 한 달 사이에 만조와 간조의 차가 생깁니다. 보름달과 삭일 때에는 달, 지구, 태양이 일직선상으로 늘어서서 인력이 최대가 되기 때문에, 만조와 간조 차가 큰 사리가 됩니다. 상현달과 하현달이 뜰 때에는 달과 태양의 인력이 서로 비슷해지므로, 만조와 간조의 차가 적은 조금이 됩니다.

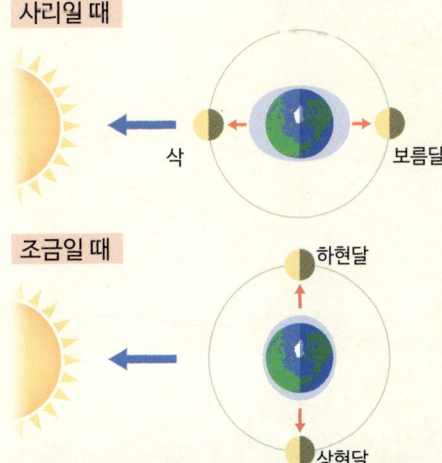

▶ **간조에만 육지와 연결되는 몽생미셸섬**
프랑스 북서부, 생말로만에 떠 있는 몽생미셸섬은 바닷물의 간만의 차가 매우 크기 때문에, 만조에는 섬이 바다에 떠 있고 간조에는 육지와 연결됩니다.

제2장 지구와 우주

3 일식과 월식

일식

태양과 지구 사이에 달이 들어가 태양이 달에 가려지는 현상입니다. 태양-달-지구의 순서로 일직선상에 있을 때 일식이 일어납니다. 일식이 일어나는 것은 삭에 해당하는 시기이지만, 삭에 해당하는 시기마다 반드시 일식이 일어나는 것은 아닙니다.

달의 공전에 의해 달이 태양의 바로 앞을 서쪽(오른쪽)에서 동쪽(왼쪽)으로 통과해 가기 때문에, 일식이 일어날 때에는 태양의 서쪽(오른쪽)부터 이지러지며 태양의 서쪽(오른쪽)부터 나타납니다.

일식이 보이는 지역은 매우 좁고, 짧은 시간 동안만 볼 수 있습니다.

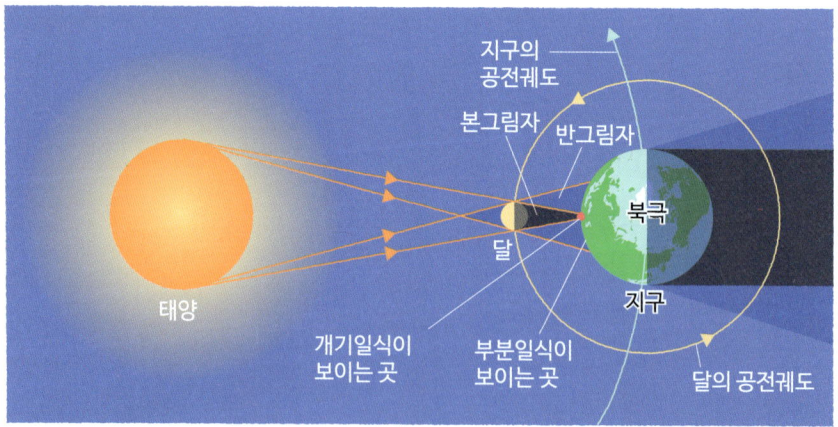

↑ 개기일식이 일어날 때의 모습

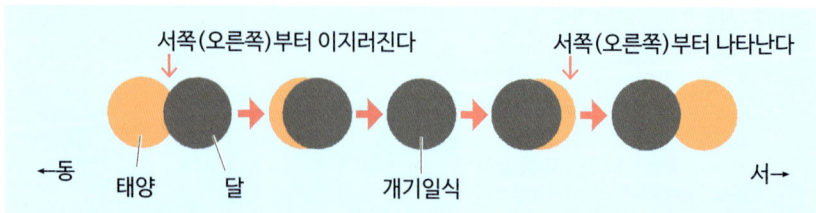

↑ 개기일식이 일어날 때 보이는 태양의 모습 변화

● 달과 태양의 겉보기에 따른 크기와 일식의 모습

태양의 지름은 달 지름의 약 400배 가까이 되지만, 지구에서 태양까지의 거리는 지구에서 달까지의 거리의 약 400배가 되기 때문에 지구에서 보면 달과 태양이 거의 같은 크기로 보입니다.

하지만 달의 공전궤도는 타원형을 하고 있어서, 지구에서 달까지의 거리가 변화하고 달의 겉보기에 따른 크기도 변화합니다. 지구와 달이 가까울 때는 태양보다 달이 크게 보이기 때문에 태양이 완전히 가려지는 개기일식이 일어납니다. 지구와 달이 멀 때는 태양이 크게 보이기 때문에 태양의 가장자리가 달에서 불거져 나오는 금환일식이 일어납니다.

★★★ 개기일식

태양이 달에 완전히 가려지는 일식입니다. 지구상에 생긴 달의 본그림자 부분에서 볼 수 있습니다. 개기일식이 일어날 때는 하늘이 어두워지고, 태양의 코로나를 볼 수 있습니다.

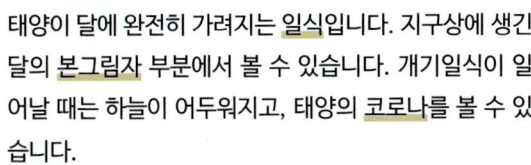
↑ 개기일식

★★★ 부분일식

태양이 부분적으로 가려지는 일식입니다. 지구상에 생긴 달의 반그림자 부분에서만 볼 수 있습니다.

★★ 금환일식

태양의 가장자리가 달에서 불거져 나와 가느다란 반지처럼 빛나는 일식입니다. 금환식 또는 고리일식이라고도 합니다.

★★★ 다이아몬드링

개기일식을 전후로 한 군데에서 태양 빛이 흘러나올 때 볼 수 있는 현상입니다.

↑ 부분일식

↑ 금환일식

↑ 다이아몬드링

제2장 지구와 우주

월식

달이 지구의 그림자로 들어가는 현상입니다. 태양-지구-달의 순서로 일직선상에 있을 때 월식이 일어납니다. 월식이 일어나는 것은 보름달이 뜰 때이지만, 보름달이 뜰 때마다 반드시 월식이 일어나는 것은 아닙니다.

달의 공전으로 달은 지구의 그림자 서쪽(오른쪽)에서 동쪽(왼쪽)으로 지나가기 때문에, 월식이 일어날 때는 달의 동쪽(왼쪽)부터 이지러지고 달의 동쪽(왼쪽)부터 나타납니다. 월식은 일식과는 달리, 달이 보이는 곳이라면 어디서나 관찰할 수 있습니다.

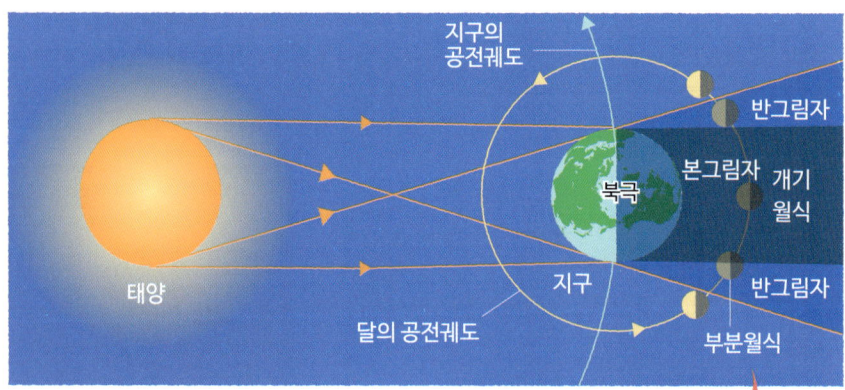

↑ 월식의 원리

↑ 개기월식이 일어날 때의 모습

● 삭과 보름달일 때마다 일식과 월식이 일어나지 않는 이유

달의 공전궤도면은 지구의 공전궤도면에 대해 약 5°기울어져 있습니다. 그 때문에 지구, 달, 태양이 일직선상이 되는 일은 드물고, 삭과 보름달일 때 반드시 일식과 월식이 일어나는 것은 아닙니다. 그림 A와 같은 때에는 일식과 월식이 일어나지만, B와 같은 때에는 일어나지 않습니다.

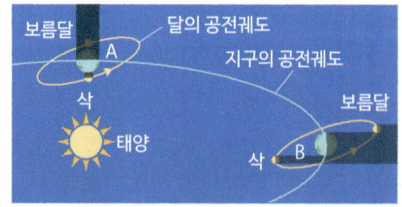

↑ 지구와 달의 공전궤도

COLUMN 더 자세히 달이 지구의 반그림자에 들어가는 현상을 반그림자월식이라고 합니다. 달이 조금 어두워질 뿐, 관찰해도 거의 알아채지 못하기 때문에 일반적으로 월식이라고 하지 않습니다.

★★★ 개기월식

달 전체가 지구의 그림자로 들어가는 현상입니다. 달 전체가 지구의 본그림자로 들어갈 때 볼 수 있습니다. 달은 보이지 않는 것이 아니라 어두운 붉은색으로 보입니다.

★★★ 부분월식

달이 부분적으로 지구의 그림자로 들어가는 현상입니다. 달의 일부가 지구의 본그림자로 들어갔을 때 볼 수 있습니다.

개기월식

↑ 개기월식에서 월식이 거의 끝날 때까지의 달의 모습

이지러진 둥근 가장자리 부분이 일식 때보다는 완만하네

비교 일식과 월식

	일식	월식
천체의 늘어선 방식	태양-달-지구	태양-지구-달
달의 모습	삭	보름달
이지러지는 방식과 나타나는 방식	오른쪽부터 이지러지고 오른쪽부터 나타난다	왼쪽부터 이지러지고 왼쪽부터 나타난다
이지러진 부분의 모양	깊이 굽어 있다	완만하게 굽어 있다

COLUMN 더 자세히 개기월식이 일어날 때 달이 어두운 붉은색으로 보이는 이유는, 지구의 대기에서 굴절된 태양의 붉은빛이 달을 비추기 때문입니다.

제2장 지구와 우주

03 태양의 움직임

중요도
★★★ **투명반구**

태양의 위치와 움직임을 기록하는 데 쓰는 투명한 반구 모양을 한 기구로, 천구 위의 태양의 움직임을 알아볼 수 있습니다. 투명반구의 중심은 관측자의 위치, 반구의 가장자리는 지평선에 해당합니다. 표시한 부분을 매끄럽게 연결한 선을 이어서 반구 가장자리와 만나는 점 중 동쪽은 일출의 위치, 서쪽은 일몰의 위치를 나타냅니다.

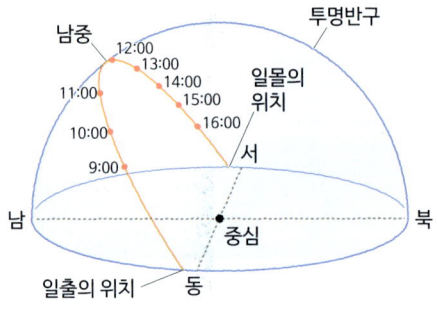

↑ 투명반구와 태양의 움직임의 기록

● 투명반구를 이용한 태양의 움직임 관측

방법
① 투명반구를 수평한 곳 위에 올려놓고 방위를 맞춥니다.
② 펜 끝의 그림자가 투명반구 중심에 오도록 하고, 일정시간을 두고 표시를 합니다
③ 표시한 부분을 매끄러운 선으로 연결하고, 투명반구 가장자리까지 길게 연장합니다

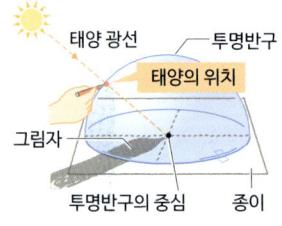

결과

일정 시간마다 표시한 거리가 거의 같기 때문에, 태양이 움직이는 속도는 거의 일정하다는 것을 알 수 있습니다. 1시간에 2cm씩 움직이기 때문에 해가 뜨고 나서 9시로 표시한 부분까지 3시간 걸리므로(6÷2=3시간), 해가 뜬 시각은 9시보다 3시간 전인 6시인 것을 알 수 있습니다.

●태양의 일주운동

태양이 지구 주위를 동쪽에서 서쪽으로, 하루에 한 번 도는 것처럼 보이는 움직임을 태양의 일주운동이라고 합니다. 이것은 지구의 자전에 의한 겉보기운동입니다. 지구는 서쪽에서 동쪽으로 하루(24시간)에 360° 자전하고 있기 때문에, 태양은 동쪽에서 서쪽으로 1시간에 약 15°씩(360÷24시간) 움직이는 것처럼 보입니다.

★★ 일출

태양의 위쪽 가장자리가 지평선에서 뜰 때를 일출이라고 합니다. 1년 내내 일출 위치가 변합니다.

★★ 일몰

태양의 위쪽 가장자리까지 지평선으로 질 때를 일몰이라고 합니다. 1년 내내 일몰 위치가 변합니다.

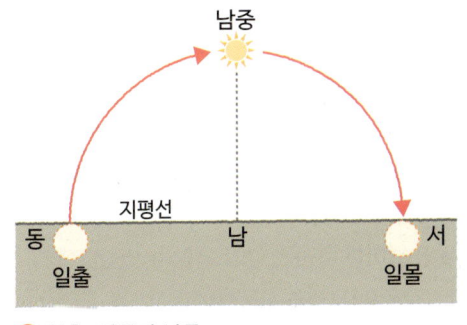

↑ 일출·일몰과 남중

★★★ 남중

태양 등의 천체가 정남쪽에 왔을 때를 남중이라 합니다. 천체가 남중했을 때 높이가 가장 높아집니다.

★★ 태양고도

태양의 높이(고도)마다 태양과 관측 지점(관측자)을 연결한 선이 지표면과 이루는 각도를 나타냅니다.

태양고도는 일출 때부터 점점 높아지며, 남중했을 때 하루 중 가장 높습니다. 그 후 점점 낮아지며 일몰이 됩니다.

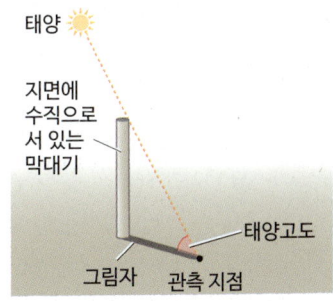

COLUMN 더 자세히 태양의 움직임은 장소와 계절에 따라 변합니다.

제2장 지구와 우주

★★★ 남중고도

천체가 남중했을 때의 높이를 남중고도라고 합니다. 남중했을 때 천체와 관측 지점(관측자)을 연결한 선이 지표면과 이루는 각도를 나타냅니다.
태양의 남중고도는 1년 내내 변하며, 위도에 따라서도 변합니다.

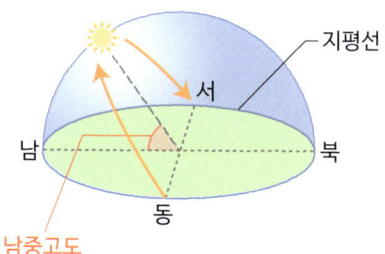

★★★ 낮의 길이

태양 빛이 비추고 있는 쪽이 낮이며, 낮의 길이는 일출부터 일몰까지입니다. 낮의 길이는 1년 내내 변합니다.
낮의 길이는 다음과 같이 구할 수 있습니다.
(시각은 24시제를 사용합니다.)

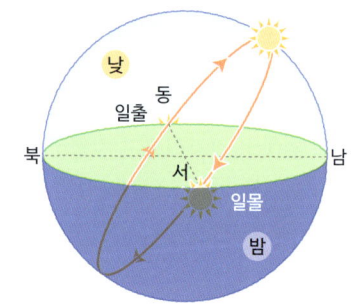

낮의 길이 = 일몰시각 – 일출시각

● 낮의 길이를 계산해봅시다

 일출이 오전 5시 42분, 일몰이 오후 5시 38분일 때 낮의 길이는?

 17시 38분-5시 42분=11시간 56분
답 11시간 56분

 COLUMN 더 자세히 시각을 오전과 오후로 나누지 않고, 하루를 0시에서 24시로 나타낸 것을 24시제라고 합니다. 예를 들면 오후 6시를 24시제로 나타내면 18시가 됩니다.

★★★ 남중시각

태양 등의 천체가 남중했을 때의 시각을 남중시각이라고 합니다.
지구는 서쪽에서 동쪽으로 자전하고 있기 때문에, 동쪽 지점일수록 태양과 별이 빨리 남중합니다. 또한 지구는 24시간(1,440분)으로 360° 회전하기 때문에 경도가 1° 달라지면 남중시각은 약 4분 차이가 납니다(1440분÷360°).

태양의 남중시각은 일출과 일몰 시각의 딱 중간이 되기 때문에, 다음과 같이 구할 수 있습니다. (시각은 24시제를 사용합니다.)

> 남중시각= 일출시각+낮의 길이 ÷2
> = (일출시각+일몰시각)÷2

예를 들면 일출이 오전 5시 24분, 일몰이 오후 6시 10분일 때 낮의 길이는 18시 10분-5시 24분=12시간 46분이므로, 남중시각은 5시 24분+12시간 46분÷2=5시 24분+6시간 23분=11시 47분이 됩니다.

● **태양의 남중시각의 차이**

어떤 지점에서 태양이 남중할 때를 정오라고 정한다면, 이 지점보다 경도상으로 동쪽에 있는 곳에서는 정오보다 빠른 시각에 태양이 남중하고, 이 지점보다 경도상으로 서쪽에 있는 곳에서는 정오보다 늦은 시각에 태양이 남중합니다.

태양의 남중시각의 차이

동경 122° 127° 132°
12:20 12:00 11:40

경도가 1° 달라지면 남중시각은 약 4분 차이가 난다

제2장 지구와 우주

★★★ 시차

두 지점 사이의 시각의 차이를 시차라고 합니다. 지구가 자전하고 있고, 경도에 따라 태양과의 위치 관계가 변하기 때문에, 국가와 지역에서는 경선을 바탕으로 기준 시각을 정하고 있습니다.

지구가 하루(24시간)에 360° 회전하기 때문에, 경도 15°에 1시간의 시차가 발생합니다(360÷24시간).

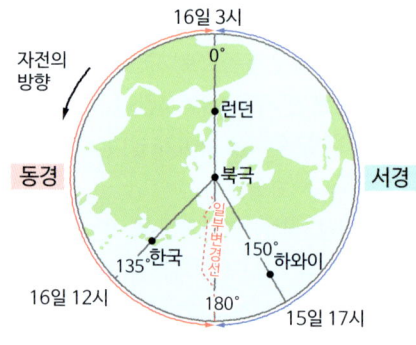

※시각은 24시제로 표시한다

예를 들면 경도 0°인 런던과 동경 135°인 한국은 경도가 135° 차이가 나므로 9시간의 시차가 있습니다(135°÷15°). 한국은 런던보다 동쪽에 있기 때문에 태양이 남중하는 시각이 빠르며, 따라서 한국 쪽이 시각이 빠릅니다. 한국이 4월 16일 12시인 경우, 런던은 한국 시각보다 9시간 늦으며 4월 16일 3시가 됩니다.

●시차를 구해봅시다

 한국이 4월 16일 12시일 때 하와이 시각은 몇 시일까요?

 하와이는 한국의 135+150=285[°] 서쪽이 되기 때문에 일본의 시각보다 285[°]÷15[°]=19[시간] 늦고, 4월 15일 17시가 됩니다.
답 4월 15일 17시

●표준시

각 나라나 각 지방에서 쓰는 표준 시각입니다. 평균태양이 자오선을 통과하는 때를 기준으로 정하는데, 한국은 동경 135°를 기준 자오선으로 한 평균태양시를 씁니다. 즉, 동경 135° 지점에 태양이 남중했을 때를 정오(낮 12시)라고 정하고 있습니다.

COLUMN 더 자세히 경도 180° 경선 부근에는 날짜변경선이라는 가상의 선이 있으며, 동쪽에서 서쪽으로 이 선을 통과할 때 날짜는 하루 빨라지고, 반대의 경우에는 하루 늦어집니다.

★★★ 지구상의 위치

지구상의 위치는 위도와 경도를 사용해 나타냅니다. 한반도는 동경 124°에서 132°, 북위 33°에서 43°에 위치하고 있습니다. 대략적으로 대한민국의 위치를 말할 때는 동경 127°, 북위 37°로 표시합니다(국토지리정보원).

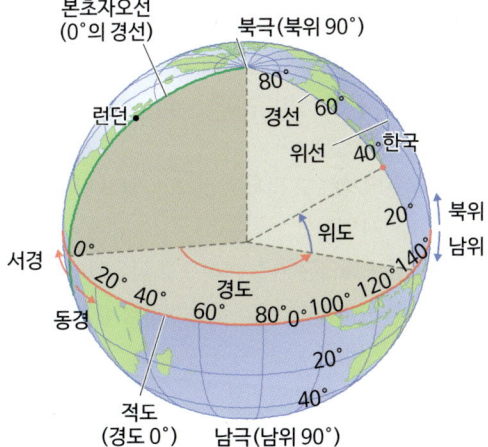

⬆ 경도와 위도

★★★ 경도

지구를 동서로 나눈 각도입니다. 북극에서 영국 런던에 있는 옛 그리니치천문대를 지나 남극을 잇는 선을 0°로 하며, 동서를 각각 180°로 나눕니다. 0°보다 동쪽을 동경, 서쪽을 서경이라 표시합니다.

★★★ 위도

지구를 남북으로 나눈 각도입니다. 적도를 0°로 하고 북극과 남극까지를 각각 90°로 나눕니다. 적도보다 북쪽을 북위, 남쪽을 남위라고 나타냅니다. 북위 90°가 북극점, 남위 90°가 남극점입니다.

★★★ 적도

북극과 남극의 중간에 해당하는 지점을 연결한 선입니다. 적도보다 북쪽 지역을 북반구, 남쪽 지역을 남반구라고 합니다.

★★★ 경선

지구상에 있는 지점과 북극과 남극을 연결한 선으로 경도를 표시합니다. 자오선이라고도 하며, 0°의 자오선은 본초자오선이라고 합니다.

★★★ 위선

같은 위도를 연결한 선입니다. 지구의 적도와 평행이 됩니다.

COLUMN 더 자세히 북위 23.4°의 위선을 북회귀선이라고 하며, 하지에 태양이 천정(머리 바로 위)에 옵니다. 남위 23.4°의 위선을 남회귀선이라고 하며, 동지에 태양이 천정에 옵니다.

제2장 지구와 우주

★★★ 태양의 1년 동안의 움직임

지구가 자전축이 기울어진 채로 태양의 주위를 1년에 걸쳐 한 번 공전하기 때문에, 1년 내내 태양이 지나가는 길이 변화합니다.

〈춘분〉 3월 21일경
태양은 정동에서 뜨고 정서로 집니다. 낮과 밤의 길이는 거의 같아집니다.

〈하지〉 6월 21일경
북반구에서는 태양은 가장 북쪽으로 치우쳐서 뜨고, 가장 북쪽으로 치우쳐서 집니다. 남중고도가 가장 높아지며, 낮의 길이는 가장 길어집니다.

〈추분〉 9월 23일경
태양은 정동에서 뜨고 정서로 집니다. 낮과 밤의 길이는 거의 같아집니다.

〈동지〉 12월 22일경
북반구에서는 태양은 가장 남쪽으로 치우쳐서 뜨고, 가장 남쪽으로 치우쳐서 집니다. 남중고도가 가장 낮아지며, 낮의 길이는 가장 짧아집니다.

동지부터 하지까지는 일출과 일몰의 위치가 점점 북쪽으로 치우쳐져 지고, 남중고도가 높아져 낮 길이가 길어집니다.

하지부터 동지까지는 일출과 일몰의 위치가 점점 남쪽으로 치우쳐져 지고, 남중고도가 낮아져 낮 길이가 짧아집니다.

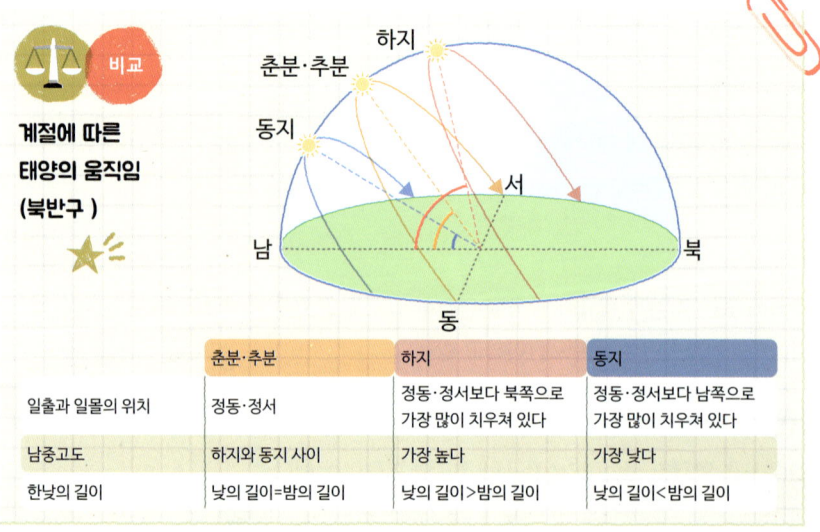

계절에 따른 태양의 움직임 (북반구)

	춘분·추분	하지	동지
일출과 일몰의 위치	정동·정서	정동·정서보다 북쪽으로 가장 많이 치우쳐 있다	정동·정서보다 남쪽으로 가장 많이 치우쳐 있다
남중고도	하지와 동지 사이	가장 높다	가장 낮다
한낮의 길이	낮의 길이=밤의 길이	낮의 길이>밤의 길이	낮의 길이<밤의 길이

★★★ 계절의 변화

지구가 자전축이 기울어진 채로 태양의 주위를 공전하고 있기 때문에, 1년 내내 태양이 지나가는 길이 변하며, 태양의 남중고도와 낮의 길이도 변합니다. 그 때문에 지표면이 받아들이는 햇빛의 양이 변하면서 기온이 변화하고 계절의 변화가 생깁니다.

북반구의 경우에는, 여름에는 자전축의 북쪽이 태양 쪽으로 기울어져 있어 낮이 길고 남중고도도 높기 때문에, 지표면이 받는 햇빛의 양이 많아 기온이 높아집니다.
겨울에는 자전축의 북쪽이 태양의 반대쪽으로 기울어져 있어 낮이 짧고 남중고도도 낮기 때문에, 지표면이 받는 햇빛의 양이 적어 기온이 낮아집니다.

● 지구의 위치와 계절

자전축의 북쪽이 태양 쪽으로 가장 많이 기울어져 있을 때를 하지, 자전축의 남쪽이 태양 쪽으로 많이 기울어져 있을 때를 동지라 하며, 그 중간이 춘분과 추분이 됩니다. 춘분은 3월 21일경, 하지는 6월 21일경, 추분은 9월 23일경, 동지는 12월 22일경입니다.

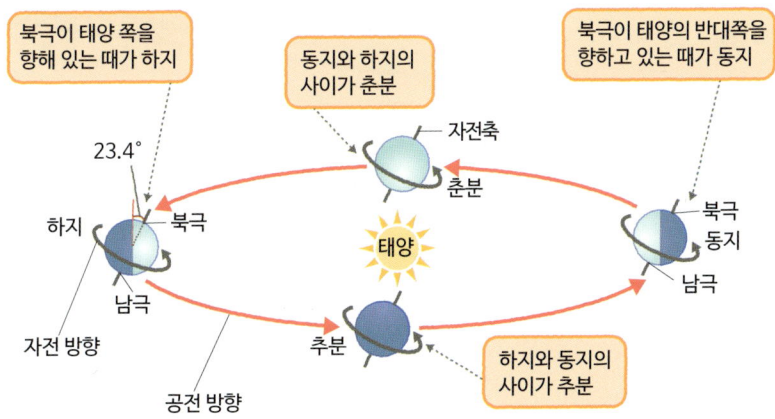

남반구에서는 북반구와 계절이 반대가 된다고

COLUMN 더 자세히 자전축이 공전궤도면에 대해 수직인 상태로 지구가 공전한다면, 남중고도는 언제나 일정하고 낮과 밤의 길이가 늘 똑같기 때문에 계절의 변화가 생기기 어렵습니다.

제2장 지구와 우주

★★★ 계절과 태양의 남중고도

지구가 공전궤도면에 수직인 선에 대해 23.4° 자전축이 기울어진 채 공전하고 있기 때문에, 태양의 남중고도는 1년 내내 변화합니다. 북반구에서는 태양의 남중고도는 하지에 가장 높아지며, 동지에 가장 낮아집니다. 계절마다 태양의 남중고도는 다음의 식으로 구할 수 있습니다.

> 춘분과 추분의 남중고도=90°−그 지점의 위도
> 하지의 남중고도=90°−그 지점의 위도+23.4°
> 동지의 남중고도=90°−그 지점의 위도−23.4°

위도가 낮은 쪽이 남중고도는 높네

●춘분과 추분의 남중고도
춘분과 추분에 태양은 적도 바로 위를 지나기 때문에 태양 빛은 자전축에 대해 수직이 됩니다. 이때 태양빛과 적도가 평행을 이루기 때문에 2개의 ▲의 각은 a°로 똑같아집니다. 따라서 북위 a°의 A 지점에서의 태양의 남중고도는 90°−위도가 됩니다.

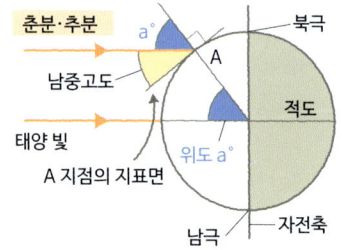

●하지의 남중고도
하지에 태양은 북위 23.4° 바로 위를 지납니다. 이때 아래 그림의 ◢로 표시한 각도는 A 지점의 위도 −23.4°로 나타냅니다. 따라서 태양의 남중고도는 90°−위도+23.4°가 됩니다.

●동지의 남중고도
동지에 태양은 남위 23.4° 바로 위를 지납니다. 이때 아래 그림의 ▲로 표시한 각도는 A 지점의 위도 +23.4°로 나타냅니다. 따라서 태양의 남중고도는 90°−위도−23.4°가 됩니다.

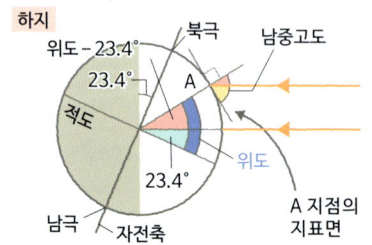
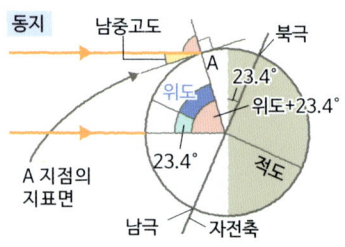

COLUMN 더 자세히 태양이 바로 위에서 비치는 지점은 춘분에서 다음 춘분까지로, 적도→북위 23.4°→적도→남위 23.4°→적도와 같이 거의 1년에 거쳐 왕복합니다.

평행선과 각도

오른쪽 그림처럼 2개의 평행한 직선 l과 직선 m에 하나의 직선 n이 교차할 때 8개의 각이 생깁니다. 이러한 각에는 다음 세 가지 관계가 있습니다.

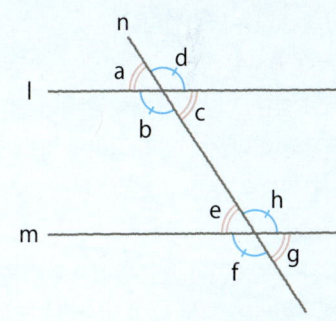

① **마주 보는 각(맞꼭지각)은 같다**
각 a와 각 c, 각 b와 각 d, 각 e와 각 g, 각 f와 각 h는 각각의 각도가 같습니다

② **같은 위치에 있는 각(동위각)은 같다**
각 a와 각 e, 각 d와 각 h, 각 b와 각 f, 각 c와 각 g는 각각의 각도가 같습니다

③ **2개의 평행한 직선 안쪽에 있으며, 경사를 향하고 있는 엇각은 같다**
각 b와 각 h, 각 c와 각 e는 각각의 각도가 같습니다

이 각의 관계를 이용해 북극성의 높이와 위도의 관계를 구해봅시다. 북극성은 자전축의 연장선상에 있습니다. 또한 북극성은 매우 멀리 있기 때문에 북극성에서의 빛은 어느 관측 지점에나 거의 평행하게 도달합니다.

오른쪽 그림에서 관측 지점의 위도 각 A는 90°-각 B가 됩니다. 또한 관측 지점에서의 북극성의 높이 각 a는 90°-각 b가 됩니다.

여기서 각 B와 각 b는 위의 ②의 관계(동위각)로 인해 각 B=각 b가 됩니다. 따라서 각 A=각 a로부터, 북극성의 높이=관측 지점의 위도가 됩니다.

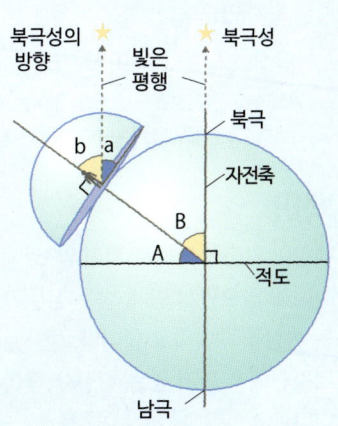

제2장　지구와 우주

★★★ 계절과 낮의 길이

지구가 공전궤도면에 수직인 선에 대해 23.4° 자전축이 기울어진 채로 공전하고 있기 때문에 1년 내내 낮의 길이는 변화합니다.

〈춘분과 추분〉

태양 빛은 자전축에 대해 수직이 됩니다. 이 때문에 지구상 어디서나 낮의 길이와 밤의 길이는 거의 12시간씩으로 같습니다.

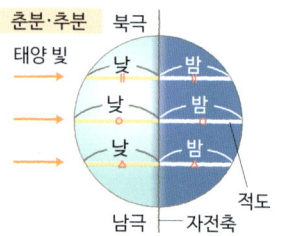

〈하지〉

자전축의 북쪽이 태양 방향으로 기울어져 있기 때문에, 북반구에서는 낮이 밤보다도 길어집니다. 북위 66.6°(90°-23.4°)보다 북쪽에서는 태양은 하루 종일 지지 않고(백야), 남위 66.6°보다 남쪽에서는 하루 종일 태양이 뜨지 않습니다.

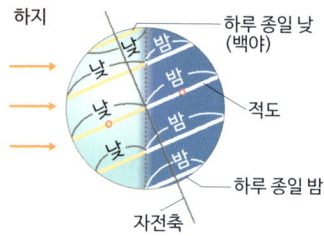

〈동지〉

자전축의 북쪽이 태양과 반대 방향으로 기울어져 있기 때문에, 북반구에서는 낮이 밤보다도 짧아집니다. 북위 66.6°보다 북쪽에서는 태양은 하루 종일 뜨지 않고, 남위 66.6°보다 남쪽에서는 태양이 하루 종일 지지 않습니다.

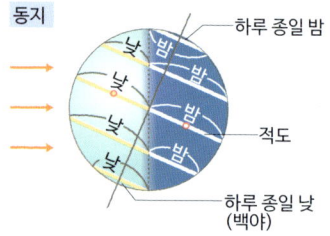

●위도와 낮의 길이

위도가 같은 지점에서는 낮의 길이는 같습니다. 위도가 높아질수록 계절에 따른 낮의 길이의 변화는 커집니다. 적도에서 낮의 길이는 1년 내내 12시간으로 그다지 변하지 않습니다.

★★★ 백야

태양이 지평선 아래로 지지 않고, 지평선 가까이에 있으면서 밤새 밝은 상태가 계속되는 현상을 백야라고 합니다. 반대로 태양이 지평선에서 뜨지 않는 현상을 극야라고 합니다.

©アフロ

COLUMN 깨알지식
백야는 하루 종일 낮이라 더울 것이라고 생각할지 모르겠지만, 태양의 높이가 낮기 때문에 정해진 면적에서 지표면이 받아들이는 열은 적어서 덥지 않습니다.

★★★ 그림자의 1년 동안의 움직임

태양의 움직임이 1년 동안 변화하기 때문에, 그림자의 움직임도 1년 내내 변화합니다. 그림자의 길이는 태양고도가 높을수록 짧아지기 때문에, 태양이 남중했을 때의 그림자는 하지가 가장 짧고 동지가 가장 깁니다.

〈춘분과 추분〉
태양이 정동에서 뜹니다. 그림자의 끝이 보일 즈음, 태양은 남쪽으로 기울어져 있기 때문에 그림자는 동서보다 북쪽으로 뻗습니다. 그림자 끝의 움직임은 동서 방향과 평행이 됩니다.

〈하지〉
태양은 정동보다 북쪽으로 치우쳐서 뜨고 정서보다 북쪽으로 치우쳐서 지기 때문에, 일출과 일몰 무렵의 그림자는 동서 방향보다 남쪽으로 뻗어 있습니다.

〈동지〉
태양은 정동보다 남쪽으로 치우쳐서 뜨고 정서보다 남쪽으로 치우쳐서 지기 때문에, 그림자는 하루 종일 동서 방향보다 북쪽으로 뻗어 있습니다.

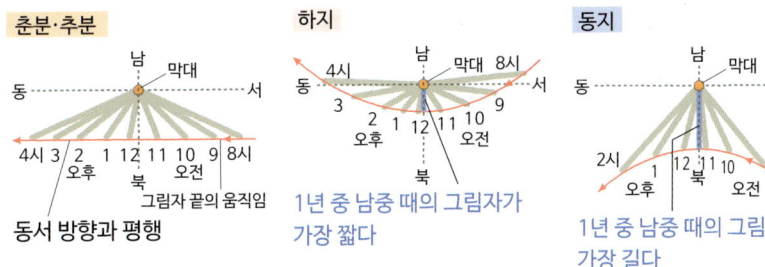

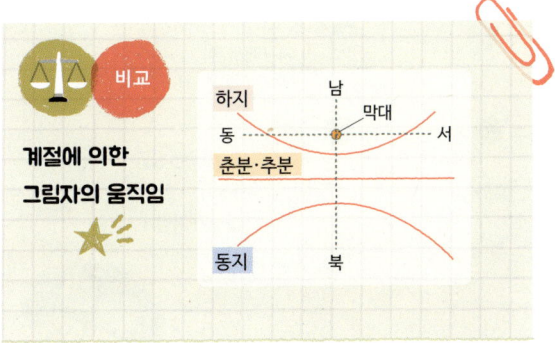

계절에 의한 그림자의 움직임

남반구의 그림자 길이는 하지가 길고 동지가 짧아

제2장 지구와 우주

★★★ 황도

태양이 1년간 천구상에서 지나는 길을 황도라고 합니다.

지구는 태양의 주위를 공전하고 있기 때문에, 지구에서 태양을 보면 태양이 천구상에서 움직이는 듯 보입니다. 또한 황도 부근에 있는 별자리(황도12궁) 사이를 서쪽에서 동쪽으로 1년 내내 한 바퀴 돌고 있는 것처럼 보입니다. 이러한 태양의 겉보기운동을 태양의 연주운동이라고 합니다.

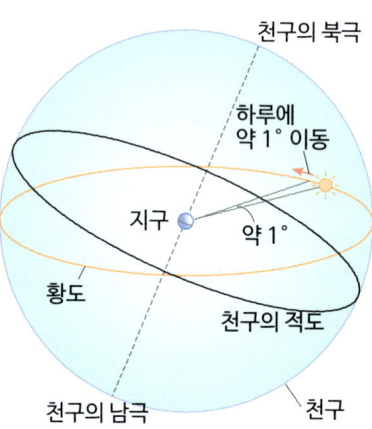

●황도 부근의 별자리와 태양의 겉보기운동

지구에서 보면 황도 부근에 있는 12개의 별자리를 황도12궁이라 합니다. 양자리, 황소자리, 쌍둥이자리, 게자리, 사자자리, 처녀자리, 천칭자리, 전갈자리, 궁수자리, 염소자리, 물병자리, 물고기자리가 있습니다.

예를 들면 지구가 여름일 때 태양은 쌍둥이자리 방향에서 보입니다. 지구가 가을 위치까지 공전하는 사이에 태양은 쌍둥이자리에서 게자리, 사자자리로 보이는 방향이 바뀝니다. 이처럼 태양은 황도12궁 사이를 이동하는 것처럼 보입니다. 하지만 태양과 같은 방향에 있는 별자리는 일출 직전이나 일몰 직후밖에 볼 수 없습니다.

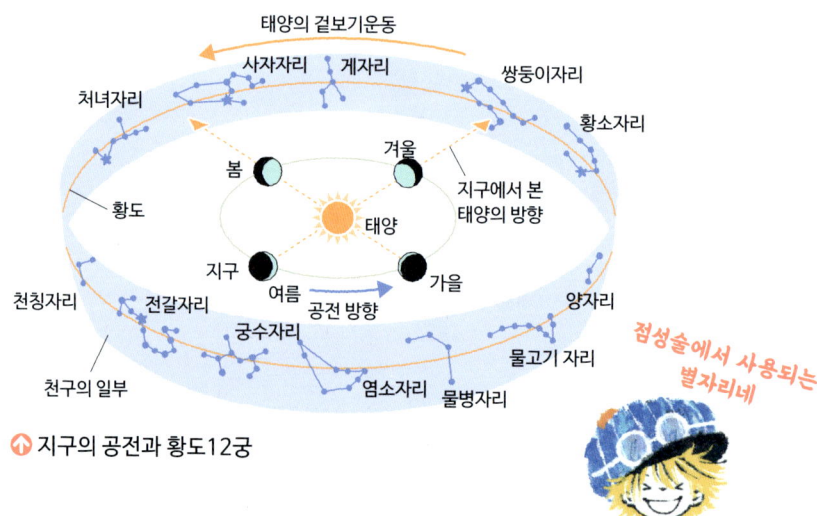

↑ 지구의 공전과 황도12궁

  점성술은 지금으로부터 4,000년 이상이나 전에 만들어졌습니다. 생일 무렵 태양이 있는 방향 가까이에 있는 별자리를 그 사람이 태어난 달의 별자리로 삼아 점을 쳤던 것이 그 시작입니다.

24절기

일기예보에 "오늘은 입춘으로 달력상으로는 봄이지만…"이라고 이야기하는 것을 들어봤지요? 입춘은 24절기 중 하나입니다. 24절기란 천구상에서 태양이 움직이는 길인 황도를 15°씩 24등분으로 나눠, 각 시기마다 계절의 모습을 나타낸 이름을 붙여 놓은 것입니다. 춘분을 0°로 하며, 그 점을 태양이 통과했을 때가 춘분이 됩니다.

옛날 중국에서는 달의 차고 기우는 것을 기준으로 '태음력'이라는 달력이 만들었지만 1년이 354일이 되고 계절이 어긋나버렸기 때문에, 계절을 기준으로 태양의 위치를 기본으로 한 24절기가 고안되어 전해졌습니다.

현재는 태양의 움직임을 기본으로 한 '태양력'이 쓰이면서 날짜와 계절의 차이는 거의 없어졌지만, 계절을 나타내는 언어로 지금까지도 계속 사용되고 있습니다.

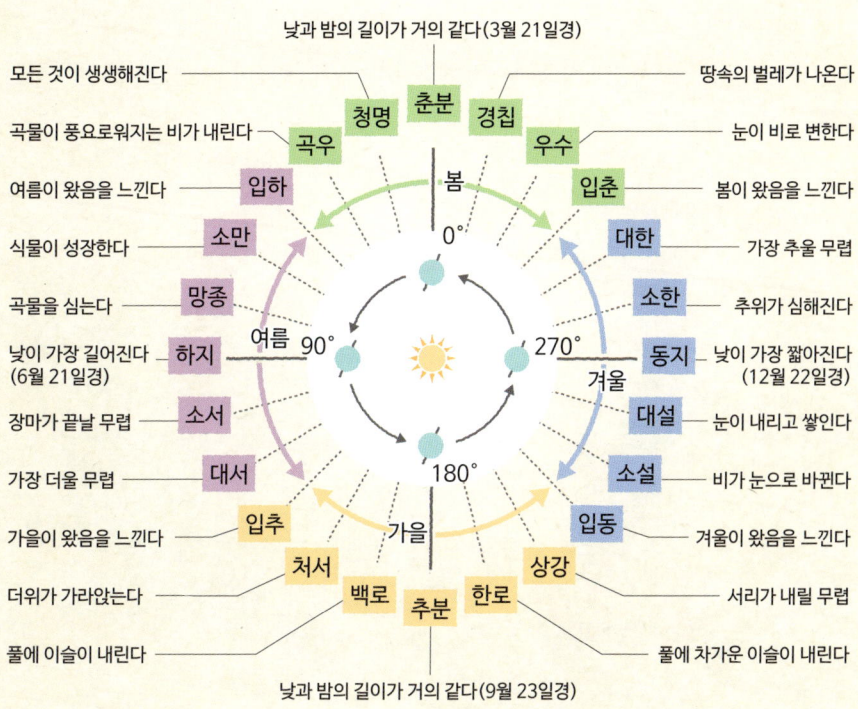

여러 장소에서의 태양의 움직임

지구상의 여러 장소에서 태양의 움직임을 관찰하면, 북반구에 위치한 지역에서 볼 수 있는 태양의 움직이는 방식과 다르다는 것을 알 수 있습니다.

우선 자전축이 기울어진 것과 태양 빛이 닿는 방향을 생각해봅시다. 춘분과 추분은 태양 빛이 자전축에 수직으로 비칩니다. 하지는 북반구가 태양 쪽으로 기울어져 있기 때문에 춘분과 추분보다 23.4° 북쪽에서 태양 빛이 비칩니다. 반대로 동지는 춘분과 추분보다 23.4° 남쪽에서 태양 빛이 비칩니다.

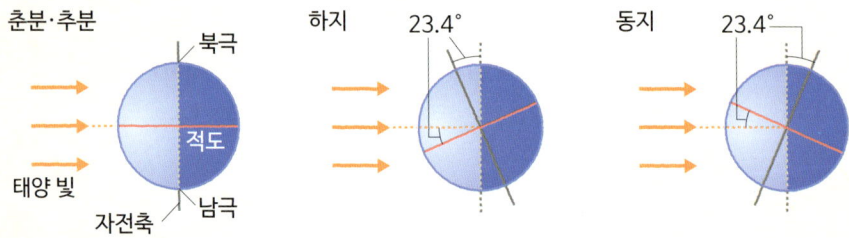

여기서, 지구상의 여러 장소에서의 계절에 따른 태양 빛이 닿는 원리를 생각하면 다음 그림과 같습니다.

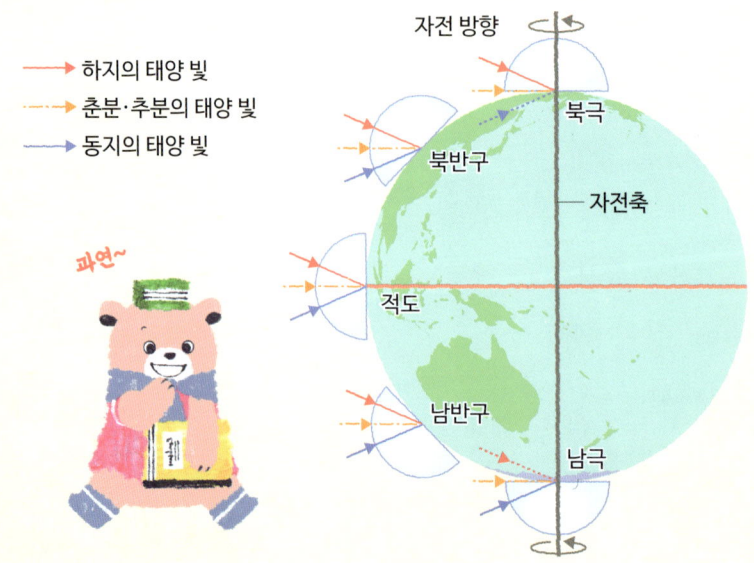

지구는 서쪽에서 동쪽으로 자전하고 있기 때문에, 북극과 남극 이외에는 태양이 동쪽에서 떠서 서쪽으로 지는 것은 어디서나 똑같습니다. 각 지역의 계절에 따른 태양의 움직임을 정리하면 다음과 같습니다.

●북극

북극에서는 땅 위에서 보면 태양은 왼쪽에서 오른쪽으로 수평하게 움직이는 것처럼 보입니다. 동지에 태양은 지평선 위로 뜨지 않습니다.

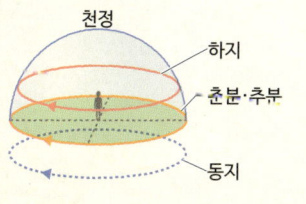

●적도

적도에서는 자전축에 대해 수직으로 서 있으므로, 태양은 지평선에 대해 수직으로 떠서 수직으로 집니다.

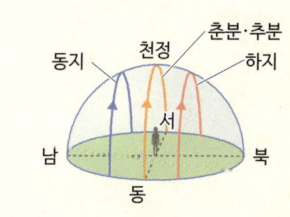

●남반구

남반구에서 태양은 동쪽에서 떠서 북쪽 하늘을 지나 서쪽으로 집니다. 하지(남반구에서는 겨울)에 일출과 일몰의 위치는 1년 중 가장 북쪽으로 치우치고, 진북에 이를 때의 고도는 가장 낮아집니다. 동지(남반구에서는 여름)에 일출과 일몰의 위치는 1년 중 가장 남쪽으로 치우치고, 진북에 이를 때의 고도는 가장 높아집니다.

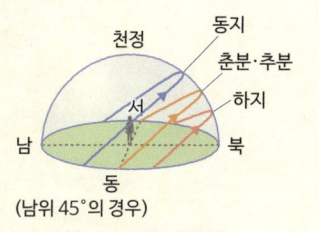
(남위 45°의 경우)

●남극

남극에서는 땅 위에서 보면 태양은 오른쪽에서 왼쪽으로 수평하게 움직이는 것처럼 보입니다. 하지에 태양은 지평선 위로 뜨지 않습니다.

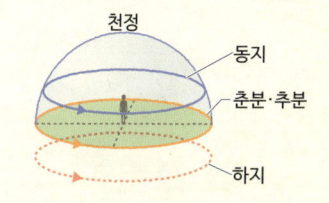

여러 가지가 있네

태양계의 행성

행성의 지름 (지구를 1로 했을 때)

목성
142,984km
(11.2)

수성
4,879km
(0.38)

지구
12,756km
(1)

금성
12,104km
(0.95)

화성
6,792km
(0.53)

태양으로부터의 거리 (태양과 지구의 거리를 1로 했을 때)

수성 57,900,000km (0.39)
금성 108,200,000km (0.72)
지구 149,600,000km (1.0)
화성 227,900,000km (1.5)
목성 778,300,000km (5.2)
토성 1,429,400,000km (9.6)

태양

목성부터 갑자기 멀어지는 건가

지구는 태양을 중심으로 도는 태양계의 행성입니다. 태양계에는 지구를 포함하여 8개의 행성이 있습니다. 이러한 행성의 크기와 태양으로부터의 거리를 비교해봅시다.

토성
120,536km
(9.5)

천왕성
51,118km
(4.0)

해왕성
49,528km
(3.9)

지구란 참 조그맣구나

천왕성 2,875,000,000km (19)

해왕성 4,504,400,000km (30)

04 태양계와 은하

태양계

태양과 그 주위를 공전하는 8개의 행성, 소행성, 혜성, 위성 등의 천체의 집합을 태양계라고 합니다. 태양계는 은하계의 일부입니다.

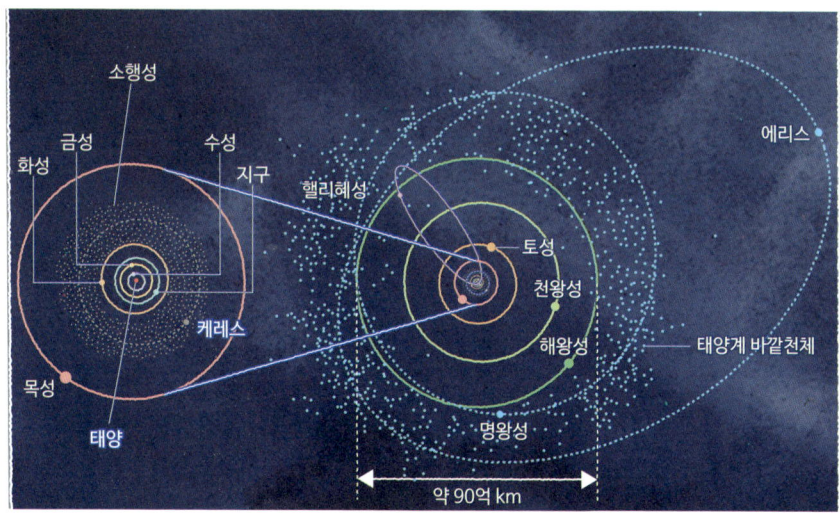

↑ 주요 태양계의 천체 궤도

태양계의 천체 분류

행성	수성, 금성, 지구, 화성, 목성, 토성, 천왕성, 해왕성
왜행성	케레스, 명왕성, 에리스 등
태양계 소천체	소행성, 혜성, 태양계 바깥천체 (명왕성, 에리스 등 왜행성은 제외)
위성	달[지구], 포보스[화성], 가니메데[목성] 등

★★★ 지구형 행성

암석으로 이루어져 있어서 지름과 무게가 작지만 밀도가 큰 행성을 지구형 행성이라고 합니다. 수성, 금성, 지구, 화성은 지구형 행성입니다.

★★★ 목성형 행성

기체 등으로 이루어져 있어서 지름과 무게는 크지만 밀도가 작은 행성을 목성형 행성이라고 합니다. 목성, 토성, 천왕성, 해왕성은 목성형 행성입니다.

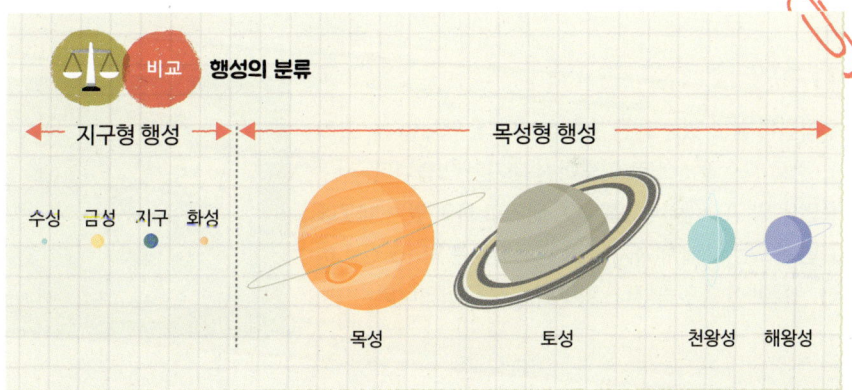

★★★ 수성

태양계 행성 중 태양에 가장 가깝고 가장 작은 행성입니다. 지구형 행성으로, 표면에는 달과 마찬가지로 분화구가 있고, 대기는 거의 없습니다. 낮에는 표면 온도가 약 400°C에 이르지만, 밤에는 영하 150°C 이하로 내려갑니다. 위성은 없습니다.

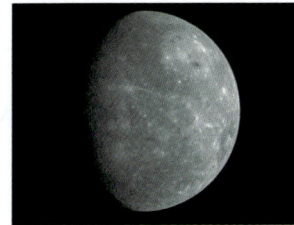

COLUMN 더 자세히
목성형 행성으로 분류되어 있는 천왕성과 해왕성은 기체 이외에도 물과 암모니아, 메테인(메탄) 등의 얼음으로 구성되어 있으며, 천왕성형 행성이라고 분류할 수도 있습니다.

제2장 지구와 우주

★★★ ## 금성

태양에서 두 번째로 가까운 태양계 행성입니다. 자전 방향이 지구와는 반대입니다. 이산화탄소를 주성분으로 하는 두꺼운 대기가 있어서, 그 온실효과로 인해 표면 온도는 약 470°C나 됩니다. 대기 중에는 황산 알갱이로 만들어진 두꺼운 구름이 펼쳐져 있습니다. 위성은 없습니다. 지구에서는 태양, 달에 이어 밝게 보입니다.

★★★ ## 지구

우리들이 살고 있는 태양계 행성입니다. 액체인 물, 그리고 주로 질소와 산소로 이루어진 대기가 있습니다. 지구 표면의 약 70%는 바다입니다. 대기와 물이 있기 때문에 표면 온도는 크게 변하지 않고 평균기온은 약 15°C로 여러 생물이 살고 있습니다. 지구의 위성은 달입니다.

★★★ ## 화성

태양에서 네 번째로 가까운 태양계 행성입니다. 표면은 산화철을 포함한 바위로 덮여 있기 때문에 붉게 보입니다. 특히 이산화탄소로 만들어진 얇은 대기가 있습니다. 포보스와 데이모스라는 2개의 위성이 있습니다.

COLUMN 더 자세히 — 화성은 지구와 같이 자전축이 기울어진 상태로 태양 주위를 공전하기 때문에, 지구처럼 사계절의 변화가 있습니다.

★★★ 목성

태양계에서 가장 큰 행성입니다. 주요 성분은 수소와 헬륨으로, 크기에 비해 밀도는 작습니다. 두꺼운 대기가 격렬하게 움직이고, 표면에는 소용돌이와 줄무늬 모양이 확인되고 있으며, 대적점(대적반)이라고 불리는 거대한 소용돌이는 유명합니다. 매우 가느다란 띠를 가지고 있습니다. 이오, 유로파, 가니메데, 칼리스토 등 75개 이상의 위성이 있습니다.

➡ 목성의 위성
(왼쪽으로부터 이오, 유로파, 가니메데, 칼리스토)

★★★ 토성

목성 다음으로 큰 태양계 행성입니다. 얼음과 암석 알갱이로 이루어진 커다란 원반 모양의 띠를 가지고 있습니다. 수소와 헬륨으로 이루어져 있고 행성 중 가장 밀도가 작은데, 그 크기는 물보다도 작습니다. 60개 이상의 위성을 가지며 그중 가장 큰 위성은 타이탄입니다.

★★ 천왕성

태양계 가운데 세 번째로 큰 행성으로, 주로 기체와 얼음으로 이루어져 있습니다. 대기의 주성분은 수소이고, 메테인(메탄)을 포함하고 있기 때문에 청록색으로 보입니다. 누워 있는 상태로 자전하면서 태양 주위를 공전하고 있습니다. 띠를 가지며 27개의 위성이 있습니다.

COLUMN 더 자세히
천왕성과 해왕성처럼 대기 중에 메테인이 포함되어 있으면 태양광의 붉은빛을 흡수하기 때문에, 결과적으로 남게 된 푸른빛이 산란되면서 푸르게 보이는 것입니다.

제2장 지구와 우주

★★★ 해왕성

태양에서 가장 먼 태양계 행성으로 주로 기체와 얼음으로 이루어져 있습니다. 대기의 주성분은 수소이고, 메테인(메탄)을 포함하고 있기 때문에 아름다운 푸른색으로 보입니다. 표면의 평균기온은 약 영하 220°C입니다. 띠를 가지며 14개의 위성이 발견되었습니다.

★★★ 행성이 보이는 방식

지구와 지구 이외의 행성에서는 공전주기가 다르기 때문에 지구와 행성과의 위치 관계는 끊임없이 변합니다. 그래서 지구에서 보면 행성이 앞으로 나아가거나 돌아오거나 하면서 불규칙적으로 움직이고 있는 것처럼 보입니다.

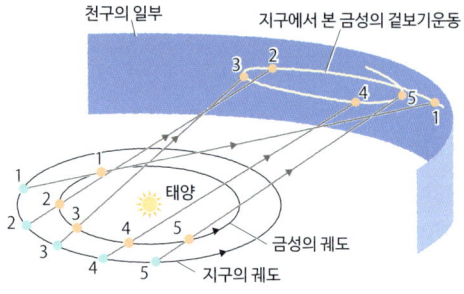

⬆ 금성의 불규칙한 운동의 예

★★★ 내행성

지구보다 안쪽을 공전하고 있는 태양계 행성으로, 수성과 금성이 내행성입니다. 지구에서 차고 이지러지는 것이 보입니다. 늘 태양 가까이에 있기 때문에, 저녁 서쪽 하늘이나 새벽녘 동쪽 하늘에서 보이며 한밤중에는 볼 수 없습니다.

★★★ 외행성

지구보다 바깥쪽을 공전하고 있는 태양계 행성으로, 화성, 목성, 토성, 천왕성, 해왕성이 외행성입니다. 지구에서 보면 거의 차고 이지러지지 않습니다. 한밤중에 남중했을 때, 지구와의 거리가 가까워지기 때문에 크고 밝게 보입니다.

공전궤도로 분류한다고

★★★ 금성이 보이는 방식

금성은 스스로 빛을 내지 못하고 태양 빛을 반사해 빛납니다. 또한 지구와 마찬가지로 태양 주위를 공전하고 있기 때문에, 태양, 금성, 지구의 위치 관계가 바뀝니다. 이 때문에 금성의 밝은 부분이 바뀌고 지구에서는 차고 이지러지는 것이 보입니다. 지구에서 가까울수록 크게 이지러지고 겉보기 크기가 크게 보이며, 지구에서 멀수록 둥글고 작게 보입니다.

금성은 지구 안쪽을 공전하는 내행성으로, 지구에서 태양을 볼 때 태양의 반대쪽으로 갈 수 없기 때문에 한밤중에는 볼 수 없습니다. 또한 언제나 태양에 가까운 방향에 있기 때문에 새벽녘 동쪽 하늘이나 저녁 무렵 서쪽 하늘에서 보이며, 샛별이나 태백성이라고도 불립니다. 태양 방향에 있는 금성은 볼 수 없습니다.

지구에서는 태양, 달에 이어 밝게 보입니다.

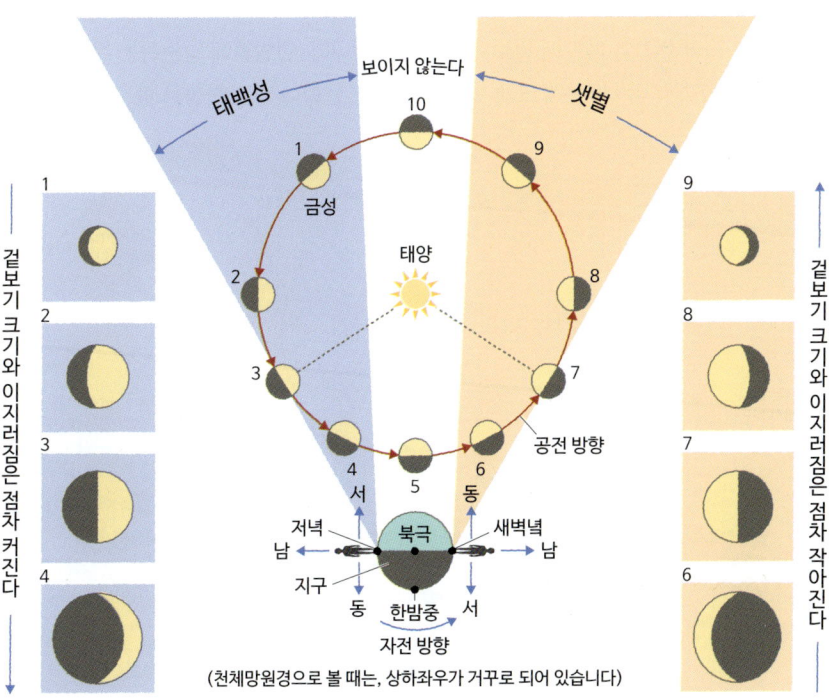

COLUMN 더 자세히
지구에서 보면 내행성이 태양에서 가장 멀리 떨어져 있을 때 내행성-지구-태양 사이의 각도를 최대이각이라 하며, 수성은 약 28°, 금성은 약 47°입니다. 이때 지구에서는 반달 형태로 보입니다.

제2장 지구와 우주

★★★ 샛별
새벽녘, 동쪽 하늘에서 보이는 금성을 말합니다. 지구에서 보면 금성이 태양의 오른쪽에 있을 때, 일출 전에 보입니다.

★★★ 태백성
저녁, 서쪽 하늘에서 보이는 금성을 말합니다. 지구에서 보면 금성이 태양의 왼쪽에 있을 때, 일몰 후에 보입니다.

★★★ 화성이 보이는 방식
화성은 스스로 빛을 내지 못하고, 태양 빛을 반사해 빛납니다. 화성은 지구의 바깥쪽을 공전하고 있기 때문에 한밤중에도 볼 수 있습니다. 또한 지구에서는 늘 태양 빛을 반사하고 있는 면만 보이기 때문에 거의 차고 이지러지지 않습니다.
지구와의 거리가 변하기 때문에 겉보기 크기는 변합니다. 한밤중에 남중하는 화성은 지구와의 거리가 가까워지기 때문에 크게 보입니다. 태양 방향에 있는 화성은 볼 수 없습니다.

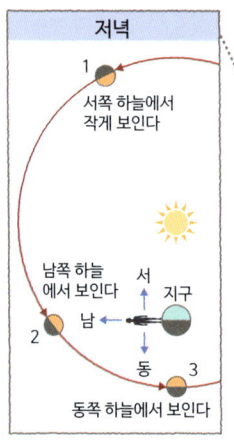
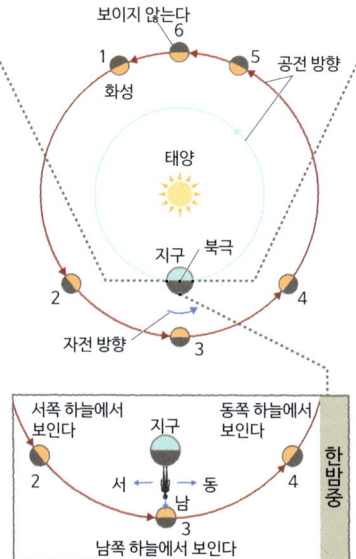
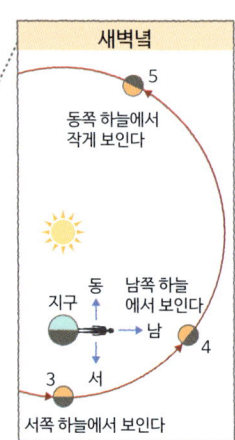

태양계의 천체를 비교해보자

천체 비교-행성, 태양, 달

태양계 각각의 행성과 태양, 달의 특징을 비교해봅시다.

천체	태양으로부터의 거리	지름	무게(질량)	밀도 [g/cm³]	공전주기 [연]	자전주기 [일]	대기의 주요 성분	표면의 평균온도
태양	—	109	332946	1.41	—	25.38	수소	약 6,000℃
수성	0.4	0.38	0.06	5.43	0.24	58.65	거의 없다	약 170℃
금성	0.7	0.95	0.82	5.24	0.62	243.02	이산화탄소	약 460℃
지구	1.0	1.00	1.00	5.52	1.00	1.00	질소, 산소	약 15℃
화성	1.5	0.53	0.11	3.93	1.88	1.03	이산화탄소	약 -50℃
목성	5.2	11.21	317.83	1.33	11.86	0.41	수소, 헬륨	약 -145℃
토성	9.6	9.45	95.16	0.69	29.46	0.44	수소, 헬륨	약 -195℃
천왕성	19.2	4.01	14.54	1.27	84.02	0.72	수소, 헬륨	약 -200℃
해왕성	30.1	3.88	17.15	1.64	164.77	0.67	수소, 헬륨	약 -220℃
달	1.0	0.27	0.012	3.34	27.3[일]	27.3	거의 없다	약 -30℃

태양으로부터의 거리, 지름, 무게(질량)는 지구를 1로 한 값

· 태양에서 지구까지의 거리···약 1억 5,000만 km
· 지구의 지름···약 1만 2,756km
· 지구의 질량···59,720,000,000,000,000억 kg

천체의 크기 비교-위성 왜행성

태양계 각각의 행성과 태양, 달의 특징을 비교해봅시다.

제2장 지구와 우주

중요도
★★★
소행성

태양계의 천체 가운데 행성이나 왜행성보다 작은 천체로, 주로 바위로 이루어져 있습니다. 대부분의 작은 소행성은 화성과 목성의 공전궤도 사이에 있으며, 이것을 소행성대라 부릅니다.

⬆ 일본의 하야부사호가 탐사했던 소행성 이토카와 ©JAXA

★★★
운석

우주에 있는 작은 천체가 지구 등의 행성이나 위성 표면에 낙하한 것으로, 지구에서는 대기와의 마찰로도 다 타지 않고 낙하한 것을 말합니다. 대부분은 화성과 목성의 공전궤도 사이에 있는 소행성대에서 온 것입니다.

불이 붙어서 왔으면 유성이야

⬆ 운석

★★★
혜성

주로 얼음 알갱이와 먼지가 모여 만들어진 태양계의 천체로, 꼬리별이라고도 불립니다. 태양 주변을 공전하며, 많은 경우 가늘고 긴 원형 궤도를 그립니다. 태양에 가까이 오면 얼음이 녹아 기체와 먼지를 방출하며, 태양 반대편으로 꼬리가 늘어뜨려져 있습니다.

⬆ 헤일-밥 혜성

★★★
명왕성

해왕성의 바깥쪽을 공전하는 천체입니다. 이전에는 행성으로 분류되었지만, 태양계 연구가 진행되어 천체의 구조와 공전궤도가 다른 행성과는 다르다는 것을 알게 되었습니다. 2006년 국제천문학연합회에서 태양계 바깥천체의 왜행성으로 분류되었습니다.

COLUMN 깨알지식 지금부터 약 6,000만 년 전, 중생대 말기에 공룡을 비롯한 많은 생물이 멸망한 원인 중 하나로, 지상에 거대한 운석이 충돌했다는 것을 생각해볼 수 있습니다.

★★★ 왜행성

태양 주위를 공전하며, 둥근 모양을 하고 있고, 행성만큼 무게가 나가지 않는 천체를 왜행성이라고 합니다. 2006년 국제천문학연합총회에서 새로 정한 분류입니다. 명왕성과 에리스, 소행성대에 있는 케레스(세레스) 등이 왜행성으로 분류되어 있습니다.

중력이 크면 둥근 모양이 된다고

★★★ 태양계 바깥천체

해왕성 바깥쪽에서 태양 주위를 공전하는 작은 천체를 통틀어 태양계 바깥천체라고 합니다.

★★★ 태양계 소천체

태양 주위를 공전하는 천체 가운데 행성과 왜행성, 위성 이외의 모든 천체를 말합니다. 소행성과 태양계 바깥천체(그중 왜행성 제외), 혜성 등이 태양계 소천체입니다.

★★★ 유성

우주에 있는 매우 작은 먼지가 지구의 대기로 들어와 먼지와 대기의 격렬한 마찰에 의해 온도가 높아지며 빛이 나는 현상입니다. 볼 수 있는 것은 한순간입니다.

● 유성군

대량의 유성이 나타나는 현상입니다. 혜성이 방출한 먼지가 모여 있는 지점을 지구가 통과하면 유성군이 발생합니다. 어느 한 점을 중심으로 펼쳐지듯 유성군이 보이기 때문에, 그 방향에 있는 항성과 별자리의 이름을 붙여 '○○ 유성군'이라 부릅니다. 쌍둥이자리 유성군, 페르세우스자리 유성군, 사자자리 유성군 등이 있습니다.

⬆ 페르세우스자리 유성군의 유성

뭣가 빌어볼까?

  COLUMN 더 자세히 2006년 결의된 행성의 정의는 다음 조건을 만족하는 천체입니다. ①태양의 주위를 돌고 있을 것 ②자신의 중력으로 둥근 형태를 띠고 있을 것 ③자신의 궤도 가까이에 다른 천체가 없을 것.

제2장 지구와 우주

★★★ 은하계(우리은하)

태양계를 포함한 약 1,000억~2,000억 개의 항성과 성단, 성운의 집합으로, 우리은하라고도 불립니다. 한가운데가 부풀어 있는 원반 같은 형태의 공간에 항성이 소용돌이 모양으로 모여 있으며, 그 지름은 약 10만 광년입니다. 은하계의 중심은 지구에서 보고 있는 별자리 방향으로 있습니다. 태양계는 은하계의 중심에서 약 3만 광년 떨어진 위치에 있습니다.

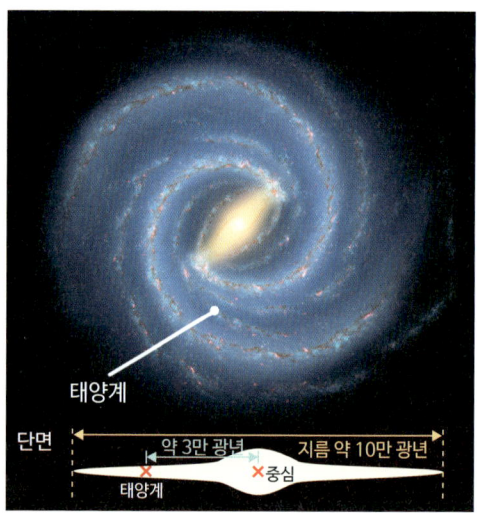
↑ 은하계의 구조

★★★ 은하수

밤하늘에 하얀 구름처럼 보이는 빛의 띠로, 무수한 항성들의 집합입니다. 이것은 지구에서 본 은하계의 모습입니다. 1년 내내 볼 수 있으며, 여름에는 항성이 많은 은하계의 중심 방향을 보고 있기 때문에 특히 밝게 보입니다.

→ 은하수

★★★ 성단

많은 항성이 밀집해 있는 집단입니다. 수만에서 수백만 개의 나이가 100억 년 이상 된 늙은 항성이 공처럼 모여 있는 구상성단이 있고, 수십에서 수천 개의 젊은 항성이 드문드문 모인 산개성단이 있습니다.

→ 구상성단

COLUMN 깨알지식 우리 은하계와 안드로메다은하는 움직이고 있으며, 수십억 년 후에 충돌해 하나의 은하가 될 것으로 예측되고 있습니다.

★★★ 성운

구름처럼 보이는 천체로, 가스와 먼지가 밀집해 있는 곳입니다. 근처에 있는 항성의 빛을 반사하여 밝게 보이는 반사성운, 항성의 영향으로 가스와 먼지가 빛나는 방출성운, 뒤에 있는 항성의 빛을 막아 검게 보이는 암흑성운, 생을 마칠 때가 된 별 주변의 가스가 빛을 내고 있는 행성상성운 등이 있습니다.

↑ 독수리성운(암흑성운)

★★★ 은하

은하계 바깥에 있는 수억에서 수천억 개의 항성 집단입니다. 우주에는 약 2조 개의 은하가 있는 것으로 보입니다. 현재 약 130억 광년을 넘는 먼 곳에 있는 은하도 관측되고 있습니다.

화로자리에 있는 막대나선은하 →

★★★ 블랙홀

밀도가 매우 큰 천체로, 중력이 매우 크기 때문에 블랙홀에 끌려 들어가면 빛조차 밖으로 나올 수 없습니다. 무거운 항성이 일생을 마치면서 일어나는 대폭발(초신성 폭발)에 의해 블랙홀이 생긴다고 보고 있습니다. 빛을 내지 않는 블랙홀을 직접 관찰하는 것은 불가능하지만, 주위에 있는 것들을 흡수하였을 때 발생되는 X선 등을 관측함으로써 존재를 알 수 있습니다. 은하계 중심에도 블랙홀이 있을 것으로 보입니다.

청소기 같아

↑ 블랙홀 상상도

제2장 지구와 우주

★★★ 인공위성

달처럼 지구 주위를 돌고 있으며, 인간이 만든 인공 천체입니다. 로켓을 사용해 지구의 상공 궤도(인공위성이 지나는 길)까지 이동시킵니다. 기상위성과 지구관측위성, 천체관측위성, 통신위성, 방송위성 등이 있습니다. 최초의 인공위성은 1957년에 구소련이 쏜 스푸트니크 1호입니다.

↑ 스푸트니크 1호

↑ 기상위성(GOES)

★★★ 국제우주정거장(ISS)

지상에서 약 400km 상공에 건설된 거대한 유인실험시설로, 지구 주변을 약 90분간 한 바퀴 돕니다. 세계 15개국이 협력하고 있는 국제 프로젝트입니다. 지구와는 다른 우주 환경에서 실험과 연구, 천체 관측을 수행하고 있습니다.

수고하네~

COLUMN 깨알지식

사용하지 않게 된 인공위성과 부품 등이 궤도상에 쓰레기로 남아 있는 경우가 있으며, 그 수는 매년 증가하고 있습니다. 다른 인공위성과 우주정거장에 부딪히면 위험하기 때문에 문제가 됩니다.

| 3학년 | 4학년 | 5학년 | 6학년 | 발전 |

★★★ 허블 우주망원경

1990년 미국이 쏘아 올린, 지상 600km 상공에서 지구 주위를 돌면서 우주 공간에 있는 망원경입니다. 지름 2.4m의 반사경을 가지고 있습니다. 대기가 없는 우주에서 관측을 위해 여러 천체의 선명한 사진을 찍고 있습니다. 최근 운용을 마쳤으며, 차세대 우주망원경에 해당하는 제임스웨브 우주망원경이 2021년경 발사될 예정입니다.

★★★ 아레시보 망원경

푸에르토리코 아레시보 인근에 1963년에 설치된 전파망원경입니다. 세계 최대 전파망원경으로 중력파 및 소행성 관찰, 외계 지적생명체 탐사 등에 활용되었는데, 최근 2016년 중국 톈옌 망원경에 그 자리를 내줬습니다. 2020년에는 케이블이 끊어지는 사고로 심각하게 훼손되었고, 망원경 해체가 결정되었습니다.

★★★ 알마 망원경

표고 5,000m에 달하는 칠레 아타카마사막에 건설된 거대 전파망원경입니다. 천체에서 나온 전파라는 빛의 한 종류를 66대의 파라보나 안테나로 모읍니다. 세계 여러 나라가 협력하고 있습니다. 일반적인 천체망원경으로는 보이지 않던 우주를 좀 더 자세히 관측할 수 있게 되어, 은하와 행성, 생명 탄생의 비밀을 풀 단서를 얻을 수 있을 것으로 기대됩니다.

암흑 상태인 우주를 볼 수 있는 거야~

COLUMN 깨알지식 우주의 천체에서는 빛의 일종인 전파와 적외선, 자외선, X선 등 인간 눈에 보이지 않는 것들도 나옵니다. 그것들을 관측할 장비가 만들어져 우주를 관측할 수 있게 되었습니다.

우주에서 일어나는 대폭발

별의 죽음과 폭발

무거운 별이 생의 마지막에 대폭발을 일으켜, 태양의 수억 배에 이르는 밝은 빛을 내는 것이 초신성 폭발입니다. 갑자기 별이 밝게 빛나기 시작해 마치 새로운 별이 태어난 것처럼 보이지만, 실제로는 별이 죽는 순간입니다. 1054년에 관측된 초신성 폭발은 책 등에도 기록되어 있으며, 그 잔해를 지금까지 게성운으로 볼 수 있습니다.

↑ 게성운

베텔게우스가 없어진다?

오리온자리 왼쪽 위에 있는 붉은 별인 베텔게우스는 거대한 노인별로, 가까운 미래에 수명을 다하고 초신성 폭발을 일으킬 것으로 보입니다. 단, 우주의 시간에서 가까운 미래는 100만 년 이내라는 매우 긴 시간입니다.

베텔게우스는 지구에서 약 640광년 떨어져 있으며, 우리들이 지금 보고 있는 것은 베텔게우스에서 640년 전에 나온 빛입니다. 어쩌면 이미 폭발했는지도 모릅니다.

만약 베텔게우스가 폭발하는 모습을 볼 수 있는 경우라면, 보름달 정도 되는 밝기로 빛나고, 낮에도 볼 수 있을 것 같습니다.

이미 없을지도?

우주의 역사와 우리

빅뱅이란 무엇일까?

우주는 약 138억 년 전에 탄생했습니다. 우주가 만들어질 무렵 우주를 만든 모든 물질의 기원이 한 점에 있었고, 매우 고온이자 고밀도의 불로 만든 구슬 같은 상태였습니다. 이것이 빅뱅입니다. 그리고 우주가 팽창하며 식으면서 원자보다 작은 알갱이에서 수소와 헬륨 원자가 만들어졌고, 여기서 별과 은하가 만들어져 현재 우주의 모습이 되었을 것으로 보입니다.

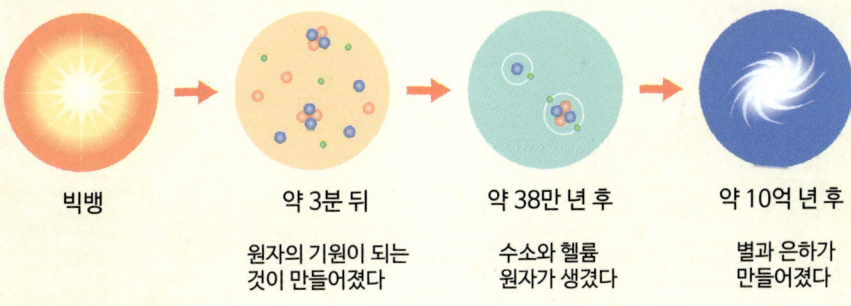

빅뱅 → 약 3분 뒤 (원자의 기원이 되는 것이 만들어졌다) → 약 38만 년 후 (수소와 헬륨 원자가 생겼다) → 약 10억 년 후 (별과 은하가 만들어졌다)

우리는 별에서 만들어졌다?

우주가 생길 무렵, 우주에는 수소와 헬륨밖에 없었습니다(리튬과 베릴륨이 아주 조금 있었습니다). 별이 탄생하면 별은 수소를 연료로 삼아 빛납니다. 이때 헬륨과 탄소, 산소 등이 만들어지고, 별이 죽을 때 만들어진 것들을 우주로 방출하며 또다시 별을 만드는 재료가 됩니다. 그리하여 빅뱅이 일어나고 약 100억 년 후에 그 재료에서 태양계가 생겼습니다. 결국 지구도 우리의 몸도, 별이 만든 물질로 이루어졌다고 할 수 있습니다.

우리 몸을 만들고 있는 것은 별에서 만들어진 것이었네

제3장 대지의 변화

지구편

암석의 순환

지구상에서 암석은 퇴적암, 화성암(화산암, 심성암), 변성암으로 크게 나눌 수 있습니다. 이러한 암석은 모습을 바꿔가며 지구를 순환하고 있습니다.

침식

운반

퇴적

흐르는 물의 작용이야

바다

퇴적암

지구 표면에서 생기는 암석

지구 속에서 생기는 암석

바위도 다시 태어나고 있구나

고온, 고압에 의해 성질이 변화한다

제3장 대지의 변화

이번 장의 학습내용 **헤드라인**

❓ 이상한 바위산! 누가 만든 걸까?

↑ 모뉴먼트 밸리의 암석

왼쪽 사진은 미국에 있는 모뉴먼트 밸리라는 장소입니다. 이상한 모양의 바위산이 여기저기 솟아 있습니다. 이 바위산은 물론 자연의 힘으로 만들어진 것입니다. 이 바위산은 2억 7,000만 년에 걸쳐 만들어진 지층이 5,000만 년 동안 풍화되고 깎이면서 만들어졌습니다. 바위산의 부드러운 부분이 먼저 깎이고 단단한 암석이 남아 이러한 지형이 만들어졌습니다.

❓ 화석에서 무엇을 알 수 있을까?

↑ 암모나이트 화석

아주 가끔 돌로 만들어진 벽 등을 보면 화석이 묻혀 있는 경우를 볼 수 있습니다. 화석은 옛날 생물과 그 생물이 살았던 흔적이 모래와 진흙 등에 파묻혀 남아 있는 것입니다.

예를 들면 지층에서 산호 화석이 나왔다면 어떤 것을 알 수 있을까요? 산호는 따뜻하고 얕은 바다에서 생활하기 때문에, 지층이 만들어졌던 당시의 환경을 추정할 수 있습니다. 화석 안에는 지층이 만들어졌던 시기의 자연환경과 시대를 알려주는 단서가 있습니다.

화산 분화 모습은 어느 것이나 똑같을까?

화산이 분화할 때는 먼지와 연기를 뿜어내는 모습을 종종 볼 수 있습니다. 때로는 커다란 돌을 뿜어내는 일도 있습니다. 하지만 하와이 화산에서는 용암이 흘러내리듯 분화합니다. 이처럼 화산이 분화하는 모습이 다른 것은 마그마의 '점성'이 다르기 때문입니다.

마그마의 점성이 강한 화산에서는 화산재 등을 기세 좋게 뿜어내 격렬하게 폭발하는 분화가 일어납니다. 반대로 마그마의 점성이 약한 화산에서는 차분하게 분화가 이루어집니다.

⬆ 연기와 먼지를 뿜어내는 화산
마그마의 점성은 중간 정도로 격렬한 분화와 차분한 분화를 반복한다

일본과 하와이는 가까워지고 있다?

야호! 알로하~

지구 표면은 퍼즐처럼 구성된 열 몇 장의 암석층으로 덮여 있습니다. 이 암석층을 플레이트(판)라고 합니다. 각각의 플레이트는 조금씩 움직이고 있는데, 태평양 해저 플레이트는 일본 쪽으로 다가오고 있으며 일본 열도를 싣고 있는 플레이트는 밑으로 가라앉고 있습니다. 이 때문에 태평양에 있는 하와이 제도는 1년에 몇 cm의 속도로 일본으로 다가오고 있습니다.

제3장 대지의 변화

01 비의 이동과 지표면의 모습

★★★ 지표면의 기울기에 따른 물의 흐름

비가 많이 내리면 지표면에서는 작은 강처럼 물이 흐르는 경우가 생깁니다. 이때 물은 더 낮은 곳을 향해 흘러갑니다. 보통 물은 높은 곳에서 낮은 곳으로 흘러가는 성질이 있습니다.

● 지표면을 흐르는 물의 모습 관찰

 비가 내릴 때, 지표면을 흐르는 빗물의 모습을 관찰한다.

ⓒ大塚知則／アフロ

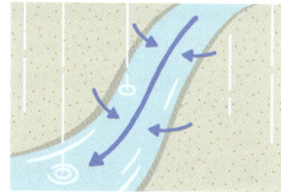

흙이 쌓여 있는 곳에서 낮은 곳으로 물이 흘러간다. 강처럼 물의 흐름은 지표면 낮은 쪽을 향하고 있다.

흙이 패어 있는 곳에 물이 흘러 들어가 물웅덩이가 생겼다.

이를 통해, 물은 높은 곳에서 낮은 곳으로 흐르며 모인다는 것을 알았습니다.

★★★ 흙 알갱이 크기와 물 빠짐의 원리

지표면으로 물이 빠지는 원리는 흙 알갱이의 크기에 따라 달라집니다. 알갱이가 큰 흙으로 이루어진 지표면에서는 틈이 크기 때문에 물이 빨리 빠집니다. 알갱이가 작은 흙으로 이루어진 지표면에서는 틈이 작기 때문에 물이 천천히 빠집니다.

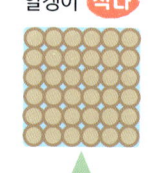

틈이 클수록 물이 빠져나가기 쉽네

비교 **흙을 구성하는 알갱이의 종류**

자갈 / 모래 / 점토

알갱이의 크기: 크다 ↔ 작다

흙은 자갈, 모래, 점토 등이 섞여 이루어져 있습니다. 장소에 따라 그 혼합 방식이 다릅니다.

● 흙 알갱이 크기에 따른 물 빠짐의 원리를 비교하는 실험

방법
① 알갱이가 큰 흙(모래밭의 모래)과 작은 흙(화단의 흙)을 준비한다.
② 페트병을 잘라 만든 장치에 ①의 흙을 각각 같은 양을 넣는다.
③ 같은 양의 물을 동시에 넣고 ⓐ흙 위에 있던 물이 보이지 않게 될 때까지의 시간, ⓑ일정 시간이 지난 후 흙에서 나온 물의 양을 비교한다.

결과

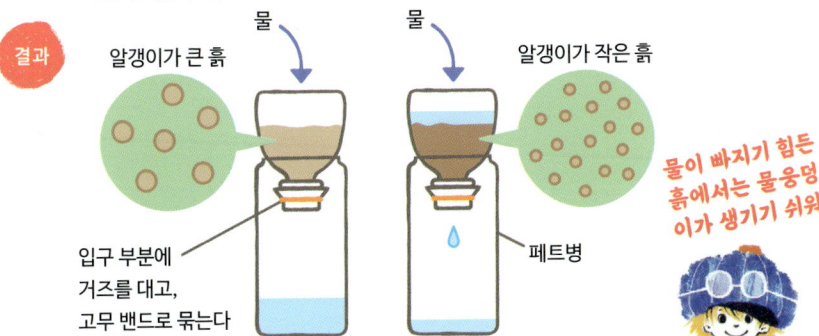

ⓐ 알갱이가 큰 흙 쪽이 물이 보이지 않을 때까지의 시간이 짧다.
ⓑ 흙에서 나온 물의 양은 알갱이가 큰 흙 쪽이 많다.
이로써 흙 알갱이의 크기에 따라 물 빠짐 속도(물 빠지는 방식)에 차이가 있다는 것을 알 수 있습니다.

※사진 ©アフロ

COLUMN 더 자세히 벼는 논에 물을 끌어와 기릅니다. 논에 있는 흙은 알갱이가 작은 점토가 많으므로 물을 가두어놓을 수 있습니다.

제3장 대지의 변화

★★★ 배수장치

내린 빗물이 흘러가지 않으면 그곳으로 물이 점점 모이게 됩니다. 그래서 물이 높은 곳에서 낮은 곳으로 흘러가는 성질을 이용해 배수장치를 만들고 있습니다.

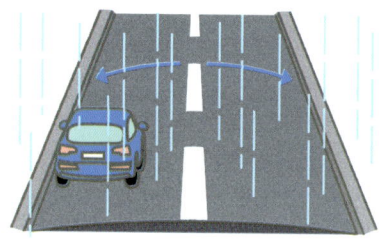

찻길은 가운데를 높게 만들어 빗물이 가장자리로 모이게 해서 배수가 됩니다

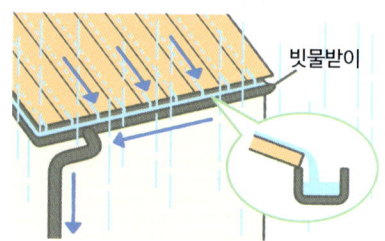

지붕을 타고 떨어진 빗물은 빗물받이에 모여 아래로 흘러가 배수가 됩니다

★★★ 비가 내린 뒤의 물의 이동

비가 내리면 빗물은 지표면으로 흡수되고 낮은 곳으로 흘러갑니다. 산에 스며든 큰비는 토석류의 원인이 됩니다. 땅 밑을 빠져나간 물은 마침내 강으로 흘러갑니다. 도시에서는 지표면이 아스팔트와 콘크리트로 되어 있는 경우가 많아, 물이 빠지기 어렵게 되어 있습니다. 지표면으로 흡수되지 않은 물은 낮은 곳으로 흘러 맨홀과 배수구 등으로 모입니다. 그리고 하수도관(우수관)을 지나 강으로 배출됩니다. 비가 내린 뒤의 강물은 물이 모여들어 흐름이 빠르고 물의 양이 많습니다.

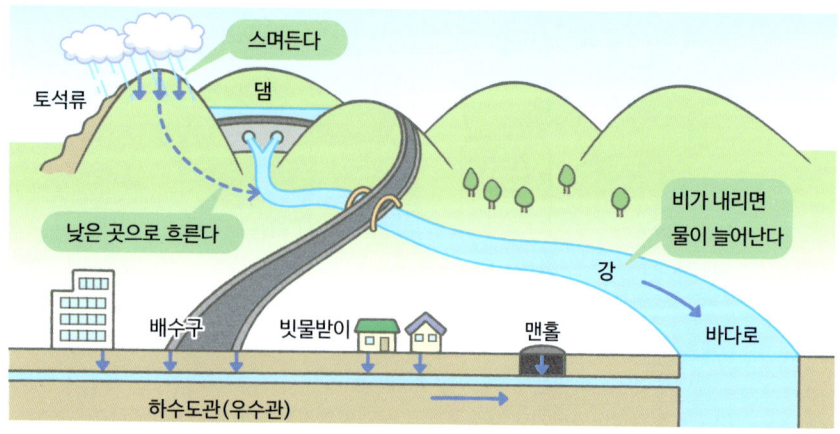

COLUMN 더 자세히 홍수는 큰비로 인해 강의 수량이 늘면서 강에서 물이 넘치기 시작하는 것입니다. 눈 녹은 물 때문에 발생하는 일도 있습니다.

COLUMN

1시간에 50mm는 어떤 비?

뉴스에서 "1시간에 50mm의 비가 내렸습니다"라고 하는 것을 들은 적이 있다면, 어떠한 비인지 상상할 수 있나요?

'1시간에 50mm의 비'란 내린 비가 흘러가거나 흙 속으로 스며지지 않고 그대로 지표면에 쌓였을 때 1시간에 높이 50mm가 되는 비입니다. 펼친 우산의 넓이는 대략 $1m^2$로, 1시간 동안 우산을 계속 쓰고 있었다면 50L(2L의 페트병 25개분)의 비를 우산으로 받았다는 이야기가 됩니다.

1시간 동안 내린 비의 양(mm)	10~20	20~30	30~50	50~80	80~
비의 세기	꽤 강한 비	강한 비	세찬 비	매우 세찬 비	맹렬한 비
사람이 받는 느낌	죽죽 내린다	억수로 내린다	양동이를 뒤집어 쓴 것처럼 내린다	폭포처럼 내린다 (와장창 내린다)	숨 쉬기 어려울 정도로 압박감이 있다
사람에 대한 영향	지표면에서 물이 튀어 발바닥이 젖는다	우산을 쓰고 있어도 젖는다		우산은 전혀 도움이 안 된다	

⬆ 비의 강도와 내리는 방식

'이 정도면 대단한 건 아니야'라고 생각하는 사람이 있을지도 모르지만, 그 주변 일대에 내린 비가 낮은 곳으로 흘러가면 재해가 일어날 우려가 있습니다.

호우로 인해 넓은 범위에서 큰비가 오랫동안 계속 내려 각지에서 홍수와 토사가 범람하는 일이 발생하는 등 큰 피해를 입을 수 있습니다.

⬆ 홍수에 따른 피해

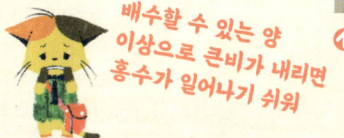

배수할 수 있는 양 이상으로 큰비가 내리면 홍수가 일어나기 쉬워

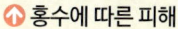

©読売新聞／アフロ

제3장 대지의 변화

02 흐르는 물의 작용

★★★ 흐르는 물의 작용

흐르는 물의 작용에는 침식, 운반, 퇴적의 세 가지가 있습니다. 흐르는 물의 속도와 물의 양에 따라 작용은 변합니다. 흐름이 빠르거나 물의 양이 많으면 침식과 운반 작용이 크고, 물의 흐름이 느리면 퇴적 작용이 커집니다.

		흐르는 속도	흐르는 물의 주요 작용
지표면의 기울기	급하다	빠르다	침식, 운반
	완만하다	느리다	퇴적
굽어 흐르는 곳	바깥쪽	빠르다	침식, 운반
	안쪽	느리다	퇴적

★★★ 침식

흐르는 물이 지표면을 깎아 내리는 작용을 말합니다. 흐르는 물의 속도가 빠를수록, 물의 양이 많을수록 침식 작용은 커집니다.

★★★ 운반

흐르는 물이 토사를 운반하는 작용을 말합니다. 흐르는 물의 속도가 빠를수록, 물의 양이 많을수록 운반 작용은 커집니다.

COLUMN 더 자세히 지표면을 흐르는 물이 탁한 것은 깎인 흙이 섞여 있기 때문입니다. 큰비가 올 때 흙이 많이 깎여 운반되기 때문에 평상시의 강물보다 탁합니다.

★★★ 퇴적

흐르는 물이 흙과 모래를 쌓는 작용을 말합니다. 흐르는 물의 속도가 느릴수록, 퇴적 작용은 커집니다.

★★★ 강물의 작용

강의 흐름에 따라 흐르는 속도와, 강바닥 및 강가의 모습이 달라집니다.

〈똑바로 흐르는 곳〉
중앙부는 흐름이 빠르기 때문에, 침식과 운반 작용이 크며, 강바닥이 깎여서 가장 깊습니다. 양쪽 가장자리는 흐름이 느리기 때문에 퇴적 작용으로 자갈과 모래가 쌓이고 모래밭이 생깁니다. 또한 강바닥의 돌은 가운데 쪽일수록 큰 돌이 많습니다.

〈굽어 흐르는 곳〉
바깥쪽은 흐름이 빠르기 때문에, 침식과 운반 작용이 크며, 강바닥과 강가 쪽이 깎이면서 절벽이 됩니다. 안쪽은 흐름이 느리기 때문에 퇴적 작용으로 작은 돌과 모래가 쌓이고 모래밭이 생깁니다. 또한 강 바깥쪽에 있는 강바닥에서는 커다란 돌들이 굴러다니고 있습니다.

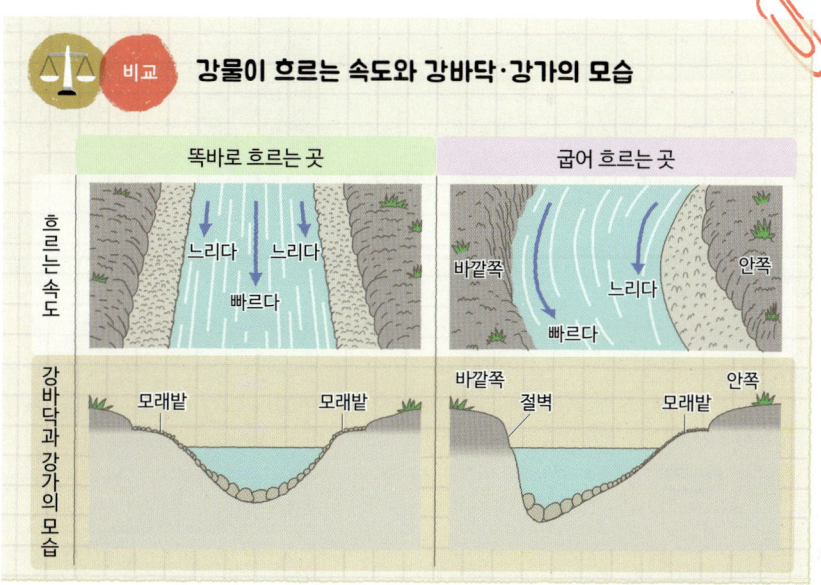

제3장 대지의 변화

강과 모래밭에 있는 돌의 모양

강의 모습은 흐르는 장소에 따라 다릅니다.
돌은 강물이 흐르는 가운데, 돌과 돌이 서로 부딪쳐 깨지거나 서로 긁히면서 점점 작아지고, 모난 부분이 떨어져 나가며 둥그스름해집니다.

〈산속을 흐르는 곳(상류)〉
땅의 기울기가 급하고 강폭은 좁으며 흐름이 빠르기 때문에 침식과 운반 작용이 커집니다. 강가 모래밭에는 크고 모난 돌이 많이 있습니다.

〈평지를 흐르는 곳(중류)〉
땅의 기울기가 완만해지고, 상류에 비해 강폭은 점차 넓어지며 흐름이 완만해집니다. 강가 모래밭에 있는 돌은 상류에 있는 돌과 비교해 작고 둥그런 형태를 띠고 있습니다.

〈하구 근처를 흐르는 곳(하류)〉
강폭이 넓어져 흐름이 느려지기 때문에 퇴적 작용이 커져 흙과 모래가 강가 모래밭과 강바닥에 쌓입니다. 돌은 작고 둥급니다.

| | 비교 | 강의 상류·중류·하류의 모습 |

	산속(상류)	평지(중류)	하구 근처(하류)
땅의 기울기	급하다	← →	완만하다
강폭	좁다	← →	넓다
강가의 모습	절벽이 많다	절벽과 강가 모래밭이 있다	강가 모래밭이 넓다
물의 양	적다	← →	많다
흐르는 속도	빠르다	← →	느리다
주요 작용 - 침식	크다	← →	작다
주요 작용 - 운반	크다	← →	작다
주요 작용 - 퇴적	작다	← →	크다
돌의 크기	크다	← →	작다
돌의 모양	모가 나 있다 		둥글다 

★★★ V자 계곡

산속을 흐르는 강 상류부에서 볼 수 있는 V자 모양을 한 계곡입니다. 땅의 기울기가 급한 상류에서는 강의 흐름이 빠르고, 강바닥을 깎는 침식 작용이 크기 때문에 깊은 계곡이 만들어집니다.

↑ V자 계곡

COLUMN
깨알지식

빙하(지상에 내린 눈이 단단해져 두꺼운 얼음이 되어 움직이는 것)가 계곡을 이동할 때 지표면이 깎이면서 생긴 U자 모양을 한 깊은 계곡을 U자 계곡이라고 합니다.

제 3 장 대지의 변화

중요도
★★★ ## 선상지

강이 산지에서 평지로 나오는 곳에서 볼 수 있는 부채 모양을 한 지형입니다. 땅의 기울기가 급격히 완만해지며 강의 흐름도 완만해져 퇴적 작용이 커지고, 상류에서 운반된 작은 돌이 섞인 모래가 쌓입니다. 물 빠짐이 좋고 강물이 지하를 흐르는 경우가 있습니다.

⬆ 선상지

★★★ ## 삼각주

하구 가까이에서 볼 수 있는 삼각형 모양을 한 땅으로, 델타라고도 합니다. 하구 근처에는 강의 흐름이 느려져 퇴적 작용이 커지고, 흙과 모래가 쌓여 새로운 육지가 생깁니다. 흙과 모래 알갱이가 작기 때문에 물 빠짐이 나쁩니다.

⬆ 삼각주

★★★ ## 구불구불한 모양의 강

강이 뱀처럼 구불구불 굽어 흐르는 곳을 말합니다. 구불거리며 흐르는 강의 바깥쪽은 침식 작용에 의해 깎이고, 안쪽은 퇴적 작용에 의해 토사가 쌓여 강의 굽은 정도가 점점 심해집니다.

⬆ 구불구불한 강

구불구불하구나

★★★ 하적호

초승달 모양을 한 호수입니다. 구불구불한 모양의 강에 홍수 등이 일어났을 때, 강물이 굽어 있는 곳을 통과하지 못하고 똑바로 흐르면서, 남아 있던 굽은 부분이 호수로 남습니다.

↑ 하적호

| 굽어 흐르고 있는 강 | 강이 구부러진다 | 강이 똑바로 흐르게 된다 | 굽어 흘렀던 곳이 남는다 |

↑ 하적호가 만들어지는 방식

★★★ 강의 흐름과 땅의 변화

태풍 등으로 단기간에 큰비가 내리거나(집중호우), 장마처럼 오랜 기간 동안 비가 계속해서 내릴 때, 강물의 양이 늘어나며 흐름이 빨라지고 침식과 운반 작용이 매우 활발해집니다. 그 때문에 강가와 강바닥이 깎여 땅의 모습이 크게 변합니다. 또한 홍수 같은 피해가 일어나는 일도 있습니다.

물의 흐름이 얌전해지면 흘러가던 흙과 모래가 강가와 강바닥에 쌓입니다.

★★★ 토석류

집중호우와 장마 같은 큰비로 인해 산과 강에 있던 흙과 모래가 물과 함께 한꺼번에 떠내려가는 현상입니다. 시속 20~40km의 속도로 흐르며, 굉장한 기세로 건물과 도로 등을 떠내려가게 만듭니다.

↑ 토석류의 피해

COLUMN 더 자세히
강의 상류에서 하구까지의 거리가 짧고 땅의 기울기가 급하면, 물의 흐름이 빠르고 큰비가 내리는 홍수가 발생하기 쉽습니다.

제3장 대지의 변화

중요도 ★★★

제방

강물이 넘치거나 바닷물이 침범하지 못하도록 흙과 모래, 콘크리트 등으로 땅을 쌓아올린 것입니다.
자연에 있는 돌을 이용하거나 콘크리트 위에 흙을 덮는 식으로 물고기 같은 생물이 살기 쉽도록 고안한 것도 있습니다.

↑ 제방

★★★

사방댐

강바닥이 깎이거나, 운반되어 온 흙과 모래가 한꺼번에 흘러 나가는 것을 막기 위한 설비를 사방댐이라고 합니다.

↑ 사방댐

★★★

블록(호안 블록)

강가와 해안에 설치된 커다란 돌로, 물의 힘을 약하게 만들어 흙이 깎이는 것을 방지합니다.

★★★

댐

큰비가 내렸을 때, 빗물을 저장하여 강물이 범람하지 않도록 물의 양을 조절합니다.

↑ 블록   ↑ 댐

★★★

유수지

큰비 등으로 강물의 양이 늘어났을 때, 일시적으로 물을 저장함으로써 홍수를 막기 위한 땅과 연못입니다. 조절지도 같은 역할을 합니다.

COLUMN 더 자세히

강에 사방댐이 만들어지면 연어와 은어 등이 강을 돌아다닐 수 없게 됩니다. 그래서 물고기 등이 강을 이동할 수 있도록 강에 만들어진 통로를 어도라고 합니다.

홍수를 막기 위한 지하신전!?

※제공: 일본 국토교통성 에도가와하천사무소

　사진은 일본 사이타마현 가스카베시의 지하에 건설된 세계 최대급 지하방수로 내에 있는 조압수조입니다. 지하신전이라고도 불리는 이 거대한 수조는 길이 177m, 폭 78m인데, 축구경기장 이상 되는 넓이로 18m의 기둥이 59개 솟아 있습니다.

　이 지역은 큰 강으로 둘러싸인 접시 같은 낮은 평지로, 땅의 기울기가 완만하기 때문에 물이 흐르기 힘들고 큰비가 내릴 때마다 수해를 입어왔습니다. 이 지하방수로는 작은 강에서 흘러나온 물을 거두어 큰 강으로 흘려보냄으로써 홍수에 의한 피해를 막고 있습니다.

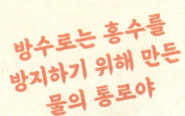

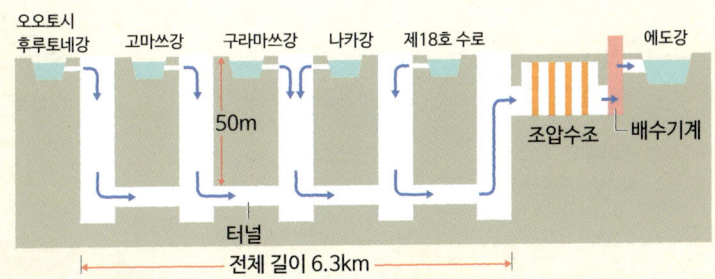

🔽 **지하수로의 구조**
　작은 강에서 넘친 물을 거두어 터널로 보냅니다. 흘러 들어온 물의 기세를 조압수조에서 약하게 만들어 큰 강으로 흘려보냅니다.

제3장 대지의 변화

03 지층이 만들어지는 원리

중요도 ★★★

지층

자갈과 모래, 진흙, 화산재 등이 층을 이루어 쌓이면서 줄무늬 모양으로 보이는 땅을 지층이라 합니다. 지층이 줄무늬 모양으로 보이는 것은 각 층이 포함하고 있는 것들의 색깔과 알갱이 크기가 다르기 때문입니다. 층의 두께는 각 층마다 다릅니다.

지층은 옆으로도 위로도 펼쳐져 있으며, 지표면 아래로도 이어져 있습니다. 또한 수평한 것이나 기울어진 것도 있습니다. 아래에서 위로 층이 여러 겹 쌓여가기 때문에, 하나로 연속되어 있는 지층은 보통 위에 있는 층일수록 새로운 것이며 아래에 있는 층일수록 오래된 것입니다.

지층에는 흐르는 물의 작용으로 만들어진 지층과 화산의 작용으로 만들어진 지층이 있습니다.

비교 물의 작용으로 만들어진 지층과 화산의 작용으로 만들어진 지층

	물의 작용으로 만들어진 지층	화산의 작용으로 만들어진 지층
지층이 만들어지는 원리	흐르는 물의 작용 (침식, 운반, 퇴적)	화산의 작용 (화산의 분화)
지층이 만들어지는 장소	바다와 호수의 바닥	육지 위, 바다와 호수의 바닥
지층을 만드는 것들	자갈, 모래, 진흙	화산재 등
지층 안의 알갱이	● 둥그스름하다	● 모가 나 있다 ● 구멍이 뚫려 있는 것이 있다

지층의 대부분은 흐르는 물의 작용으로 만들어졌어

●지층의 관찰

절벽, 산을 깎아 만든 도로 같은 곳에서 지층의 모습을 관찰합니다. 지층 전체를 스케치하고 각 층의 두께와 색, 포함되어 있는 물질 등에 대해 조사합니다.

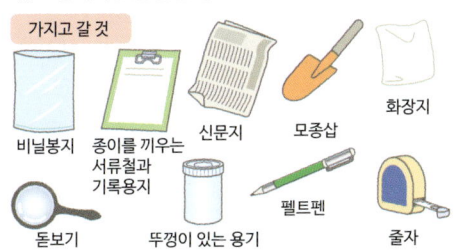

가지고 갈 것: 비닐봉지, 종이를 끼우는 서류철과 기록용지, 신문지, 모종삽, 화장지, 돋보기, 뚜껑이 있는 용기, 펠트펜, 줄자

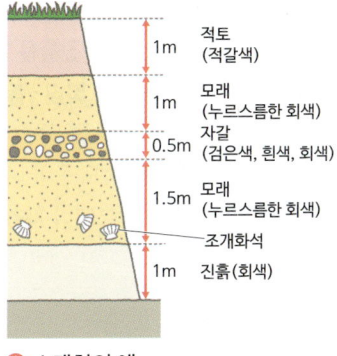

⬆ 스케치의 예
- 1m 적토 (적갈색)
- 1m 모래 (누르스름한 회색)
- 0.5m 자갈 (검은색, 흰색, 회색)
- 1.5m 모래 (누르스름한 회색)
- 조개화석
- 1m 진흙 (회색)

★★★ 노두

절벽 등에서 지층과 암석이 드러난 곳입니다.

★★★ 산을 깎아 만든 도로(개간도로)

산과 언덕 등에 도로와 선로를 개통하면서, 그 양쪽을 깎아 길을 만든 곳을 말합니다.

★★★ 보링

커다란 건물을 세울 때, 지하의 모습을 조사하기 위해 지하 깊숙한 곳에 있는 흙과 바위를 끄집어내는 일을 말합니다. 끄집어낸 것을 보링 시료라고 합니다. 지층을 직접 볼 수 없어도 보링 시료를 통해 지하의 모습을 알 수 있습니다.

⬆ 보링 시료

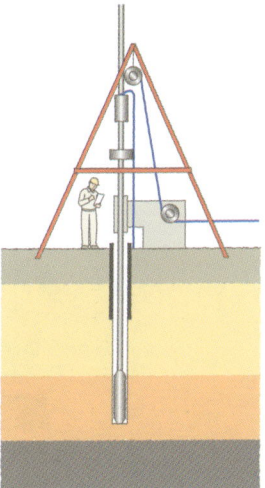

⬆ 보링

제3장 대지의 변화

물의 작용으로 만들어진 지층

강물로 운반된 자갈, 모래, 진흙은 알갱이의 크기로 분류되어 바다와 호수 바닥 등에 퇴적됩니다. 알갱이가 큰 것은 빨리 가라앉기 때문에 알갱이가 큰 자갈은 하구 근처에서 가라앉고, 알갱이가 작은 것은 멀리까지 떠내려가 가라앉습니다.

바다의 깊이와 흐르는 속도 등이 바뀌면, 지금까지 쌓여 있던 층 위에 크기가 다른 알갱이가 퇴적되며, 이것이 반복되어 지층을 이룹니다.

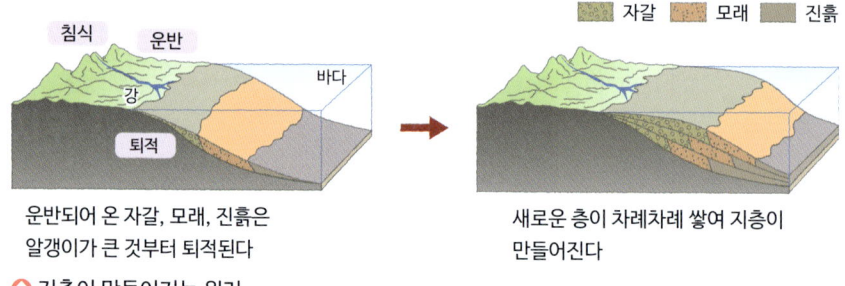

운반되어 온 자갈, 모래, 진흙은 알갱이가 큰 것부터 퇴적된다

새로운 층이 차례차례 쌓여 지층이 만들어진다

↑ 지층이 만들어지는 원리

〈물의 작용으로 만들어진 지층의 특징〉

지층 속 알갱이는 물로 운반되어 왔기 때문에 모서리가 없고 둥그스름합니다. 하나의 층 안의 알갱이 크기는 거의 같지만, 잘 관찰해보면 아래쪽으로 갈수록 알갱이가 커집니다. 또한 지층 속에 화석이 포함되어 있는 경우도 있습니다.

● 지층이 만들어지는 원리를 조사하는 실험

방법
① 아래 그림과 같은 실험 장치를 꾸민다
② 자갈, 모래, 진흙을 섞은 것을 홈통에 두고 물을 흐르게 한다
③ 흙탕물이 가라앉으면 다시 ②를 반복한다

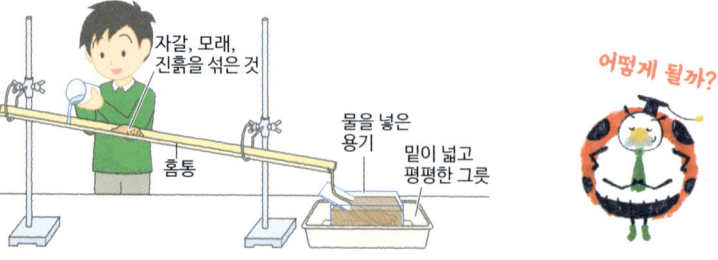

COLUMN 더 자세히 바닷물이 흐르는 방식이 변하거나 강의 속도가 변하면, 쌓이는 알갱이의 크기가 변화합니다.

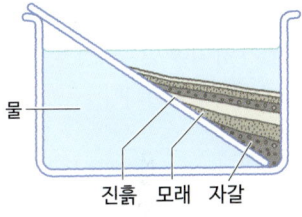

결과 ②, ③과 함께 아래부터 자갈, 모래, 진흙으로 나뉘어 쌓이며 알갱이 크기가 큰 것→알갱이 크기가 작은 것의 순서로 쌓입니다. 또한 ②에서 만들어진 층 위에 새롭게 ③의 층이 ②와 같은 순서로 퇴적됩니다.

● **바다의 깊이와 퇴적되는 알갱이의 변화**

해수면이 상승해서 (땅의 침강) 바다의 깊이가 깊어지면, 해저 어느 지점에서는 하구로부터의 거리가 멀어집니다. 이러한 이유로 그 지점에는 원래 알갱이보다 작은 알갱이가 위로 퇴적됩니다.

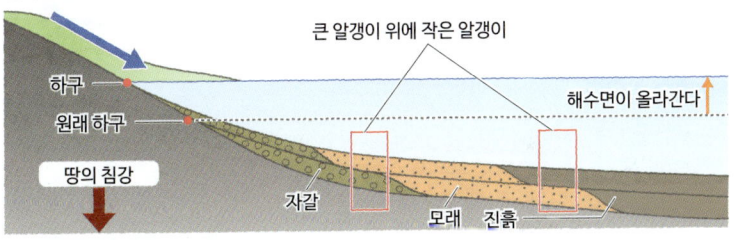

⬆ 바다의 깊이가 깊어질 때

반대로 해수면이 하강해서 (땅의 융기) 바다의 깊이가 얕아지면, 해저의 어떤 지점에서는 하구로부터의 거리가 짧아지며, 원래 알갱이보다 큰 알갱이가 위로 퇴적됩니다.

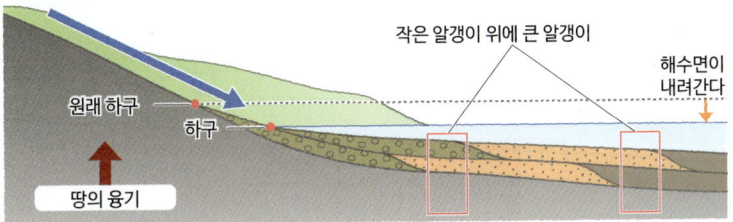

⬆ 바다의 깊이가 얕아질 때

● **지층이 육지 위에 보이는 이유**

물 아래에서 퇴적되어온 지층은 오랜 세월 동안 큰 힘이 더해져 밀려 올라가 육지 위로 드러납니다. 땅 위에서 보이는 지층은 흐르는 물의 작용으로 깎이며 자갈, 모래, 진흙이 되고, 흐르는 물로 운반되어 물 아래에서 퇴적되면서 다시 새로운 지층을 만듭니다.

제3장 대지의 변화

중요도

★★★ **자갈**
바위가 깨지며 만들어진 파편 알갱이로, 지름 2mm 이상의 것을 자갈이라고 합니다.

★★★ **모래**
바위가 깨지며 만들어진 파편 알갱이로, 지름 0.06~2mm의 것을 모래라고 합니다.

★★★ **진흙**
바위가 깨지며 만들어진 파편 알갱이로, 지름 0.06mm 이하의 것을 진흙이라고 합니다.

자갈, 모래, 진흙은 알갱이의 크기에 따라 부르는 방식이 변해

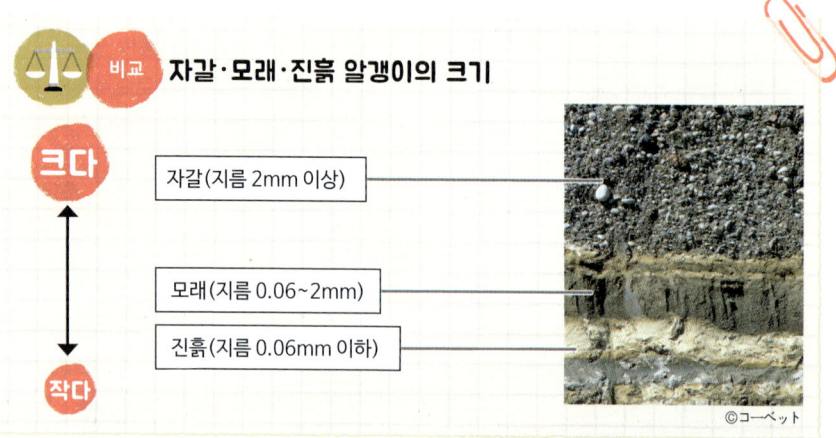

비교 **자갈·모래·진흙 알갱이의 크기**

크다 ↕ 작다

- 자갈(지름 2mm 이상)
- 모래(지름 0.06~2mm)
- 진흙(지름 0.06mm 이하)

★★★ **풍화**
암석이 급격한 기온 변화와 함께 물, 식물 등의 영향을 받아 오랜 기간 표면이 물러지면서 잘게 부서지는 현상입니다. 단단한 바위는 풍화와 침식으로 자갈, 모래, 진흙이 됩니다.

⬆ 풍화된 바위

COLUMN 깨알지식
진흙은 알갱이의 크기에 따라 실트와 점토로 나뉩니다. 실트 쪽이 점토보다 알갱이가 큽니다.

★★★ 화산의 작용으로 만들어진 지층

화산이 분화하면서 내뿜은 화산재 등이 땅 위와 물 아래로 가라앉아 쌓이면서 지층이 만들어지는 경우가 있습니다.

〈화산의 작용으로 만들어진 지층의 특징〉
지층 안에 있는 알갱이는 모가 나 있으며, 작은 구멍이 난 돌이 섞여 있는 경우가 있습니다.

⬆ 화산재의 지층

● **알갱이가 모가 나 있거나, 돌에 구멍이 나 있는 이유**
화산재 등이 땅 위에서 직접 퇴적되거나, 긴 시간 동안 물속에서 흘러다니지 않았기 때문에 알갱이는 모가 나 있습니다. 또한 화산 분화로 지하에 있는 마그마가 지표면으로 분출될 때, 안에 있던 가스가 빠져나간 흔적이 작은 구멍으로 남습니다.

⬆ 구멍이 난 돌

● **화산재의 관찰**

방법
화산재는 그릇에 담고, 물을 부어 손가락으로 휘저어 문질러서 씻은 뒤 탁해진 물은 버린다. 물이 깨끗해질 때까지 반복하고, 남은 것을 말려 쌍안실체현미경으로 알갱이를 관찰한다.

결과
알갱이는 모가 나 있는 것이 많았다.

⬅ 화산재 알갱이

물의 작용으로 만들어진 지층 속 알갱이와는 다르네

제3장 대지의 변화

중요도
★★★ ## 퇴적암

지층을 구성하고 있는 물질이 위에 있던 지층의 무게로 단단한 암석이 된 것입니다. 긴 세월을 거치며 지층을 만드는 알갱이들끼리 달라붙으며 단단해집니다. 퇴적암에는 흐르는 물의 작용으로 만들어진 역암, 사암, 이암, 화산이 분출한 물질에서 만들어진 응회암, 생물의 사체 등에서 만들어진 석회암과 처트가 있습니다.

퇴적암은 화석을 포함하고 있는 경우가 있습니다.

비교 퇴적암의 종류

	암석을 만드는 물질	특징
역암	지름 2mm 이상의 알갱이(자갈)	● 알갱이의 크기로 분류된다 ● 알갱이는 둥그스름하다
사암	지름 0.06~2mm의 알갱이(모래)	
이암	지름 0.06mm 이하의 알갱이(진흙)	
응회암	화산재 등 화산에서 분출된 물질	● 알갱이는 모가 나 있다
석회암	생물의 사체 등(석회질)	● 묽은 염산을 부으면 이산화탄소를 발생한다
처트	생물의 사체 등(규산질)	● 묽은 염산을 부어도 이산화탄소는 발생하지 않는다 ● 매우 단단하다

★★★ ## 역암

지름 2mm 이상의 자갈이 모래와 진흙과 함께 굳어져서 만들어진 암석으로, 퇴적암입니다. 둥근 형태의 자갈이 눈에 띕니다.

데굴데굴 구르고 있어

↑ 역암

★★★ 사암

지름 0.06~2mm의 모래 덩어리가 주로 굳어져서 만들어진 암석으로, 퇴적암입니다. 알갱이는 둥그스름하며 크기가 거의 일정합니다. 표면은 제각각입니다.

↑ 사암

★★★ 이암

지름 0.06mm 이하의 진흙이 굳어져서 만들어진 암석으로, 퇴적암입니다. 알갱이가 작고 결이 고운 암석으로, 물이 통과하기 힘듭니다. 그 때문에 지하수는 이암층 위에 고여 있는 경우가 있습니다.

↑ 이암

비교 **역암·사암·이암**

알갱이의 크기로 분류해

	역암	사암	이암
알갱이 크기	지름 2mm 이상	지름 0.06~2mm	지름 0.06mm 이하
	크다 ←	→	작다

COLUMN 깨알지식 이암이 더욱더 단단해지면 검은색 점판암이 됩니다. 점판암은 자르면 판지처럼 얇게 나뉩니다. 서예 할 때 쓰는 벼루 등으로 사용됩니다.

제3장 대지의 변화

중요도
★★★ ## 응회암

화산이 분화할 때 나오는 화산재 등이 단단해지며 만들어진 암석으로, 퇴적암입니다. 화산재 같은 층은 땅 위에서 퇴적되며 만들어지는 경우가 많고, 응회암은 물에 의해 운반되지 않기 때문에 모가 나 있습니다.

↑ 응회암

★★★ ## 석회암

산호 같은 석회질 성질을 가진 생물의 사체와 바닷물 속에 녹아 있던 석회 성분이 단단해지며 만들어진 암석으로, 퇴적암입니다. 회색과 흰색을 띠고 있습니다. 주요 성분은 탄산칼슘으로, 석회암에 묽은 염산을 뿌리면 이산화탄소 거품을 내며 녹습니다. 시멘트 재료로 사용됩니다.

↑ 석회암

● 대리석

석회암이 지하 깊숙한 곳에서 마그마의 열과 압력에 의해 변하여 만들어진 암석을 대리석이라고 합니다. 건축 재료와 조각 석재 등으로 널리 이용되고 있습니다.
대리석과 같이 마그마의 열과 압력에 의해 성질이 변화한 암석을 변성암이라고 합니다.

★★★ ## 처트

규산질(이산화규소)의 성질을 가진 생물의 사체와 바닷물 속에 녹아 있던 규산 성분이 단단해지며 만들어진 암석으로, 퇴적암입니다. 묽은 염산을 뿌리면 이산화탄소는 발생하지 않습니다. 또한 매우 단단한 암석입니다.

↑ 처트

COLUMN 더 자세히 규산질의 성질을 가진 생물에는 규조류, 방산충 등이 있습니다.

★★★ 화석

지층 속에 남아 있던 아주 옛날에 살던 생물의 사체, 발자국, 살던 흔적, 배설물 등을 통틀어 화석이라고 합니다. 지층이 만들어질 때, 그때까지 그곳에서 생활하고 있던 생물의 사체 위에 토사가 쌓이고 오랜 기간 동안 단단해져서 만들어집니다.

화석에는 옛날 생물의 모습을 알 수 있는 것 외에도, 지층이 생겼을 당시의 환경과 언제 생겼는지를 아는 단서가 되는 시상화석과 표준화석이 있습니다.

➲ 공룡 발자국과 화석

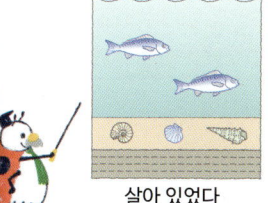  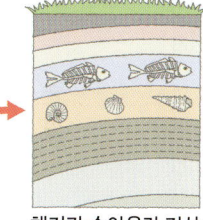

살아 있었다 → 사체가 모래와 진흙에 묻힌다 → 화석이 된다 → 해저가 솟아올라 지상으로 나온다

⬆ 화석이 만들어지는 원리

★★★ 시상화석

지층이 만들어질 당시의 환경을 알 수 있는 단서가 되는 화석입니다. 살아가던 환경뿐 아니라, 가능하면 지금까지도 그 종류가 살아 있어 생활 양상에 대해 자세히 알 수 있는 생물 화석이 시상화석으로 적절합니다.

⬆ 산호 화석

시상화석이 되는 생물	추정할 수 있는 환경
산호	따뜻하고 얕은 바다
바지락, 대합	얕은 바다
재첩	강과 호수의 하구 근처
너도밤나무	조금 추운 지역

⬆ 너도밤나무 화석

제3장　대지의 변화

★★★ 표준화석

지층이 만들어진 시대를 알 수 있는 단서가 되는 화석입니다. 넓은 범위에서 서식하고 짧은 기간 동안 번성했던 생물 화석이 표준화석으로 적절합니다.

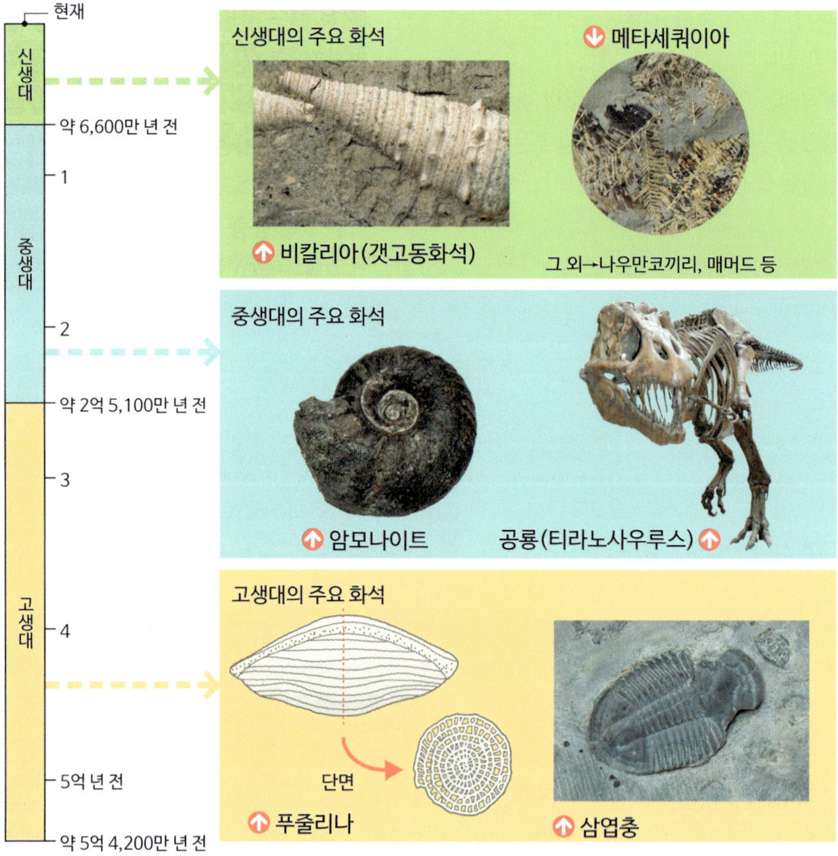

현재
신생대
약 6,600만 년 전
중생대
약 2억 5,100만 년 전
고생대
5억 년 전
약 5억 4,200만 년 전

신생대의 주요 화석
⬆ 메타세쿼이아
⬆ 비칼리아(갯고동화석)
그 외 → 나우만코끼리, 매머드 등

중생대의 주요 화석
⬆ 암모나이트
공룡(티라노사우루스) ⬆

고생대의 주요 화석
단면
⬆ 푸줄리나
⬆ 삼엽충

⬆ 지질시대와 주요 표준화석

공룡이다!

●지질시대

지층이 만들어진 시대에 대한 것으로, 표준화석 등을 기준으로 정해졌습니다.
최근의 순서대로 신생대(현대~약 6,600만 년 전), 중생대(약 6,600만 년 전~2억 5,100만 년 전), 고생대(약 2억 5,100만,년 전~5억 4,200만 년 전) 등으로 이름이 붙었습니다.

 비교 **시상화석과 표준화석**

	시상화석	표준화석
화석에서 알 수 있는 것	지층이 만들어진 당시의 환경	지층이 만들어진 시대
화석이 된 생물의 조건	● 살아 있던 환경이 제한적이었던 생물 ● 가능하면 지금도 그 종류가 살아 있어 생물의 양상에 대해 자세히 알 수 있는 생물	● 넓은 범위에서 서식하던 생물 ● 짧은 기간에 번성했던 생물
화석의 예	산호 화석 →따뜻하고 얕은 바다에서 지층이 생겼다	암모나이트 화석 →중생대 지층을 알 수 있다

산호 화석에는 무늬가 잔뜩 있네

 **COLUMN 더 자세히** 아주 먼 옛날 번성했던 생물이 지금까지도 그다지 모습이 변하지 않고 계속 살고 있는 것을 '살아 있는 화석'이라 하며, 투구게, 실러캔스, 은행, 메타세쿼이아 등이 있습니다.

제3장 대지의 변화

★★★ 지층의 변형

지층은 수평으로 퇴적되어 만들어졌습니다. 하지만 큰 압력이 가해지면 지층은 기울어지거나 굽거나 어긋나며 변형됩니다. 지층을 변형시킨 힘은 플레이트(판)의 운동에 의한 힘입니다.

★★★ 습곡

좌우로 큰 힘을 받으면 지층이 파도치듯 굽어지는 것을 습곡이라 합니다.

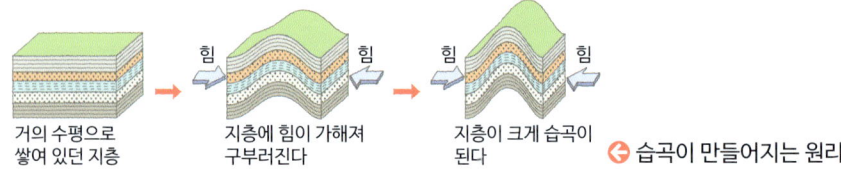

거의 수평으로 쌓여 있던 지층 → 지층에 힘이 가해져 구부러진다 → 지층이 크게 습곡이 된다

습곡이 만들어지는 원리

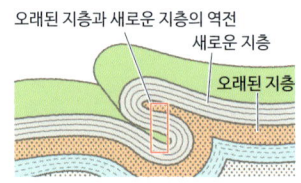

오래된 지층과 새로운 지층의 역전
새로운 지층
오래된 지층

● **지층의 역전**
심한 습곡이 일어났을 때에는, 새로운 지층 위에 오래된 지층이 오는 경우가 있고, 오래된 지층과 새로운 지층의 위아래가 바뀌는 경우가 있습니다.

★★★ 단층

지층에 큰 힘이 가해져 어떤 면을 경계로 어긋나는 것을 단층이라 합니다. 단층은 큰 지진이 일어났을 때 생깁니다. 단층에는 지층에 작용하는 힘이 가해지는 방향에 따라 정단층, 역단층, 수평단층(주향단층)이 있습니다.

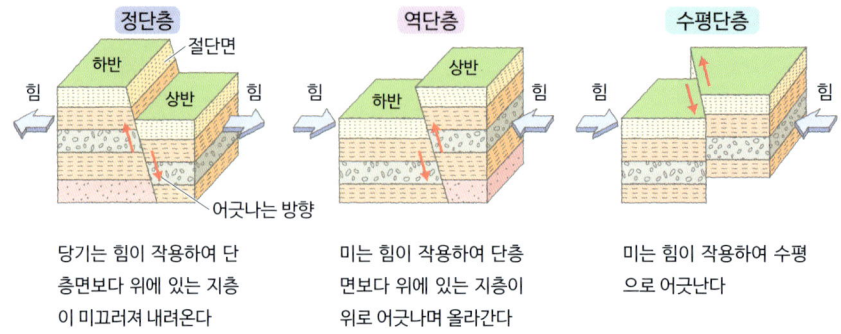

정단층 — 당기는 힘이 작용하여 단층면보다 위에 있는 지층이 미끄러져 내려온다
역단층 — 미는 힘이 작용하여 단층면보다 위에 있는 지층이 위로 어긋나며 올라간다
수평단층 — 미는 힘이 작용하여 수평으로 어긋난다

🔍 **COLUMN 더 자세히**
단층이 어긋나는 면(절단면)보다 위쪽에 있는 부분을 상반(위쪽 암반), 아래쪽에 있는 부분을 하반(아래쪽 암반)이라고 합니다.

- ●활단층
- 과거에 생겼던 단층이 앞으로 활동하며 어긋날 가능성이 있는 단층을 활단층이라고 합니다.

★★★ 정합

지층의 퇴적이 연속해서 이루어질 때의 지층의 겹쳐진 방식입니다. 지층이 평행으로 겹쳐져 있습니다.

↑ 정합

★★★ 부정합

지층의 퇴적에 시간적인 단절이 있는 지층의 겹쳐진 방식입니다.

예를 들면, 바다 밑에서 생긴 지층이 융기해 땅 위로 나오면 침식작용과 풍화작용을 받아 표면이 울퉁불퉁해집니다(퇴적의 일시중단). 그 후에 땅이 침강해 해저가 되면 또다시 지층이 퇴적됩니다.

퇴적이 연속되지 않는 부분의 경계에 있는 울퉁불퉁한 면을 부정합면이라고 합니다.

↑ 부정합

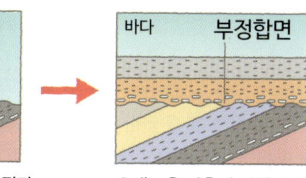

①해저에서 퇴적 → ②융기해 땅 위로 나온다 → ③표면이 침식된다

④침강해 또다시 바다가 된다 → ⑤새로운 지층이 퇴적된다 → ⑥또다시 융기해 땅 위로 나타난다

↑ 부정합이 만들어지는 원리의 예

부정합면이 하나 있는 것을 보니, 현재를 포함해 두 번 육지가 되었군

제3장 대지의 변화

★★★ 지질주상도

지층의 모습을 알기 쉽게 기둥 모양으로 나타낸 것입니다. 지층의 겹치는 방식과 지층을 이루는 것들의 종류, 층의 두께 등을 한눈에 알 수 있습니다. 지질주상도를 기초로 하면, 몇 군데 떨어져 있는 지층을 비교할 때 편리합니다.

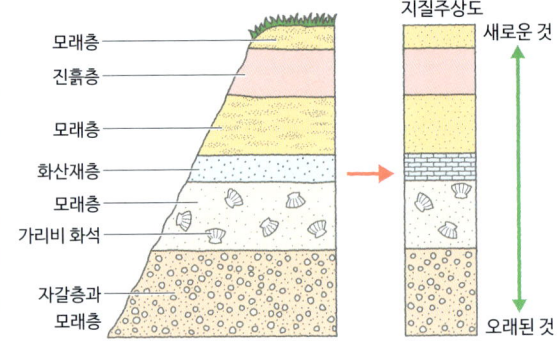

⬆ 지층을 지질주상도로 나타낸다

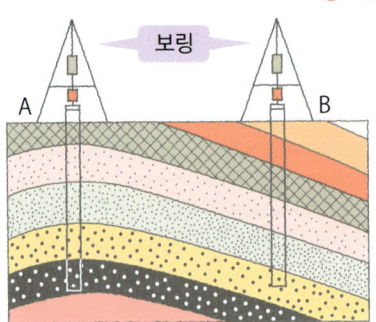

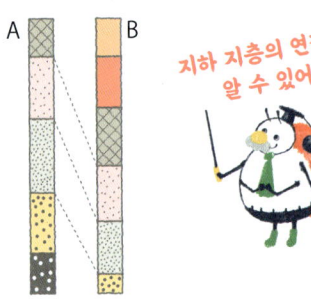

⬆ 떨어져 있는 장소의 지층을 비교한다

★★★ 열쇠층

지층의 연결을 조사하는 단서가 되는 층을 열쇠층이라고 합니다. <u>화산재층과 응회암층</u>, 같은 <u>화석</u>을 포함하고 있는 층을 열쇠층으로 이용할 수 있는 경우가 많습니다.

●화산재층이 열쇠층이 되는 이유
화산 분화로 분출된 화산재는 같은 시기에 넓은 범위에 걸쳐 퇴적되기 때문에, 서로 떨어져 있는 지층에서 같은 분화에 의한 화산재가 포함되어 있다면 같은 시기에 그 지층이 만들어졌다는 것을 알 수 있습니다.

지층을 읽어보자

그림1의 지층에서 알 수 있는 사실을 읽어내 봅시다. 지층은 아래부터 쌓여 겹쳐지므로 G층이 가장 오래되었고 A층이 가장 새로운 지층입니다.

(새로운 지층과 오래된 지층의 역전은 없는 것으로 합니다)

그림1

- A층 사암층
- B층 응회암층
- C층 사암층 (암모나이트 화석을 포함한다)
- D층 역암층
- E층 사암층
- F층 이암층
- G층 석회암층 (산호 화석을 포함한다)

● B층은 화산재 등에서 만들어진 응회암층으로, 이 층이 만들어질 무렵에 근처에서 화산 분화가 있었다고 생각됩니다.

● C층은 암모나이트 화석이 포함되어 있으므로 중생대에 만들어진 지층입니다.

● D~F층을 보면 아래로부터 이암→사암→역암과 알갱이들이 점차 커지고 있으므로, 이때 바다의 깊이가 점점 얕아지고 있었다고 보입니다.

● G층은 산호 화석을 포함하고 있기 때문에, G층이 퇴적했을 당시의 환경은 따뜻하고 얕은 바다였다고 생각됩니다.

다음 그림 2의 지층에서 대지의 변동 순서를 생각해봅시다.

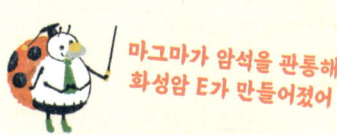

우선 A층과 B층에서 먼저 생긴 것은 아래에 있는 B층입니다. 다음 부정합면 C와 단층면 D 중 어느 것이 먼저 생겼는지를 봅니다. 단층면 D는 부정합면 C에 의해 잘려 있습니다. 여기서 핵심은 '지층은 자르고 있는 쪽이 잘려져 있는 쪽보다 새것'이라는 점입니다. 따라서 부정합면 C는 단층면 D보다 새로운 것입니다. 또한 화성암 E는 A층, B층, 부정합면 C, 단층면 D의 모든 것을 자르고 있기 때문에 가장 새로운 것임을 알 수 있습니다.

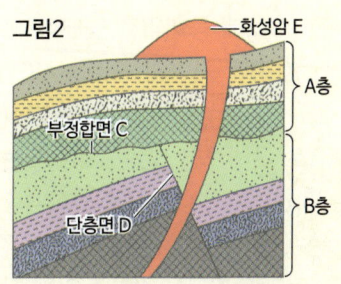

따라서 대지 변동 순서는 B층 퇴적→단층이 만들어짐→부정합면이 만들어짐→A층의 퇴적→화성암 E가 됩니다.

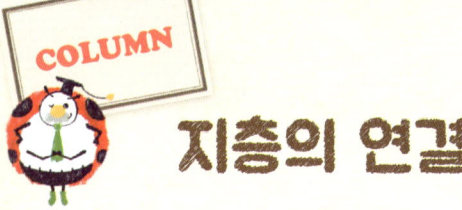

지층의 연결

표고가 다른 장소의 지질주상도를 기본으로 지층의 연결을 조사해봅시다.

그림1은 어떤 지역의 지형도이며, 그림2는 A, B, C 지점에서 지층이 겹쳐진 방식을 보여주는 지질주상도입니다. 이 지역에서 응회암층은 하나밖에 없고, 위아래의 역전과 단층은 보이지 않으며, 각 층은 평행하게 겹쳐져 있습니다.

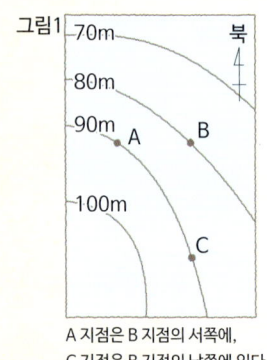

A 지점은 B 지점의 서쪽에, C 지점은 B 지점의 남쪽에 있다

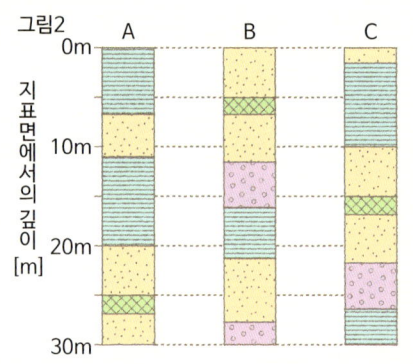

응회암층이 하나밖에 없기 때문에 이것을 열쇠층으로 하여 응회암층 윗면의 표고를 각각 조사합니다.

표고 90m 지점인 A에서는 깊이 25m에 응회암층 윗면이 있기 때문에 윗면의 표고는 90-25= 65[m]입니다. 같은 방식으로 구해보면 B는 75m, C는 75m입니다. 이것으로 응회암층은 A 지점은 B 지점보다 낮고, B 지점과 C 지점은 같은 높이에 있음을 알았습니다. 이로써 이 지역의 지층은 서쪽이 낮다는 것을 알 수 있습니다.

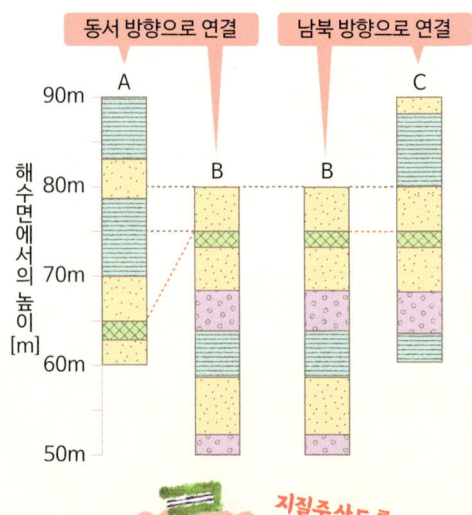

04 화산

중요도 ★★★

화산

지하의 마그마가 지표면으로 분출해 만들어진 산을 화산이라 합니다. 지하의 마그마가 지표면 근처까지 상승하면, 마그마 안에 포함되어 있던 화산가스가 폭발적으로 팽창해 주변 암석을 날리며 분화가 일어납니다. 화산이 분화하면 화구에서 화산가스, 용암, 화산재, 화산자갈, 경석, 화산탄 등이 뿜어져 나옵니다. 이러한 것들을 화산 분출물이라 하며, 마그마가 기본이 되어 만들어집니다.

● 일본의 화산

대략 1만 년 이전에 분화했던 화산과 현재 활동하고 있는 화산을 활화산이라 합니다. 일본에는 100개 이상의 활화산이 있고, 플레이트 경계에 평행하게 늘어서서 분포되어 있습니다.

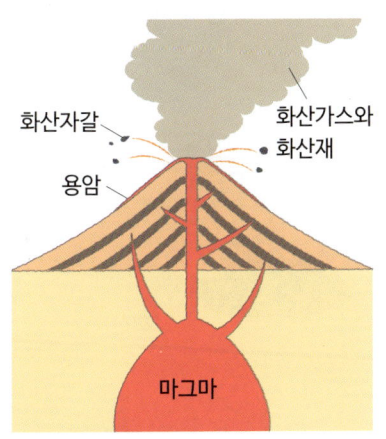
↑ 화산의 구조

↑ 일본의 화산 분포
▲화산

중요도 ★★★

마그마

지하에 있는 암석이 고온으로 인해 걸쭉하게 녹은 것입니다. 마그마의 성질에 따라 화산의 형태와 분화하는 모습, 용암과 화산재의 색깔 등에 차이가 있습니다.

COLUMN 깨알지식
분화의 원리는 탄산음료를 마구 흔든 다음 뚜껑을 열면 액체 속에 녹아 있던 기체가 더 이상 액체 속에 녹아 있을 수 없어 뿜어져 나오는 것과 같은 원리입니다.

제3장　대지의 변화

중요도

★★★ ## 화산가스
마그마에서 나온 기체로, 수증기가 주성분입니다. 이산화탄소와 이산화황 등이 포함되어 있습니다.

★★★ ## 용암
마그마가 지표로 흘러나온, 고온의 액체 상태의 물질입니다. 또 그것이 식으며 굳은 것도 용암이라고 합니다. 마그마에서 기체가 빠져나간 흔적인 작은 구멍이 나 있는 것도 있습니다.

⬆ 용암

★★★ ## 화산재
지름 2mm 이하의 작은 용암의 파편으로, 알갱이는 모가 나 있습니다. 상공의 바람을 타고 넓은 범위로 날아갑니다.

⬆ 화산재
© アフロ

★★★ ## 화산자갈
용암 파편으로, 지름이 2~64mm 되는 것을 말합니다.

⬅ 화산자갈
© アフロ

★★★ ## 경석
색이 희고 표면이 까끌까끌하며, 마그마에서 기체가 빠져나간 흔적인 작은 구멍이 많이 나 있는 것을 말합니다.

경석 ➡

★★★ ## 화산탄
뿜어져 나간 마그마가 하늘에서 식어 굳어진 것을 말합니다.

구멍은 마그마에서 기체가 빠져나간 흔적이야

⬅ 화산탄

COLUMN 더 자세히
마그마의 점성을 결정하는 것은 마그마에 포함되어 있는 이산화규소라는 성분으로, 이산화규소가 많이 포함되어 있을수록 점성이 강해집니다.

★★★ 마그마의 점성과 화산의 모양

마그마에는 점성이 강한 것과 약한 것이 있으며, 화산의 형태와 분화하는 모습, 식어 굳어진 용암과 화산재의 색깔과 관련이 있습니다.

〈점성이 강한 마그마〉
분화해도 흐르기 힘들기 때문에 솟아오른 형태의 화산이 됩니다. 분화하는 모습은 폭발적으로 격렬하며, 마그마가 식어 굳어지면 새하얀 색깔의 용암이 됩니다.

〈점성이 중간 정도인 마그마〉
둥근 형태의 화산이 됩니다. 격렬한 분화와 완만한 분화를 반복하며, 마그마가 식어 굳어지면 회색의 용암이 됩니다.

〈점성이 약한 마그마〉
분화할 때, 흐르기 쉽기 때문에 완만하게 펼쳐진 형태의 화산이 됩니다. 분화하는 모습은 차분하며 마그마가 식어 굳어지면 검은색 용암이 됩니다.

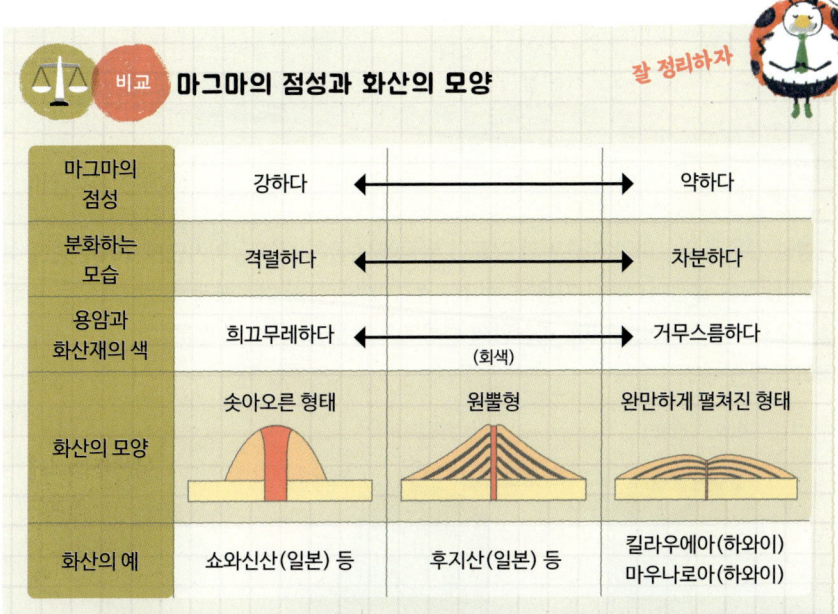

↑ 쇼와신산(일본)

↑ 후지산(일본)

↑ 마우나로아(하와이)

제3장 대지의 변화

중요도
★★★ ## 화성암

마그마가 식어 굳어지며 만들어진 암석입니다. 마그마가 식는 방식에 따라 화산암과 심성암으로 나뉩니다.

화성암에 화석은 포함되어 있지 않습니다. 또한 흐르는 물의 작용을 받지 않기 때문에 화성암을 구성하는 알갱이는 뾰족합니다.

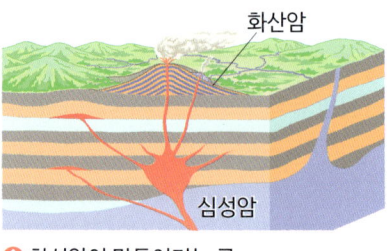

↑ 화성암이 만들어지는 곳

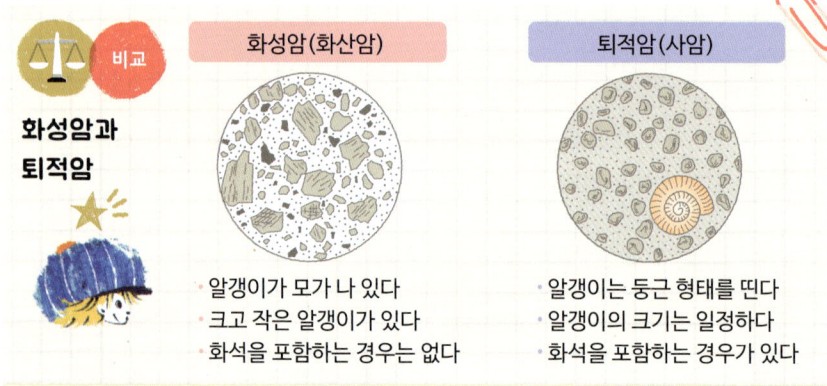

비교 화성암과 퇴적암

화성암(화산암)
- 알갱이가 모가 나 있다
- 크고 작은 알갱이가 있다
- 화석을 포함하는 경우는 없다

퇴적암(사암)
- 알갱이는 둥근 형태를 띤다
- 알갱이의 크기는 일정하다
- 화석을 포함하는 경우가 있다

★★★ ## 화산암

화성암 가운데 마그마가 지표면과 지표면 부근에서 급히 식어 굳어지면서 만들어진 암석입니다. 작은 알갱이(석기) 가운데 커다란 알갱이(반정)가 어지럽게 흐트러져 있는 반상조직으로 이루어져 있습니다. 화산암의 종류에는 유문암, 안산암, 현무암이 있고, 색깔의 차이가 있습니다.

희끄무레하다 ←————→ 거무스름하다

↑ 유문암   ↑ 안산암   ↑ 현무암

COLUMN 더 자세히
용암 등의 화산 분출물은 지표로 흘러나온 마그마가 식어 굳어진 것으로, 분류상 화산암에 포함됩니다.

★★★ 심성암

화성암 가운데 마그마가 지하 깊은 곳에서 천천히 식어가면서 굳어진 암석입니다. 큰 알갱이가 짝을 이룬 등립상조직입니다. 심성암의 종류에는 화강암, 섬록암, 반려암이 있으며, 색깔의 차이가 있습니다.

희끄무레하다 ←――――――――――→ 거무스름하다

↑ 화강암   ↑ 섬록암   ↑ 반려암

비교 화산암과 심성암

마그마의 점성이 강하면 희끄무레한 암석이 되는 거야

	화산암	심성암
만들어지는 곳	지표면 또는 지표면 부근	지하 깊숙한 곳
마그마가 식는 방식	급하게 식는다	천천히 식는다
암석의 구조	반상조직 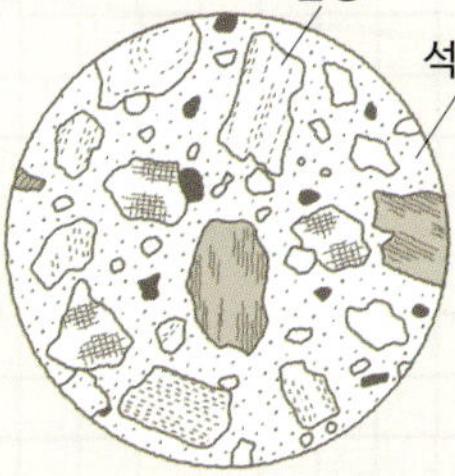 (반정, 석기)	등립상조직 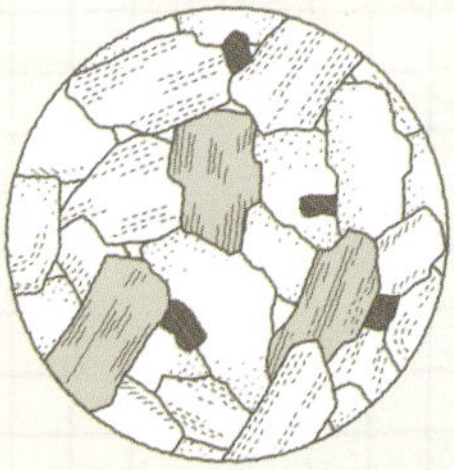
암석의 종류	유문암 안산암 현무암 희끄무레하다 ←→ 거무스름하다	화강암 섬록암 반려암 희끄무레하다 ←→ 거무스름하다

제3장 대지의 변화

중요도
★★★ ## 반상조직

화산암 조직으로, 매우 작은 알갱이 부분(석기) 가운데 큰 알갱이(반정)가 흩뿌려져 있습니다.

- ● 석기
  매우 작은 알갱이와 유리 같은 부분입니다. 마그마가 급히 식어 알갱이가 충분히 자라지 못하거나, 알갱이가 되지 못하고 굳은 것입니다.

- ● 반정
  큰 알갱이 부분입니다. 마그마가 지하 깊숙한 곳에 있었을 때부터 알갱이로 자라 있던 것입니다.

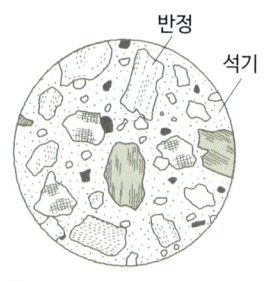

⬆ 반상조직
(화산암)

★★★ ## 등립상조직

심성암 조직으로, 같은 크기의 알갱이가 짝을 이루고 있습니다. 마그마가 천천히 식어서 만들어졌기 때문에 각각의 알갱이는 제대로 자라 있습니다.

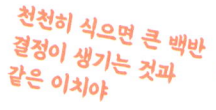

천천히 식으면 큰 백반 결정이 생기는 것과 같은 이치야

⬆ 등립상조직
(심성암)

★★ ## 안산암

화산암의 한 종류입니다. 희끄무레한 광물과 거무스레한 광물이 섞여 회색빛을 띠고 있습니다. 석재로 사용됩니다.

★★★ ## 현무암

화산암의 한 종류입니다. 거무스레한 광물을 많이 포함하고 있기 때문에 검은빛을 띠고 있습니다.

★★★ ## 화강암

심성암의 한 종류입니다. 희끄무레한 광물인 석영과 장석을 많이 포함하고 있기 때문에, 흰빛을 띠고 있습니다. 흑운모 등도 조금 포함하고 있습니다. 석재로 널리 사용됩니다.

★★★ 광물

화산재와 화성암 등에 포함된 알갱이로, 마그마가 식어 결정을 이룬 것입니다. 석영, 장석, 흑운모, 각섬석, 휘석, 감람석 등이 있으며, 모두 모가 나 있습니다.
종류에 따라 색깔과 모양 등에 특징이 있으며, 희끄무레한 광물은 무색광물(백색광물), 거무스레한 광물은 유색광물이라고도 부릅니다.
무색광물을 많이 포함한 화산재와 화성암은 희끄무레한 색을 띠고 있으며, 유색광물을 많이 포함한 화산재와 화성암은 거무스레한 색을 띠고 있습니다.

©アフロ

	무색광물		유색광물			
	석영	장석	흑운모	각섬석	휘석	감람석
광물						
색	무색 흰색	흰색 연분홍색	검은색 갈색 등	진한 녹색 암갈색	녹색, 검은색 갈색 등	연한 녹색 노란색
모양	불규칙한 모양	기둥 모양과 직사각형 모양	널빤지 모양과 육각형	길고 가느다란 기둥모양	짧은 기둥모양	모서리가 둥근 사각형

●석영
무색과 흰색을 띤 무색광물입니다. 불규칙한 모양을 하고 있습니다.

●장석
흰색과 연분홍색을 띤 무색광물입니다. 기둥 모양과 직사각형 모양입니다.

●흑운모
검은색과 갈색을 띤 유색광물입니다. 널빤지 모양과 육각형 모양입니다. 얇아서 잘 벗겨 떨어지는 성질이 있습니다.

COLUMN 더 자세히 자철석이라는 광물은 겉이 빛나는 검은색 유색광물로, 자석에 붙는 성질이 있습니다.

제3장 대지의 변화

★★★ 화산활동에 따른 대지의 변화

화산이 분화하면 화산재와 용암이 뿜어져 나와 땅의 모양이 바뀝니다. 또한 새로운 산이 생기거나, 흘러나온 용암으로 인해 강이 막히거나, 화산 등에 물이 고이며 호수가 생기는 경우도 있습니다. 해저 화산이 분화해 새로운 섬이 생기는 일도 있습니다.

⇧ 새로운 산이 생긴다

⇧ 새로운 호수가 생긴다

⇧ 새로운 섬이 생긴다
※제공: 일본 해상보안청

● 화산활동에 따른 재해

화산이 분화되면서 뿜어져 나온 화산재와 용암 때문에, 건물과 논과 밭 등이 매몰되거나 살던 장소를 잃거나 목숨을 잃는 등 사람들의 생활에 영향을 줍니다.

● 화산의 좋은 점

화산으로 인해 아름다운 경관이나 온천이 생길 수 있습니다. 또한 마그마의 열을 이용해 전기를 만들 수도 있습니다.

⇧ 화산재에 덮인 길

★★★ 화쇄류(화산쇄설류)

고온의 화산가스와 용암, 화산재가 서로 섞여 화산의 경사면을 빠르게 흘러 내려가는 현상입니다. 이 화쇄류로 큰 피해가 발생하기도 합니다.

⇧ 화쇄류
©アフロ

COLUMN 더 자세히 점성이 강한 마그마가 산 정상 부근에 만든, 솟아오른 형태의 용암 덩어리를 용암 돔이라 합니다.

05 지진

★★★ 지진
지하 암석에 커다란 힘이 가해져 암석이 파괴되며 대지가 흔들리는 현상을 지진이라고 합니다.

★★★ 진원
지하에서 지진이 발생한 장소를 진원이라고 합니다. 진원에서 진앙까지의 거리를 진원의 깊이라고 합니다. 진원에서 관측 지점까지의 거리를 진원거리라고 합니다.

★★★ 진앙
진원의 바로 위에 있는 지표면 지점을 진앙이라 합니다. 진앙에서 관측 지점까지의 거리를 진앙거리라고 합니다.

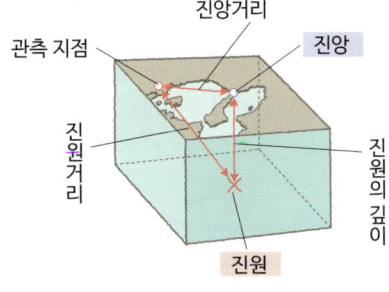

↑ 진원과 진앙

★★★ 지진계
지진의 흔들림을 기록하는 장치입니다. 지진이 일어났을 때, 지표면은 흔들리지만 지진계의 추와 그 끝에 달린 바늘은 거의 움직이지 않아 흔들림을 기록할 수 있습니다. 지진계의 구조는 진자를 든 손을 재빨리 좌우로 움직여도 추가 거의 움직이지 않는 것과 같은 원리입니다.

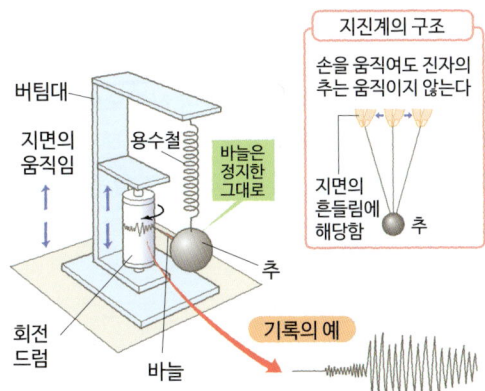

  맨 처음 일어난 큰 지진을 본진이라 하고, 그 뒤에 연속해서 일어나는 작은 지진을 여진이라 합니다. 본진으로 생긴 주변의 흔들림을 해소하기 위해 여진이 일어난다고 보고 있습니다.

제3장 대지의 변화

★★★ 초기미동

지진의 흔들림 가운데 처음에 발생되는 작은 흔들림을 초기미동이라 합니다. 지진파인 P파가 도달하며 일어납니다.

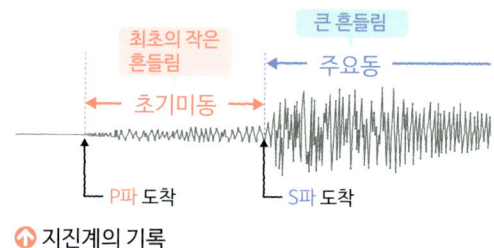

↑ 지진계의 기록

★★★ 주요동

지진의 흔들림 가운데 초기미동에 이어 일어나는 큰 흔들림을 주요동이라고 합니다. 지진파인 S파가 도달하며 일어납니다.

★★★ P파

지진의 파동 가운데 전해지는 속도가 빠른 파동으로, 초기미동을 일으킵니다. P파가 전달되는 속도는 초속 5~7km입니다.

★★★ S파

지진의 파동 가운데 전해지는 속도가 느린 파동으로, 주요동을 일으킵니다. S파가 전달되는 속도는 초속 3~5km입니다.

★★★ 지진의 흔들림이 전달되는 방식

지진이 발생하면 진원에서 속도가 다른 파(P파와 S파)가 동시에 발생되며 이것이 사방으로 전해집니다. 그래서 같은 시각에 흔들림이 시작된 지점을 곡선으로 연결하면 진앙을 중심으로 한 동심원 모양이 만들어집니다.

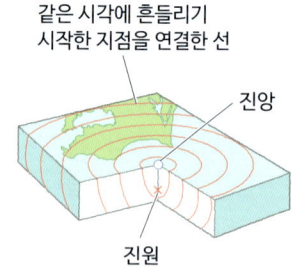

↑ 지진의 흔들림이 전달되는 방식

★★★ 초기미동 계속시간

P파가 도달하고 S파가 도달할 때까지의 시간입니다. 진원에서의 거리가 멀수록 초기미동 계속시간은 길어집니다.

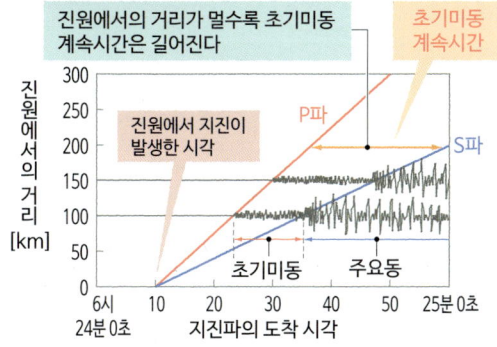

▲ 진원에서의 거리와 초기미동 계속시간

★★★ 진도

지진의 흔들림의 크기를 나타내는 것입니다. 진도는 관측 지점에 따라 다르며, 보통 진원에서 멀어짐에 따라 작아집니다. 또한 진원에서의 거리가 같아도 땅의 성질 등에 따라 진도가 달라지는 경우가 있는데, 지반이 부드러운 지역일수록 커지기 쉽습니다.

★★★ 지진이 일어나는 원리

지진은 지하의 암석에 커다란 힘이 가해져서 발생합니다. 암석에 힘이 가해지는 것은 지구 지표면을 덮고 있는 플레이트(판)가 움직이고 있기 때문입니다. 해양플레이트(해양판)가 대륙플레이트(대륙판) 밑으로 움푹 들어가 있습니다(①). 움푹 들어간 해양플레이트가 대륙플레이트를 끌어당기고(②), 대륙플레이트의 뒤틀림이 점차 커져 버틸 수 없어지면 반발로 인해 지진이 일어납니다(③).
이처럼 플레이트 경계에서 일어나는 지진은 규모가 크고, 해저에서 일어나기 때문에 지진해일이 발생합니다.

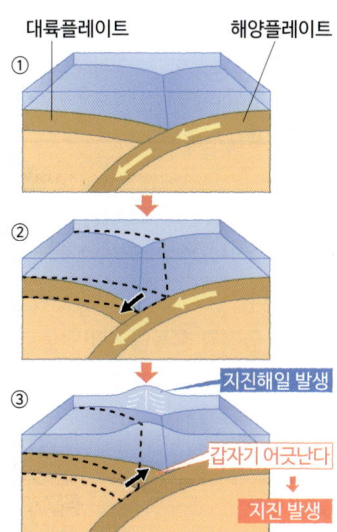

▲ 플레이트 경계에서 일어나는 지진의 원리

제3장 대지의 변화

★★★ ## 플레이트(판)

지구 표면을 덮고 있는 10여 장으로 나뉘어 있는 두께 100km 정도 되는 암석층입니다. 대륙이 얹혀 있는 플레이트를 대륙플레이트(대륙판), 해저를 이루고 있는 플레이트를 해양플레이트(해양판)라 부릅니다.

플레이트는 1년 동안 몇 cm 빠르기로 이동합니다. 플레이트가 움직임에 따라 지하 암석에 큰 힘이 가해집니다. 그래서 지층이 변형되거나, 플레이트 경계 부근에서 화산활동과 지진이 일어나기도 하며, 지층이 밀려 올라가 히말라야산맥과 같은 커다란 산맥이 만들어지기도 합니다.

⬆ 일본 열도 근처의 플레이트

★★★ ## 지진에 따른 대지의 변화

지진으로 단층이 만들어지거나, 지표면에 균열이 생기거나, 산이나 절벽이 무너질 수 있습니다. 또한 땅이 솟아오르거(융기)나 꺼지거나(침강) 할 수도 있습니다.

⬆ 단층

● 지진에 따른 재해
건물과 도로 등이 무너지거나 액상화현상이 일어날 수 있습니다. 해저에서 지진이 일어나면 지진해일(쓰나미)이 일어나는 경우가 있습니다. 또한 규모가 작은 지진이라도 진원이 얕은 지진에서는 큰 피해가 생길 수 있습니다.

★★★ ## 지진해일(쓰나미)

해저에서 큰 지진이 일어날 때 발생하는 커다란 파도입니다.

해저의 급격한 흔들림이 바닷물로 전해지며 커다란 파도가 생겨나 사방으로 퍼져 나갑니다. 육지로 들이닥친 바닷물에는 큰 파괴력이 있어서 큰 피해가 생깁니다.

⬆ 지진해일에 의한 피해

COLUMN 더 자세히 대륙플레이트는 해양플레이트보다 밀도가 작고 가볍기 때문에, 대륙플레이트와 해양플레이트가 부딪치는 장소에서는 해양플레이트가 대륙플레이트 밑으로 들어갑니다.

액상화현상

↑ 액상화현상에 따른 피해

해안 매립지나 하천 연안에 있는 모래땅에서, 지진의 흔들림 때문에 지표면이 액체 상태가 되면서 급격히 부드러워지거나 진흙이 뿜어져 나오는 현상입니다. 건물이 기울어지거나, 하수관이 드러나거나, 지표면이 진흙탕으로 넘치는 경우가 있습니다.

↑ 액상화현상이 일어나는 원리

긴급지진속보

진원에서 전해지는 P파와 S파의 속도 차이를 이용해, 먼저 전해진 P파를 통해 슈퍼컴퓨터에서 분석함으로써 S파 도착 시각과 진도를 예상하여 재빠르게 알려주는 시스템입니다. 단, 진원과 가까운 지점에서는 보도를 시간 안에 못 내보낼 수도 있습니다.

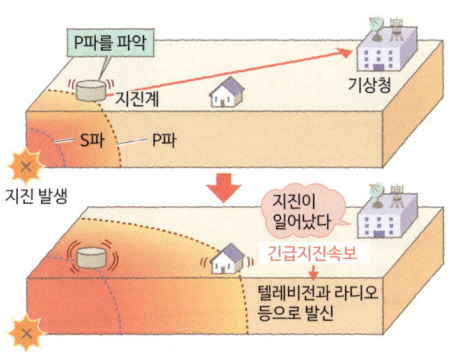
↑ 긴급지진속보의 원리

해저드맵

화산 분화, 지진, 홍수, 지진해일, 토사 재해 등의 예상되는 자연재해에 대해, 재해가 발생했을 때 입게 될 피해 정도와 범위를 예측하고, 피난 장소와 피난 경로 등을 지도상에 나타낸 것입니다.

평소에 재해 대책을 해두자!

화산·지진과 플레이트의 움직임

일본에는 100개 이상의 화산이 있으며 세계의 약 7%를 차지하고 있습니다. 또한 매일 어딘가에서 지진이 일어나고 있어서 지진 대국이라고도 불립니다. 화산이 생기는 곳과 지진이 발생하는 곳은 어떤 관계가 있을까요?

아래 2개의 그림은 세계의 화산과 진앙 분포입니다. 매우 닮아 있지요? 둘 다 전체적으로, 어느 곳 하나 구석구석 미치지 않는 곳 없이 분포해 있는 것이 아니라, 일정 지역에 띠 모양으로 집중적으로 분포해 있습니다.

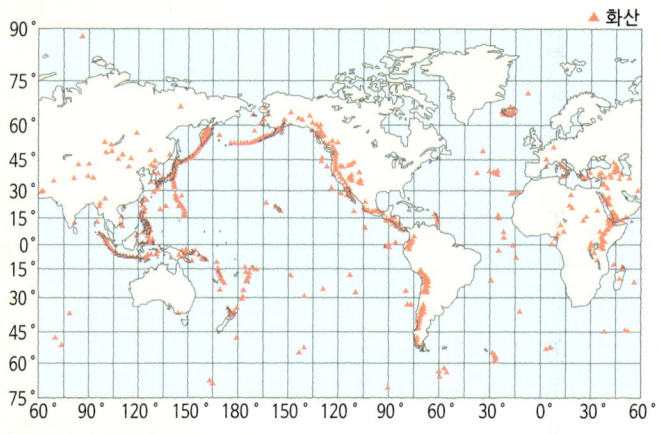

⬆ 세계 화산 분포

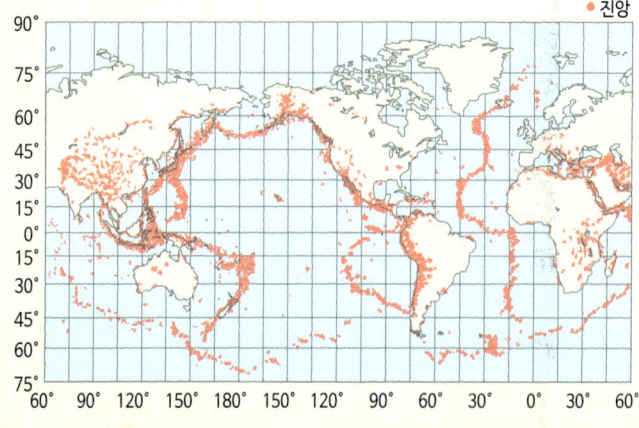

⬆ 세계 진앙 분포

지진은 지하 암석에 힘이 작용하여 발생합니다. 하지만 그 힘은 플레이트의 움직임에 의한 것입니다. 플레이트 경계에서는 플레이트가 충돌하거나 벗어나거나 어긋나면서 서로 간에 힘을 미칩니다. 또한 화산활동의 기본이 되는 마그마도 해저산맥과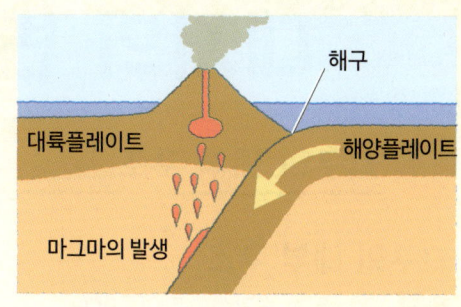
열점(핫스폿) 이외에도, 플레이트가 가라앉아 있는 깊이 100km 이상 되는 깊은 곳에 암석이 일부 녹아 있습니다. 결국 지진의 발생과 화산활동에 플레이트의 움직임이 관계있다는 것이지요.

그러면 지구 표면을 감싼 플레이트를 봅시다. 각각의 플레이트 경계는 왼쪽 페이지에 나와 있는 화산과 진앙 분포와 거의 일치하고 있습니다.

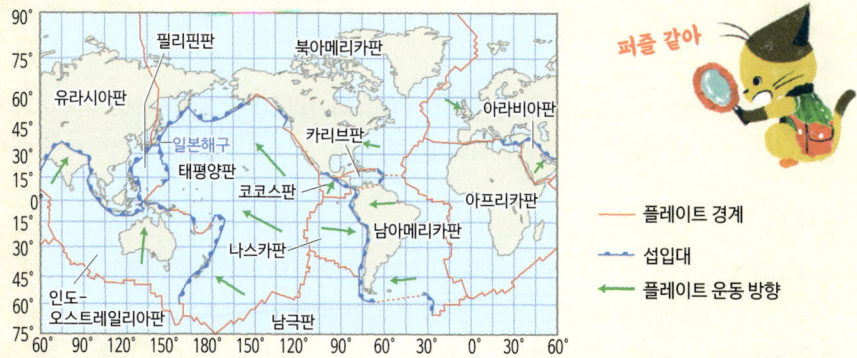

↑ 지구 표면을 감싸고 있는 플레이트

일본 부근에는 대륙판인 유라시아판과 북아메리카판, 해양플레이트인 태평양판과 필리핀판의 총 4개의 플레이트가 있고, 해양플레이트가 1년간 몇 cm의 속도로 움직이며 대륙플레이트 밑으로 들어가고 있습니다. 이 때문에 일본에서는 화산과 지진의 활동이 활발한 것입니다.

제3장 대지의 변화

06 대지의 변동

1 지구의 내부 구조

중요도 ★★★
지구의 내부 구조

지구는 주로 금속과 암석으로 이루어져 있습니다. 지구 내부는 바깥쪽으로부터 지각, 맨틀, 핵으로 크게 나뉩니다. 마치 달걀 같은 구조를 하고 있고, 달걀 껍질 부분이 지각, 흰자 부분이 맨틀, 노른자 부분이 핵에 해당합니다. 중심으로 갈수록 온도가 높고, 압력이 커집니다.

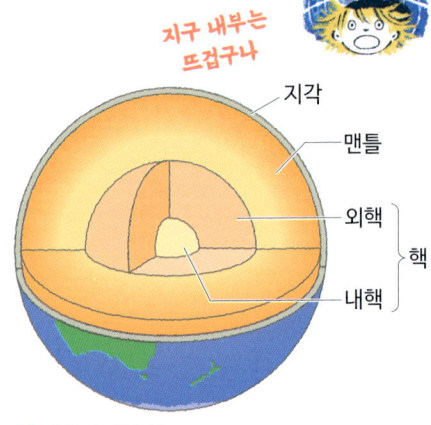

⬆ 지구의 내부 구조

★★★
지각

지구에서 가장 바깥쪽에 있습니다. 깊이 약 5~60km까지의 부분으로, 암석으로 이루어져 있습니다. 우리가 서 있는 지표면은 지각에 해당합니다.

★★★
맨틀

지각 아래에 위치한, 깊이 약 2,900km까지의 암석으로 이루어져 있는 부분입니다. 맨틀 위쪽은 단단한 암반으로 되어 있고, 지각과 합쳐 플레이트로 불립니다. 그 아래는 부드러운 암석층으로 되어 있을 것으로 보고 있습니다.

★★★
핵(코어)

지구 중심에 위치하며, 바깥쪽에 있는 외핵과 안쪽에 있는 내핵으로 나뉩니다. 외핵(깊이 약 2,900~5,100km)은 액체로 된 금속, 내핵(깊이 약 5,100km 이상)은 고체로 된 금속으로 이루어져 있다고 보고 있습니다

COLUMN 더 자세히

맨틀은 지구 내부에 있는 열에 의해 물처럼 대류하고 있는 것으로 보이며, 이것이 플레이트를 움직이는 원동력이라 생각됩니다.

2 대지의 변동

★★★ 대지의 변동과 지형

지구 표면을 감싼 플레이트의 움직임으로 인해, 화산활동과 지진이 일어나고 땅이 융기하거나 침강하며, 대지는 변동하고 여러 형태의 지형이 생깁니다.

★★★ 해저산맥

지구상의 해저에 있는 산맥입니다. 뿜어져 나온 마그마가 식어 해저를 구성하는 플레이트가 만들어지는 곳입니다.

해구

지구상의 해저에 있는 가늘고 길며 깊은 도랑 같은 형태의 지형으로, 플레이트가 가라앉는 곳입니다. 일본 열도 동쪽에는 일본해구가 있고, 해양플레이트(태평양판)가 대륙플레이트(북아메리카판) 밑으로 들어가고 있습니다.

● 주상해분(트로프)
해구보다도 얕고, 해저에 있는 깊은 도랑입니다. 일본 남쪽 해저에서는 해양플레이트(필리핀판)가 대륙플레이트(유라시아판) 밑으로 들어가고 있습니다.

★★★ 열점(핫스폿)

플레이트의 경계와 해저산맥과는 별도로, 마그마가 솟구치는 곳입니다. 플레이트를 관통하며 분출되며, 화산활동에 의해 섬이 생깁니다. 하와이제도 아래에 있는 열점이 유명합니다.

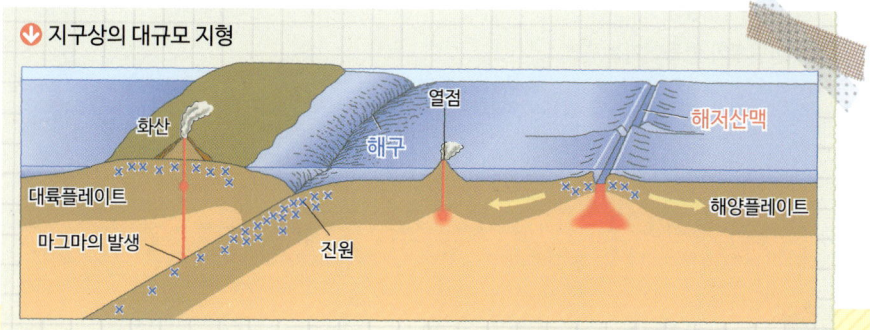

지구상의 대규모 지형

제3장 대지의 변화

중요도
★★★
융기

땅이 솟아오르는 것입니다. 육지 자체가 솟아오르는 경우가 있고, 해수면이 내려가는 경우가 있습니다. 지진에 의해 급격히 솟아오르는 경우도 있으며, 오랜 시간에 거쳐 천천히 솟아오르는 경우도 있습니다.

★★★
침강

땅이 내려가는 것입니다. 육지 자체가 내려가는 경우와, 해수면이 상승하는 경우가 있습니다. 지진으로 인해 급격히 일어나는 경우도 있으며, 오랜 시간에 걸쳐 천천히 일어나는 경우도 있습니다.

★★★
해안단구

바다 연안에 보이는 계단 형태의 지형입니다. 바닷물의 침식 작용으로 파도가 치며 근처에 있던 땅이 깎이며 절벽이 만들어지고, 해저에는 평평한 면이 생깁니다. 땅이 융기하면 평평한 부분이 드러납니다. 이처럼 땅 위로 나온 평평한 면을 단구면이라 합니다.

또다시 파도에 의한 침식과 땅의 융기로 계단 모양이 됩니다.

↑ 해안단구

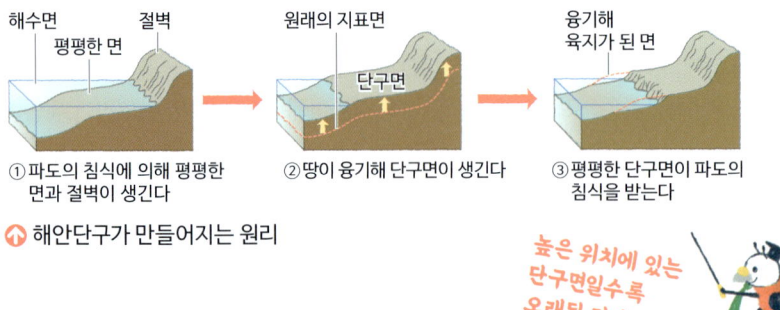
↑ 해안단구가 만들어지는 원리

① 파도의 침식에 의해 평평한 면과 절벽이 생긴다
② 땅이 융기해 단구면이 생긴다
③ 평평한 단구면이 파도의 침식을 받는다

높은 위치에 있는 단구면일수록 오래된 것이야

COLUMN 더 자세히
기후가 한랭화가 되면 바다에서 증발한 물이 육지에서 얼며 바닷물 양이 줄고 해수면이 내려가게 됩니다. 온난화가 되면 육지의 얼음이 녹거나 바닷물의 부피가 커지며 해수면이 올라갑니다.

★★★ 하안단구

강 연안에서 볼 수 있는 계단 형태의 지형입니다. 강에서 운반되어 온 흙과 모래가 퇴적되어 강가 모래밭이 생기고, 땅이 융기하면 강의 침식작용이 커져서 원래 있던 강가 모래밭을 깎으며 평평한 면(단구면)이 생깁니다.

↑ 하안단구 ⓒ群馬大学

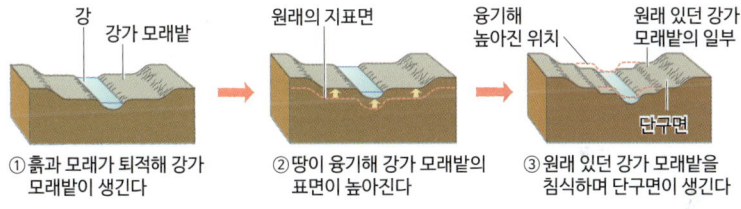

① 흙과 모래가 퇴적해 강가 모래밭이 생긴다
② 땅이 융기해 강가 모래밭의 표면이 높아진다
③ 원래 있던 강가 모래밭을 침식하며 단구면이 생긴다

↑ 하안단구가 만들어지는 원리

★★★ 리아스식해안

높낮이 차이가 큰 땅이 침강하면서 생긴 복잡한 해안선을 가진 해안입니다.

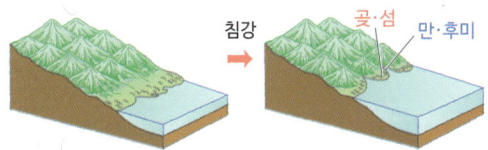

↑ 리아스식해안이 만들어지는 원리

↑ 리아스식해안

★★★ 다도해

리아스식해안이 더욱 침강하면서 생긴 크고 작은 섬이 있는 바다를 다도해라고 합니다.

↑ 다도해

대륙은 움직이고 있다

옛날과 지금의 대륙 모습은 달라졌다

독일의 학자 베게너는 남아메리카 대륙 동쪽 해안선과 아프리카 대륙 서쪽 해안선이 퍼즐처럼 맞물리는 모양을 하고 있음을 발견했습니다. 그리하여 원래 하나였던 대륙이 떨어져 이동하여 현재와 같은 형태가 되었다는 '대륙이동설'을 1912년에 발표했습니다.

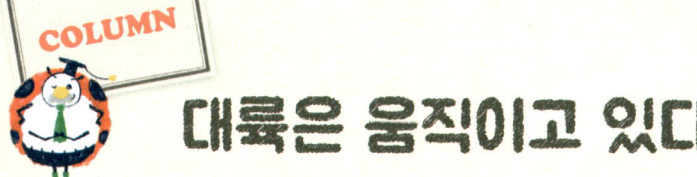

약 2억 년 전

약 6,500만 년 전

현재
인도반도

당시에는 대륙을 움직이는 힘에 대한 설명을 할 수 없었기 때문에 한때 완전히 잊혔지만, 그 후 대륙이 이동한다는 것을 증명할 만한 증거가 발견되면서 베게너의 대륙이동설이 인정받게 되었습니다.

히말라야산맥은 해저에서 만들어졌다!?

세계의 지붕이라고 불리는 8,000m가 넘는 산들이 늘어선 히말라야산맥. 히말라야산맥의 지층을 조사해보니 암모나이트 화석이 발견되었습니다. 암모나이트는 아주 옛날에 바다에서 생활하던 생물입니다. 왜 이런 높은 산에서 바다 생물 화석이 발견되는 걸까요?

암모나이트가 등산을 했나?

↑ 히말라야산맥에 위치한 에베레스트

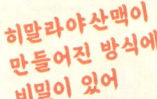
히말라야산맥이 만들어진 방식에 비밀이 있어

왼쪽 페이지에 있는 옛날 대륙의 모습을 보면, 현재 인도반도는 아프리카 대륙의 동해안이 되고, 유라시아 대륙과는 떨어져 있습니다. 인도반도를 싣고 있는 플레이트는 오랜 시간에 거쳐 유라시아 대륙을 실은 플레이트로 다가와 약 4,000만~5,000만 년 전에 유라시아 대륙과 충돌했습니다. 2개의 플레이트의 충돌로 인해 해저 지층이 솟아오르고 히말라야산맥이 만들어졌다고 생각됩니다.

현재에도 인도반도는 북상을 계속하고 있으며, 히말라야산맥도 1년간 대략 몇 mm씩 높아지고 있습니다.

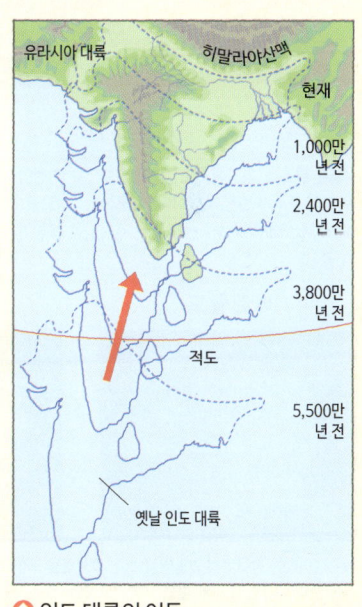
↑ 인도 대륙의 이동

아직도 높아지고 있는 걸까

지층이 솟아오르는 모습 ➡

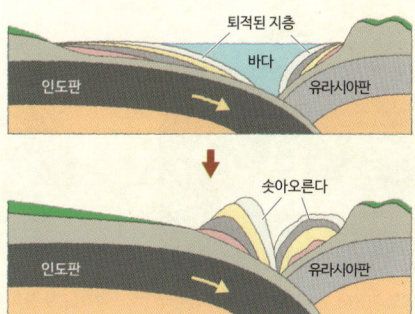

광물과 보석

광물은 약 4,000종류 이상이 알려져 있습니다. 많은 광물 가운데 아름답고 산출양이 적은 것은 옛날부터 보석으로 중요하게 다뤄져왔습니다. 보석 등으로 사용되는 광물을 알아봅시다.

다이아몬드

성분은 탄소로, 지하에서 고온과 고압으로 인해 구조가 변한 것입니다. 지구상에서 가장 단단한 물질입니다.

루비

커런덤(강옥)이라는 광물에서 만들어지고, 성분은 산화알루미늄입니다. 크로뮴(크롬)을 포함하고 있어 붉게 보이는 것이 루비입니다. 이것 이외의 것을 사파이어라고 부르며, 철을 포함하여 푸른 빛깔로 보이는 것으로 유명합니다.

사파이어

에메랄드

아콰마린

같은 광물로 만들어졌지만 조금씩 포함되어 있는 물질의 차이로 색깔이 변하는 거네

녹주석이라는 광물에서 만들어집니다. 크로뮴을 포함하고 있어 아름다운 녹색으로 보이는 것이 에메랄드이며, 철을 포함하고 있어 옅은 푸른색으로 보이는 것이 아콰마린입니다.

수정

석영 가운데 무색투명한 것을 수정이라고 합니다. 보랏빛으로 보이는 것은 자수정이라고도 불립니다.

문스톤

장석의 한 종류에서 만들어집니다. 여러 겹으로 이루어져 있기 때문에 띠 모양의 광택이 있습니다.

페리도트

감람석 가운데 녹색의 투명하고 아름다운 보석입니다.

물질편

제 1 장 물질의 성질 ································· 394
제 2 장 용액 ··· 432
제 3 장 기체 ··· 476

제1장 물질의 성질

대결! 여러 가지 금속으로 같은

금, 은, 동, 알루미늄, 마그네슘, 철이라는 여섯 개의 금속으로 각 100cm³(세제곱센티미터)의 크기를 가진 메달을 만들어 봅시다. 어떤 메달이 가장 무거울까요?

무게가 이렇게나 다르구나!

금 1 1932g
은 2 1050g
철 4 787g

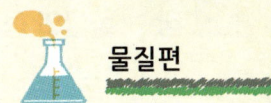

크기의 메달을 만든다면…

여섯 개의 금속 가운데 가장 무거운 것은 금이고, 가장 가벼운 것은 마그네슘 이었습니다. 그 차이는 무려 약 11배! 다 같은 금속인데도 이렇게나 무게가 다른 이유는 '밀도'에 있습니다. 밀도는 일정 부피당 무게를 말하는 것으로 물질에 따라서 다릅니다.

금속을 비롯해서 우리 주위에 있는 물질들은 가볍다, 무겁다, 잘 안 망가진다, 변형이 안 된다 같은 각 재료의 성질을 활용해서 물건을 만드는 데 사용되고 있습니다.

동
알루미늄
마그네슘
3
동
896g
5
알루미늄
270g
6
마그네슘
174g

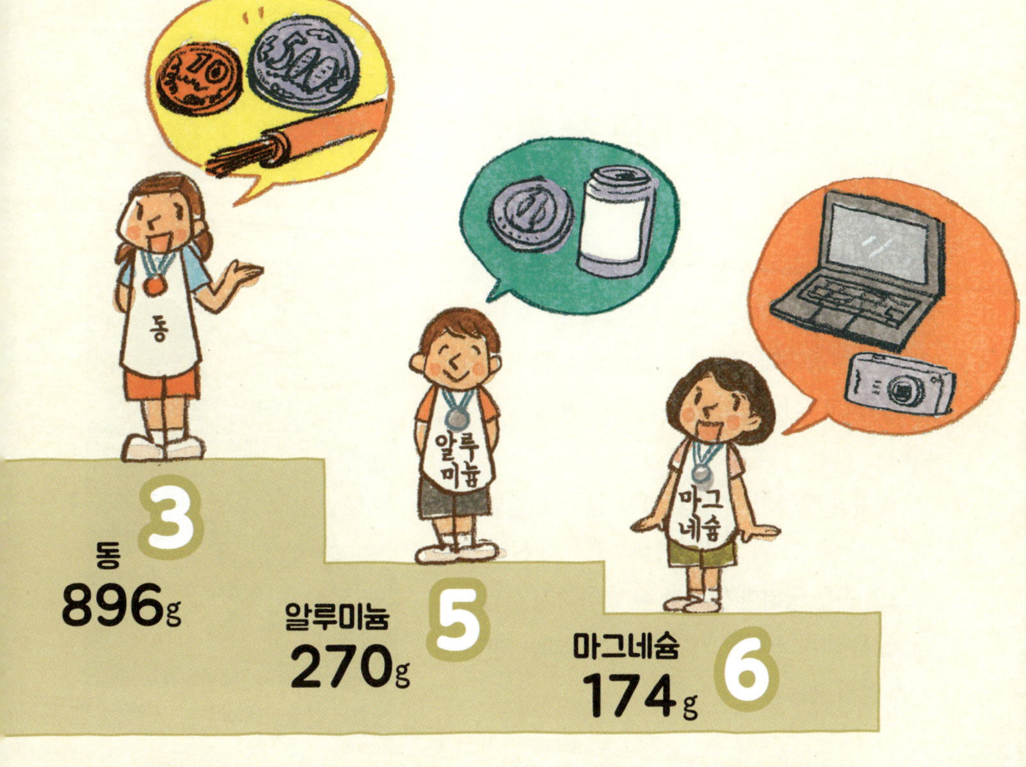

제1장 물질의 성질

이번 장의 학습내용 헤드라인

❓ 무게는 형태나 놓는 방법에 따라서 변하나요?

우리 주위에 있는 물질은 반드시 무게가 있고, 물질의 모양이나 측정 방법을 다르게 해도 변하지 않습니다.

무게가 변하지 않는 이유는 물질이 아주 작은 알갱이로 만들어져 있기 때문입니다. 모양이나 측정 방법을 다르게 해도 물질을 이루고 있는 알갱이의 숫자는 바뀌지 않기 때문에 무게는 변하지 않습니다.

물체의 무게는 '밀도'와 관계가 있습니다. 밀도는 일정한 부피당 무게(질량)를 말합니다. 밀도는 물질에 따라 달라지기 때문에 물체의 부피가 같아도 무게는 다릅니다.

❓ 왜 공기가 가득 찬 공이 잘 튈까?

공기의 성질이 핵심이네!

축구공은 공기가 덜 찬 것보다 가득 찬 공이 잘 튑니다. 발로 찼을 때 느낌도 다릅니다.

이것은 공기에 압력을 가했을 때 처음의 상태로 돌아가려고 하는 힘이 있기 때문에 생기는 현상입니다.

축구공에 공기가 많이 차면 찰수록 반발하는 힘은 그만큼 더 커집니다. 만약 공기 대신에 물을 넣으면 공은 굴러가기만 할 뿐 날아가지는 않습니다. 물은 외부 압력을 가했을 때 반발하는 힘이 생기지 않기 때문입니다.

⬆ 발로 찬 순간의 공

데워진 병뚜껑은 왜 잘 열릴까?

잼이 들어 있는 병의 뚜껑은 금속으로 되어 있는 경우가 많습니다. 냉장고에서 꺼낸 병뚜껑이 좀처럼 열리지 않는 경우는 없나요? 그럴 때에 뜨거운 물에 병뚜껑 부분을 잠깐 담가두면 쉽게 열립니다.

이것은 금속의 부피가 열에 의해 변하는 성질을 이용한 것입니다. 금속은 열을 받으면 부피가 커지고, 차가워지면 작아집니다. 금속으로 만들어진 병뚜껑은 열이 가해지면 부피가 커져서 병과 뚜껑 사이에 공간이 생기면서 병뚜껑이 잘 열립니다.

⬆ 병뚜껑을 뜨거운 물에 담근다

물의 형태는 어떻게 바뀌는 걸까?

물은 온도에 따라서 고체, 액체, 기체 상태로 변합니다.

물이 가득 찬 주전자를 끓이면 주전자 입구에서 뜨거운 김이 올라옵니다. 물이 끓는 주전자 입구를 관찰해보면 입구와 김 사이에 투명한 부분이 있습니다. 이것은 물이 기체로 변한 수증기이고, 김은 수증기가 식어서 작은 물방울(액체)로 변한 것입니다.

물 이외의 물질도 가열되거나 식으면 고체, 액체, 기체의 세 가지 상태로 변화합니다.

⬆ 물이 끓는 주전자 입구

제1장 물질의 성질

01 물체의 무게

1 물체의 무게

중요도 ★★★

무게

우리 주변에 있는 모든 물체는 반드시 무게가 있습니다. 그리고 무게는 <u>저울이나 전자저울</u>로 잴 수 있습니다. 무게는 g(그램), kg(킬로그램), t(톤) 등의 단위를 사용해서 나타냅니다.

● 무게와 물체의 모양

점토 덩어리 100g을 동그랗게 만들거나 작게 여러 개로 나누어서 무게를 측정하여 비교했을 때, 무게는 모두 100g으로 같았습니다. 이 실험을 통해, 물체의 모양이 변해도 무게는 변하지 않는다는 것을 알 수 있습니다.

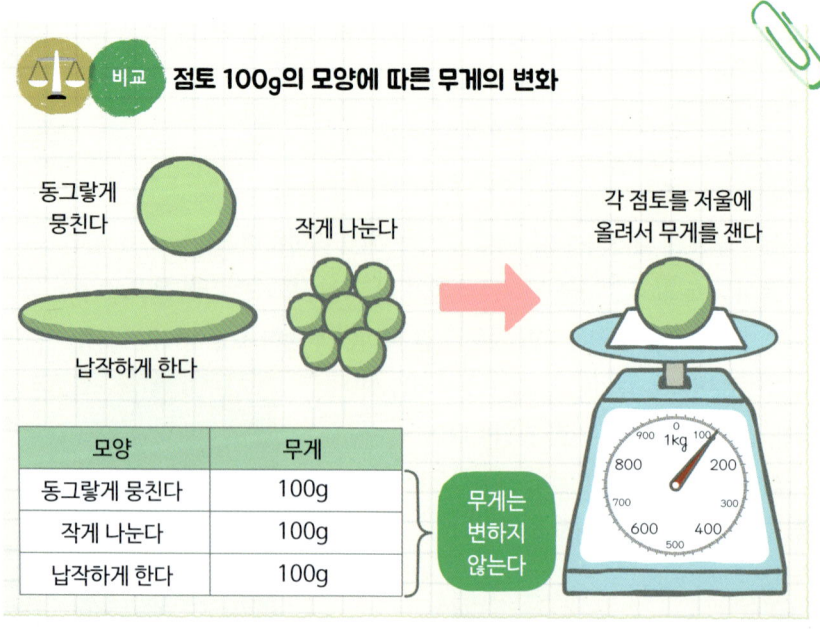

비교 점토 100g의 모양에 따른 무게의 변화

모양	무게
동그랗게 뭉친다	100g
작게 나눈다	100g
납작하게 한다	100g

무게는 변하지 않는다

COLUMN 더 자세히 무게 단위 '그램'을 여기서는 알파벳을 사용해 'g'로 표기합니다.

●저울에 물체를 올려놓는 방법에 따른 무게의 변화

점토 덩어리 100g을 가로 또는 세로로 올려놓고 무게를 비교했습니다. 물체를 어떤 방법으로 올려놓아도 점토 덩어리의 무게는 모두 100g으로 같았습니다. 저울에 물체를 올려놓는 방법을 다르게 해도 무게는 변하지 않는 것을 알 수 있습니다.

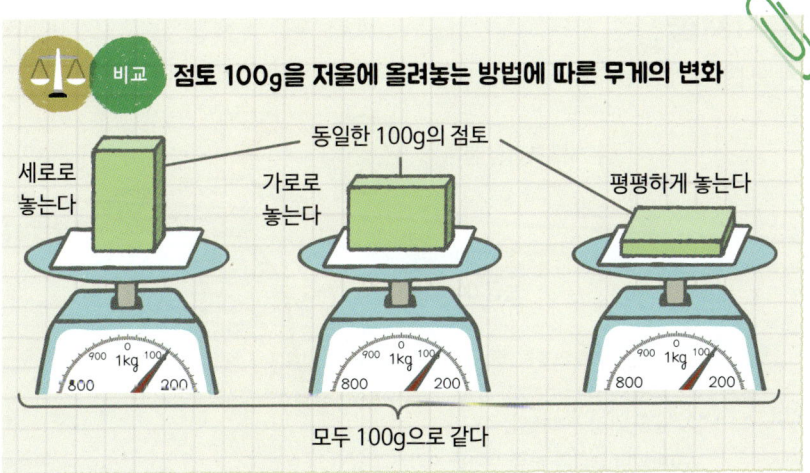

점토 100g을 저울에 올려놓는 방법에 따른 무게의 변화

모두 100g으로 같다

●물체 종류에 따른 무게와 부피의 변화

물체의 크기를 부피라고 합니다. 같은 부피의 물체라도 물체의 종류에 따라서 무게는 달라집니다.

부피는 모두 100cm³

 나무 49g
 유리 240g
 고무 91g
 철 787g

또 같은 무게의 물체라도 물체의 종류에 따라 부피가 달라지는데, 이것은 물체의 종류에 따라 밀도가 다르기 때문입니다.

무게는 모두 787g

 철 100cm³

 고무 865cm³

●물질의 무게가 변하지 않는 이유

물질은 원자 또는 분자로 이루어져 있습니다. 물질의 상태는 변해도, 물질을 이루고 있는 원자 또는 분자의 숫자가 변하지 않기 때문에 무게는 변하지 않습니다.

COLUMN 깨알지식 눈에 보이지 않는 기체도 무게가 있습니다. 예를 들면 산소는 1cm³에는 0.00143g(0℃, 1기압)입니다.

제1장 물질의 성질

★★★ 무게 측정 방법

무게를 재기 위해서는 저울을 사용합니다. 저울에는 지시저울, 전자저울, 윗접시저울 등이 있습니다.

★★★ 지시저울

저울대에 물체를 올려놓고 무게를 재는 도구입니다.

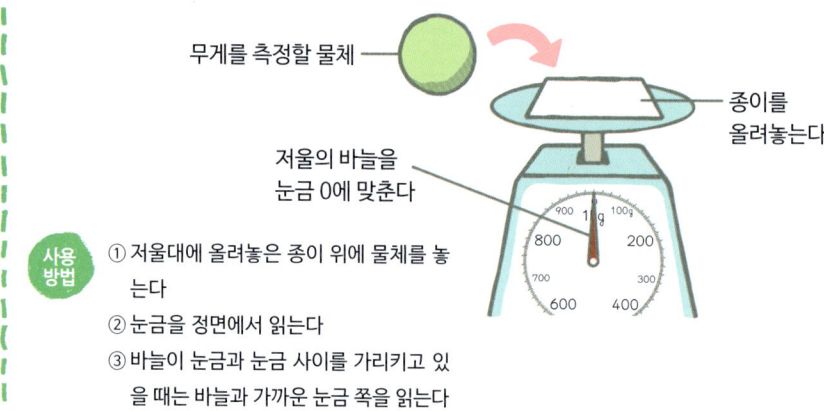

- 무게를 측정할 물체
- 종이를 올려놓는다
- 저울의 바늘을 눈금 0에 맞춘다

사용방법
① 저울대에 올려놓은 종이 위에 물체를 놓는다
② 눈금을 정면에서 읽는다
③ 바늘이 눈금과 눈금 사이를 가리키고 있을 때는 바늘과 가까운 눈금 쪽을 읽는다

★★★ 전자저울

저울대에 물체를 올려놓고 무게를 재는 도구입니다. 무게가 디지털로 표시되기 때문에 무게를 알기 쉽고, 가벼운 물건의 무게도 정확하게 잴 수 있습니다.

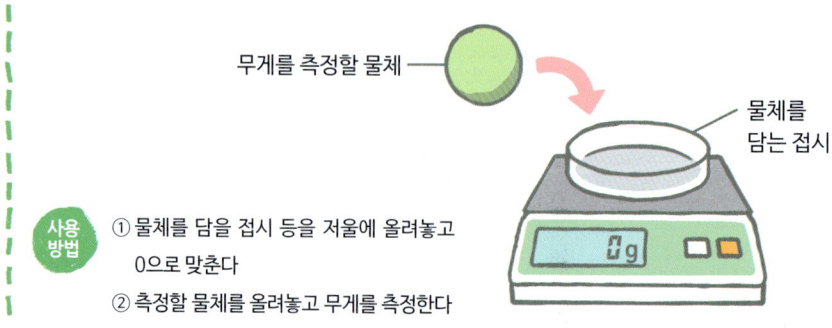

- 무게를 측정할 물체
- 물체를 담는 접시

사용방법
① 물체를 담을 접시 등을 저울에 올려놓고 0으로 맞춘다
② 측정할 물체를 올려놓고 무게를 측정한다

부피와 단위

부피란

물체의 크기를 부피라고 합니다. 한 변의 길이가 1cm인 정육면체의 부피를 1세제곱센티미터라고 읽고 $1cm^3$로 씁니다.

즉, 여러 가지 물체의 부피는 한 변이 1cm인 정육면체가 몇 개 있는지로 표시하는 것입니다. 오른쪽 그림의 정육면체는 한 변이 1cm인 정육면체가 64개 있기 때문에 $64cm^3$가 됩니다.

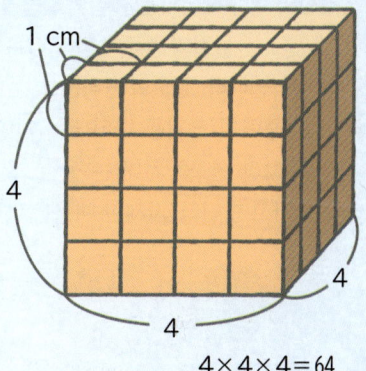

$4 \times 4 \times 4 = 64$

정육면체와 직육면체의 부피를 구하는 식은 다음과 같습니다. 가로, 세로, 높이의 단위는 동일하게 합니다.

$$부피 = 가로 \times 세로 \times 높이$$

$3 \times 3 \times 3 = 27cm^3$
(한 변이 1cm인 정육면체가 27개 있기 때문에 $27cm^3$)

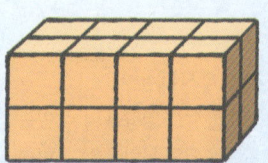

$4 \times 2 \times 2 = 16cm^3$
(한 변이 1cm인 정육면체가 16개 있기 때문에 $16cm^3$)

부피의 단위에는 cm^3(세제곱센티미터), m^3(세제곱미터), L(리터), mL(밀리리터) 등이 있습니다.

제1장 물질의 성질

2 밀도

★★★ 밀도

일정한 부피에 해당하는 물질의 질량을 밀도라고 합니다. 밀도는 물질의 종류에 따라 다르며, 물질의 특징을 나타냅니다. 밀도의 단위는 g/cm^3입니다.
무게가 중력의 크기를 나타내는 데 반해, 중력의 크기에 따라 변화하지 않는 물질 그 자체의 양을 질량이라고 합니다(자세한 내용은 에너지편 665쪽을 봐주세요).

$1cm^3$의 질량이 밀도야!

여러 가지 물질의 밀도

물질	밀도(g/cm^3)	물질	밀도(g/cm^3)
나무	0.49	기와	1.2~2.2
고무	0.91~0.96	유리	2.4~2.6
얼음(0℃)	0.92	철	7.87
물(4℃)	1.00	동	8.96
폴리에틸렌	1.06	수은	13.55

(20℃일 경우)

★★★ 밀도를 구하는 방법

밀도는 물질의 질량을 부피로 나누어서 구합니다.

$$\text{밀도}[g/cm^3] = \frac{\text{물질의 질량}[g]}{\text{물질의 부피}[cm^3]}$$

● 밀도를 계산해보자

밀도와 부피를 알면 질량을 알 수 있습니다. 밀도 × 부피 = 질량
밀도와 질량을 알면 부피를 알 수 있습니다. 질량 ÷ 밀도 = 부피

Q 질량이 100g이고, 부피가 $200cm^3$인 블록의 밀도는 몇 g/cm^3입니까?

A $100[g] \div 200[cm^3] = 0.5[g/cm^3]$
답 $0.5g/cm^3$

COLUMN 더 자세히 모양이 다양한 물체의 부피 측정은, 물이 든 눈금실린더(메스실린더) 또는 비커에 물체를 넣었을 때 증가한 물의 부피로 알 수 있습니다.

★★★ 밀도에 따른 물체의 뜸과 가라앉음

물이 담긴 비커에 물체를 넣었을 때, 그 물체가 물속에 가라앉는지, 물 위로 뜨는지는 물체의 밀도와 밀접한 관계가 있습니다.

물체의 밀도가 물의 밀도보다 큰 경우에는 물체가 가라앉고, 반대로 물체의 밀도가 물의 밀도보다 작은 경우에는 물체가 뜹니다. 얼음이 물에 뜨는 이유는 얼음의 밀도(0.92g/cm^3)가 물의 밀도(1.00g/cm^3)보다 작기 때문입니다.

철의 밀도(7.87g/cm^3)는 물의 밀도보다 크기 때문에 철은 물에 가라앉습니다.

철의 밀도(7.87g/cm^3)는 **수은**의 밀도(13.55g/cm^3)보다 작기 때문에 철은 수은 용액에 뜹니다.

●맛이 단 토마토는 식염수에 가라앉는다?

토마토는 익어서 달아지면 당분이 증가해서 토마토의 밀도가 커집니다. 이것을 식염수 안에 넣으면, 토마토의 밀도가 식염수보다 크기 때문에 가라앉습니다. 이렇게 맛이 단 토마토와 달지 않은 토마토를 구별할 수 있으니 한번 시도해보세요.

★★★ 수은

대부분의 금속은 실온에서 고체 상태이지만, 실온에서 유일하게 액체 상태인 금속은 수은입니다. 수은은 광택이 나고, 온도계 눈금 표시로 이용되지만, 독성이 강해서 일상생활에서는 자주 이용되지 않습니다.

COLUMN 깨알지식 수은은 천체망원경의 거울(액체거울)로 사용됩니다. 밴쿠버에 있는 천체망원경에는 직경 6m나 되는 용기에 수은을 넣어서 우주를 비추고 있습니다.

제1장 물질의 성질

02 공기와 물의 성질

★★★ 공기의 성질

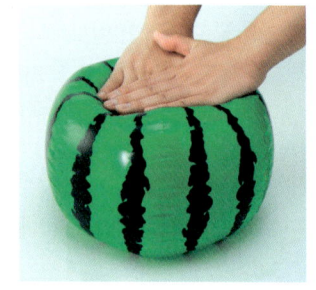

공기가 가득 찬 풍선을 누르면 공기의 부피가 줄어들면서 풍선의 크기도 작아집니다.
외부의 힘에 의해 부피가 줄어든 공기는 힘이 작용하기 전의 부피로 돌아가려는 힘(반발력)이 작용합니다. 공기가 가득 찬 풍선을 누르는 힘이 강하면 강할수록 처음 상태로 돌아가려는 힘도 커지고, 누르는 힘이 없어지면 공기의 부피는 처음 상태로 돌아갑니다.

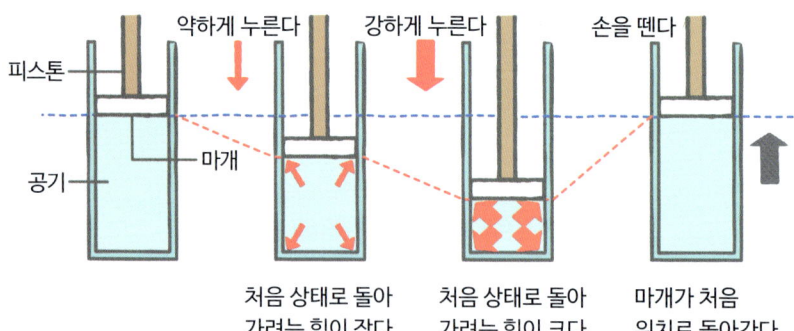

손으로 피스톤을 누르면 손에 힘이 느껴지는데, 그 힘은 원통 안의 공기가 처음 상태로 돌아가려는 반발력입니다. 이러한 반발력은 공기를 강하게 누를수록 크게 느껴집니다.

● **공기가 많을수록 반발력은 크다**
공기가 많이 들어간 공이 공기가 적게 들어간 공보다 더 잘 튀는데, 이것은 공 속에 공기가 많을수록 반발력이 크기 때문입니다.

★★★ 공기총

공기를 누를 때 생기는 반발력을 이용해서 만든 총입니다. 공기의 반발력에 의해 구슬이 발사됩니다.

●구슬을 멀리 보내는 방법
① 원통 크기에 꼭 맞는 구슬을 끼운다
② 앞 구슬과 뒷 구슬 사이에 거리를 둔다
③ 막대를 힘껏 누른다

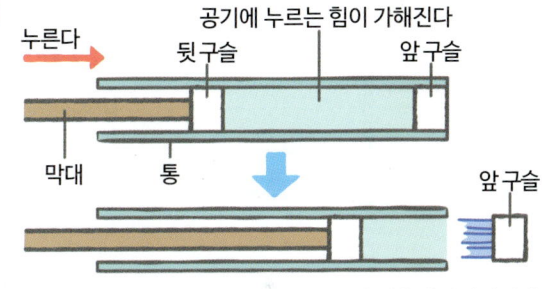

★★★ 물의 성질

통 속에 담긴 물은 외부에서 힘이 작용해도 늘어나지 않습니다(부피는 변하지 않습니다).

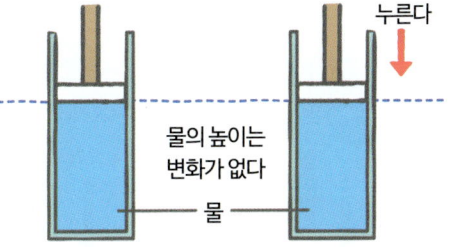

●공기총에 물을 넣는다

물은 반발력이 없기 때문에 공기총의 구슬은 날아가지 않습니다. 막대로 물을 누르면 그 힘으로 앞 구슬이 밀려 나올 뿐입니다. 물은 눌리지 않아서 앞 구슬을 멀리 보낼 힘이 생기지 않기 때문입니다.

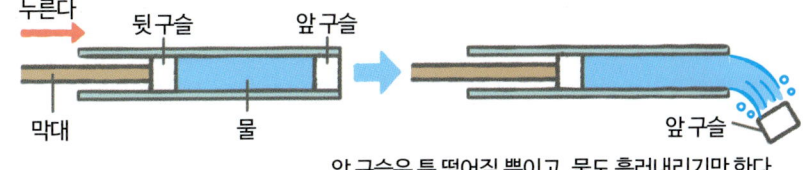

앞 구슬은 툭 떨어질 뿐이고, 물도 흘러내리기만 한다

COLUMN 더 자세히 물총의 물을 멀리 보내려면 물총 구멍의 크기를 작게 해야 합니다.

제1장 물질의 성질

공기와 물을 알갱이로 생각해보자

실린더 속에 있는 공기와 물을 알갱이로 생각해봅시다.

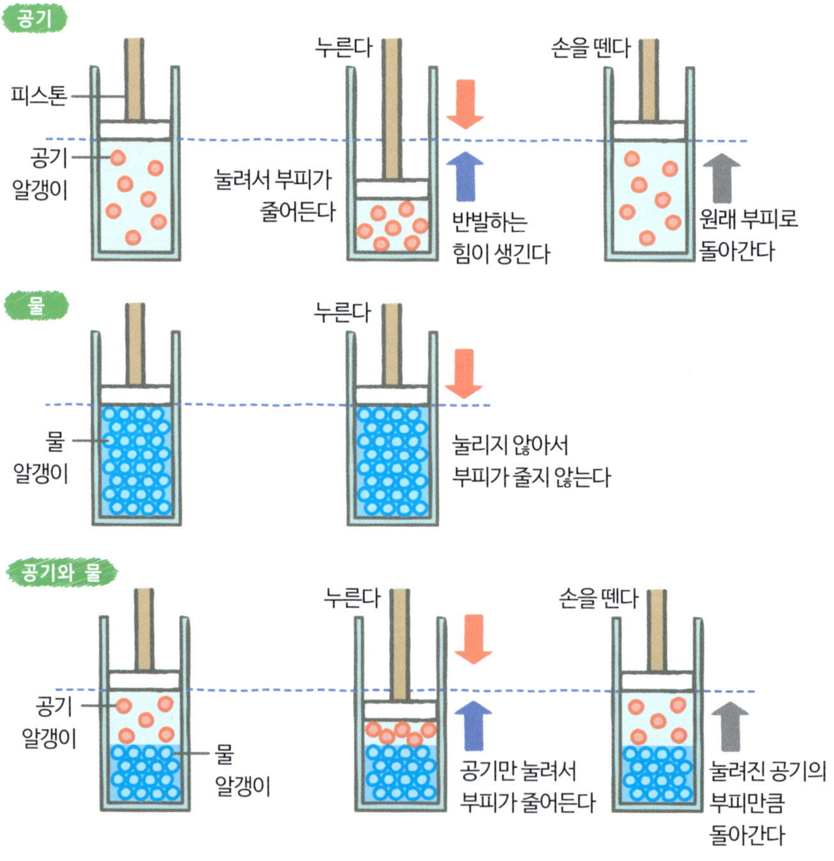

공기

피스톤 / 공기 알갱이 → 누른다 → 눌려서 부피가 줄어든다 / 반발하는 힘이 생긴다 → 손을 뗀다 → 원래 부피로 돌아간다

물

물 알갱이 → 누른다 → 눌리지 않아서 부피가 줄지 않는다

공기와 물

공기 알갱이 / 물 알갱이 → 누른다 → 공기만 눌려서 부피가 줄어든다 → 손을 뗀다 → 눌려진 공기의 부피만큼 돌아간다

공기를 구성하고 있는 알갱이들 사이에는 공간이 있습니다. 공기 같은 기체는 빈 공간이 크기 때문에 공기를 누르면 이 빈 공간들이 줄어들면서 부피가 줄어듭니다. 그러나 물은 알갱이 사이의 공간이 거의 없기 때문에 압력을 받아도 부피가 줄어들지 않습니다.
또한, 공기의 부피가 변해도 공기 알갱이의 수는 변하지 않아서 공기의 질량은 변화가 없습니다.

COLUMN 깨알지식

물 알갱이는 아주 작습니다. 만약 물 알갱이 하나를 눈에 잘 보이도록 테니스공 크기로 확대한다면, 같은 비율로 확대한 테니스공은 거의 지구만 한 크기가 됩니다.

★★★ 다양하게 이용되는 공기

공기는 외부로부터 받은 충격을 완화하거나 분산하는 성질이 있어 다양한 물건에 이용되고 있습니다.

↑ 포장완충재

↑ 자전거 타이어

↑ 에어매트

압축된 공기로 물을 밀어낸다

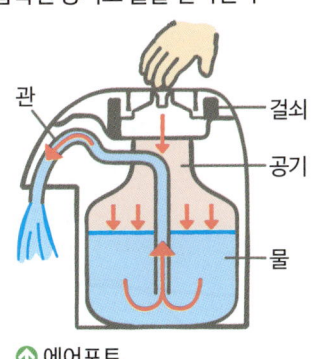
↑ 에어포트

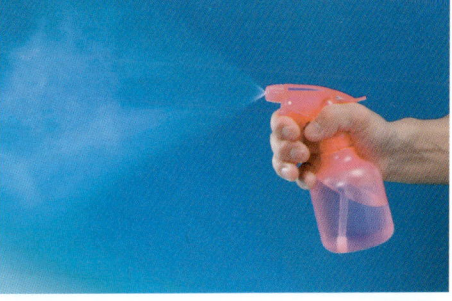
↑ 분무기

★★★ 물로켓

패트병 물로켓을 발사대에 설치해놓고 공기를 넣습니다. 조금 지나면 물로켓 안의 공기가 압축되고, 이 압축된 공기가 처음 상태의 부피로 돌아가려는 힘에 의해 물로켓이 날아갑니다.

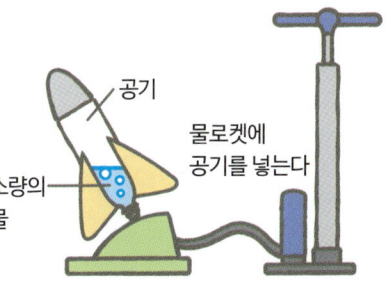

407

제1장 물질의 성질

03 온도와 물질의 변화

★★★ 공기의 부피와 온도

① 공기는 데워지면 부피가 커지고(팽창), 차가워지면 부피가 작아집니다(수축). 오른쪽 그림처럼 시험관 입구에 비눗물 막을 만든 후, 시험관을 뜨거운 물에 넣어두면 비눗물 막은 부풀어 오르고, 시험관을 차가운 물에 넣어두면 비눗물 막은 가라앉습니다.

② 공기는 온도에 따라서 부피가 변해도 질량은 변하지 않습니다.

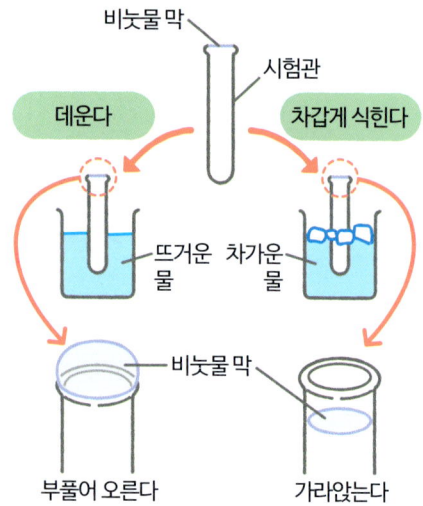

★★★ 부피가 변하는 이유

공기의 온도가 올라가면 공기 알갱이는 활발하게 운동을 하고, 알갱이와 알갱이 사이의 공간은 넓어져서 그만큼 부피가 커집니다.

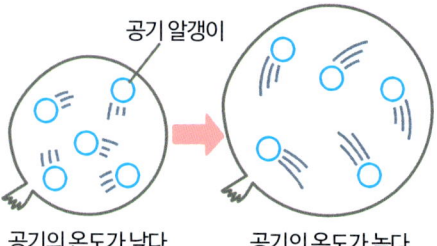

★★★ 팽창

부피가 커지는 것을 팽창이라고 합니다.
기체의 온도가 올라가면 부피는 팽창합니다.
찌그러진 탁구공이나 플라스틱 용기를 뜨거운 물에 담가두면 공기가 팽창해서 처음 상태로 돌아갑니다.

〈공기 팽창의 예〉

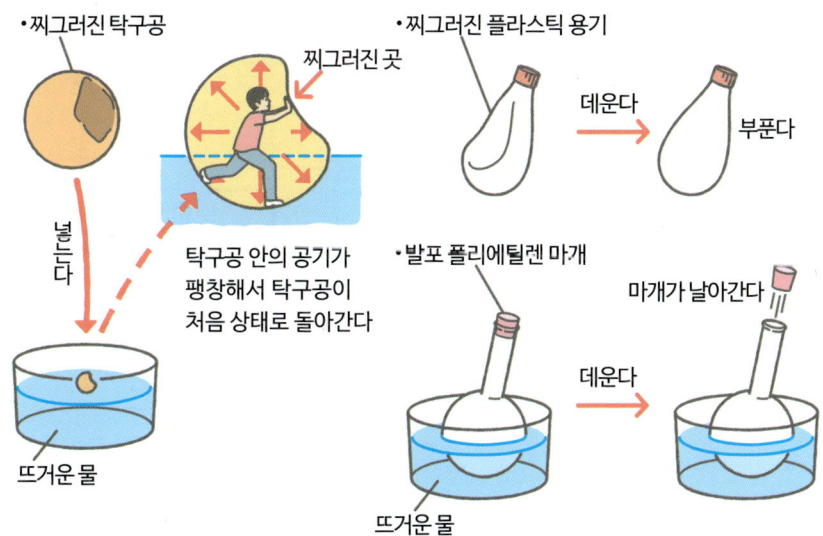

● 기체가 팽창하는 비율

공기뿐만 아니라 기체는 일정한 비율만큼 팽창합니다. 기체의 온도가 1℃ 올라갈 때마다, 0℃일 때의 부피의 273분의 1만큼 커집니다. 따라서 기체의 온도가 273℃가 되면 기체의 부피는 두 배가 됩니다.

★★★ 수축

부피가 작아지는 것을 수축이라고 합니다.
모든 기체는 온도가 내려가면 수축합니다.

COLUMN 더 자세히   물질은 원자라는 알갱이로 되어 있습니다. 원자의 운동은 온도가 높을수록 활발해지기 때문에, 알갱이와 알갱이 사이가 넓어져서 물질의 부피는 커집니다.

제1장 물질의 성질

물의 부피와 온도

물의 온도가 높아질수록 팽창해서 부피는 커지고, 물의 온도가 낮아질수록 수축해서 부피는 작아집니다. 온도 변화에 따른 물의 부피 변화는 공기의 부피 변화보다 작습니다.

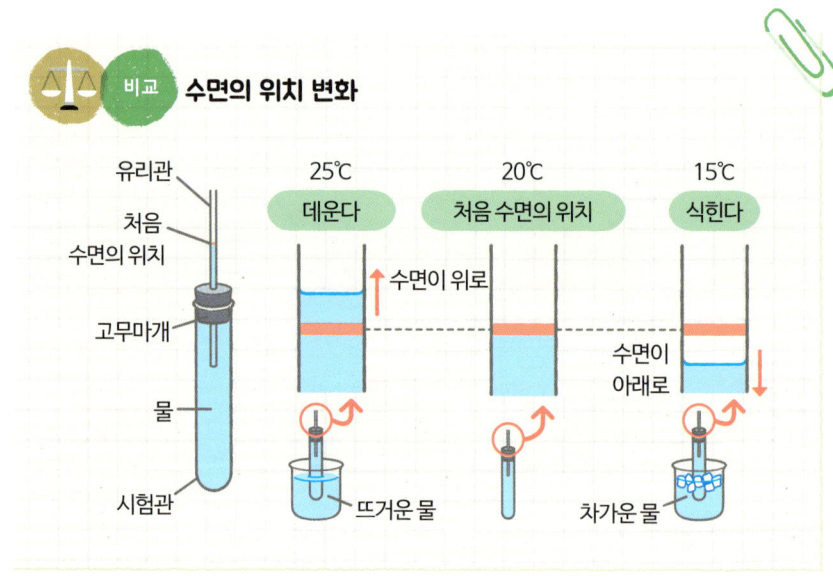

● 온도 변화에 따른 부피 변화의 그래프

오른쪽 그래프를 살펴보면 물의 온도가 4℃일 때 부피가 가장 작아지고, 물의 온도가 4℃ 이하로 내려가면 부피는 커집니다. 온도에 따라 물 전체의 질량은 변하지 않기 때문에 $1cm^3$ 부피인 물의 질량(물의 밀도)은 물의 온도가 0℃일 때보다 4℃일 때 더 커집니다.

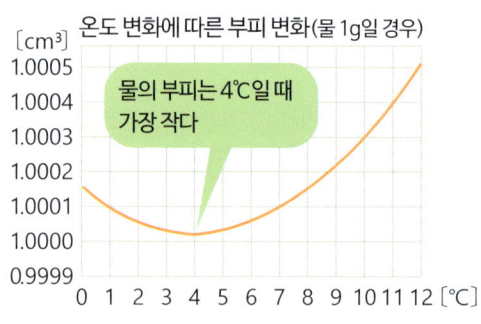

일반적으로 액체는 온도가 내려갈수록 부피가 작아지는데, 물은 예외적으로 4℃(3.98℃) 이하에서는 부피가 커집니다.

★★★ 액체의 부피와 온도

물 이외의 다른 액체도 온도가 올라가면 팽창하고, 온도가 내려가면 수축합니다. 팽창율은 액체의 종류에 따라 다릅니다.

1L(1000cm³) 액체의 온도를 1℃ 올릴 때 증가하는 부피	종류(예)	증가하는 부피(cm³)
	에테르	1.63
	알코올(에탄올)	1.08
	석유(중유)	0.70
	수은	0.18

★★★ 온도계

막대온도계는 액체의 온도 변화에 따라 부피가 변화하는 성질을 이용한 것입니다. 온도 변화에 따른 부피 변화가 크고 부피 증가비율이 일정한 알코올을 붉은색 색소를 넣어 이용합니다. 특히 온도계의 유리관이 가는 이유는 적은 온도 변화에도 부피 변화가 잘되도록 하기 위해서입니다.

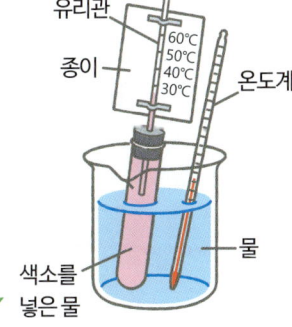

> 온도계로 물의 온도를 측정하는 순간에 유리관 속 수면의 위치를 종이에 표시하면 온도계를 만들 수 있습니다.

사용방법
① 온도계 끝부분을 온도를 측정하려는 물체에 접촉시킵니다
② 온도계는 잘 깨지므로 흔들거나 다른 물건에 부딪히지 않도록 주의합니다
③ 온도계의 눈금을 읽을 때에는 온도계와 눈이 직각이 되도록 합니다

COLUMN 깨알지식
체온계도 온도계의 일종입니다. 체온계에는 수은이 사용된 것이 있습니다. 이것도 온도 변화에 따라 부피가 변하는 원리를 이용한 것입니다.

제1장 물질의 성질

★★★ 금속의 부피와 온도

금속은 뜨거워지면 부피가 커지고 차가워지면 부피가 줄어듭니다. 금속의 온도 변화에 따른 부피 변화는 공기나 물보다 훨씬 작습니다.

오른쪽 그림처럼, 링을 통과한 금속 구슬을 뜨겁게 만들면 그 링을 통과하지 못합니다. 이것은 금속 구슬이 뜨거워져서 팽창했기 때문입니다. 뜨거워진 구슬을 식히면 다시 링을 통과합니다.

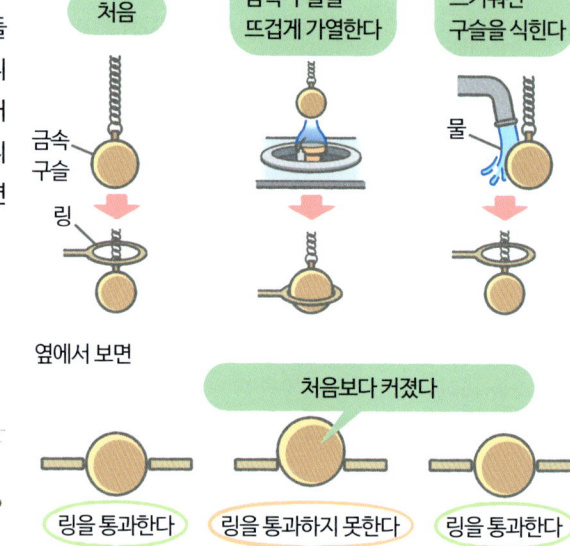

구슬의 부피 변화는 겉으로 보기에는 알기 어려워

★★★ 팽창률

온도에 의해서 물질의 부피가 팽창하는 비율을 팽창률이라고 합니다. 팽창률은 물질의 종류에 따라 다른데, 보통 온도가 1℃ 변할 때 부피가 증가하는 비율을 말합니다.

종류	늘어나는 길이 [mm]
알루미늄	0.23
동	0.17
철	0.12
유리	0.09
목재	0.04

⬆ 10m의 막대의 온도를 1℃ 올렸을 때 늘어나는 길이

●선팽창률
온도가 올라감에 따라 물체의 길이가 늘어나는 열팽창을 선팽창이라고 하고, 그 비율을 선팽창률이라고 합니다. 선팽창률의 3배 정도가 부피 팽창률이 됩니다.

COLUMN 깨알지식 내열유리가 아닌 컵에 뜨거운 물을 부으면 깨지는 경우가 있습니다. 이런 현상은 유리컵 안쪽이 바깥쪽보다 급격하게 팽창하여 발생하는 것입니다.

| 3학년 | 4학년 | 5학년 | 6학년 | 발전 |

★★★ 실험용 가스레인지

가스를 연료로 해서, 물질을 가열하는 실험을 할 때 사용하는 도구입니다.

● 실험용 가스레인지 사용방법

사용 전에 점검할 사항

©株式社ヤガミ

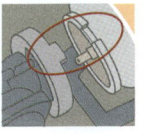

가스레인지 위가 뜨거워지면 폭발할 위험이 있다

□ 가스레인지의 홈을 정확하게 맞추어 장착한다
　　이상한 냄새나 소리가 나면 즉시 가스통을 제거한다
□ 평평한 장소에 둔다
□ 타기 쉬운 물건을 근처에 두지 않는다
□ 난방기구나 열이 나는 물건 옆에 두지 않는다
□ 본체보다 큰 금속망을 사용하는 않는다
□ 실험 중에는 가스레인지를 움직이지 않는다
□ 가스통을 두드리거나 떨어뜨리지 않는다
□ 실험 중에는 창문을 열어서 환기시킨다

사용방법

① 레버를 '점화'까지 돌려서 불을 붙인다. 불이 붙지 않는 경우에는 '소화'로 돌리고, 조금 시간을 두고 다시 점화로 돌린다.
② 불이 붙으면 레버로 불 크기를 조절한다.

③ 실험이 끝나면 레버를 '소화'까지 돌리고 불이 꺼진 것을 확인한다.
④ 가스레인지가 식으면 가스통을 제거하고 뚜껑을 닫아서 화기가 없는 40℃ 이하의 장소(햇빛이 닿지 않는 곳)에 보관한다.

가열할 때의 주의사항

□ 가열할 양에 신경을 쏟다. 비커는 1/2(시험관은 1/3)을 기준으로 너무 많이 넣지 않는다
□ 시험관 입구를 사람을 향하지 않고, 들여다보지 않는다
□ 용기의 바깥쪽이 젖은 채로 가열하지 않는다 (깨지는 경우가 있다)

COLUMN 깨알지식

전철 선로의 연결 부분에 작은 간격이 있는 것은 온도에 의한(계절에 의한) 부피 변화에 의해 망가지지 않게 하기 위한 장치입니다.

제1장 물질의 성질

★★★ 알코올램프

알코올을 연료로 가열하는 실험도구입니다.

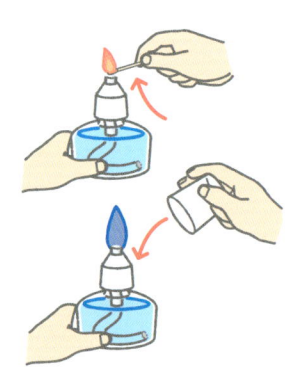

확인
- □ 용기나 뚜껑이 깨지거나 금이 없는가
- □ 심지의 길이는 5mm 정도인가
- □ 알코올의 양은 용기의 80% 정도인가
- □ 심지가 알코올에 잘 담겨 있는가

사용방법
① 실험용 점화기를 이용하여 심지에 불을 붙인다
  ※ 알코올램프로 불을 붙이지 않는다!
② 실험이 끝나면 램프의 뚜껑을 위에서 아래로 살며시 덮어 끈다
③ 뚜껑을 다시 열어 불이 확실하게 꺼진 것을 확인하고 다시 뚜껑을 덮는다

★★★ 바이메탈

팽창률이 다른 두 개의 금속을 맞붙인 것을 말합니다. 바이메탈을 가열하면 팽창률이 큰 금속이 팽창률이 작은 금속 쪽으로 휩니다. 바이메탈이 식으면 원래 상태로 돌아갑니다. 이런 성질 때문에 자동개폐기로서 전기기구의 온도조절장치, 온도계, 화재경보기 등에 이용합니다. 바이메탈에 사용되는 금속 중 팽창률이 큰 것은 황동, 팽창률이 작은 것은 니켈 등이 있습니다.

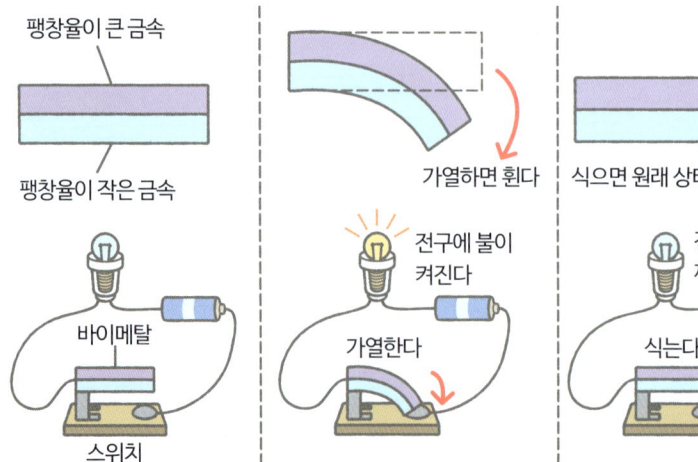

COLUMN 깨알지식 바이메탈의 바이는 '두 개', 메탈은 '금속'이라는 의미의 영어입니다.

04 물질의 가열

★★★ 금속의 가열

금속은 가열된 곳에서부터 점차 주변으로 열이 전달됩니다. 이렇게 열이 전달되는 방법을 전도(열전도)라고 합니다.

● 금속 막대를 가열한다

금속 막대는 어떤 부분에서 가열이 되어도 가열된 곳에서 주변으로 열이 전달됩니다.

● 금속판을 가열한다

금속판을 가열할 경우, 가열된 부분부터 원을 그리는 것처럼 사방으로 열이 전달됩니다.

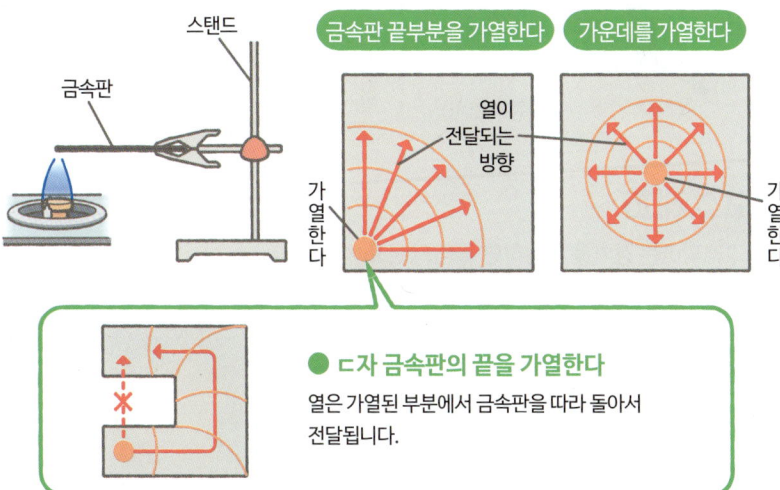

● ㄷ자 금속판의 끝을 가열한다

열은 가열된 부분에서 금속판을 따라 돌아서 전달됩니다.

COLUMN 깨알지식 실내 상온에 있는 나무와 철을 손으로 만지면 금속이 더 차갑게 느껴집니다. 이런 현상은 손에서 발생하는 열이 금속으로 빠르게 전달되기 때문입니다.

제1장 물질의 성질

★★★ 전도(열전도)

물체 내에서 열이 이동하는 현상을 열전도라고 합니다. 예를 들면 금속 수저를 뜨거운 물에 담가두면 담그지 않은 부분도 뜨거워집니다. 고체는 전도에 의해서 열이 이동합니다. 열의 이동속도는 물질의 종류에 따라서 다릅니다.

● 열이 잘 전달되는 것

열이 잘 전달되는 물질에는 금, 은, 동, 알루미늄, 철 등이 있습니다. 열이 잘 전달되지 않는 물질에는 플라스틱, 유리, 나무 등이 있습니다.

프라이팬은 조리하는 재료에 열을 잘 전달할 수 있도록 열전도율이 좋은 금속으로 되어 있습니다. 손잡이는 열이 전달되면 위험하기 때문에, 열이 잘 전달되지 않는 플라스틱이나 나무 등을 사용하는 경우가 많습니다.

바비큐용 꼬치를 금속으로 만드는 이유는 가열된 열이 빨리 전달되기 때문입니다. 꼬치에 끼워진 음식물 사이의 간격을 띄워서 끼워 익히면 더 잘 익힐 수 있습니다.

★★★ 서모그래피

서모그래피라는 장치를 사용하면 물체의 온도 차를 쉽게 알 수 있습니다. 온도가 높을수록 빨간색(흰색)으로, 온도가 낮을수록 파란색으로 보이게 되며, 열이 전달되는 과정을 알 수 있습니다.

서모그래피로 본 커피 잔 ➡

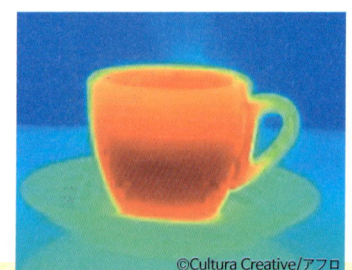

★★★ 물이 데워지는 방법

위에 있던 물이 밀려 아래로 내려오는 과정(대류)이 반복되면서 물 전체가 데워집니다. 이것은 금속이 뜨거워지는 것과는 다릅니다.
오른쪽 그림과 같이 비커에 물과 톱밥을 넣고 가열하면 톱밥이 화살표 방향과 같이 이동하는 것을 알 수 있습니다.
또 아래의 그림처럼 시온테이프로 물의 온도가 변하는 것을 조사해보면, 아랫부분을 가열하면 우선 가열된 부분의 색이 변하고 난 뒤에 아래에서 위로 색이 변합니다. 수면과 가까운 부분을 가열하면 가열된 부분의 윗부분은 바로 색이 변하지만, 아랫부분은 좀처럼 색이 변하지 않습니다.

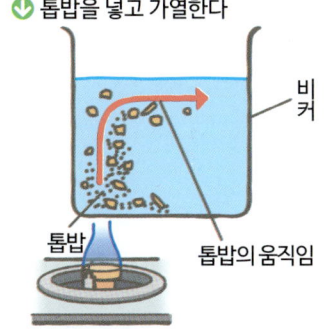

톱밥 대신 찻잎도 가능해요

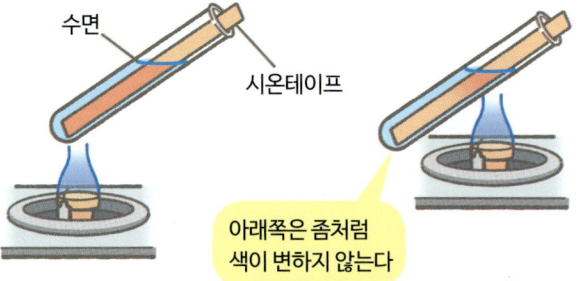

★★★ 시온테이프

정해진 온도보다 높아지면 색이 변하는 테이프입니다. 온도가 높아지면 붉은색으로 변합니다.

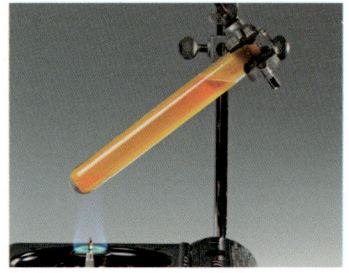

물에 시온테이프를 넣어서 가열한다
가열된 부분과 수면 근처가 붉은색이 되어서 온도가 높다는 것을 알 수 있습니다.

©アフロ

COLUMN 더 자세히
된장찌개를 끓일 때 된장이 움직이는 모습과 욕조에 담겨 있는 물이 전체적으로 따뜻해지는 현상을 통해서 물이 대류한다는 것을 알 수 있습니다.

제1장 물질의 성질

● **시온잉크**

시온테이프와 마찬가지로 정해진 온도에 따라서 색이 변하는 잉크를 말합니다. 온도가 낮으면 파란색, 높으면 붉은색이 됩니다.

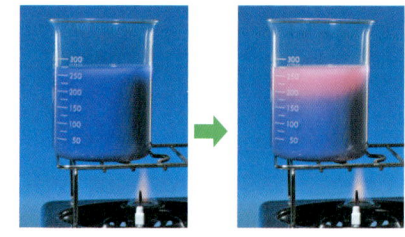

중요도 ★★★ 공기가 데워지는 방법

가열된 공기는 위쪽으로 이동하고, 식은 공기는 아래쪽으로 이동함으로써 (대류) 공기 전체가 데워집니다. 공기가 데워지는 방법은 물이 데워지는 방법과 같습니다.

따뜻한 공기는 가볍고, 차가운 공기는 무겁기 때문에 공기의 이동이 발생합니다. 오른쪽 그림처럼 비커에 향을 피워 연기를 모은 다음 비커 위를 알루미늄포일로 감싸 덮은 후 비커를 가열하면 화살표 방향으로 연기가 움직이는 것을 볼 수 있는데, 이것으로 공기의 움직임을 알 수 있습니다.

⬇ 비커에 향을 피워 연기를 모은다

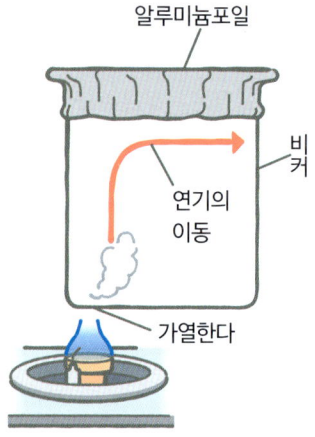

★★★ 대류

따뜻해진 물(공기)이 위로 올라가고, 차가운 물(공기)이 위로 올라온 따뜻한 물에 의해 밀려 아래로 이동함으로써 전체가 데워지는 것을 대류라고 합니다. 대류는 공기나 물의 온도 차이에 의한 부피 변화로 발생하는 현상입니다.

빙글빙글 돌아가는군요

● 일상생활에서 일어나는 대류 현상

냉난방 전기제품의 사용

대류 현상에 대해 잘 알고 있으면 냉난방 기구를 효과적으로 사용할 수 있습니다. 난방기구의 경우에는 더운 공기는 위로 올라가기 때문에 풍향을 아래로 하고, 냉방기구의 경우에는 차가운 공기가 아래로 가라앉기 때문에 풍향을 약간 위로 설정하는 것이 좋습니다.

또한 에어컨을 사용할 때 송풍기 등을 함께 사용하면 효율적인 냉방 효과를 느낄 수 있습니다.

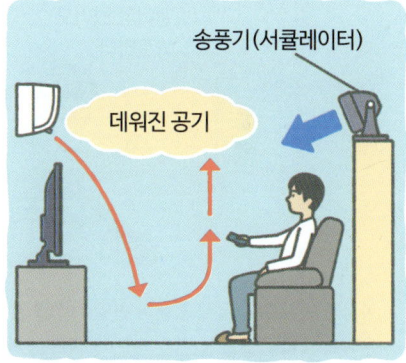

난방으로 따뜻해진 방 위쪽에 있는 공기를 송풍기를 이용해서 아래로 이동하게 하면 방 전체가 따뜻해진다

열기구

열기구는 기구 내의 공기를 버너로 데워서 하늘 위로 떠오르게 하고, 육지에 착륙하기 위해서 기구 내의 따뜻한 공기를 공기 중으로 내보내고 공기 중의 차가운 공기를 기구에 넣습니다.

★★★ 복사

복사는 열이 공간을 통과해, 떨어져 있는 물질을 직접 데우는 열의 전달 방법을 말합니다. 전도나 대류는 물질이 데워지면서 열이 전달되는 것이지만, 태양열에 의한 복사는 진공상태에서도 지구에 열이 전달되는 것입니다.

우주에서도 열은 전달돼요

COLUMN 깨알지식 지표면에서 바람이 불거나 구름이 생기는 기상 현상은 태양열의 의한 복사 때문에 발생하는 것입니다.

제1장 물질의 성질

● 복사의 예

복사에 의한 열은 물체의 색이 진할수록 잘 흡수됩니다. 검은색의 물체는 열을 잘 흡수하고, 흰색의 물체는 열을 반사합니다. 오른쪽 그림처럼 검은색 잉크를 섞은 물과 일반 물을 햇볕에 놔두면, 검은색 잉크를 섞은 물의 온도가 높아집니다.

● 실생활에서 활용되는 복사

흰색은 열을 반사하기 때문에 많은 사람들이 여름철에 흰색 또는 밝은색의 옷을 많이 입습니다.

 비교 **전도, 대류, 복사에 의해 따뜻해지는 방법**

COLUMN 깨알지식 바비큐용 숯에서 나오는 적외선에 의해 음식물이 익습니다. 이렇게 적외선에 의한 열의 전달 방법이 복사입니다.

05 열의 이동과 온도의 변화

★★★ 열과 온도

열은 물체의 온도를 변화시키는 것으로, 에너지 중 하나입니다. 온도는 뜨겁다, 차갑다로 표현

> 열을 받는다 ⇒ 온도가 올라간다
> 열을 뺏긴다 ⇒ 온도가 내려간다

하는데 컵에 담긴 뜨거운 보리차에 찬물을 섞으면 뜨거운 보리차가 찬물로 이동하여 뜨거운 보리차와 찬물의 온도가 거의 같아집니다.

★★★ 열의 이동

뜨거운 물이 담긴 비커를 찬물이 담긴 수조에 넣고 온도 변화를 알아봅니다. 시간이 지나면 뜨거운 물의 온도는 내려가고, 찬물의 온도는 올라가서 마침내 뜨거운 물의 온도와 찬물의 온도가 같아지면서 열의 이동이 멈춥니다. 열의 이동은 높은 온도에서 낮은 온도로 진행됩니다.

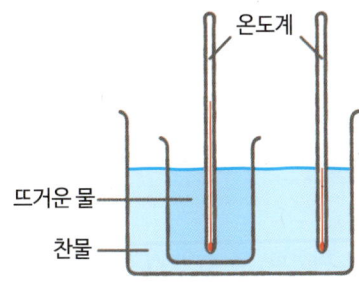
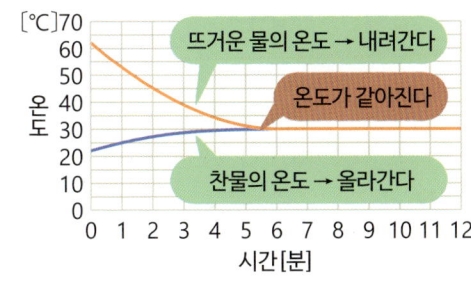

★★★ 열량

열을 수량의 크기로 표시한 것을 열량이라고 합니다. 열량의 단위는 cal(칼로리)나 J(줄)을 이용해 나타냅니다.

> 1cal[칼로리] … 순수한 물 1g의 온도를 1℃ 올리는 데 필요한 열량
> J[줄] … 약 4.2J=1cal

COLUMN 깨알지식
음식물이나 스포츠 등에서 킬로칼로리(1kcal=1000cal)가 사용되는데, 일반적으로 열량의 단위는 줄(J)을 사용합니다.

제1장 물질의 성질

06 물의 상태

중요도
★★★ **물의 변화**

물은 온도에 따라서 고체, 액체, 기체로 변합니다. 비커에 물(액체)을 넣고 끓이면, 끓어오른 물이 눈에 보이지 않는 수증기(기체)가 됩니다. 김은 수증기가 식어서 작은 물 입자(액체)로 변한 것입니다.

⬇ 물을 가열했을 때

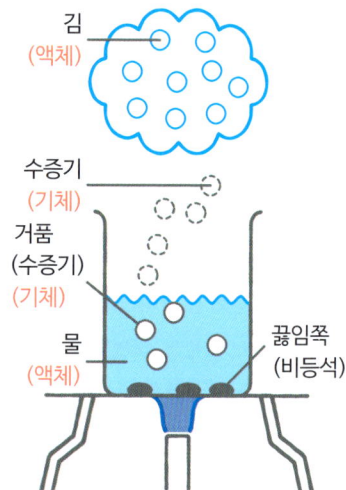

★★★ **고체**

일정한 모양과 부피가 있습니다. 얼음, 철, 동, 알루미늄 등이 고체입니다.

★★★ **액체**

일정한 모양은 없지만 부피가 있습니다. 물, 에탄올 등이 액체입니다.

★★★ **기체**

일정한 모양과 부피가 없습니다. 수증기, 공기, 산소, 이산화탄소 등이 기체입니다.

★★★ **끓임쪽(비등석)**

물을 가열할 때 물이 갑자기 넘치는 경우가 있습니다. 이것을 방지하기 위해서 넣습니다. 아주 작고 많은 구멍이 있는 초벌 도자기 조각 등을 이용합니다.

COLUMN 더 자세히

물 1g을 1℃ 올리는 데 필요한 열량은 1cal이지만, 얼음 1g을 1℃ 올리는 데 필요한 열량은 약 0.5cal, 철 1g을 1℃ 올리는 데 필요한 열량은 약 0.1cal입니다.

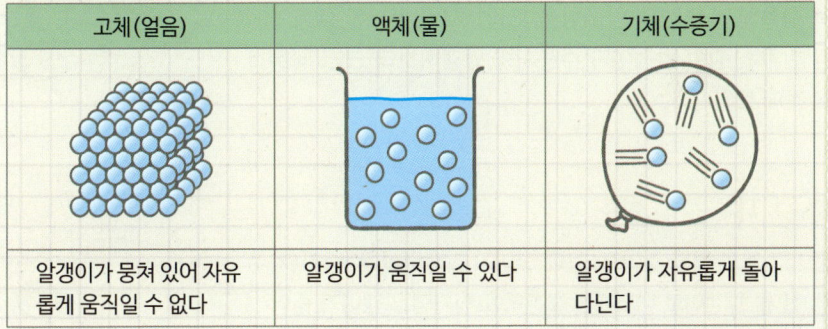

고체, 액체, 기체를 작은 알갱이로 표시한다

고체(얼음)	액체(물)	기체(수증기)
알갱이가 뭉쳐 있어 자유롭게 움직일 수 없다	알갱이가 움직일 수 있다	알갱이가 자유롭게 돌아다닌다

물의 가열

물을 가열하면 물 표면에서 거품이 발생하고 지속적으로 가열을 하면 수면 위에서 김이 생깁니다. 100℃가 되면 물 아래에서도 수증기 거품이 나오기 시작합니다.

● 물을 가열했을 때의 온도 변화

물은 100℃에서 끓고, 이후 물의 온도는 100℃를 유지하면서 변화가 없습니다.

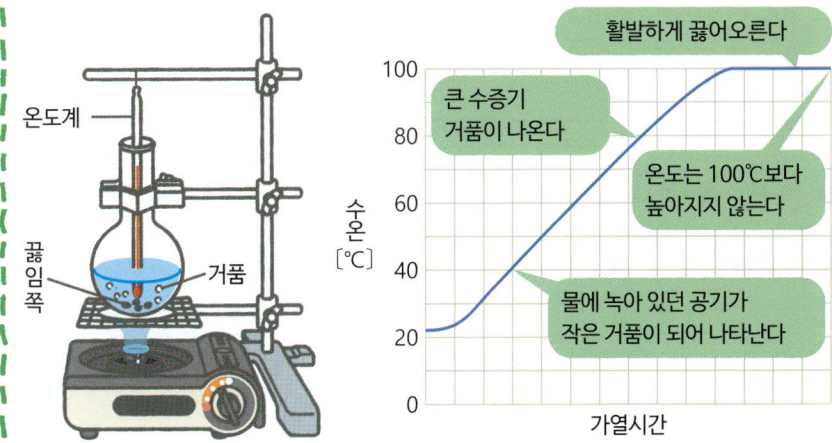

일반적으로 물질 속에 있는 알갱이의 활동은 온도가 낮을 때에는 느리지만, 온도가 올라가면 활발해집니다.

제1장 물질의 성질

★★★ 김

물이 끓을 때 하얀 연기처럼 보이는 것입니다. 물이 끓으면 기체인 수증기로 변하고, 그것이 주위의 온도가 낮은 공기와 접촉해서 생긴 작은 물방울이 뭉쳐서 만들어진 액체가 김입니다. 김의 알갱이가 수증기의 알갱이보다 크기 때문에 눈에 보입니다.

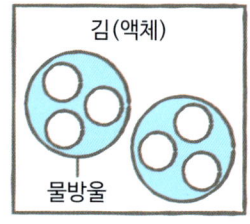

★★★ 수증기

물이 기체로 변한 것이고, 눈에 보이지 않습니다. 수증기(기체)를 물 알갱이로 나타내면 오른쪽 그림처럼 알갱이가 흩어져 있는 모습입니다. 알갱이는 아주 작습니다.

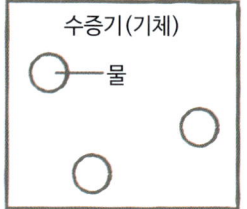

 **김과 수증기**

김은 눈에 보이지만 수증기는 눈에 보이지 않습니다. 이런 현상이 생기는 것은, 김은 큰 알갱이로 된 액체, 수증기는 투명하고 작은 알갱이로 된 기체로 되어 있기 때문입니다.

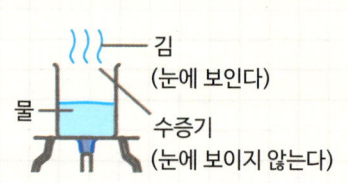

★★★ 물질의 상태변화

물뿐만이 아니라 물질도 온도에 따라서 고체, 액체, 기체로 변하는데, 이런 현상을 물질의 상태변화라고 합니다.

고체인 소금이나 철은 고온이 되면 액체가 됩니다. 또 산소나 질소 같은 기체도 온도가 내려가면 액체가 됩니다. 물질이 상태변화가 일어나면 부피는 변해도, 물질의 질량은 물론이고 다른 성질의 물질로도 변하지 않습니다.

● 액체인 에탄올은 온도가 올라가면 기체가 된다

에탄올이 들어 있는 주머니에 뜨거운 물을 붓고 일정한 시간이 지나서 주머니 안의 온도가 올라가면 액체인 에탄올이 기체로 변해서 주머니가 부풀어 오릅니다.

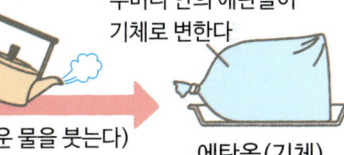

에탄올이 들어 있는 주머니

주머니 안의 에탄올이 기체로 변한다

에탄올(액체) (뜨거운 물을 붓는다) 에탄올(기체)

주머니의 질량은 변화가 없다

〈여러 가지 물질의 상태변화〉

⬆ 드라이아이스가 고체에서 기체로 변한다

⬆ 기체(수증기)가 액체(김)로 변한다

⬆ 철이 액체로 변한다

철도 가열해서 고온이 되면 액체가 되는구나

COLUMN 깨알지식

추운 지역에서 한겨울에 보이는 다이아몬드 더스트는 공기 중의 수증기가 작은 얼음(고체) 알갱이로 변해서 공기 중에 떠 있는 현상입니다.

제 1 장 물질의 성질

★★★ 온도에 따른 물질의 상태변화

순수한 물에서 얼음(얼음에서 물)이 되는 온도는 0℃입니다. 순수한 물이 끓어서 수증기(수증기가 물)가 되는 온도는 100℃입니다. 이처럼, 물질은 상태변화가 일어나는 순간의 온도가 정해져 있으며, 그 온도는 물질에 따라 다릅니다.

단, 보통 물은 100℃에서 끓지만, 기압(대기압)이 낮은 장소에서는 100℃보다 낮은 온도에서 끓습니다.

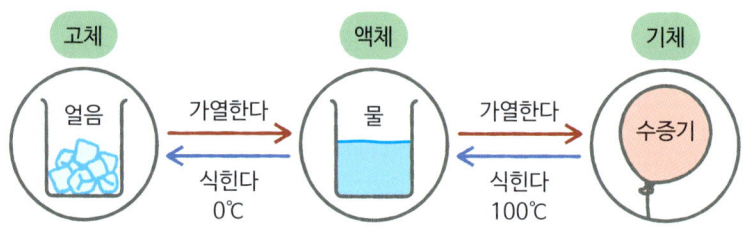

★★★ 녹는점

융해가 일어날 때의 온도입니다. 물질이 고체에서 액체로 변할 때의 온도(녹는점)와 액체에서 고체로 변할 때의 온도(어는점)는 일정하게 유지됩니다.

녹는점(융점)은 물질의 종류에 따라서 다르고, 순수한 물질의 녹는점은 일정합니다. 혼합 물질이 있는 경우에는 녹는점은 일정하지 않습니다.

물질의 종류	녹는점(℃)	끓는점(℃)
철	1536	2863
물	0	100
수은	-39	357
에탄올	-115	78
산소	-218	-183

★★★ 끓는점

순수한 물이 끓어서 액체가 기체로 변할 때 온도입니다. 기체가 액체로 변할 때의 온도도 동일합니다. 철 등의 금속도 온도가 올라가면 기체가 됩니다.

끓는점은 물질의 종류에 따라서 다르고, 순수한 물질의 끓는점은 일정하며 혼합 물질이 있는 경우에는 끓는점은 일정하지 않습니다.

COLUMN 더 자세히 녹는점과 끓는점은 물질에 종류에 따라 달라서 물질을 구별할 때 이용합니다.

★★★ 증발

물이 수면에서 수증기가 되는 것입니다. 즉, 액체의 표면에서 액체가 기체로 변하는 현상을 증발이라고 합니다. 시간에 따라 세탁물이 마르거나 어항 안의 물이 줄어드는 것도 물이 증발하기 때문입니다.

세탁물이 마른다

어항의 물이 줄어든다

★★★ 끓다

물을 가열할 때 물이 물 안에서 수증기가 되는 것입니다. 오른쪽 그림처럼 물을 가열하면 수증기 거품이 발생합니다. 이것이 끓는 것입니다. 증발은 액체의 표면에서 기체로 변하는 것이고, 끓는 것은 액체 속에서 기체로 변하는 것입니다.

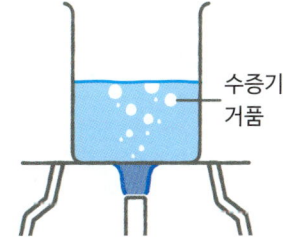
수증기 거품

★★★ 기화

가열된 액체가 기체로 변하는 것을 기화라고 합니다. 증발도 끓는 것도 기화의 일종입니다. 액체가 기체가 될 때에는 열이 필요해서 주위로부터 열을 빼앗습니다. 이것을 기화열이라고 합니다.

★★★ 융해

가열된 고체가 액체로 변하는 과정을 말합니다.

★★★ 응고

액체가 식으면서 고체로 변하는 과정을 말합니다.

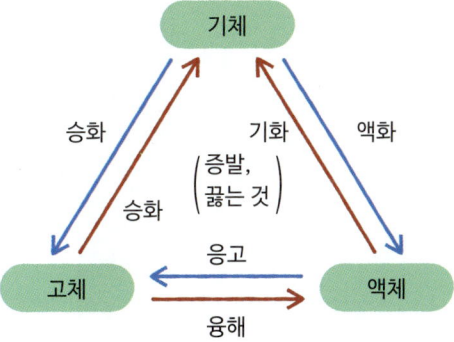

  COLUMN 깨알지식 무더운 여름에 지면이나 돌에 물을 뿌리면 그 물이 증발하면서 주위의 온도를 낮춰 공기의 온도가 내려갑니다.

제1장 물질의 성질

★★★ 액화

기체가 식어서 액체로 변하는 과정을 말합니다.

★★★ 승화

고체가 액체로 변하지 않고 바로 기체로 변하는 과정을 말합니다. 또, 반대로 기체가 액체로 변하지 않고 바로 고체로 변하는 과정을 말합니다. 예를 들면 고체인 드라이아이스는 승화해서 바로 기체가 됩니다. 또 서리는 공기 중의 수증기가 승화해서 얼음 알갱이가 되어 물질의 표면에 붙은 것입니다.

◀ 차 유리에 붙은 서리
기체인 수증기가 승화해서 서리가 되었다

추운 날에 서리가 끼죠

◀ 컵에 물방울이 생긴다
얼음물이 담긴 컵의 표면과 공기 중의 수증기가 만나면서 액화되어 물방울이 되었다

차가운 주스 용기에 물방울이 생기네

COLUMN 깨알지식 │ 물이 얼(응고할) 때의 온도는 0℃이지만, 물에 소금이나 설탕 같은 것이 녹아 있을 경우에는 어는 온도는 0℃보다 낮아집니다.

★★★ 얼음을 가열했을 때의 모습

-10℃인 얼음을 가열하면 온도가 올라갑니다. 0℃가 되면 얼음이 녹기 시작해서 다 녹을 때까지 0℃인 채로 변화가 없습니다. 얼음이 다 녹으면 액체인 물이 되고, 또 온도가 올라가기 시작합니다. 100℃가 되면 끓기 시작해서 수증기가 됩니다. 그 후에 물이 수증기가 될 때까지, 온도는 100℃를 유지하면서 계속 끓습니다. 수증기를 더 가열하면 수증기의 온도는 올라갑니다.

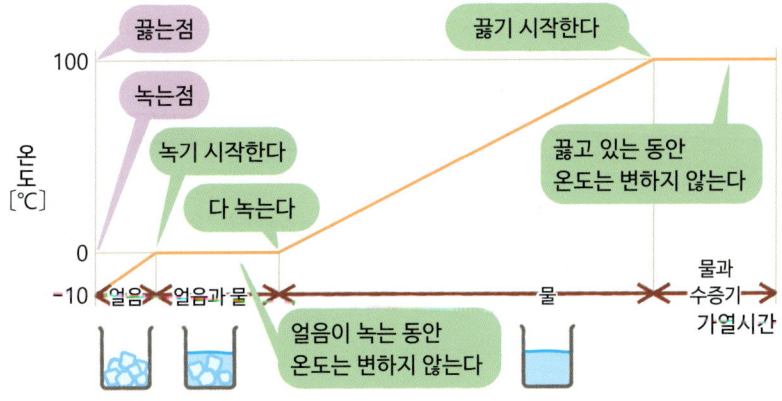

★★★ 물이 식을 때의 모습

물이 식는 과정의 온도 변화와 상태변화를 그래프로 만들면 아래와 같습니다. 물이 얼음으로 변하는 동안 온도의 변화는 없습니다. 물이 얼음으로 변하는 온도(어는점)는 0℃입니다.

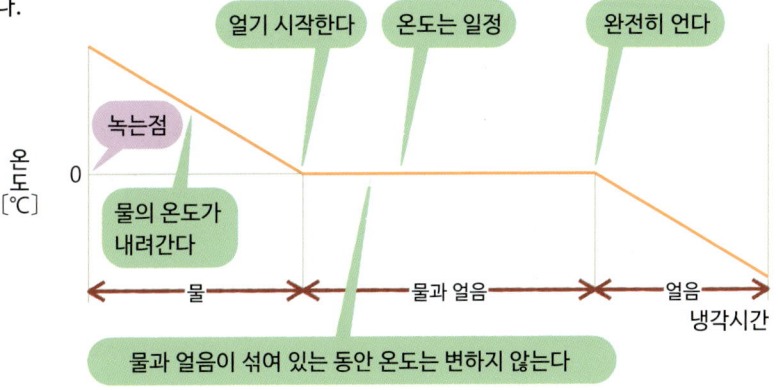

제1장 물질의 성질

상태변화에 따른 부피와 질량의 변화

상태변화를 하면 부피는 변하지만 질량은 변하지 않습니다. 물질은 알갱이로 되어 있기 때문에 알갱이의 숫자가 변하지 않으면 질량은 변하지 않습니다.

〈물이 얼음이 될 때〉

부피는 약 1.1배 증가하지만 질량은 변하지 않습니다. 오른쪽 그림처럼 비커 안의 물이 얼면 부피가 커져서 부풀어 오릅니다. 액체(물)가 고체(얼음)로 변할 때, 부피가 증가하는 것은 물의 특징입니다. 다른 물질은 액체에서 고체가 되면 부피는 작아집니다.

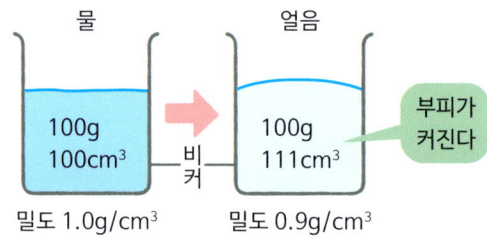

질량은 같고 부피는 커지기 때문에 물보다 얼음의 밀도가 작아집니다. 액체에 고체를 넣었을 때 액체보다 고체의 밀도가 작은 경우, 고체는 액체 위로 뜹니다. 따라서 물에 얼음을 넣으면 얼음은 물 위로 뜹니다.

〈물이 수증기가 될 때〉

부피가 아주 크게(약 1,650배) 증가하지만 질량은 변하지 않습니다. 오른쪽 그림처럼 물을 가열하면 물이 수증기로 변해서 주머니에 쌓여 부풀어 오릅니다.

밀도는 액체인 물보다 수증기가 아주 작습니다.

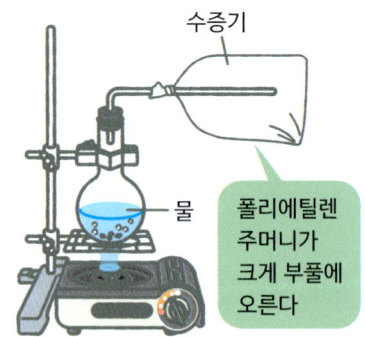

COLUMN 더 자세히

물의 밀도는 $1g/cm^3$입니다. 밀도가 $1g/cm^3$보다 작은 것은 물에 뜨고, 큰 것은 가라앉습니다. 예를 들면 철의 밀도는 $7.87g/cm^3$이기 때문에 가라앉고, 폴리에틸렌의 밀도는 $0.92g/cm^3$이기 때문에 뜹니다.

●물 이외의 물질일 때

액체가 고체가 되면 부피는 작아지고, 액체가 기체가 되면 부피는 커집니다. 예를 들면 왁스를 녹여서 용기에 넣어두면, 식어서 가운데 부분이 푹 꺼집니다. 왁스의 부피는 기체→액체→고체의 순으로 작아지지만 각 상태에서의 질량은 변하지 않습니다.

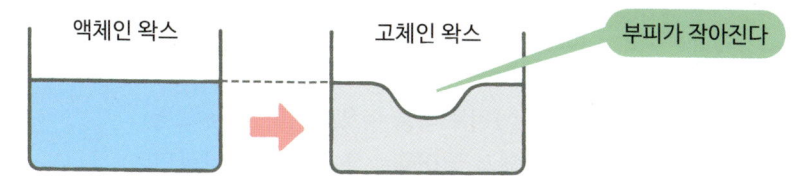

★★★ 증류

가열된 기체를 식혀서 다시 액체로 추출하는 것을 증류라고 합니다. 순수한 물질의 끓는점이 일정한 것을 이용해서, 혼합물 액체에서 여러 가지 물질을 분리할 수 있습니다. 예를 들면, 지하에서 채취한 원유는 여러 가지 물질이 섞여 있지만, 끓는점의 차이를 이용해서 몇 가지 종류의 액체로 분류할 수 있습니다.

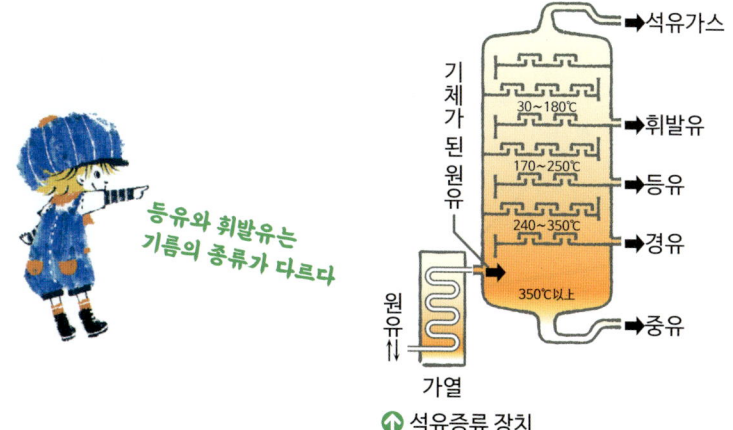

↑ 석유증류 장치

●증류수

순수한 물을 가열해서 수증기(기체)로 만든 후, 다시 냉각시켜서 물(액체)로 만든 것을 증류수라고 합니다. 증류수는 순수한 물입니다.

제2장 용액

산성과 염기성의 세기는?

용액은 산성, 중성, 염기성 세 가지로 나눌 수 있습니다. 아래 그림처럼 가운데에 위치한 중성에서 멀어질수록 산성과 염기성의 세기가 강해집니다. 산성, 중성, 염기성의 세기를 나타내는 것을 pH라고 합니다. 여러 가지 용액의 pH를 알아봅시다.

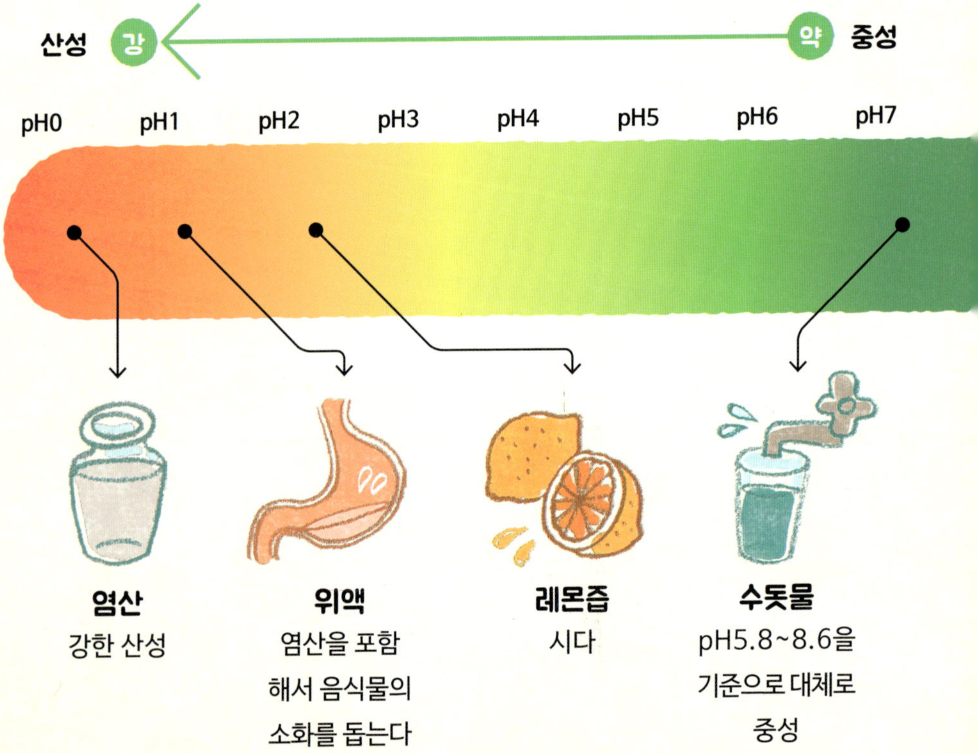

산성 ← 강 ··· 약 → 중성

pH0　pH1　pH2　pH3　pH4　pH5　pH6　pH7

염산
강한 산성

위액
염산을 포함해서 음식물의 소화를 돕는다

레몬즙
시다

수돗물
pH5.8~8.6을 기준으로 대체로 중성

물질편

산성비의 pH

pH5.6 이하의 비를 산성비라고 합니다. 산성비에 의해 콘크리트 건물과 동상들이 녹거나 식물들이 말라 죽기도 합니다.

⬆ 산성비에 의해 나무들이 말라 죽는다

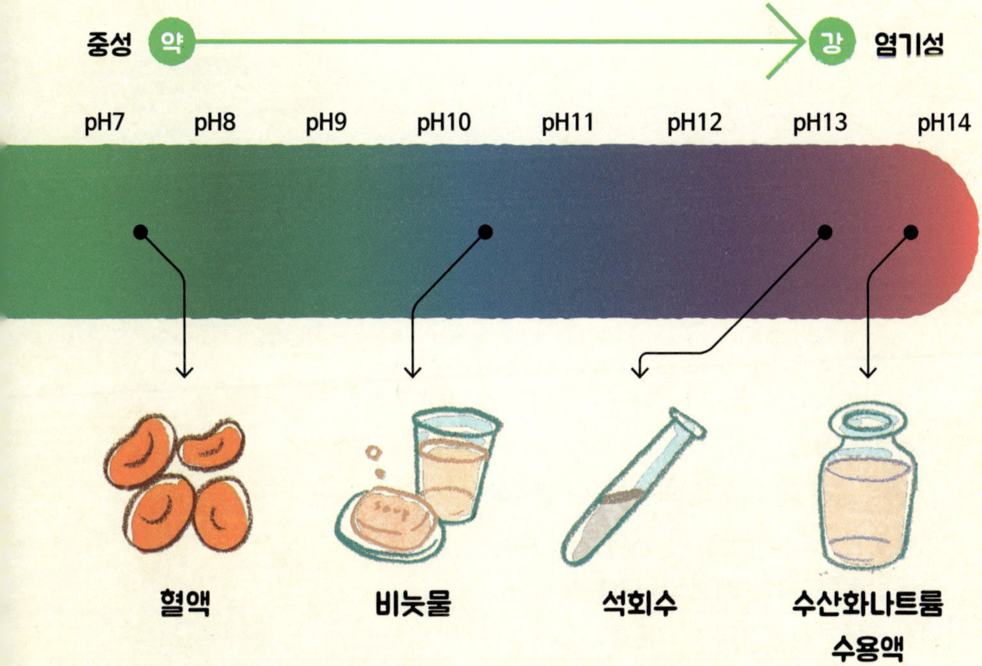

중성 약 ———————→ 강 염기성

pH7　pH8　pH9　pH10　pH11　pH12　pH13　pH14

혈액 / 비눗물 / 석회수 / 수산화나트륨 수용액

제2장 용액

이번 장의 학습내용 헤드라인

❓ 탄산음료에 거품이 생기는 이유는?

탄산음료에서 발생하는 거품은 이산화탄소입니다. 용액에 녹아 있는 이산화탄소의 양은 용액의 온도가 낮고 압력이 커질수록 그 양이 많아집니다. 탄산음료의 병을 딸 때 소리가 나면서 거품이 발생하는 것은 용액 속에 다 녹지 않은 이산화탄소가 공기 중으로 나오면서 생기는 현상입니다.

⬆ 탄산음료의 거품

❓ 레몬을 넣은 홍차의 색이 옅어지는 이유는?

홍차에 레몬을 넣으면 홍차의 붉은색이 옅어집니다. 왜 그럴까요?

홍차 성분 중에 테아플라빈이라는 물질 때문에 붉은색으로 보입니다. 테아플라빈에 산성이 반응하면 붉은색이 옅어지는 특성이 있어서 홍차에 산성이 강한 레몬을 넣으면 붉은색이 옅어지는 것입니다.

⬆ 레몬티

생명이 살 수 없는 죽은 강을 살리는 방법은 무엇일까요?

산성이 강한 용액이나 물질로 인해 오염된 강이 있습니다. 그러한 강은 산성화된 물을 염기성 용액으로 중화시켜 물고기가 생존할 수 있는 강으로 만들 수 있습니다. 물고기 외의 다른 생물들도 함께 살 수 있는 깨끗한 강을 만들기 위해 중화작업은 계속되고 있습니다.

⬆ 염기성 용액으로 물을 중화시켜 깨끗하게 만든다

바닷물에 녹아 있는 염화나트륨의 양은 어느 정도일까요?

맛을 보면 아주 짠 바닷물. 바닷물에는 어느 정도의 염화나트륨이 포함되어 있을까요?

바닷물 성분의 80%가 염화나트륨입니다. 바닷물 200ml에 녹아 있는 염화나트륨의 양은 약 5~6g 정도 됩니다.

⬆ 해수욕장

제2장 용액

01 물질은 어떻게 녹을까

1 용액 만들기

중요도
★★★ **용액**

물질이 물에 완전히 녹아 눈에 보이지 않는 것, 또는 녹는 물질이 녹이는 물질에 골고루 섞여 있는 것을 용액이라고 합니다. 물에 녹은 물질은 돋보기나 현미경으로도 관찰할 수 없는 아주 작은 알갱이 상태로 녹아서 거름종이로도 걸러낼 수 없습니다.

⬇ 커피설탕이 녹는 모습

예 소금물, 설탕물 등

〈용액의 성질〉
① 투명하다(색을 띠는 경우도 있다)
② 녹은 물질이 눈에 보이지 않는 작은 알갱이로 골고루 섞여 있다
③ 오랜 시간이 지나도 녹은 물질이 바닥에 가라앉지 않는다

용액은 어느 부분이라도 똑같구나

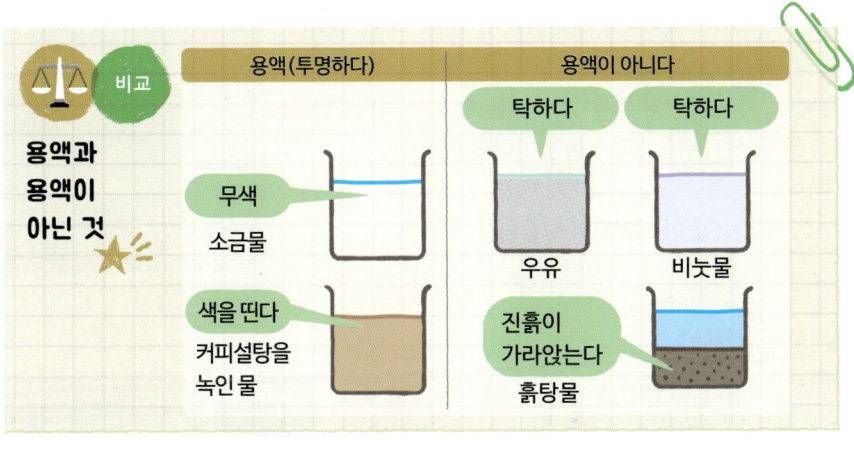

★★★ 용액의 종류

용액에는 액체가 녹은 용액, 기체가 녹은 용액, 고체가 녹은 용액이 있습니다. 고체가 녹은 용액을 증발시켜서 녹아 있는 고체를 추출할 수 있습니다. 액체나 기체가 녹은 용액은 증발시켜도 녹아 있는 물질을 추출할 수 없습니다.

용액의 종류 비교

녹은 물질	용액의 예 (괄호는 녹은 물질)
고체	소금물(소금), 설탕물(설탕), 붕산수(붕산), 석회수(수산화칼슘)
액체	알코올수(알코올), 식초(아세트산)
기체	탄산수(이산화탄소), 염산(염화수소), 암모니아수(암모니아)

제2장 용액

★★★ 소금

소금은 염화나트륨이라는 물질입니다. 결정은 오른쪽 사진과 같이 정육면체 모양입니다. 흰색의 고체이고, 물에 잘 녹습니다. 특히 음식을 만들 때 빼놓을 수 없는 조미료입니다. 물에 녹는 양은 온도 변화에 따라 달라집니다.
염산과 수산화나트륨을 섞어서 만들 수 있고, 바닷물에는 약 2.7%의 소금이 포함되어 있습니다.

⬆ 소금의 결정

★★★ 백반(명반)

흰색의 고체이고, 물에 잘 녹으며, 용액은 투명하고 무색입니다. 오른쪽 사진처럼 정팔면체에 가까운 모양입니다. 백반은 온도가 높을수록 잘 녹습니다. 식품 첨가물로 사용되기도 합니다.

⬆ 백반의 결정

● 구운 백반

보통 백반이라고 하면 결정에 수분이 있는 것을 말하지만, 결정에 수분이 없는 것은 구운 백반이라고 합니다.

★★★ 붕산

흰색의 고체이고, 물에 잘 녹으며, 용액은 투명하고 무색입니다. 결정은 오른쪽 사진과 같은 모양을 하고 있습니다. 높은 온도에서 물에 잘 녹고, 붕산액은 살균 효과가 있습니다.

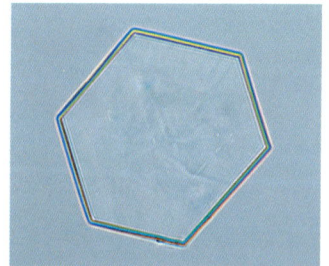
⬆ 붕산의 결정

COLUMN 더 자세히
용액에 녹아 있는 물질을 '용질', 녹이는 액체를 '용매'라고 합니다. 소금물에서는 소금이 용질, 물이 용매입니다.

★★★ 황산구리

파란색의 고체이고, 물에 잘 녹으며, 물의 온도가 높으면 더 잘 녹습니다. 결정은 오른쪽 사진과 같은 모양을 하고 있습니다. 물을 포함하고 있는 결정은 파란색이지만, 물을 포함하고 있지 않은 결정은 흰색입니다.

↑ 황산구리의 결정

★★★ 설탕

흰색의 고체이고, 물에 잘 녹으며, 음식을 만들 때 많이 사용합니다. 설탕의 종류에 따라 색깔이 다르기도 합니다. 커피설탕은 갈색을 띠고 있습니다.

↑ 설탕의 결정

우리 주변에도 여러 가지 결정이 있어요

제2장 용액

★★★ 용액의 질량

물질을 물에 녹이기 전과 녹인 후의 질량은 동일합니다.
물이 물에 녹으면 알갱이가 보이지 않아도 녹은 물질이 없어지는 것은 아닙니다.

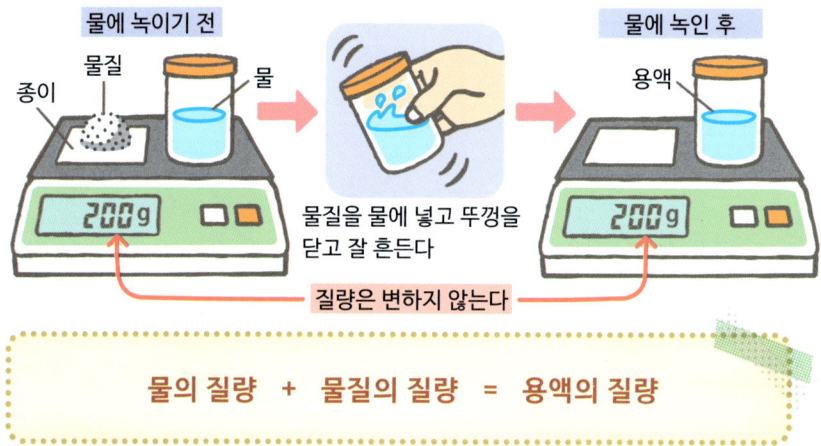

물의 질량 + 물질의 질량 = 용액의 질량

★★ 용액의 부피

용액의 부피는 물질을 녹이기 전과 같습니다. 그 이유는 물질의 알갱이가 흩어져서 물 알갱이 사이에 들어가기 때문입니다.

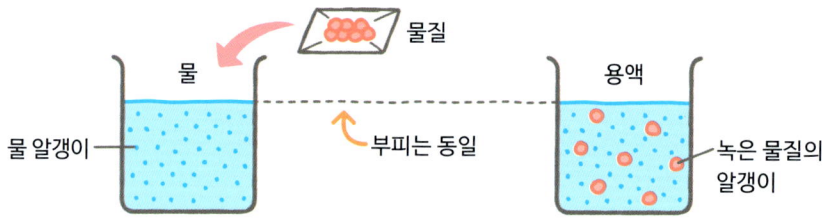

COLUMN 깨알지식
용액에는 물이 아닌 에탄올과 같은 액체에 물질을 녹인 것도 있습니다.

★★★ 눈금실린더(메스실린더)

일정한 양의 액체를 정확하게 잴 때에 사용합니다.

● 눈금실린더 사용방법
① 바닥이 평평한 장소에 놓는다
② 정해진 양을 정확하게 측정하려면 약간의 용액을 남기고 넣는다
③ 남아 있는 용액은 스포이트로 조금씩 넣는다

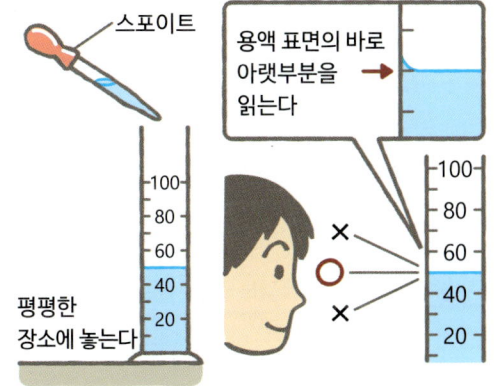

★★★ 윗접시저울

양쪽 접시에 측정할 물체와 추를 올려놓고 물체의 질량을 잴 수 있습니다.

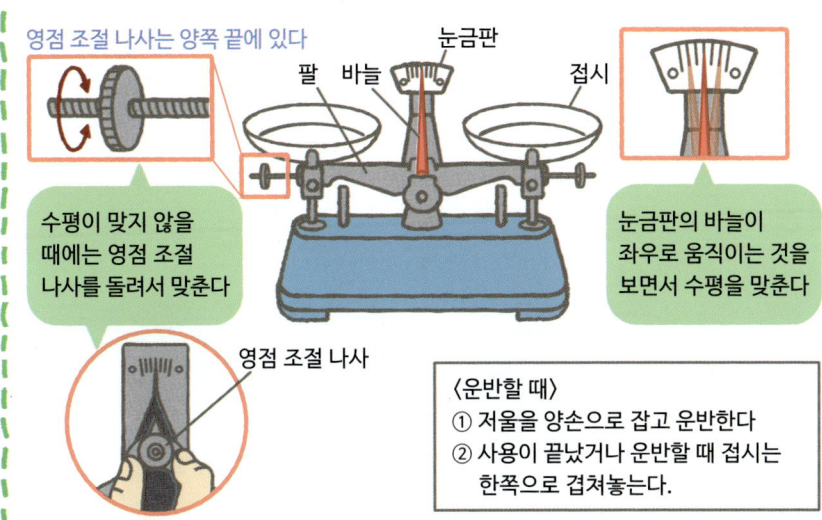

〈운반할 때〉
① 저울을 양손으로 잡고 운반한다
② 사용이 끝났거나 운반할 때 접시는 한쪽으로 겹쳐놓는다.

COLUMN 깨알지식 — 눈금실린더는 수치를 잴 수 있는 최대 양이 10mL, 100mL, 1L 등 다양한 크기가 있습니다. 수치를 잴 수 있는 양에 따라 사용할 수 있습니다.

제2장 용액

● 윗접시저울 사용방법

윗접시저울은 평평한 곳에 놓은 후 수평이 맞는지 확인하고 사용합니다.

【물체 질량 재기】

① 윗접시저울의 바늘이 눈금의 중심을 가리키는지 확인한다
② 한쪽 접시에 질량을 측정하려는 물체를 올려놓는다
③ 다른 한쪽 접시에 분동을 올리고 내리면서 수평이 되게 만든다
④ 수평이 되면 접시에 있는 분동의 질량을 모두 합한 것이 물체의 질량이 된다

【약품 질량 재기】

① 좌우 접시에 약포지를 놓는다
② 한쪽 접시에 측정해야 할 질량의 분동을 올려놓는다
③ 다른 한쪽에 약품을 조금씩 올려놓으면서 좌우 수평을 맞춘다

분동은 반드시 핀셋으로 잡는다

↑ 분동을 잡는 방법

좌우 수평을 맞출 때는 서두르지 말고 천천히

약포지

약품(분말)의 질량을 잴 때 사용하는 얇은 종이를 말합니다. 윗접시저울 양쪽 어디에 올려도 상관없습니다.

분동

50g, 20g, 10g, 5g, 2g, 1g, 0.5g, 0.2g, 0.1g 등이 있습니다.

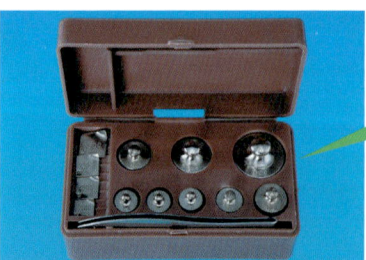

50g | 20g | 10g(2개) | 5g
2g(2개) | 1g | 0.5g | 0.2g(2개) | 0.1g

COLUMN 더 자세히

분동은 정확한 질량으로 만들어져 있습니다. 분동을 잡을 때 핀셋을 사용하는 이유는 손으로 잡으면 손에 묻어 있는 불순물로 인해 녹이 생겨서 재는 무게가 변하기 때문입니다.

물질이 물에 녹는 양

물의 양과 온도가 일정할 때 물에 녹는 물질의 양은 변화가 없으며, 물질은 더 이상 녹지 않습니다.

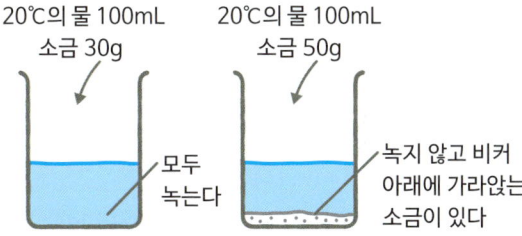

 ## 물질이 녹는 양과 물의 양

물질이 녹는 양은 물의 양에 따라 다르고, 녹는 양과 물의 양은 비례합니다. 물의 양이 2배, 3배가 되면 녹는 양도 2배, 3배가 됩니다.

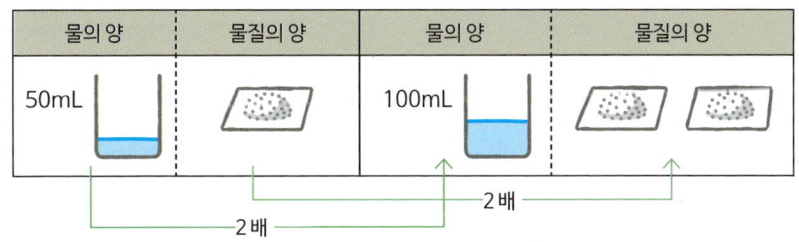

동일한 양과 온도일 때 물질이 녹는 양은 물질의 종류에 따라 다릅니다. 아래 그래프는 물의 양과 온도가 같을 때, 녹는 물질의 양은 녹는 물질의 종류에 따라 달라지는 것을 나타냅니다.

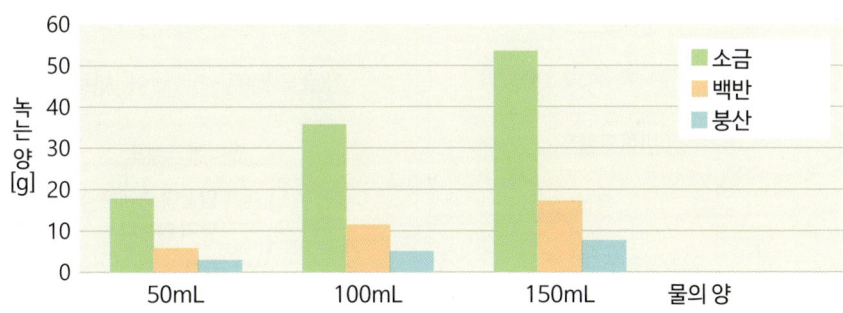

↑ 물질이 녹는 양과 물의 양(물의 온도가 20℃인 경우)

  COLUMN 더 자세히 같은 온도의 물에 물질을 녹일 때, 녹는 양은 물의 양에 비례합니다. 그러나 다른 온도의 물에 물질을 녹일 때는, 녹는 양은 물의 양과 비례하지 않습니다.

비례 · 반비례

2개의 양 x, y가 있습니다

● x가 2배, 3배가 될 때 y도 2배, 3배가 되면
y는 x에 비례한다고 합니다.

● x가 2배, 3배가 될 때 y가 $\frac{1}{2}$배, $\frac{1}{3}$배가 되면
y는 x에 반비례한다고 합니다.

직사각형의 가로 길이, 세로 길이, 넓이를 사용해서 비례, 반비례 관계를 살펴봅시다.

반비례는 한쪽이 커지면 한쪽이 작아지는 거구나

비례

● 가로 길이가 2cm로 일정할 때 세로 길이와 넓이의 관계

세로[cm]	1	2	3	4
넓이[cm²]	2	4	6	8

넓이 = 가로 2cm × 세로

반비례

● 넓이가 18cm³로 일정할 때 세로 길이와 가로 길이의 관계

세로[cm]	1	2	3	4
넓이[cm²]	18	9	6	4.5

가로 = 넓이 18cm² ÷ 세로

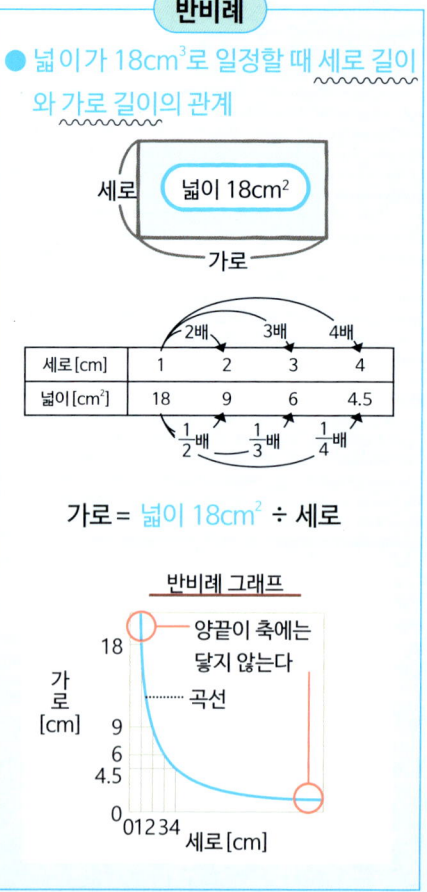

중요도
★★★
물질이 녹는 양과 온도

물의 온도가 올라갈수록 붕산이나 백반, 설탕 같은 물질의 녹는 양이 증가합니다. 백반은 물의 온도가 20℃에서 60℃가 되면 녹는 양은 약 5배가 됩니다. 그러나 소금은 물의 온도가 올라가도 녹는 양이 크게 증가하지 않습니다. 온도가 20℃에서 60℃로 올라간 물 100mL에 녹는 소금의 양은 약 1.3g밖에 증가하지 않습니다.

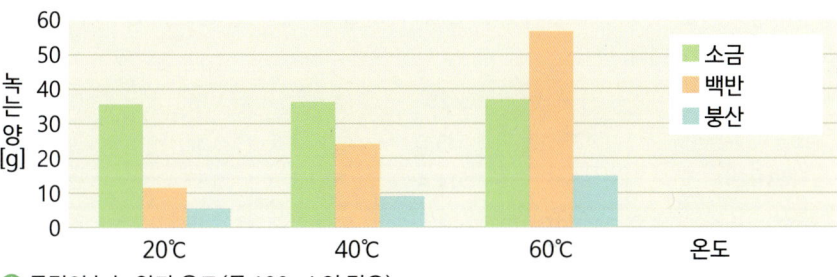

↑ 물질의 녹는 양과 온도(물 100mL인 경우)

★★★
기체가 물에 녹는 양

기체가 물에 녹는 양은 온도가 올라갈수록 줄어듭니다.
예를 들면 이산화탄소의 경우, 1기압일 때, 물 1mL당 0℃에서 1.71mL, 20℃에서 0.88mL, 40℃에서 0.53mL, 60℃에서 0.36mL 녹습니다.

 비교 **고체와 기체가 물에 녹는 양**

● 고체가 물에 녹는 양…온도가 올라가면 녹는 양이 증가한다
● 기체가 물에 녹는 양…온도가 올라가면 녹는 양이 줄어든다

★★★
포화

일정한 조건에서 어떤 물질이 용매에 녹을 만큼 녹아서 더 이상 녹을 수 없는 상태를 포화라고 합니다. 용액의 경우, 일정한 물의 양에 어떤 물질이 더 이상 녹일 수 없는 상태를 포화 상태라고 합니다.

COLUMN 더 자세히
일반적으로 고체는 물의 온도가 높아질수록 녹는 양이 많아지는데, 예외적으로 수산화칼슘은 온도가 올라갈수록 녹는 양이 적어집니다.

제2장 용액

★★★ 포화용액

포화된 용액을 포화용액이라고 합니다. 녹을 수 있는 만큼 녹아서 더 이상 녹일 수 없는 상태의 용액입니다.

★★★ 용해도

물 100g에 녹을 수 있는 물질의 양을 말합니다. 용해도는 녹는 물질의 종류와 물의 온도에 따라서 변합니다.

물의 온도[℃]	0	20	40	60	80
소금	35.7	35.8	36.3	37.1	38.0
백반(결정)	5.6	11.4	23.8	57.4	321.6
붕산	2.8	4.9	8.9	14.9	23.6
질산칼륨	13.3	31.6	63.9	109.2	168.8
황산구리(결정)	23.7	35.6	53.5	80.4	127.7

★★★ 용해도 곡선

물의 온도 변화에 따른 용해도의 변화를 그래프로 나타낸 것을 말합니다.

● 용해도 곡선의 특성
① 물질의 종류와 온도 변화에 따라 물질의 녹는 양이 다르다
② 대부분의 물질은 온도가 올라갈수록 녹는 양이 많아지기 때문에 우상향 곡선이 된다.
③ 그래프에서 우상향이 가파른 것은 온도가 올라갈수록 녹는 양이 크게 증가하는 것을 나타낸다. 소금은 온도가 올라가도 녹는 양이 다른 물질에 비해서 아주 조금 증가한다.

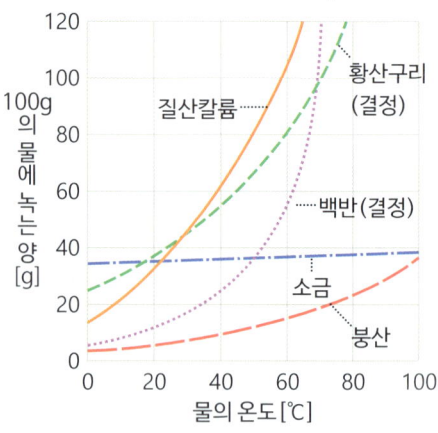

↑ 용해도 곡선의 예

COLUMN

사이다가 만들어지는 과정

시원하고 맛있는 사이다는 주로 물과 이산화탄소로 만듭니다.
사이다를 만드는 과정이나 톡 쏘는 맛은 기체의 특징을 잘 활용하고 있습니다.
사이다는 어떤 과정으로 만들어지는 것일까요?
이산화탄소가 물에 녹는 양은 물의 온도에 따라 달라집니다. 물의 온도를 낮추고 압력을 높여서 물의 부피 4배 정도의 많은 이산화탄소를 녹입니다.

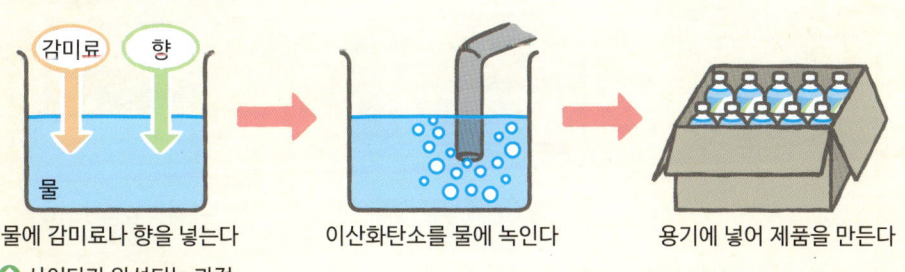

물에 감미료나 향을 넣는다 → 이산화탄소를 물에 녹인다 → 용기에 넣어 제품을 만든다

⬆ 사이다가 완성되는 과정

탄산이 든 음료를 땅에 떨어뜨린 후에 뚜껑을 열면 내용물이 분출되는 경우가 있습니다. 이것은 탄산수에 충격이 가해져서, 물에 녹아 있던 이산화탄소가 공기 중으로 나오는 것입니다. 또 탄산수의 온도가 올라가면 물에 녹아 있던 이산화탄소가 다 녹지 못하고 공기 중으로 나오는데, 이때 톡 쏘는 탄산음료의 청량감이 생기는 것입니다.

제2장 용액

2 물에 녹은 물질을 추출하는 방법

중요도 ★★★

가열해서 결정을 추출한다

소금이나 붕산 같은 물질이 녹아 있는 물을 가열하면 물은 증발하지만, 녹아 있는 소금이나 붕산은 증발하지 않고 물질(소금, 붕산)이 알갱이(결정)로 남습니다.

이런 방법으로 물에 녹아 있는 물질을 추출할 수 있는데, 물의 온도가 높아져도 녹는 양의 변화가 적은 소금과 같은 물질을 추출할 때 좋습니다.

● **소금물을 가열해서 소금을 추출한다**

농도가 진한 소금물을 증발접시에 넣고 가열하면 많은 양의 소금 알갱이가 증발접시에 남습니다.

소금물 → 증발접시에 넣고 가열한다 → 소금이 남는다

● **소금물을 자연적으로 증발시킨다**

농도가 진한 소금물을 몇 방울 슬라이드글라스에 떨어뜨려서 햇볕이 잘 드는 곳에 놓습니다. 시간이 지나면 물이 자연적으로 증발하고 슬라이드글라스 위에 소금 알갱이가 보입니다.

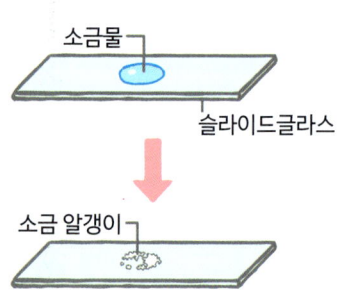

소금물 / 슬라이드글라스 / 소금 알갱이

COLUMN 깨알지식

설탕물을 가열하여 물을 증발시키면 설탕 알갱이를 얻을 수 있지만, 소금과 달리 설탕에는 타는 성질이 있어서 설탕물을 계속 가열하면 설탕이 탈 수 있습니다.

식혀서 결정을 추출한다

뜨거운 물에 붕산이나 백반을 녹인 후 차갑게 식히면, 높은 온도에 의해 지나치게 많이 녹았던 양만큼 다시 추출하여 거름종이로 걸러낼 수 있습니다. 그러나 소금은 온도 변화에 따라 녹는 양의 차이가 거의 없어서 이 방법으로는 거의 추출할 수 없습니다.

● 뜨거운 물에 녹은 붕산 용액을 식혀서 붕산을 추출한다

농도가 짙은 붕산 용액을 비커에 넣고 얼음물로 식히면 물에 지나치게 많이 녹았던 붕산이 비커 바닥에 가라앉습니다. 이것을 거름종이로 걸러서 붕산 결정을 얻을 수 있습니다.

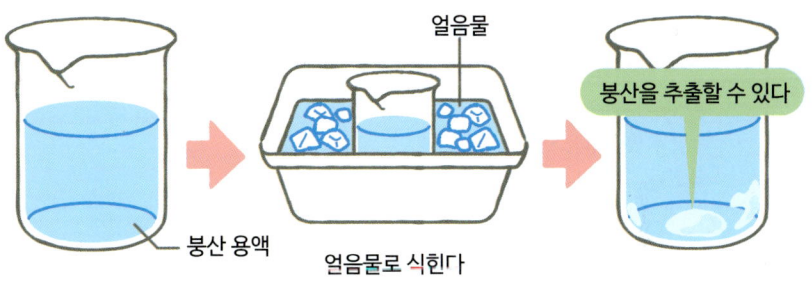

물질을 추출하는 알맞은 방법 (비교)

방법	녹아 있는 물질
용액을 가열하는 방법	소금, 붕산, 백반
용액을 식히는 방법	붕산, 백반

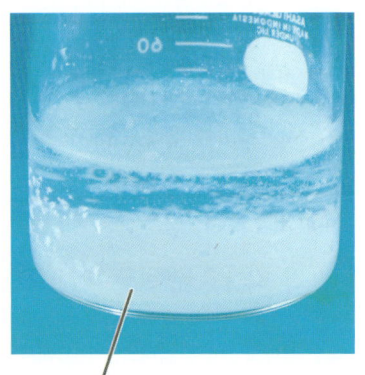

차갑게 식힌 붕산 용액에서 나온 붕산 결정

제2장 용액

용해도 곡선과 추출되는 결정의 양

물질이 녹는 양, 용해도는 물의 온도에 따라서 다릅니다. 용액의 온도가 낮아지면 결정이 생깁니다. 더 많이 녹일 수 있는 양도 용해도 곡선을 통해서 알 수 있습니다.

Q 질산칼륨을 50℃의 물 100g에 60g 녹였습니다. 앞으로 몇 g을 더 녹일 수 있을까요?

A 용해도 곡선을 보면, 질산칼륨은 50℃의 물 100g에 85g까지 녹일 수 있습니다. 따라서 85-60=25이기 때문에, 앞으로 25g 더 녹일 수 있습니다.
답 25g

Q 질산칼륨을 50℃의 물 100g에 60g 녹인 용액을 식힙니다.
① 질산칼륨 용액이 포화상태가 되는 것은 몇 ℃일까요?

A 용해도 곡선에서 60g과 만나는 온도가 39℃이기 때문에 39℃에서 포화상태가 됩니다.
답 39℃

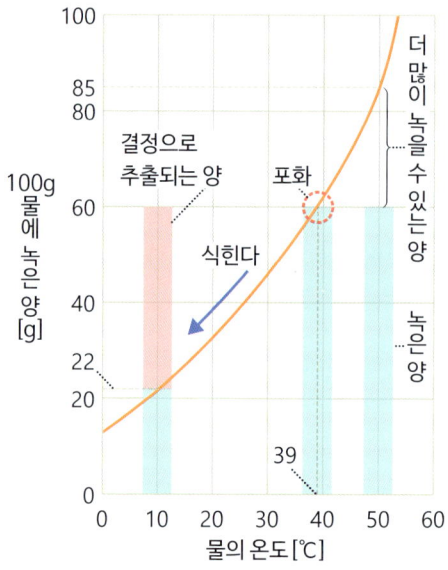

↑ 질산칼륨의 용해도 곡선

Q ② 질산칼륨 용액의 온도를 10℃까지 낮추면 추출할 수 있는 결정의 양은 얼마일까요?

A 용해도 곡선을 살펴보면 10℃에서 녹는 양이 22g입니다. 따라서 60-22=38이기 때문에, 38g을 얻을 수 있습니다.
답 38g

★★★ 결정

소금 또는 붕산 용액을 가열하면, 일정한 모양의 알갱이가 생깁니다. 이것을 결정이라고 합니다. 결정은 그 물질만 포함하고 있는 순수한 물질입니다. 결정은 물질의 종류에 따라서 형태가 정해져 있습니다. 그렇기 때문에 결정을 보면 그 물질이 무엇인지를 추측할 수 있습니다.

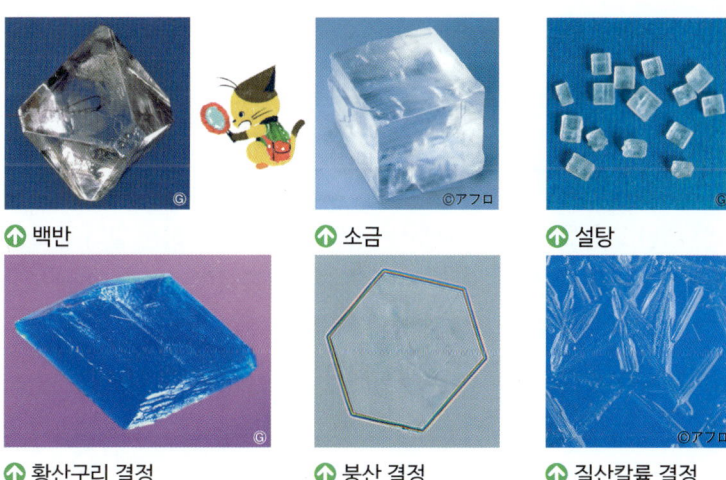

⬆ 백반　　　⬆ 소금　　　⬆ 설탕

⬆ 황산구리 결정　　　⬆ 붕산 결정　　　⬆ 질산칼륨 결정

★★★ 재결정

소금이나 붕산과 같은 물질이 녹았다가 다시 결정으로 추출되는 것을 재결정이라고 합니다. 재결정 방법에는 용액을 가열해서 추출하는 방법과 용액을 식혀서 추출하는 방법이 있습니다. 서로 다른 종류의 물질이 포함되어 있는 경우, 재결정에 의해서 순수한 결정을 추출할 수 있습니다.

예를 들면, 소금과 백반이 혼합된 물질을 100℃인 물에 녹여서 60℃까지 식히면, 소금은 거의 나오지 않습니다. 하지만 백반은 다시 백반 결정이 나오고, 이것을 거름종이에 거르면 순수한 백반을 추출할 수 있습니다.

COLUMN 더 자세히　공기 중에 용액을 오랫동안 햇볕이 잘 드는 곳에 두면 자연적으로 물이 증발합니다. 따라서 용액을 가열하거나 식히지 않아도 오랜 시간이 지나면 물에 녹았던 물질을 추출할 수 있습니다.

COLUMN

커다란 백반 결정을 만들어보자

● 준비물 ●
백반, 물, 실, 나무젓가락, 비커, 스티로폼 상자

커다란 백반 결정을 만들기 위해서는 용액을 천천히 식히는 일이 중요합니다.

① **백반 포화용액을 만들어서 작은 백반 결정을 만듭니다.**
뜨거운 물에 백반을 포화상태가 될 때까지 녹인 후, 나무 젓가락에 실을 묶어 뜨거운 물에 담급니다. 뜨거운 백반 포화용액을 차갑게 식히면 실에 작은 백반 결정이 붙습니다.

② **결정을 크게 만들 용액을 만듭니다.**
①에서 만든 백반 용액을 다시 한 번 끓여서, 바닥에 남은 알갱이를 녹인 후에 40℃ 정도까지 식힙니다.

③ **작은 결정을 크게 만듭니다.**
②의 비커 안에 ①에서 만든 결정이 매달린 실을 담급니다. 그 용기를 스티로폼 상자에 넣어서 천천히 온도가 내려가는 것을 기다립니다.

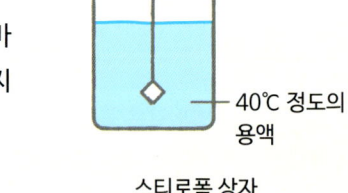

더 큰 결정을 만들기 위해서는
백반 포화용액을 식혀서 백반 결정이 커졌다면 또다시 40℃의 백반 포화용액을 만들어서 그 결정을 담급니다. 이 과정을 반복하면 결정은 점점 커집니다.

여과

중요도 ★★★

용액에 녹지 않은 알갱이가 있을 때나 용액 안에 알갱이가 생겼을 때 **거름종이**를 사용해서 녹지 않은 물질(결정)을 제거하는 방법을 말합니다.

거름종이

중요도 ★★★

깔때기에 끼워서 용액을 거르는 데 사용하는 종이입니다. 아주 작은 구멍이 있어서 구멍보다 큰 물질은 빠져나가지 않는 것을 이용해 다 녹지 않은 알갱이와 물에 녹은 것을 분리합니다.

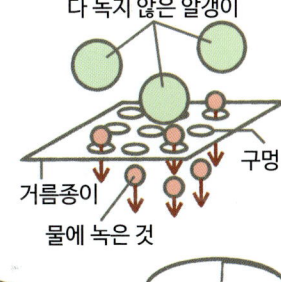

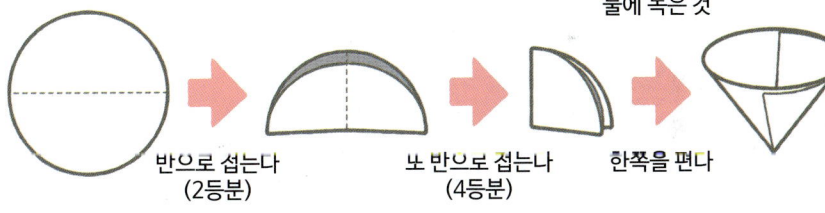

⬆ 거름종이를 만드는 방법

거름종이에 거르는 방법

중요도 ★★★

① 거름종이를 깔때기에 넣고 물을 적셔서 깔때기에 밀착시킵니다
② 깔때기 앞의 긴 부분을 비커 안쪽에 닿게 합니다
③ 유리막대는 거름종이가 겹쳐진 부분에 사선으로 댑니다
④ 거르는 액체를 유리막대에 조금씩 따릅니다

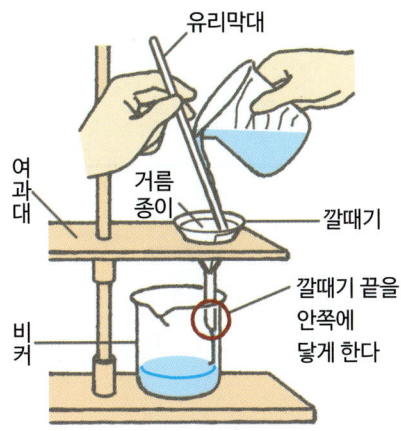

여과액

중요도 ★★★

거름종이에 걸러진 용액입니다. 이 여과액에는 물질이 완전히 녹아 있는 상태입니다.

COLUMN
여러 가지 결정

용액에 녹아 있는 물질의 종류에 따라 결정의 모양이 다릅니다.
아래 사진은 아주 예쁘게 생긴 눈 결정입니다.
소금이나 백반 이외에 여러 종류의 물질에도 결정이 있습니다.

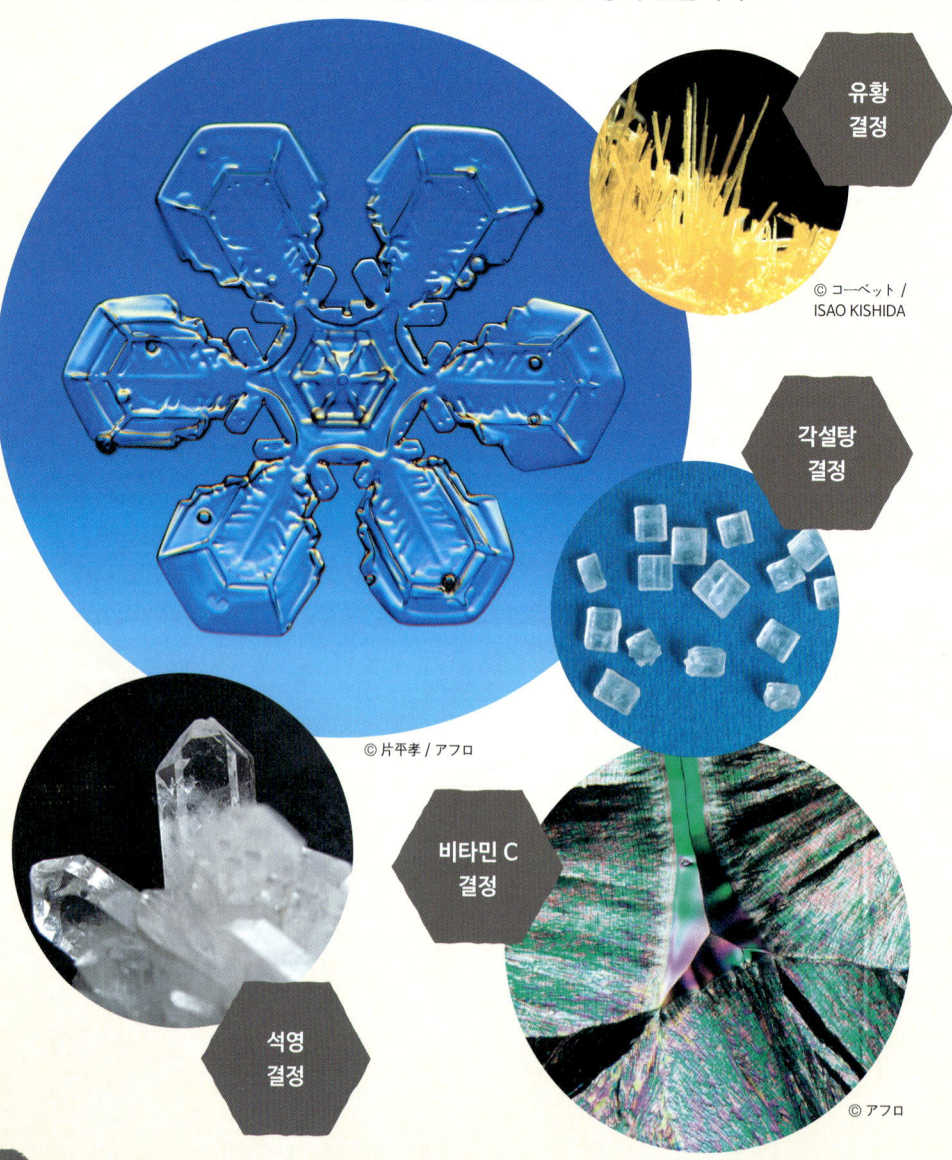

3 용액의 농도

중요도 ★★★

용액의 농도

용액의 진하기를 나타내는 농도는 용액에 녹은 물질의 질량이 용액의 질량의 몇 %를 차지하는지를 나타냅니다.

$$농도[\%] = \frac{녹은\ 물질의\ 질량[g]}{용액의\ 질량[g]} \times 100$$

용액의 질량은 녹은 물질의 질량과 물의 질량을 더한 것과 같습니다. 농도를 구하는 식은 다음과 같이 나타낼 수 있습니다.

$$농도[\%] = \frac{녹은\ 물질의\ 질량[g]}{녹은\ 물질의\ 질량[g] + 물의\ 질량[g]} \times 100$$

● 용액의 농도를 계산해보자

 물 100g에 소금 25g을 녹여서 만든 소금물의 농도는 몇 %일까요?

 용액의 질량은 25+100=125[g], 녹은 물질의 질량은 25g이므로, 농도는 $\frac{25}{125} \times 100 = 20[\%]$
답 20%

100을 곱하는 것을 잊지 마

 농도 15%의 소금물 200g에 녹아 있는 소금의 양은 몇 g일까요?

 식을 변형하면,
용액의 질량[g]×농도[%]÷100=녹아 있는 물질의 질량[g]이 됩니다.
물에 녹아 있는 소금의 양은
200[g]×15[%]÷100=30[g]
답 30g

위와 같은 방법으로 농도를 나타내는 것은 여러 가지 방법 중에서 질량 퍼센트 농도라고 합니다.

제2장 용액

★★★ 용액의 농도와 질량의 관계

용액의 농도와 질량은 녹는 물질의 양에 따라 달라집니다. 물에 녹는 물질의 양이 많을수록 농도와 용액의 질량도 커집니다. 그러나 용액의 부피는 변하지 않습니다.

예) 물 60g에 소금의 양을 다르게 녹이는 경우

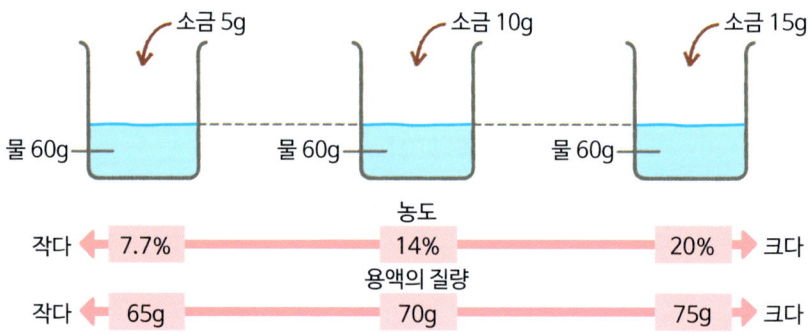

★★★ 용액의 농도를 묽게 하는 방법

용액의 농도를 묽게 하려면(희석하려면) 용액에 물을 더 넣으면 됩니다. 예를 들어 용액의 농도를 2배로 묽게 하려면(희석하려면) 2-1=1[배], 즉 용액의 양의 1배만큼 물을 더 넣으면 됩니다. 3배로 묽게 하려면 3-1=2[배], 즉 용액의 양의 2배만큼 물을 더 넣으면 됩니다.

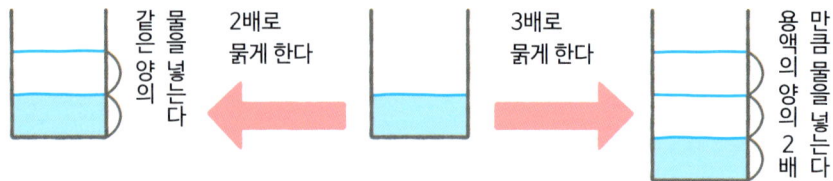

Q 농도가 20%인 소금물 10g을 5% 농도의 소금물로 만들기 위해서는 몇 g의 물을 더 넣으면 될까요?

A 소금물의 농도를 $\frac{5}{20} = \frac{1}{4}$로 만들려면 4배로 묽게 하면 됩니다. 4-1=3[배], 즉 소금물의 3배만큼의 물을 더 넣으면 됩니다.
답 30g

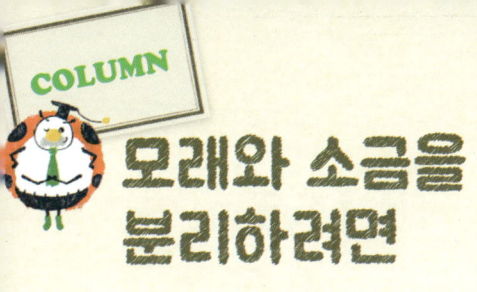

COLUMN
모래와 소금을 분리하려면

사진은 바닷물에서 소금을 추출하는 자염식 염전의 작업 모습입니다. 왜 모래에 바닷물을 뿌리고 있을까요?

사실은 이런 방법이 많은 양의 소금을 추출할 수 있기 때문입니다.

자염식 염전은 '모래가 물에 녹지 않는 성질'과 '소금이 물에 녹는 성질'을 이용하고 있습니다. 모래와 소금이 섞이면 어떻게 소금만 추출할까요? '녹아 있는 것을 추출하는' 방법과 '용액을 거르는' 방법을 이용해서 추출합니다.

① 모래와 소금이 섞인 혼합물을 물이 담긴 비커에 넣고 소금을 완전히 녹인다
② 거름종이를 통해 용액은 통과시키고 모래는 걸러낸다
③ 걸러진 용액을 증발접시에 넣고 가열하여 증발시킨다
④ 증발이 끝나면 소금이 남는다

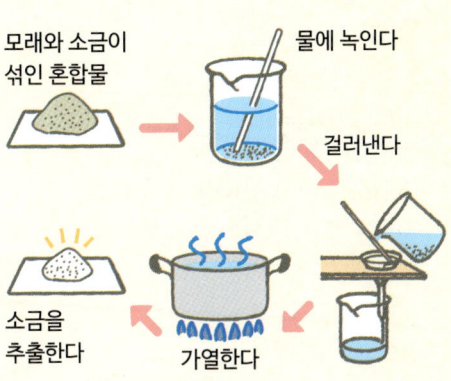

사진에 나타난 모습은 고운 모래를 단단하게 다져서 만든 염전에 바닷물을 담는 모습입니다. 염전에 담긴 바닷물을 자연적으로 증발시키면 모래 알갱이에 소금 알갱이가 달라붙습니다. 그것을 거름장치에 담은 후 그 위에 바닷물을 부으면 모래는 녹지 않고 걸러지고 소금 알갱이는 녹으면서 진한 농도의 소금물이 만들어집니다. 진한 농도의 소금물을 큰 가마에 담아 다시 가열해서 소금 결정을 만듭니다. 증발시켜서 추출한 소금을 또다시 소금물로 녹여서 증발시키는 과정을 반복해서 더 많은 소금을 만들어냅니다.

제**2**장 용액

02 산성·중성·염기성

중요도
★★★ **용액에 녹아 있는 물질**

용액에는 고체가 녹은 것, 액체가 녹은 것, 기체가 녹은 것 등이 있습니다. 온도에 따라서 녹는 양은 다릅니다.

●**고체가 녹은 용액의 특징**
다음과 같은 공통적인 특징이 있습니다.
① 가열하면 물은 증발하고 용액에 녹아 있던 물질은 추출된다
② 가열해도 냄새가 나지 않는다(고체는 공기 중으로 나오지 않는다)
③ 용액의 온도가 높을수록 잘 녹는다

　예　소금물, 설탕물

●**기체가 녹은 용액의 특징**
다음과 같은 공통적인 특징이 있습니다.
① 가열하면 용액에 녹아 있던 기체는 공기 중으로 날아가서 아무것도 남지 않는다
② 가열하면 냄새가 나는 경우가 있다
③ 용액의 온도가 높을수록 잘 녹지 않는다

　예　염산, 탄산수

●**액체가 녹은 용액의 특징**
다음과 같은 공통적인 특징이 있습니다.
① 가열하면 아무것도 남지 않는다
② 가열하면 냄새가 나는 경우가 있다

　예　식초, 에탄올

COLUMN 더 자세히　기체나 액체가 녹은 용액에는 냄새가 나는 것과 나지 않는 것이 있습니다. 예를 들면, 염산은 냄새가 나지만 탄산수는 냄새가 나지 않습니다.

★★★ 용액의 분류

용액은 산성, 중성, 염기성 중 하나의 성질을 가집니다. 지시약을 이용해서 용액을 산성, 중성, 염기성으로 분류합니다.

★★★ 지시약

용액의 성질(산성이나 염기성)에 의해 색이 변하는 약품을 지시약이라고 합니다. 자주 사용되는 것은 리트머스종이, BTB 용액, 페놀프타레인 용액, 만능시험지(pH시험지) 등이 있습니다.

★★★ 리트머스종이

푸른 리트머스종이와 붉은 리트머스종이 두 종류가 있습니다.
리트머스종이는 리트머스 이끼라는 식물에서 추출한 용액에 거름종이를 담가서 말린 것입니다.

● 리트머스종이 사용방법

① 리트머스종이는 직접 손으로 잡지 않고 핀셋으로 집는다

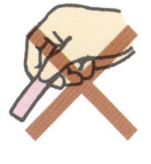 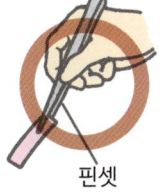
핀셋

② 유리막대를 사용해서 수용액을 묻힌다
(리트머스종이를 직접 수용액에 담그지 않는다)

 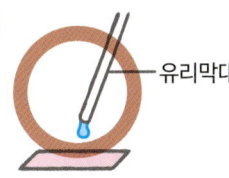
유리막대

③ 유리막대는 사용할 때마다 물로 세척한다

다른 수용액이 섞이지 않게 하기 위한 거야

COLUMN 더 자세히
나팔꽃 잎을 즙으로 만들어서 지시약으로 사용하기도 합니다.

제2장 용액

리트머스종이의 색의 변화

산성	푸른 리트머스종이 → 빨간색으로 변한다	
	붉은 리트머스종이 → 변하지 않는다	
중성	푸른 리트머스종이 → 변하지 않는다	
	붉은 리트머스종이 → 변하지 않는다	
염기성	푸른 리트머스종이 → 변하지 않는다	
	붉은 리트머스종이 → 파란색으로 변한다	

중요도 ★★★

붉은 양배추 지시약

붉은 양배추를 잘게 썰어서 즙을 냅니다. 이 액체를 사용해서 용액의 성질을 조사할 수 있습니다.

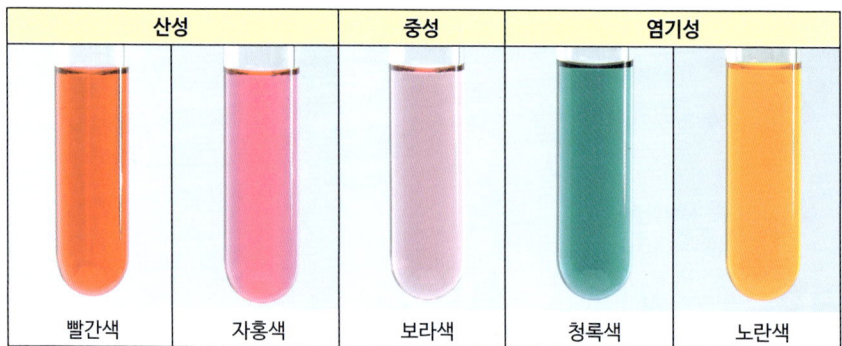

산성		중성	염기성	
빨간색	자홍색	보라색	청록색	노란색

COLUMN 더 자세히

염기성 용액을 푸른 리트머스종이에 떨어뜨리면 변화가 없습니다. 이것만으로 중성인지 염기성인지 구별할 수 없어서 붉은 리트머스종이를 이용해서 반응을 알아봅니다.

★★★ BTB 용액(BTB액)

BTB 용액은 산성에서 노란색, 중성에서 녹색(변하지 않음), 염기성에서 파란색으로 변합니다. 리트머스종이보다 민감해서 약산성이나 약염기성 구별을 잘 할 수 있습니다.

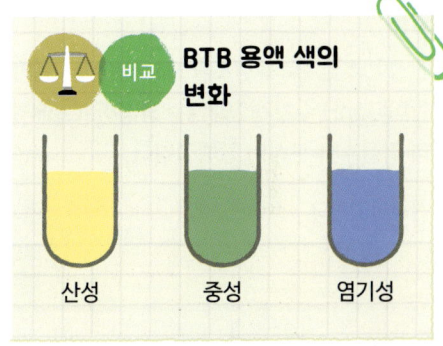

BTB 용액 색의 변화

★★★ 페놀프탈레인 용액

무색인 용액으로 산성과 중성의 용액 반응에서는 색이 변하지 않습니다. 염기성 용액에 반응시키면 빨간색으로 변합니다.

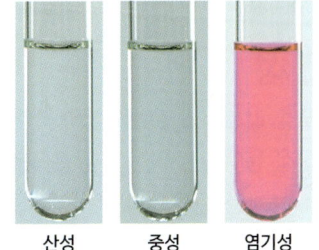

★★★ 만능시험지(pH시험지)

용액의 산성, 중성, 염기성을 조사할 수 있을 뿐만 아니라 용액의 강도까지 알 수 있는 시험지입니다. 빨간색에서 짙은 파란색 사이에 나타난 색으로 산성이나 염기성의 강도까지 알 수 있습니다.

★★★ pH측정기

pH의 수치를 측정하는 기구입니다. 끝부분에 용액을 떨어뜨리거나 끝부분을 용액에 살짝 담가서 표시되는 수치를 읽습니다.

여기에 액체를 묻힌다

COLUMN 더 자세히 만능시험지를 이용하면 용액 반응의 색을 비교해서 pH의 농도를 알 수 있습니다. 리트머스종이나 BTB 용액은 pH의 수치는 알 수 없습니다.

제2장 용액

★★★ pH

산성이나 염기성의 강도를 표시하는 데 사용하는 수치입니다. pH 수치는 0~14까지로 표시합니다. pH 수치가 7일 때는 중성이고, pH 수치가 7보다 클수록 염기성이 강해지고, 7보다 작을수록 산성이 강해집니다.

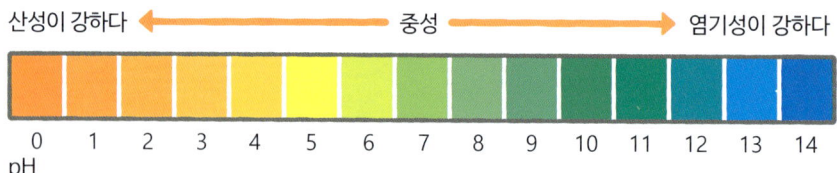

★★★ 산성

푸른 리트머스종이를 빨간색으로 변화시키는 성질입니다.
산성 용액에는 다음과 같은 공통적인 특징이 있습니다.
① 녹색인 BTB 용액을 노란색으로 변화시킨다
② 마그네슘, 철, 아연, 알루미늄 등의 금속을 첨가하면 기체(수소)가 발생한다

① BTB 용액 색의 변화

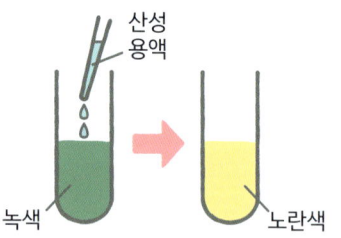

② 염산에 마그네슘을 첨가한다

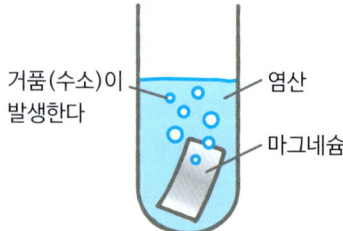

● 산성 용액의 종류
염산, 탄산수, 붕산수, 식초, 구연산 수용액, 레몬즙, 위액 등이 있습니다.

● 산성 용액인 이유
물질을 물에 녹일 때 수소이온이 생기는 용액은 산성을 나타냅니다. 용액 중에 수소이온이 많이 포함되면 산성이라고 할 수 있습니다.

> **COLUMN 깨알지식**
> 레몬즙처럼 신맛이 나면 그 액체는 산성입니다.

★★★ 염산

염화수소를 물에 녹인 것을 염산이라고 합니다. 기체가 녹은 것이기 때문에 가열해서 물을 증발시켜도 염화수소를 추출할 수 없습니다. 염화수소는 물에 아주 잘 녹고 강한 산성을 나타냅니다. 용액은 무색투명하지만 냄새가 납니다. 염산은 위액의 주성분입니다.
수산화나트륨 수용액과 섞으면 중화되어서 염화나트륨(소금)이 만들어집니다.

★★★ 탄산수

이산화탄소를 물에 녹인 것입니다. 약한 산성을 나타내고 용액은 무색투명합니다. 상온에서는 기체가 발생해서 용기 벽에 기포가 생깁니다.

● 탄산수에 녹아 있는 기체 알아보기

탄산수를 뜨거운 물로 중탕해서 발생하는 거품을 집기병에 모아, 석회수를 넣어 흔들면 뿌옇게 흐려집니다. 이 실험을 통해, 탄산수에서 나오는 기포는 이산화탄소라는 것을 알 수 있습니다.

★★★ 붕산수

고체인 붕산을 물에 녹인 것입니다. 냄새가 없고, 약한 산성을 나타냅니다. 약한 살균 작용을 해서 가글액이나 세정액에 이용됩니다.

제2장 용액

★★★ 식초
아세트산이 녹은 산성 용액입니다. 아세트산은 무색이고 시큼한 냄새가 납니다.

★★★ 구연산(구연산 수용액)
레몬즙이나 귤 같은 과실에 많이 포함되어 있습니다. 용액은 무색투명하고 산성입니다.

★★★ 염기성

붉은 리트머스종이를 파란색으로 변화시키는 성질입니다
염기성 용액에는 다음과 같은 특징이 있습니다 .
① 녹색의 BTB 용액을 파란색으로 변화시킨다
② 무색투명한 페놀프탈레인 용액을 빨간색으로 변화시킨다
③ 피부를 손상시킬 수 있다

① BTB 용액 색의 변화　　② 페놀프탈레인 용액 색의 변화

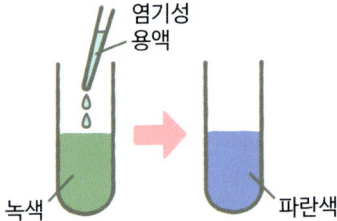
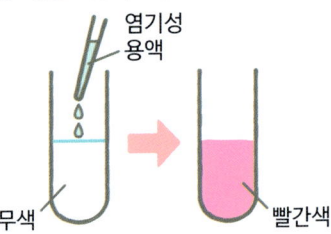

● 염기성 용액의 종류
수산화나트륨 수용액, 석회수, 암모니아수, 탄산수소나트륨 수용액 등이 있습니다.

● 염기성 용액인 이유
물질을 물에 녹일 때 수산화물이온이 발생하는 용액은 염기성을 나타냅니다. 용액 중 수산화물이온이 많이 포함되면 염기성이라고 할 수 있습니다.

★★★ 수산화나트륨 수용액

수산화나트륨이라는 고체가 녹은 수용액입니다. 무색투명하고, 강한 염기성을 나타냅니다. 냄새는 나지 않습니다. 사람의 피부를 손상시킬 수 있으니 사용할 때 조심해야 합니다. 위험하기 때문에 수산화나트륨 수용액을 가열해서는 안 됩니다.

★★★ 석회수

수산화칼슘이라는 고체가 녹은 수용액입니다. 무색투명하고, 강한 염기성을 나타냅니다. 냄새는 나지 않습니다. 이산화탄소를 넣고 흔들면 뿌옇게 흐려집니다. 이것은 이산화탄소와 수산화칼슘이 반응을 해서 흰색인 탄산칼슘이라는 물에 녹지 않는 물질이 생기기 때문입니다. 물에 녹지 않기 때문에 액체가 뿌옇게 흐려져 보입니다.

★★★ 암모니아수

기체인 암모니아가 녹은 염기성 수용액입니다. 기체인 암모니아는 물에 아주 잘 녹는 기체입니다. 강한 냄새가 납니다. 벌레 물린 데 사용하거나 얼룩을 제거하는 데 사용합니다.

★★★ 탄산수소나트륨 수용액

탄산수소나트륨이라는 고체가 녹은 수용액입니다. 탄산수소나트륨은 흰색 분말로 물에 잘 녹지 않고 수용액은 무색투명합니다. 아주 약한 염기성을 나타냅니다. 주로 청소하는 데 이용됩니다. 또 탄산수소나트륨은 가열하면 이산화탄소를 발생하기 때문에, 베이킹파우더나 입욕제 등에도 사용됩니다.

★★★ 수산화칼슘 수용액

수산화칼슘은 예전에 운동장에 선을 그리는 데 사용되었습니다. 물에는 잘 녹지 않고, 강한 염기성을 나타냅니다. 이 수용액이 석회수입니다. 이산화탄소와 반응해서 탄산칼슘이 됩니다.

COLUMN 깨알지식 산성 용액의 명칭에는 '-산'이 붙는 경우가 많고, 염기성 용액에는 '수산화-'라는 이름이 많습니다.

제2장 용액

★★★ **중성**

푸른 리트머스종이와 붉은 리트머스종이 모두 색이 변하지 않는 성질입니다. 녹색인 BTB 용액을 첨가해도 색이 변하지 않고, 페놀프탈레인 용액을 첨가해도 색이 변하지 않습니다.

★★★ **중성 수용액**

식염수(소금물), 설탕물, 알코올 수용액 등이 있습니다.

★★★ **물**

수소와 산소가 결합해서 만들어집니다. 물질을 녹이는 성질이 있고, 보통 물이라고 하면 액체를 말합니다. 고체 상태는 얼음, 기체 상태는 수증기라고 합니다. 순수한 물은 중성이지만, 수돗물이나 빗물 등은 여러 가지 물질이 녹아 있기 때문에 중성이 아닌 경우가 많습니다. 순수한 물은 '순수'라고 불립니다. 순수는 전기가 통하지 않습니다.

★★★ **증류수**

물을 한 번 끓여서 수증기로 만들고 다시 식혀서 불순물을 제거한 물입니다. 증류수는 전기가 통하지 않습니다.

★★★ **식염수**

고체인 식염이 녹은 수용액입니다. 냄새가 없고, 중성인 수용액입니다. 식염수는 전기가 통하는 수용액입니다. 온도의 변화에도 용해도가 거의 변하지 않기 때문에 식염수를 식혀도 식염(소금)을 거의 추출할 수 없지만, 식염수를 증발시키면 정육면체의 소금 결정을 얻을 수 있습니다.

★★★ **설탕물**

고체인 설탕이 녹은 수용액입니다. 냄새가 없고 중성인 수용액입니다. 전기가 통하지 않는 수용액입니다. 지나치게 가열하면 물이 증발하면서 마지막에는 검게 타는 현상이 나타납니다.

지시약을 비교해보자
각각의 성질을 나타내는 용액

	산성	중성	염기성
리트머스종이	파란색→빨간색	변화 없음	빨간색→파란색
BTB 용액	노란색	녹색	파란색
페놀프탈레인 용액	변화 없음	변화 없음	빨간색
만능시험지	짙은 빨간색 ←	황록색	→ 짙은 파란색
pH	0 ← 강한 산성	7	→ 14 강한 염기성
용액의 종류	염산 탄산수 붕산수 식초	식염수 설탕물 알코올 수용액 (증류수)	수산화나트륨 수용액 석회수 암모니아수 탄산수소나트륨 수용액
우리 생활에서 활용되는 예	간장 레몬즙	우유 된장국	혈액 비눗물 벌레 물린 데 사용하는 약

COLUMN 깨알지식
산성화가 된 토양이나 강물을 중화시키기 위해 탄산칼슘이나 수산화칼슘을 뿌립니다.

제2장 용액

03 용액과 금속의 반응

★★★ 용액과 금속

염산 같은 산성 용액이나 수산화나트륨 수용액 같은 염기성 용액은 금속을 녹일 수 있지만, 모든 금속을 녹일 수 있는 것은 아닙니다.

비교 여러 가지 용액에 녹는 금속

용액의 종류에 따라 녹는(반응하는) 금속의 종류가 다릅니다.

	알루미늄	철	구리	아연	은
묽은 염산 (산성)	녹는다	녹는다	녹지 않는다	녹는다	녹지 않는다
묽은 황산 (산성)	녹는다	녹는다	녹지 않는다	녹는다	녹지 않는다
수산화나트륨 수용액 (염기성)	녹는다	녹지 않는다	녹지 않는다	녹는다	녹지 않는다
암모니아수 (염기성)	녹지 않는다	녹지 않는다	녹지 않는다	녹지 않는다	녹지 않는다
식염수 (중성)	녹지 않는다	녹지 않는다	녹지 않는다	녹지 않는다	녹지 않는다

★★★ 금속이 녹을 때 발생하는 열

염산이나 수산화나트륨 수용액과 금속이 반응할 때는 열이 발생합니다. 그래서 온도가 올라갑니다. 반응이 격렬할수록 발생하는 열량도 많아집니다.

COLUMN 깨알지식 철이나 알루미늄이 거품을 내면서 녹을 때, 시험관을 만지면 따뜻합니다. 이것은 철이나 알루미늄이 녹을 때 열을 내기 때문입니다.

★★★ 염산과 금속

묽은 염산에 철, 알루미늄을 넣으면 철, 알루미늄은 거품(기체)을 발생하면서 녹습니다. 발생하는 기체는 수소입니다. 금속이 녹은 후에는 처음 금속과는 완전히 다른 새로운 물질이 만들어집니다. 구리는 묽은 염산에 넣어도 반응하지 않습니다.

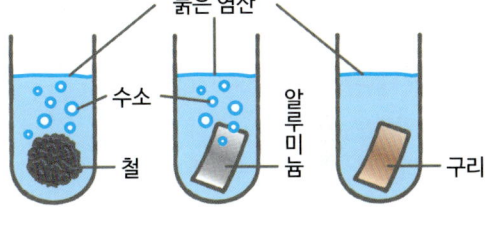

● 염산과 금속이 반응해서 만들어진 액체

염산에 철이나 알루미늄을 녹인 액체를 걸러서 증발접시에 놓고 가열하면 물은 증발하고 고체가 남습니다.

● 고체의 성질

철, 알루미늄과 증발접시에 남은 새로운 물질의 성질을 다음과 같이 조사합니다. 금속에 전류를 흘려 보냅니다. 또 자석을 가까이 해서 철의 성질이 있는지 알아봅니다.

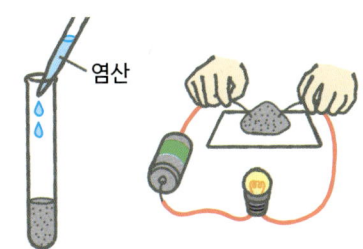

다시 염산을 부으면 어떻게 될까? / 전기가 통할까? / 자석에 붙을까?

  COLUMN 깨알지식 산성인 액체는 금속을 녹이는 경우가 있어서, 약품을 넣는 병이나 시험관은 유리로 된 것을 사용합니다.

469

제2장 용액

 중요도 ★★★

수산화나트륨 수용액과 금속

철, 알루미늄, 구리에 수산화나트륨 수용액을 넣으면, 알루미늄은 거품(기체)을 내면서 점점 작아집니다. 발생한 기체는 수소입니다. 그러나 철과 구리는 수산화나트륨 수용액에 녹지 않습니다.

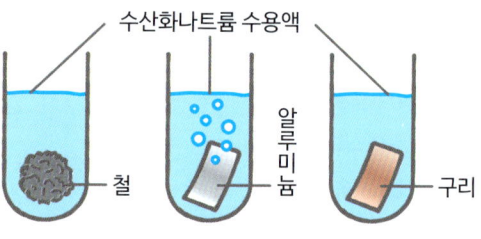

● 수산화나트륨 수용액과 알루미늄이 반응해서 만들어진 액체

수산화나트륨 수용액에 알루미늄을 녹인 액체를 걸러서 증발접시에 놓고 가열하면 물은 증발하고 고체가 남습니다.

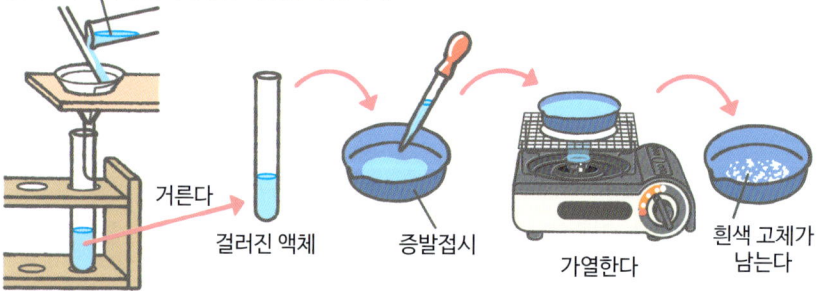

● 증발접시에 남은 고체

증발접시에 남은 흰색 고체를 다시 수산화나트륨 수용액에 넣어도 거품(수소)은 발생하지 않습니다. 남은 흰색 고체는 알루미늄과는 다른 새로운 성질의 물질입니다. 흰색 고체는 수산화알루미늄입니다.

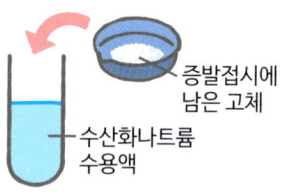

● 수산화나트륨 수용액에 알루미늄을 녹인 반응식

| 알루미늄 | + | 수산화나트륨 수용액 | → | 알루민산 나트륨 | + | 수소 |

COLUMN 깨알지식 │ 액체를 사용하는 실험을 할 때에는 액체가 튀는 상황이 발생할 우려가 있기 때문에, 눈을 보호하기 위해서 보안경을 사용합니다.

★★★ 중성 수용액과 금속

식염수(소금물)나 설탕물과 같은 중성 수용액에 금속을 넣으면 녹지(반응하지) 않습니다.

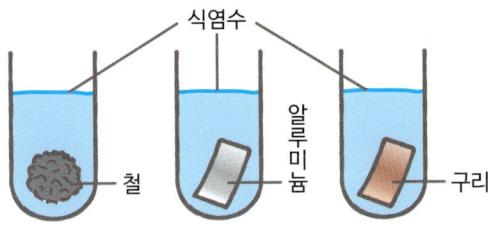

★★★ 발생하는 수소의 부피

일정한 양의 염산(또는 수산화나트륨 수용액)에 알루미늄 같은 금속에 넣었을 때, 발생하는 수소의 양은 금속 질량에 비례해서 증가합니다. 단, 염산의 양은 변화하지 않고 일정하기 때문에 알루미늄의 질량이 계속 증가하면 수소는 더 이상 발생하지 않습니다. 일정한 양의 알루미늄에 염산(또는 수산화나트륨 수용액)을 넣었을 때, 발생하는 수소의 양은 염산의 양에 비례해서 증가하고, 일정 양 이상이 되면 수소는 더 이상 발생하지 않습니다.

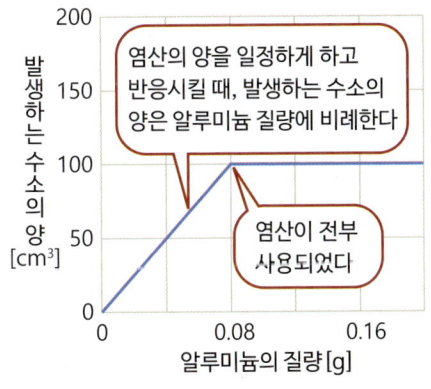

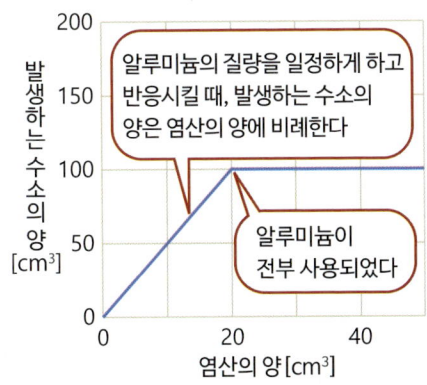

COLUMN 더 자세히 — 염산에 반응하는 금속의 양이 충분할 때, 발생하는 수소의 양은 염산의 양이 많을수록, 그리고 염산의 농도가 클수록 많아집니다.

제2장 용액

04 중화

중요도
★★★ ## 중화

산성과 염기성의 용액을 섞었을 때 서로의 성질을 지우는 반응입니다. 묽은 염산과 수산화나트륨 수용액의 양을 잘 조절해서 섞으면 중성이 됩니다. 중화 반응에서는 새로운 물질인 염(소금)과 물이 발생합니다. 새롭게 만들어지는 물질은 산성과 염기성 용액의 종류에 따라 달라집니다.

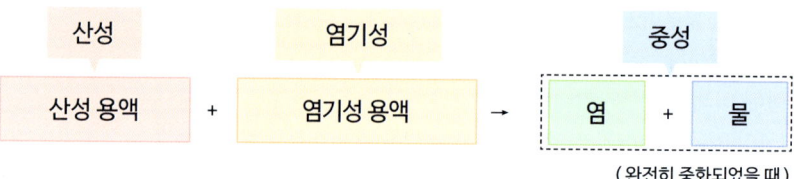

(완전히 중화되었을 때)

★★★ ## 중화 반응으로 만들어진 물질

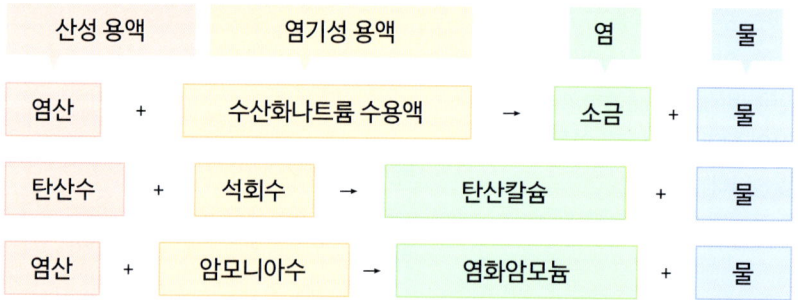

★★★ ## 염

중화에 의해 생기는 물질입니다. 염은 소금(염화나트륨)처럼 물에 녹는 것도 있지만 물에 녹지 않는 것도 있습니다. 탄산칼슘은 물에 녹지 않기 때문에, 중화에 의해 탄산칼슘이 만들어지면 수용액은 뿌옇게 흐려집니다. 또 만들어진 염을 물에 녹여도 반드시 중성이 되지는 않습니다.

★★★ 중화와 열

산성 용액과 염기성 용액을 섞으면 용액의 온도가 올라갑니다. 이것은 두 용액이 중화되면서 열이 발생하기 때문입니다. 이러한 열을 중화열이라고 합니다.

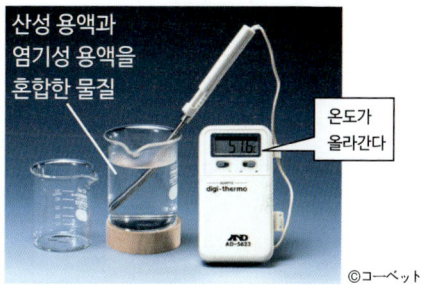

★★★ 염산과 수산화나트륨 수용액의 중화

묽은 염산에 BTB 용액을 넣고, 여기에 묽은 수산화나트륨 수용액을 조금씩 첨가합니다. 수용액은 산성→중성→염기성으로 변하고, 색은 노란색에서 녹색, 파란색으로 변합니다. 산성에서 중성으로 변할 때 중화 반응이 일어나고, 중성에서 염기성으로 변할 때는 중화 반응이 일어나지 않습니다. 또 염산에 철을 넣고 수산화나트륨 수용액을 조금씩 넣으면 거품이 나지 않습니다. 이것은 용액 안에 있는 산성 성질이 중화되는 것을 나타냅니다.

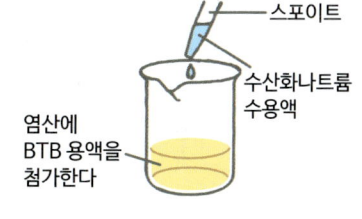

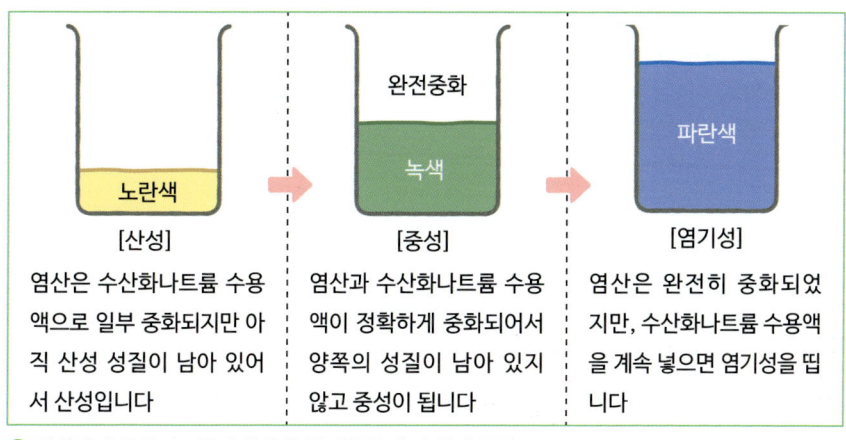

⬆ 염산에 수산화나트륨 수용액을 첨가했을 때의 색의 변화

제2장 용액

중성이 된 수용액을 슬라이드글라스에 몇 방울 떨어뜨려놓고 증발시키면 흰색 알갱이가 남습니다. 이 알갱이는 소금(염화나트륨)입니다.

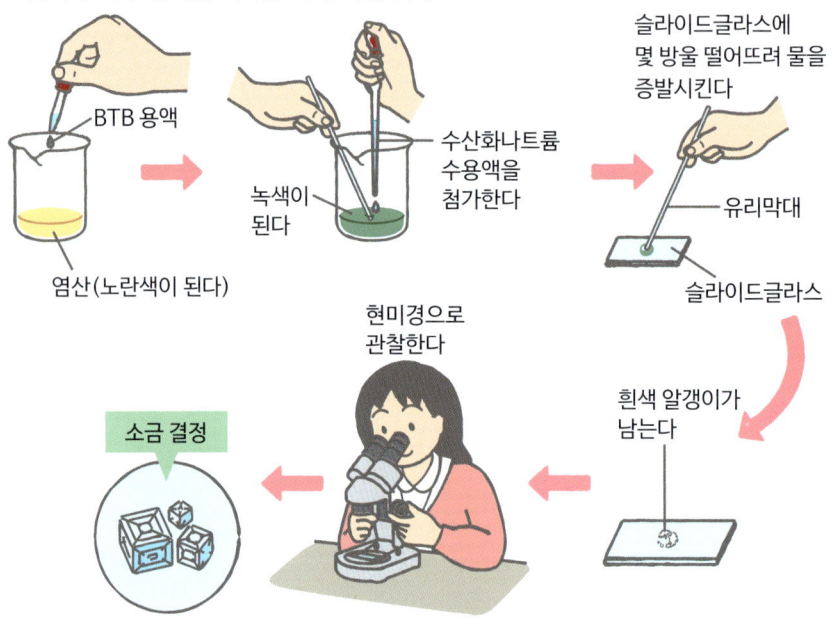

●염산과 암모니아수를 이용해서 만드는 염

염산과 암모니아수는 기체가 녹은 용액이어서 가열하면 아무것도 남지 않습니다. 두 용액을 중화시켜 물을 증발시키면 염화암모늄이라는 흰색 고체가 남습니다.

 ## 완전중화

산성 용액과 염기성 용액을 섞어서 산성의 성질도 염기성의 성질도 아닌 중성이 되는 것을 완전중화라고 합니다.

BTB 용액을 넣은 염산에 수산화나트륨 수용액을 첨가해서 녹색이 되었을 때, 용액은 완전히 중화되었다고 합니다. 그 용액은 염산도 수산화나트륨 수용액도 아니고, 염인 소금(염화나트륨)과 물만으로 이루어진 용액입니다. 그 용액은 식염수입니다.

★★★ 완전중화 할 때의 부피

일정 농도의 염산과 수산화나트륨 수용액을 섞어서 완전중화 했을 때, 염산과 수산화나트륨 수용액의 부피는 비례합니다. 두 물질의 부피의 관계를 그래프로 나타내면 시작점을 통과하는 직선이 됩니다. 두 용액의 부피 비율은 용액의 농도에 따라서 달라집니다. 오른쪽 그래프는 일정 농도의 염산과 수산화나트륨 수용액이 완전중화 했을 때의 부피의 관계를 나타내고 있습니다.

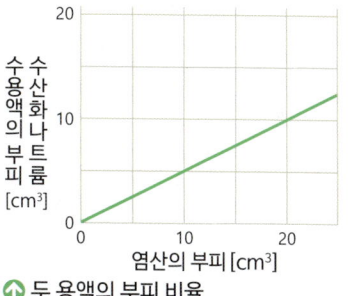
↑ 두 용액의 부피 비율

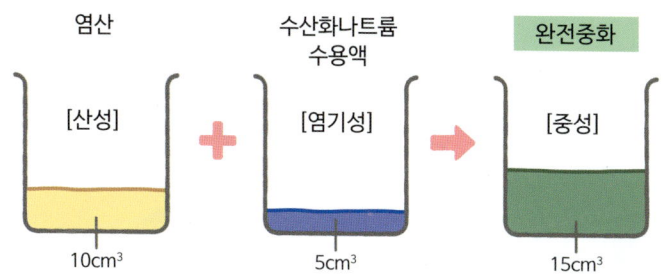

Q 묽은 염산 $15cm^3$에 수산화나트륨 수용액 $9cm^3$를 넣어 완전중화를 만들었습니다. 묽은 염산 $20cm^3$에 수산화나트륨 수용액 $13cm^3$를 넣으면 어떤 성질의 용액이 만들어질까요?

A 묽은 염산 $20cm^3$와 완전히 중화하는 수산화나트륨 수용액의 부피는, $20 \times \frac{9}{15} = 12 \,[cm^3]$ 입니다. 수산화나트륨 수용액 $13cm^3$를 넣었기 때문에 $13-12=1\,[cm^3]$로, 수산화나트륨 수용액 쪽이 $1cm^3$ 더 많아서 염기성 용액이 됩니다.

답 **염기성**

COLUMN 더 자세히 중화에 의해 생기는 염의 양은, 혼합된 용액의 부피가 아니라 용액의 농도에 의해 달라집니다.

제3장 기체

밤하늘에 꽃을 피우자!

여름이 되면 불꽃놀이를 많이 합니다. 밤하늘에 빛나는 불꽃은 다양한 모양과 색을 가지고 있습니다. 불꽃놀이의 색이 변하는 것은 태우는 금속의 종류에 따라서 불꽃색이 다르기 때문입니다.

⬆ 불꽃을 쏘기 위한 통

다양한 색깔의 불꽃

파란 불꽃이다!

물질편

불꽃색의 차이!

아래의 사진은 여러 종류의 금속을 태웠을 때의 불꽃색입니다. 금속은 종류에 따라서 빨간색이나 파란색처럼 다양한 색으로 타오릅니다. 혼합된 금속의 종류와 양에 따라 다양한 색깔의 불꽃을 만들 수 있습니다.

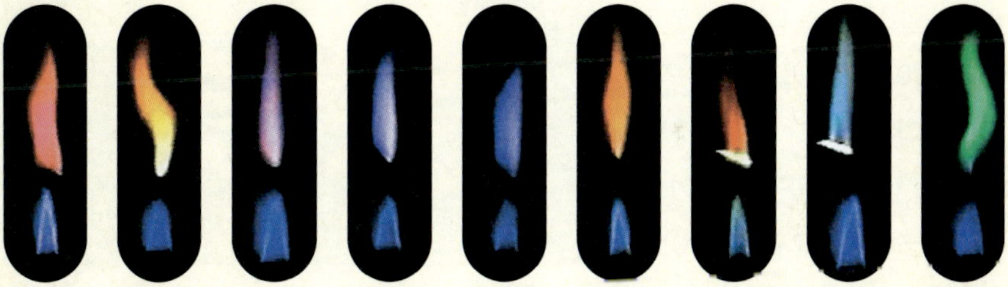

이쁘네!

      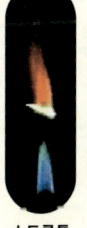  

리튬 나트륨 칼륨 루비듐 세슘 칼슘 스트론튬 바륨 구리

ⓒ 中條敏明

이 불꽃은 흰색이야!

와~ 색이 다양하다!

제3장 기체

이번 장의 학습내용

❓ 캠프파이어에서 장작이 계속 타게 하려면?

↑ 캠프파이어

빈 공간

캠프파이어에서 장작을 태울 때 장작을 놓는 방법에 따라, 불꽃이 계속 타거나 얼마 되지 않아 불이 꺼지는 경우가 있습니다.

이런 현상은 물질이 타기 위해 필요한 산소 유입이 잘 이뤄지지 않기 때문입니다. 장작이 계속 타게 하려면 사진처럼 장작과 장작 사이에 빈 공간을 만들어서 공기가 잘 통할 수 있게 해야 합니다.

❓ 왜 쓰레기를 태우는 것이 금지될까?

와~ 무섭다~

쓰레기를 태울 때 몸에 해로운 물질이 발생하는 경우가 있습니다. 낮은 온도에서 염화비닐 같은 플라스틱을 태우면 몸에 나쁜 다이옥신이 발생하기도 합니다.

또한 쓰레기를 태울 때 발생하는 연기에 의한 대기오염 문제가 있고, 아울러 화재 위험도 있습니다.

이러한 이유 때문에 쓰레기를 태우는 것이 금지되고 있습니다.

소화기는 어떤 물건일까?

불을 향해 소화기 레버를 당기면 이산화탄소가 발생해서 공기 중의 산소의 흐름을 끊습니다.

물질이 타기 위해서는 산소가 필요한데, 소화기는 산소 흐름을 끊어 물질이 탈 수 없도록 해서 불을 끄는 것입니다.

왜 하늘로 뜨는 풍선과 뜨지 않는 풍선이 있는 걸까?

입으로 직접 불어서 공기를 넣은 풍선은 떠오르지 않지만, 놀이공원에서 파는 풍선은 공중에 잘 떠오릅니다.

이것은 풍선 안에 들어가 있는 기체가 다르기 때문입니다. 풍선 안에 들어간 기체가 공기보다 가벼우면 풍선은 하늘로 뜹니다.

⬆ 공기 중에 뜨는 풍선

입으로 불어 넣은 풍선 안에는 질소가 78% 정도, 산소가 17% 정도, 이산화탄소가 5% 정도 포함되어 있어 공기보다 가볍지 않습니다. 공기 중에 뜨는 풍선에는 헬륨이라는 기체가 포함되어 있습니다. 헬륨은 공기보다 가벼운 기체입니다.

제3장 기체

01 물질의 연소

1 물질의 연소와 공기

중요도 ★★★

물질의 연소

촛불은 열과 빛을 내면서 탑니다. 이것을 연소라고 합니다. 물질이 연소하는 데는 공기가 필요합니다.

● 물질이 연소할 때의 공기의 양

공기의 양이 많은 곳에서는 타는 시간이 깁니다. 공기의 양이 적은 곳에서는 타는 시간이 짧습니다.

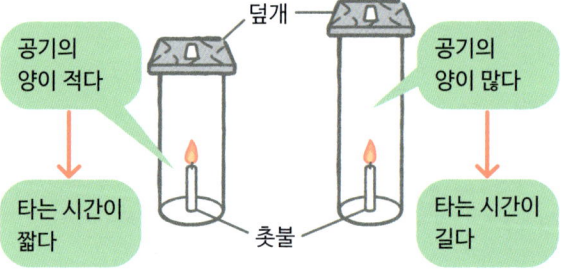

● 물질이 연소할 때의 공기의 흐름

물질이 타면 상승기류가 발생해 주위에서 공기를 빨아들여서 공기의 흐름이 생깁니다. 바닥이 뚫린 집기병 안의 따뜻한 공기가 위로 올라가면 병 아래쪽에 있던 찬 공기가 병 안으로 들어옵니다.

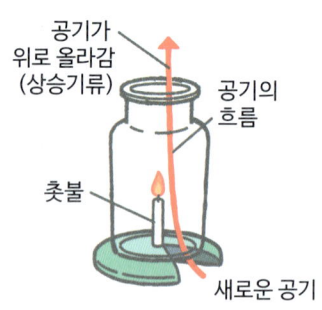

● 상승기류

위로 움직이는 공기의 흐름입니다. 공기는 따뜻해지면 가벼워져서 위로 올라가고 대류가 발생합니다.

  COLUMN 더 자세히

상승기류와 달리, 아래로 내려가는 공기의 흐름을 하강기류라고 합니다. 따뜻한 공기는 위로 올라가고 찬 공기는 아래로 내려가기 때문에, 난방은 아래로 냉방은 위로 공기를 내보내는 게 좋습니다.

비교 물질의 연소와 공기의 흐름

공기의 흐름은 연기의 움직임으로 관찰할 수 있습니다.

집기병이 열린 위치	위와 아래	위	아래	없음
공기의 흐름과 촛불의 변화	계속해서 탄다	계속해서 탄다	시간이 지나면 꺼진다	금방 꺼진다

★★★ 물질이 계속해서 연소하기 위한 조건

① 연소되는 물질이 있을 것
② 새로운 공기가 들어올 것
③ 발화점 이상으로 온도가 올라갈 것

연소하는 데는 공기(산소)가 필요해

● 발화점
물질이 타기 시작하는 온도입니다. 예를 들면 유황은 232℃, 목재는 250~260℃입니다. 발화점이 낮을수록 연소가 잘된다고 할 수 있습니다.

★★★ 공기의 성분

공기는 여러 가지 기체가 혼합되어 있습니다. 혼합되어 있는 기체는 주로 질소와 산소입니다.
비율은 질소가 약 78%, 산소가 약 21%입니다. 그 외에 아르곤, 이산화탄소, 네온 등이 1% 정도 포함되어 있습니다.

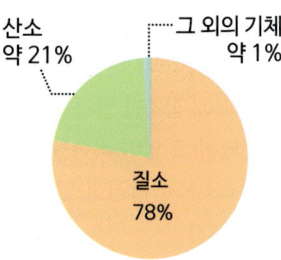

산소 약 21%
그 외의 기체 약 1%
질소 78%

COLUMN 깨알지식
공기 중의 이산화탄소의 비율은 약 0.04%로 아주 적지만, 최근 공기 중의 이산화탄소 비율이 높아져서 지구온난화를 일으키는 원인이 됩니다.

제3장 기체

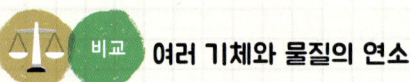

여러 기체와 물질의 연소

여러 기체가 든 병에 불이 붙은 초를 넣고 그 모습을 살펴봅시다. 실험할 때는 안전을 위해서 집기병 바닥에 물을 넣어둡시다.

공기	산소	질소	이산화탄소
탄다	공기 중에서보다 더 밝은 빛을 내며 탄다	꺼진다	꺼진다
산소는 물질이 타게 한다 (공기 중에는 산소가 포함되어 있다)		질소나 이산화탄소는 물질이 타지 않게 한다	

물질이 연소하기 전과 후의 공기의 변화

중요도 ★★★

물질이 연소하면 공기 중의 산소가 사용되어 감소하고 이산화탄소가 발생합니다. 집기병에 초를 넣고 태운 후에 다른 초를 넣으면 불은 금방 꺼집니다. 이것은 앞의 초를 태울 때에 집기병 안에 있던 산소가 사용되어 그 양이 적어졌기 때문입니다(산소가 완전히 없어진 것은 아닙니다).

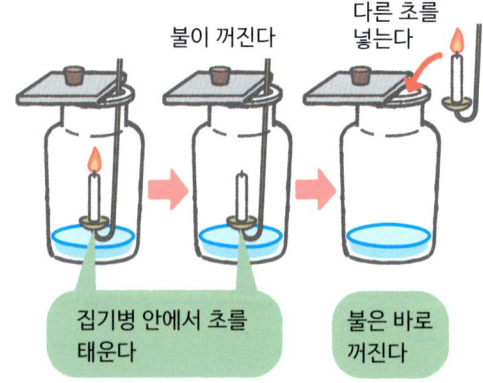

COLUMN 더 자세히
산소는 다른 물질을 태우지만, 산소 자신은 타지 않습니다. 수소는 다른 물질을 태우지 않지만, 수소 자신은 탑니다.

● 초가 연소하기 전과 후의 공기의 변화를 조사하는 실험

〈석회수로 조사하는 방법〉
집기병 안의 초가 타기 전과 탄 후의 기체를 석회수로 조사합니다. 초가 타기 전의 기체에서는 석회수의 변화가 없지만, 초가 탄 후의 기체에서는 석회수가 뿌옇게 흐려집니다. 이런 현상은 초가 타기 전의 기체보다 탄 후의 기체에 이산화탄소가 많이 생겼기 때문입니다. 따라서 초가 타면 이산화탄소가 발생한다고 할 수 있습니다.

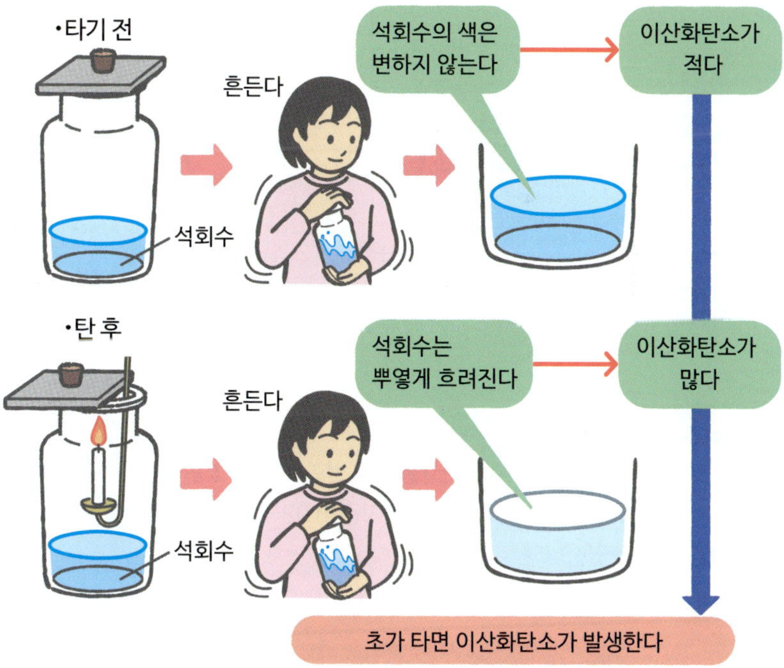

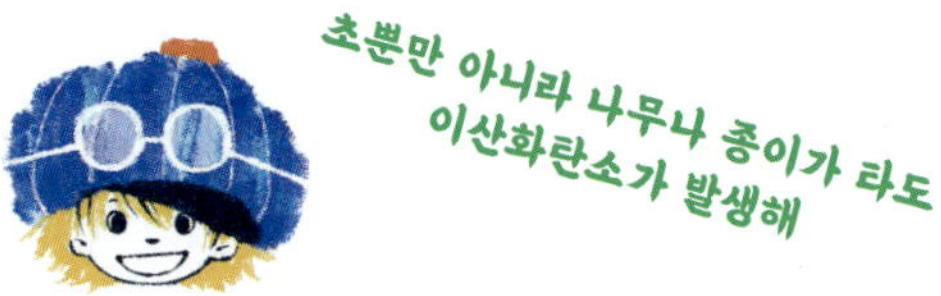

초뿐만 아니라 나무나 종이가 타도 이산화탄소가 발생해

COLUMN 깨알지식
석회수는 이산화탄소와 반응하면 뿌옇게 흐려집니다. 공기 중에는 0.04%의 이산화탄소가 포함되어 있지만, 양이 적어서 이산화탄소가 있어도 거의 반응하지 않습니다.

제3장 기체

 초가 연소하기 전과 후의 공기 성분의 비율

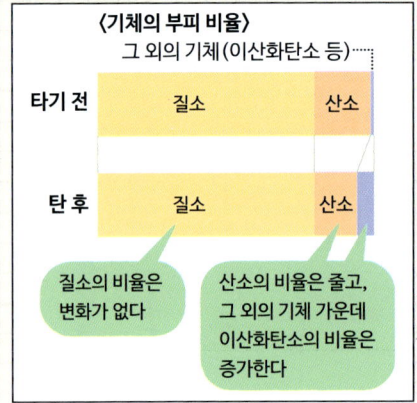

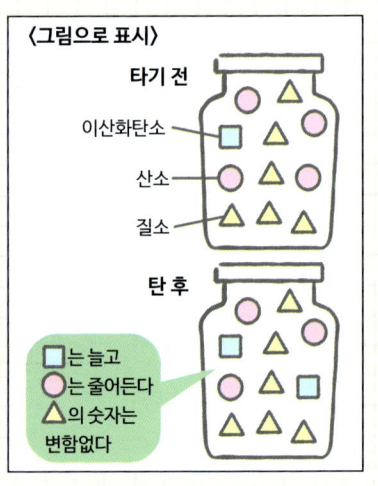

기체검지관

공기 중의 산소나 이산화탄소의 부피 비율을 색의 변화로 알 수 있는 기구를 말합니다. 산소용 검지관(6~24%용), 이산화탄소용 검지관(0.03~1.0%용), 이산화탄소용 검지관(0.5~8.0%용) 등이 있습니다.

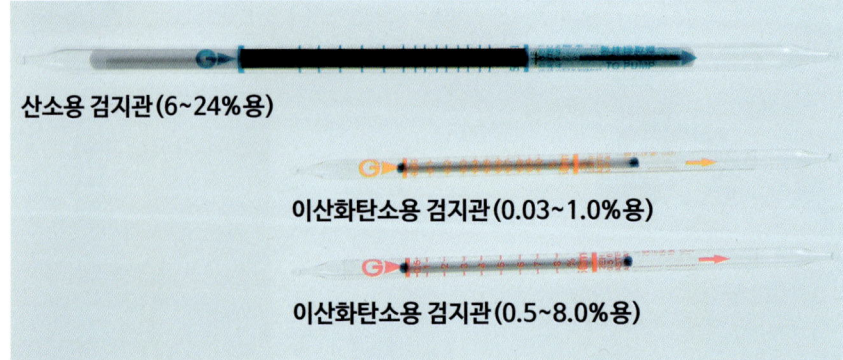

산소용 검지관(6~24%용)

이산화탄소용 검지관(0.03~1.0%용)

이산화탄소용 검지관(0.5~8.0%용)

COLUMN 더 자세히 — 초를 태우면 이산화탄소가 발생하지만, 철은 태워도 이산화탄소가 발생하지 않습니다. 단, 철이나 초나 태우면 산소가 사용되는 것은 동일합니다.

② 다양한 물질의 연소

★★★ 촛불

촛불은 겉에서부터 겉불꽃, 속불꽃, 불꽃심의 세 부분으로 이루어져 있습니다.

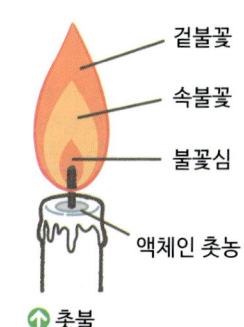

●**겉불꽃**
촛불의 가장 바깥 부분입니다. 가장 바깥 부분이어서 산소와 접촉해서 완전연소를 합니다.
색이 옅어서 잘 안 보이는 부분입니다. 온도는 약 900~1,400℃인데, 촛불 부분 중 온도가 가장 높습니다.

●**속불꽃**
촛불의 세 부분 중에서 중간 부분입니다. 산소와 잘 접촉하지 못해서 그을음이 생기지만 가장 밝게 빛나는 부분입니다. 온도는 약 500~1,200℃입니다.

●**불꽃심**
촛불의 가장 안쪽 부분입니다. 연소가 잘 되지 않는 부분입니다. 어둡게 보이고, 온도는 약 300~900℃입니다. 촛불의 세 부분 중에서 가장 온도가 낮습니다.

초에서 밝은 부분은 속불꽃이구나

●**초의 속불꽃과 겉불꽃**
물에 젖은 나무 막대를 촛불에 넣으면 겉불꽃과 만나는 부분이 탑니다. 이것은 겉불꽃 부분의 온도가 가장 높기 때문입니다.
또 촛불에 유리막대를 넣으면 속불꽃 부분에 그을음이 생깁니다. 이것은 초가 완전히 연소하지 못하기 때문입니다.

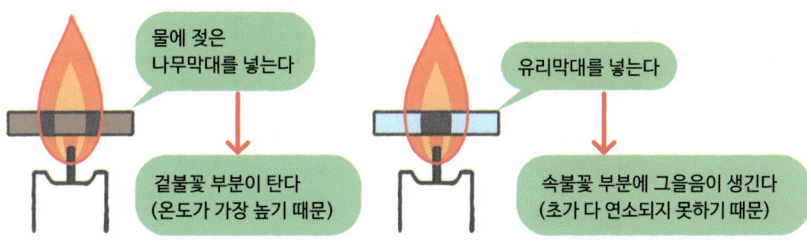

제3장 기체

★★★ 초의 연소

초가 탈 때는 다음과 같은 현상이 발생합니다.

| 불을 붙이면 고체인 초가 녹아서 액체가 된다 | → | 액체인 초는 심지에 달라붙고, 열을 받아 기체가 된다 | → | 기체가 타고, 그래서 초는 불꽃을 내면서 탄다 |

●초가 연소할 때 일어나는 현상

① 불을 붙인 초의 심지를 핀셋으로 집으면 불이 꺼집니다. 이것은 액체인 초가 심지를 타고 올라가지 못하기 때문입니다.

② 속불꽃에 유리관을 넣으면 속불꽃에는 산소가 충분하지 않기 때문에 초의 기체가 다 연소되지 못하고 그을음이 발생합니다. 불꽃심에 유리관을 넣으면 연기가 납니다.

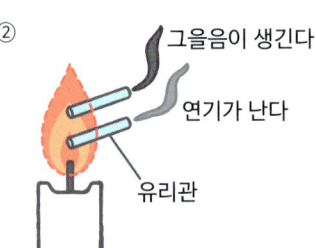
- 그을음이 생긴다
- 연기가 난다
- 유리관

③ 불꽃심에 유리관을 넣었을 때 나오는 연기에 성냥불을 가까이 대면 연기는 불꽃이 되어 타오릅니다. 불꽃심에는 연소되는 기체가 있기 때문입니다.

불꽃이 나면서 탄다

불꽃심에는 초의 기체가 있어서 타는구나

COLUMN 깨알지식

물질이 연소될 때, 불꽃을 내면서 타는 물질은 반드시 연소되는 기체가 발생합니다.

| | 3학년 | 4학년 | 5학년 | 6학년 | 발전 |

★★★ 알코올램프의 연소

알코올램프는 초의 연소와 마찬가지로 불꽃을 내면서 탑니다. 알코올(에탄올)이 심지에 흡수되어 증발해서 기체가 됩니다. 그 기체가 연소하기 때문에 불꽃을 내면서 탑니다. 알코올램프 불꽃의 온도는 촛불의 겉불꽃보다 낮아서 약 1,000℃입니다.

알코올램프 불꽃의 밝기는 촛불보다 어둡습니다. 이것은 알코올이 초보다 탄소를 적게 포함하고 있어 그을음이 많이 생기지 않기 때문입니다.

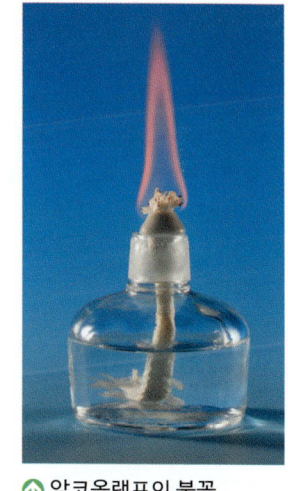
⬆ 알코올램프의 불꽃

★★★ 나무의 연소

공기 중에서 나무를 태우면 초의 연소와 마찬가지로 불꽃을 내면서 탑니다. 이것은 나무에 포함된 연소되는 기체(나무 가스)가 타기 때문입니다. 나무에는 탄소와 수소가 포함되어 있습니다. 나무를 태우면 나무의 탄소와 공기 중의 산소가 결합해서 이산화탄소가 발생하고, 나무의 수소와 공기 중의 산소가 결합해서 수증기가 발생합니다. 이렇게 만들어진 이산화탄소나 수증기는 공기 중으로 날아가고, 재만 남습니다.

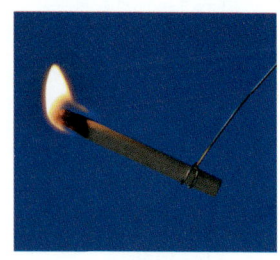
⬆ 나무가 탈 때의 불꽃

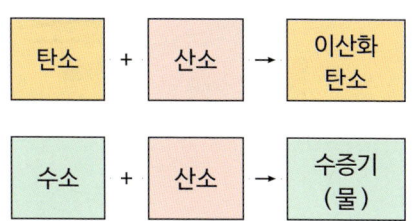

COLUMN 깨알지식 불을 끌 때에는 다음과 같이 하면 됩니다.
① 연소하는 물질을 제거한다 ② 공기를 주입하지 않는다 ③ 온도를 발화점 아래로 만든다

487

제3장 기체

● **이산화탄소가 생긴 것을 확인하는 방법**

석회수를 넣고 뚜껑을 덮은 집기병 안에 불이 붙은 나무토막을 넣은 후, 불이 꺼지면 꺼냅니다. 그 후에 집기병을 흔들어서 석회수의 변화를 살펴보면 석회수는 뿌옇게 흐려집니다. 이것으로 이산소탄소가 생겼다고 할 수 있습니다.

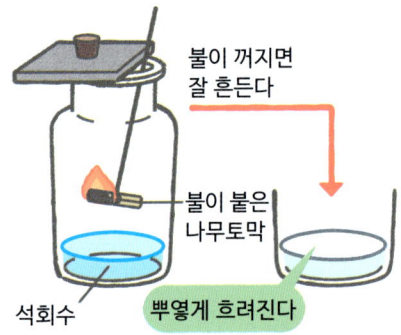

● **수증기가 생긴 것을 확인하는 방법**

뚜껑을 덮은 집기병 안에서 작은 나무토막을 태우면 집기병 속이 뿌예집니다. 이것은 작은 나무토막을 태워서 발생한 수증기가 식으면서 물방울로 변해 병에 붙었기 때문입니다.

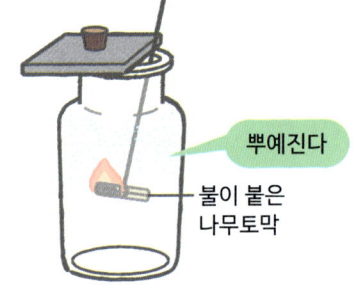

● **나무가 연소되기 전과 후의 질량 변화**

나무를 태우면 나중에 재가 남습니다. 태우기 전의 나무와 태운 후에 남은 재의 질량을 비교하면 재가 더 가볍습니다. 이것은 나무에 포함되어 있던 성분이 이산화탄소 또는 수증기로 변해 공기 중으로 날아갔기 때문입니다.

COLUMN 더 자세히 — 나무를 태울 때 남은 재와 공기 중으로 날아간 이산화탄소와 수증기 질량의 합은, 태우기 전의 나무 질량과 태울 때 사용한 산소 질량의 합과 같습니다.

중요도
★★★ 건류

공기(산소)를 접촉시키지 않고 물질을 강하게 가열하는 것입니다.

★★★ 나무의 건류

나무를 건류하면 기체(나무가스)나 액체(나무타르, 목초액)가 나오고, 나중에 숯이 남습니다.

●나무가스
나무를 건류할 때 나오는 연기에 포함되는 기체입니다.
주요성분은 수소, 메테인(메탄), 이산화탄소, 일산화탄소입니다. 수소를 포함하고 있어서 불을 가까이 대면 불이 잘 붙습니다.

●나무타르
나무를 건류할 때 나오는 짙은 갈색의 끈적끈적한 액체입니다.

●목초액
옅은 황갈색 액체입니다. 아세트산을 포함하기 때문에 산성을 나타냅니다.

●숯
나무를 건류할 때 남는 시커먼 고체입니다. 주요 성분은 탄소입니다.

●석탄의 건류
석탄을 잘게 부수어 건류하면 석탄가스라고 불리는 가스가 나옵니다. 이것은 도시가스의 원료입니다. 또 검은 기름 같은 액체가 나오는데 이것은 콜타르라고 불립니다. 나머지는 코크스라고 불립니다.

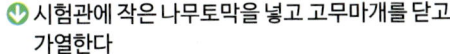
시험관에 작은 나무토막을 넣고 고무마개를 닫고 가열한다

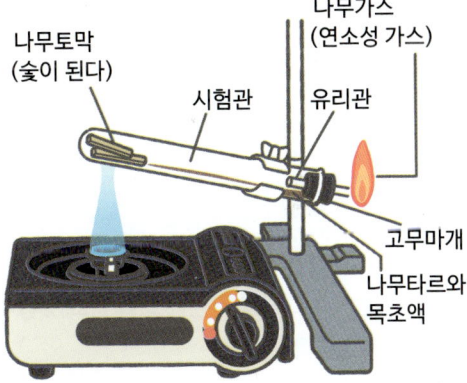

시험관을 조금 아래로 향하게 합니다. 이것은 가열했을 때 생긴 액체가 가열되고 있는 부분으로 흘러들어 시험관이 냉각되어 깨지는 것을 막기 위해서입니다.

코크스

제3장 기체

★★★ 숯의 연소

숯을 태우면 불꽃이 나지 않고 새빨갛게 탑니다. 그을음도 연기도 없습니다. 숯에는 연소성 기체가 포함되어 있지 않아, 기체가 되지 않고 고체인 채로 타기 때문입니다.

⬆ 숯의 연소

비교 나무의 연소와 숯의 연소

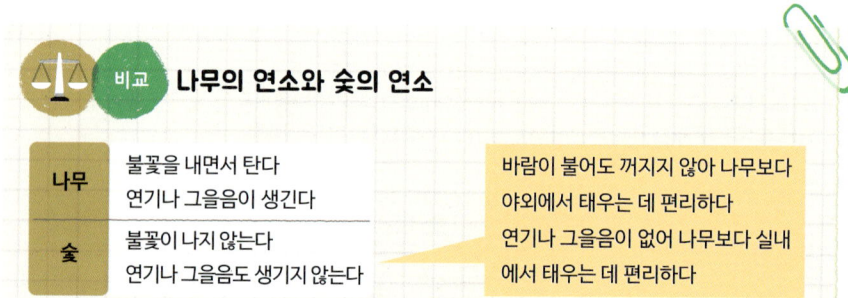

나무	불꽃을 내면서 탄다 연기나 그을음이 생긴다
숯	불꽃이 나지 않는다 연기나 그을음도 생기지 않는다

바람이 불어도 꺼지지 않아 나무보다 야외에서 태우는 데 편리하다
연기나 그을음이 없어 나무보다 실내에서 태우는 데 편리하다

★★★ 가스버너

가스와 공기가 섞인 기체를 태워서 생긴 불꽃으로 다른 물질을 가열하기 위한 도구입니다. 가스버너는 아래 그림과 같은 구조를 하고 있습니다. (가스버너에 따라서는 중간밸브가 없는 것도 있습니다.)

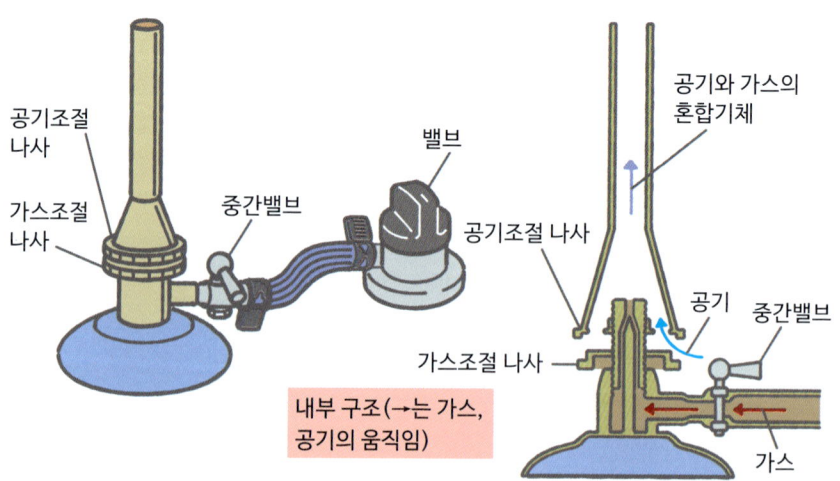

COLUMN 깨알지식
도시가스의 성분은 액화천연가스(메테인이 주성분)입니다. 도로 아래에 있는 관을 통해서 공급됩니다.

| 3학년 | 4학년 | 5학년 | **6학년** | 발전 |

● 가스버너 사용방법

【불을 붙이는 방법】
① 가스조절 나사, 공기조절 나사가 닫혀 있는 것을 확인합니다
② 밸브→중간밸브 순서로 엽니다
③ 성냥불을 가까이 대고 가스조절 나사를 열어 불을 붙입니다
④ 가스조절 나사를 돌려 불꽃의 크기를 조절합니다
④ 가스조절 나사를 잡고 공기조절 나사를 열어 파란색 불이 되게 합니다

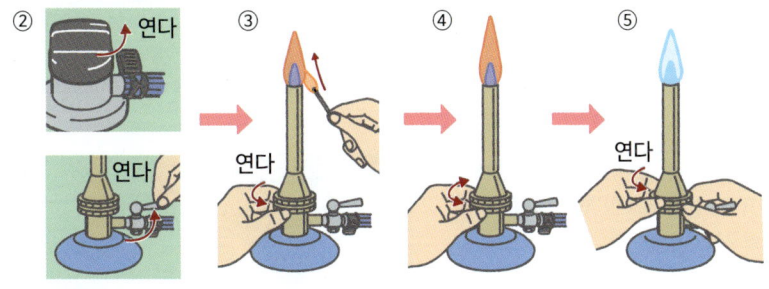

【불을 끄는 방법】
① 공기조절 나사를 잠급니다   ② 가스조절 나사를 잠급니다
③ 중간밸브→밸브 순서로 잠급니다

★★★ 금속

금속은 다음과 같은 성질이 있습니다. 철, 구리, 마그네슘 등은 금속입니다.
① 닦으면 특유의 광택이 난다   ② 열이 잘 전달된다
③ 힘을 가하면 늘이거나 펼 수 있다   ④ 전기가 잘 통한다

★★★ 금속의 연소

마그네슘이나 구리, 철 같은 금속을 가열하면 빛을 내면서 연소하는 것이 있고, 빛을 내지 않고 색이 변하는 것 등이 있습니다.
금속의 연소는 다음과 같은 특징이 있습니다.
① 탄소, 수소를 포함하지 않기 때문에 나무와는 달리 이산화탄소나 수증기가 생기지 않는다
② 연소한 후의 물질은 연소하기 전의 금속과 다른 물질이 된다
③ 연소한 후의 물질은 연소하기 전의 금속보다 무거워진다

 **COLUMN** 더 자세히   나무처럼 탄소를 포함하는 것을 유기물, 금속처럼 탄소를 포함하지 않는 것을 무기물이라고 합니다.

제3장 기체

● 마그네슘의 연소

은색인 마그네슘을 가열하면 흰색 빛을 내면서 격렬하게 탑니다. 연소한 후에는 흰색의 산화마그네슘이 만들어집니다.

마그네슘 리본

● 구리의 연소

적갈색인 구리 가루를 태우면 빛을 내지 않고 탑니다. 연소한 후에는 검은색의 산화구리가 만들어집니다.

구리 가루

● 철의 연소

철을 가는 실처럼 만들어서 감은 것을 철솜이라고 합니다. 은색인 철솜을 가열하면 빨갛게 탑니다. 연소한 후에는 검은색의 산화철이 만들어집니다.

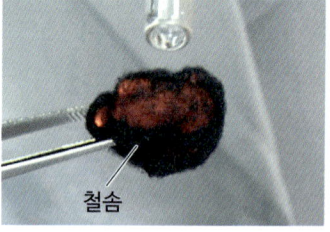

철솜

철도 타는구나

COLUMN 깨알지식

철못을 알루미늄으로 감아 가열해도 철못은 아무런 변화도 없습니다. 이것은 철못의 철과 공기가 만나지 못해서, 공기 중의 산소와 철이 결합하지 못하기 때문입니다.

비교 철솜(철)과 연소 후에 남은 것(산화철)의 성질

	철솜	연소 후에 남은 것
색과 광택	은색에 광택이 있다	검은색에 광택이 없다
자석에 붙는가	붙는다	잘 붙지 않는다
전기가 통하는가	통한다	통하지 않는다
무게	가볍다	무겁다

산화

물질이 연소한다는 것은 산소와 결합한다는 것입니다. 산소와 결합하는 것을 산화라고 합니다. 탄소가 산화하면 이산화탄소, 수소가 산화하면 물이 됩니다. 금속이 산화하면 처음 금속과는 다른 성질을 가지는 물질로 변합니다. 금속을 공기 중에 장시간 두면 녹이 생기는 반응도 산화의 일종입니다.

산화물

산화에 의해서 만들어진 물질입니다. 나무가 공기(산소) 중에서 연소할 때 생기는 이산화탄소나 산화마그네슘, 산화구리, 산화철 등은 산화물입니다. 금속의 산화물은 산소가 결합하는 만큼, 산화되기 전의 금속(마그네슘, 구리, 철)보다 무거워집니다.

				산화물
나무의 산화	나무	+ 산소	→	이산화탄소, 수증기, 재
마그네슘의 산화	마그네슘	+ 산소	→	산화마그네슘
구리의 산화	구리	+ 산소	→	산화구리
철의 산화	철	+ 산소	→	산화철

제3장 기체

★★★ 손난로

산화할 때 발생하는 열을 이용한 것입니다. 철가루와 활성탄을 섞은 것에 식염수를 넣어 혼합하면 열이 발생하면서 온도가 올라갑니다. 시중에서 판매되는 휴대용 손난로는 이러한 원리를 이용한 것입니다. 겉봉투를 열면 공기 중에 있는 산소에 의해 철가루가 산화하는 것입니다.

⬆ 손난로의 내용물

★★★ 연소

산화 중에서 빛이나 열을 내면서 격렬하게 산소와 결합하는 것을 말합니다. 나무의 산화, 마그네슘의 산화, 철(철솜)의 산화는 연소이지만, 구리의 산화는 연소가 아닙니다.

★★★ 물체

물질로 만들어진 것을 물체라고 합니다. 예를 들면 컵, 젓가락, 대패 등은 물체입니다.

★★★ 물질

물체를 만드는 재료를 물질이라고 합니다. 예를 들면, 플라스틱, 유리, 알루미늄, 철 등은 물질입니다.

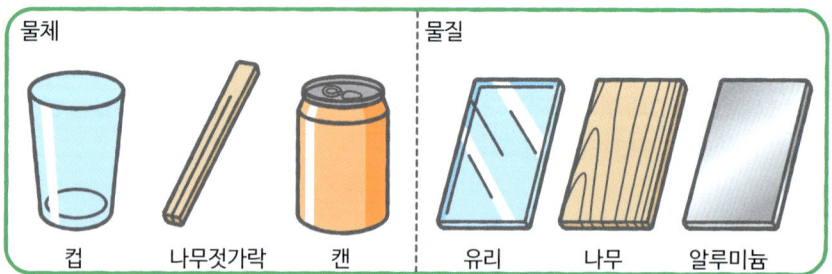

물체			물질		
컵	나무젓가락	캔	유리	나무	알루미늄

COLUMN 더 자세히

손난로와는 반대로 열을 흡수해서 온도를 내리는 것에 냉각팩이 있습니다. 냉각팩은 아세트산암모늄이 물에 녹으면서 열이 흡수되는 것을 이용한 것입니다.

금속을 태울 때의 질량

산화물의 질량은 태우기 전의 금속보다 무거워집니다. 이런 현상은 산화물에 산소가 결합되었기 때문입니다. 일정 질량의 금속에서 만들어지는 산화물의 질량은 금속의 종류에 따라서 달라집니다.

태우기 전의 금속의 질량 + 산소의 질량 = 산화물의 질량

예 **구리의 질량과 산화물의 질량의 관계를 알아보는 실험**

① 스테인리스 접시와 구리 가루의 질량을 잰다
② 수저로 저으면서 구리 가루를 가열해서 산화구리로 만든다
③ 스테인리스 접시와 산화구리의 질량을 잰다

[결과] 구리의 질량과 산화구리의 질량 사이에는 비례 관계가 있다

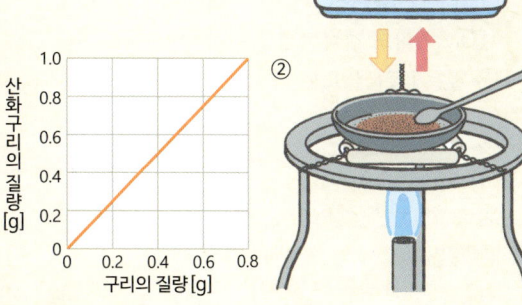

구리의 질량 : 산화구리의 질량 = 4 : 5

이렇게 되는 것은 금속에 결합되는 산소의 비율이 금속에 따라서 정해져 있기 때문입니다. 예를 들면 구리 4g에는 산소 1g이 필요합니다. 그렇기 때문에 만들어지는 산화구리의 질량은 4+1=5[g]이 됩니다.

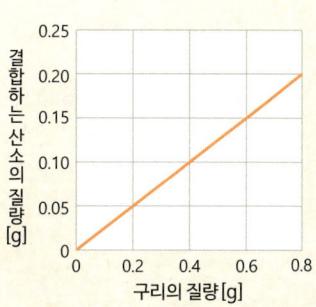

구리의 질량 : 구리와 결합하는 산소의 질량 = 4 : 1

제3장 기체

02 기체의 성질

중요도 ★★★

산소

다음과 같은 성질이 있습니다.
① 색이나 냄새가 없다
② 공기보다 조금 무겁다(공기의 약 1.1배)
③ 물에 잘 안 녹는다
④ 공기 중에 약 21% 포함되어 있다
⑤ 생물의 호흡에 사용된다
⑥ 식물의 광합성으로 만들어진다
⑦ 다른 물질을 태우는 성질(조연성)이 있지만 산소 자신은 타지 않는다
⑧ −183℃ 이하로 냉각하면 액체가 되고, 액체는 옅은 파란색이다

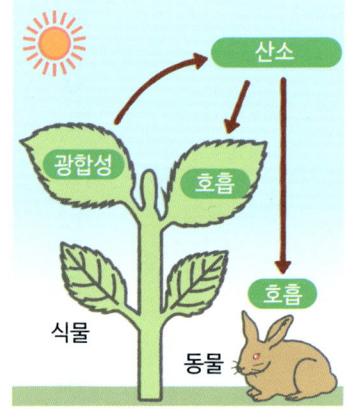

⬆ 광합성·호흡과 산소

●산소를 만드는 방법
오른쪽 그림처럼 삼각플라스크에 <u>이산화망가니즈</u>를 넣고, 깔때기에 넣은 <u>과산화수소수</u>를 넣을 때 발생하는 기체가 산소입니다.

●산소를 모으는 방법
산소는 물에 잘 안 녹아서 <u>수상치환법</u>으로 모읍니다. 집기병이 산소로 가득 차면 물 안에서 뚜껑을 닫습니다.

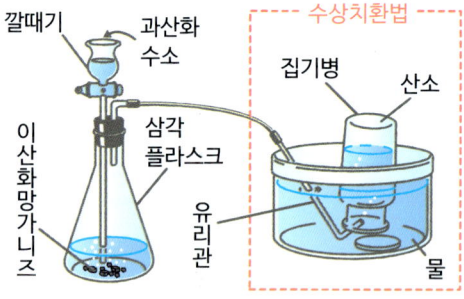

유리관에서 나오는 기체에는 삼각플라스크에 남아 있던 공기가 포함되어 있기 때문에, 조금 시간이 지나고 나서 산소를 모은다.

★★★ 과산화수소수

산소와 수소가 결합되어 생긴 과산화수소라는 물질이 녹은 무색투명한 수용액을 과산화수소수라고 합니다. 묽은 과산화수소수를 옥시돌이라고도 합니다. 이산화망가니즈, 혈액 등을 넣으면 과산화수소가 산소와 물로 분리되기 때문에 산소가 발생합니다. 과산화수소수는 소독약 등으로 사용됩니다.

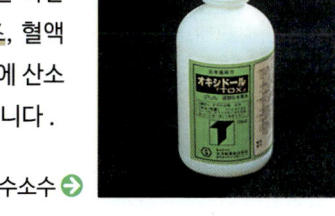
과산화수소수 ➡

★★★ 이산화망가니즈

망가니즈와 산소가 결합되어 만들어진 검은색 고체입니다. 건전지 재료로 사용되고, 산소를 만드는 실험에서 촉매로 사용됩니다.

이산화망가니즈 ➡

★★★ 촉매

어떤 변화를 빠르게(또는 느리게) 하는 역할을 하는 것입니다. 산소를 만들 때, 이산화망가니즈는 촉매입니다. 과산화수소의 분해(물과 산소로 분리되는 변화)를 촉진하는 역할을 합니다. 촉매 자신은 변하지 않습니다. 그렇기 때문에 산소 발생이 멈춘 후에 다시 산소를 발생시키고 싶으면 과산화수소수만 넣으면 되고, 이산화망가니즈는 추가할 필요가 없습니다.

★★★ 조연성

다른 물질을 태우는 성질을 말합니다. 산소 외에 오존 등도 조연성을 가집니다.

COLUMN 깨알지식 식물의 소화에 관계하는 소화효소(아밀레이스, 펩신 등)는 음식물이 소화될 때의 촉매 역할을 합니다.

제3장 기체

이산화탄소
중요도 ★★★

다음과 같은 성질이 있습니다.
① 색이나 냄새가 없다
② 공기보다 무겁다(공기의 약 1.5배)
③ 물에 조금 녹고, 수용액은 탄산수라고 하며, 탄산수는 산성이다
④ 생물의 호흡으로 만들어진다
⑤ 식물의 광합성에 사용된다
⑥ 다른 물질을 연소하는 성질은 없으며, 이산화탄소 자신도 연소하지 않는다
⑦ 석회수를 섞으면 석회수가 뿌옇게 흐려진다
⑧ 이산화탄소를 고체로 만든 것이 드라이아이스다
⑨ 지구온난화의 원인 가운데 하나라고 여겨진다
⑩ 물질을 태우는 성질이 없어서 소화기로 사용된다

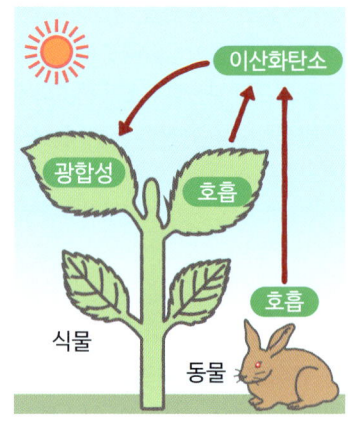

⬆ 광합성·호흡과 이산화탄소

● 이산화탄소를 만드는 방법
오른쪽 그림처럼 삼각플라스크에 석회석을 넣고, 묽은 염산을 깔때기에 넣을 때 발생하는 기체가 이산화탄소입니다.
조개껍질, 계란 껍질, 대리석(세 개 모두 탄산칼슘으로 이루어짐)에 묽은 염산을 넣어도 이산화탄소를 만들 수 있습니다.

● 이산화탄소를 모으는 방법
이산화탄소는 공기보다 무겁기 때문에 하방치환법으로 모읍니다. 또 물에 잘 녹지 않아 수상치환법으로도 모을 수 있습니다.

● 드라이아이스

이산화탄소를 고체로 만든 물질입니다. 온도는 얼음보다 낮고, 고체 상태인 드라이아이스는 액체로 변하지 않고 바로 기체가 됩니다(승화). 드라이아이스가 녹아도 얼음이 녹을 때처럼 젖지 않기 때문에 '드라이'(건조한)라고 합니다. 물에 넣으면 흰 연기가 납니다. 케이크나 냉동식품 등의 온도를 유지하는 데 사용됩니다.

⬆ 물에 넣은 드라이아이스

★★★ 석회석

주로 탄산칼슘으로 이루어진 흰색 고체입니다. 석회석에 묽은 염산을 첨가하면 이산화탄소, 물, 염화칼슘이라는 세 개의 물질이 생깁니다.

★★★ 질소

다음과 같은 성질이 있습니다.
① 색이나 냄새가 없다
② 공기보다 조금 가볍다(공기의 약 0.97배)
③ 물에 잘 녹지 않는다
④ 공기 중에 약 78% 포함되어 있다
⑤ 다른 물질을 태우지 않고, 다른 물질과 화합하지 않으며, 잘 변하지 않는다
⑥ −195.8℃ 이하로 냉각하면 액체가 된다
⑦ 액체질소는 가격이 싼 냉각제로 이용된다

● 질소를 만드는 방법
액체공기를 액체질소와 액체산소로 분리해서 얻습니다.

● 질소의 이용
질소는 다른 물질과 잘 결합하지 않고 변하지 않기 때문에 식품 포장 봉투나 캔에 이용됩니다.

과자봉지에 들어가는 경우가 많지

COLUMN 더 자세히
공기를 액체로 만든 것을 액체공기라고 합니다. 질소와 산소는 액체가 되는 온도가 다르기 때문에 공기 중의 산소와 질소를 분리하는 데 이용합니다.

제3장 기체

★★★ 수소

다음과 같은 성질이 있습니다.
① 색이나 냄새가 없다
② 가장 가벼운 기체다(공기의 약 0.07배)
③ 물에 잘 안 녹는다
④ 다른 물질을 태우는 성질은 없지만, 수소 자신은 연소하면서 물(수증기)이 생긴다.
* 수소와 산소가 결합된 기체에 불을 가까이 대면 폭발하니 주의해야 한다
⑤ 연료전지의 연료로 사용된다

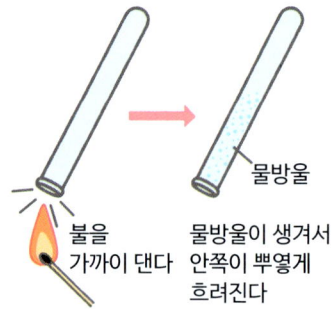
불을 가까이 댄다 / 물방울 / 물방울이 생겨서 안쪽이 뿌옇게 흐려진다

● **수소를 만드는 방법**
오른쪽 그림처럼 아연에 묽은 염산을 넣으면 수소가 발생합니다. 알루미늄, 마그네슘, 철에 묽은 염산을 넣어도 수소를 만들 수 있습니다.

● **수소를 모으는 방법**
수소는 물에 잘 녹지 않아서 수상치환법으로 모읍니다.

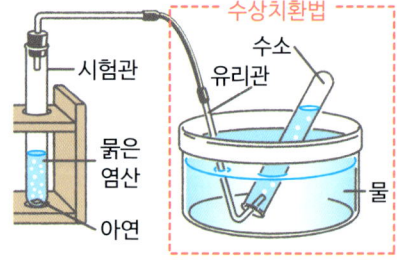
수상치환법 / 수소 / 유리관 / 시험관 / 묽은 염산 / 아연 / 물

처음 발생하는 기체는 공기가 섞여 있어서 모으지 않는다.

★★★ 암모니아

다음과 같은 성질이 있습니다.
① 색은 없지만 코를 찌르는 냄새가 난다
② 공기보다 가볍다(공기의 약 0.6배)
③ 물에 아주 잘 녹으며, 암모니아수는 염기성이다
④ 암모니아는 비료의 원료로 이용되고, 암모니아를 녹인 수용액은 벌레 물린 데 바르는 약품에 이용된다

직접 냄새를 맡으면 안 돼!

COLUMN 더 자세히 — 시험관에 든 기체의 냄새를 맡을 때는 직접 코를 대지 말고 손으로 부채질을 해서 냄새를 맡습니다.

●암모니아를 만드는 방법

오른쪽 아래의 그림처럼 염화암모늄과 수산화칼슘을 섞은 물질을 가열하면 암모니아가 발생합니다. 또 산화암모니아에 수산화나트륨과 소량의 물을 넣거나, 암모니아 용액을 가열하면 암모니아가 만들어집니다.

●암모니아를 모으는 방법

암모니아는 물에 아주 잘 녹고 공기보다 가벼워 상방치환법으로 모읍니다.

암모니아는 물에 잘 녹아서 수상치환법으로는 모을 수 없구나

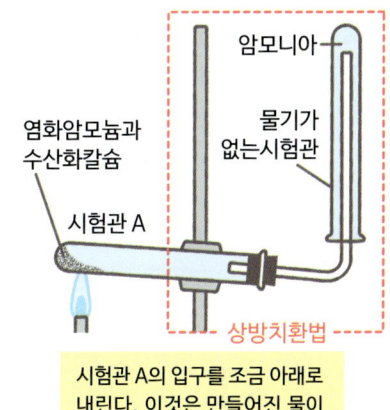

염화암모늄과 수산화칼슘
시험관 A
암모니아
물기가 없는 시험관
상방치환법

시험관 A의 입구를 조금 아래로 내린다. 이것은 만들어진 물이 시험관 바닥으로 흐르시 잃게 하기 위해서다.

★★★ 암모니아 분수 실험

오른쪽 그림 ①과 같은 장치를 만들어서 암모니아를 가득 채운 둥근바닥플라스크에 스포이트를 사용해서 물을 넣습니다. 그러면 그림 ②와 같이 둥근바닥플라스크 안의 암모니아가 물에 녹고 플라스크 안의 압력이 내려가서 페놀프탈레인 용액을 섞은 물이 붉은색 분수가 되어서 분출합니다. 분수가 붉은색이 되는 것은, 암모니아가 물에 녹으면 염기성이 되고, 염기성 용액은 페놀프탈레인 용액 반응에서 붉은색으로 변하기 때문입니다.

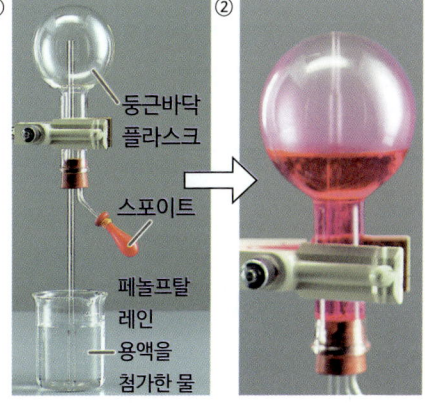

① 둥근바닥플라스크 / 스포이트 / 페놀프탈레인 용액을 첨가한 물

②

제3장 기체

★★★ 염소

다음과 같은 성질이 있습니다.
① 황록색의 기체로 코를 찌르는 듯한 냄새가 난다
② 공기보다 무겁다(공기의 약 2.5배)
③ 물에 잘 녹으며, 염소 용액은 산성이다
④ 물질을 살균하거나 표백하는 성질이 있어서, 수영장이나 수돗물의 살균에 사용된다

염소 →

★★★ 황화수소

다음과 같은 성질이 있습니다.
① 색은 없지만 달걀이 썩은 듯한 특유의 냄새가 난다
② 공기보다 조금 무겁다(공기의 약 1.2배)
③ 물에 잘 녹는다
④ 화산가스에 포함되어 있다

↑ 화산가스

★★★ 이산화황

다음과 같은 성질이 있습니다.
① 색은 없지만 코를 찌르는 냄새가 난다
② 공기보다 무겁다(공기의 약 2.3배)
③ 물에 잘 녹으며, 이산화황 용액은 산성이다
④ 석탄이나 석유를 태울 때 발생하는 기체로, 산성비의 원인이 된다
⑤ 표백제나 황산의 원료로 사용된다

★★★ 염화수소

다음과 같은 성질이 있습니다.
① 색은 없지만 코를 찌르는 듯한 냄새가 난다
② 공기보다 무겁다(공기의 약 1.3배)
③ 물에 잘 녹으며, 염화수소 용액은 염산인데 강한 산성이다.

  COLUMN 깨알지식 — 우리가 잘 알고 있는 기체 중 프로페인(프로판)이나 메테인이 있습니다. 색도 냄새도 없는 기체로 불에 잘 타기 때문에 가스버너 등에 이용됩니다.

물의 온도	0℃	20℃	40℃	60℃
염소	4.61	2.30	1.44	1.02
이산화탄소	1.71	0.88	0.53	0.36
산소	0.049	0.031	0.023	0.019
수소	0.022	0.018	0.016	0.016
질소	0.024	0.016	0.012	0.010

비교 — 기체는 물에 얼마나 잘 녹을까?

오른쪽 표는 각 온도에서 물 $1cm^3$에 녹는 기체의 부피(cm^3)를 나타낸 것입니다. 20℃에서는 표 윗부분에 있는 기체일수록 물에 잘 녹는다고 할 수 있습니다.

★★★ 수상치환법

물을 이용해서 기체를 모으는 방법입니다. 물에 잘 녹지 않는 기체인 산소, 수소, 이산화탄소, 질소, 메테인 등을 모으는 데 적합합니다.

★★★ 하방치환법

모으는 기체가 병 아래로 모이면서, 바닥에 있던 공기를 밀어내면서 기체를 모으는 방법입니다. 물에 잘 녹고, 공기보다 무거운 기체인 이산화탄소, 황화수소, 염소, 염화수소를 모으는 데 적합합니다.

★★★ 상방치환법

모으는 기체가 병 윗부분에 모여서, 위에 있던 공기를 밀어내면서 기체를 모으는 방법입니다. 물에 잘 녹고, 공기보다 가벼운 기체인 암모니아를 모으는 데 적합합니다.

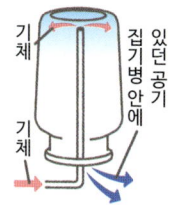

COLUMN 깨알지식 — 질소는 생물을 질식시키는 기체여서 질소라는 이름이 붙었다고 합니다.

제3장 기체

 **다양한 기체의 성질**

	산소	이산화탄소	질소	수소	암모니아
색	없다	없다	없다	없다	없다
냄새	없다	없다	없다	없다	코를 찌르는 냄새
공기와 비교한 무게	조금 무겁다 (약 1.1배)	무겁다 (약 1.5배)	조금 가볍다 (약 0.97배)	가볍다 (약 0.07배)	가볍다 (약 0.6배)
물에 녹는 정도	잘 녹지 않는다	조금 녹는다 【산성】	잘 녹지 않는다	잘 녹지 않는다	아주 잘 녹는다 【염기성】
실험실에서 기체를 만드는 방법	이산화망가니즈 + 과산화수소수	석회석 + 묽은 염산		아연 + 묽은 염산	염화암모늄 + 수산화칼슘 (가열)
기체를 모으는 방법	수상치환법	하방치환법 수상치환법	수상치환법	수상치환법	상방치환법
그 외의 성질이나 특징	물질을 태우는 성질(조연성)	석회수를 넣으면 석회수가 뿌옇게 흐려진다	공기 중에 약 78% 포함되어 있다 ▲공기의 성분	소리를 내며 타면서 물을 생성한다	붉은 리트머스 종이가 파란색으로 변한다

COLUMN 더 자세히

기체를 모을 때, 처음에는 발생장치 안에 있던 공기가 섞여 있기 때문에 어느 정도 시간이 지나고 나서 기체를 모읍니다.

에너지편

제1장	빛과 소리	506
제2장	자석	536
제3장	전기의 작용	550
제4장	물체의 운동	626
제5장	힘의 작용	642

제 1 장 빛과 소리

빛이 뭐야?

빛은 TV나 라디오에서 나오는 전파와 같이 파동으로 앞으로 나아가는 '전자기파'(전기와 자기의 파동) 입니다. 파동의 길이(파장)에 따라 여러 종류로 나뉩니다. 우리가 눈으로 볼 수 있는 빛은 전자기파 중에서 가시광선이 유일합니다

적외선을 느낄 수 있어

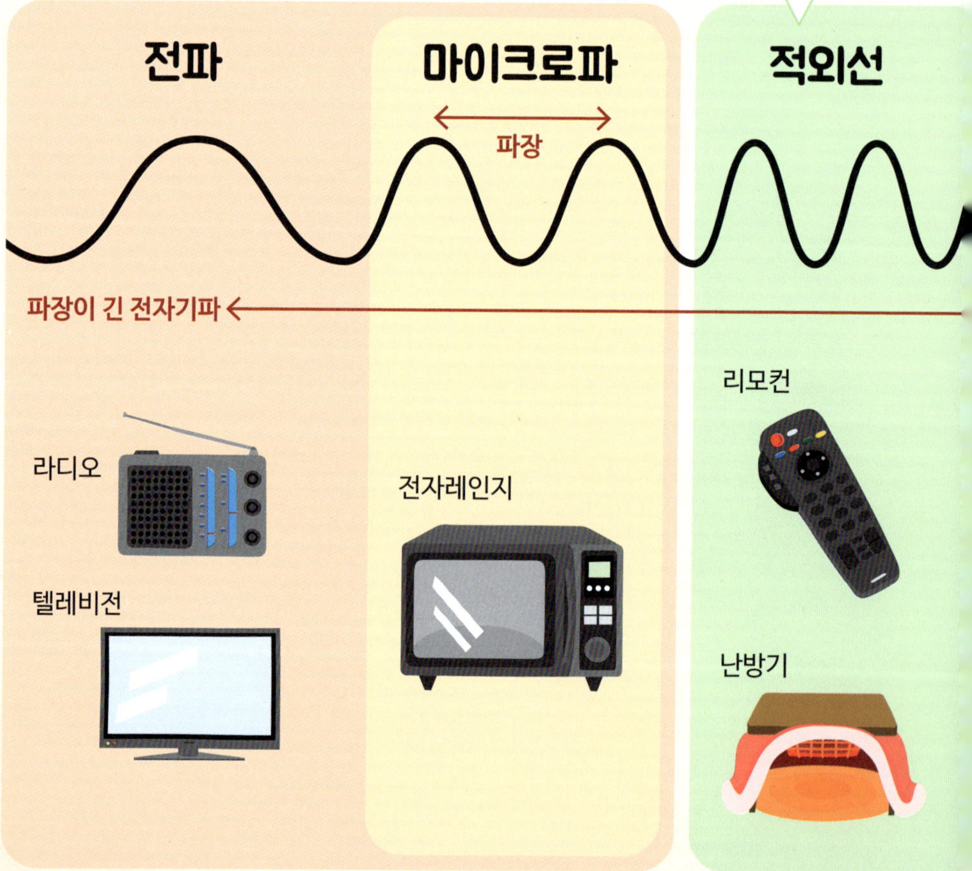

| 전파 | 마이크로파 | 적외선 |

← 파장 →

← 파장이 긴 전자기파

- 라디오
- 텔레비전
- 전자레인지
- 리모컨
- 난방기

↑ 전자기파의 종류와 이용

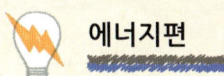 에너지편

사람이 볼 수 있는 범위
빨강　보라

자외선이 보여

생물에 따라서 보이는 빛의 범위가 다르단다

가시광선　자외선　X선　감마선

→ 파장이 짧은 전자기파

| LED | 블랙라이트 | X선 사진 | 주사기 소독 |

   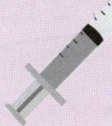

| 불꽃놀이 | 살균등 | 수하물 검사 | 감자 발아 방지 |

 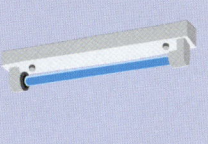  

제1장 빛과 소리

이번 장의 학습내용 헤드라인

물체는 어떻게 보이는 걸까?

빛은 물체에 닿으면 물체의 표면에서 반사되어 되돌아 나옵니다. 낮에 주변의 물체가 보이는 것은 반사되어 되돌아 나온 빛이 눈에 들어오기 때문입니다.

비가 그친 후에 보이는 무지개에서는 여러 색깔이 보이지요? 이것은 태양의 빛이 공기 중의 물방울에 닿아서 빛이 갈라진 것입니다. 즉, 태양의 빛은 여러 색깔이 서로 섞여서 생기는 것입니다. 딸기가 빨갛게 보이는 것은 딸기에 닿은 빛 중 빨간색만 꺾여 되돌아 나와 눈에 들어오기 때문입니다.

↑ 무지개

돋보기로 보면 왜 크게 보이는 걸까?

돋보기를 통해서 물체를 보면 크게 보이지요. 돋보기에는 가운데가 부풀어 있는 볼록렌즈가 있습니다. 볼록렌즈를 사용하면 빛을 한 점으로 모으거나, 물체를 크게 보이게 하거나, 스크린에 물체가 나타나게 할 수 있습니다.

볼록렌즈에는 반드시 빛이 모이는 초점이 있습니다. 이 초점의 안쪽에 물체를 두면 물체에서 온 빛이 볼록렌즈를 통과할 때 굴절하여 그 빛이 눈에 들어오기 때문에 더 커 보이는 것입니다.

소리는 어떻게 들리는 걸까?

악기인 트라이앵글을 치면 소리가 나지요. 소리가 나는 트라이앵글을 만져보면 떨리고 있는 것을 알 수 있습니다. 이 떨림이 공기에 전달되고 그 떨림이 귀의 고막을 흔들어서 소리가 들리는 것입니다.

소리를 전달할 때는 떨림을 전달하는 '물질'이 필요합니다. 만약에 공기가 없는 우주에서 트라이앵글을 쳐도 소리를 전달하는 물질이 없기 때문에 소리는 들리지 않습니다. 소리를 전달하는 물질은 공기가 아니어도 괜찮습니다. 예를 들어, 실 전화기는 실을 통해서 전달합니다.

↑ 트라이앵글

불꽃놀이를 보고 있으면 소리가 늦게 들리던데?

불꽃놀이를 멀리서 보고 있으면 불꽃이 터지는 것이 보이고 조금 후에 꽝 하는 불꽃 소리가 들리지요. 이것은 빛이 나아가는 속도와 소리가 전달되는 속도가 크게 다르기 때문입니다.

빛이 1초 동안 나아가는 거리는 약 30만 km입니다. 불꽃놀이를 볼 수 있는 가까운 거리에서는 불꽃의 빛을 터지는 소리와 동시에 눈으로 볼 수 있습니다. 한편, 소리가 1초 동안 나아가는 거리는 약 340m입니다. 1,000m 떨어진 곳에서 불꽃놀이를 보고 있으면 소리가 도달하기까지 약 3초 걸립니다. 그렇기 때문에 소리가 늦게 들리는 것입니다.

↑ 불꽃놀이

제1장 빛과 소리

01 빛의 성질

1 빛의 나아감

중요도
★★★
 햇빛의 나아감

햇빛(태양의 빛)은 공기나 물 등 균일한 물질이나 진공상태에서 곧게 나아갑니다(빛의 직진). 지구에서 햇빛은 퍼지거나 모이지 않고 어디까지나 같은 폭(평행광선)으로 나아갑니다.

⬆ 직진하는 햇빛

★★★ **빛의 직진**

 빛은 공기나 물, 유리 등과 같이 투명하고 균일한 물질이나 진공상태에서 곧게 나아갑니다. 이것을 빛의 직진이라고 하며 공기나 물이 움직여도 변하지 않습니다.

★★★ **광원(발광체)**

태양이나 전등, 양초와 같이 스스로 빛을 내는 물체를 광원(발광체)이라고 합니다. 햇빛의 광원은 태양입니다. 태양과 같은 광원의 빛은 여러 방향으로 곧게 나아갑니다(빛의 직진).

●점광원

광원이 매우 작아서 점으로 보이는 것을 점광원이라고 합니다. 또 빛을 광선(빛이 지나는 길과 진행 방향을 나타내는 직선)으로 표시했을 때의 광원입니다.

●물체가 보이는 이유

태양과 같은 광원의 빛은 여러 물체에 닿아 반사됩니다. 물체가 보이는 것은 광원의 빛이 물체에 닿아 반사되고, 그 빛이 눈에 들어오기 때문입니다.

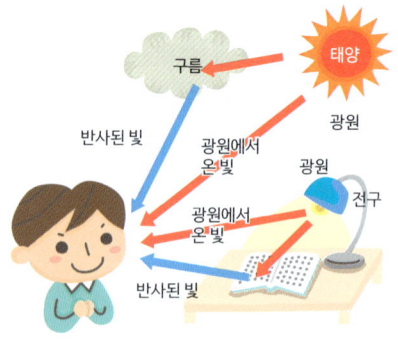
⬆ 물체가 보일 때

  COLUMN 더 자세히 | 물체의 색이 보이는 것은 햇빛 등 다양한 색을 가지고 있는 빛(백색광이라고 함)이 닿기 때문입니다. 식물의 잎은 햇빛 안에 있는 녹색 빛만 반사되어 눈에 들어오기 때문에 녹색으로 보입니다.

★★★ 평행광선(광선)

슬릿(빛의 폭을 작게 만드는 좁은 틈)을 통과한 햇빛은 평행이 됩니다. 햇빛처럼 같은 폭을 유지한 채 나아가는 빛을 평행광선(광선)이라고 합니다. 한편, 전구의 빛은 모든 방향으로 퍼져 나아가며 전구에서 멀어질수록 빛이 닿는 범위가 넓어집니다.

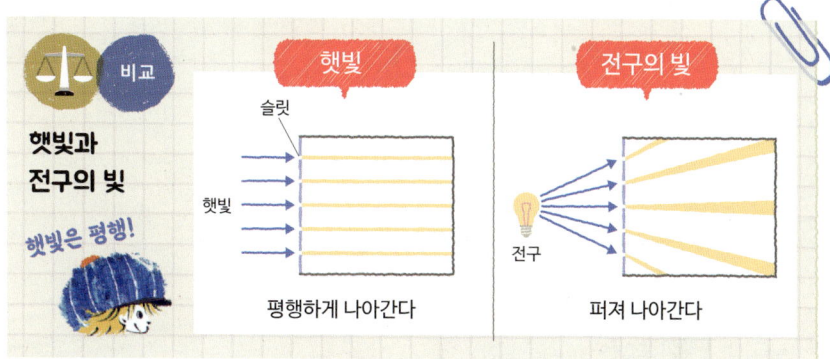

★★★ 그림자

그림자는 광원의 빛이 물체에 막혀서 생기는 어두운 부분입니다. 광원이 있는 반대편에 생기며, 광원의 종류나 크기에 따라 어두운 그림자(본그림자)와 연한 그림자(반그림자)가 생깁니다.

★★★ 본그림자

본그림자는 햇빛 같은 평행광선이나 점광원에서 온 빛에 의해 생기는 그림자입니다. 광원에서 온 빛은 전혀 닿지 않기 때문에 어둡습니다.

★★★ 반그림자

반그림자는 광원에서 온 빛의 일부가 닿아서 생기는 연한 그림자 부분입니다.

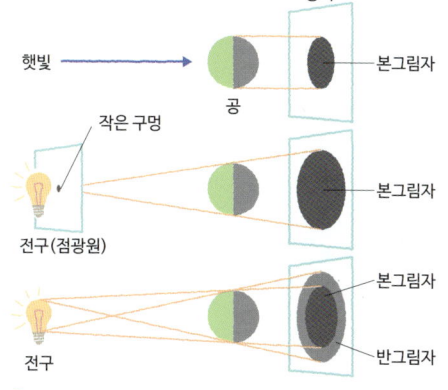

⬆ 그림자가 생기는 모습

COLUMN 더 자세히   태양에서 나온 빛은 여러 방향으로 퍼지듯이 나아가지만 태양은 지구에서 대단히 먼 곳에 있기 때문에 (약 1억 5,000만 km는 떨어져 있음) 지구에 도달하는 햇빛은 평행광선입니다.

제1장 빛과 소리

중요도
★★★

바늘구멍 사진기(핀홀 카메라)

카메라에 있는 볼록렌즈는 없고, 하나의 작은 구멍(바늘구멍, 핀홀)을 통과한 빛으로 만들어진 물체의 모습(상)이 스크린에 나타납니다.

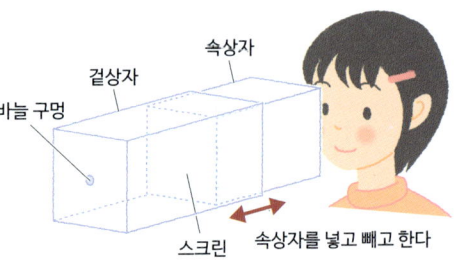

⬆ 바늘구멍 사진기 만들기

● 물체의 모습이 생기는 구조

빛의 직진 때문에 물체의 모습이 생깁니다. 오른쪽 그림과 같이 물체의 A, B, C, D 점에서 온 빛은 각각 직진해서 바늘구멍을 통과해 스크린의 a, b, c, d로 나아가 물체의 모습이 나타납니다. 이 물체의 모습은 상하좌우 방향이 원래의 물체와는 반대입니다.

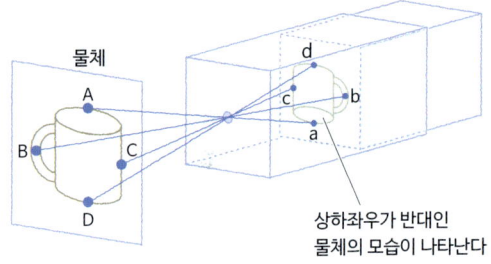

● 상의 모습

① 바늘구멍 사진기를 물체에 가까이 가져가면 스크린에 나타나는 물체의 모습(상)은 커집니다
② 스크린이 바늘구멍에서 멀어질수록 물체의 모습은 커지고 어두워집니다
③ 바늘구멍을 크게 하면 물체의 모습이 흐려집니다
④ 바늘구멍을 늘리면 바늘구멍 개수만큼 물체의 모습이 생깁니다

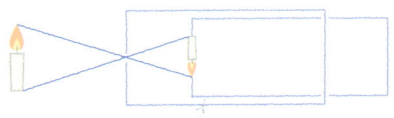

〈 바늘구멍 사진기를 물체에 가까이 가져가기 〉

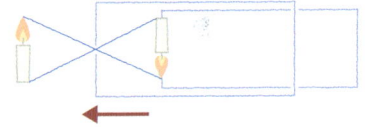

〈 스크린을 멀어지게 하기 〉

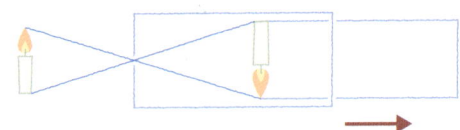

⬆ 바늘구멍 사진기의 원리

만들어볼까나

COLUMN 깨알지식

지금으로부터 약 1,000년 전에 방에 생긴 구멍을 통해 들어오는 빛에 의해 바깥 풍경이 반대로 나타나는 현상을 아라비아의 과학자가 자세히 조사하면서 핀홀 카메라의 원리를 연구하게 되었습니다.

빛이 비치는 면적과 밝기

광원에서 멀어질수록 어둡다

형광등이나 전구 등의 광원은 방을 밝히거나 밤 거리를 밝히기 위해 사용되는데, 이러한 광원에서 조금 멀어지면 주변은 어두워집니다.

햇빛에 비치는 면의 밝기는 어디든 변하지 않지만, 형광등이나 전구 등의 전등의 경우 빛이 비치는 면은 광원에서 멀리 있는 곳일수록 어두워집니다.

면적이 커질수록 어두워진다

오른쪽 그림과 같이 전구가 있는 한 점(점광원)에서 오는 빛을 생각해보면, 전구의 빛은 사방팔방으로 퍼지며 나아가기 때문에 전구에서 멀어질수록 빛이 닿는 면적은 넓어집니다.

빛이 닿는 면적이 넓어지면 일정한 면적에 닿는 빛의 양은 적어지므로 빛이 닿는 면은 어두워집니다.

전구와의 거리가 2배, 3배, 4배, … 가 되면 빛이 닿는 면의 밝기는, $\frac{1}{4}\left(=\frac{1}{2}\times\frac{1}{2}\right)$ 배, $\frac{1}{9}\left(=\frac{1}{3}\times\frac{1}{3}\right)$ 배, $\frac{1}{16}\left(=\frac{1}{4}\times\frac{1}{4}\right)$ 배, … 와 같은 관계가 됩니다.

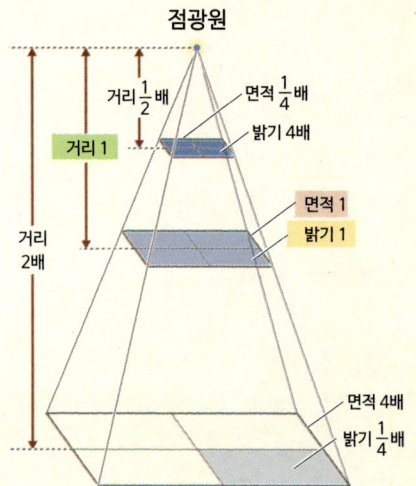

반대로 전구와의 거리가 절반이 되면 밝기는 4배가 되는 거야

제1장 빛과 소리

2 빛의 반사

중요도 ★★★

거울에 반사된 햇빛

햇빛을 거울에 반사시켜 벽에 닿게 하면 햇빛이 닿은 부분은 다른 부분보다 밝고 따뜻해집니다. 여러 장의 거울에 반사된 햇빛을 모으면(겹치면) 햇빛이 겹쳐진 부분일수록 밝고 따뜻해집니다.

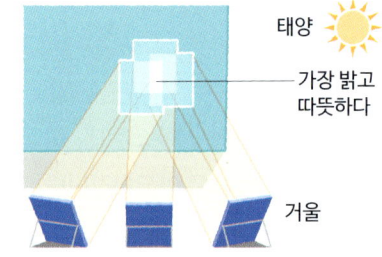

↑ 거울에 반사된 햇빛을 모은다

● **햇빛으로 열이 전달되는 방법**
햇빛처럼 광원(태양)이 떨어져 있어도 햇빛이 비친 부분이 뜨거워지는데, 이렇게 열이 전달되는 방법을 <u>복사</u>라고 합니다.

● **햇빛의 이용**
태양의 열로 물을 데우는 태양열 온수기, <u>광전지(태양전지)</u>를 사용해 전기를 만드는 <u>태양광발전</u> 등이 있습니다.

★★★

빛의 반사

빛이 물체에 닿았을 때, 물체의 표면에서 꺾여 되돌아 나오는 것을 빛의 반사라고 합니다.

★★★

반사의 법칙

들어오는 빛(입사광선)과 빛이 반사되는 면에 수직인 직선 사이의 각도가 입사각입니다. 그리고 꺾여 되돌아 나오는 빛(반사광선)과 빛이 반사되는 면에 수직인 직선 사이의 각도가 반사각입니다.
빛이 반사될 때, 입사각과 반사각의 크기는 같습니다.

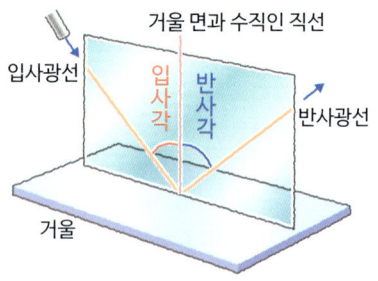

입사각 = 반사각

COLUMN 깨알지식
도로표지판에 사용되는 반사시트에는 작은 유리알 등이 많이 박혀 있어 자동차의 라이트가 비치면 입사광선과 같은 방향으로 반사되어 운전자의 눈에 들어와 확인할 수 있습니다.

★★★ 난반사

물체의 표면에 있는 올록볼록한 부분에 의해 빛이 여러 방향으로 반사되는 것입니다.

● 난반사와 반사의 법칙

난반사에서는 전체적인 빛은 여러 방향으로 반사되는데 각각의 빛은 입사각과 반사각이 같습니다.

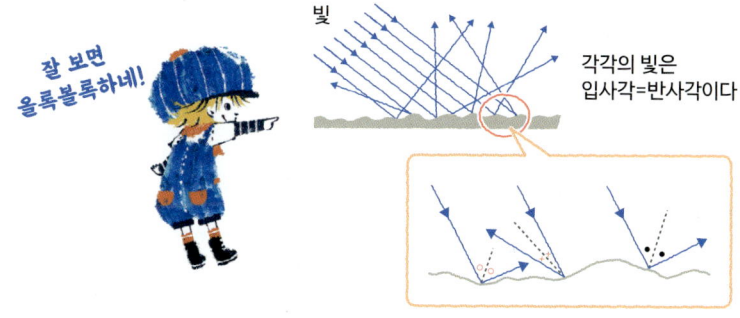

● 물체가 어디서든 보이는 이유

주변의 물체가 어느 방향에서도 보이는 이유는 물체의 표면에서 빛이 난반사되어 여러 방향으로 나아가기 때문입니다.

★★★ 상

실제로 있는 것이 아니라 거울이나 볼록렌즈 등에 비쳐서 보이는 것을 상이라고 합니다. 상에는 실상과 허상이 있습니다.

★★★ 거울에 비치는 상

거울에 비치는 상은 물체가 거울 속에 있는 것처럼 보이며, 거울 면의 물체와 대칭되는 위치에 생깁니다. 상은 물체의 좌우가 바뀌어 보입니다.

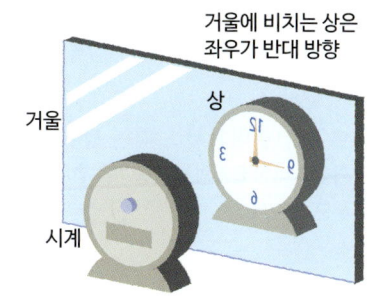

물체와 거울 사이의 거리 = 상과 거울 사이의 거리

COLUMN 더 자세히 — 거울과 상은 서로 선대칭 관계입니다. 거울 면을 중심선으로 해서 겹쳐보면 딱 맞게 겹쳐집니다.

제1장 빛과 소리

거울에 비치는 상 그리기

물체를 비추는 빛이 거울에 반사되어 눈에 들어올 때의 지나가는 길을 그립니다.
① 물체에서 거울에 수직인 선을 긋고 물체의 상의 위치를 그립니다
② 눈과 상의 위치를 직선으로 연결합니다
③ 거울과 ②의 직선이 만나는 점과 물체를 직선으로 연결합니다

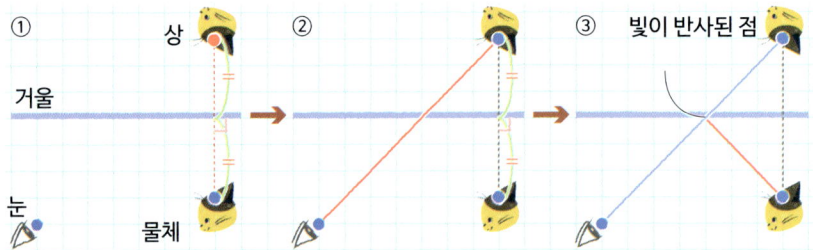

●온몸이 비치는 거울의 길이

거울 앞에 서서 온몸을 거울에 비추려면 적어도 키의 절반 길이의 거울이 필요합니다. 거울에 가까이 가거나 멀어져도 거울에 비치는 범위는 변하지 않습니다.

머리와 발끝에서 오는 빛이 눈까지 올 때까지 지나가는 길을 그려보자

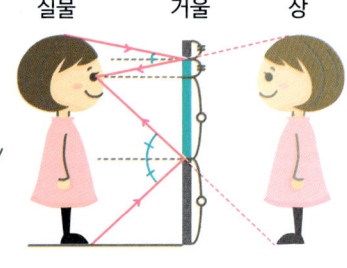

●거울에 비쳐서 보이는 범위

거울에 비친 물체의 상이 보이는 범위는 상과 거울의 양 끝을 연결하는 직선의 안쪽 부분(그림의 부분)입니다.

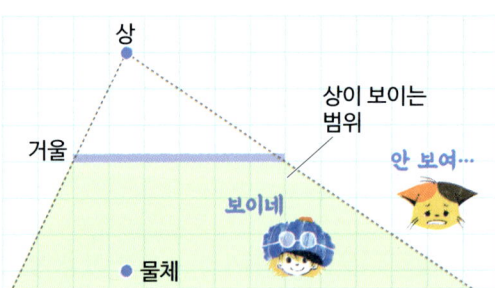

여러 개의 거울에 비치는 상

거울에 비치는 상의 개수

2개의 거울에 비치는 상의 개수는 거울의 각도에 따라 변합니다.

오른쪽 그림은 2개의 거울의 각도가 90°일 때이고, 상은 전부 3개 생깁니다.

상의 개수는 2개의 거울의 각도가 작을수록 많아지고 각도가 0°, 즉, 평행하게 마주 겹쳤을 때 무수한 상이 생깁니다.

아래의 표는 2개의 거울의 각도와 상의 개수의 관계를 나타낸 것입니다.

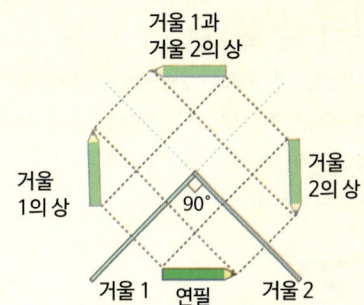

↑ 90°로 놓은 거울의 상

2개의 거울의 각도	180°	120°	90°	60°	45°
상의 개수	1	2	3	5	7

2개의 거울을 사용했을 때 보이는 상의 개수는 다음 식으로 구할 수 있습니다.

(보이는 상의 개수) = 360° ÷ (2개의 거울 사이의 각도) − 1

만화경

만화경은 거울로 만들어지는 상이 아름다운 모양처럼 보이는 장난감입니다.

가늘고 긴 3개의 거울을 정삼각형으로 만든 것 등이 있습니다. 안에 들어 있는 작은 색지가 거울에 비쳐서 색지의 상이 어떠한 모양처럼 보입니다. 만화경을 돌리면 모양이 계속해서 변화합니다.

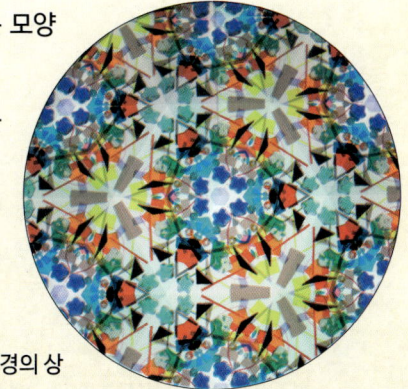

↑ 만화경의 상

제1장 빛과 소리

3 빛의 굴절

중요도
★★★ **빛의 굴절**

빛이 공기와 물처럼 다른 물질 속에 비스듬히 들어갔을 때, 그 경계에서 꺾여서 나아가는 것입니다. 굴절되어 나아가는 빛을 굴절광선이라고 합니다.

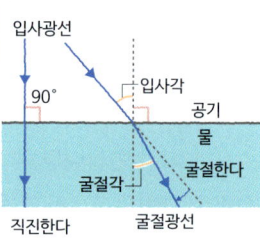

★★★ **굴절각**

굴절광선과 물질의 경계에 수직인 직선과의 각도가 굴절각입니다.

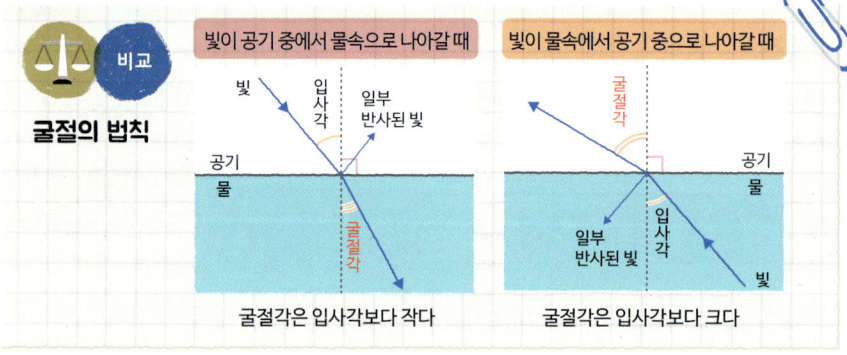

● **빛의 굴절에 의한 현상**
① 컵에 물을 넣으면 보이지 않았던 동전이 보입니다
② 직육면체인 유리에 닿은 입사광선과 유리에서 나오는 굴절광선은 수직입니다

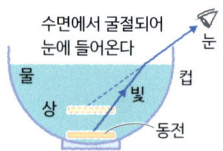

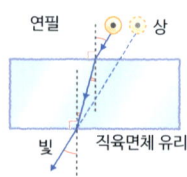

COLUMN 더 자세히
빛이 공기 중에서 다른 물질에 들어갈 때, 입사각에 대한 굴절각의 크기는 물질에 따라 정해져있습니다. 물보다 밀도가 큰 유리가 크게 굴절됩니다.

★★★ 전반사

빛이 물과 유리에서 공기 중으로 나아갈 때, 입사각이 어느 크기보다 커지면 굴절되지 않고 모두 반사됩니다. 이를 전반사라고 합니다. 빛이 공기 중에서 물이나 유리 속으로 나아갈 때는 일어나지 않습니다.

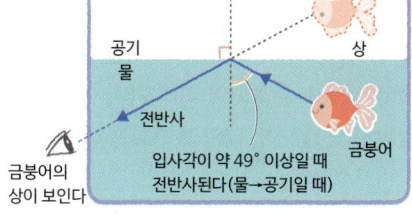

★★★ 광섬유

빛을 사용한 통신이나 내시경 케이블에 사용됩니다. 두 종류의 유리로 만든 가는 섬유인때, 빛은 그 유리의 경계에서 전반사를 반복하면서 나아갑니다.

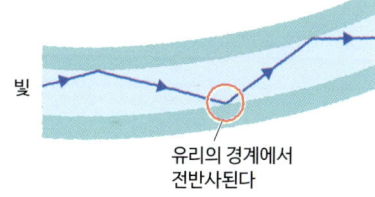

★★★ 프리즘

빛의 방향을 바꾸거나 햇빛을 여러 가지 색의 빛으로 나누기 위해 사용합니다. 투명한 유리처럼 보이고, 단면은 정삼각형이나 직각이등변삼각형인 것이 있습니다.

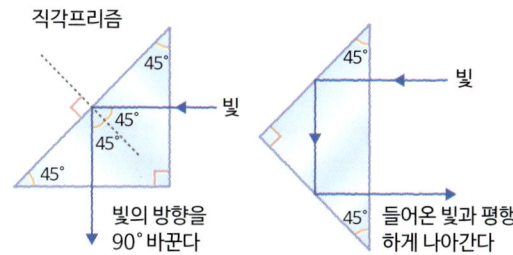

⬆ 프리즘에 들어온 빛의 진행

●나뉘어 보이는 햇빛

햇빛을 프리즘에 통과시키면 햇빛은 같은 방향으로 두 번 굴절되어 여러 가지 색의 빛으로 나뉩니다. 이런 현상의 원인은 빛의 색에 따라 굴절되는 각도가 다르기 때문입니다.

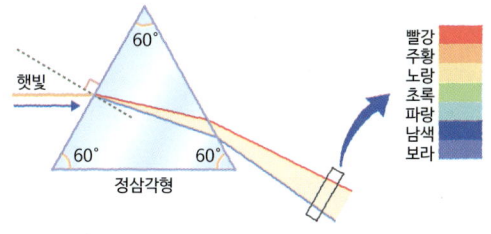

⬆ 프리즘에 햇빛을 비춘다

  COLUMN 깨알지식 — 다이아몬드가 강한 광채를 내뿜는 것은 들어온 빛이 다이아몬드 안에서 반복적으로 전반사되면서 전면으로 나오도록 규칙적인 형태로 커팅을 했기 때문입니다.

제1장 빛과 소리

★★★ 무지개

아침이나 저녁에 비가 그치면 보이는 아치형으로 된 빛의 띠입니다. 공기 중에 떠 있는 물방울에 들어간 햇빛이 반사·굴절되어 여러 가지 색의 빛으로 나뉘기 때문에 생기며, 태양과 반대편 하늘에 보입니다.

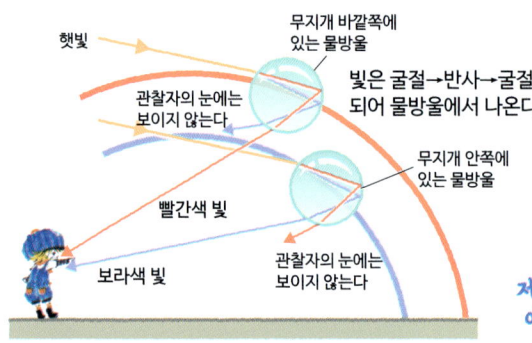

물방울에 들어간 햇빛은 빨간색 빛보다 보라색 빛이 크게 굴절됩니다. 무지개 띠의 바깥쪽 물방울에서는 빨간색 빛이, 안쪽 물방울에서는 보라색 빛이 사람의 눈에 들어옵니다. 그러므로 무지개의 바깥쪽은 빨갛고 안쪽은 보라색으로 보입니다.

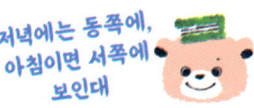

저녁에는 동쪽에, 아침이면 서쪽에 보인대

★★★ 신기루

멀리에 있는 풍경이 떠 있는 것처럼 보이거나 실제의 풍경이 위아래가 뒤집힌 상이 보이는 현상입니다. 지표 근처에서 차가운 공기와 따뜻한 공기가 서로 겹쳐지면서 그 경계에서 빛이 꺾이기 때문에 생깁니다.

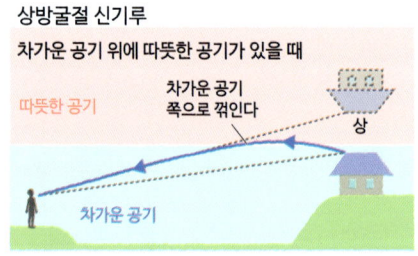

⬇ 평소 때의 사진

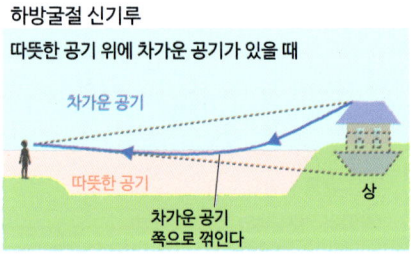

⬇ 상방굴절 신기루가 보이는 모습

4 볼록렌즈를 통과한 빛

중요도
★★★

돋보기로 모은 햇빛

돋보기(볼록렌즈)에 햇빛을 수직으로 닿게 하면 햇빛을 모을 수 있습니다. 모인 다음에는 빛이 퍼져 나갑니다.
햇빛이 한 점에 모인 곳을 볼록렌즈의 <u>초점</u>이라고 합니다.

돋보기를 통과한 햇빛을 종이에 비추면 밝은 부분과 어두운 부분이 생깁니다. 밝은 부분의 크기를 작게 만들수록 햇빛이 많이 모이기 때문에 밝아지고 따뜻해져서 종이를 태울 수 있습니다.

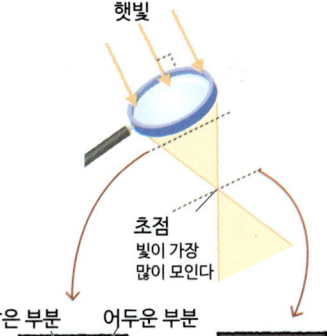

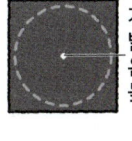

●돋보기의 크기와 모이는 빛의 양
큰 돋보기일수록 많은 빛을 모을 수 있습니다. 종이에 빛을 비출 때, 많은 빛이 모일수록 종이가 빨리 탑니다.

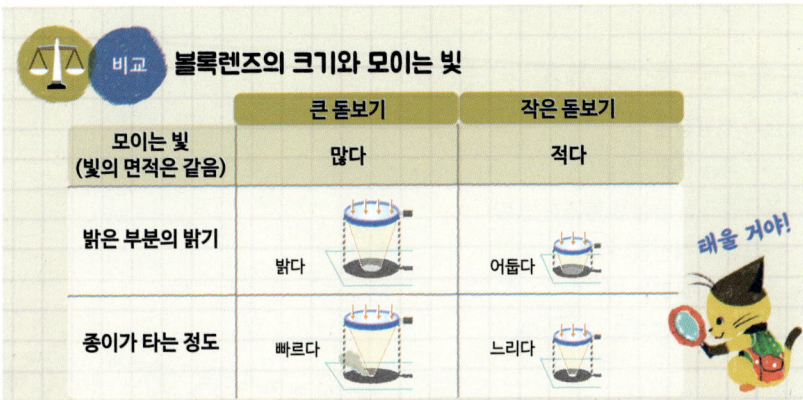

비교	볼록렌즈의 크기와 모이는 빛	
	큰 돋보기	작은 돋보기
모이는 빛 (빛의 면적은 같음)	많다	적다
밝은 부분의 밝기	밝다	어둡다
종이가 타는 정도	빠르다	느리다

COLUMN
더 자세히

볼록렌즈와 달리 한가운데가 들어가 있는 렌즈를 오목렌즈라고 합니다. 햇빛을 비추면 굴절되어 퍼지고 햇빛은 모이지 않습니다. 오목렌즈는 근시 안경에 사용되며 상은 실물보다 작게 보입니다.

제1장 빛과 소리

★★★ 볼록렌즈
한가운데가 부풀어 있는 렌즈입니다. 두꺼운 렌즈일수록 초점거리는 짧아집니다.

★★★ 광축
볼록렌즈의 중심을 통과하는 렌즈와 수직인 직선입니다. 렌즈의 축이라고도 합니다.

★★★ 초점
볼록렌즈에 평행광선을 수직으로 비추었을 때, 렌즈를 통과한 빛이 하나로 모이는 점을 초점이라고 하며, 볼록렌즈의 양쪽에 하나씩 있습니다.

★★★ 초점거리
볼록렌즈의 중심부터 초점까지의 거리입니다.

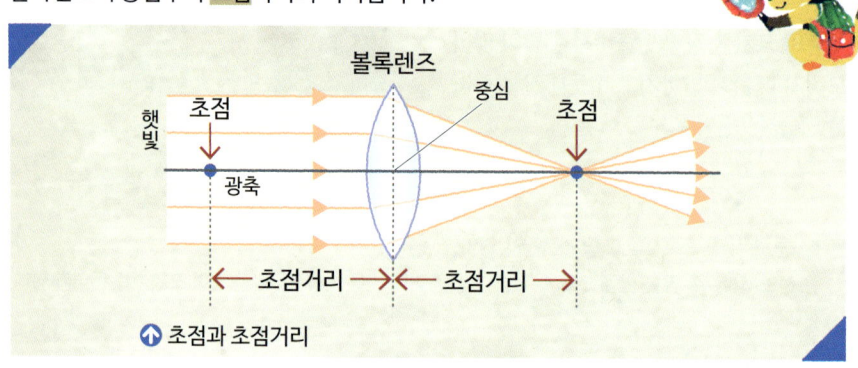

↑ 초점과 초점거리

★★★ 볼록렌즈를 통과하는 빛의 진행

① 광축과 평행한 빛
  → 초점을 통과합니다
② 볼록렌즈의 중심을 통과하는 빛
  → 그대로 직진합니다
③ 초점을 통과하는 빛
  → 광축과 평행으로 나아갑니다

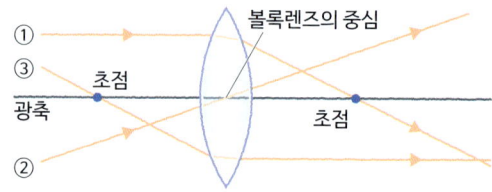

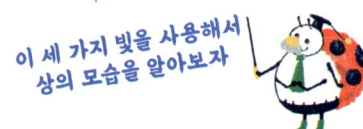

COLUMN 더 자세히
볼록렌즈에 빛이 들어올 때와 나갈 때 두 번 굴절되는데 그림을 그릴 때는 볼록렌즈의 중심선에서 한 번 굴절되는 것처럼 그립니다.

★★★ 볼록렌즈로 만드는 상

물체의 위치에 따라 상의 위치나 크기, 방향, 종류가 바뀝니다.

비교 — 물체의 위치와 상이 생기는 모습

물체와 상의 위치 (F는 초점, F'는 초점거리의 2배의 위치)	상의 크기	상의 방향	상의 종류
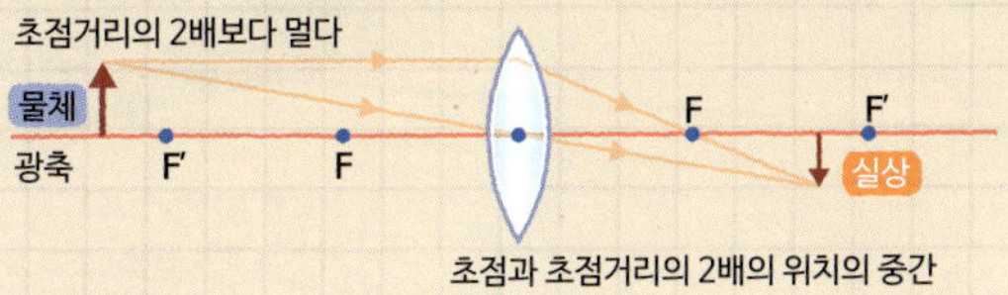 초점거리의 2배보다 멀다 → 상: 초점과 초점거리의 2배의 위치의 중간	물체보다 작다	상하좌우가 물체와 반대	실상
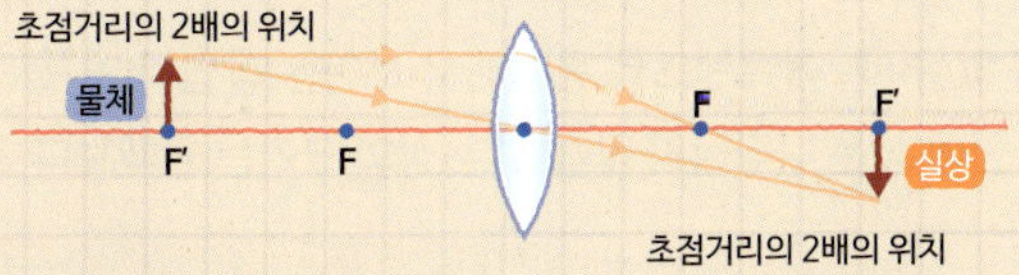 초점거리의 2배의 위치 → 상: 초점거리의 2배의 위치	물체와 같다	상하좌우가 물체와 반대	실상
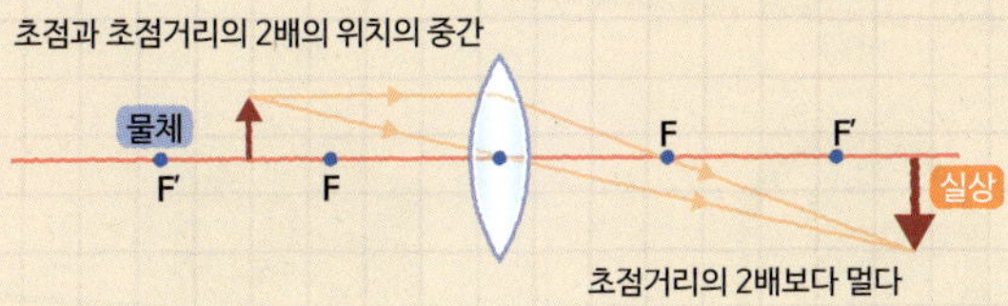 초점과 초점거리의 2배의 위치의 중간 → 상: 초점거리의 2배보다 멀다	물체보다 크다	상하좌우가 물체와 반대	실상
초점의 위치 — 빛은 평행이어서 모이지 않는다	상은 생기지 않는다		
초점의 안쪽에 있다 — 스크린에 나타나지 않고 볼록렌즈를 통해서 보인다	물체보다 크다	물체와 같다	허상

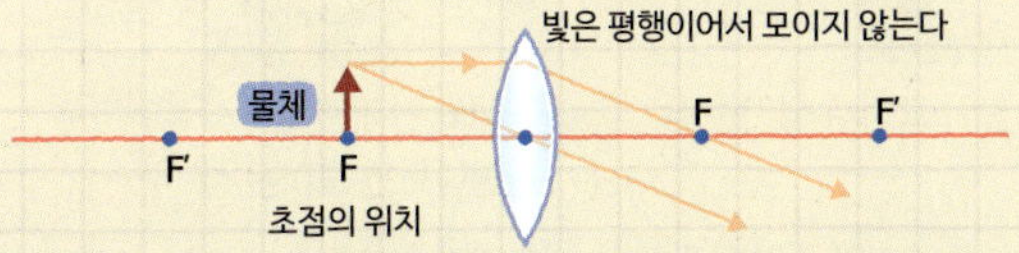

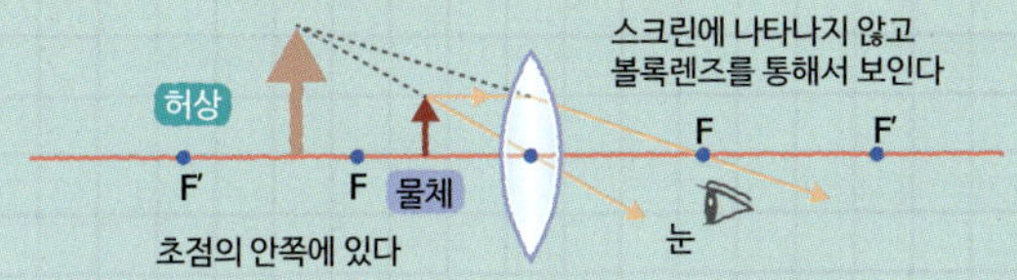

COLUMN 더 자세히
볼록렌즈를 물체에 가까이 가져갔을 때 보이는 확대된 상은 물체가 초점의 안쪽에 있을 때 생기는 허상입니다.

제1장 빛과 소리

★★★ 실상

물체에 반사된 빛이 볼록렌즈를 통과해 모여서 만들어진 상입니다. 물체가 볼록렌즈의 초점보다 바깥에 있을 때 생깁니다. 스크린에 비친 물체의 상하좌우의 방향이 물체와 반대 방향인 상입니다.

> ●볼록렌즈의 일부를 종이로 감싸면
> 볼록렌즈의 일부를 검은색 종이로 감싸도 상의 형태는 절반이 되지는 않습니다. 이는 감싸지 않은 부분의 볼록렌즈를 통과한 빛이 스크린에 도달하기 때문입니다. 그러나 도달하는 빛의 양이 적어지므로 상은 어두워집니다.

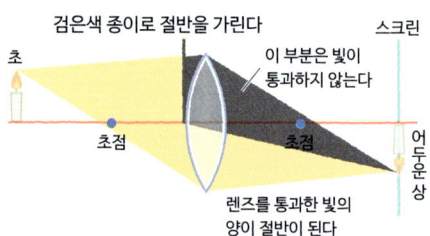

★★★ 허상

물체가 볼록렌즈의 초점 안쪽에 있을 때, 볼록렌즈를 통과해서 보이는 상입니다. 물체에 반사된 빛이 모이지 않아서 스크린에 상은 나타나지 않습니다. 상의 크기는 물체보다 크고 방향은 같습니다.

COLUMN 깨알지식
현미경의 대물렌즈와 접안렌즈는 둘 다 볼록렌즈입니다. 현미경에서 볼 수 있는 상은 대물렌즈에서 만든 실상을 접안렌즈로 더 확대한 허상입니다.

볼록렌즈를 통과한 꼬마전구의 빛

광축 위의 특별한 2개의 점

볼록렌즈의 광축 위에는 렌즈의 양쪽에 각각 초점과 초점거리의 2배의 위치라는 특별한 점이 있습니다. 꼬마전구를 초점에 두면 볼록렌즈를 통과한 빛은 평행으로 나아가며, 초점거리의 2배의 위치에 두면 빛은 초점거리의 2배의 위치에 모입니다.

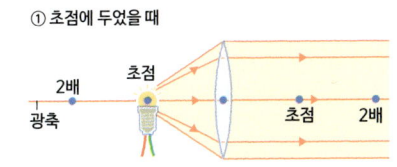

① 초점에 두었을 때

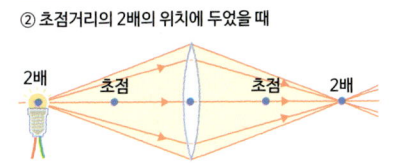

② 초점거리의 2배의 위치에 두었을 때

빛이 퍼질 때와 빛이 모일 때

위의 그림에서 ①과 ②의 꼬마전구의 위치를 움직여봅시다.

①의 꼬마전구를 오른쪽으로 움직이면 빛은 퍼져서 모이지 않지만 왼쪽으로 움직이면 모이게 됩니다.

②의 꼬마전구를 오른쪽으로 움직이면 빛이 모이는 위치는 멀어지고 왼쪽으로 움직이면 초점에 가까워집니다. 왼쪽으로 더 움직이면 햇빛과 같은 평행광선에 가까운 빛이 되며 초점 근처에 모입니다.

빛이 모인 위치에 스크린을 두면 꼬마전구의 상이 나타납니다.

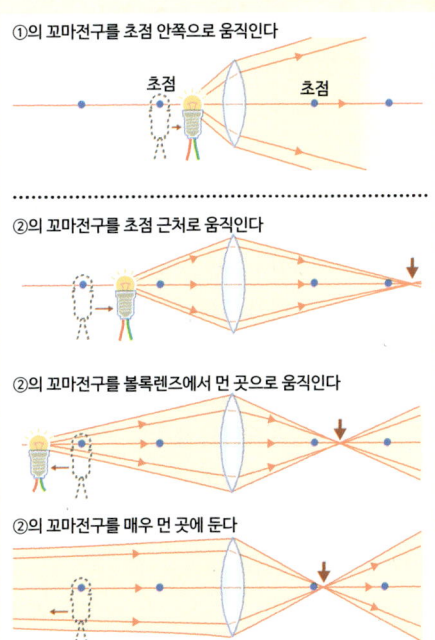

제1장 빛과 소리

02 소리의 성질

1 소리의 전달

중요도 ★★★
음원(발음체)

기타의 줄(현)을 퉁기면 줄이 미세하게 진동해서 소리가 납니다. 기타 줄, 큰북의 가죽, 소리굽쇠 등과 같이 소리를 내는 것을 음원 또는 발음체라고 합니다.

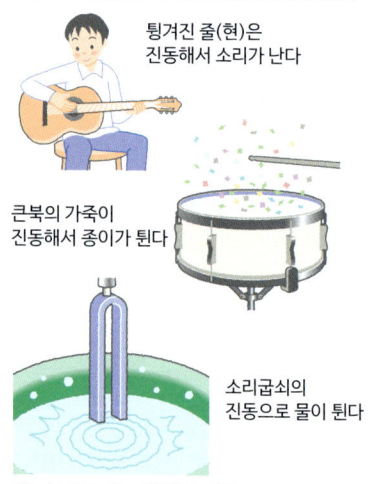

튕겨진 줄(현)은 진동해서 소리가 난다

큰북의 가죽이 진동해서 종이가 튄다

★★★
진동

기타 줄을 퉁기면 줄(현)이 왕복하는 운동을 반복하며 떨립니다. 이러한 현의 운동을 진동이라고 합니다. 물체의 진동이 소리를 내고, 진동이 멈추면 소리는 멈춥니다.

소리굽쇠의 진동으로 물이 튄다

⬆ 소리를 내는 물체와 진동

★★★
소리의 전달

물체(음원)가 진동하면 소리의 파동(음파)이 발생해서 주변의 공기를 진동시킵니다. 소리가 들리는 것은 물체에서 나온 소리의 파동이 공기에 의해 전달되어 귓속의 고막을 진동시키기 때문입니다. 진공 속에는 소리의 파동을 전달해줄 물질이 없어서 소리는 들리지 않습니다. 음원에서 멀어지면 소리는 작아집니다.

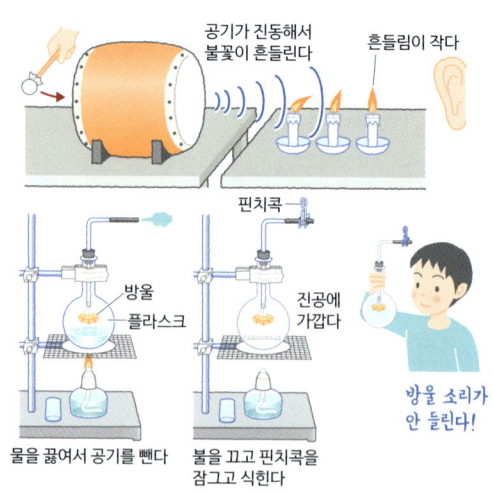

공기가 진동해서 불꽃이 흔들린다

흔들림이 작다

핀치콕

방울
플라스크

진공에 가깝다

방울 소리가 안 들린다!

물을 끓여서 공기를 뺀다

불을 끄고 핀치콕을 잠그고 식힌다

⬆ 소리의 전달 실험

  COLUMN 깨알지식

사람이 목소리를 내는 기관을 성대라고 합니다. 성대는 좌우 한 쌍의 주름인데, 폐에서 나오는 공기가 통과할 때 진동하고 그것이 입속이나 콧속의 공기를 진동시켜 목소리가 나옵니다.

●소리를 전달하는 물질

소리는 공기와 같은 기체, 물 등의 액체, 고체인 금속과 콘크리트, 나무 등 다양한 물질에 전달됩니다. 소리의 속도는 물질에 따라 다릅니다.

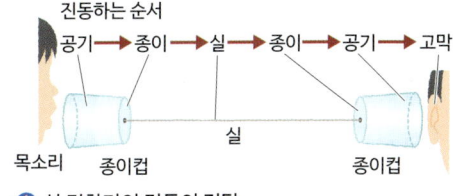

↑ 실 전화기의 진동의 전달

★★★ 소리의 파동

물질의 진동이 계속해서 전달되는 현상을 파동이라고 합니다. 소리의 파동은 음원의 진동에 따라 공기가 진한 곳과 연한 곳이 생기고 이것이 계속해서 전달되는 것으로, 공기 자체가 이동하는 것은 아닙니다. 공기의 진동은 오실로스코프를 사용해서 물결 형태의 그래프로 볼 수 있습니다.

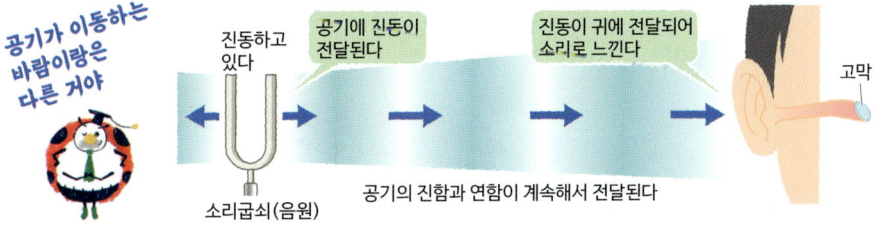

★★★ 진공

기압이 매우 낮고 공기 등의 물질이 거의 없는 공간입니다.

★★★ 소리의 반사

소리는 물체에 닿으면 되돌아옵니다. 이를 소리의 반사라고 합니다. 소리가 반사되기 쉬운 것은 유리, 콘크리트, 금속판 등과 같이 표면이 매끄럽고 딱딱한 것입니다. 메아리는 반대편 산이나 절벽에서 되돌아온 소리입니다.

●소리가 반사되는 각도

오른쪽 그림과 같이 각 a와 각 b가 같아지는 곳에서 반사된 소리는 가장 크게 들립니다.

COLUMN 더 자세히 — 파동에는 횡파와 종파가 있습니다. 횡파는 수면에 퍼지는 잔물결과 같은 파동입니다. 소리의 파동은 종파인데 진동의 방향과 파동이 나아가는 방향이 같습니다. 긴 용수철을 용수철과 나란한 방향으로 밀었을 때의 용수철의 모습과 비슷합니다.

제1장 빛과 소리

★★★ 소리의 흡수

소리는 물체에 닿으면 반사됨과 동시에 일부는 빨아들여집니다. 소리가 빨아들여지는 것을 소리의 흡수라고 합니다. 소리는 면이나 스펀지, 천 등 부드러운 것에 닿으면 반사되지 않고 거의 대부분 흡수됩니다.

★★★ 소리의 공명

진동수가 같은 2개의 소리굽쇠를 마주 보게 놓고 한쪽의 소리굽쇠를 치면 그 진동이 다른 쪽의 소리굽쇠에 전달되어 울리기 시작합니다. 이러한 현상을 공명이라고 합니다.

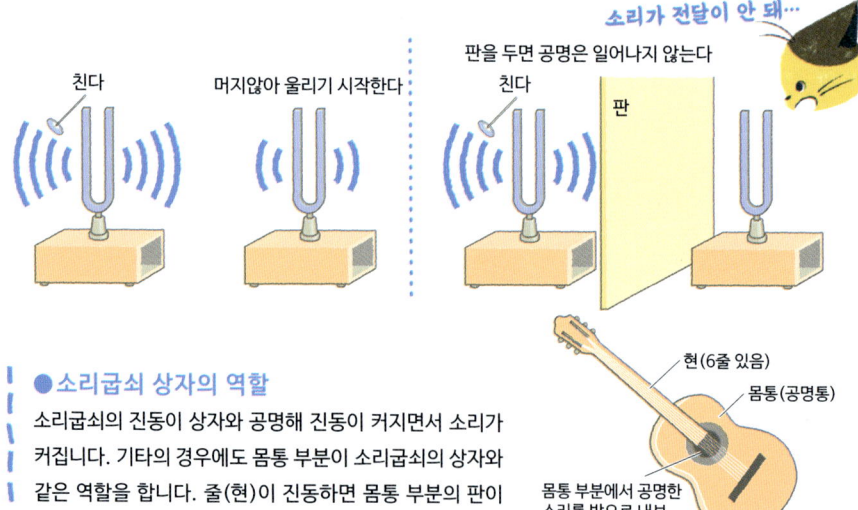

● 소리굽쇠 상자의 역할
소리굽쇠의 진동이 상자와 공명해 진동이 커지면서 소리가 커집니다. 기타의 경우에도 몸통 부분이 소리굽쇠의 상자와 같은 역할을 합니다. 줄(현)이 진동하면 몸통 부분의 판이 공명해서 진동하고 소리가 커집니다.

★★★ 소리굽쇠

U자 형태의 금속봉을 망치로 치면 금속봉이 진동해서 일정한 높이의 소리가 발생합니다. 소리굽쇠에서 발생한 소리의 높이는 각각 정해져 있습니다. 상자는 소리굽쇠의 진동과 공명해서 소리굽쇠의 소리를 크게 만드는 역할을 합니다.

COLUMN 깨알지식 공명해서 물체가 진동하는 현상은 소리 이외에서도 일어납니다. 큰 지진이 발생할 때 높은 빌딩이 지진의 진동에 의해 크게 흔들리는 경우가 있습니다. 이것을 공진이라고 합니다.

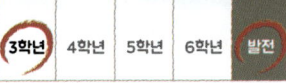

2 소리의 3요소

중요도 ★★★
소리의 3요소

우리 주변의 여러 소리에는 소리의 높이, 소리의 크기, 음색의 차이가 있습니다. 이를 소리의 3요소라고 합니다.

★★★
소리의 높이

소리의 높낮이는 음원이 진동하는 속도에 따라 결정됩니다. 진동하는 속도는 진동수로 나타냅니다. 진동하는 속도가 빠를수록 진동수는 많아지며 소리는 높아집니다.

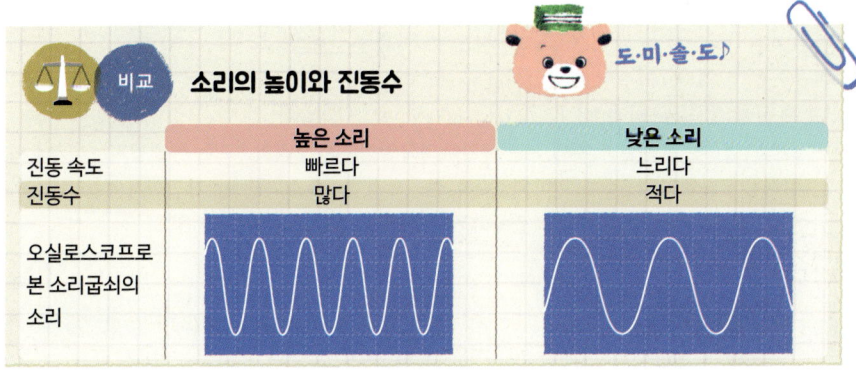

● 물에 넣은 시험관을 사용한 실험

시험관에 넣은 물의 양을 다르게 해서 시험관을 두드렸을 때의 소리와 시험관의 입구를 불었을 때의 소리는 진동하는 물체가 다르기 때문에 소리의 형태가 다릅니다.

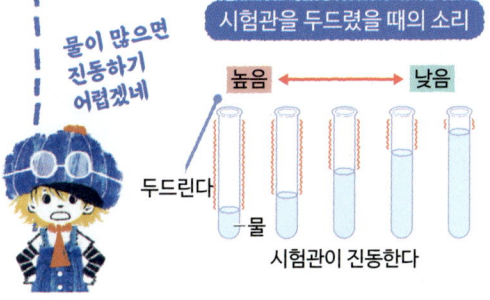

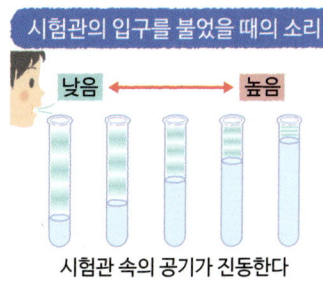

COLUMN 깨알지식
구멍이 뚫려 있는 리코더는 관 속에서 일어나는 공기의 진동이 음원입니다. 리코더에 숨을 불어서 공기를 넣으면 구멍 쪽에서 생기는 공기의 소용돌이가 관 속의 공기를 진동시켜 소리가 납니다.

제1장 빛과 소리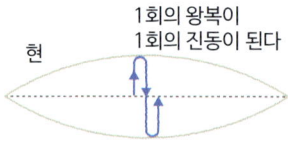

중요도
★★★ ## 진동수

진동수는 음원이 1초 동안에 진동하는 횟수를 나타낸 것으로 단위는 헤르츠(Hz)입니다. 빠르게 진동할수록 진동수가 많아지며 소리는 높아집니다.

↑ 현의 진동수

★★★ ## 모노코드

1개의 현으로 되어 있는 음향 측정기입니다. 현을 튕겨 진동시켜서 소리를 냅니다. 현을 튕기는 세기를 바꾸거나 현을 매는 세기나 진동하는 부분의 길이, 현의 굵기를 바꿔서 소리의 크기나 소리의 높이를 알 수 있습니다.

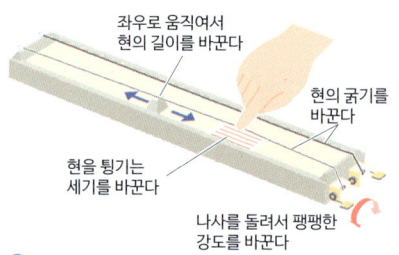

↑ 모노코드

●현을 튕길 때의 소리

소리의 높이는 현의 길이, 두께, 매는 세기에 의해 결정되며, 소리의 크기는 현을 튕기는 세기에 의해 결정됩니다. 현이 짧을수록, 현이 가늘수록, 현을 세게 맬수록 현의 진동수가 많아져서 소리는 높아집니다. 또 현을 세게 튕길수록 현의 진폭이 커져서 소리는 커집니다.

비교 현과 소리의 높이		높은 소리	낮은 소리
	현의 길이	짧다	길다
	현의 굵기	가늘다	굵다
	현을 맨 세기	강하다	약하다
	현의 진동수	많다	적다

★★★ ## 오실로스코프

소리의 높이와 소리의 크기, 음색의 변화를 물결 모양의 곡선(파형)으로 나타내는 것입니다.

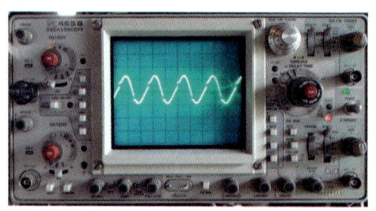

↪ 오실로스코프

  COLUMN 깨알지식 | 라디오 방송에서 듣는 시보 '삐, 삐, 삐, 띠'라는 소리는 처음의 '삐, 삐, 삐'가 진동수 440Hz, '띠'가 그것보다 한 옥타브 높은 진동수 880Hz입니다.

중요도

소리의 크기(소리의 세기)

소리의 크기는 음원의 진동의 진폭 크기에 의해 결정됩니다. 진폭이 클수록 소리는 커집니다.

진폭

음원이 진동하는 폭을 진폭(흔들리는 폭)이라고 합니다. 음원을 강하게 치거나 강하게 튕기는 등 음원에 가해지는 힘을 세게 하면 진폭은 커집니다.

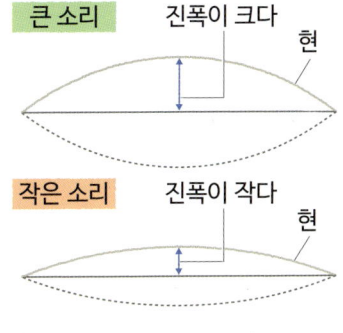

⬆ 큰 소리와 작은 소리

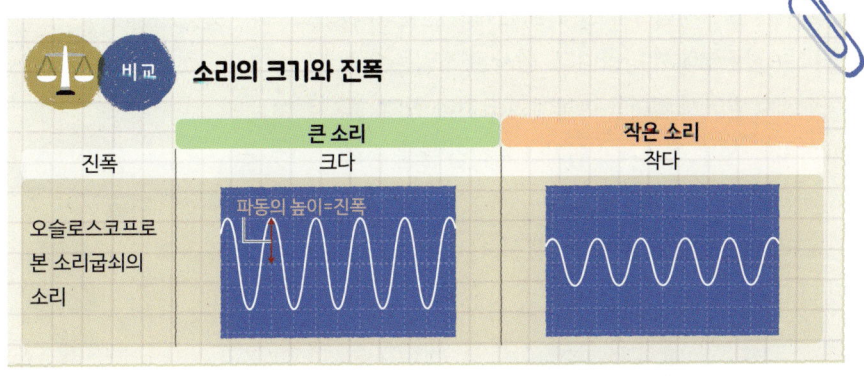

음색

음색은 소리의 높이, 소리의 크기와 함께 소리의 3요소 중 하나입니다. 소리의 높이나 크기가 같아도 큰북 소리와 피아노 소리는 전혀 다릅니다. 음색은 음원에 따라 달라지는 소리의 느낌을 나타내는 것으로, 오실로스코프로 보면 소리의 파동 모양이 음원에 따라 다르다는 것을 알 수 있습니다.

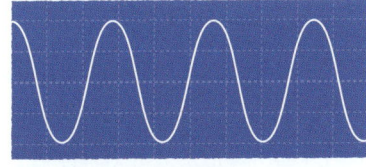

⬆ 소리굽쇠 소리의 파형

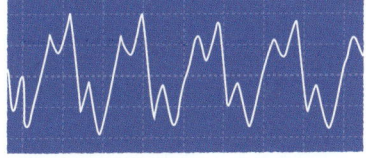

⬆ 기타 소리의 파형

COLUMN 깨알지식 오실로스코프로 본 사람의 목소리는 복잡한 파형인데, 목소리의 차이는 악기의 음색 차이와 같습니다.

COLUMN
사람에게 들리지 않는 소리 - 초음파

사람이 들을 수 있는 소리의 진동수범위는 20Hz~2만 Hz입니다. 2만 Hz 이상의 진동수를 가진 소리를 초음파라고 합니다. 초음파는 사람에게는 들리지 않지만 돌고래나 박쥐는 이것을 발생시켜서 이용하고 있습니다.

초음파 레이더

돌고래는 사람이 들을 수 없는 소리의 5배 이상의 진동수인 초음파를 발생시킵니다. 콧구멍 안에서 만들어지는 초음파는 전두부에서 나옵니다. 반사된 소리는 아래 턱뼈에서 받아서 알아듣고 물체의 크기나 형태, 물체까지의 거리, 물고기의 위치나 움직임 등을 정확하게 파악하는 것입니다.

그리고 초음파는 동료끼리 통신하는 데도 쓰이고 있다고 합니다.

물고기에게는 초음파가 안 들리지

초음파의 이용

어군탐지기는 돌고래처럼 초음파를 보내서 물고기 무리를 찾습니다. 어선의 바닥에서 초음파를 보내면 소리가 돌아올 때까지의 시간을 알 수 있는데, 그것을 통해 깊이를 화면으로 나타내서 어군을 포착합니다.

컵라면 뚜껑은 초음파를 사용해서 밀착시킵니다. 초음파의 진동으로 마찰을 일으켜 발생하는 열로 플라스틱 용기를 녹여서 뚜껑을 붙입니다.

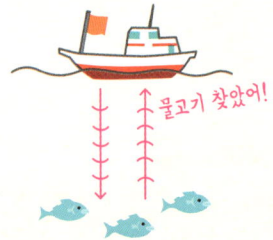

물고기 찾았어!

초음파를 쏘아 뚜껑을 붙인다

COLUMN 깨알지식

내장의 질병이나 배 속의 태아 모습 등을 보기 위해 초음파 진단장치가 쓰입니다. X선 등의 방사선에 비해 초음파는 소리의 진동이기 때문에 몸에 해가 적습니다.

3 소리의 속도

소리의 속도

소리는 공기 중에서 매초 340m의 속도로 전달됩니다. 이를 340m/초로 표시합니다. 이는 기온이 15℃일 때의 속도인데, 소리의 속도는 기온이 높아질수록 빨라집니다. 소리의 속도를 음속이라고 합니다. 소리의 속도는 다음 식으로 구할 수 있습니다.

$$음속[m/초] = \frac{음원까지의\ 거리[m]}{소리가\ 전달되는\ 시간[초]}$$

천둥은 번개가 빛나고 조금 뒤에 '우르릉' 하고 들립니다. 이것이 빛의 속도(1초 동안 약 30만 km 나아감)가 소리의 속도에 비해 훨씬 빠르기 때문입니다.

또 소리는 밀도가 큰 물질 속일수록 빨리 전달됩니다. 밀도가 작은 기체에서는 느리고, 밀도가 큰 고체에서는 빨리 전달됩니다.

물질 속에서 전달되는 소리의 속도 (비교)

물질	속도[m/초]	물질의 형태
공기(15℃)	340	기체
수증기(100℃)	473	기체
물	1500	액체
바닷물	1513	액체
우유	5440	고체
철	5950	고체

● 바다의 깊이를 잰다

소리는 딱딱한 것에 닿으면 반사됩니다. 그것을 이용해서 바다의 깊이를 측정할 수 있습니다.

Q 배에서 해저를 향해 초음파를 쐈고 반사되어 돌아올 때까지의 시간은 4초였습니다. 바닷속에서 소리가 전달되는 속도를 1,513m/초라고 하면 바다의 깊이는 몇 m일까요?

A 1513[m/초] × 4[초] ÷ 2 = 3026[m]   **정답 3,026m**

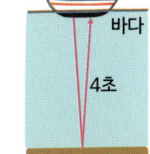

 **COLUMN 더 자세히** 공기 중에서 전달되는 소리의 속도는 기온 0℃일 때 약 331m/초입니다. 기온이 1℃ 올라갈 때마다 0.6m/초씩 빨라집니다. 소리의 속도[m/초] = 331+(0.6×기온)

속도

빠른 것은 어느 쪽일까요?

다음 A와 B는 어느 쪽이 빠를까요?
- A는 2,500m의 거리를 10분에 달렸다
- B는 3,000m의 거리를 15분에 달렸다

어느 쪽이 빠른지는 단위 시간, 예를 들어 1분 동안 달린 거리를 비교합니다. 이를 속도로 나타내면 다음 식으로 구할 수 있습니다.

$$\text{속도} = \text{이동거리} \div \text{시간}$$

A의 속도 ⋯ 2500[m] ÷ 10[분] = 250[m/분]
B의 속도 ⋯ 3000[m] ÷ 15[분] = 200[m/분]

1분 동안을 단위시간으로 하는 속도는 분속이라고 하며 A의 속도는 '250m/분'이나 '매분 250m'라고 합니다.

속도는 단위시간에 움직인 거리를 나타내므로 속도와 걸린 시간으로 움직인 거리를 알 수 있으며, 속도와 움직인 거리로 걸린 시간을 알 수 있습니다.

$$\text{거리} = \text{속도} \times \text{시간} \qquad \text{시간} = \text{거리} \div \text{속도}$$

거리는 cm, m, km, 시간은 1초, 1분, 1시간 등의 단위로 나타냅니다. 속도의 단위에는 cm/초, m/초, km/시 등이 있습니다.

공기 중의 소리의 속도는 약 340m/초인데 속도의 단위를 바꿔서 나타내봅시다.

소리의 속도 = 340[m/초] (1초 동안 전달되는 거리)
= (340 × 60) [m/분] = 20400 [m/분] = 20.4[km/분]
(1분 동안(=60초) 전달되는 거리)
= (340 × 60 × 60) [m/시] = 1224000 [m/시] = 1224[km/시]
(1시간 동안(=60×60초=3600초) 전달되는 거리)

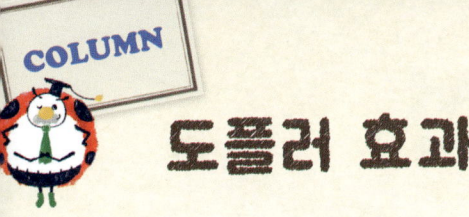

도플러 효과

구급차의 사이렌 소리

구급차가 사이렌을 울리면서 지나가는 경우, 구급차가 가까이 올 때는 사이렌 소리가 높게 들리고 멀어질 때는 낮게 들립니다.

음원(구급차)에서 나오는 소리는 일정하고 변하지 않지만 음원이 움직일 때, 그 앞쪽과 뒤쪽에서 소리의 높이가 다르게 들리는 현상을 도플러 효과라고 합니다. 1842년에 오스트리아의 물리학자 도플러가 발견했습니다.

진동수가 변화한다

구급차의 사이렌은 일정한 속도로 사방팔방으로 퍼져 나갑니다. 구급차가 움직이고 있기 때문에 진행 방향인 앞쪽에서는 소리를 쫓아가게 되면서 소리와의 간격이 점점 좁아집니다. 따라서 진동수가 많아져 소리는 높아집니다. 반대로 구급차의 뒤쪽에서는 소리로부터 점점 멀어져서 진동수는 적어지고 소리는 낮아집니다.

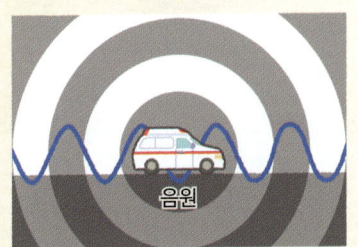

↑ 구급차가 멈춰 있을 때

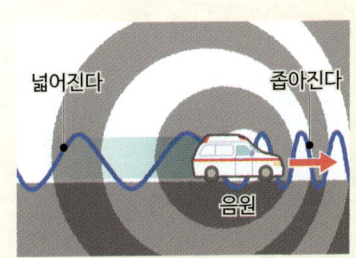

↑ 구급차가 움직이고 있을 때

COLUMN 깨알지식 건널목에서 경적(음원)이 울리는 소리를 들을 때, 기차가 가까이 올 때는 경적이 높게 들리고 기차가 멀어질 때는 낮게 들립니다. 이것도 도플러 효과에 의한 것입니다.

제 2 장 자석

자석의 세기 비교

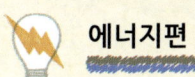

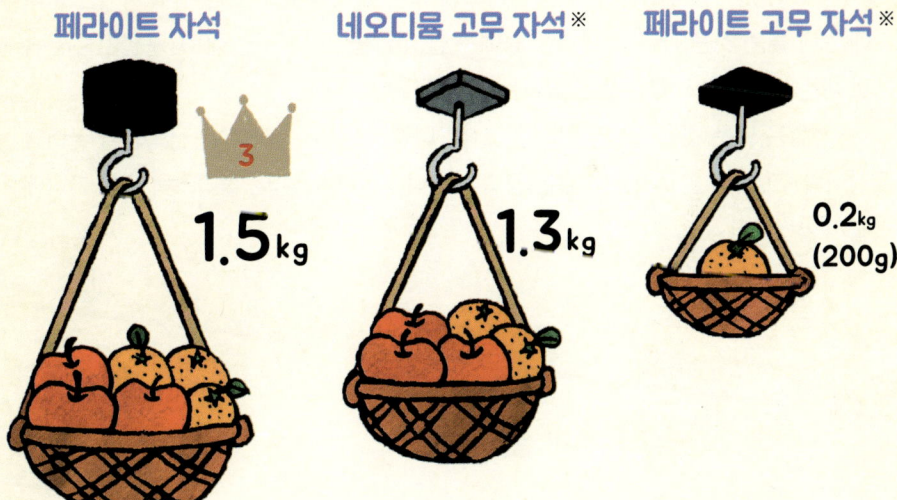

자석에는 다양한 종류가 있고, 그 세기도 다양합니다.
같은 크기의 자석을 철판에 붙이고, 이 자석에 매달 수 있는 과일(물체)의 무게를 비교했습니다.

(지름 3cm×높이 1cm의 원통형 자석. ※고무 자석은 3cm×3cm×두께 0.2cm)

제2장 자석

이번 장의 학습내용 헤드라인

? 모든 금속은 자석에 붙을까?

부엌이나 주방에서는 자석을 냉장고에 붙여서 사용하고 있습니다. 자석은 어디에든 다 붙는 것은 아닙니다. 나무 등에는 붙지 않습니다. 또 알루미늄포일처럼 금속이지만 자석에 붙지 않는 것이 있지는 않을까요?

자석은 모든 것을 끌어당기지 않고 철, 니켈, 코발트 등과 같은 금속만을 끌어당깁니다. 그 밖에 알루미늄과 같은 금속이나 나무, 종이, 유리, 플라스틱 등은 자석에 붙지 않습니다.

? 왜 철은 자석에 붙을까?

자석은 같은 극끼리 가까이 가져가면 서로 밀고, 다른 극끼리 가까이 가져가면 서로 잡아당깁니다. 하지만 철은 자석의 어느 극에 가까이 가져가도 서로 잡아당겨 자석에 붙습니다. 왜 그럴까요?

철은 자유롭게 회전하는 작은 자석으로 되어 있습니다. 그림과 같이 철에 자석을 가까이 가져가면 각각 다른 방향을 향하고 있던 작은 자석이 잡아당겨지고 모두 같은 방향을 향하게 됩니다. 그러면 철이 자석이 되어 자석에 붙는 것입니다.

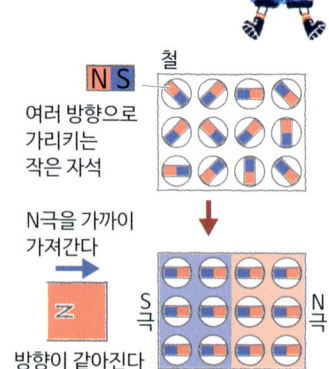

⬆ 철이 자석에 붙는 원리

N극만 있는 자석, S극만 있는 자석은 있을까?

막대자석은 한쪽 끝이 N극, 다른 한쪽 끝이 S극입니다. 자석 한가운데를 자르면 N극만 있거나 S극만 있는 자석이 될 거라고 생각하나요?

사실 그렇게 되지는 않습니다. 자석은 매우 작은 자석이 어디까지나 같은 방향으로 정렬되어서 생긴 것입니다. 막대자석의 한가운데를 잘라도 자른 부분에 새로운 극이 나와서 각각 양 끝이 N극, S극이 되는 것입니다. N극만 있는 자석이나 S극만 있는 자석이 되는 경우는 없습니다.

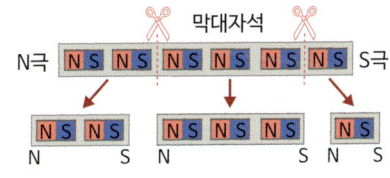

⬆ 막대자석을 자를 때

지구 전체가 자석이라는 게 사실일까?

나침반은 가운데에 있는 자석이 남북을 가리키면서 멈추는 성질을 이용해서 방향을 알아보는 도구입니다. 막대자석의 한가운데를 실로 묶어 매달고 자유롭게 움직이게 해도 막대자석은 반드시 남북 방향을 가리킵니다. 왜 그럴까요?

이것은 지구 전체가 큰 자석이기 때문입니다. 북극이 S극, 남극이 N극인 자석입니다. 그렇기 때문에 자석인 N극이 북쪽의 S극과 서로 잡아당기고, 자석의 S극이 남쪽의 N극과 서로 잡아당깁니다.

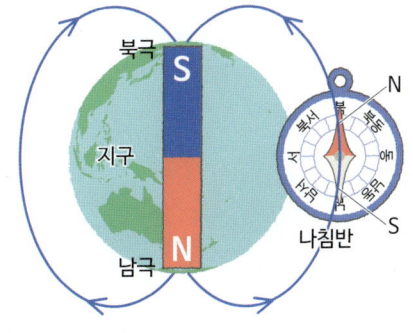

⬆ 지구의 자석

제2장 자석

01 자석의 성질

1 자석

중요도 ★★★
자석

2개의 극(N극과 S극)이 있으며 금속인 철 등을 끌어당기는 성질(자기력)을 가지는 것을 자석이라고 합니다. 자석의 성질을 오랫동안 유지하는 영구자석과 전류의 작용을 이용하는 전자석이 있습니다. 자석은 막대자석, 말굽자석 외에 원형, 원통형 등 사용하는 부분에 맞춘 다양한 형태가 있습니다.

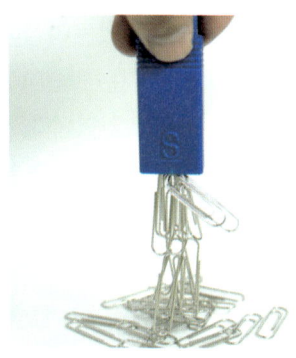

⬆ 철을 끌어당기는 자석

★★★
영구자석

영구자석은 자석의 세기나 자석의 극의 성질을 오랫동안 유지하는 자석입니다. 자석의 N극과 S극이 고정되어 있고, 전자석처럼 극이 바뀌지 않고 자석의 세기도 바뀌지 않습니다. 영구자석은 재료에 따라 페라이트 자석이나 네오디뮴 자석, 고무 자석이나 플라스틱 자석 등이 있고 각각 자석의 세기가 다릅니다. 또 자연에서 만들어지는 자석으로 자철석도 있습니다.

● 페라이트 자석
자석의 힘은 세지는 않지만 저렴하고 다양한 형태로 만들 수 있어 가장 널리 사용되고 있습니다.

● 네오디뮴 자석
네오디뮴, 철, 붕소 등을 원료로 한 자석입니다. 자기력이 강한 자석이지만, 녹이 잘 슬고 열에 약한 성질이 있습니다.

  COLUMN 더 자세히 자석은 오래 쓰면 조금씩 자기력이 약해집니다. 전류를 흘려서 강한 자기장을 발생시키는 자화용 코일이라는 장치를 사용하면 약해진 자석의 자기력을 되살릴 수 있습니다.

● 알니코 자석
철, 알루미늄, 니켈, 코발트 금속으로 만든 자석입니다. 자석의 힘은 페라이트 자석의 2~3배입니다.

● 고무 자석이나 플라스틱 자석
페라이트 자석이나 네오디뮴 자석의 분말을 고무나 플라스틱에 반죽한 것입니다. 고무나 플라스틱이 섞여서 자석의 힘은 약하지만 부드럽기 때문에 가위 등으로 자유롭게 잘라서 쓸 수 있습니다.

★★★ 철가루

철가루는 철이 아닙니다. 자철석으로 된 작은 알갱이입니다. 자철석은 화성암에 포함되어 있는 것인데, 화성암이 풍화작용에 의해 철가루로 만들어진 것입니다. 학교나 공원의 모래밭, 해안, 강가의 모래사장 등에서 자석을 움직이면 모을 수 있습니다.

⬆ 자석에 붙은 철가루

★★★ 자철석

화성암에 포함되어 있는 광물 중 하나입니다. 검은색으로 표면이 반짝거립니다. 철을 끌어당겨 자석과 같은 성질을 띱니다. 예전부터 천연 자석으로 알려져 있으며 중국에서는 11세기 무렵까지 자철석을 생선 모양으로 만든 나무토막 안에 넣어 물에 띄워 방향을 알아보는 도구로 사용했습니다.

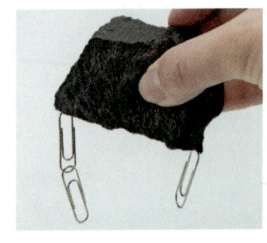

⬆ 자철석

물에 띄워서 입이 향하는 방향이 남쪽

COLUMN 깨알지식   고대 그리스나 중국에서는 자철석이 철을 빨아들이는 신기한 돌이라고 기원전부터 알려져 있었습니다.

제2장 자석

★★★ 자석의 이용

 영구자석을 사용한 문구류나 가구, 영구자석과 전자석을 사용한 모터나 발전기, 스피커나 이어폰, 마그네틱카드 등이 있습니다.

↑ 여러 가지 자석과 그 이용

 COLUMN 깨알지식
자기헤드와 고속회전을 하는 자기디스크의 틈은 약 0.00001mm입니다. 그 틈은 자기헤드를 점보제트기 크기라고 했을 때 지상 약 0.6mm 높이로 날아가는 것과 같습니다.

★★★ 자석에 붙는 것

자석은 금속인 철이나 니켈, 코발트 등을 끌어당깁니다.
알루미늄이나 구리 등의 금속이나 나무, 종이, 천, 플라스틱, 고무, 유리 등의 금속이 아닌 것(비금속)은 자석에 붙지 않습니다.

COLUMN 깨알지식
스테인리스는 철과 크로뮴(크롬), 니켈 등의 합금으로 자석에 붙는 것과 붙지 않는 것이 있습니다. '스테인'(얼룩)과 '리스'(~하지 않음)라는 말은 얼룩지지 않음(녹슬지 않음)이라는 의미를 나타냅니다.

제2장 자석

2 자석의 성질

중요도 ★★★
자기력(자석의 힘)

자석이 철 등을 끌어당기는 힘이나 자석의 극 사이에 작용해서 서로 끌어당기는 힘과 서로 밀어내는 힘을 자기력이라고 합니다. 자기력이 작용하는 공간을 자기장이라고 하며 자기장의 모습은 자기력선으로 나타냅니다.

자기력은 자석에 가까울수록 강해지고, 자석에서 멀어질수록 약해집니다. 자석과 철 클립 사이에 알루미늄 등 자석에 붙지 않는 것을 넣어도 자기력은 작용합니다.

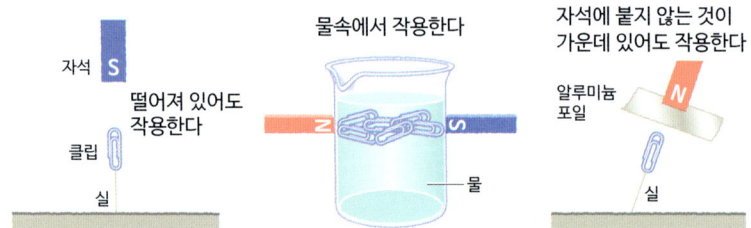

●자기력의 모양을 알아보자

자기력의 모양은 철가루를 사용해 알아볼 수 있습니다. 철가루는 자기력이 강한 극에 많이 모이며 자기력선을 따라서 흩어집니다.
막대자석 위에 투명한 책받침을 올리고 그 위에 철가루를 뿌리면 자석이 철가루를 끌어당겨서 철가루가 움직이고, 자기력이 센 N극과 S극의 자기력선을 따라서 모입니다.

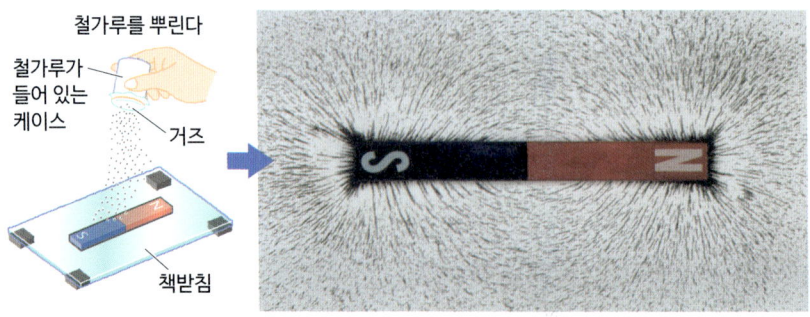

COLUMN 더 자세히
힘에는 자기력 외에 중력, 물체의 움직임을 방해하는 마찰력, 양극과 음극 사이에서 작용하는 전자기력, 용수철이나 고무의 탄성력 등이 있습니다.

| 3학년 | 4학년 | 5학년 | 6학년 | 발전 |

★★★ 극

자석의 극은 철을 끌어당기는 힘(자기력)이 가장 강한 부분으로, 반드시 N극과 S극 2개의 극이 있습니다. N극만 있는 자석, S극만 있는 자석은 없습니다.

⬆ 자석의 극

●N극과 S극의 위치

막대자석이나 말굽자석의 N극과 S극은 보통 자석의 양 끝에 있고 한 쌍입니다.
원형이나 도너츠형 페라이트 자석, 시트 형태의 고무 자석의 극은 한 쌍이 아니고 다음과 같이 여러 가지가 있습니다.

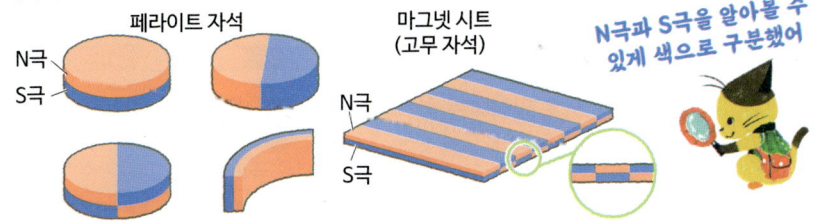

N극과 S극을 알아볼 수 있게 색으로 구분했어

★★★ N극과 S극

자석에 있는 두 가지 극입니다. 자석은 물에 띄우거나 해서 자유롭게 움직이도록 하면 N극이 북쪽, S극이 남쪽을 가리킵니다.
또 N극과 S극 사이에는 서로 끌어당기는 힘과 서로 밀어내는 힘이 작용합니다.

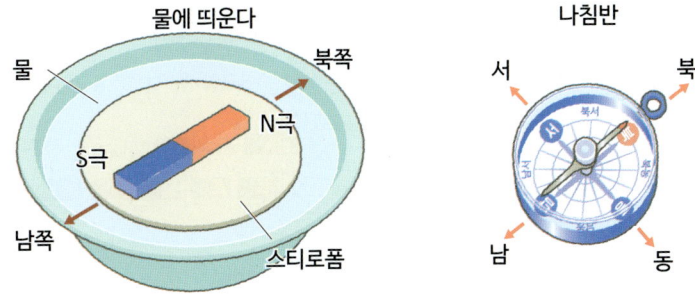

자석은 남북 방향을 향한다

COLUMN 더 자세히 전류가 흐르면 자기장이 발생하는 전자석을 이용해 영구자석을 만들 수 있습니다. 전자석 속에 자석의 재료가 될 것을 넣고 큰 전류를 흘리면 자석이 됩니다.

545

제2장 자석

중요도
★★★
지구의 자석

나침반이나 자석의 N극이 항상 북쪽을 향하는 것은 지구 자체가 큰 자석이기 때문입니다. 지구의 북극 부근에 S극, 남극 부근에 N극이 있으며 자석의 N극, S극을 각각 끌어당기고 있기 때문입니다. 지구의 자석에 의해 생기는 자기장을 지구자기장이라고 합니다.

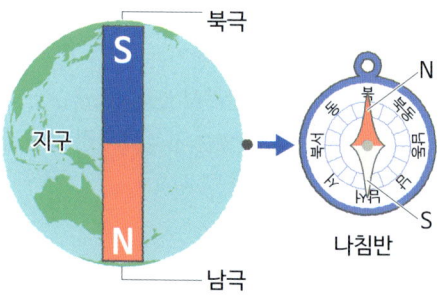

↑ 지구의 자석

★★★
자석의 극의 성질

자석의 극을 가까이 했을 때 같은 극끼리(N극과 N극, S극과 S극)는 서로 밀어내는 힘(척력)이 작용합니다. 다른 극끼리(N극과 S극) 가까이 했을 때는 서로 끌어당기는 힘(인력)이 작용합니다.

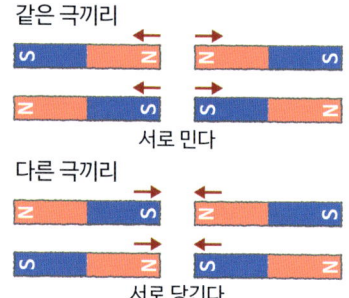

★★★
자석을 잘랐을 때의 극

막대자석(고무 자석)을 자르기 전에는 극은 변하지 않지만, 막대자석을 자르면 자른 쪽에 새로운 극이 만들어져서 새로운 자석 2개가 됩니다. 다시 잘라도 자석이 2개 생깁니다.

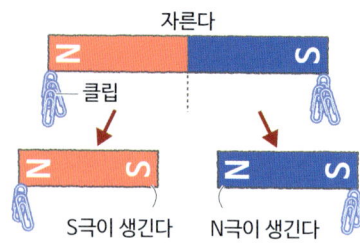

●2개의 자석이 생기는 이유

자석 안에는 작은 자석 N S 이 같은 방향으로 정렬되어 있습니다. 작은 자석의 나란히 있는 N극과 S극은 상쇄되어 사라졌지만 그 부분을 잘랐기 때문에 상쇄되었던 N극과 S극이 나타나서 새로운 극이 생깁니다.

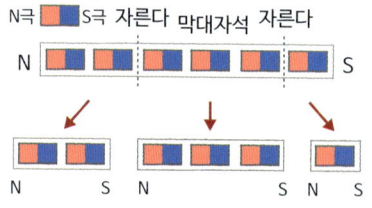

↑ 막대자석을 잘랐을 때

  COLUMN 개알지식 지구의 자석의 N극과 S극의 위치는 변하며 과거에 몇 번이나 바뀌었다는 것을 지층 속 암석에 남아 있었던 고지자기(잔류자기)의 조사로 알 수 있었습니다. 앞으로도 계속 바뀔 것입니다.

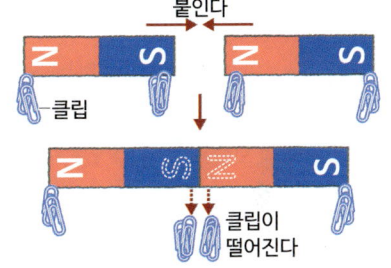

★★★ 자석을 붙였을 때의 극

2개의 자석을 S극과 N극을 가까이 해서 붙이면, 끝에 붙어 있던 클립은 떨어집니다. 이는 붙어 있던 부분의 S극과 N극이 없어지고 하나의 큰 자석이 되었기 때문입니다.

⬆ 2개의 자석을 붙였을 때

★★★ 자석 만드는 방법

자석의 N극 또는 S극에 쇠못(또는 바늘)을 같은 방향으로 여러 번 문지르면 쇠못은 자석이 됩니다. 쇠못을 문지르기 시작한 끝이 문지른 자석의 극과 같은 극이 되며, 문지른 끝 쪽이 자석의 극과 다른 극이 됩니다.

한 번 문지르고 자석을 쇠못에서 떼자!

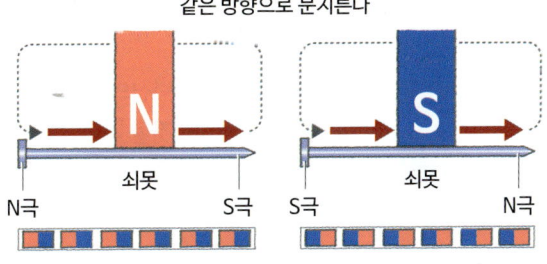

⬆ 자석 만드는 법

★★★ 자석에 붙은 쇠못의 극

쇠못을 자석에 붙이면 쇠못의 양 끝에 극이 생기고, 쇠못이 자석이 되어 다른 쇠못을 잡아당깁니다. 쇠못을 자석에서 떨어뜨려도 어느 순간까지는 자석 상태로 있습니다.

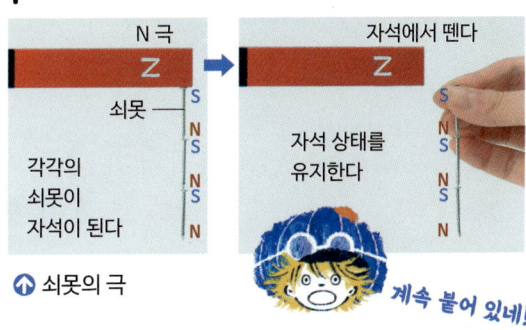

⬆ 쇠못의 극

계속 붙어 있네!

제2장 자석

중요도
★★★ ## 자기장

자기장은 자석의 자기력이 작용하는 공간입니다. 자기력이 강하게 작용하는 곳은 '자기장이 강하다'라고 합니다. 자기장의 모습은 자기력선으로 나타내며 자석 주변에 철가루를 뿌렸을 때의 모습으로 알 수 있습니다.

★★★ ## 자기장의 방향

자기장 가운데에 나침반을 놓았을 때, 자침의 N극이 가리키는 방향을 자기장의 방향이라고 합니다. 자석의 자기장의 방향은 N극에서 S극으로 향합니다.

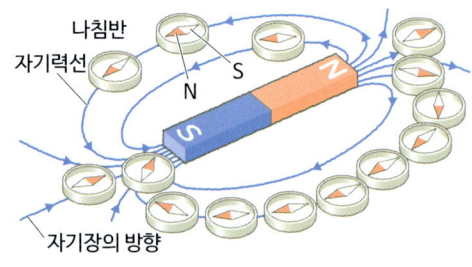

⬆ 막대자석의 자기장

★★★ ## 자기력선(자력선)

자기장의 방향에 따라 그린 선입니다. 화살표는 자기장 방향을 표시하며, 자기력선의 간격이 좁은 곳일수록 자기장이 강하다는 것을 나타냅니다. N극과 S극 근처의 간격이 가장 좁고 자기장이 강하다는 것을 알 수 있습니다.

철가루를 뿌렸을 때의 모양이랑 비슷해!

⬇ 자석의 자기장의 모양

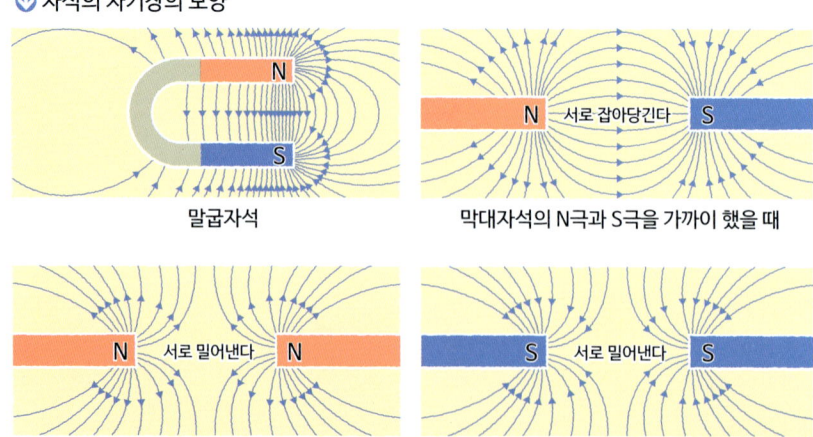

말굽자석

막대자석의 N극과 S극을 가까이 했을 때 (서로 잡아당긴다)

막대자석의 N극과 N극을 가까이 했을 때 (서로 밀어낸다)

막대자석의 S극과 S극을 가까이했을 때 (서로 밀어낸다)

  COLUMN 더 자세히 눈에 보이지 않는 자기장의 모습을 나타낸 것이 자기력선입니다. 자기장은 일정한 방향이기 때문에 자기력선이 겹치는 일은 없습니다.

사상 최고의 네오디뮴 자석

작지만 천하장사!

네오디뮴 자석은 겨우 1g으로 약 1kg의 철을 들어 올립니다. 페라이트 자석의 10배 이상이나 되는 자기력을 가진 강력한 자석입니다. 자기력이 강한 네오디뮴 자석을 쓰면 강력하고 빠르게 회전하는 고성능 모터를 만들 수 있습니다. 자기력이 강하기 때문에 자석을 매우 작게 만들 수 있고, 휴대전화나 카메라에서는 손끝에 올라갈 정도로 작은 초소형 모터에 사용됩니다. 네오디뮴 자석은 컴퓨터 등의 전자기기, 전기자동차, 풍력발전, 의료용 MRI 등 넓은 분야에서 사용되고 있습니다.

⬆ 네오디뮴 자석 ⓒアフロ

네오디뮴은 철의 방향을 정렬한다

네오디뮴 자석은 철, 네오디뮴, 디스프로슘 등을 원료로 해서 만들어집니다. 네오디뮴은 자석으로 만들기 쉽고, 강한 자기력을 갖는 철에 일정한 방향의 자기장을 정렬해서 만듭니다.

자석은 온도가 높아지면 자기력이 없어지는 성질이 있는데, 디스프로슘이 있어서 온도가 높아져도 자기력을 유지할 수 있습니다.

이 디스프로슘은 산지가 한정되어 있고 매장량도 적습니다. 그렇기 때문에 디스프로슘을 사용하지 않고도 디스프로슘과 같이 온도가 높아져도 강한 자기력을 유지할 수 있는 대체 물질로 자석을 만들기 위한 연구가 진행되고 있습니다.

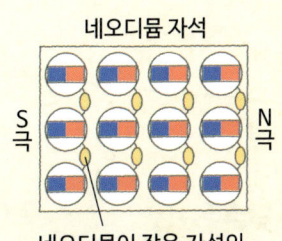
네오디뮴이 작은 자석의 방향을 고정시키고 있다

COLUMN 더 자세히 MRI는 자기공명영상장치라고 하며, 강한 자석과 전파를 사용해서 체내의 모습을 그림으로 나타냅니다. 또한 자석을 뜨겁게 해서 자기력을 잃을 때의 온도는 물질에 따라 정해져 있습니다.

제3장 전기의 작용

1인당 전기 사용량 비교

(kWh) 킬로와트시

국가	사용량
아이슬란드	55,054
노르웨이	23,403
캐나다	15,188
핀란드	15,050
스웨덴	13,594
미국	12,833
한국	10,558
호주	9,892
일본	7,865
프랑스	7,043
독일	7,015
러시아	6,588
영국	5,082
중국	4,047

추운 나라는 많이 쓰는 건가?

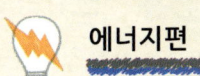

에너지편

연간 전력소비량 국가별 순위

순위	국가	소비량
1위	중국	5,548,700
2위	미국	4,128,500
3위	인도	1,126,500
4위	일본	998,700
5위	러시아	949,300
6위	독일	573,000
7위	캐나다	544,500
8위	한국	534,400
9위	브라질	523,000
10위	프랑스	468,400

【[단위는 백만 kWh]】

국가별로 전력 소비량이 이렇구나!

그래프는 1년간 1인당 어느 정도의 전기를 사용하는지(전력소비량)를 주요 국가별로 비교한 것입니다. 국가별 전력소비량 순위에서, 전기를 많이 쓰고 있는 나라는 중국, 미국, 인도 순인데 1인당 전력소비량이 가장 많은 곳은 아이슬란드입니다.

아이슬란드에서는 주로 지열이나 수력 등 친환경 발전 방법으로 발전을 하고 있습니다.

중국은 국가별 전력소비량은 세계 1위이지만 1인당 전력소비량은 14위입니다.

제3장 전기의 작용

이번 장의 학습내용 헤드라인

❓ 전구에 대나무가 사용됐다!?

전기를 빛으로 바꾸는 전구는 19세기 후반에 영국의 스완이 발명했습니다. 사용하기 좋은 전구는 미국의 발명가 토머스 에디슨이 최초로 만들었습니다. 사용하기 좋다고 해도 지금의 전구에 비하면 매우 어둡고 필라멘트(전구의 빛나는 부분)가 금방 끊어져버렸습니다.

에디슨이 가장 심혈을 기울인 것은 필라멘트에 사용하는 소재였습니다. 가능한 한 오래가고 밝게 빛나는 것을 여러 가지 방법으로 시험해서 드디어 찾아낸 것이 대나무를 숯으로 만든 선이었습니다.

⬆ 토머스 에디슨 (1847~1931)

지금은 필라멘트로는 텅스텐이라는 금속을 쓰게 되었지만, 그 전구도 지금은 형광등으로 바뀌었고, 나아가 발광다이오드(LED)로 바뀌어가고 있습니다.

 광전지와 건전지의 차이는?

집 지붕이나 빌딩 옥상에 검은색 광전지가 나란히 놓여 있는 것을 본 적이 있나요? 전자계산기 등에도 작은 광전지가 사용되고 있습니다.

광전지는 빛이 닿으면 언제까지고 전기를 만들 수 있고 전지를 바꿀 필요가 없지만, 어두운 곳에서는 사용할 수 없다는 약점이 있습니다. 한편 건전지는 빛이 없어도 사용할 수 있지만, 계속 사용하면 점차 약해져서 결국에는 다시 사용할 수 없게 됩니다. 하지만 전기를 충전하면 다시 쓸 수 있는 편리한 충전식 전지도 있습니다.

집 안에는 모터가 몇 개 있을까?

코일 안에 철심을 넣어 전류가 흐를 때 자석이 되는 것을 전자석이라고 합니다. 막대자석처럼 N극과 S극이 있지만 코일에 흐르는 전류의 방향에 의해 N극과 S극이 서로 바뀌는 것이 특징입니다. 이 성질을 이용한 것이 모터입니다.

우리 주변에는 모터가 사용되는 기구가 많이 있습니다. 세탁기나 선풍기 외에도, 전기레인지, 디지털카메라, 휴대전화, 컴퓨터 등 기계 속에 있어서 보이지 않는 것이나 작은 기계까지 포함하면 집에 100개 정도는 있을 것입니다. 회전하는 것뿐만 아니라 움직이는 기계에도 대부분 모터가 들어 있습니다. 우리의 생활에서 모터는 꼭 필요한 것이 되었습니다.

전기를 모아둘 수 있으면 편할 텐데…

비상용 손전등을 아시나요? 손잡이를 돌리면 전기를 만들어 불을 켜거나 라디오를 들을 수 있게 하는 기계인데, 손잡이 돌리는 것을 멈춰도 한동안은 불을 켤 수 있습니다. 이는 전기를 만드는 발전기 외에 전기를 모아두는 콘덴서라는 부품이 들어 있기 때문입니다.

⬆ 손잡이를 돌리면 전기를 만든다

우리가 집에서 사용하는 전기는 발전소에서 만들어집니다. 만약 사고나 재해로 발전이 불가능해졌을 때, 콘덴서와 같은 장치가 있으면 안심할 수 있겠죠. 현재는 발전한 전기를 대량으로 모아두는 것은 불가능합니다. 연구가 진행되면 가까운 미래에 실현될지도 모르겠네요.

제3장 전기의 작용

01 전기가 지나는 길

1 꼬마전구와 건전지

중요도
★★★
꼬마전구

꼬마전구는 손전등 등에 쓰이는 소형 백열전구 중 하나입니다. 유리구와 꼭지쇠, 유리구 안에 있는 필라멘트로 이루어져 있습니다. 필라멘트는 꼭지쇠의 나사와 꼭지에 금속선이 연결되어 있습니다. 전기가 흐르면 필라멘트가 뜨거워져서 고온이 되는데, 붉은빛을 띤 흰색의 빛을 내며 빛납니다.

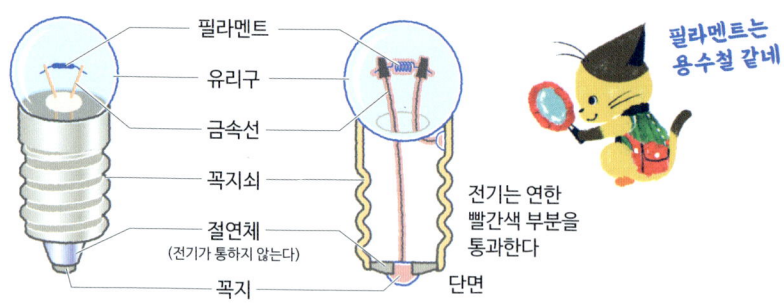

↑ 꼬마전구의 구조

★★★
필라멘트

필라멘트는 전기가 흐르면 밝게 빛나는 부분입니다. 텅스텐이라는 금속을 이용해서 얇은 선으로 만들었습니다. 코일 형태로 되어 있고 전기가 흐르면 발열해서 고온이 되며, 흰빛을 띤 빛으로 빛납니다. 텅스텐이 사용되는 이유는 텅스텐이 3,000℃ 이상의 고온에서도 녹지 않는, 열에 강한 금속이기 때문입니다(녹는점은 약 3,400℃, 금속 중에서 가장 높다).

COLUMN 더 자세히 전구의 유리구 안에는 아르곤(공기 중에 이산화탄소보다 많이 들어 있다) 등이 들어 있는데, 이것은 다른 물질과는 반응하지 않는 기체입니다. 유리구 안의 압력을 유지해 필라멘트의 증발을 막기 위한 것입니다.

●코일 형태의 필라멘트

필라멘트에서 흰빛을 띤 빛이 나오려면 필라멘트 전체가 고온(2,500~2,600℃)으로 유지되어야 합니다. 그러기 위해 얇은 텅스텐 선을 코일 형태로 만듭니다. 큰 백열전구에서는 그것을 한 번 더 감아 이중코일로 되어 있습니다. 필라멘트의 고온이 떨어지지 않게 함과 동시에 빛을 내는 부분이 길어져 더 밝아지는 것입니다.

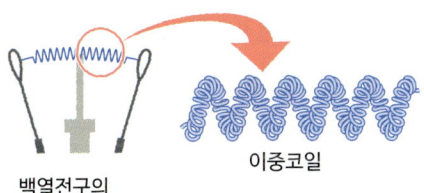

꼬마전구의 필라멘트 / 백열전구의 필라멘트 / 이중코일

⬆ 필라멘트의 구조

이중코일의 발명은 놀랍네!

★★★ 백열전구

고온으로 열을 내던 것이 흰빛으로 빛을 내는 것을 백열이라고 합니다. 필라멘트에 흐르는 전기에 의해 열이 발생하고, 고온의 필라멘트에서 나온 빛을 이용한 것을 백열전구라고 합니다. 꼬마전구도 그중 하나입니다. 전기를 열로 바꾼 다음에 빛이 나기 때문에 백열전구는 매우 뜨거워집니다.

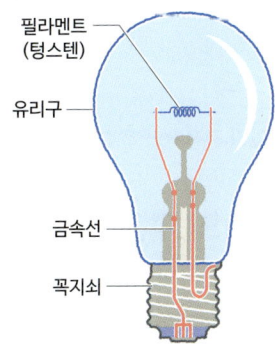

필라멘트 (텅스텐) / 유리구 / 금속선 / 꼭지쇠

⬆ 백열전구의 구조

●전기가 빛으로 바뀌는 비율

백열전구에서는 전기가 빛(가시광)으로 바뀌는 비율은 약 10%이고, 형광등이나 발광다이오드(LED)에 비해 그 비율이 낮은 편이며 대부분은 열로 잃습니다. 에너지를 유용하게 이용하려면 전환 효율이 좋은 것을 사용할 필요가 있습니다.

백열전구는 엄청 뜨거워져

COLUMN 깨알지식

백열전구의 5대 발명은 ①에디슨의 실용적인 탄소 필라멘트 전구, ②텅스텐 필라멘트, ③가스(기체) 전구, ④이중코일, ⑤불투명 전구가 있습니다.

제3장 전기의 작용

★★★ 건전지

건전지는 물질이 반응(화학변화)하는 것에 의해 전기를 만들 수 있는 장치로, 휴대가 편리합니다.

양극(+극)과 음극(-극) 2개의 전극이 있습니다. 회로에 연결하면 전기가 +극에서 -극으로 흐릅니다. 흐르는 전기의 방향은 항상 일정합니다(직류전류라고 한다). 건전지는 사용할수록 서서히 전기의 흐름이 작아지고 결국은 못 쓰게 됩니다.

건전지에는 전류의 흐름을 만드는 재료가 들어 있고 그 양은 건전지가 클수록 많기 때문에, 같은 조건에서 사용한다면 D가 가장 오래갑니다.

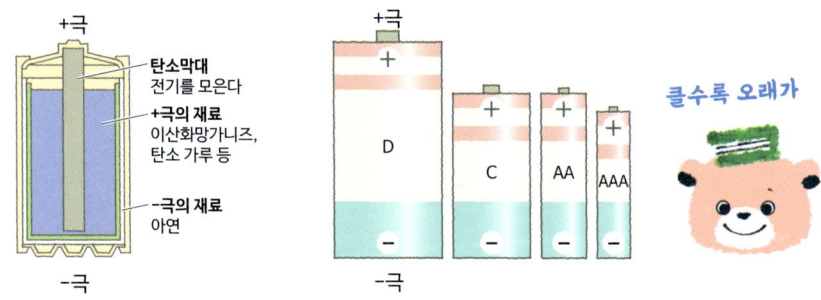
⬆ 망간 건전지의 구조와 종류

★★★ 건전지의 구조

전지(화학전지)는 물질이 가지고 있는 화학에너지를 전기에너지로 바꾸는 장치입니다. 전기의 흐름(전류)은 전자라는 -의 전기를 갖는 알갱이의 흐름입니다. 전지의 -극에서는 전자가 늘어나고 +극에서는 전자가 줄어 전자가 이동합니다. 이 전자의 움직임이 전류입니다. 전극의 재료가 없어지면 전지는 사용할 수 없게 됩니다.

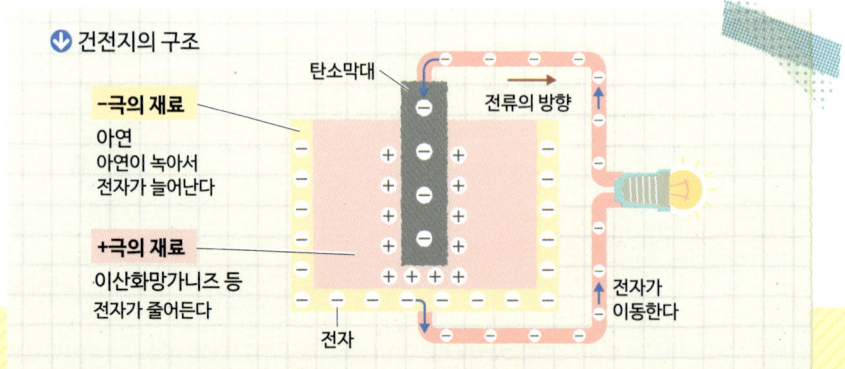

★★★ 건전지의 종류

건전지에는 알칼라인망가니즈 건전지나 리튬전지 등 다양한 종류가 있습니다. 이러한 건전지는 재료가 없어지면 다시 사용할 수 없지만 충전해서 반복적으로 쓸 수 있는 **충전식 전지**도 있습니다. 또한 **연료전지**, 빛을 전기로 바꾸는 **광전지(태양전지)** 등이 있습니다.

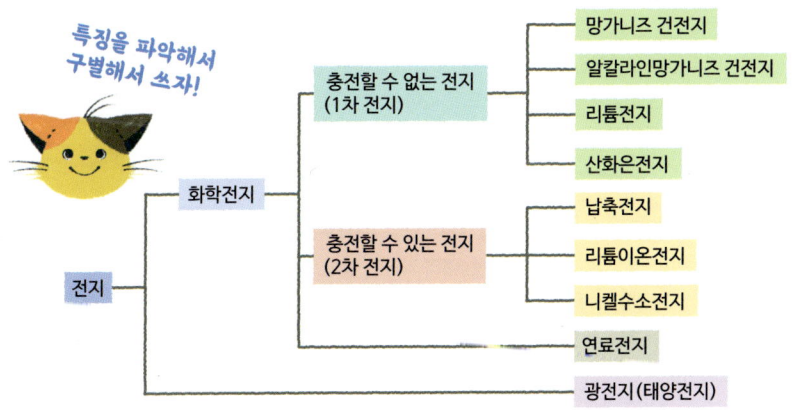

특징을 파악해서 구별해서 쓰자!

- 전지
  - 화학전지
    - 충전할 수 없는 전지 (1차 전지)
      - 망가니즈 건전지
      - 알칼라인망가니즈 건전지
      - 리튬전지
      - 산화은전지
    - 충전할 수 있는 전지 (2차 전지)
      - 납축전지
      - 리튬이온전지
      - 니켈수소전지
  - 연료전지
  - 광전지(태양전지)

⚖️ 비교 — 일반 전지(충전할 수 없는 전지)의 종류와 특징

	망가니즈 건전지	알칼라인망가니즈 건전지	리튬전지	산화은전지
전압	약 1.5V	약 1.5V	약 3V	약 1.55V
특징	적은 전기로 움직이는 기구에 좋다	망가니즈 건전지보다 연속해서 큰 전기를 뽑아낼 수 있다	수명이 길고 소형이며 가볍다	오랜 시간 동안 안정적이고, 저온에서도 작동한다
주용도	손전등, 라디오, 리모컨, 가스기구 등의 자동점화용 전원	게임기, 디지털카메라, 모터를 쓰는 장난감	큰 전류가 필요 없고 장기간 사용할 때 좋다 시계, 리모컨, 전자계산기	손목시계, 보청기, 카메라, 전자체온계, 전자계산기, 정밀기기

©パナソニック株式会社

  **COLUMN 더 자세히** — 망가니즈 건전지 같은 일회용 전지를 1차 전지, 충전해서 반복적으로 사용할 수 있는 전지를 2차 전지라고 합니다. 연료전지는 연료인 수소, 산소를 공급하면 언제까지나 사용할 수 있습니다.

제3장 전기의 작용

★★★ 전선

전기기구의 단자 사이를 연결해서 전기를 흐르게 하기 위한 금속선을 전선이라고 합니다. 금속선에는 전기가 잘 흐르는 금속인 구리를 사용합니다. 전선 바깥쪽에는 전기가 거의 통하지 않는 것으로 감싸서 전선끼리 겹쳤을 때의 합선을 방지합니다.

● 에나멜선

구리선의 표면에 절연체인 폴리에스터 수지 등의 합성수지를 입힌 전선입니다. 선을 연결할 때는 수지를 사포로 깎아서 뺍니다. 전자석이나 모터의 코일에 씁니다.

↑ 에나멜선

● 비닐선

구리선의 바깥쪽을 부드러운 염화비닐 수지(합성수지)로 감싼 전선입니다. 구리선이 1줄인 것과 얇은 구리선 여러 가닥을 합친 연선 등이 있고, 염화비닐 수지는 색을 입혀서 배선을 색으로 구분할 수 있습니다. 연선의 비닐선은 부드러워서 잘 휘어지기 때문에 기구의 배선으로 쓰이고 있습니다.

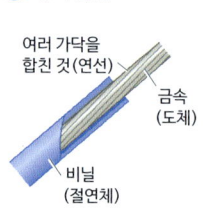

여러 가닥을 합친 것(연선)
금속(도체)
비닐(절연체)

↓ 비닐선 연결하는 방법

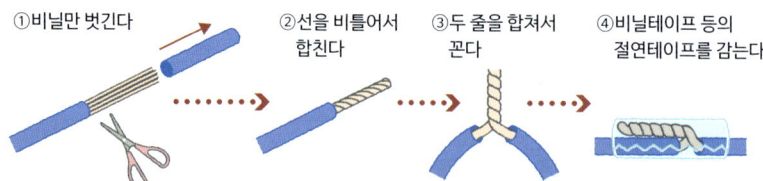

① 비닐만 벗긴다 ② 선을 비틀어서 합친다 ③ 두 줄을 합쳐서 꼰다 ④ 비닐테이프 등의 절연테이프를 감는다

★★★ 스위치

전기가 지나는 길을 연결해서 회로에 전기를 흘리거나 전기의 흐름을 멈추는 기구입니다. 전기가 통하는 금속과 전기가 통하지 않는 것(나무나 종이, 플라스틱 등)을 씁니다.

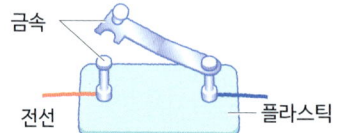

금속
전선
플라스틱

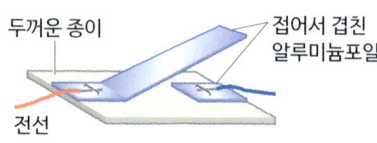

두꺼운 종이
접어서 겹친 알루미늄포일
전선

COLUMN 깨알지식

전지는 1800년에 이탈리아의 볼타가 발명했습니다. 전기를 계속해서 사용할 수 있게 되어 전기 연구가 비약적으로 진행되었고, 지금의 '전기 문명'의 출발점이 되었습니다.

★★★ 소켓(전선 있는 소켓)

꼬마전구를 고정하고 꼬마전구의 필라멘트에 전기를 통하게 하는 도구입니다. 꼬마전구의 꼭지쇠 부분과 꼭지 부분에 접하는 부분에는 도체인 금속이 있고, 여러 개의 전선은 땜질되어 있습니다. 전기가 통하지 않게 한 다른 부분은 플라스틱으로 되어 있습니다. 꼬마전구는 돌리면서 끝까지 끼워 넣습니다.

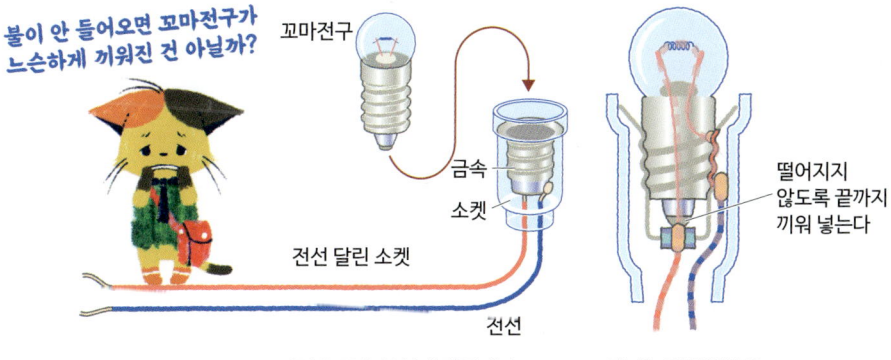

전선은 금속 부분에 땜질되어 있습니다

전기는 점선 부분을 통과합니다

★★★ 건전지 끼우개

건전지를 고정하는 기구입니다. 건전지의 +극과 −극이 접하는 부분에는 도체인 금속, 그 외의 부분은 절연체인 플라스틱으로 이루어져 있습니다. 건전지를 넣는 방향이 정해져 있고, 금속 용수철이 있는 부분에 건전지의 −극 쪽을 밀어 꽂아 넣습니다(용수철이 없는 것도 있다). 전선은 건전지 끼우개의 양쪽에 나와 있는 금속 단자에 연결합니다.

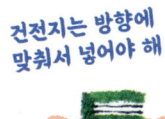
건전지는 방향에 맞춰서 넣어야 해

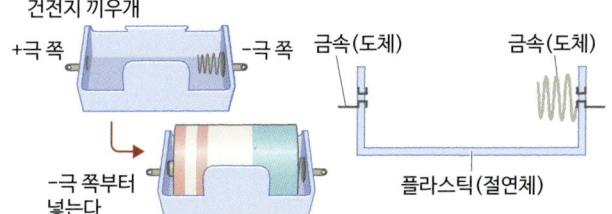

  **COLUMN 더 자세히** 땜납(땜질용 납)은 주석과 납의 합금입니다. 전열기로 데운 납땜인두라는 공구로 땜납을 녹여 금속선 등을 기기에 붙이는 것을 땜질이라고 합니다.

제3장 전기의 작용

2 전기가 통하는 것

중요도
★★★ ### 회로

꼬마전구에서 나온 두 가닥의 전선을 건전지의 +극과 −극에 연결하면 전기가 통하는 길이 고리처럼 되어 꼬마전구에 불이 켜집니다. 고리처럼 되어 있는 전기가 통하는 길을 회로라고 합니다.

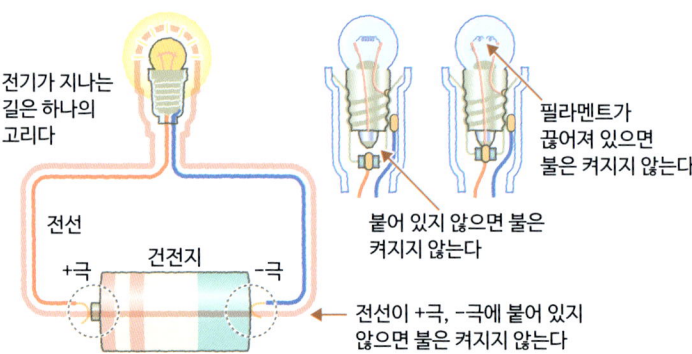

★★★ ### 합선

건전지의 +극에서 나온 전기가 꼬마전구 등 전기저항이 있는 것을 통과하지 못하고 건전지의 −극으로 그대로 흘러가는 것을 합선이라고 합니다. 한 번에 큰 전기가 흘러서 건전지가 금방 쓸 수 없게 되거나 전선이나 건전지에서 열이 나거나 해서 위험합니다. 다음 그림에서 연한 빨간색 선이 전기가 통하는 길이며, 꼬마전구의 필라멘트에 전기는 흐르지 않기 때문에 불은 들어오지 않습니다.

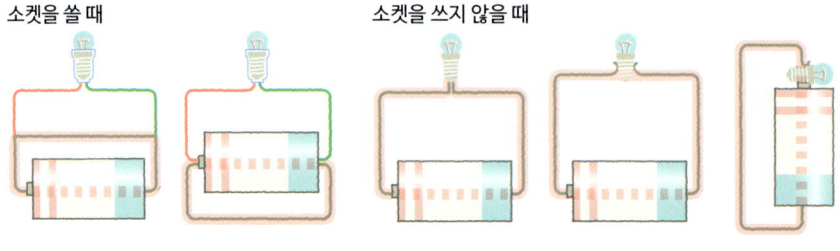

⬆ 합선되는 연결   ⚠ 주의 위험하니 합선되도록 연결하지 말 것

COLUMN 더 자세히   꼬마전구를 2개 이상 사용할 때 연결하는 방법으로는 전기가 통하는 길이 하나가 되는 직렬연결과, 전기가 통하는 길이 2개 이상 되는 병렬연결이 있습니다.

| 3학년 | 4학년 | 5학년 | **6학년** | 발전 |

★★★ 꼬마전구에 불이 켜지는 연결방법

꼬마전구에서 나온 두 가닥의 전선을 건전지의 +극과 −극에 연결하면 꼬마전구에 불이 켜집니다. 소켓을 사용하지 않아도 꼬마전구의 필라멘트에 전기가 흐를 수 있도록 전선 등으로 연결하면 꼬마전구에 불이 켜집니다.

꼬마전구에 불이 켜지게 하려면 꼬마전구의 필라멘트를 포함해서 전기가 통하는 길의 고리를 만드는 것처럼 연결합니다.

〈소켓을 쓸 때〉

불이 켜진다

전기는 +극에서 −극으로 흐르는데, 이를 전류라고 합니다

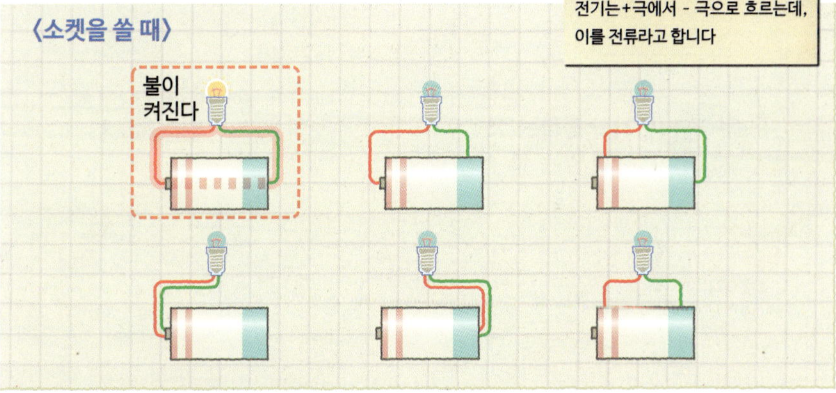

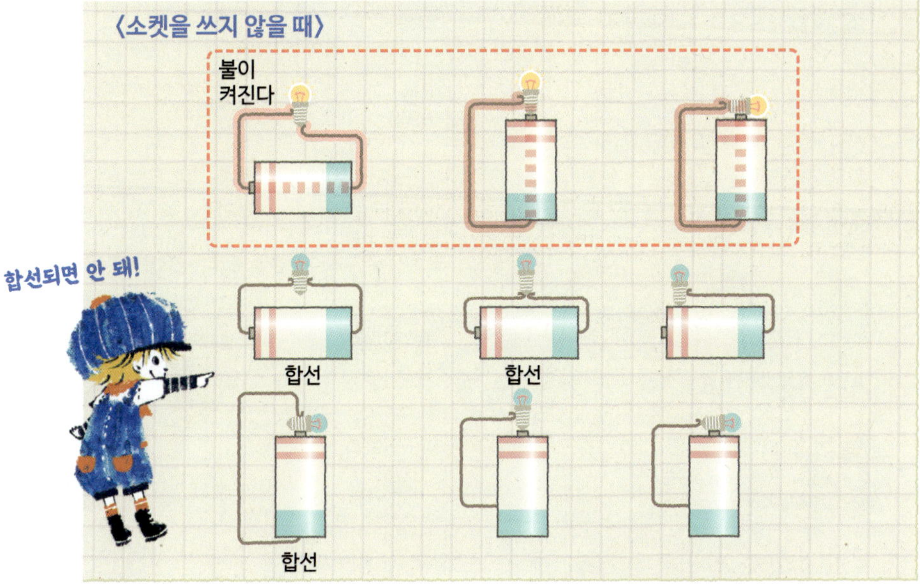

〈소켓을 쓰지 않을 때〉

불이 켜진다

합선되면 안 돼!

합선   합선

합선

⚠ 주의 위험하니 합선되지 않게 할 것

에너지편

제**1**장 빛과 소리

제**2**장 자석

제**3**장 전기의 작용

제**4**장 물체의 운동

제**5**장 힘의 작용

 **COLUMN** 더 자세히

건전지에 연결한 꼬마전구나 모터 등은 전기의 흐름에 저항하는 것이기 때문에 그 저항 없이 통하는 길이 있으면 전기는 그 길을 통과합니다. 이것이 합선입니다.

561

제3장 전기의 작용

★★★ 전기가 통하는 것, 통하지 않는 것

철이나 구리, 알루미늄 등의 금속으로 만들어진 것은 전기가 통하지만 유리, 종이, 플라스틱, 고무, 나무, 세라믹 등으로 만들어진 것은 전기가 통하지 않습니다. 금속이라도 그 표면이 칠해져 있으면 전기가 통하지 않는데, 그 칠을 벗기거나 깎아서 금속의 표면을 노출시키면 전기가 통합니다.

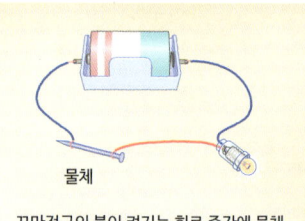

물체

꼬마전구의 불이 켜지는 회로 중간에 물체를 연결해서 전기가 통하는 것인지를 알아볼 수 있습니다

비교: 전기가 통하는 것 / 통하지 않는 것

전기가 통하는 것
- 쇠못(철)
- 철사(철)
- 동전(구리)
- 알루미늄포일(알루미늄)
- 클립(철)
- 알루미늄 캔(알루미늄) — 표면의 칠을 벗기면 전기가 통한다
- 철 캔(철)
- 에나멜선(구리) — 표면을 벗기면 전기가 통한다.
- 가위 철 — 전기가 통한다

전기가 통하지 않는 것
- 페트병(플라스틱)
- 컵(유리)
- 나무젓가락(나무)
- 손수건(천)
- 고무밴드(고무)
- 종이컵(종이)
- 지우개(플라스틱)
- 셀로판테이프(셀로판)
- 가위 플라스틱 — 전기가 통하지 않는다
- 가위(세라믹)

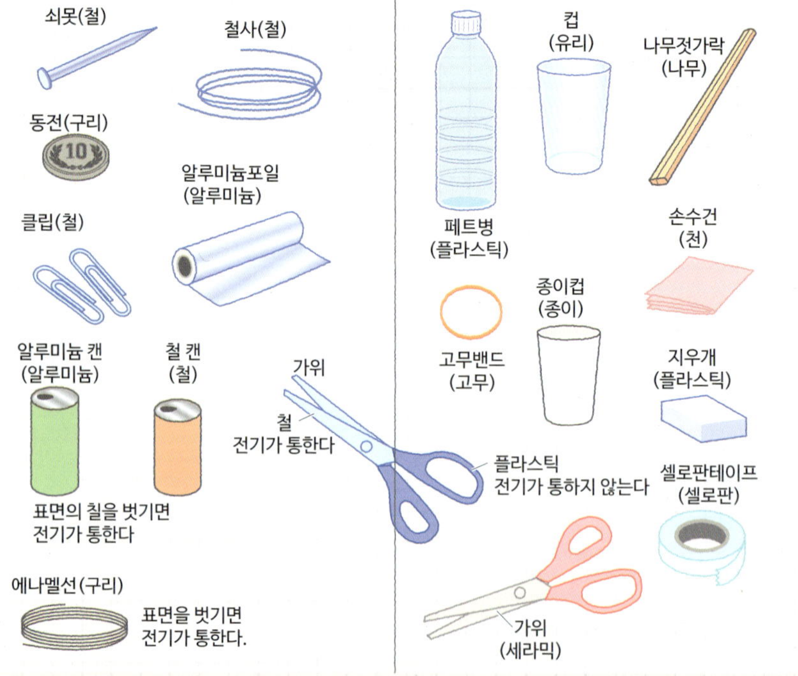

 COLUMN 깨알지식

연필심은 탄소로 만들어진 흑연이 주성분이어서 금속은 아니지만, 자유롭게 움직이는 전자가 있기 때문에 전기가 통합니다. 회로에 연결하면 꼬마전구가 빛납니다.

★★★ 도체

쇠못이나 철클립, 구리선, 알루미늄포일, 철 캔, 알루미늄 캔 등은 모두 전기가 통하고, 철이나 구리, 알루미늄 등의 금속으로 만들어졌습니다. 금속처럼 전기가 통하는 것을 도체라고 합니다. 전류의 흐름을 방해하는 정도를 전기저항이라고 하는데 도체는 전기저항이 매우 작은 물질입니다.

★★★ 금속

다음 네 가지 성질을 모두 가지고 있는 물질을 금속이라고 합니다.
① 빛의 반사에 의해 금속 표면이 빛나는 광택이 있습니다
② 전기가 잘 통합니다
③ 두드리거나 힘을 가하면 표면이 얇게 펴지고(전성), 잡아당기면 가늘게 봉 모양이 됩니다(연성).
④ 열을 잘 전달합니다

금속은 유리처럼 깨지지 않으니까 가공하기 쉬워

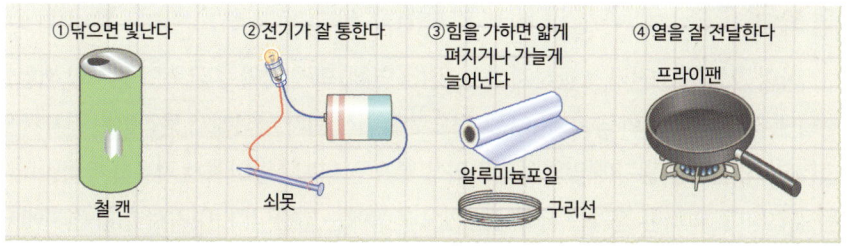

● **자석에 붙는 성질**
철, 니켈, 코발트 등이 갖는 성질이며, 금속이 공통적으로 가지고 있는 성질은 아닙니다.

● **비금속**
금속 이외의 유리나 종이, 나무, 고무, 플라스틱, 세라믹 등을 비금속이라고 합니다.

★★★ 절연체(부도체)

유리나 종이, 나무, 고무, 플라스틱, 세라믹 등의 전기가 잘 통하지 않는 것을 절연체 또는 부도체라고 합니다. 부도체는 전기저항이 매우 큰 물질입니다.

COLUMN 깨알지식 금속이 빛나는 것처럼 보이는 것은 빛을 잘 반사하기 때문입니다. 이 성질을 이용한 것이 거울입니다. 거울은 빛을 잘 반사하는 은 또는 알루미늄을 투명한 유리의 한 면에 부착시켜 만듭니다.

금속이 전기가 통하는 이유

물질은 원자로 되어 있다

물질은 어떤 것이든 원자라고 하는 알갱이로 만들어져 있습니다. 오른쪽 그림은 헬륨이라고 하는 기체 원자의 모습입니다. 중심에 있는 원자핵에는 +의 전기를 갖는 양성자가 있고, 원자핵의 주변에는 -의 전기를 갖는 전자가 양성자와 같은 수만큼 있습니다.

이러한 구조는 다른 원자에서도 마찬가지입니다. 양성자나 전자의 수는 원자에 따라 다른데 어떤 원자라도 양성자의 수=전자의 수입니다.

※중성자는 전기를 가지고 있지 않다

↑ 헬륨 원자의 모습

금속은 자유로운 전자가 가득하다

아래 그림은 ①전기가 통하지 않는 것(절연체)의 원자와 ②금속의 원자의 배열을 나타낸 것입니다. ②의 금속에는 규칙적으로 늘어선 원자 사이에서 움직이는 전자가 있습니다. 이 전자는 원자에 있었던 전자의 일부가 원자에서 떨어져서 자유롭게 돌아다니는 것입니다. 이러한 전자는 금속에만 있으며 ①에는 없습니다. 여기서 ②를 전지에 연결하면 자유롭게 움직였던 전자는 일제히 +극을 향해 움직이기 시작합니다. 이러한 전자의 움직임이 전기의 흐름(전류)의 정체입니다. 금속이 전기가 통하는 것은 자유롭게 움직이는 전자가 많이 있기 때문인 것입니다.

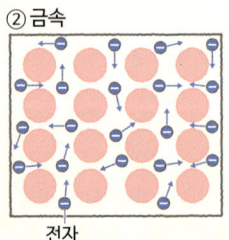
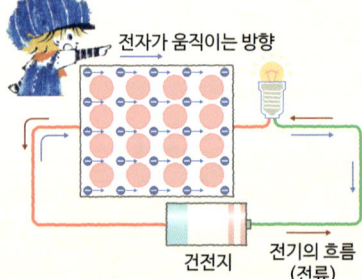

COLUMN 깨알지식 금속선에 흐르는 전기의 흐름(전류)이 +극에서 -극으로 향한다고 정한 것은 19세기 초인데 전자는 그 때까지 알려지지 않았습니다. 전기의 흐름은 전자가 이동하는 방향과는 반대입니다.

02 전지의 작용

1 건전지의 연결방법과 작용

중요도 ★★★
전류

꼬마전구와 건전지의 +극, -극을 전선에 연결하면 전기가 흐르는 길이 고리가 되어 꼬마전구에 불이 켜집니다. 전기가 흐르는 길을 회로, 회로에 흐르는 전기를 전류라고 합니다. 회로에 흐르는 전류는 건전지(전원장치)의 +극에서 나와서 -극으로 향하는 것으로 정해져 있습니다.
전류의 크기를 알아보면 검류계나 전류계를 사용합니다.

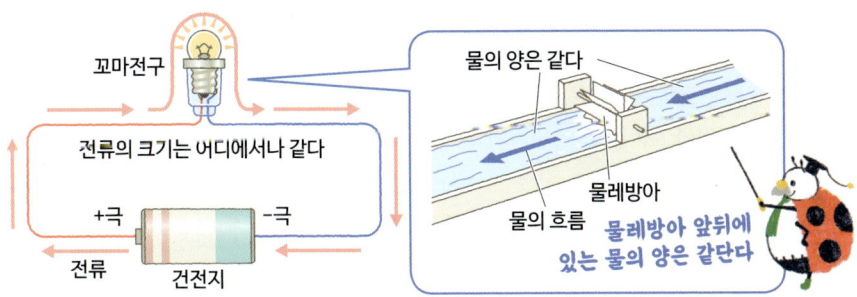

회로에 흐르는 전류는 물의 흐름에 비유할 수 있습니다. 꼬마전구는 물속에 들어 있는 물레방아입니다. 물레방아는 흐르는 물에 밀려서 회전(=점등)하는데, 물레방아의 앞뒤에 있는 물의 양은 일정하며 늘어나거나 줄어드는 일은 없습니다.

★★★
전류의 단위

전류의 크기는 암페어(기호 A), 밀리암페어(기호 mA)라는 단위로 나타냅니다. 1암페어는 1밀리암페어의 1,000배 크기입니다.

$$1A = 1000mA \quad 1mA = 0.001A$$

COLUMN 깨알지식 전류의 단위인 암페어는 프랑스의 과학자 앙페르의 이름에서 따온 것입니다. 앙페르는 전류의 주변에서 발생하는 자기장에 대해서 연구했습니다.

제3장 전기의 작용

★★★ 회로도 기호

회로도에서 전기기구를 그림에 표현하기 위해 정해진 기호입니다.

(※아래 기호에서 전구나 스위치 등 일부 기호는 나라마다 모양이 조금씩 다를 수 있습니다)

전기기구	기호	전기기구	기호
건전지 (전원장치)	─┤├─ + −	전압계	Ⓥ
전구 (꼬마전구)	─⊗─	모터	Ⓜ
스위치	─╱─	발광다이오드	─▷├─ + −
전열선	─▭─	콘덴서	─┤├─
전류계 검류계	Ⓐ Ⓖ	전선의 접속	─┼─

★★★ 회로도

회로를 기호를 통해 나타낸 그림을 회로도라고 합니다. 전기기구를 회로도 기호로 바꾸고, 전기기구를 연결하는 전선은 직선으로 나타냅니다.

예1 건전지와 꼬마전구, 스위치의 회로도

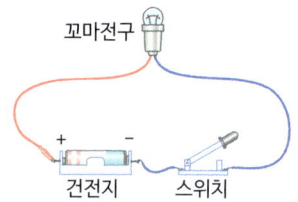 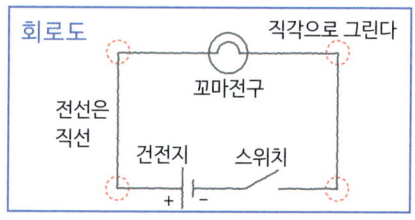

예2 꼬마전구 2개의 병렬연결 회로도

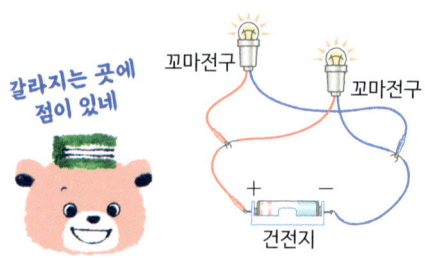 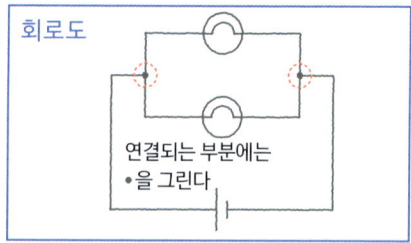

 COLUMN 더 자세히 건전지의 수나 연결방법을 나타낼 때, 오른쪽 그림과 같이 나타내는데 건전지의 수와 관계없이 기호를 하나만 그려서 나타내는 것도 있습니다.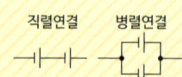

1층과 2층의 스위치

2개의 스위치

계단에 있는 조명은 아래층과 위층에 있는 2개의 스위치로 켜거나 끌 수 있지요. 계단을 오를 때 아래층에 있는 스위치로 켠 불은 위층에 있는 스위치로 끌 수 있어서 편리합니다. 반대로 위층에서 켠 불은 계단을 내려와서 아래층 스위치로 끌 수 있습니다.

이처럼 2개의 스위치로 조명을 켜고 끌 수 있을 때, 회로는 어떻게 되어 있을까요?

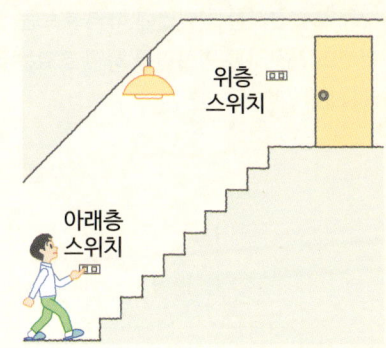

3개의 단자가 있는 스위치

보통 스위치는 두 줄의 전선을 연결하는데 여기에서는 세 줄의 전선을 연결하는 스위치를 쓰고 있습니다.

오른쪽 그림에서는 회로가 연결되지 않아서 불은 켜지지 않습니다. 계단을 올라갈 때 아래층 스위치를 오른쪽으로 넘어트리면 회로가 연결되어 불이 켜집니다. 다음으로 위층 스위치를 왼쪽으로 넘어트리면 불은 꺼집니다.

계단을 내려왔을 때도 위층에서 켠 불은 아래층 스위치를 왼쪽으로 넘어트려서 끌 수 있지요.

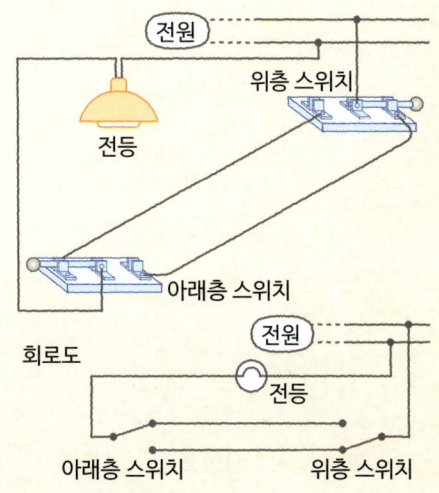

제3장 전기의 작용

중요도
★★★
건전지의 연결방법과 모터

모터는 두 줄의 전선을 건전지의 +극과 -극에 연결하면 돌아갑니다.
- 건전지의 +극과 -극을 반대로 연결하면 전류의 방향이 반대가 되어 모터는 반대 방향으로 돌아갑니다.
- 2개의 건전지를 직렬연결 하면 흐르는 전류가 커져서 모터는 빠르게 돌아갑니다.
- 2개의 건전지를 병렬연결 하면 흐르는 전류는 건전지 1개일 때와 같습니다. 모터도 1개일 때와 같은 속도로 돕니다.

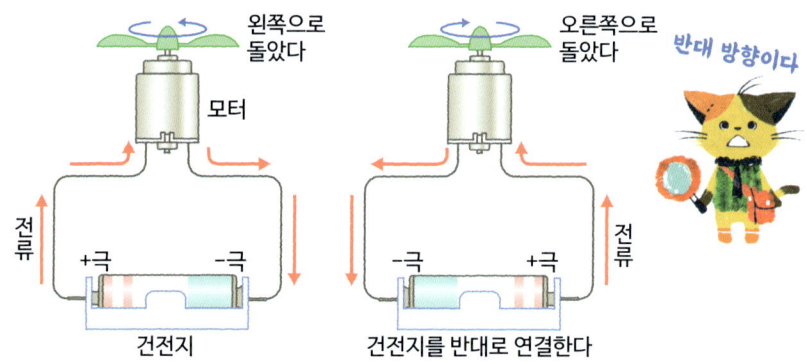

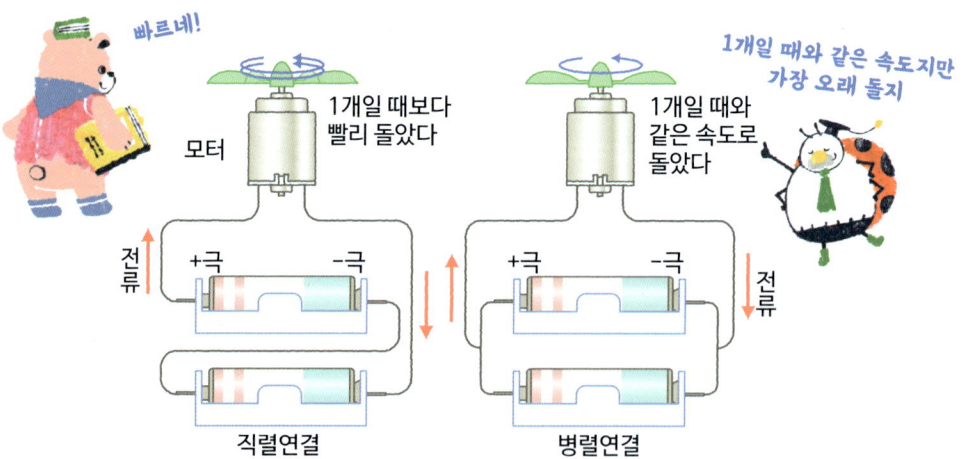

↑ 건전지의 연결방법과 모터의 회전

COLUMN 더 자세히
모터가 빨리 돌면 큰 전류가 흐르기 때문에 건전지에 모여 있는 전기를 많이 써서 건전지는 빨리 약해집니다.

| | 3학년 | 4학년 | 5학년 | 6학년 | 발전 |

★★★ 전자오르골

전류가 흐르면 소리가 나는 오르골입니다. 두 줄의 전선을 건전지에 연결하면 노래가 흘러나옵니다. 작은 전류여도 소리가 나오기 때문에 광전지 등에 연결해서 소리의 크기로 회로에 흐르는 전류의 크기를 비교할 수 있습니다. +극, -극이 있으며 반대로 연결하면 소리는 나지 않습니다.

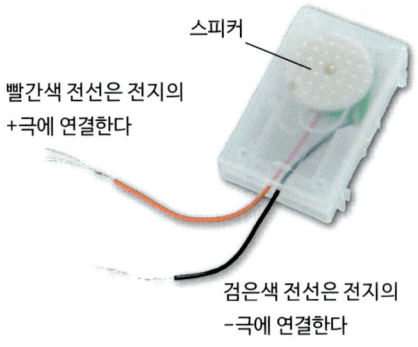

스피커

빨간색 전선은 전지의 +극에 연결한다

검은색 전선은 전지의 -극에 연결한다

↑ 전자오르골

● 전자오르골의 스피커

전자오르골의 스피커는 세라믹 등의 얇은 판인데 전류가 흐르면 형태가 변하는 성질을 이용한 압전소자라는 것이 쓰입니다. 전기신호에 따라 압전소자가 비틀려서 진동하고 그 진동이 공기를 흔들어서 소리가 되어 들립니다.

★★★ 발광다이오드(LED)

전류가 일정한 방향으로만 흐르는 전자부품을 다이오드라고 합니다. 그중에서 전류가 흐르면 빛이 나는 다이오드를 발광다이오드(LED)라고 합니다.

+극과 -극의 단자가 있으며 전류가 +극 쪽에서 흘렀을 때만 빛이 납니다. 백열전구나 형광등에 비해 열의 발생이 적고 강한 밝기를 얻는데, 적은 양의 전기만 써도 되며 매우 오래 쓸 수 있습니다. 신호기, 전광게시판, 액정화면용 백라이트, 일루미네이션(빛축제) 등에 널리 이용됩니다.

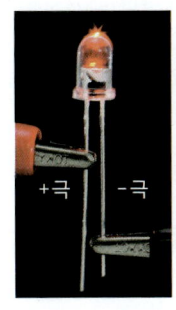
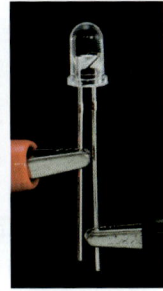

+극   -극

반대로 연결하면 빛이 나지 않는다

↑ 발광다이오드
다리가 긴 쪽이 +극이고, +극에서 전류가 흘렀을 때 빛난다

 COLUMN 깨알지식
압전소자를 사용한 스피커는 기존의 코일과 자석을 사용한 스피커에 비해 얇고 작습니다. 두께가 1mm 이하인 필름 스피커가 TV 등에 사용되기 시작했습니다.

제3장 전기의 작용

중요도
★★★
검류계(간이검류계)

검류계(간이검류계)는 회로에 흐르는 전류의 크기와 방향을 측정하는 기구입니다.

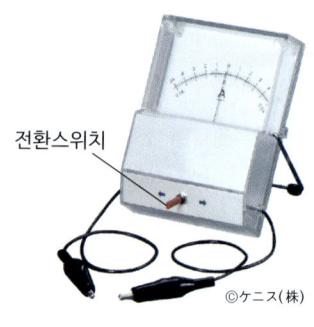

연결방법
검류계는 평평한 곳에 두고 건전지, 모터와 꼬마전구, 스위치를 하나의 고리(직렬)가 되도록 연결합니다.

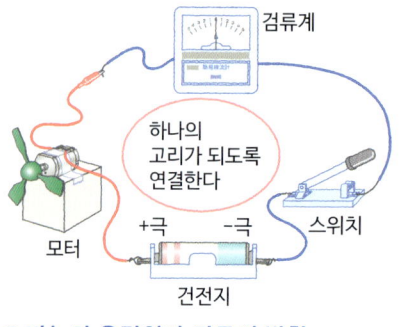

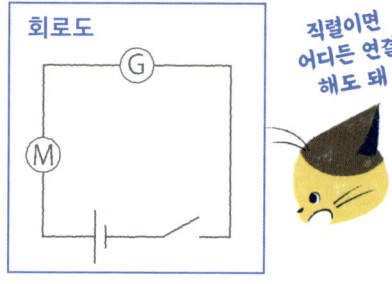

● 바늘의 움직임과 전류의 방향

눈금 바늘은 중앙의 0을 기준으로 좌우로 같은 눈금이 있습니다. 바늘이 0에서 오른쪽으로 움직였을 때 전류는 왼쪽에서 오른쪽으로, 바늘이 왼쪽으로 움직였을 때 전류는 오른쪽에서 왼쪽으로 흐르고 있습니다.

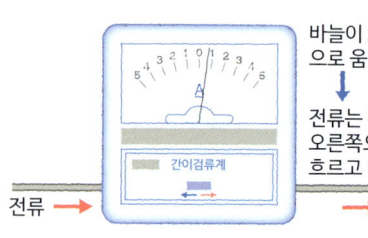

⬆ 바늘의 움직임과 전류의 방향

● 전환스위치

연결하는 도구에 따라 '전자석'이나 '꼬마전구'로 스위치를 전환해서 사용합니다.
① '전자석'은 큰 전류가 흐를 때 쓰며, '꼬마전구'는 작은 전류가 흐를 때 씁니다
② 표시된 기구 외의 것을 연결할 때는 전환스위치를 '전자석'으로 하고, 바늘이 아주 조금만 움직일 때는 '꼬마전구'로 바꿉니다

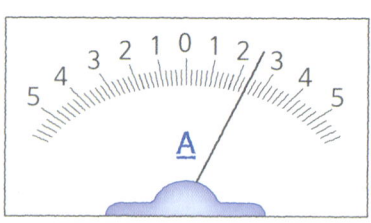

⬆ 바늘 읽는 법
전환 스위치가 '전자석'일 때
　눈금 한 칸은 0.2A → 2.4A
전환 스위치가 '꼬마전구'일 때
　눈금 한 칸은 0.02A → 0.24A

COLUMN 더 자세히　검류계를 건전지에만 연결하거나, 꼬마전구나 모터와 병렬로 연결하거나 하면 검류계에 큰 전류가 흘러서 고장이 날 수도 있습니다.

★★★ 건전지의 직렬연결

건전지의 +극과 다른 건전지의 −극을 순서대로 연결하는 방법을 건전지의 직렬연결이라고 합니다.

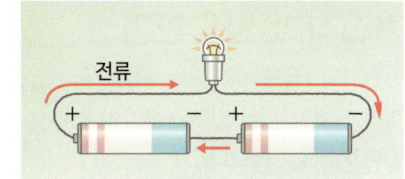

건전지 2개, 3개, …를 직렬로 연결하면 회로에 흐르는 전류는 커집니다. 그렇기 때문에 건전지 1개일 때에 비해 꼬마전구는 밝게 켜지고 모터는 빠르게 돌아갑니다.
또한 건전지에서 흘러나오는 전류가 커지기 때문에 건전지는 빨리 약해집니다.

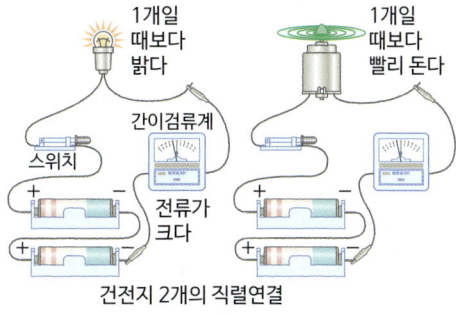

↑ 건전지의 직렬연결과 꼬마전구, 모터

〈건전지의 직렬연결과 전류〉

건전지 1개일 때 전류의 크기를 '1'이라 하고 건전지를 직렬연결 하면 전류의 크기는 다음과 같습니다.

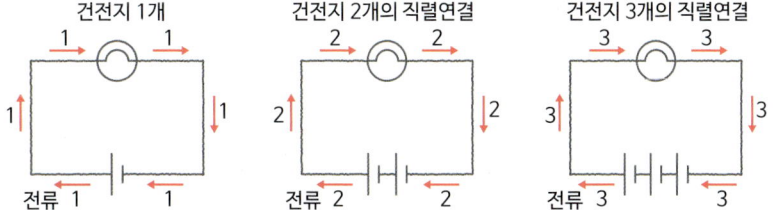

건전지 2개, 3개, …를 직렬로 연결하면 <u>전압</u>이 2배, 3배, …가 되기 때문에 회로에 흐르는 전류의 크기도 2배, 3배, …가 됩니다.

> **주의** 건전지의 직렬연결 회로에 대해서 실제로 전류, 전압의 크기를 재면 건전지 1개일 때의 2배, 3배, …는 되지 않고 그것보다도 작아집니다. 이는 꼬마전구는 온도가 높을수록 전류가 흐르기 어려워지고(<u>전기저항</u>) 건전지에도 전류를 방해하는 작용(내부저항)이 있기 때문입니다. 여기에서는 꼬마전구의 전기저항은 일정하고 건전지의 내부저항은 없는 것으로 생각합니다.

제3장 전기의 작용

건전지의 병렬연결

건전지의 +극은 +극끼리, −극은 −극끼리 연결하는 방법을 건전지의 병렬연결이라고 합니다.

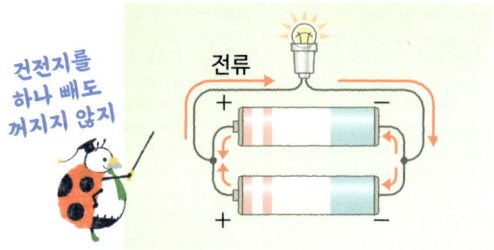

건전지 2개, 3개, …를 병렬로 연결해도 회로 전체 전류의 크기는 변하지 않습니다. 그렇기 때문에 건전지 1개일 때에 비해 꼬마전구의 밝기, 모터가 돌아가는 속도는 변하지 않습니다. 또 각각의 건전지에서 나오는 전류는 작아지기 때문에 건전지는 오래갑니다.

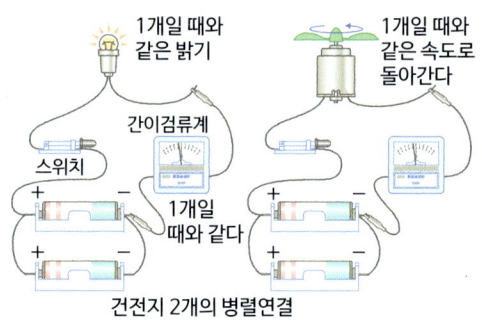

⬆ 건전지의 병렬연결과 꼬마전구, 모터

〈건전지의 병렬연결과 전류〉

건전지 1개일 때 전류의 크기를 '1'이라 하고 건전지를 병렬연결 하면 전류의 크기는 다음과 같습니다.

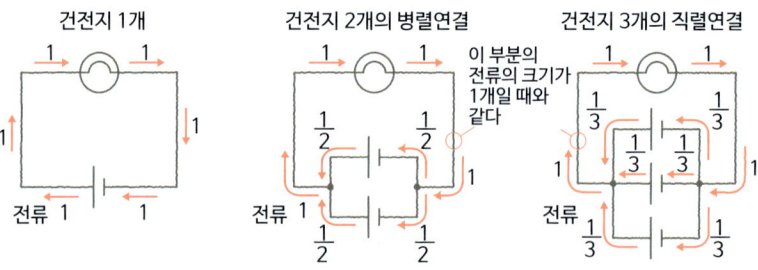

건전지 2개, 3개, …를 병렬로 연결하면 전압은 건전지 1개일 때와 같기 때문에 회로에 흐르는 전류의 크기도 1개일 때와 같습니다.

COLUMN 더 자세히 꼬마전구의 밝기가 건전지 1개일 때와 같은 것은 흐르는 전류의 크기가 같기 때문입니다. 2개의 건전지에서 흘러나오는 전류를 합친 크기가 건전지 1개일 때와 같습니다.

	건전지 1개	건전지 2개의 직렬연결	건전지 2개의 병렬연결
꼬마전구의 밝기	기준이 되는 밝기	1개일 때보다 밝다	1개일 때와 거의 비슷한 밝기
모터가 도는 속도	기준이 되는 속도	1개일 때보다 빨리 돈다	1개일 때와 거의 비슷한 속도
발광다이오드	불이 안 켜진다	불이 켜진다	불이 안 켜진다
전류의 크기 (모터일 때)	기준이 되는 크기	1개일 때보다 크다	1개일 때와 거의 같다
건전지 소모량	건전지 소모량의 기준	1개일 때보다 소모량이 크다	1개일 때보다 소모량이 작다

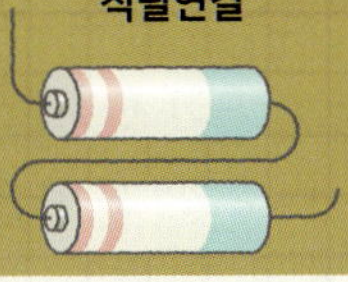

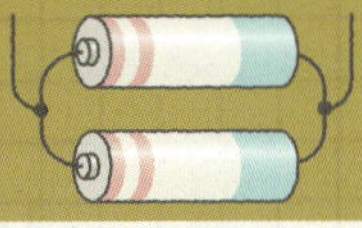

비교 — 건전지의 연결방법과 꼬마전구, 모터

건전지의 직렬연결은 전류는 크지만 오래 못 가는구나

건전지의 병렬연결은 전류는 변하지 않지만 오래 쓸 수 있어

COLUMN 더 자세히
발광다이오드가 빛날 때의 전압은 일반적으로 약 2~3.5V(1.5V의 건전지 1개로는 빛이 안 난다)인데 최근에는 건전지 1개로 켤 수 있는 것도 있습니다.

제3장 전기의 작용

★★★ 전압

건전지, 전원장치등은 회로에 전류를 흐르게 하는 힘이 있습니다. 이런 힘을 전압이라고 하며, +극에서 -극으로 전류를 흐르게 하는 힘의 크기를 나타냅니다.

전압의 크기는 볼트(기호 V)라는 단위로 나타냅니다. 건전지의 전압은 일반적으로 1.5V입니다.

● 전압, 전류를 물을 통해 생각해보자

오른쪽 그림은 펌프로 물을 어느 정도의 높이로 끌어 올려 물의 흐름을 만들어서 물이 물레방아를 돌리고 있는 모습입니다. 전압, 전류와 꼬마전구는 이 관계와 비슷합니다. 이 물의 흐름의 힘을 전류라고 하면, 전압은 끌어 올려진 물의 높이에 해당합니다. 건전지는 물을 끌어 올리는 펌프의 역할을 합니다.

그리고 물이 물레방아를 돌리는 것은 꼬마전구에 불을 켜는 것에 해당합니다. 펌프가 끌어 올린 물의 높이가 높을수록 물의 힘이 커져 물레방아는 빨리 돕니다. 즉, 꼬마전구가 밝게 켜진다고 생각할 수 있습니다.

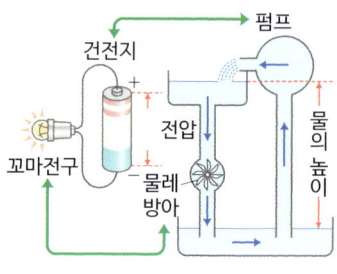

⬆ 물의 흐름과 전압

건전지의 직렬연결, 병렬연결을 위의 그림과 같은 펌프로 나타내봅시다.
2개를 합친 것은 2개의 건전지의 직렬연결에 해당하며, 옆으로 2개를 나란히 하면 건전지의 병렬연결이 됩니다.

건전지의 직렬연결

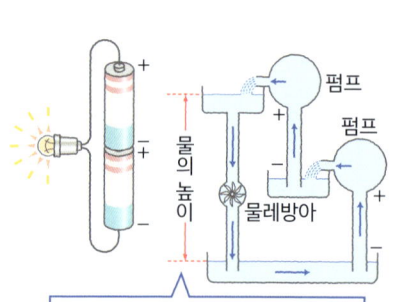

물의 높이가 높아져서 물의 힘이 커진다
⇨ 전압이 커져서 꼬마전구에 흐르는 전류도 커진다

건전지의 병렬연결

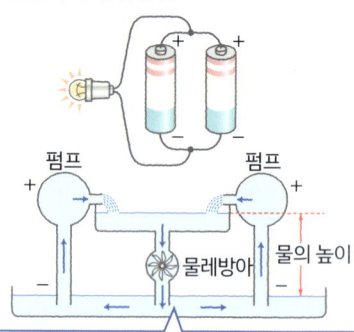

물의 높이는 바뀌지 않기 때문에 물의 힘은 변하지 않지만 펌프에서 흘러나오는 물의 양은 각각 절반이 된다
⇨ 전압은 변하지 않고 꼬마전구로 흐르는 전류도 변하지 않지만 건전지에서 흘러나오는 전류는 각각 절반이 된다

1.5V인 건전지 2개를 직렬로 연결하면 꼬마전구에 작용하는 전압은 1.5+1.5=3.0V, 즉 2배가 됩니다. 그리고 꼬마전구에 흐르는 전류는 2배가 됩니다.

한편 1.5V의 건전지 2개를 병렬로 연결하면 꼬마전구에 작용하는 전압은 변함없이 1.5V이기 때문에 꼬마전구에 흐르는 전류도 변하지 않습니다. 건전지에서는 각각 0.5배의 전류가 흘러나옵니다.

★★★ 전압계

회로에 가해지는 전압의 크기를 측정하는 도구입니다. 측정하려는 부분에 병렬로 연결합니다. +단자는 건전지(전원장치)의 +극 쪽에, -단자는 건전지(전원장치)의 -극 쪽에 연결합니다.

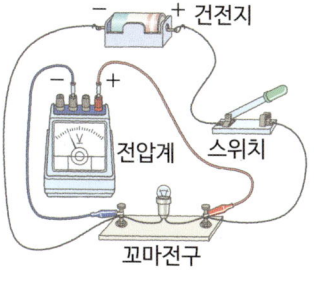
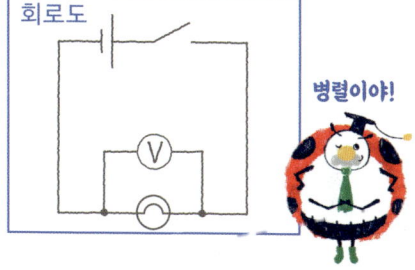

● -단자 고르는 법

-단자는 3개 있습니다. 전압이 예상되지 않을 때는 300V의 단자에 연결합니다. 바늘의 움직임이 작을 때는 회로의 스위치를 끄고 15V, 3V 단자 순으로 바꿔서 연결합니다.

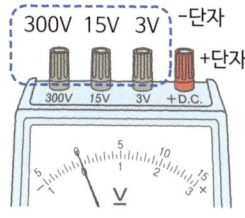

● 눈금 읽는 법

단자에 쓰여 있는 수치는 각각 단자에 연결했을 때 측정할 수 있는 최대 전압값입니다. 사용한 단자에 있는 수치를 읽습니다.

- **300V 단자**… 눈금 1칸은 10V입니다
  눈금 아래 수치를 100배 해서 읽습니다
- **15V 단자**… 눈금 1칸은 0.5V입니다
  눈금 위의 수치를 읽습니다
- **3V 단자**… 눈금 1칸은 0.1V입니다
  눈금 아래의 수치를 읽습니다

3V 단자를 사용할 때 읽는다
300V 단자일 때는 100배 한다

15V 단자를 사용할 때 읽는다

COLUMN 깨알지식 전압계는 전압을 측정하려고 하는 부분에 병렬로 연결할 때 회로에 영향이 없도록 하는 전기저항기가 들어 있습니다.

제3장 전기의 작용

2 꼬마전구의 연결방법과 전류

중요도
★★★ ### 꼬마전구의 직렬연결

꼬마전구를 2개, 3개, …의 순서로 연결하고 건전지와 하나의 고리를 이루도록 연결하는 방법을 꼬마전구의 직렬연결이라고 합니다. 전류가 지나는 길은 하나이므로 꼬마전구를 1개 빼면 전류가 흐르는 길이 끊겨서 다른 꼬마전구의 불은 모두 꺼집니다.

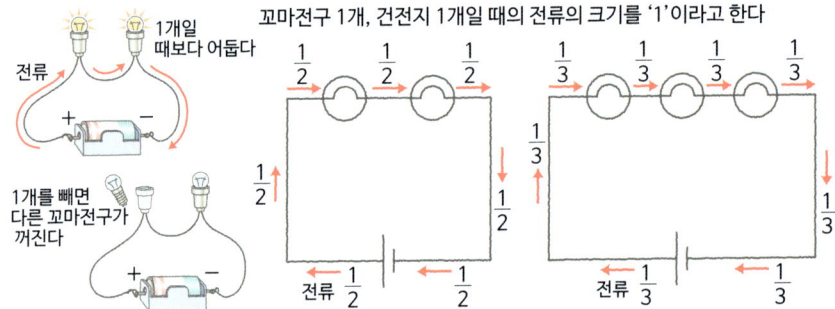

● 꼬마전구의 밝기와 전류

꼬마전구를 직렬로 많이 연결할수록 1개당 밝기는 어두워져서 건전지는 오래 쓸 수 있습니다. 이런 현상은 꼬마전구를 많이 연결할수록 전류가 흐르기 어려워져서(전류의 저항이 커진다) 건전지에서 흘러나오는 전류가 작아지기 때문입니다.

★★★ ### 꼬마전구의 병렬연결

꼬마전구 2개, 3개, …를 건전지에 바로 연결하는 방법을 꼬마전구의 병렬연결이라고 합니다. 꼬마전구의 수만큼 전류가 흐르는 길이 생기므로 꼬마전구를 하나 빼도 다른 꼬마전구는 꺼지지 않습니다.

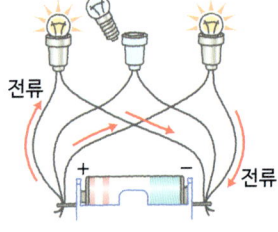

COLUMN 깨알지식
가정에서 쓰는 전기기구는 모두 병렬연결입니다. 만약에 직렬연결이라고 하면, 하나의 기구만 사용하고 싶어도 모든 전기기구의 스위치를 켜지 않으면 연결할 수 없습니다.

● 꼬마전구의 밝기와 전류

꼬마전구를 병렬로 많이 연결하면 꼬마전구의 밝기는 1개일 때와 변함이 없지만, 각각의 꼬마전구에는 1개일 때와 같은 크기의 전류가 흐르기 때문에 건전지에서 나오는 전류가 커져 건전지는 빨리 약해지고 꼬마전구는 빨리 꺼집니다.

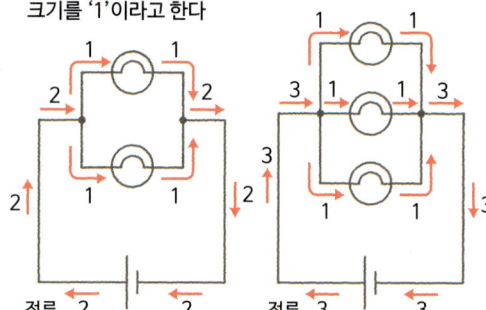

꼬마전구 1개, 건전지 1개일 때의 전류의 크기를 '1'이라고 한다

비교 — 꼬마전구의 연결방법과 밝기

	건전지 1개와 꼬마전구 1개	건전지 1개와 꼬마전구 2개의 직렬연결	건전지 1개와 꼬마전구 2개의 병렬연결
꼬마전구의 밝기	기준이 되는 밝기	1개일 때보다 어둡다	1개일 때와 같다
꼬마전구를 하나 빼면		다른 꼬마전구도 꺼진다	다른 꼬마전구는 꺼지지 않는다
건전지 소모량	건전지 소모량의 기준	1개일 때보다 소모량이 작다	1개일 때보다 소모량이 크다

COLUMN 깨알지식

회로의 특정한 접합점으로 들어오는 전류의 합은 나가는 전류의 합과 같습니다. 이는 병렬회로뿐만 아니라 어떤 회로라도 성립됩니다. 이것을 키르히호프의 법칙이라고 합니다.

제3장 전기의 작용

꼬마전구·건전지의 연결방법과 전류

중요도 ★★★

꼬마전구 1개, 건전지 1개의 회로에 흐르는 전류의 크기를 '1'이라고 하면, 다양한 회로에 흐르는 전류는 다음과 같이 나타낼 수 있습니다.

흐르는 전류가 클수록 꼬마전구는 밝아지고 건전지는 빨리 약해집니다.

		꼬마전구의 연결방법		
		1개	2개의 직렬연결	2개의 병렬연결
건전지의 연결방법	1개	이 회로에 흐르는 전류의 크기를 1이라고 한다	꼬마전구는 어둡다 전지가 느리게 닳는다 ($\frac{1}{2}$)	꼬마전구는 같은 밝기 전지는 빨리 닳는다 (1, 2)
	2개의 직렬연결	꼬마전구는 밝다 전지는 빨리 닳는다 (2)	꼬마전구는 같은 밝기 전지는 똑같이 닳는다 (1)	꼬마전구는 밝다 전지는 빨리 닳는다 (2, 4)
	2개의 병렬연결	꼬마전구는 같은 밝기 전지가 느리게 닳는다 (1, $\frac{1}{2}$)	꼬마전구는 어둡다 전지가 느리게 닳는다 ($\frac{1}{2}$, $\frac{1}{4}$)	꼬마전구는 같은 밝기 전지는 똑같이 닳는다 (1, 2)

① 건전지의 수와 연결방법이 바뀌지 않을 때
  꼬마전구의 직렬연결··· 꼬마전구에 흐르는 전류는 꼬마전구의 수에 <u>반비례</u>한다
  꼬마전구의 병렬연결··· 꼬마전구에 흐르는 전류는 꼬마전구 1개일 <u>때와 같다</u>

② 꼬마전구의 수와 연결방법이 바뀌지 않을 때
  건전지의 직렬연결··· 건전지 1개에서 흐르는 전류는 건전지의 수에 비례한다
  건전지의 병렬연결··· 건전지 1개에서 흐르는 전류는 건전지의 수에 반비례한다

COLUMN 깨알지식

건전지를 병렬로 연결하면, 연결한 건전지 전체가 건전지 1개와 같은 일을 합니다.

전류를 물의 흐름에 비유하면…

꼬마전구와 건전지를 전선에 연결하면 꼬마전구에 전류가 흘러 불이 켜집니다. 그때 전류는 꼬마전구를 빛나게 해도 전류가 작아지지 않고 꼬마전구 앞뒤에서 전류의 크기는 변하지 않습니다. 이 모습은 물의 흐름과 비슷합니다. 전류=물이라고 생각해 봅시다.

직렬회로의 전류

흐르는 물을 전류, 물속에 들어 있는 물레방아를 꼬마전구라고 생각합시다. 전류의 작용에 의해 꼬마전구가 빛나도 전류가 작아지거나 없어지지 않는 것은, 흐르는 물로 물레방아가 돌아가도 물레방아 앞뒤에서 물의 양은 변하지 않는 것과 같습니다.

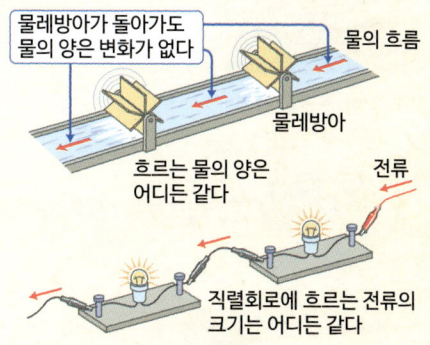

물레방아가 돌아가도 물의 양은 변화가 없다
물의 흐름
물레방아
흐르는 물의 양은 어디든 같다
전류
직렬회로에 흐르는 전류의 크기는 어디든 같다

병렬회로의 전류

2개의 꼬마전구를 병렬로 연결한 회로를 생각해봅시다. 물이 나뉘어서 흘러도 도중에 물의 양이 줄어들지 않고, 다시 합류했을 때의 물의 양은 나뉘기 전의 물의 양과 변함이 없습니다. 이와 같이 나뉘기 전의 전류와 다시 합쳐진 전류의 크기는 동일한 것입니다.

물이 나뉘어 흘러도 합쳐진 양은 변하지 않는다
물의 흐름
물레방아
전류
①=②+③=④

나뉘기 전의 전류 = 합쳐진 전류

제3장 전기의 작용

3 전지의 종류

중요도 ★★★

충전식 전지(충전기, 축전기)

충전식 전지는 다 쓰면 다시는 쓸 수 없는 건전지와 달리, 충전이 가능해 반복해서 쓸 수 있는 전지입니다. 납축전지, 리튬이온전지, 니켈수소전지 등이 있습니다.

납축전지
(자동차용 배터리)

리튬이온전지
(카메라용 전지)

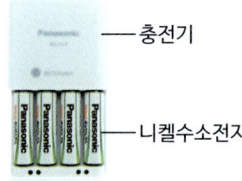
― 충전기
― 니켈수소전지

충전기를 콘센트에 꽂아서 충전한다

 다양한 충전식 전지

비교 충전식 전지의 종류와 특징

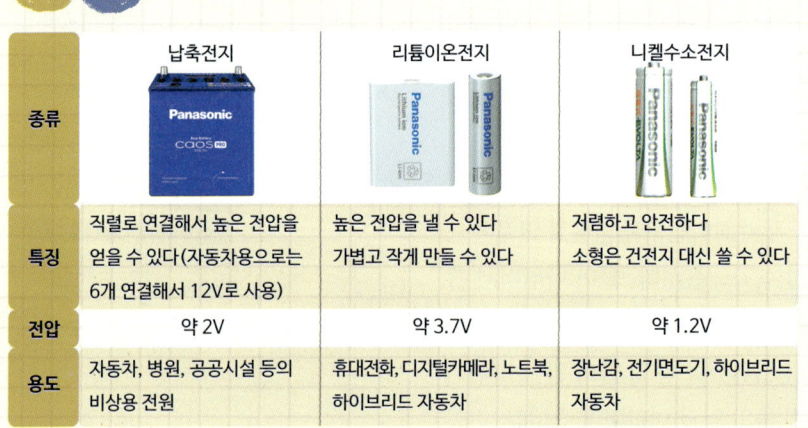

종류	납축전지	리튬이온전지	니켈수소전지
특징	직렬로 연결해서 높은 전압을 얻을 수 있다(자동차용으로는 6개 연결해서 12V로 사용)	높은 전압을 낼 수 있다 가볍고 작게 만들 수 있다	저렴하고 안전하다 소형은 건전지 대신 쓸 수 있다
전압	약 2V	약 3.7V	약 1.2V
용도	자동차, 병원, 공공시설 등의 비상용 전원	휴대전화, 디지털카메라, 노트북, 하이브리드 자동차	장난감, 전기면도기, 하이브리드 자동차

●충전과 방전

전지에 모여 있는 전기를 방출하는 방전(전기를 쓰는 것)과 달리, 전지에 전기를 모으는 것을 충전이라고 합니다. 전지를 쓸 때의 전류 방향과는 반대로 밖에서 전류를 흘려 전지에 전기를 모읍니다.

COLUMN
깨알지식

건전지나 충전식 전지는 쓰지 않고 그대로 두는 것만으로도 전기가 조금씩 줄어듭니다. 이를 자연방전(자기방전)이라고 합니다.

★★★ 숯전지

비장탄(숯)을 진한 소금물을 스며들게 한 종이타월로 감싸고 그 위에 알루미늄포일을 감아서 만든 전지입니다. 이 전지는 알루미늄포일과 숯이 전극이 됩니다(알루미늄포일과 숯이 직접 닿지 않도록 주의합니다). 숯과 알루미늄포일에 각각 클립을 붙여서 셀로판테이프로 고정하고 꼬마전구를 연결하면 불이 켜집니다.

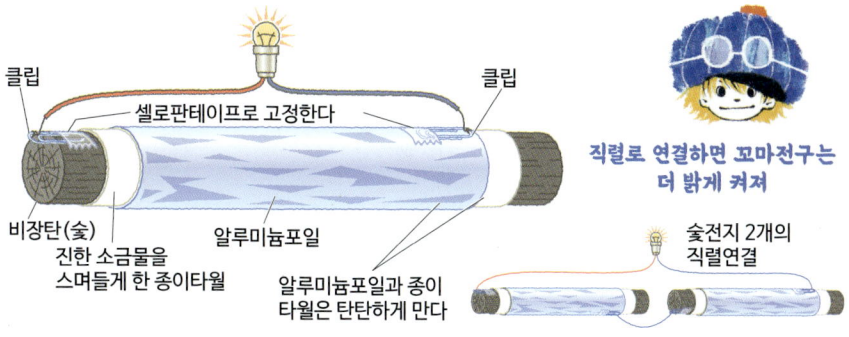

● 알루미늄포일에서 전자가 나온다

숯전지를 오랫동안 사용한 후에 알루미늄포일을 열어보면 너덜너덜해져 있습니다. 이는 알루미늄에서 전류의 기초가 되는 전자가 나와 소금물 안에서 녹았기 때문입니다. 알루미늄에서 나온 전자는 전선을 통해 숯으로 이동합니다.

● 숯에서는 공기 중의 산소가 전자를 받아들인다

비장탄에는 작은 구멍이 많이 있어서 공기 중의 산소가 달라붙어 있습니다. 이 산소가 알루미늄포일에서 방출한 전자를 받아들여 물과 반응합니다. 이에 의해 알루미늄포일에서 나온 전자의 흐름이 생겨 전류가 흐릅니다. 비장탄은 이 반응을 진행시키는 촉매 역할을 하고 있습니다.
전자를 방출하는 알루미늄포일은 -극, 전자를 받아들이는 비장탄은 +극입니다.

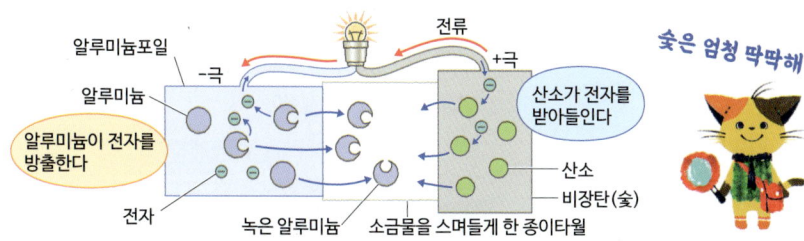

비장탄은 떡갈나무를 고온으로 가열한 것으로, 금속과 같이 자유롭게 움직이는 전자가 있어 전기가 통합니다. 작은 구멍이 무수히 많고, 공기를 흡착하는 면적이 매우 넓습니다.

제3장 전기의 작용

03 전자석의 작용

1 전자석의 극과 세기

중요도
★★★
코일
코일은 전선을 같은 방향으로 여러 번 감은 것으로, 전자석이나 발전기 등에 사용되고 있습니다.

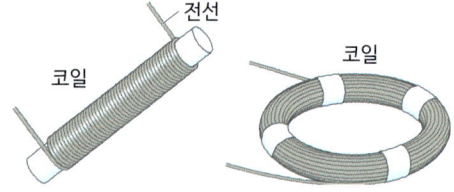

★★★
전자석
코일 안에 철심을 넣었을 때 코일에 생긴 자기장에 의해 철심이 자기력을 갖게 된 것을 전자석이라고 합니다.
전류가 흐르면 코일에 자기장이 발생하고, 그 자기력에 의해 철심이 전자석이 되는 것입니다.

〈전자석의 특징〉
① 코일에 전류가 흐르고 있을 때 자석이 되며 전류를 끄면 자석의 성질이 사라집니다
② 전류의 방향을 반대로 하면 N극과 S극이 뒤바뀝니다
③ 전류의 크기나 코일을 감은 횟수를 바꾸면 전자석의 세기가 바뀝니다

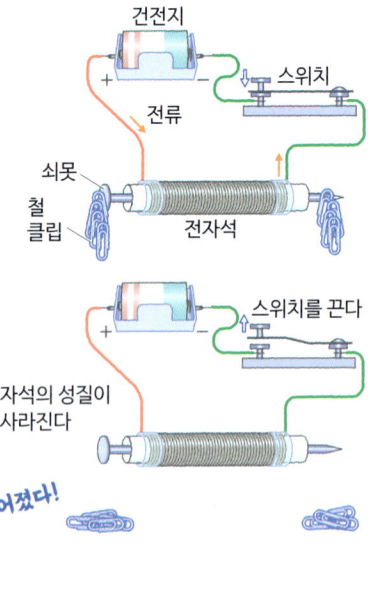

  COLUMN 더 자세히 │ 에나멜선의 구리는 전류가 잘 통하는 금속이기 때문에 전자석을 건전지에 연결하면 큰 전류가 흘러 열이 발생하고 건전지도 많이 소모됩니다.

★★★ 전자석을 만드는 방법

빨대와 같은 플라스틱 원통에 에나멜선을 같은 방향으로 여러 번 감아서 코일을 만들고, 코일 안에 쇠못 등의 철심을 넣습니다. 철심에는 철(연철)을 씁니다. 전자석의 철심은 코일에 전류가 흐르면 전자석이 되고 전류가 흐르지 않으면 자기력이 사라지는 철심으로 만듭니다.

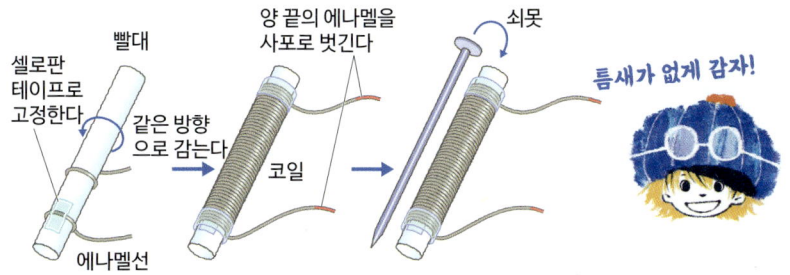

영구자석과 전자석

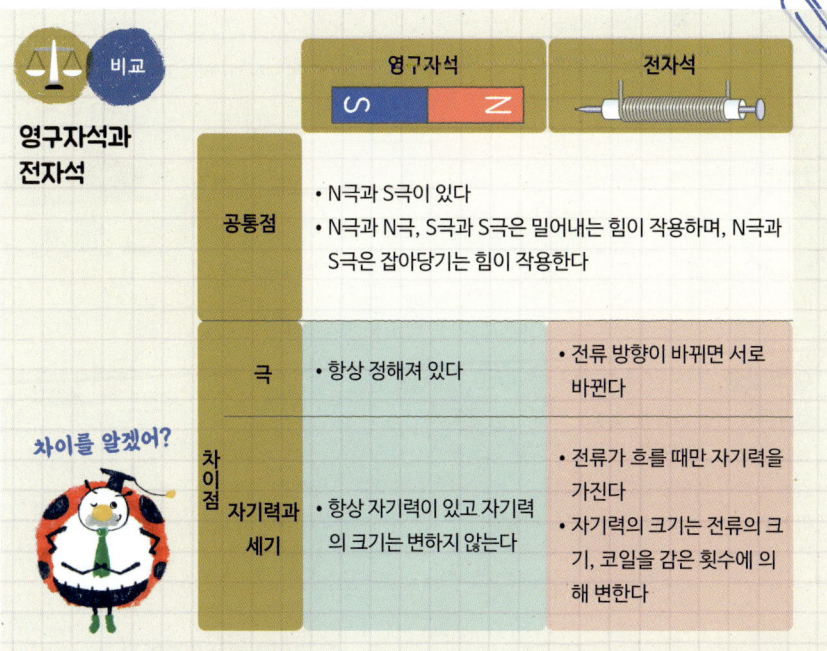

비교		영구자석	전자석
공통점		• N극과 S극이 있다 • N극과 N극, S극과 S극은 밀어내는 힘이 작용하며, N극과 S극은 잡아당기는 힘이 작용한다	
차이점	극	• 항상 정해져 있다	• 전류 방향이 바뀌면 서로 바뀐다
	자기력과 세기	• 항상 자기력이 있고 자기력의 크기는 변하지 않는다	• 전류가 흐를 때만 자기력을 가진다 • 자기력의 크기는 전류의 크기, 코일을 감은 횟수에 의해 변한다

COLUMN 더 자세히

유리막대, 대나무 꼬치, 구리, 알루미늄봉 등은 코일에 전류가 흘러도 자석이 되지 않기 때문에 전자석의 심으로 사용되지 않습니다.

제3장 전기의 작용

전자석의 극

전자석의 양 끝에는 N극과 S극이 있습니다. 영구자석처럼 전자석의 N극과 N극, S극과 S극은 각각 밀어내는 힘, N극과 S극은 잡아당기는 힘이 작용합니다. 나침반을 극에 가까이 했을 때의 바늘의 움직임으로 전자석의 극을 확인할 수 있습니다.

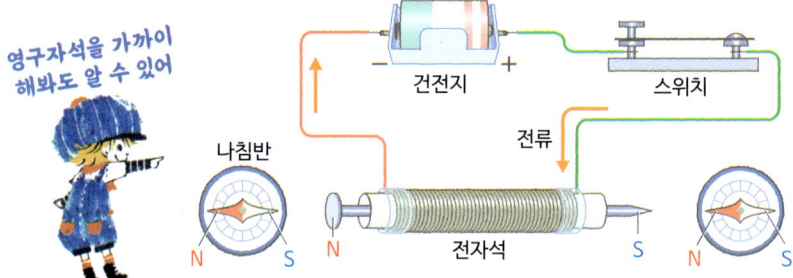

건전지의 +극과 −극을 반대로 연결해서 코일에 흐르는 전류의 방향을 바꾸면 전자석의 N극과 S극은 서로 바뀝니다.

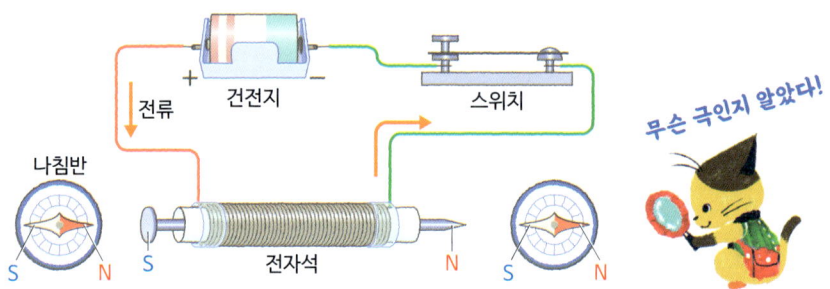

● 코일을 감는 방향과 전자석의 극

전자석의 극은 코일에 흐르는 전류의 방향으로 정해집니다. 건전지를 똑같이 연결해도 코일을 감은 방향이 바뀌면 코일에 흐르는 전류의 방향이 바뀌며, 전자석의 N극과 S극도 바뀝니다.

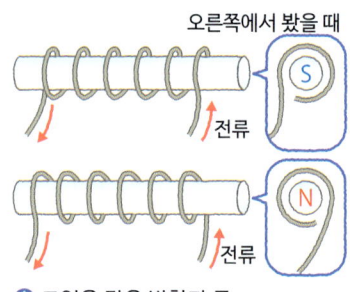

↑ 코일을 감은 방향과 극

 전자석의 N극과 S극은 오른쪽 그림과 같이 알파벳 모양과 화살표의 방향으로 알아볼 수도 있습니다.

★★★ 전자석의 극을 구별하는 방법

전자석의 극은 코일에 흐르는 전류의 방향에 의해 정해집니다. 오른손을 쓰면 전자석의 극을 간단히 알 수 있습니다.

오른손의 엄지를 제외한 4개의 손가락 방향을 코일에 흐르는 전류의 방향에 맞추어 전자석을 잡습니다. 그러면 옆으로 벌어진 엄지손가락의 방향이 N극, 그 반대 방향이 S극입니다.

엄지 방향의 **왼쪽 끝이 N극**

엄지 방향의 **오른쪽 끝이 N극**

★★★ 전자석의 세기와 전류의 크기

전자석은 코일에 흐르는 전류가 클수록 강해집니다(자기력이 세집니다). 다음과 같이 한쪽에는 건전지 1개, 다른 한쪽에는 건전지 2개를 직렬연결 하고 코일을 감은 수는 똑같이 한 뒤, 전자석이 들어 올리는 클립 개수를 비교했습니다. 그랬더니 건전지 2개를 직렬연결 한 쪽이 흐르는 전류가 크기 때문에 들어 올리는 철 클립 개수가 많아집니다.

알아볼 것	전자석의 세기와 전류의 크기의 관계	
건전지 개수	1개	2개 직렬연결
전류의 세기	(예) 1.5A(작다)	(예) 2.5A(크다)
코일을 감은 횟수	100회	

COLUMN 더 자세히 전류에 의해 생기는 자기장은 전류가 커질수록 세지기 때문에, 그 자기장에 의해 자석이 되는 철심의 자기장도 강해져서 전자석의 자기력이 강해집니다.

제3장 전기의 작용

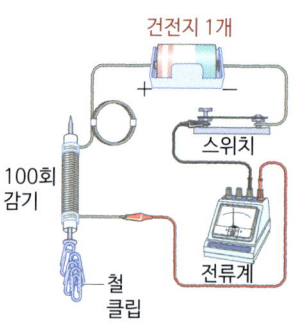
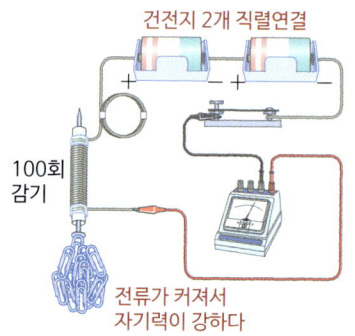

★★★ 전자석의 세기와 코일을 감은 횟수

전자석은 코일을 감은 횟수가 많으면 코일에서 발생하는 자기장이 강해집니다(자기력이 커집니다).

다음 표와 같이 코일을 감은 횟수를 바꾸고 코일에 흐르는 전류의 크기는 똑같이(건전지 수를 같게) 해서 전자석이 들어 올리는 철 클립 개수를 비교합니다. 단, 에나멜선의 길이는 모두 같습니다. 그렇게 하면 감은 횟수가 많은 쪽이 들어 올리는 철 클립 개수가 많아집니다.

알아볼 것	전자석의 세기와 코일 감은 횟수의 관계	
건전지 개수	1개	
전류의 세기	(예) 1.5A	
코일을 감은 횟수	100회 감기	200회 감기
에나멜선 전체의 길이	같은 길이	

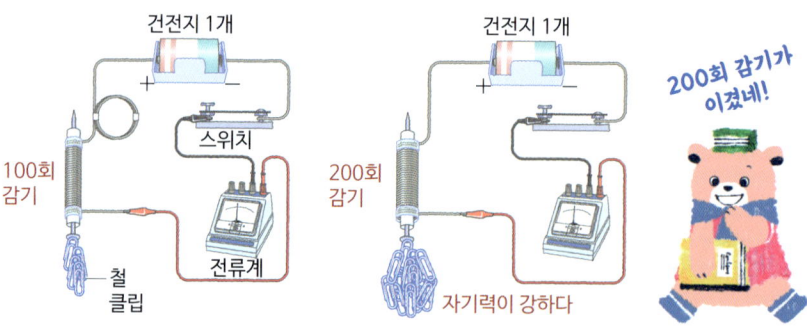

COLUMN 더 자세히 — 코일을 감은 수가 많을수록 전자석은 강해지지만, 이는 한계가 있습니다. 감은 수가 많아지면 전류를 방해하는 힘도 커져서 전류가 흐르기 어려워지기 때문입니다.

★★★ 전원장치

건전지 대신 사용할 수 있는 장치입니다. 전원장치는 항상 같은 크기의 전원을 흐르게 할 수 있습니다. 버튼은 건전지의 직렬연결 개수를 나타내고, 원하는 건전지 개수에 해당하는 만큼의 역할을 합니다.

사용법

① 전원장치의 스위치가 꺼져 있는 것을 확인하고 +단자, −단자를 회로에 연결합니다
② '1개'라고 표시된 버튼을 눌러서 회로에 전류가 흐르게 하면 표시램프 1개가 깜빡입니다
③ 전류의 크기를 바꿀 때는 회로에 연결한 전류계의 바늘을 보면서 '2개'~'6개' 버튼을 누르는데, 표시램프는 버튼에 쓰인 개수에 따라 점등됩니다
④ 실험을 끝낼 때는 '종료' 버튼을 눌러서 스위치를 끕니다

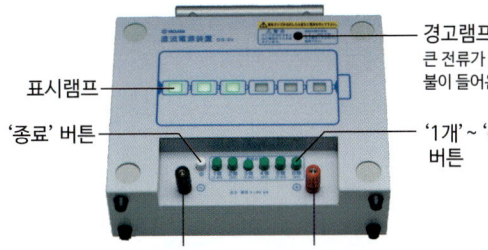

표시램프 / 경고램프 큰 전류가 흐르면 불이 들어온다 / '종료' 버튼 / '1개'~'6개' 버튼 / −단자 / +단자
※제공: 주식회사야가미

★★★ 전류계

회로에 흐르는 전류의 크기를 측정하는 도구입니다. +단자(빨강)와 3개의 −단자(검정, 5A, 500mA, 50mA)가 있고 검류계보다도 전류의 크기를 정확히 측정할 수 있습니다.

연결방법

전류계는 측정하려고 하는 부분에 직렬로 연결하는데, 전류계의 +단자는 건전지의 +극 쪽에, −단자는 −극 쪽에 연결합니다.

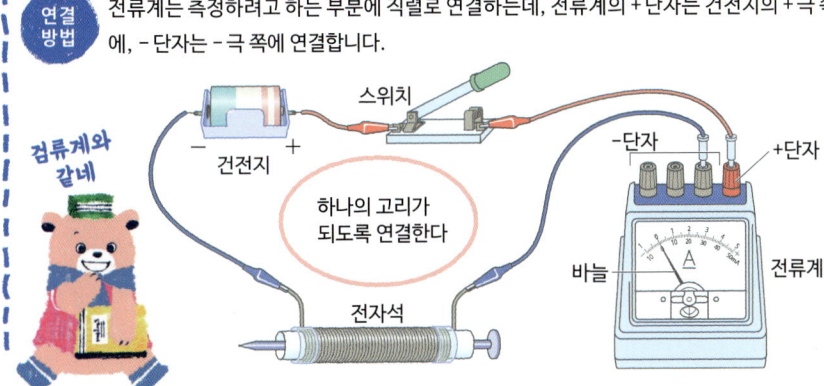

검류계와 갈네 / 스위치 / −단자 / +단자 / 건전지 / 하나의 고리가 되도록 연결한다 / 바늘 / 전자석 / 전류계

  더 자세히
검류계의 눈금은 중앙이 0이고 바늘이 좌우로 움직입니다. 그러나 전류계의 눈금은 왼쪽에 0이 있습니다. +와 −단자를 반대로 연결하면 바늘이 왼쪽으로 너무 많이 움직여서 고장 날 수 있습니다.

제3장 전기의 작용

● −단자 고르는 방법

① 처음은 5A 단자에 연결하는데, 바늘의 움직임이 작을 때는 스위치를 끄고 500 mA 단자, 그다음에는 50mA 단자의 순서로 바꿔서 연결합니다
② 흐르는 전류의 크기를 예상할 수 있을 때는 처음부터 적당한 단자에 연결합니다

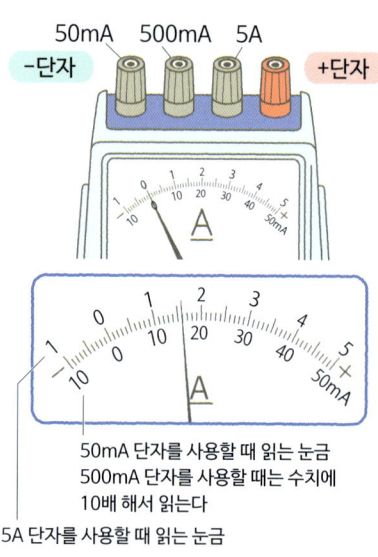

● 눈금 읽는 방법

−단자의 5A, 500mA, 50mA의 수치는 각 단자에 연결했을 때에 측정할 수 있는 최대치를 나타내고 있습니다. 사용한 −단자에 맞춰서 눈금 수치를 바꿔서 읽습니다.
눈금 하나의 크기는 다음과 같습니다.
5A 단자일 때… 0.1A
500mA 단자일 때… 10mA
50mA 단자일 때… 1mA

50mA 단자를 사용할 때 읽는 눈금
500mA 단자를 사용할 때는 수치에 10배 해서 읽는다
5A 단자를 사용할 때 읽는 눈금

위 그림에서는 사용한 단자가
5A일 때… 1.6A
500mA일 때… 160mA
50mA일 때… 16mA

↑ 눈금 읽는 방법

⬇ −단자를 바꿨을 때의 바늘의 모습

5A 단자일 때

바늘이 아주 약간 움직였다

500mA 단자일 때
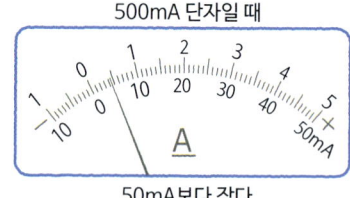
50mA보다 작다

50mA 단자일 때
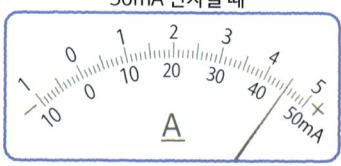
45mA라는 걸 알 수 있다!

사용한 단자에 따라서 읽는 방법이 바뀌니 주의합시다

2 전자석의 이용

중요도
★★★ **모터**

모터는 2개의 자석(영구자석) 사이에 있는 전자석이 자석 사이에서 끌어당기는 힘과 밀어내는 힘으로 연속적으로 회전하는 장치입니다. 모터는 믹서, 냉장고, 선풍기, 세탁기, 에어컨, 청소기, 휴대전화, 전기자동차, 기차 등 다양한 기구나 기계에 이용되고 있습니다.

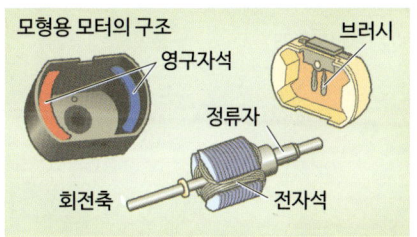

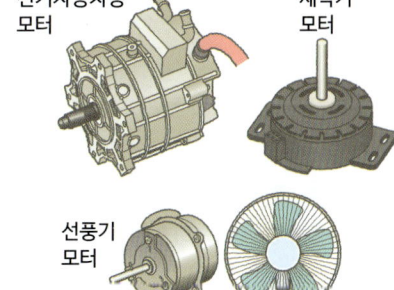

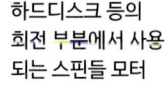

★★★ **정류자**

모터가 회전하는 축에 있는, 전기가 통하지 않는 절연체 칸막이로 된 금속 부분입니다. 브러시와 정류자의 금속 부분이 닿으면 전자석에 전류가 흐릅니다. 정류자의 금속 부분이 좌우의 브러시에 번갈아 닿으면서 전자석에 흐르는 전류의 방향이 바뀌고, 전자석의 N극과 S극이 계속해서 바뀌기 때문에 전자석은 계속 회전합니다.

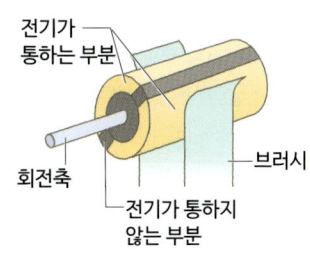

↑ 정류자

● **브러시**
건전지에서 나온 전류를 모터의 전자석에 흐르게 하기 위한 것으로, 좌우에서 강하게 누르듯이 정류자와 닿습니다. 브러시와 정류자의 금속 부분이 닿아 있을 때 전류가 전자석으로 흐릅니다.

COLUMN 깨알지식
회전하는 모터뿐만 아니라 직선으로 움직이는 리니어 모터, 정해진 각도에서 움직이는 스테핑 모터, 진동을 만드는 진동 모터 등 다양한 모터가 있습니다.

제3장 전기의 작용

중요도
★★★
모터가 회전하는 방법

정류자에 의해 전자석(전기자)에 흐르는 전류의 방향이 반회전마다 바뀌기 때문에, 전자석의 N극과 S극이 반회전마다 바뀌어서 영구자석과 전자석과의 극 사이에서 작용하는 당기는 힘과 미는 힘에 의해 연속해서 회전합니다.

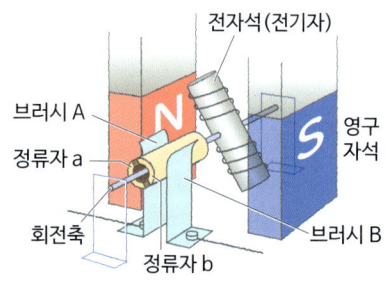

↑ 모터의 구조

❶ 정류자 a, b가 각각 브러시 A, B에 닿아서 전자석(전기자)에 전류가 흐르면 Ⓐ는 N극, Ⓑ는 S극이 되어서 영구자석과 반발하는 방향으로 회전한다

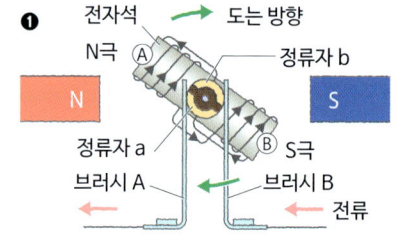

❷ 정류자 a, b가 브러시에 닿지 않았기 때문에 전자석에 전류가 흐르지 않아 극은 사라졌지만 돌던 힘으로 계속 회전한다

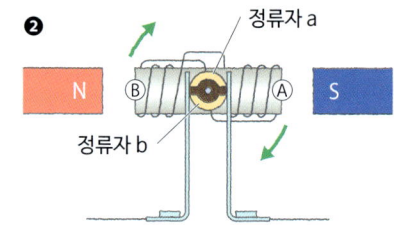

❸ 정류자 a와 브러시 B, 정류자 b와 브러시 A가 닿아서 전자석에는 ❶과 반대인 전류가 흘러서 Ⓐ가 S극, Ⓑ가 N극이 되어 영구자석과 반발하는 방향으로 돌아서 계속 회전한다

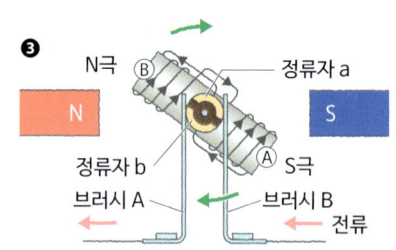

↑ 모터 회전의 구조

정류자의 역할이 핵심이네

  COLUMN 깨알지식 | 지금으로부터 약 200년 전에 영국의 과학자 패러데이(1791~1867)는 자석을 사용해서 전류로 계속 회전하는 장치(패러데이 모터)를 세계에서 처음으로 만들었습니다.

★★★ 코일 모터

코일만 회전하는 모터입니다. 코일에는 반회전 할 때마다 같은 방향으로 전류가 흘러서, 코일에 발생하는 극과 영구자석의 극 사이의 밀어내는 힘에 의해 회전합니다.

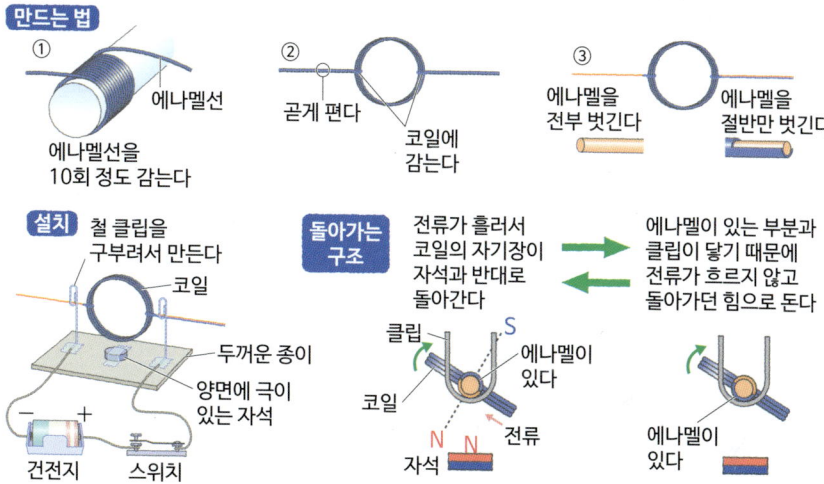

★★★ 버저

버저는 전자석의 성질을 이용하고 있습니다. 전자석에 전류가 흐르면 진동판이 전자석 쪽으로 끌어당겨지고, 전류가 끊어지면 진동판이 원래대로 돌아갑니다. 진동판이 전자석의 철심이나 접점에 반복적으로 부딪혀서 소리가 납니다.

① 전류가 흐르면 전자석이 진동판을 끌어당깁니다
④ 다시 접점 A가 조절 나사와 붙어서 전류가 흐릅니다

② 진동판이 끌어당겨지면서 접점 A가 떨어져서 전류가 끊깁니다
③ 전자석이 자석의 힘을 잃고 진동판은 원래대로 돌아갑니다

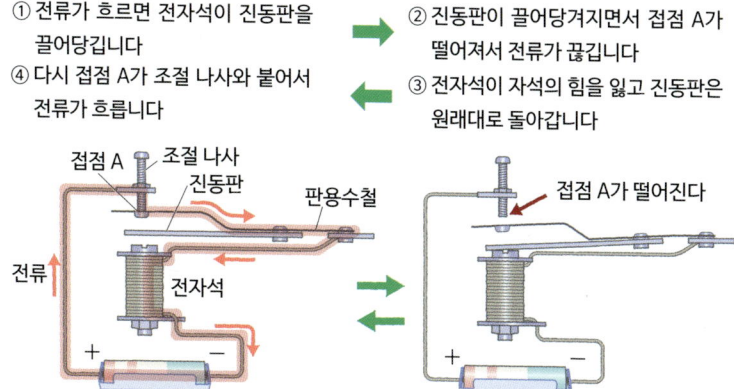

COLUMN 더 자세히 코일 모터는 가장 간단한 모터입니다. 에나멜을 벗긴 부분이 클립과 접할 때 코일에 전류가 흐르는데, 코일에서 발생하는 극과 영구자석 사이에서 서로 밀어내면서 회전합니다.

제3장 전기의 작용

04 전류에 의한 자기장

중요도 ★★★

전선 주위의 자기장(전류와 자기장의 방향)

전류가 흐르는 전선 주위에 철가루를 뿌리면 전선을 중심으로 하는 원형 모양이 생깁니다. 그 위에 나침반을 놓으면 나침반의 바늘은 정해진 방향으로 움직입니다. 이것은 전류가 흐르는 전선 주위에 자기장이 생기기 때문입니다.

전선 주위에 생기는 자기장의 방향은 전류의 방향을 오른쪽으로 도는 원 모양으로 생깁니다. 자기력선으로 나타내면 다음과 같습니다.

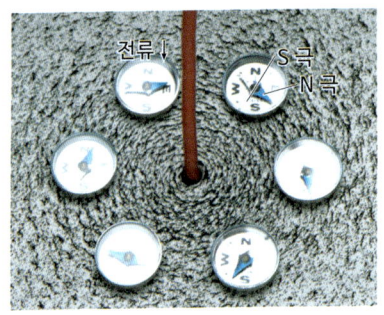

↑ 전선 주위의 자기장의 모습

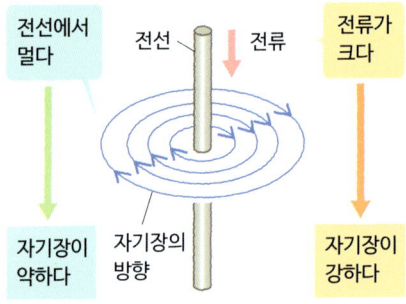

↑ 자기력선으로 표현하기

전선에 흐르는 전류가 클수록 자기장은 강해집니다.
또 전선에 가까울수록 자기장은 강해집니다.

전류가 흐르는 쪽을 봤을 때 시계 방향이야!

★★★

오른나사의 법칙

전선에 흐르는 전류의 방향과 전선 주위에 생기는 자기장의 방향과의 관계를 오른나사의 진행 방향과 나사를 돌리는 방향의 관계로 나타낸 것입니다. 전류의 방향에 맞추어 나사가 진행할 때 자기장의 방향은 나사를 돌리는 방향이 됩니다. 이를 오른나사의 법칙이라고 합니다.

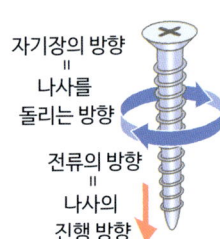

COLUMN 더 자세히 철가루의 모양은 철가루 알갱이 하나하나가 자석이고 전류의 주위에 생긴 자기장의 방향으로 늘어선 것입니다. 철가루의 N S 의 방향을 곡선으로 묶은 것이 자기력선입니다.

★★★ 전류의 크기와 나침반의 움직임

전선의 위아래에 나침반을 놓고 전류를 흘리면 전선 주위에 생기는 자기장에 의해 자침이 움직입니다. 전류를 크게 하거나 전선을 감거나 하면 자침의 움직임은 커집니다.

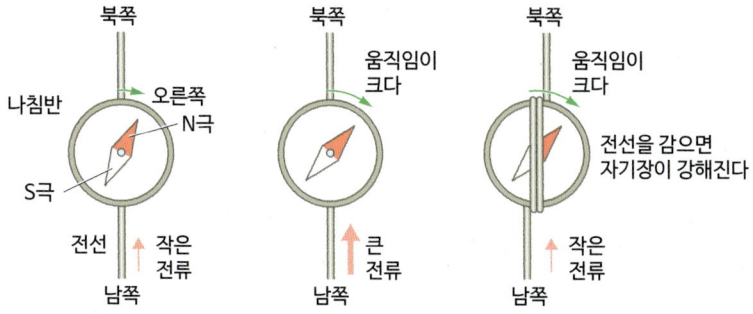

오른쪽 그림과 같이 전류와 직각이 되게 나침반을 두면 전류에 의한 자기장의 방향이 나침반의 바늘과 같은 방향이므로 자침은 움직이지 않습니다.

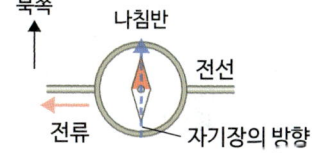

〈나침반이 움직이는 방향을 알아보는 방법〉

전류의 자기장에 의해 나침반의 움직이는 방향은 오른나사의 법칙을 사용해 자기장의 방향을 알아내는 것 외에도 다음 그림처럼 오른손의 손바닥과 나침반 사이에 전선을 끼우는 방법으로도 알 수 있습니다.

엄지만 펼치고 다른 네 손가락을 전류 방향을 향하게 하면 나침반의 N극은 엄지손가락이 가리키는 방향으로 움직입니다.

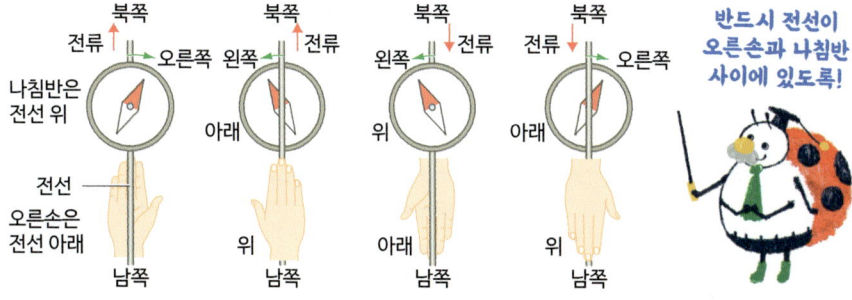

반드시 전선이 오른손과 나침반 사이에 있도록!

 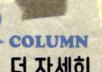 **COLUMN 더 자세히**   나침반 위에 두 줄의 전선을 두었을 때, 두 줄 모두 전류의 방향이 같으면 자기장이 강해지지만 반대라면 서로 영향을 주어 없어집니다.

제3장 전기의 작용

★★★ 원형 전선 주위의 자기장

전선을 원처럼 동그랗게 하면 전선 주위의 자기장이 원 안쪽에서 서로 겹쳐져 안쪽 자기장이 강해집니다. 또 원 안쪽과 바깥쪽에서는 자기장의 방향이 반대가 됩니다.

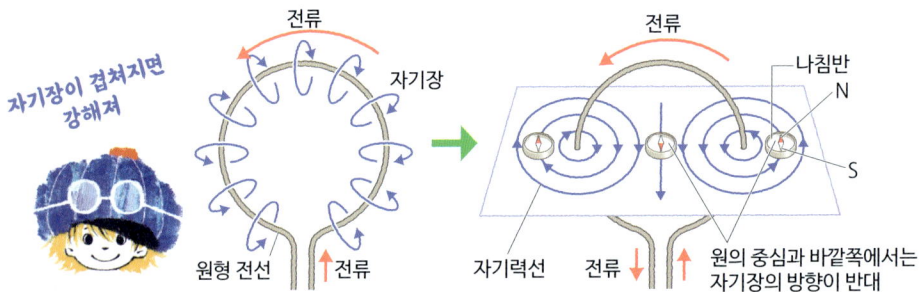

★★★ 코일 주위의 자기장

코일은 원형으로 만든 전선이 많이 모인 것입니다. 코일에 생기는 자기장은 원형으로 만든 전선 주위에 생긴 자기장이 여러 개 서로 겹쳐져 매우 강해집니다. 코일에서 생기는 자기장은 코일에 흐르는 전류가 클수록, 그리고 코일을 감은 횟수가 많을수록 강해집니다. 또 자기장의 방향은 오른손을 사용해 알 수 있습니다.

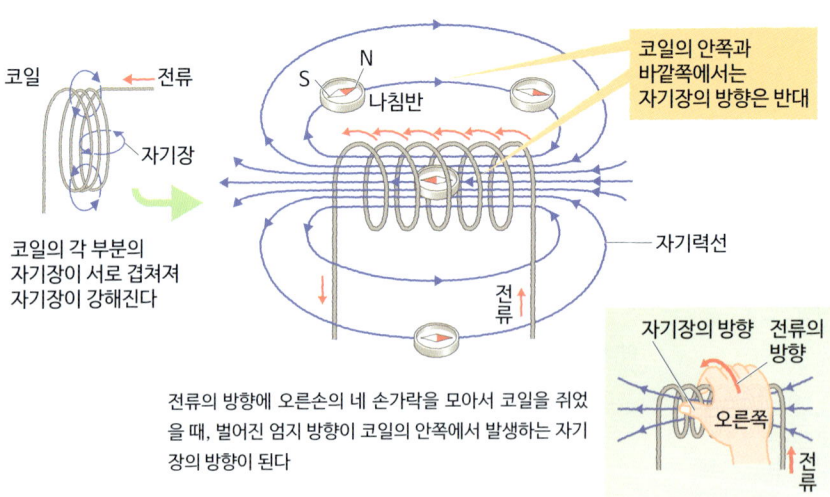

전류의 방향에 오른손의 네 손가락을 모아서 코일을 쥐었을 때, 벌어진 엄지 방향이 코일의 안쪽에서 발생하는 자기장의 방향이 된다

COLUMN 더 자세히
코일에 발생하는 자기장은 막대자석에 발생하는 자기장과 같은 모양이고, 코일의 바깥쪽에서는 극에 해당하는 양 끝이 가장 자기장이 강합니다. 또 코일의 안쪽과 바깥쪽에서는 자기장의 방향이 반대입니다.

05 전기를 만들고 모으다

1 전기를 만들다

발전

자전거의 앞바퀴에 발전기가 붙어 있는 것이 있는데, 페달을 밟으면 자전거 타이어에 닿아 있는 발전기가 회전해서 전기가 만들어지고 불이 켜집니다. 이처럼 전기를 만드는 것을 발전이라고 합니다. 우리가 매일 다양한 전기기구를 사용할 수 있는 것은, 발전소에서 전기를 만들어 집이나 학교로 보내고 있기 때문입니다. 발전소에는 거대한 발전기가 있고 그 발전기를 움직이는 방법에 따라 수력발전, 화력발전, 원자력발전, 풍력발전, 지열발전 등으로 불리고 있습니다.

⬆ 화력발전기에 연결된 터빈

크다!

©読売新聞/アフロ

●발전기를 쓰지 않는 발전

빛이 닿으면 전기를 만드는 광전지(태양전지)를 이용한 태양광발전과 수소와 산소를 반응시켜 전기를 만드는 연료전지는 둘 다 발전기를 쓰지 않고 전기를 만듭니다. 광전지와 연료전지는 '전지'라는 이름이 붙어 있지만 건전지처럼 전지를 만들기 위한 물질이나 에너지를 축적하고 있는 것은 아닙니다. 광전지는 빛이 닿음으로써, 연료전지는 수소와 산소를 반응시켜서 전기를 만드는 발전장치라고 할 수 있습니다.

  영국의 과학자 패러데이는 1831년에 전자기유도를 발견했는데, 그 1년 후에 전자기유도의 원리를 바탕으로 코일과 자석을 사용한 발전기가 발명되었습니다.

제3장 전기의 작용

★★★ 발전과 전지

전기를 만드는 것을 발전이라고 하는데, 그중 축적된 물질을 반응(화학변화)시켜서 전기를 만드는 장치를 전지라고 합니다. 전지는 반응하는 물질이 없어지면 전기를 만들 수 없습니다. 이와 달리 발전기를 돌려서 전기를 만드는 발전은 밖에서 에너지를 계속해서 보내는 한, 전기를 만들 수 있습니다. 단, 만들어진 전기를 발전기에 축적해둘 수는 없습니다.

건전지 — 전기는 잔뜩 있다!
손발전기 — 돌리면 전기는 얼마든지 만들 수 있다
전지는 전기의 재료를 담은 통조림인 듯?

★★★ 발전기

코일 옆에서 자석(영구자석)을 회전시키거나 또는 자석 사이에서 코일을 회전시키거나 해서 전기를 만드는 장치를 발전기라고 합니다. 코일과 자석에서 전기를 만들 수 있는 것은 전자기유도라는 현상에 의한 것입니다. 자석이 코일 옆에서 회전하면 코일 속의 자기장의 모습이 변화합니다. 이때 코일에 전류가 흐르는 현상이 전자기유도인데, 자전거의 발전기, 손발전기, 발전소의 거대한 발전기까지 모두 같은 원리로 전기가 만들어집니다.

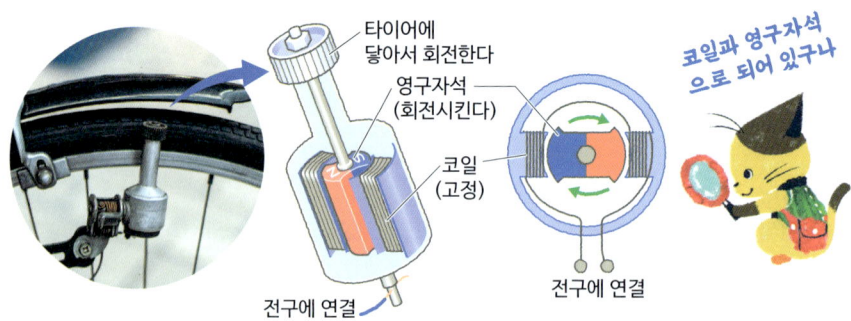

↑ 자전거 발전기의 구조

타이어에 닿아서 회전한다
영구자석(회전시킨다)
코일(고정)
전구에 연결
전구에 연결
코일과 영구자석으로 되어 있구나

COLUMN 깨알지식

코일 주위의 자기장을 변화시키면 코일에 전류가 흐르는 전자기유도 현상은, 전류가 흐르면 그 주위에 자기장이 생기는 것과 반대되는 현상입니다.

★★★ 손발전기

손발전기는 손잡이를 돌려서 발전할 수 있는 발전기입니다. 손발전기 안에는 모터가 들어 있고, 손잡이를 돌리면 모터가 회전해 발전기 역할을 하기 때문에 전기를 만들 수 있습니다. 발전한 전기는 건전지와 같이 꼬마전구의 불을 켜거나 모터를 돌릴 수 있습니다.

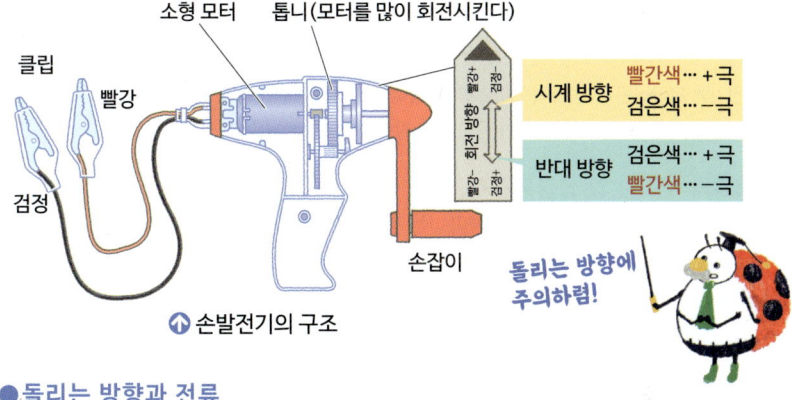

↑ 손발전기의 구조

● 돌리는 방향과 전류
손발전기는 손잡이를 돌리는 방향에 따라 전류의 방향이 바뀝니다.
손발전기에 모터를 연결해서 손잡이를 돌리면 모터가 돌아가는데, 손잡이를 반대로 돌리면 모터도 반대로 돌아갑니다.
손발전기에 **발광다이오드**의 +단자, -단자를 함께 연결해서 손잡이를 돌리면 빛나고, 반대로 돌리면 빛나지 않습니다. 발광다이오드는 전류가 흐르는 방향이 정해져 있기 때문에 전류의 방향을 바꾸면 빛나지 않는 것입니다.

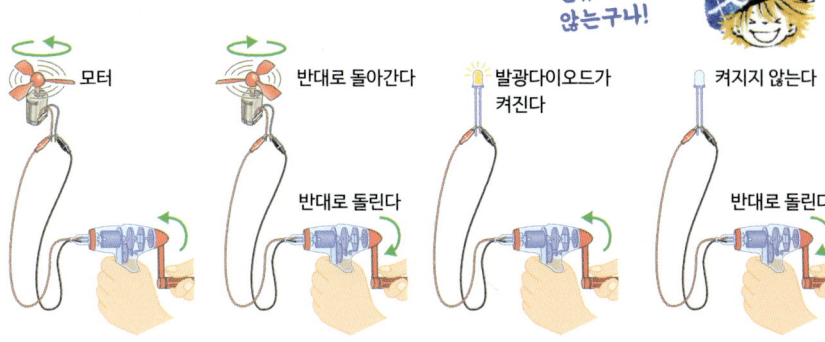

  손발전기를 일정한 속도로 돌리는 것은 익숙해지지 않으면 어렵습니다. 속도가 너무 불규칙하면 꼬마전구 등을 연결했을 때 켜졌다 꺼졌다 하면서 안정되지 않습니다.

제3장 전기의 작용

● 돌리는 속도와 전류
손발전기는 손잡이를 빨리 돌릴수록 많은 전류가 흐릅니다. 꼬마전구는 손잡이를 천천히 돌리면 어두워지고 빨리 돌리면 밝게 켜집니다.

● 돌릴 때의 느낌
손잡이를 돌릴 때의 느낌은 연결된 기구에 따라 차이가 있습니다.
손발전기에 꼬마전구, 발광다이오드, 모터를 각각 연결해서 손잡이를 같은 속도로 돌립니다.
손잡이를 돌리는 세기는 꼬마전구가 가장 크고 발광다이오드는 가장 작게 느껴집니다.

● 느낌의 차이는 왜 생길까?
손발전기의 손잡이를 돌릴 때 느낌이 차이 나는 것은 기구에 흐르는 전류의 크기가 다르기 때문입니다. 이는 꼬마전구에 불을 켜려면 발광다이오드를 빛나게 할 때보다 많은 전기가 필요하다는 것을 나타냅니다. 또 느낌이 생기는 원인은, 큰 전류가 흐를수록 그 전류에 의해 모터 자체가 반대 방향으로 돌아가려고 하는 작용이 커서서, 손잡이를 돌리고 있는 방향과 반대로 힘이 작용하기 때문입니다.

비교 손발전기의 손잡이 돌리는 방법과 발전

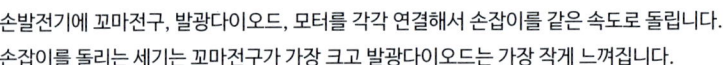

손잡이 돌리는 세기와 느낌	꼬마전구	모터	전자오르골
A 천천히 돌린다	어둡게 빛났다	천천히 돌았다	작은 소리가 났다
B A와 반대 방향으로 천천히 돌린다	어둡게 빛났다	A와 반대 방향으로 천천히 돌았다	소리가 나지 않았다
C A와 같은 방향으로 빠르게 돌린다	A보다 밝게 빛났다	A일 때보다 빨리 돌았다	A일 때보다도 큰 소리가 났다
D C일 때의 느낌	크다 ←――――――――→ 작다		

COLUMN 더 자세히 손잡이를 돌리는 속도를 일정하게 하고 2개의 꼬마전구를 직렬연결과 병렬연결로 해서 돌렸을 때의 느낌을 비교하면, 직렬연결 쪽이 흐르는 전류가 작기 때문에 느낌은 작아집니다.

중요도
★★★
광전지(태양전지)

광전지는 빛을 받으면 전류가 흐르는 전지입니다. 빛에너지를 전기에너지로 직접 바꿉니다. 건전지(1차 전지)와 충전식 전지(2차 전지)와는 달리 빛만 받으면 오랫동안 쓸 수 있습니다. 태양광발전 외에 전자계산기나 손목시계, 휴대전화 충전기, 가로등 등 우리 주변에 있는 것부터 인공위성, 우주정거장 등 전지를 교환할 수 없는 장소에 있는 것의 전원으로도 사용되고 있습니다.

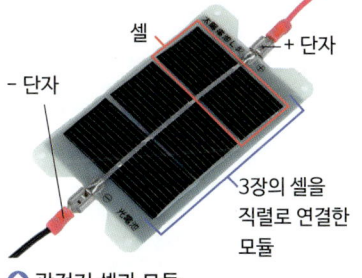

⬆ 광전지 셀과 모듈
광전지는 작용 단위가 되는 셀을 여러 개 연결한 모듈로 되어 있다. 셀의 개수나 연결방법에 따라 광전지의 성능이 달라진다.

⬆ 국제우주정거장(ISS)

⬆ 휴대전화를 충전할 수 있는 광전지

⬆ 전자계산기　⬆ 주택 지붕에 붙어 있는 광전지

COLUMN 깨알지식
국제우주정거장은 약 400km 상공을 초속 약 7.8km의 속도로 지구를 돌면서, 지구와 우주를 관측하고 실험하는 거대한 시설입니다.

제3장 전기의 작용

광전지의 전류와 햇빛

광전지는 햇빛이 닿는 양이나 햇빛이 닿는 광전지의 면적이 클수록 흐르는 전류가 커집니다.

광전지에 닿는 햇빛의 양은 햇빛이 직각으로 들어올 때가 가장 많아집니다. 그렇기 때문에 지면에 수평으로 놓기보다 태양을 향해 기울인 광전지가 흐르는 전류도 커집니다.

또 오른쪽 그림처럼 광전지의 셀 하나를 전부 가려버리면 회로가 연결되지 않아서 전류는 흐르지 않습니다.

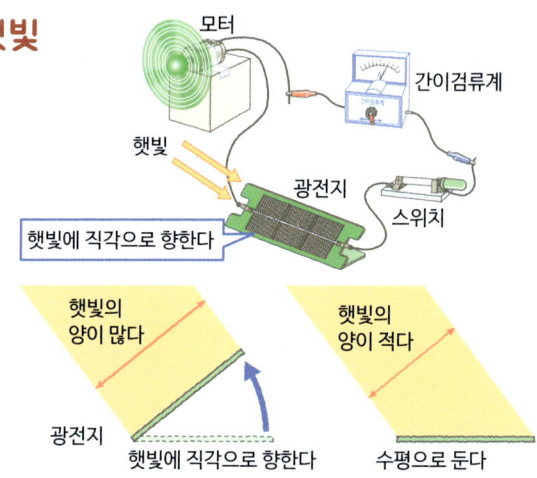

↑ 광전지의 각도와 햇빛의 양

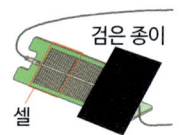

셀 하나를 전부 가리면 전류는 흐리지 않는다

건전지와 광전지 비교

		건전지	광전지
	장점	• 가지고 다니기 편하다 • 다양한 크기나 형태가 있고 사용 목적에 따라 구분해서 쓸 수 있다 • 언제 어디서나 쓸 수 있다 • 일정한 전압으로 만들어진다	• 빛이 닿기만 하면 전기가 만들어진다 • 장기간 사용할 수 있다 • 배출되는 물질이 없다
	단점	• 계속 사용하면 언젠가는 사용하지 못한다 • 액체가 흘러나올 수 있다	• 빛의 세기에 따라 전류의 크기가 변한다 • 빛이 없으면 쓸 수 없다 • 전기를 비축해둘 수 없다
	버리는 법	• 재활용이 가능하기 때문에 일반 쓰레기와 분리해서 수거한다	• 분리해서 수거한다(처리 방법은 정해져 있지 않다)

COLUMN 더 자세히 실용화된 광전지의 교환효율(빛을 전기로 바꾸는 비율)은 약 20~25%입니다. 더 효율이 좋은 광전지를 개발 중입니다.

★★★ 연료전지

연료전지는 건전지 등과 같이 물질의 반응(화학변화)을 이용해서 전기에너지를 만들어냅니다. 반응시키는 물질을 외부에서 계속 공급하면 언제든지 전기를 만들 수 있는 발전 장치입니다.

소음이 없고, 발생되는 물질은 물밖에 없어 유해하지 않습니다. 좋은 효율로 전기를 만드는 장점이 있습니다. 자동차, 정원이나 빌딩의 전원, 노트북 컴퓨터, 태블릿 등 휴대형 기기를 위한 실용화가 진행되고 있습니다.

●연료전지의 구조

수소를 시험관에 모아 성냥불을 가져가면 펑 하는 소리를 내며 파르스름한 불꽃이 타오릅니다. 이는 수소가 공기 중의 산소와 만나는 반응입니다. 이때 열이나 빛 등의 에너지가 나와서 물이 생깁니다. 연료전지에서는 수소를 태워서 에너지를 얻는 것이 아니라 수소와 산소가 직접 화학반응을 일으켜서 전기에너지를 얻을 수 있습니다.

수소 + 산소 → 에너지 + 물

먼저 수소에서 전자를 냅니다. 전자를 잃은 수소는 다른 방으로 이동해, 전선을 통해서 온 전자와 공기 중의 산소를 받아들여 물이 됩니다. 이렇게 해서 전자를 이동시킴으로써 전류를 내는 것입니다.

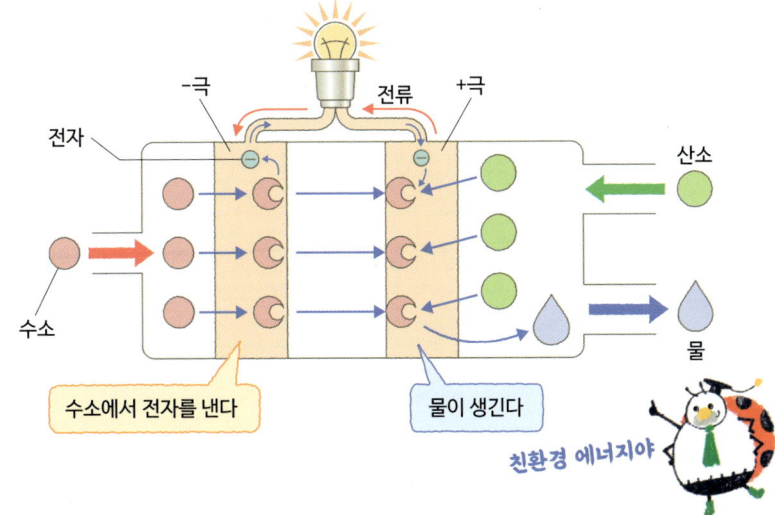

COLUMN 깨알지식 — 연료전지 아이디어는 19세기 초에 나왔는데, 1965년에 NASA(미 항공우주국)가 유인우주선 제미니 5호에 사용한 후부터 주목받게 되었습니다.

제3장 전기의 작용

② 전기를 모으다

중요도
★★★
콘덴서

콘덴서는 전기를 모을(충전) 수 있는 장치입니다. 커패시터 또는 축전기라고도 합니다. 콘덴서에 전지나 손발전기를 연결해서 전류를 흘리면 전기가 모입니다. 전기가 모여 있는 콘덴서에 꼬마전구나 발광다이오드를 연결하면 꼬마전구나 발광다이오드가 빛나고 모인 전기를 사용(방전)할 수 있습니다.

● 콘덴서의 사용법

- 2개의 단자가 있고 다리 길이가 긴 쪽이 +단자입니다. 또는 '−' 표시가 있는 쪽이 −단자입니다.
- 전기를 모으기 위해 +단자는 전지나 손발전기의 +극에, −단자는 −극에 각각 연결합니다.
- 발광다이오드나 전기오르골에 연결할 때는 +단자는 +극(빨간색 선), −단자는 −극(검은색 선)에 연결합니다.

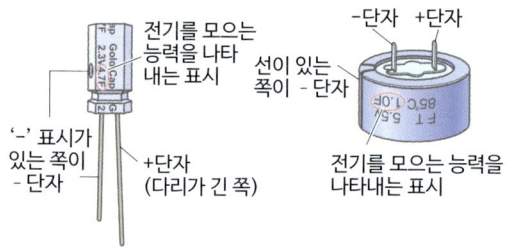
콘덴서

〈 콘덴서를 사용한 실험 〉

손발전기의 손잡이를 돌리는 횟수와 콘덴서에 연결한 꼬마전구나 발광다이오드에 불이 켜지는 시간과의 관계를 알아봅시다.

 방법
콘덴서에 손발전기를 연결하고 일정한 속도로 손잡이를 돌려서 발전시킨 전기를 콘덴서에 비축합니다. 이 콘덴서에 꼬마전구나 발광다이오드를 연결해서 불이 켜져 있는 시간을 알아봅니다.

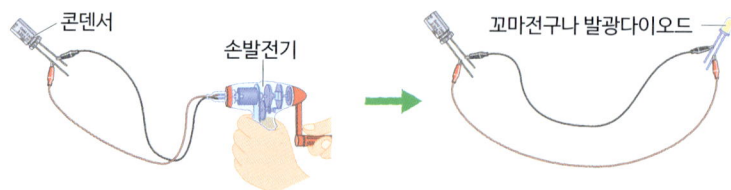

COLUMN 더 자세히 콘덴서의 '1.0F' 등의 표시는 전기를 모으는 능력을 나타내며, F는 그 단위인 '패럿'입니다. 숫자가 클수록 전기를 많이 모을 수 있습니다.

결과	손잡이를 돌린 횟수	꼬마전구에 불이 켜진 시간	발광다이오드에 불이 켜진 시간
	40회	28초	2분 32초
	80회	59초	5분 02초

- 꼬마전구도 발광다이오드도 손잡이를 돌린 횟수가 많아질수록 불이 켜지는 시간이 길어졌다.
- 꼬마전구보다 발광다이오드가 오래 불이 켜져 있었다.

손발전기의 손잡이를 일정한 속도로 돌렸을 때, 돌린 횟수가 많은 쪽이 콘덴서에 모인 전기의 양이 많아서 꼬마전구나 발광다이오드에 불이 켜지는 시간은 길어집니다. 또 같은 전기의 양으로 불이 켜지는 시간은 꼬마전구보다 발광다이오드가 길다는 것을 알 수 있습니다.

★★★ 콘덴서의 구조

콘덴서는 두 장의 금속판이 서로 마주 보고 있는 구조로 되어 있으며, 전지나 발전기를 연결해서 전류를 흘리면 두 장의 금속판에 전기가 모입니다.

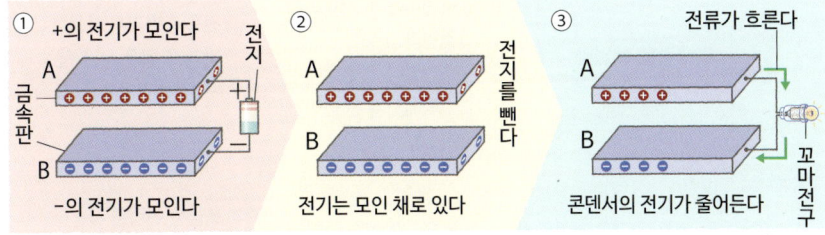

① 두 장의 금속판에 전지를 연결했을 때 A의 금속판은 +의 전기, B의 금속판은 -의 전기를 띱니다
② A와 B 사이의 +의 전기와 -의 전기는 서로 끌어당기므로 전지를 빼도 전기는 없어지지 않고 모여 있습니다
③ 콘덴서에 꼬마전구를 연결하면 전류가 금속판 A에서 꼬마전구를 통해 금속판 B로 흘러서 꼬마전구가 빛납니다

대단하네

  콘덴서에 모인 전기의 양은 손발전기를 돌리는 회전수 외에 회전하는 속도와 관계가 있습니다. 같은 회전수일 때, 빠르게 회전시킨 쪽이 전기는 많이 모입니다.

제3장 전기의 작용

 **건전지, 충전지, 콘덴서를 비교해보자**

	건전지	충전지	콘덴서
특징	● 건전지 재료의 반응이 끝나면 다시 전기를 모을 수 없다 ● 잠깐씩만 쓰면 오랫동안 쓴다	● 물질을 반응시켜서 전기를 만드는데, 전기가 없어지면 충전해서 물질을 반응 전으로 돌려 여러 번 쓸 수 있다	● 충전해서 전기를 모을 수 있다 ● 물질이 반응하는 것이 아니기 때문에 수명이 길다
충전	● 충전할 수 없다	● 충전하는 시간이 오래 걸린다 ● 충전할 수 있는 횟수는 수백에서 수천 번이다	● 전용 충전기를 사용하며 매우 짧은 시간(몇 초)에 충전할 수 있다
이용	● 시계 등 적은 전기를 쓰는 기구에 적합하다 ● 잠깐씩만 쓰는 손전등, 리모컨 등에 좋다	● 높은 전압에서 안정적이기 때문에 컴퓨터, 휴대전화, 비디오카메라 등에 쓰인다	● 조금씩 전기를 사용하는 것에는 적합하지 않으며, 카메라 플래시 등 한 번에 많은 양의 전기를 사용하는 것에 좋다

©パナソニック株式会社

전지 안에서는 물질이 반응하고 있어!

전기를 그대로 모으는 것이 콘덴서

COLUMN
전기는 어떻게 만들까?

코일과 자석으로 전기를 만든다

코일에 전류를 흘리면 코일 주위에는 자기장이 생기지요. 반대로 코일 주위에 자기장을 만들면 이번에는 코일에 전류가 흐릅니다.

코일 안에 막대자석을 넣습니다. 그러면 막대자석을 움직일 때만 코일에 전류가 흐르고 막대자석의 움직임을 멈추면 전류가 흐르지 않게 됩니다. 즉, 코일 안의 자기장이 변화할 때만 코일에 전류가 흐르는 것입니다. 이 현상을 전자기유도라고 하며, 이때 흐르는 전류를 유도전류라고 합니다.

코일에 흐르는 전류의 방향은 막대자석의 N극, S극이나 움직이는 방향에 따라 바뀝니다. 또 자석을 빨리 움직여서 자기장을 크게 변화시킬수록 전류는 커집니다.

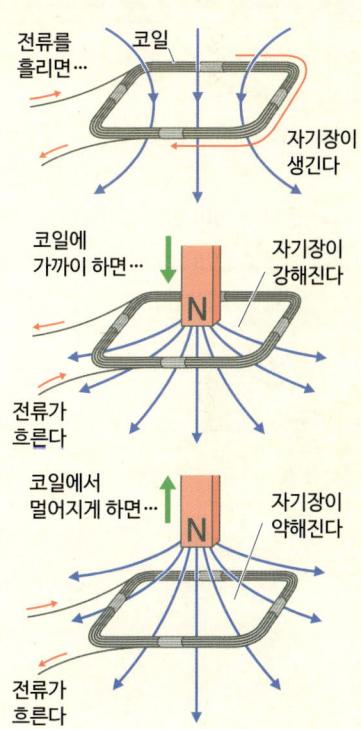

전자기유도를 이용하는 발전기

전자기유도를 이용해서 전류를 연속적으로 낼 수 있게 한 장치가 발전기입니다. 코일(또는 자석)을 회전시켜서 코일 속 자기장의 방향을 끊임없이 변화시켜 코일에 전류가 흐를 수 있도록 했습니다. 손발전기를 비롯해서 화력발전소 등의 큰 발전기도 같은 구조로 발전하고 있는데, 코일을 회전시키기 위해 쓰이는 힘이 다를 뿐입니다.

제3장 전기의 작용

06 전류에 의한 발열

1 전류와 발열

중요도 ★★★ **전류에 의한 발열**

꼬마전구를 건전지에 연결하면 필라멘트에 전류가 흘러 열이 나고 온도가 높아져서 빛이 납니다. 전자석에 전류를 계속해서 흘리면 코일 부분이 뜨거워집니다. 전자석의 에나멜선에 전류가 흘러서 열이 발생했기 때문입니다. 토스터나 전기스토브, 헤어드라이어 등의 전기기구에는 전열선이라는 금속선을 써서 발생하는 열을 이용합니다. 이처럼 전류는 열을 발생시키는 역할을 합니다.

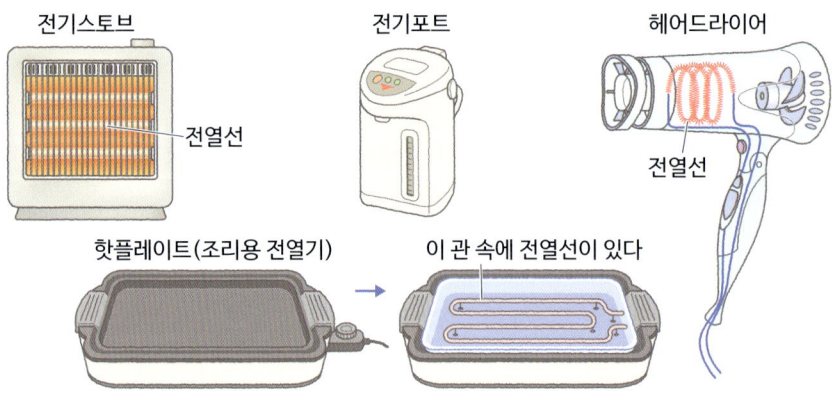

⬆ 발열을 이용한 전기기구

★★★ **전열선**

전열선은 열이 잘 발생하는 금속을 사용한 선입니다. 전선으로 쓰이는 구리는 전류가 잘 통하기 때문에 열이 거의 발생하지 않지만, 전열선의 주요 재료인 니크롬은 구리에 비해 전기저항이 크기 때문에 전류가 통하기 어려워서 발열이 크다는 특징이 있습니다. 전열선은 다리미나 드라이어, 토스터 등의 전기기구에 쓰이고 있습니다.

COLUMN 깨알지식 — 전기스토브의 전열선은 유리관 속에 있는데, 전기포트나 핫플레이트의 전열선은 금속관 속에 있습니다. 이러한 관을 시즈히터라고 합니다.

★★★ 전열선과 발열

전열선에서 발생하는 열의 양을 발열량이라고 합니다. 전열선은 전류가 흐르면 열이 나는데 두께에 따라 발열량은 변합니다.

〈 굵은 전열선과 가는 전열선의 발열량을 비교하는 실험 〉

굵은 전열선과 가는 전열선을 사용해서 스티로폼이 잘리는 속도로 발열량을 비교합니다.

방법

① 전원장치와 스위치, 전열선을 사용해 회로를 만들고, 같은 길이의 굵은 전열선과 가는 전열선, 스티로폼 판을 준비합니다.
② 스위치를 켜고 그림과 같이 전열선 위에 스티로폼 판을 올리고 스티로폼이 다 잘릴 때까지의 시간을 잽니다.
③ 각각 3회 측정한 후 그 평균 시간을 비교합니다(오차를 작게 해서 보다 정확한 시간을 비교하기 위해서입니다).

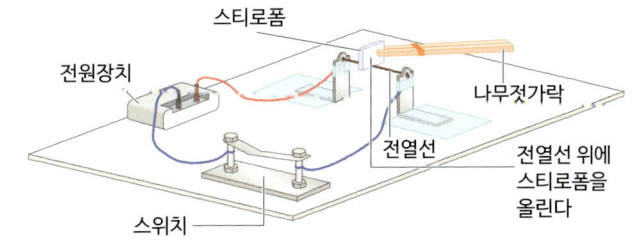

결과

전열선	스티로폼이 잘릴 때까지의 평균 시간	발열량
굵은 전열선(지름 0.4mm)	2.7초	많다
가는 전열선(지름 0.2mm)	3.8초	적다

굵은 전열선 쪽이 스티로폼이 잘릴 때까지의 평균 시간이 짧기 때문에, 가는 전열선보다 굵은 전열선 쪽이 발열이 잘된다고 할 수 있습니다.

전열선의 발열량은 흐르는 전류가 클수록 커집니다. 전열선의 굵기에 따라 발열량이 변하는 것은 흐르는 전류의 크기가 변하기 때문입니다. 또 전열선의 길이에 의해서도 전류의 크기는 달라지므로 발열량도 변합니다.

제3장 전기의 작용

★★★
니크롬선

니크롬선은 주로 니켈과 크로뮴(크롬)이라는 금속의 합금(2종 이상의 물질이 섞인 금속)으로 만든 금속선입니다. 니크롬은 녹는점이 높기 때문에(약 1,400℃) 고온에서도 잘 녹지 않고 공기 중에서도 잘 타지 않는 성질이 있고, 전기저항이 크기 때문에 전열선으로 많이 쓰이고 있습니다. 니크롬선을 전열선이라고 부르는 경우도 있습니다.

★★★
전기저항(저항)

전류의 흐름을 방해하는 정도를 전기저항 또는 줄여서 저항이라고 합니다. 전기저항의 크기는 옴(기호 Ω)이라는 단위로 나타냅니다. 전류가 흐르는 것에는 모두 전기저항이 있고 그 값은 물질에 따라 정해져 있습니다. 전기저항이 큰 것일수록 전류는 흐르기 어려워집니다.

★★★
옴의 법칙

전열선이나 꼬마전구 등에 건전지 등의 전원을 연결한 회로에서 전열선의 전기저항과 전열선에 흐르는 전류의 크기, 전원의 전압과의 관계는 다음과 같은 식으로 나타낼 수 있습니다. 이를 옴의 법칙이라고 합니다.

$$전압\ [V] = 전기저항\ [Ω] \times 전류\ [A]$$

어떤 전기선에 1V 전압인 전원을 연결했을 때, 1A의 전류가 흐르면 그 전열선의 전기저항은 '1Ω'입니다.

● 옴의 법칙을 써서 계산해보자

 5V의 전원에 연결한 전열선에 흐르는 전류가 2A일 때, 그 전열선의 전기저항은 몇 Ω일까요?

 5[V] = 전기저항[Ω] × 2[A] 이므로 저항은 5 ÷ 2 = 2.5[Ω]
답 **2.5Ω**

 3V의 전원에 전기저항이 2Ω인 전열선을 연결했을 때, 흐르는 전류는 몇 A일까요?

 3[V] = 2[Ω] × 전류[A] 이므로 전류는 3 ÷ 2 = 1.5[A]
답 **1.5A**

- 전기저항이 작다 = 전류가 흐르기 쉽다…철, 구리, 알루미늄 등의 금속
- 전기저항이 크다 = 전류가 흐르기 어렵다…고무, 유리, 나무, 플라스틱 등

| 3학년 | 4학년 | 5학년 | 6학년 | 발전 |

★★★ 전열선의 굵기(단면적)와 전류

같은 길이의 전열선에서는, 굵기(단면적)가 2배, 3배, …가 되면 전류의 크기는 2배, 3배, …가 됩니다. 즉, 흐르는 전류는 전열선의 굵기에 비례합니다.

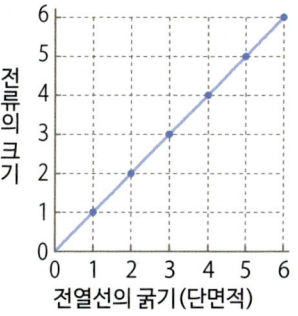

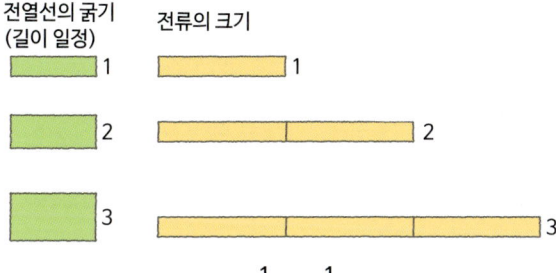

이는 전열선의 전기저항이 $\frac{1}{2}$배, $\frac{1}{3}$배, …로 작아져서 전류가 잘 흐르게 되기 때문입니다.

〈주의〉
전류가 비례하는 것은 전열선의 단면적이며 전열선의 지름은 아닙니다. 지름이 2배, 3배가 되면 단면적은 4배, 9배가 됩니다.

★★★ 전열선의 길이와 전류

같은 굵기(단면적)의 전열선에서는 길이 2배, 3배, …가 되면 전류의 크기는 $\frac{1}{2}$배, $\frac{1}{3}$배, …가 됩니다. 즉, 전류의 크기는 전열선의 길이에 반비례합니다.

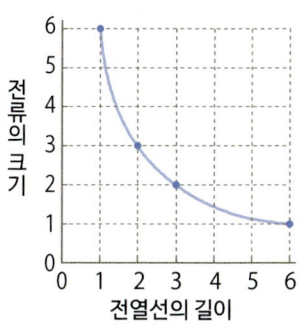

이는 전열선의 전기저항이 2배, 3배, …로 커져서 전류가 흐르기 어려워지기 때문입니다.

길면 전류가 흐르는 것을 방해하는 것이 많아지지

  COLUMN 깨알지식 전열선의 단면적은 원의 넓이로 나타냅니다. 원의 넓이는 다음 식으로 구합니다.
원의 넓이=3.14(원주율)×원의 반지름×원의 반지름

제1장 빛과 소리
제2장 자석
제3장 전기의 작용
제4장 물체의 운동
제5장 힘의 작용

제3장 전기의 작용

★★★ 발열량

열은 에너지의 일종으로 물질의 온도를 변화시키는 원인이 됩니다. 물질이 열을 받으면 물질의 온도가 올라가고, 물질에서 열이 빠져나가면 물질의 온도는 내려갑니다.
예를 들어 물속에 있는 전열선에 전류가 흐른다고 가정하면 전열선에서 열이 나고 그 열이 물을 가열해서 물의 온도가 올라갑니다. 그때 전열선에서 발생한 열(에너지)의 양을 발열량이라고 합니다.

전열선에서 나온 열이 모든 물의 온도를 올리는 데 쓰였다고 하면 물의 상승 온도는 물에 가해진 열량(발열량)에 비례합니다. 그 성질을 이용해서 전열선의 발열량을 알아볼 수 있습니다.

〈전열선의 발열량과 시간〉

그림과 같이 물에 전열선을 넣어서 전류를 흘리면 물의 온도는 전류를 흘린 시간에 비례해서 상승합니다. 일정한 전류를 흘렸을 때, 전열선의 발열량은 전류를 흘린 시간에 비례합니다.

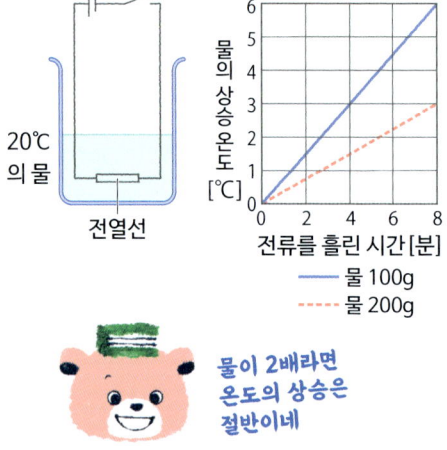

〈물의 양과 물의 온도변화〉

위와 같이 물의 양만 100g에서 200g으로 바꾸고 다른 조건(전류, 전지의 수(전압), 시간)을 똑같이 하고 전열선에 전류를 흘립니다. 그러면 전열선의 발열량은 같은 상태에서 물의 양을 2배로 데우기 때문에, 물의 상승 온도의 크기는 100g일 때의 절반이 됩니다. 물의 온도가 시간에 비례해서 상승하는 것은 같습니다.

물이 2배라면 온도의 상승은 절반이네

COLUMN 더 자세히 실제 실험에서는 전열선의 열은 주변 공기 중으로도 나가지만, 전열선에서 나온 열은 모두 물의 온도 상승에 쓰인 것으로 생각합니다.

★★★ 발열량과 전류의 크기

건전지의 수가 같을 경우(전압이 일정한 경우), 전열선의 발열량은 전류의 크기에 비례합니다.

〈전열선의 굵기(단면적)가 다를 경우〉

길이는 10cm이고 단면적이 $1mm^2$인 전열선 A와 단면적이 $2mm^2$인 전열선 B에서는, 전열선 B에 흐르는 전류가 A의 2배가 되기 때문에 발열량도 2배가 됩니다.

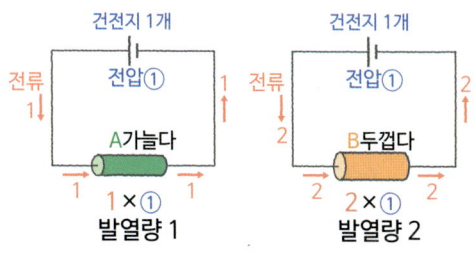
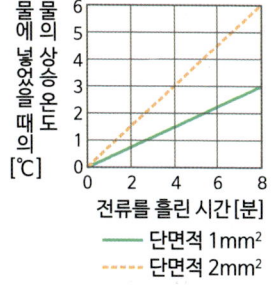

〈전열선의 길이가 다를 때〉

단면적이 $1mm^2$이고 길이가 10cm인 전열선 A와 길이 20cm인 전열선 C에서는, 전열선 C에 흐르는 전류가 A의 $\frac{1}{2}$이 되기 때문에 발열량도 $\frac{1}{2}$이 됩니다.

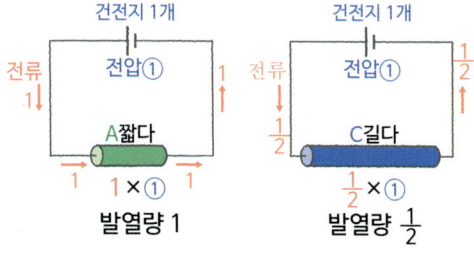
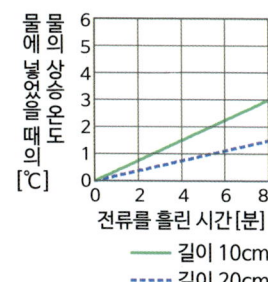

● 건전지의 수가 바뀌는(전압이 바뀌는) 경우

전열선의 발열량, 전류, 전류를 흘리는 힘인 전압은 "발열량은 '전류×전압'과 비례한다"라는 관계가 있습니다.
예를 들어, 전열선에 건전지 2개를 직렬로 연결하면 전압이 2배가 되고, 흐르는 전류도 2배가 됩니다. 그래서 발열량은 2×2=4배가 됩니다.

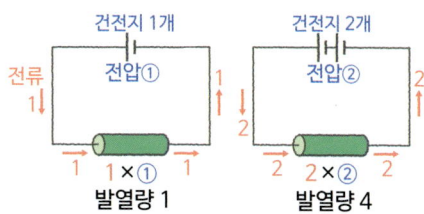

COLUMN 더 자세히

여기서 제시한 '전류×전압'을 전력이라고 합니다. 전력은 전기기구 사용에 필요한 전기량의 크기를 나타낸 것입니다. 전열선의 발열량과 꼬마전구의 밝기가 다른 것은 전력이 다르기 때문입니다.

제3장 전기의 작용

2 전열선의 연결방법과 발열량

★★★ 전열선의 직렬연결과 발열량

같은 굵기와 같은 길이의 전열선을 2줄, 3줄, …로 직렬연결 하고, 같은 양의 물을 넣고 일정한 시간 동안 전류를 흘리면 발열량은 다음 그림과 같습니다.

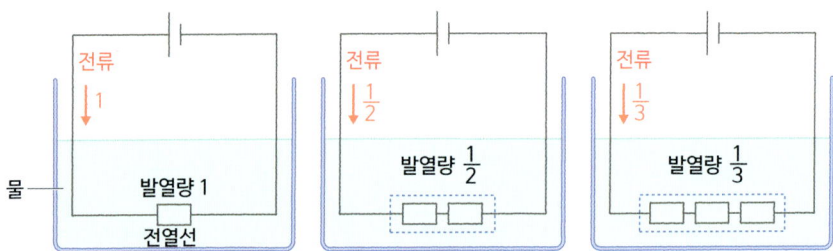

전열선을 2줄, 3줄, …로 직렬연결 하면 전열선에 흐르는 전류의 크기는 $\frac{1}{2}$배, $\frac{1}{3}$배, …가 되고, 발열량도 $\frac{1}{2}$배, $\frac{1}{3}$배, …가 됩니다.

★★★ 전열선의 병렬연결과 발열량

같은 굵기와 같은 길이의 전열선을 2줄, 3줄, …로 병렬연결 하고, 같은 양의 물을 넣고 일정한 시간 동안 전류를 흘리면 발열량은 다음 그림과 같습니다.

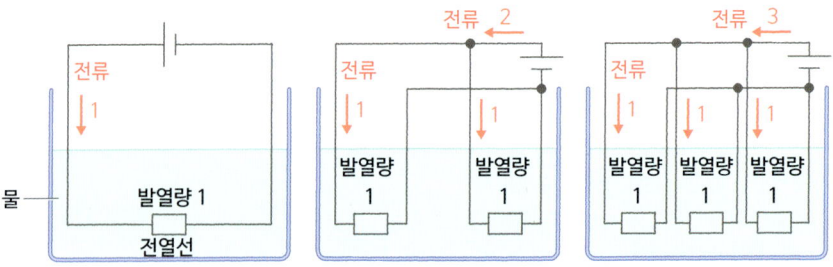

전열선을 2줄, 3줄, …로 병렬연결 하면 각 전열선에 흐르는 전류는 1줄일 때와 같기 때문에 발열량은 1줄일 때와 바뀌지 않습니다. 회로 전체에서는 전류의 크기가 2배, 3배, …가 되기 때문에 발열량도 2배, 3배, …가 됩니다.

COLUMN 더 자세히

전열선의 직렬연결에서 2줄 직렬, 3줄 직렬, …일 때, 회로 전체의 발열량이 $\frac{1}{2}$배, $\frac{1}{3}$배, …가 되기 때문에 전열선 1줄의 발열량은 $\frac{1}{4}$배, $\frac{1}{9}$배, …가 됩니다.

| 3학년 | 4학년 | 5학년 | 6학년 | 발전 |

● 전열선의 직렬연결과 길이

같은 굵기와 같은 길이의 전열선을 2줄, 3줄, …로 직렬연결 하면 전열선의 길이를 2배, 3배, …로 했을 때와 같아지고, 전체 발열량은 $\frac{1}{2}$배, $\frac{1}{3}$배, …로 작아집니다.

● 전열선의 병렬연결과 굵기(단면적)

같은 굵기와 같은 길이의 전열선을 2줄, 3줄, …로 병렬연결 하면 전열선의 굵기(단면적)를 2배, 3배, …로 했을 때와 같아지고, 전체 발열량은 2배, 3배, …로 커집니다.

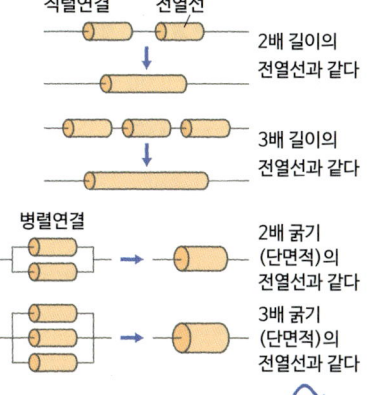

비교 전열선의 연결방법과 발열량

		전열선 1줄일 때	전열선 2줄의 직렬연결	전열선 2줄의 병렬연결
건전지 1개	회로	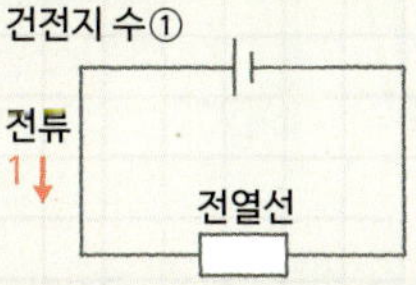 건전지 수 ① 전류 1↓ 전열선	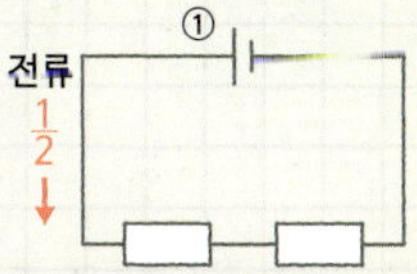 ① 전류 $\frac{1}{2}$↓	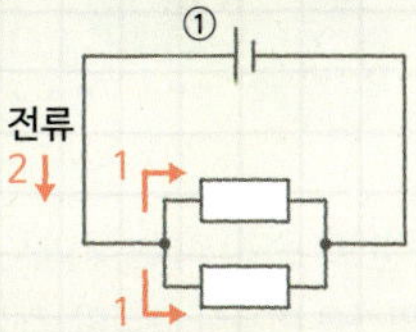 ① 전류 2↓ 1↓ / 1↓
	전체 발열량	전류 × 건전지 수 1 × ① = 1	$\frac{1}{2}$ × ① = $\frac{1}{2}$	2 × ① = 2
	1줄의 발열량	1 × ① = 1	$\frac{1}{2}$ × ① ÷ 2 = $\frac{1}{4}$	1 × ① = 1
건전지 2개	회로	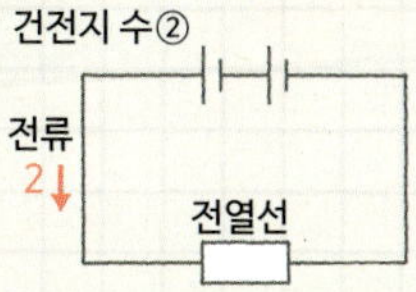 건전지 수 ② 전류 2↓ 전열선	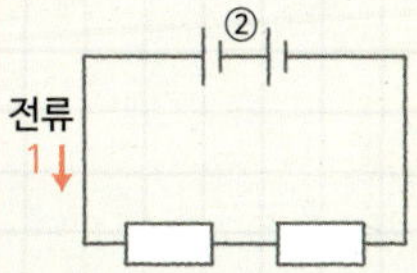 ② 전류 1↓	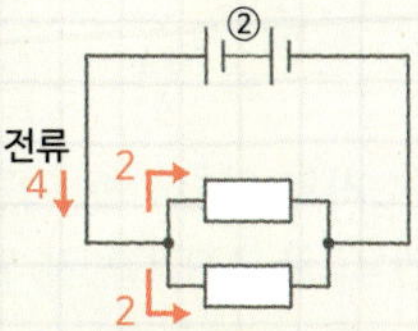 ② 전류 4↓ 2↓ / 2↓
	전체 발열량	전류 × 건전지 수 2 × ② = 4	1 × ② = 2	4 × ② = 8
	1줄의 발열량	2 × ② = 4	1 × ② ÷ 2 = 1	2 × ② = 4

에너지편

제1장 빛과 소리

제2장 자석

제3장 전기의 작용

제4장 물체의 운동

제5장 힘의 작용

제3장 전기의 작용

07 전기의 이용

1 전기의 이용

전기의 전환과 이용

전기는 다양한 기구를 사용해서 빛과 열, 소리, 물체의 운동 등으로 전환되어 이용되고 있습니다. 전기와 빛, 열, 물체의 운동은 모두 에너지이고, 기구를 써서 전기에너지를 전환하고 있습니다.

● **빛으로 전환하는 기구**
꼬마전구, 발광다이오드, 손전등, 형광등 등의 방 조명기구나 가로등, 자동차 전조등 등이 있습니다.

손전등	카메라 플래시	전등	자동차 전조등
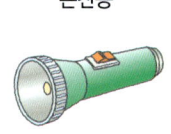			

● **열로 전환하는 기구**
전열선을 이용한 다리미, 헤어드라이어, 전기스토브, 토스터, 핫플레이트, 전기밥솥 등이 있습니다.

다리미	헤어드라이어	토스터	전기스토브
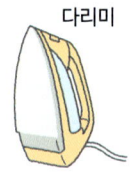	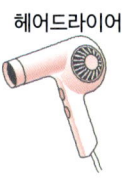		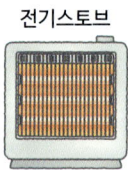

● **소리로 전환하는 기구**
전자오르골, 스피커, 버저, 벨, 헤드폰 등이 있습니다.

방범버저	스피커	헤드폰
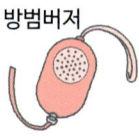		

  COLUMN 더 자세히 전기기구의 경우, 전류가 흐르면 반드시 열이 발생해서 전기에너지의 일부가 없어지기 때문에 전기에너지 전체가 에너지로 전환되는 일은 없습니다.

●물체의 운동으로 전환하는 기구

모터는 전류를 흘려서 회전하는 운동으로 바꾸는 장치입니다. 모터는 세탁기, 선풍기, 믹서, 기차, 전기자동차 등 다양한 것에 쓰이고 있습니다.

세탁기

선풍기

전동휠체어

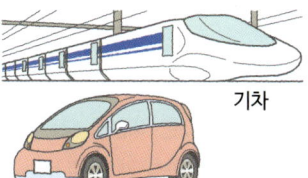
기차
전기자동차

★★★ 전력

전기기구가 열이나 빛, 소리를 내거나 물체를 움직이는 능력의 크기를 전력 또는 소비전력이라고 합니다. 1초 동안에 소비되는 전기에너지의 양으로 나타냅니다. 전력의 크기는 다음 식으로 계산할 수 있습니다. 단위는 와트(기호 W)입니다.

전력 [W] = 전압 [V] × 전류 [A]

예) 100V의 전원에 연결한 전구에 0.6A의 전원이 흘렀을 경우, 전구의 전력은 100[V] × 0.6[A] = 60[W]

전기기구	전력 [W]
에어컨	885
전기밥솥	1100
오븐토스터	1000
텔레비전	143
믹서	225
형광등	32

↑ 전기기구의 전력

★★★ 전력량

사용한 전기에너지 전체의 양을 전력량이라고 합니다. 전력에 사용한 시간을 곱한 양입니다. 가정의 전력량 단위는 와트시(기호 Wh)가 쓰입니다.

전력량 [Wh] = 전력 [W] × 시간 [h]

예) 1,000W의 전기기구를 5시간 썼을 때 소비한 전력량은 1000[W] × 5[h] = 5000[Wh]

오른쪽 그림은 한 달 전기요금 청구서의 일부입니다. 이 경우, 한 달 동안 소비한 전력량은 315kWh=315,000Wh 라는 것을 나타내고 있습니다.

↑ 전기계량기
사용한 전력량을 측정하는 기기

사용주소		
20XX년 3월분	사용기간 2월 28일 ~ 3월 30일 검침월일 3월 30일	전력량 (31일간)
사용량		315kWh
청구예정금액		86,630원
기본요금		8,190원

COLUMN 더 자세히 전력량은 시간의 단위를 '초'로 하고 '와트초'를 사용하는 것도 있습니다. 하지만 숫자가 너무 커지기 때문에 실제로는 와트시를 사용합니다.

제3장 전기의 작용

★★★ 컴퓨터
프로그램에 따라서 대량의 계산을 자동적으로 하는 장치입니다. 개인이 사용하는 PC와 대규모의 슈퍼컴퓨터 등이 있습니다. 휴대전화나 가전제품 등에는 작은 컴퓨터가 들어 있어서 기기를 제어(컨트롤)하고 있습니다.

★★★ 프로그램
컴퓨터에게 필요한 작업을 시키기 위해 그 순서(명령)를 일정 기준에 따라 기술한 것입니다. 프로그램을 만들 때는 컴퓨터가 인식할 수 있는 프로그램 언어를 사용합니다. 프로그램의 내용을 바꿔 써서 컴퓨터에 다양한 작업을 시킬 수 있습니다.

★★★ 인터넷
컴퓨터끼리 연결해서 정보를 주고받을 수 있게 한 구조를 네트워크(정보통신 네트워크)라고 하며, 세계적으로 네트워크가 연결된 것을 인터넷이라고 합니다. 인터넷을 이용함으로써 전자메일을 주고받고 웹페이지를 볼 수 있습니다. 또 주변의 물건들이 인터넷으로 연결되는 구조를 사물인터넷(IoT, Internet of Things)이라고 합니다. 예를 들어 에어컨을 집 밖에서 스마트폰 등을 사용해 원격으로 조작할 수 있습니다.

★★★ 인공지능(AI)
학습이나 추론, 판단, 기억 등 인간 지능의 기능을 컴퓨터를 사용해서 실현시킨 것입니다. 예를 들어 인공지능을 사용한 자동차의 자동운전에서, 센서 등으로 얻은 정보에 의해 차 주변의 상황(다른 차의 위치나 신호의 색 등)을 인식해서 어떻게 차를 움직이면 좋을까를 컴퓨터 스스로가 판단해서 자동적으로 운전조작을 할 수 있습니다. 그 외에도 로봇청소기, 바둑 등의 컴퓨터 프로그램 등에도 활용되고 있습니다.

⬆ 인간형 로봇
카메라와 센서로 인간의 감정을 인식해서 그에 따라 행동을 한다
© SoftBank Robotics Corp.

COLUMN 더 자세히
인터넷 등에서 얻을 수 있는 방대한 양의 각양각색의 데이터(정보)를 빅데이터라고 합니다. 컴퓨터로 분석해서 새로운 서비스나 사람들의 생활에 도움이 될 수 있는 시도를 하고 있습니다.

'프로그래밍'이 뭐야?

컴퓨터는 장치를 단순히 조립한다고 해서 움직이지 않습니다. 컴퓨터를 움직이기 위해서는 사람이 명령을 해야 합니다. 컴퓨터에 전달하는 명령을 쓴 것이 프로그램이고, 프로그램을 만드는 것을 프로그래밍이라고 합니다.

프로그래밍을 하려면 컴퓨터를 어떻게 작동시킬 것인지를 정하고, 어떤 순서로 작동시키면 좋을지를 생각합니다. 이는 요리 레시피를 만드는 것과 비슷합니다. 예를 들어 달걀프라이를 만든다고 하면

① 프라이팬을 달군다
② 기름을 두른다
③ 달걀을 깨서 넣는다
④ 뚜껑을 덮는다

라는 순서가 되겠지요. ③과 ④의 순서가 뒤바뀌면 안 됩니다.

또한 반숙 달걀프라이를 만들고 싶었는데 완숙이 되어버렸다면 ④ 뒤의 가열 시간을 짧게 설정하면 되겠지요.

이러한 프로그래밍은 (1)작동시키는 목적을 정하고(달걀프라이를 만든다), (2)움직이기 위한 순서를 정하고(레시피를 만든다), (3)프로그램을 실행해서 원하는 대로 움직일 수 있도록 수정(실제로 조리해서 레시피를 수정)하는 순서로 진행합니다.

① 프라이팬을 달군다
② 기름을 두른다
③ 달걀을 깨서 넣는다
④ 뚜껑을 덮는다

⬆ 달걀프라이를 만드는 프로그램

우리 주변에는 원하는 대로 작동하고 제어하는 컴퓨터 기능을 갖고 있는 물건이 많이 있습니다. 예를 들어, 사람이 가까이 가면 자동적으로 불이 켜지는 조명은 어두울 때만 불이 켜지는데, 사람이 어느 정도의 거리까지 가까이 다가왔을 때 조명을 켜는 것이 좋을지 감지하도록 프로그래밍 되어 있습니다. 이렇게 생활이 편리해지고 전기를 효율적으로 사용하는 데에도 프로그래밍이 도움이 되고 있습니다.

제3장 전기의 작용

★★★ 에너지

어떤 것을 이동시키거나 회전시키거나 진동시키거나 물체의 형태를 바꾸는 등 물체를 움직일 수 있는 능력을 에너지라고 합니다. 에너지에는 전기에너지, 빛에너지, 열에너지, 소리에너지, 화학에너지, 운동에너지, 위치에너지 등이 있습니다.

이러한 에너지는 다양한 장치에서 서로 전환할 수 있습니다.

●에너지의 전환과 보존

손발전기에 꼬마전구를 연결하고 손잡이를 돌리면 전류가 흘러서 꼬마전구에 불이 켜집니다. 그때 손잡이를 돌린 손의 운동에너지는 빛에너지로 전환되는데, 일부는 열에너지나 소리에너지가 되어 없어집니다. 그렇기 때문에 빛으로 전환된 에너지의 양은 처음 운동에너지보다 작아집니다.

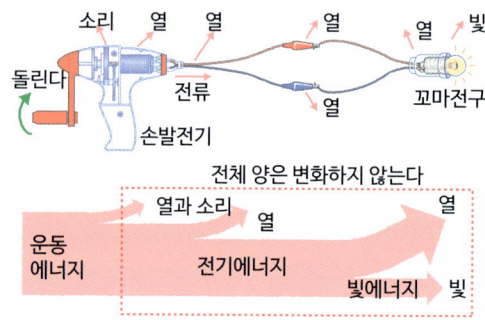

그러나 없어진 열에너지와 소리에너지를 포함한 전체 에너지의 양은 처음의 운동에너지의 양과 같습니다. 이를 에너지의 보존이라고 합니다.

★★★ 전기에너지

모터는 전류가 흐르면 회전해서 물체를 움직일 수 있습니다. 이러한 전기는 에너지 중 하나의 형태입니다. 이를 전기에너지라고 합니다.

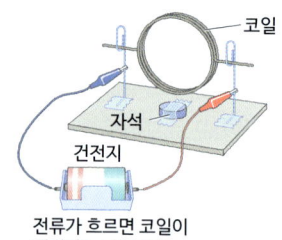

전류가 흐르면 코일이 회전하는 코일 모터

★★★ 빛에너지

광전지에 빛을 비추면 전류가 흐르고, 모터를 돌려 물체를 움직일 수 있습니다. 이처럼 빛은 에너지 중 하나의 형태라고 할 수 있습니다. 이를 빛에너지라고 합니다.

★★★ 열에너지

물을 냄비나 주전자에 넣어서 가열하면 물이 끓어 뚜껑이 움직이는 경우가 있습니다. 이는 열에 의해 발생한 수증기가 뚜껑을 들어 올리기 때문입니다. 이처럼 열은 에너지 중 하나의 형태라고 할 수 있습니다. 이를 열에너지라고 합니다.

★★★ 소리에너지

스피커에서 소리를 내면 소리가 스피커에 붙어 있는 막을 흔듭니다. 소리가 가지고 있는 에너지를 소리에너지라고 합니다.

★★★ 화학에너지

자동차의 가솔린 엔진은 가솔린(휘발유)을 폭발적으로 태워서 자동차를 움직입니다. 휘발유가 가지고 있는 에너지가 연소해서 열에너지로 바뀌고, 그것이 차를 움직이는 것입니다. 휘발유나 등유 등이 가지고 있는 에너지를 화학에너지라고 합니다.

가스도 화학에너지를 갖고 있어

★★★ 운동에너지

볼링에서 공을 굴려 핀에 닿으면 핀이 쓰러집니다. 움직이고 있는 것이 가지고 있는 에너지를 운동에너지라고 합니다. 운동에너지의 크기는 물체의 속도가 빠르고 질량이 클수록 커집니다.

★★★ 위치에너지

높은 곳에 있는 물체를 지면에 있는 물체를 향해 떨어트려 부딪히게 하면 지면에 있는 것이 움직입니다. 높은 위치에 있는 물체에는 에너지가 있습니다. 이를 위치에너지라고 합니다. 위치에너지의 크기는 질량이 크고 높이가 높을수록 커집니다.

COLUMN 더 자세히 — 소리가 에너지를 가지고 있다는 것은 큰북을 강하게 쳤을 때나, 스테레오스피커에서 나오는 큰 소리에 창문 유리가 흔들려서 달그락거리며 움직이는 것으로도 알 수 있습니다.

제3장 전기의 작용

2 발전 방법

중요도 ★★★
발전 방법

현재 쓰이고 있는 주된 발전 방법은 수력발전, 화력발전, 원자력발전입니다. 각각의 발전에 이용되는 것이 다르지만 모두 발전기의 터빈을 회전시켜서 발전합니다. 이 외에 풍력발전, 지열발전, 바이오매스발전 등이 있습니다. 나아가 발전기를 쓰지 않는 태양광발전과 연료전지 등의 방법이 있습니다.

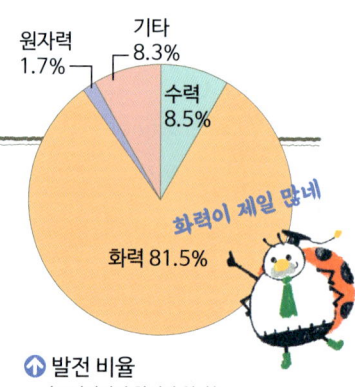

↑ 발전 비율
(※나라마다 차이가 있다)

★★★
수력발전

수력발전은 댐에 저장한 물이 흘러내리는 힘을 이용해서 발전하는 방법입니다. 댐에 저장된 물을 낮은 곳으로 흘려서 그 물의 힘을 사용해서 발전기의 물레방아(터빈)를 돌려서 발전합니다.

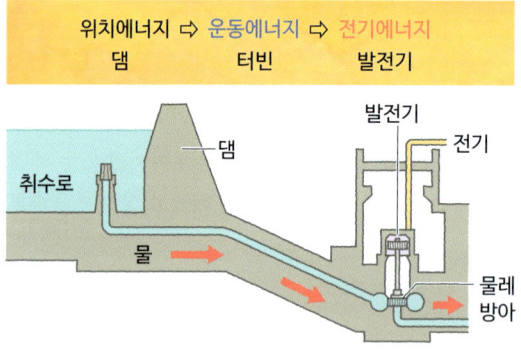

↑ 수력발전소의 댐

● 수력발전의 장점과 문제점

수력발전은 유해한 물질이 나오지 않고, 물은 반영구적이라서 없어지지도 않습니다. 그러나 댐을 건설할 수 있는 장소가 한정되어 있고, 댐을 건설하기 위해 숲을 개간하기도 해서 자연환경이 파괴됩니다. 강의 흐름은 댐으로 막히고, 하류에 있는 물의 양이 줄어들어 생물이 살 수 없게 되는 등 강과 그 유역의 자연환경을 크게 변화시킵니다.

COLUMN
깨알지식

대규모 댐의 건설은 자연환경에 악영향을 주기 때문에, 댐을 만들지 않고 물의 흐름을 그대로 이용해서 발전을 하는 소규모 수력발전을 각지에서 시도하고 있습니다.

★★★ 터빈(날개바퀴)

물이나 수증기 등이 움직이는 힘을 회전하는 운동으로 바꾸는 장치입니다. 회전축의 주변에 있는 다수의 날개가 물이나 수증기 등이 움직이는 힘을 받아서 회전합니다. 수력발전용(물레방아), 화력발전용이나 원자력발전용이 있습니다.

↑ 화력발전용 터빈
©読売新聞／アフロ

★★★ 화력발전

화력발전은 화석연료를 보일러로 태워서 수증기를 만들고, 그 힘으로 발전기의 터빈을 돌려서 발전합니다. 화력발전은 현재 발전의 중심입니다. 연료에는 석유, 석탄, 천연가스가 쓰이고 있는데, 가장 많이 쓰이고 있는 것은 천연가스입니다.

화학에너지 ⇨ 열에너지 ⇨ 운동에너지 ⇨ 전기에너지
화석연료   수증기   터빈   발전기

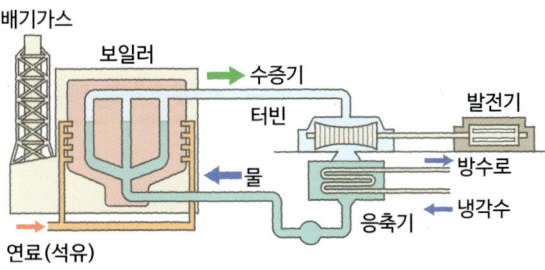

↑ 화력발전소

● 화력발전의 장점과 문제점

화력발전은 큰 출력으로 발전할 수 있습니다. 전기가 쓰이는 양은 계절이나 낮과 밤 등에 따라 큰 차이가 있습니다. 여기에 맞춰서 출력을 조절하기 쉽다는 특징이 있습니다.
그러나 석유나 석탄, 천연가스를 태우면 지구온난화의 원인이 되는 이산화탄소 외에 유황산화물이나 질소산화물 등 대기를 오염시키는 물질이 발생합니다.

제3장 전기의 작용

중요도
★★★
화석연료

화석연료는 화석처럼 아주 오래전의 동물이나 식물의 몸체가 지층 속에서 오랫동안 변화해온 것입니다. 주로 석유, 석탄, 천연가스 등 연료로 쓰입니다.

화석연료는 매장량이 제한되어 있고, 연소되면 지구온난화의 원인으로 생각되는 이산화탄소, 대기오염의 원인인 질소산화물이나 유황산화물이 발생합니다. 그렇기 때문에 화석연료를 대체할 새로운 에너지 자원의 개발이나 오염물질이 나오지 않는 사용 기술의 개발 등이 이뤄지고 있습니다.

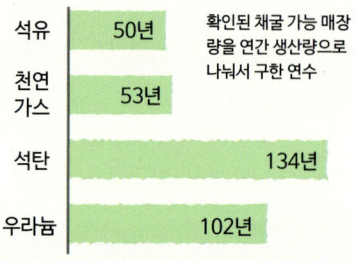

⬆ 에너지 자원을 채굴할 수 있는 연수
(우라늄은 2015년 1월, 그 외는 2017년 말)

석유	50년
천연가스	53년
석탄	134년
우라늄	102년

확인된 채굴 가능 매장량을 연간 생산량으로 나눠서 구한 연수

★★★
원자력발전

수증기의 힘으로 발전기의 터빈을 회전시켜서 발전하는 것은 화력발전과 같습니다. 원자력발전은 원자로 안에서 우라늄(핵연료) 등을 핵분열시켜 그때 나오는 열로 수증기를 만듭니다.

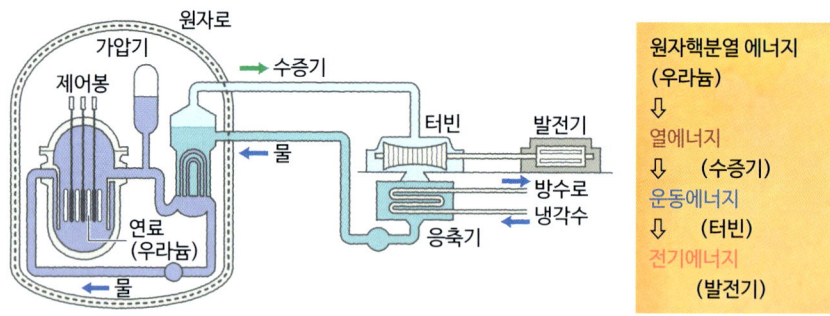

원자핵분열 에너지
(우라늄)
⇩
열에너지
⇩ (수증기)
운동에너지
⇩ (터빈)
전기에너지
(발전기)

●원자력발전의 장점과 문제점

적은 양의 핵연료에서 대량의 전기에너지를 만들어낼 수 있으며 이산화탄소 등은 발생하지 않습니다. 그러나 우라늄 등의 핵연료는 한정적이며, 원자로에서 방사선이 누출될 위험이나 폐핵연료 등을 안전하게 처리하는 기술의 발전 등 해결해야만 하는 문제가 있습니다.

★★★ 핵분열

물질을 만드는 원자는 중심에 원자핵, 그 주변에 전자가 있습니다. 원자핵은 작은 알갱이인 양성자와 중성자로 이루어져 있습니다.

원자력발전에 쓰이는 우라늄은 원자핵이 분리되기 쉬운 원자인데 중성자를 흡수하면 2개로 분열합니다. 이를 핵분열이라고 합니다. 핵분열 할 때는 대량의 열이 발생하고 나아가 중성자가 2, 3개 방출되어 다른 우라늄 원자의 핵분열을 일으키는데, 이것이 계속해서 일어납니다.

원자력발전의 원자로 안에는 핵분열이 천천히 연속해서 일어날 수 있도록 제어되고 있습니다. 또 핵분열 때에 나오는 방사선이 외부에 누출되지 않도록 엄격히 관리할 필요가 있습니다.

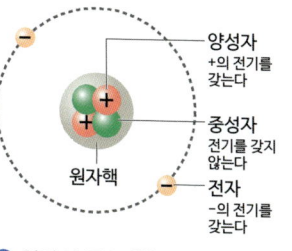
↑ 원자의 구조 (헬륨)

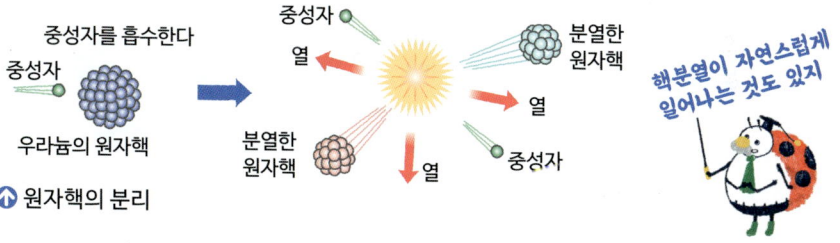
↑ 원자핵의 분리

★★★ 방사선

방사선은 큰 에너지를 가진 원자를 만드는 알갱이의 흐름이나 전자기파(전기와 자기의 파동으로 눈에 보이는 빛이나 자외선, 전파 등)를 말합니다. 대표적인 방사선으로 알파선(α선), 베타선(β선), 감마선(γ선), X선, 중성자선이 있습니다. 방사선을 내뿜는 것을 방사성물질이라고 하며, 방사선을 내뿜는 성질이 있는 것을 '방사능이 있다'라고 합니다.

●방사선의 성질과 장점
- 큰 에너지가 있어서 많이 쐬면 몸에 이상이 일어나서 위험합니다.
- 물질을 통과하는 성질이 있어서 X선은 엑스레이 촬영이나 물체 내부 검사 등에 이용됩니다.

COLUMN 더 자세히
α선은 헬륨 원자핵의 흐름(+의 전기를 갖는다), β선은 전자의 흐름(-의 전기를 갖는다), γ선은 전자기파입니다. 전기를 가지고 있지 않지만 물질을 통과하는 힘이 강하다는 성질이 있습니다.

제3장 전기의 작용

중요도

★★★ 풍력발전

바람의 힘으로 풍차를 돌려 발전기를 회전시켜서 발전합니다.
풍력은 재생 가능한 에너지로 낮과 밤 구별 없이 발전할 수 있습니다. 이산화탄소나 유해 물질은 나오지 않습니다.
문제점으로 설치 장소가 한정되어 있는 점, 1기의 발전량이 화력발전에 비해 작은 점, 풍차가 도는 소음 문제 등이 있습니다.

⬆ 풍력발전

★★★ 태양광발전

광전지(태양전지)를 사용해 전기를 만드는 발전 방법입니다. 빛에너지를 직접 전기에너지로 만들 수 있습니다. 태양광은 재생 가능한 에너지로 이산화탄소나 유해한 물질은 나오지 않습니다.
문제점으로 밤에는 발전할 수 없는 점, 날씨에 따라 발전량이 변화하는 점, 빛에너지를 전기에너지로 전환하는 효율이 떨어지는 점 등이 있습니다.

⬆ 태양광발전

★★★ 지열발전

지열발전은 지하의 마그마의 열에 의해 발생하는 열수나 수증기를 파이프를 사용해 지상으로 빼내서 발전기의 터빈을 돌려서 발전합니다. 이산화탄소 등의 발생은 거의 없는 재생 가능한 에너지입니다.

⬆ 지열발전소

★★★ 파력발전

파도의 에너지를 이용하는 발전입니다. 파도가 오르내리는 움직임을 이용해서 공기의 흐름을 만들고, 흐르는 공기의 힘으로 터빈을 돌려서 발전하는 방법입니다. 이 발전 장치는 배가 돌아오는 길을 나타내는 해상부표의 전원으로 쓰이고 있습니다.

  COLUMN 더 자세히 태양열발전은 많은 거울(금속판)로 태양광을 반사시켜 모은 태양열로 수증기를 만들어 발전기의 터빈을 돌리는 발전입니다.

★★★ 바이오매스발전

바이오매스발전은 바이오매스를 직접 태워서 발전하는 방법과 바이오매스에서 얻은 알코올이나 메테인(메탄)을 태워서 발전하는 방법이 있습니다. 바이오매스가 타면 이산화탄소를 발생시키지만, 이 이산화탄소는 식물이 광합성을 해서 공기 중에서 흡수합니다. 바이오매스를 연료로 써도 전체적인 대기 중 이산화탄소의 양은 늘지 않습니다.

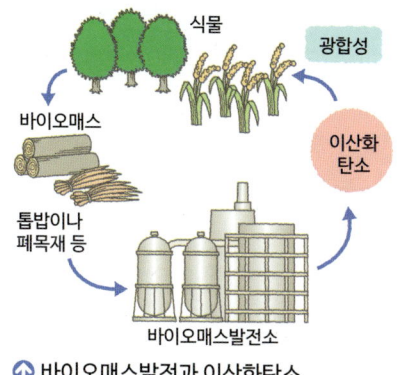

↑ 바이오매스발전과 이산화탄소

★★★ 재생 가능한 에너지

유한한 자원인 화석연료나 우라늄 등과 달리 태양광, 태양열, 풍력, 수력(댐식 수력 제외), 지열, 파력, 바이오매스는 자연에너지입니다. 몇 번이고 같은 형태로 사용할 수 있어 그 양이 무한합니다. 이러한 에너지를 재생 가능한 에너지라고 합니다. 또 발전할 때 환경에 유해한 물질이 나오지 않기 때문에 클린에너지라고도 합니다.

재생 가능한 에너지를 사용한 발전에는 다음의 특징이 있습니다.
- 화력발전에 비해 발전량은 적다
- 밤에는 발전할 수 없다(태양광)
- 계절이나 날씨에 따라 발전량이 변화한다(태양광, 태양열, 풍력)
- 계절이나 날씨, 밤낮에 관계없이 발전할 수 있다(지열, 바이오매스, 풍력, 파력)

★★★ 메테인하이드레이트

천연가스의 주성분인 메테인(메탄)이라는 기체와 물로 만들어진 것으로, 새로운 에너지 자원으로 주목받고 있습니다. 석유나 석탄에 비해 태울 때 발생하는 이산화탄소의 양이 적은 것이 특징입니다. 생김새는 얼음과 비슷하지만 불에 잘 타기 때문에 '타는 얼음'이라고도 불립니다. 해저에도 많이 존재하며, 실용화를 위한 연구와 개발이 이루어지고 있습니다.

COLUMN 더 자세히 바이오매스는 발전 연료로 쓰일 뿐만 아니라 자동차 연료 등으로도 이용되고 있습니다.

제4장 물체의 운동

진자는 예술가!?

진자의 끝에 구멍을 뚫은 용기를 달고 거기에 모래를 넣어 진자를 흔들리게 하면 진자가 움직인 곳에 모래가 쏟아져 아름다운 모양이 그려집니다. 이렇게 신기하게 흔들리는 진자의 비밀은 고정하는 방법에 있습니다.

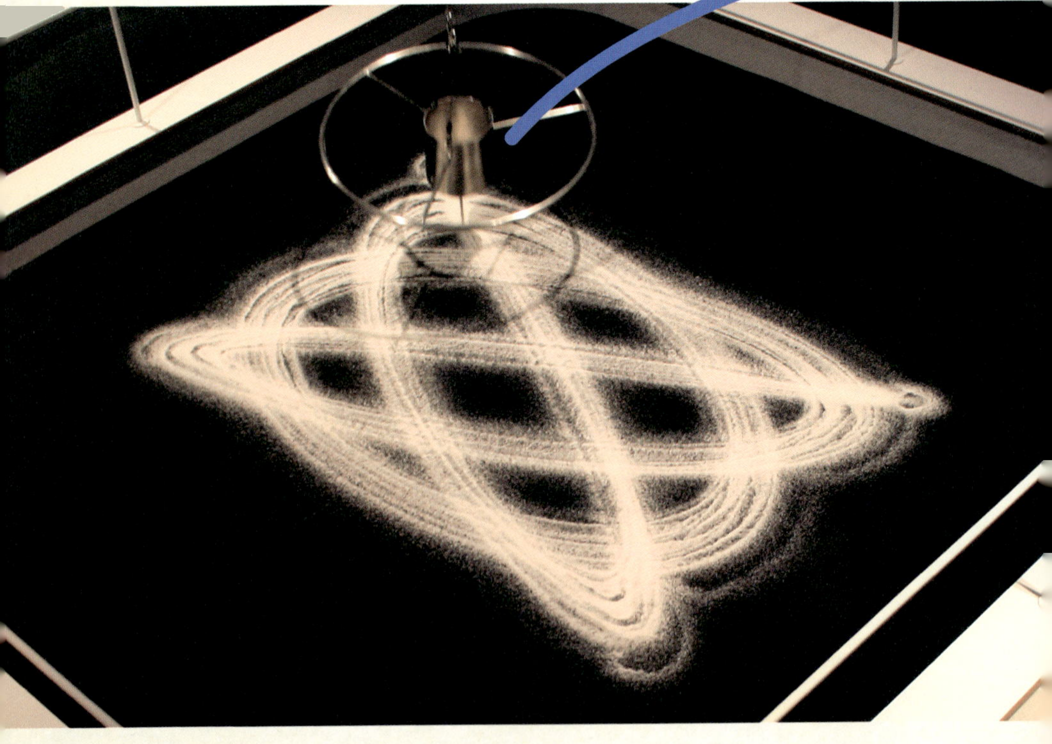

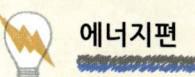
에너지편

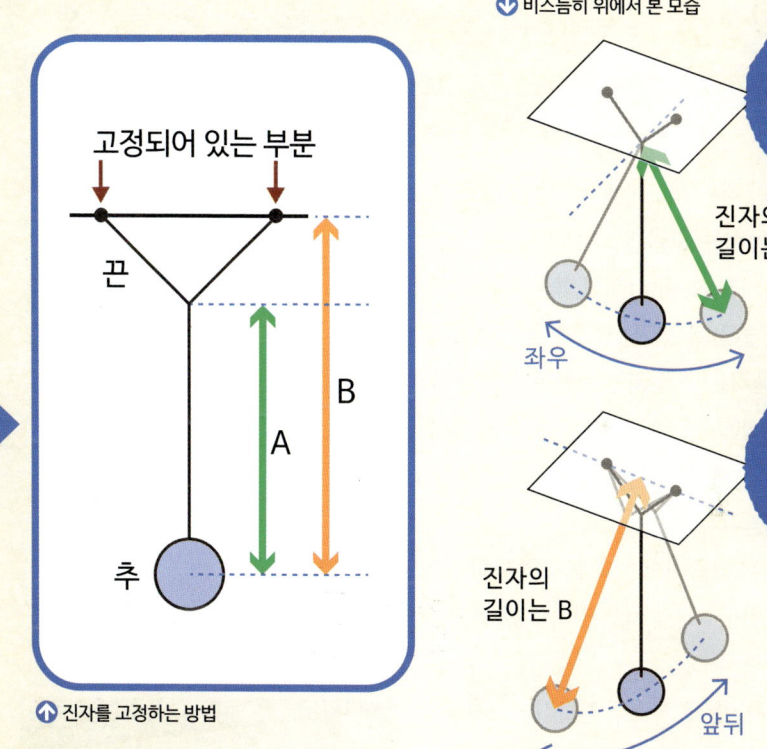

↑ 진자를 고정하는 방법

진자가 한 번 왕복하는 시간은 추의 질량이나 진폭과 관계없이 진자의 길이하고만 관계가 있습니다.
이 특별한 진자의 끈 부분은 왼쪽 위에 있는 그림과 같습니다.
이 진자가 좌우로 흔들릴 경우는 진자의 길이는 A가 됩니다. 하지만 진자가 앞뒤로 흔들릴 경우는 삼각형 부분도 흔들리므로 진자의 길이는 B가 됩니다.
즉, 좌우 방향은 한 번 왕복하는 속도가 빠른 짧은 진자, 앞뒤 방향은 한 번 왕복하는 속도가 느린 긴 진자가 됩니다. 짧은 진자와 긴 진자가 함께 있기 때문에 왼쪽의 사진과 같은 모양을 그리는 것입니다.
이러한 도형을 리사주 도형이라고 합니다.

※ 사진 및 자료 제공: 일본 나고야시과학관

제4장 물체의 운동

이번 장의 학습내용 헤드라인

❓ 진자의 흔들림의 법칙을 발견한 유명한 과학자는 누구일까?

이탈리아 피사의 교회에서 천장에 달린 램프가 좌우로 천천히 흔들리는 것을 보고 램프의 흔들림에 법칙이 있다는 것을 깨달은 피사대학 학생이 있었습니다.

"크게 흔들리고 있었던 램프는 점점 흔들림이 작아졌지만 흔들리는 데 걸리는 시간은 변하지 않았다!"

학생은 실에 매단 추를 흔들어서 추의 질량과 실의 길이 등을 바꿔서 반복해서 실험하고 '진자의 흔들림의 법칙'을 발견했습니다.

이 학생은 나중에 목성의 움직임을 망원경으로 관찰해, 지구는 태양의 주변을 돌고 있다(지동설)는 것을 밝힌 갈릴레오 갈릴레이입니다.

⬆ 갈릴레오 갈릴레이
(1564~1642)

오른쪽 사진은 진자 추가 흔들리는 모습을 정해진 간격으로 빛을 비추어 촬영한 것입니다.

이 사진에서는 실을 고정한 바로 아래 위치부터 좌우로 같은 폭으로 흔들리고 있고, 가장 많이 흔들렸을 때의 추는 좌우에서 높이가 같지요.

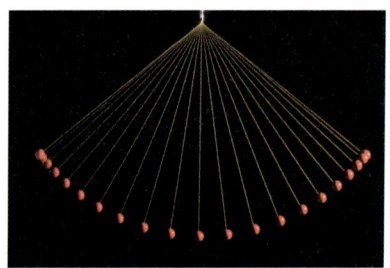

⬆ 진자의 운동

갈릴레오가 발견한 '진자의 흔들림의 법칙'에서는 추가 왕복하는 시간은 진자의 길이하고만 관계가 있고 추의 질량이나 진폭과는 전혀 관계가 없습니다. 진자의 길이가 길어지면 추가 왕복하는 시간은 길어집니다.

무거운 공과 가벼운 공을 동시에 떨어트리면 어느 쪽이 빨리 떨어질까?

무거운 공과 가벼운 공을 동시에 떨어트리면 공기의 저항이 없는 경우, 어느 쪽이 빨리 바닥에 떨어질까요?

정답은 동시입니다. 잠깐 머릿속으로만 실험을 해봅시다.

같은 질량의 공 2개를 동시에 떨어트리면 동시에 바닥에 떨어지지요. 이 2개의 공을 실에 묶고 떨어트려도 동시에 떨어집니다. 이 실을 짧게 해도 변함이 없지요. 그럼 좀 더 실을 짧게 하고 2개의 공을 딱 붙여버립시다. 이렇게 하면 하나의 무거운 공이라고도 할 수 있습니다. 실의 길이가 0이 된 순간, 갑자기 떨어지는 속도가 변하는 일은 없으니 원래 공과 동시에 떨어집니다. 즉, 물체가 떨어지는 속도는 물체의 질량과 관계없이 일정합니다.

컬링에서는 스톤의 속도와 방향을 컨트롤한다!

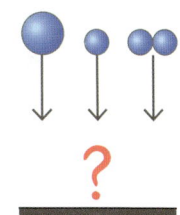

동계올림픽에 컬링이라고 하는 경기가 있습니다. 얼음 위에서 스톤(돌)을 밀어서 상대방 스톤에 부딪쳐 원 밖으로 밀어내고 원 가운데 위치를 서로 빼앗습니다. 스톤의 무게는 약 20kg이나 됩니다.

스톤이 부딪치면 부딪치게 한 스톤은 거기에서 멈추고 부딪힌 스톤만 움직이는 경우가 있습니다.

↑ 컬링의 스톤

또 조금만 움직이고 싶을 때는 부딪치게 할 스톤의 속도를 가능한 한 느리게 합니다. 스톤이 부딪쳤을 때의 진행은 부딪힌 스톤의 속도와 부딪힐 때의 방향에 의해 변합니다.

제4장 물체의 운동

01 진자의 운동

중요도 ★★★ 진자

실 끝에 추를 달고 다른 한쪽 끝을 고정해서 추가 좌우로 흔들리도록 한 것을 진자라고 합니다. 추를 A의 위치까지 들어 올려서 살짝 놓으면 추는 A→ B→ C→ B→ A→ B…로 움직이며 A와 C 사이를 왔다 갔다 하는 왕복운동을 반복합니다.

진자를 이용한 도구에는 <u>진자시계</u>나 <u>메트로놈</u> 등이 있습니다.

추는 지점의 바로 밑 B 위치를 중심으로 좌우에서 같은 폭으로 움직이며, A와 C의 추의 위치는 B의 위치로부터 같은 높이에 있습니다.

● 진자의 1회 왕복

진자 추가 다른 쪽의 끝에서 반대편으로 흔들렸다가 다시 움직이기 시작한 위치로 돌아올 때까지를 1회 왕복이라고 합니다. 오른쪽 그림에서 A→ B→ C→ B→ A가 1회 왕복인데, 어느 위치에서 세어도 됩니다. B에서 시작할 때는 B→ C→ B→ A→ B가 1회 왕복입니다.

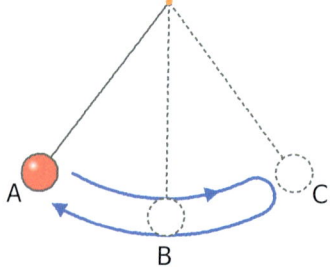

  COLUMN 더 자세히   진자의 진폭은 오른쪽 그림과 같이 추가 흔들린 각도로 나타낼 수도 있습니다.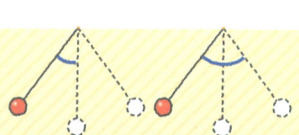

★★★ 진자가 1회 왕복하는 시간(주기)

진자는 지점을 중심으로 왕복운동을 반복합니다. 진자처럼 같은 운동을 반복할 때 1회 움직이는데 걸리는 시간을 주기라고 합니다. 진자의 경우는 추가 1회 왕복하는 시간이 주기가 됩니다.

진자가 1회 왕복하는 시간은 진자의 길이에 따라 결정되며 진자의 길이가 길수록 1회 왕복하는 시간은 길어집니다. 진폭이나 추의 질량은 관계없습니다.

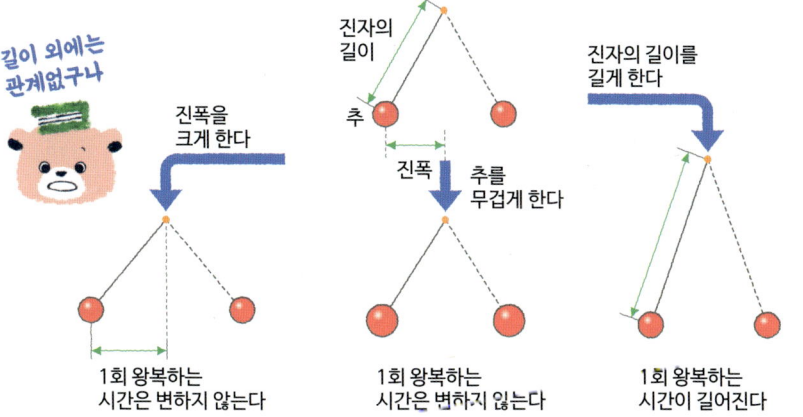

다음 표는 진자의 길이를 다양하게 바꿔서 진자가 1회 왕복하는 시간을 알아본 것입니다. 진자가 1회 왕복하는 시간이 2배, 3배, 4배, …가 되었을 때, 진자의 길이는 각각 4(=2×2)배, 9(=3×3)배, 16(=4×4)배, …가 됩니다.

진자의 길이 [cm]	25	50	75	100	125	150	175	200	225	300	400
1회 왕복하는 시간 [초]	1.0	1.4	1.7	2.0	2.2	2.4	2.6	2.8	3.0	3.5	4.0

COLUMN 더 자세히
진자의 길이는 진자의 지점에서 추의 중심(무게중심)까지의 길이입니다. 추가 커졌을 때, 추의 중심이 내려와서 진자의 길이가 길어지는 것에 주의해야 합니다.

제4장 물체의 운동

★★★ 진자가 1회 왕복하는 시간 구하는 방법

측정에 의한 오차를 작게 하기 위해 10회 정도 진자가 왕복하는 횟수를 정해서 그 시간을 초시계로 잽니다. 이를 3~5회 측정하고 그 평균을 구해서 1회 왕복하는 평균 시간을 계산합니다.

① 진자를 움직이고 추를 놓았을 때의 손의 힘의 영향력을 없애기 위해 그대로 2회 정도 왕복시킵니다
② 초시계로 추가 10회 왕복하는 시간을 잽니다
③ ②를 3~5회 반복해서 10회 왕복하는 평균 시간을 계산하고, 1회 왕복하는 평균 시간을 계산합니다
   10회 왕복하는 평균 시간[초]=(1회 차+2회 차+3회 차)[초]÷3
   1회 왕복하는 평균 시간[초]=10회 왕복하는 평균 시간[초]÷10

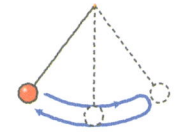

10회 왕복하는 시간
 · 1회 차…10초
 · 2회 차…9.5초
 · 3회 차…10.5초
10회 왕복하는 평균 시간
 (10+9.5+10.5)÷3=10
1회 왕복하는 평균 시간
 10÷10=1.0

★★★ 오차

측정해서 얻은 수치와 실제 수치와의 차이를 오차라고 합니다.

진자의 운동에서는 진자가 1회 왕복하는 시간은 진자 추의 움직임을 눈으로 보면서 초시계를 눌러서 측정합니다. 이때 측정을 시작할 때와 끝날 때 두 번 초시계를 누르는데, 그때의 타이밍이 달라지면서 실제로 진자가 왕복하는 데 걸린 시간의 차이가 발생합니다. 이 차이가 오차입니다.

진자 실험은 오차를 가능한 한 작게 하기 위해서 1회 왕복이 아니라 10회 왕복 시간을 재서 평균 시간을 구하고 1회 왕복하는 시간을 구합니다.

●10회 왕복 시간을 재는 이유

초시계로 진자가 왕복하는 시간을 구할 때는 측정을 시작할 때와 끝낼 때에 오차가 생깁니다. 1회 왕복이든 10회 왕복이든 그 오차의 크기는 같습니다. 따라서 1회 왕복 시의 오차 대비 10회 왕복 평균을 냈을 때의 오차는 $\frac{1}{10}$ 이 됩니다.
예를 들어, 오차의 합계가 0.5초일 때, 1회 왕복을 쟀을 때의 오차는 0.5초이지만 10회 왕복을 재서 평균을 낸 경우는 오차가 $\frac{1}{10}$ 로 줄어서, 0.5÷10=0.05초의 오차만 납니다.

  COLUMN 더 자세히 | 진자는 길게 흔들리고 있으면 진폭이 점점 작아집니다. 실험에서는 진폭이 얼마 바뀌지 않는 사이에 재도록 10회 왕복 정도를 한도로 하여 횟수를 설정했습니다.

★★★ 진자의 길이가 변하는 진자

아래 그림에서, 진자의 지점 바로 밑에 못을 박고 A에서 추를 놓으면 진자는 못에서 구부러지고 추는 C에 도달합니다. 이때 A와 C는 같은 높이가 됩니다. 이 진자는 길이가 다른 2개의 진자가 합쳐진 것입니다.

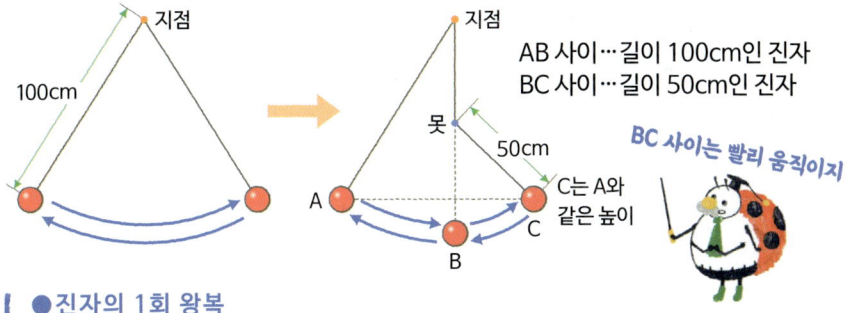

● 진자의 1회 왕복

이 진자가 1회 왕복하는 시간은, 100cm인 진자와 50cm인 진자가 각각 1회 왕복하는 시간을 더해서 2로 나눈 것입니다. 각각의 진자가 1회 왕복하는 시간은

    길이 100cm의 진자…2.0초, 길이 50cm의 진자…1.4초

이므로 이 진자가 1회 왕복하는 시간은 (2.0+1.4)÷2=1.7[초]가 됩니다.

★★★ 진자의 속도

진자 추의 속도는 지점 바로 아래에서 가장 빨라지고, 좌우로 정점에 달했을 때 잠깐 멈췄다가 반대 방향으로 움직이기 시작합니다.

추가 지점 바로 밑을 통과할 때의 속도는 추가 움직이기 시작한 높이에 의해 결정됩니다. 추의 위치가 높을수록 추의 속도는 빨라집니다. 이때 추의 질량은 속도와는 관계가 없습니다.

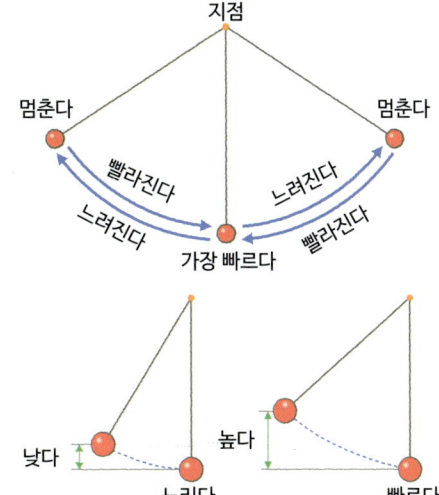

  COLUMN 더 자세히 — 진자의 길이가 바뀌는 진자에서 2개의 진자가 정점에 달했을 때의 추는 같은 높이가 되며, 지점의 바로 아래에서는 추의 속도는 같습니다.

반올림, 평균 구하는 방법

버림, 올림, 반올림

측정한 값을 바탕으로 계산해서 얻어진 수를 목적에 맞는 수로 만드는 방법에는 버림, 반올림, 올림이 있습니다.

- **버림**…필요한 자리까지 남기고 그것보다 아래의 자릿수를 0으로 하는 것
- **올림**…필요한 자리보다 아래인 수가 모두 0이 아닐 때, 필요한 자릿수를 1 크게 하고, 그것보다 아래인 자리를 0으로 하는 것
- **반올림**…필요한 자리보다 하나 아래인 자릿수가 4, 3, 2, 1, 0일 때는 버리고, 5, 6, 7, 8, 9일 때는 올리는 것

예를 들어 47.36이라는 숫자를 버림, 올림, 반올림으로 소수 첫째 자리까지의 수를 구해봅시다.

- **버림**…47.36 → 47.3
- **올림**…47.36 → 47.4
- **반올림**…47.36 → 47.4

평균 구하는 방법

여러 개의 값을 똑같은 크기로 고르게 만드는 것을 평균이라고 합니다.

> **평균=값의 합계÷값의 개수**

오른쪽 그림은 진자가 10회 왕복하는 시간을 알아보는 실험을 5회 실시했을 때의 결과를 나타낸 그래프입니다.

10회 왕복한 평균 시간을 구해봅시다.
(18.1+17.8+18.0+17.8+17.9)[초] ÷5[회]
=17.92[초]

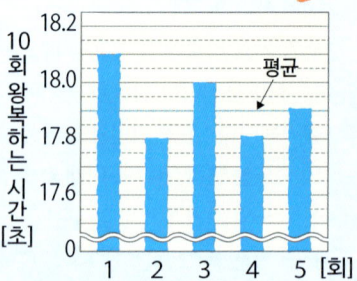

소수 둘째 자리를 반올림하면 10회 왕복하는 시간의 평균은 17.9초입니다.

평균해서 구한 값은, 매번 잰 값에 포함된 오차를 고르게 해서 실제로 걸린 시간과의 오차를 작게 한 것이 됩니다.

비교 진폭, 추의 질량, 진자의 길이와 1회 왕복하는 시간

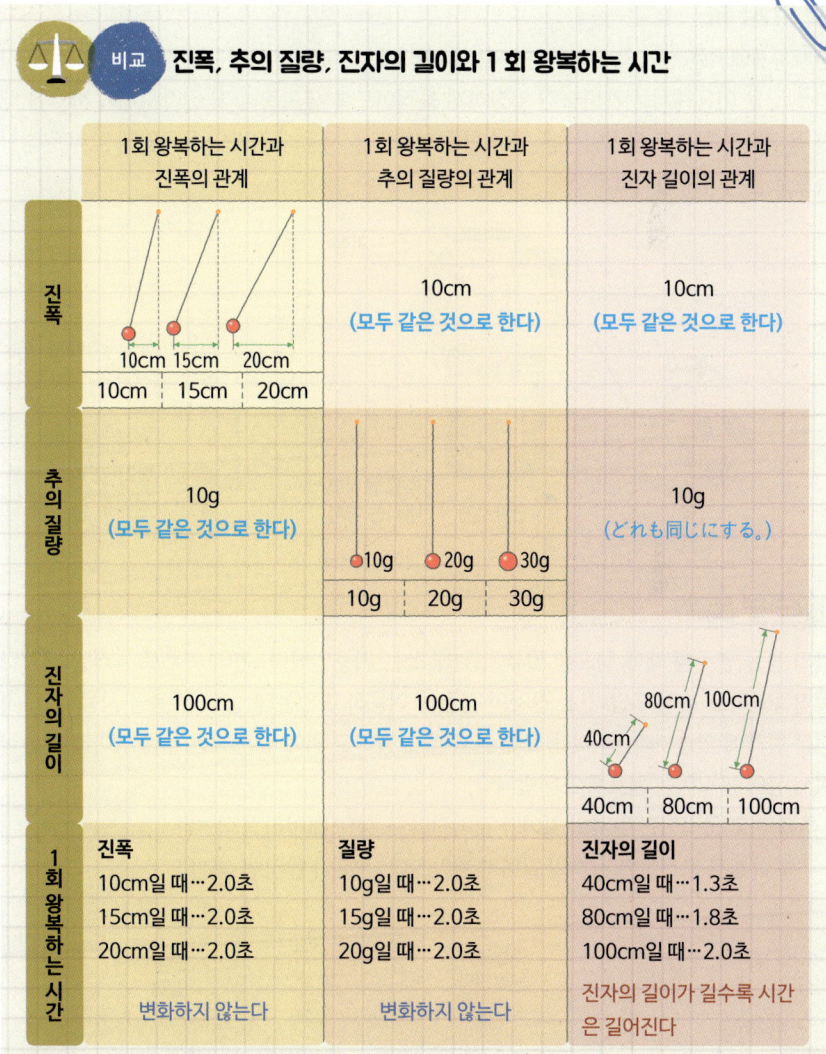

	1회 왕복하는 시간과 진폭의 관계	1회 왕복하는 시간과 추의 질량의 관계	1회 왕복하는 시간과 진자 길이의 관계
진폭	10cm / 15cm / 20cm	10cm (모두 같은 것으로 한다)	10cm (모두 같은 것으로 한다)
추의 질량	10g (모두 같은 것으로 한다)	10g / 20g / 30g	10g (どれも 같이 한다.)
진자의 길이	100cm (모두 같은 것으로 한다)	100cm (모두 같은 것으로 한다)	40cm / 80cm / 100cm
1회 왕복하는 시간	진폭 10cm일 때…2.0초 15cm일 때…2.0초 20cm일 때…2.0초 변화하지 않는다	질량 10g일 때…2.0초 15g일 때…2.0초 20g일 때…2.0초 변화하지 않는다	진자의 길이 40cm일 때…1.3초 80cm일 때…1.8초 100cm일 때…2.0초 진자의 길이가 길수록 시간은 길어진다

진자의 진폭, 추의 질량, 진자의 길이와 1회 왕복하는 시간의 관계를 알아볼 때, 알아보려고 하는 것 이외의 조건은 같게 합니다.

제4장 물체의 운동

중요도
★★★
진자시계

진자시계에서는 진자의 길이가 변하지 않으면 1회 왕복하는 시간은 변하지 않는다는 진자의 성질을 이용해서 시곗바늘이 일정하게 움직이도록 유지됩니다. 진자시계의 바늘은 태엽 용수철의 힘으로 움직이는데, 특수한 톱니바퀴를 사용해 진자의 움직임에 맞춰 일정한 속도로 움직이게 합니다.

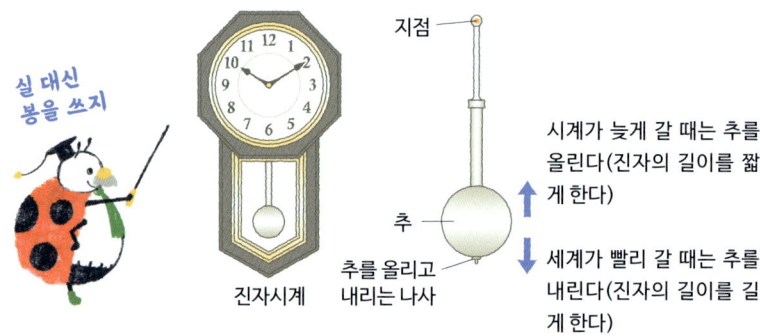

★★★
메트로놈

악기 등을 연주할 때에 템포를 맞추기 위해 쓰는 기구입니다. 봉이 좌우로 움직일 때마다 똑딱똑딱하고 소리가 납니다. 진자의 성질을 이용하고 있는데 실 대신 봉을 사용하고, 지점은 아래에 있습니다. 봉 아래 끝에 큰 추를 고정하고 위에 있는 작은 추를 위아래로 움직여서 봉이 움직이는 템포를 조절합니다.

· 추를 위로 움직이면 진자의 길이가 길어진다 → 봉이 천천히 움직인다
· 추를 아래로 움직이면 진자의 길이가 짧아진다 → 봉이 빨리 움직인다

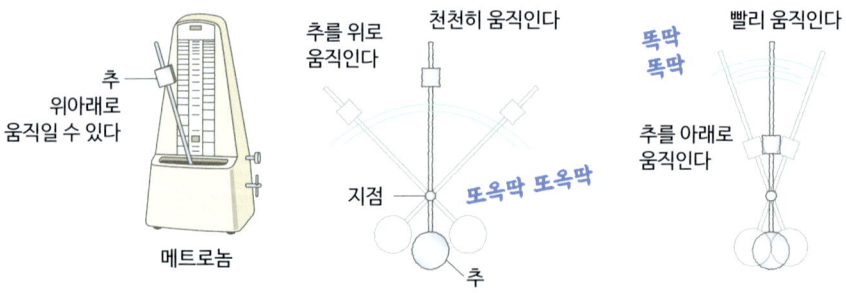

COLUMN 깨알지식
진자시계의 진자는 시곗바늘의 움직임을 제어하는 특수한 톱니바퀴에서 진자로 힘이 작용합니다. 그래서 진자에 공기와의 마찰이 작용해도 멈추지 않고 계속해서 움직입니다.

02 추의 운동과 힘

1 경사면 위에서의 추의 운동

★★★ 경사면을 내려오는 추의 운동

경사면 위에서 추를 굴리면 추는 점차 빨라지면서 직선으로 구르며, 경사면 아래에서 가장 빨라집니다.

일정 시간에 나아가는 거리를 속도라고 합니다. 다음 사진은 경사면을 내려오는 실험용 수레의 운동을 0.1초 간격으로 촬영한 사진입니다. 실험용 수레의 간격은 0.1초 동안 내려온 거리를 나타내고 있습니다. 경사면을 내려올수록 실험용 수레의 간격이 길어지고 있는 것에서 실험용 수레의 속도가 점점 빨라지고 있다는 것을 알 수 있습니다.

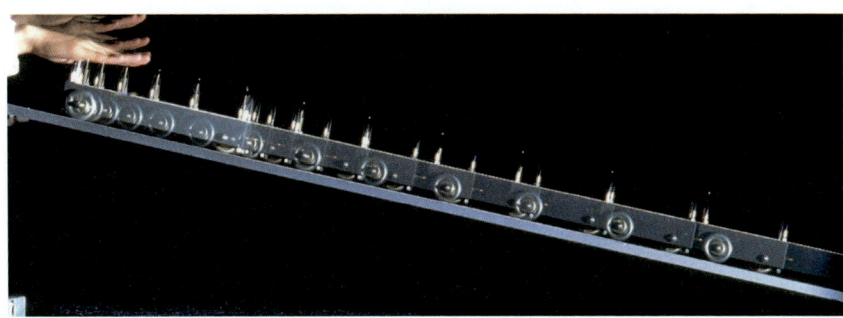

↑ 경사면을 내려오는 실험용 수레의 사진

★★★ 경사면에서 구르는 추의 속도

추가 경사면에서 구를 때, 경사면 아래에서의 추의 속도는 추가 구르기 시작한 속도에 따라 결정되며, 높은 곳에서 굴릴수록 경사면 아래에서의 추의 속도는 빨라집니다. 추를 굴리는 높이, 경사면의 각도, 추의 질량을 바꿔서 비교해보면 다음 페이지와 같습니다.

  COLUMN 더 자세히 | 물체가 경사면을 내려올 때에 속도가 변화하는 비율은 경사면의 각도에 따라 변화합니다. 경사면의 각도가 커질수록 속도가 변화하는 비율이 커집니다.

제4장 물체의 운동

〈추를 굴리는 높이와 속도, 경사면의 각도와 속도〉

추를 굴리기 시작하는 높이가 높을수록 경사면 아래에서의 추의 속도는 빨라집니다. 경사면의 각도를 바꿔도 추를 굴리기 시작한 높이가 같으면 경사면 아래에서의 속도는 같습니다.

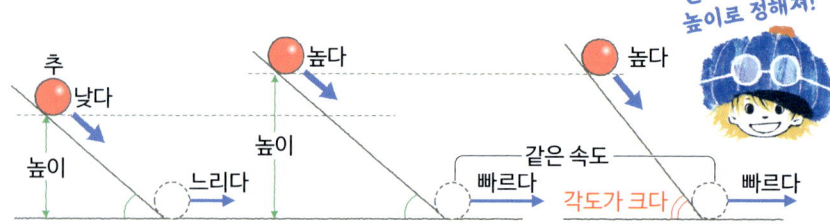

〈추의 질량과 속도〉

추를 굴리기 시작한 높이가 같다면 추의 질량이 달라도 경사면 아래에서의 추의 속도는 같습니다.

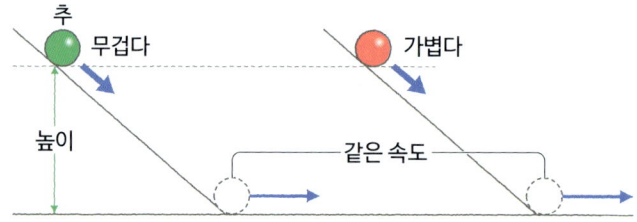

2 움직이는 추의 힘

중요도
★★★ **충돌**

움직이고 있는 물체가 다른 물체에 부딪히는 것을 충돌이라고 합니다. 움직이고 있는 것에는 물체를 움직이는 힘이 있습니다.

물체를 움직이는 힘의 크기는 움직이고 있는 것의 질량과 속도에 따라 결정됩니다. 움직이고 있는 것의 질량이 클수록, 움직이고 있는 것의 속도가 빠를수록 물체를 움직이는 힘은 커집니다.

야구에서 타자가 야구방망이를 휘둘러 공을 칠 때, 무거운 방망이를 빨리 휘두를수록 공은 멀리 날아갑니다.

★★★ 물체의 속도와 충돌

공 Ⓐ가 같은 질량인 공 Ⓟ에 충돌했을 때,
공 Ⓟ는 충돌하기 직전인 공 Ⓐ의 속도와
같은 속도로 튀어 나갑니다.
공 Ⓐ의 속도가 빠를수록 공 Ⓟ가 튀어 나
가는 속도가 빨라집니다.
공 Ⓐ는 충돌한 위치에 멈춥니다.

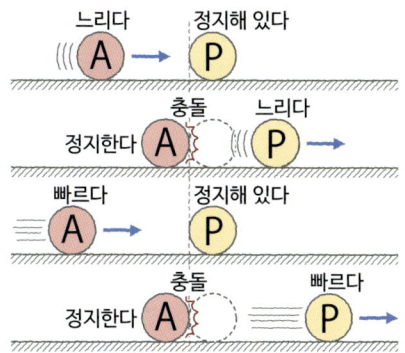

★★★ 물체의 질량과 충돌

질량이 다른 공 Ⓐ~Ⓒ를 공 Ⓟ에 충돌시
켜서 공의 움직임을 알아봅니다. 충돌할
때의 공의 속도가 같은 경우에 공의 질량이
클수록 공 Ⓟ가 튀어 나가는 속도는 빨라
집니다.

① 공 Ⓐ를 공 Ⓟ에 충돌시키면 공 Ⓟ는
튀어 나가고 공 Ⓐ는 충돌했던 위치에
멈춥니다
공 Ⓟ는 충돌하기 직전의 공 Ⓐ와 같은
속도로 튀어 나갑니다
② 무거운 공 Ⓑ를 공 Ⓟ에 충돌시키면 공
Ⓟ는 ① 때보다 빠르게 튀어 나가고, 공
Ⓑ는 충돌했던 위치보다 앞으로 나아
갑니다
③ 가벼운 공 Ⓒ는 공 Ⓟ에 충돌시키면 ①
때보다 느리게 튀어 나가고 공 Ⓒ는 충
돌했던 위치에서 되돌아옵니다

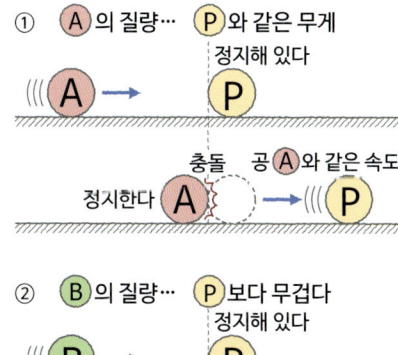
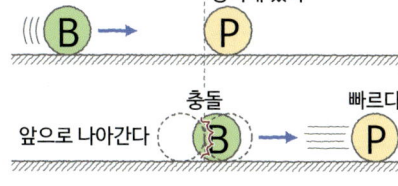
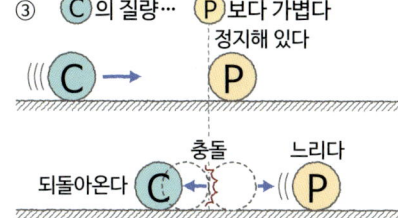

  **COLUMN 더 자세히** 무거운 것이 가벼운 것에 충돌할 때, 가벼운 것이 튀어 나가는 속도는 두 물체의 질량에 따라 다릅니다. 질량의 차이가 크면 튀어 나가는 속도는 빨라집니다.

제4장 물체의 운동

중요도
★★★ ## 진자 추의 힘

진자의 지점 바로 아래에서 진자 추를 다른 물체에 충돌시킵니다.
물체가 날아가는 힘은 진자 추의 질량이 클수록, 지점 바로 아래에서의 추의 속도가 빠를수록 커집니다.

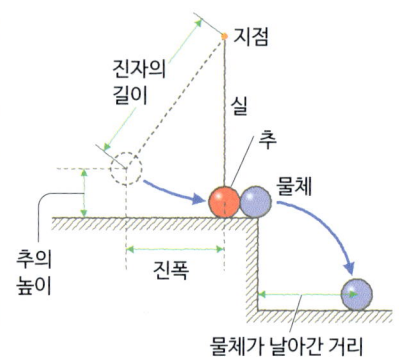

〈진자가 떨어지는 높이가 같을 때〉
추의 질량이 클 경우, 다른 물체를 움직이는 힘이 커집니다.

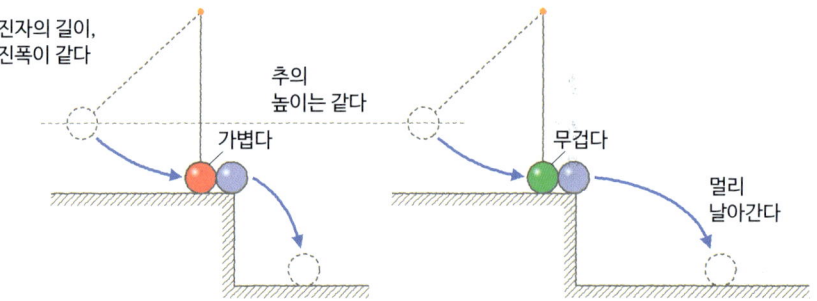

〈진자 추의 질량이 같을 때〉
진자가 떨어지는 높이가 높을수록 지점 바로 아래에서의 추의 속도가 빨라집니다. 다른 물체를 움직이는 힘도 커집니다.

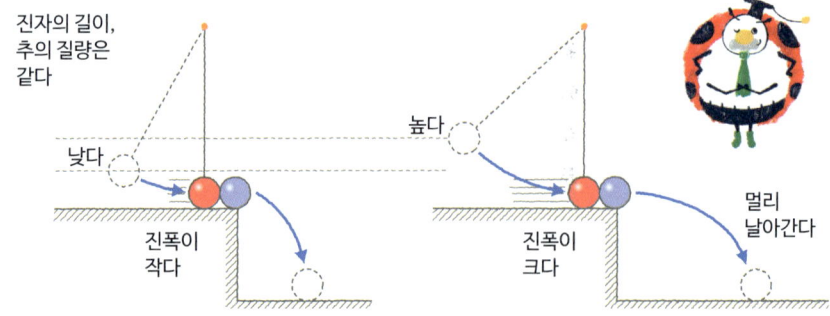

COLUMN 더 자세히 진자의 지점 바로 아래의 추의 속도에는 추의 질량은 관계가 없습니다. 하지만 물체를 움직이는 힘은 추의 속도와 함께 추의 질량과 관련이 있으므로 주의합시다.

★★★ 경사면을 내려오는 추의 힘

경사면을 구르는 추가 경사면 아래에 있는 물체에 충돌할 때 추의 질량이 클수록, 또 충돌할 때의 추의 속도가 빠를수록 물체는 멀리 움직입니다.

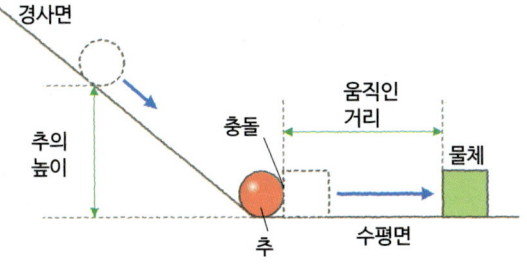

〈추를 경사면의 같은 높이에서 굴릴 때〉

굴리는 높이가 같을 때, 물체에 충돌할 때의 속도는 같습니다.
그 경우는 질량이 큰 추가 다른 물체를 움직이는 힘은 커집니다.

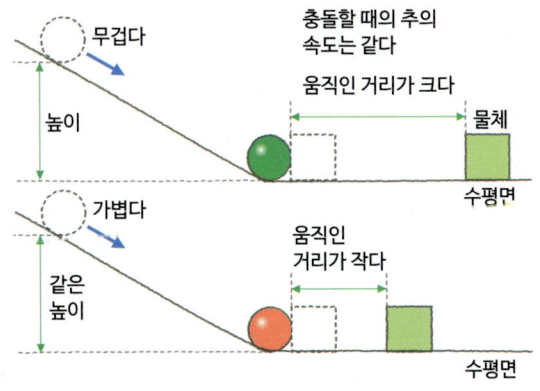

〈추의 질량이 같을 때〉

추를 굴리는 높이가 높을수록 경사면 아래에서의 속도가 빨라지고 다른 물체를 움직이는 힘은 커집니다.

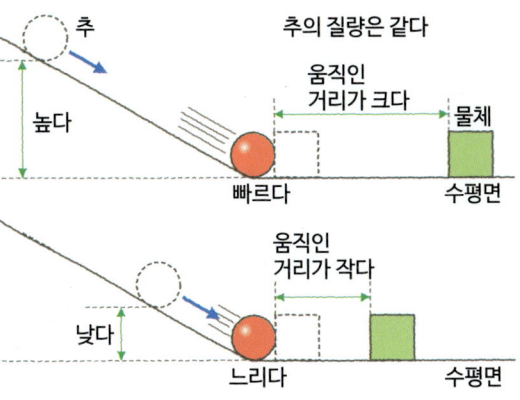

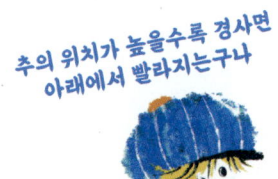

추의 위치가 높을수록 경사면 아래에서 빨라지는구나

제 5 장 힘의 작용

어느 별이 천하장사?

'무게'는 지구가 물체를 잡아당기는 힘인 '중력'에 의해 발생합니다.
잡아당기는 힘의 크기는 천체에 따라 다릅니다.
그렇기 때문에 같은 체중인 사람이라도 다른 천체에서 체중계에 올라가면 체중계가 표시하는 수치는 서로 다릅니다.

태양 840kg
지구 30kg
달 5kg
금성 27.3kg
수성 11.4kg

 에너지편

 해왕성 3 **33.3**kg

화성
11.4kg

 천왕성 **26.7**kg

토성
27.9kg

 목성 2 **71.1**kg

제5장 힘의 작용

이번 장의 학습내용 헤드라인

❓ 지렛대를 쓰면 지구라도 움직일 수 있다?

작은 힘으로 무거운 것을 움직일 수 있는 지렛대는 옛날부터 사용되어온 도구입니다. 지렛대의 작용을 알아보고 그 구조를 발견한 것은 기원전 고대 그리스의 과학자인 아르키메데스입니다.

지렛대의 구조를 발견한 아르키메데스는 다음과 같이 말했다고 전해지고 있습니다.

"나에게 지탱할 장소를 달라. 그러면 지구도 움직일 수 있다!"

지렛대를 쓰면 어떤 것이라도 작은 힘으로 움직일 수 있다는 것을 이렇게 표현한 것입니다.

❓ 작은 힘으로 큰 힘을 만들어내려면?

드라이버(나사돌리개)의 손잡이 부분은 매우 두껍지요. 이것은 나사를 돌리는 부분에 손이 가한 힘보다도 큰 힘이 가도록 하기 위해서입니다. 만약에 손잡이 부분이 얇으면 나사를 돌리는 데 큰 힘이 필요해져서 힘듭니다.

드라이버와 마찬가지로 가하는 힘이 작아도 큰 힘이 작용하는 구조는 수도꼭지 손잡이, 자동차 핸들, 자전거 핸들과 페달, 문고리 등에도 이용되고 있습니다. 이는 축바퀴라고 불리는 구조인데, 지름이 큰 고리와 지름이 작은 축을 붙여 고리에 가해지는 힘이 작아도 축 부분에는 큰 힘이 생깁니다.

물체의 무게의 정체는?

손으로 공을 들면 공의 무게가 느껴지지요. 놓으면 공은 지면으로 떨어집니다. 지구가 공을 끌어당기는 힘이 작용하고 있기 때문입니다. 물체의 무게는 사실은 중력의 크기를 나타낸 것입니다. 중력은 지구상의 모든 것에 작용하고 있습니다. 우리가 체중계 위에 올라갔을 때의 체중도 몸에 작용하는 중력의 크기를 나타낸 것입니다.

중력의 크기는 용수철저울을 가지고 잴 수 있습니다. 용수철저울에 사용되는 용수철에는, 매단 물체의 무게(중력의 크기)에 따라서 규칙적으로 늘어나는 성질이 있기 때문입니다. 용수철이 늘어나는 길이와 물체의 무게는 비례합니다.

물체가 물에 왜 뜨는 거지?

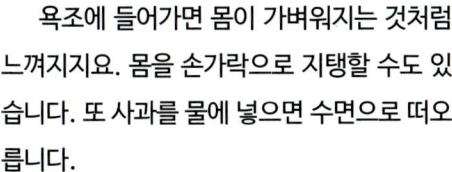

욕조에 들어가면 몸이 가벼워지는 것처럼 느껴지지요. 몸을 손가락으로 지탱할 수도 있습니다. 또 사과를 물에 넣으면 수면으로 떠오릅니다.

이런 현상은 물이 물체를 위로 밀어 올리는 힘을 작용하기 때문입니다. 이 힘을 부력이라고 합니다.

물에 물체를 담갔을 때, 부력이 물체의 무게보다도 크면 위 방향의 힘을 받아서 물체가 수면에 뜨게 되는 것입니다.

⬆ 물에 뜨는 사과

제5장 힘의 작용

01 바람과 고무

1 바람의 작용

중요도 ★★★
바람의 작용

바람은 공기의 흐름으로, 공기가 없으면 불지 않습니다. 바람이 불면 나뭇가지가 흔들리거나 깃발이 흔들립니다. 더 세게 불면 가지가 부러지거나 바람을 향해서 걷기 어려워지는 등 바람의 큰 힘을 느낍니다.

〈바람의 힘〉
바람에는 물체를 움직이는 힘이 있습니다. 바람이 세면 물체를 움직이거나 물체를 들어 올리는 힘이 커지고, 바람이 약해지면 그러한 힘은 작아집니다. 물체를 움직이는 힘이 있는 바람은 에너지를 가집니다.

〈바람의 힘을 이용하는 것〉
풍차, 요트나 돛단배(범선), 윈드서핑, 풍향계, 장난감 풍차, 연 등이 있습니다.

 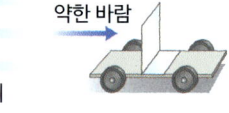
선풍기 / 약한 바람

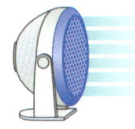 
강한 바람 / 강한 바람은 자동차를 멀리 움직인다

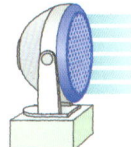 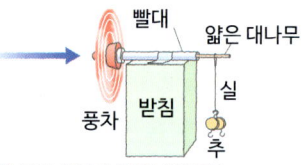
빨대 / 얇은 대나무 / 풍차 / 받침 / 실 / 추
강한 바람은 무거운 것을 들어 올린다(끌어 올린다)

⬆ 바람의 힘을 알아보자

★★★
풍차

풍차는 날개바퀴에 바람이 닿아서 회전하고, 바람의 힘을 회전하는 힘으로 바꿀 수 있습니다. 풍차는 옛날부터 쓰여온 동력입니다. 맷돌을 돌려서 가루를 만드는(제분) 장치나 물을 끌어 올리는 펌프 등에 사용되어왔습니다. 현재는 전기를 만드는 풍력발전에도 사용되고 있습니다.

⬆ 풍차

COLUMN 깨알지식
바람의 힘을 이용하는 요트나 윈드서핑은 맞바람 쪽으로 돛을 비스듬하게 향하고 바람의 힘을 받는데, 바람이 불어오는 쪽을 향해서 지그재그로 나아갈 수 있습니다.

2 고무의 작용

★★★ 고무의 성질

고무에는 늘어나거나 줄어드는 성질이 있습니다. 고무를 잡아당기면 늘어나서 길어지고, 잡아당기는 것을 그만두면 줄어들어 원래대로 돌아갑니다. 고무에는 힘을 가해서 늘리거나 꼬아서 모양을 바꿔도 힘이 사라지면 원래 형태로 돌아오는 성질이 있습니다. 이러한 고무의 성질을 탄성이라고 합니다. 또 늘리거나 꼬았던 고무가 원래 형태로 돌아가려는 힘을 탄성력이라고 합니다.

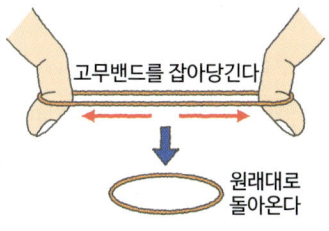

↑ 고무의 성질

★★★ 고무의 힘

고무의 힘은 고무의 탄성력입니다. 늘어나거나 꼬거나 한 고무가 원래 형태로 돌아가려고 할 때에 미치는 힘입니다. 고무는 물체를 움직이거나 물체가 움직이지 않게 고정할 수 있습니다.

고무의 힘을 강하게 하려면 고무를 강하게 잡아당겨서 길게 늘이고, 고무의 수를 늘리고, 두꺼운 고무를 쓰고, 꼬는 횟수를 많이 하는 등의 방법이 있습니다.

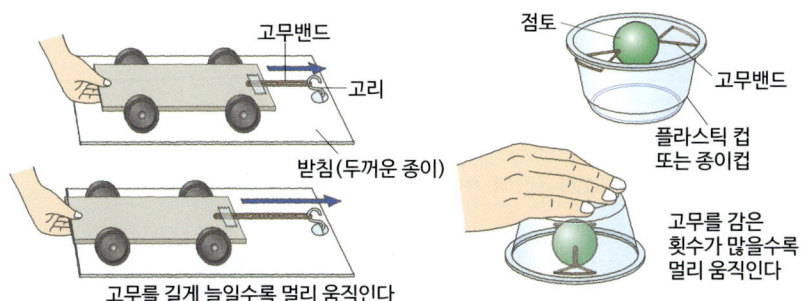

↑ 고무의 힘을 알아보자

COLUMN 깨알지식 고무의 성질로 탄성, 잘 안 미끄러짐, 약품에 강함, 전기가 잘 안 통함 등이 있습니다. 고무는 자동차 등의 타이어나 튜브, 장갑, 비옷 등 다양한 물건에 이용되고 있습니다.

제5장 힘의 작용

02 지렛대

1 지렛대의 구조

중요도
★★★ **지렛대**

한 점에서 받쳐진 막대기의 일부에 무거운 물체를 올려놓고, 다른 한쪽에 힘을 가해서 움직이게 하는 것을 지렛대라고 합니다. 지렛대를 사용하면 직접 손으로 들 때보다도 작은 힘으로 물체를 들어 올리거나 움직일 수 있습니다. 지렛대에는 받침점, 힘점, 작용점이라는 3개의 점이 있고 이를 지렛대의 3요소라고 합니다.

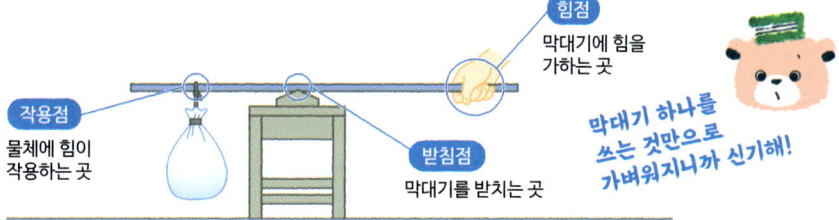

- 힘점: 막대기에 힘을 가하는 곳
- 작용점: 물체에 힘이 작용하는 곳
- 받침점: 막대기를 받치는 곳

막대기 하나를 쓰는 것만으로 가벼워지니까 신기해!

★★★ **지렛대의 종류**

지렛대의 3요소를 어떻게 놓느냐에 따라서 다음 세 종류의 지렛대가 있으며, 각각의 지렛대를 이용한 도구가 있습니다.

① 작용점—받침점—힘점인 지렛대… 받침점과의 거리에 따라 작용점에 작용하는 힘을 크게 할 수도 작게 할 수도 있습니다

② 받침점—작용점—힘점인 지렛대… 받침점에서부터 작용점까지의 거리보다도 힘점까지의 거리가 멀기 때문에 작용점에 큰 힘이 발생합니다

③ 받침점—힘점—작용점인 지렛대… 힘점에 가해지는 힘보다도 작용점에서 작용하는 힘이 작습니다

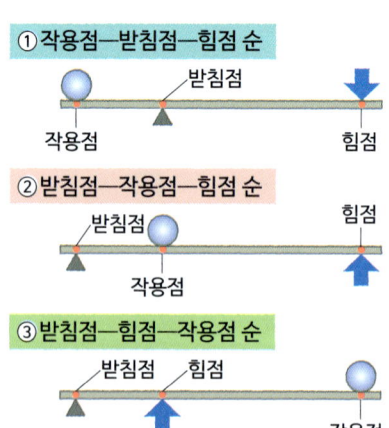

① 작용점—받침점—힘점 순
② 받침점—작용점—힘점 순
③ 받침점—힘점—작용점 순

COLUMN 더 자세히

지렛대는 받침점 주변을 자유롭게 움직일 수 있는 막대기입니다. 작은 힘을 큰 힘으로 바꾸거나 작은 움직임을 큰 움직임으로 바꾸기 위해서 쓰입니다.

★★★ 지렛대의 작용

지렛대의 3요소의 위치와 상관없이 다음 내용이 성립됩니다.
① 받침점에서 힘점까지의 거리가 길수록 작은 힘으로 물체를 움직일 수 있습니다
② 받침점에서 작용점까지의 거리가 짧을수록 작은 힘으로 물체를 움직일 수 있습니다

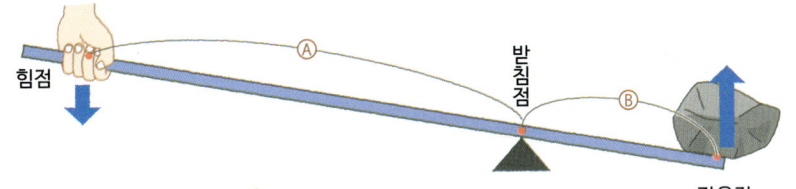

ⓐ가 길고 ⓑ가 짧을수록 물체를 쉽게 움직일 수 있다!

지렛대를 기울게 하는 작용의 크기는 '힘의 크기×받침점으로부터의 거리'로 나타냅니다. 평형을 이루는 지렛대에서는 받침점의 좌우에서 이 힘이 똑같습니다.

$$\text{힘점에 가하는 힘} \times \text{받침점에서 힘점까지의 거리} = \text{작용점에 가해지는 힘} \times \text{받침점에서 작용점까지의 거리}$$

그러므로 받침점에서 힘점까지의 거리를 길게 할수록 힘점에 가하는 힘은 작아도 되며, 받침점에서 작용점까지의 거리를 짧게 할수록 작용점에 가해지는 힘은 커집니다.

★★★ 실험용 지렛대

 실험용 지렛대는 긴 막대의 중심을 받침점으로 하고 좌우에 추를 달아 지렛대의 원리를 알아보기 위한 기구입니다. 긴 막대의 중심이 받침점이기 때문에 긴 막대의 무게는 지렛대의 평형과는 관계가 없습니다.

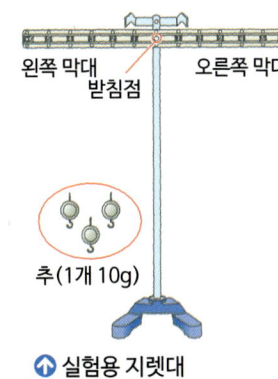

↑ 실험용 지렛대

  지렛대의 구조를 밝혀낸 것은 약 2,300년 전의 고대 그리스 수학자이자 물리학자였던 아르키메데스입니다. "튼튼하고 긴 막대와 받침점이 있으면 지구도 움직일 수 있다"라고 했다고 합니다.

제5장 힘의 작용

● 힘의 크기와 추의 무게

오른쪽 그림과 같이 추를 단 위치를 손가락으로 눌러도 지렛대는 수평을 이루어 평형이 되는데, 지렛대에 가해지는 손가락의 힘은 추와 같은 작용을 합니다. 그렇기 때문에 힘의 크기는 추의 무게로 나타낼 수 있는 것입니다. 이는 추의 무게가 추에 작용하는 중력의 크기를 나타내고 있기 때문입니다.

무게는 '힘'이구나

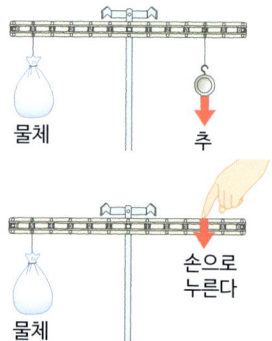

2 지렛대의 평형

중요도 ★★★

지렛대를 기울게 하는 작용(모멘트)

지렛대의 평형은 받침점의 왼쪽과 오른쪽에 지렛대를 기울게 하는 작용의 크기에 의해 정해집니다. 지렛대를 기울게 하는 작용을 모멘트라고 하며 이 크기는 다음과 같이 나타냅니다. 모멘트의 크기가 왼쪽 막대와 오른쪽 막대에서 같을 때 지렛대는 수평을 이룹니다.

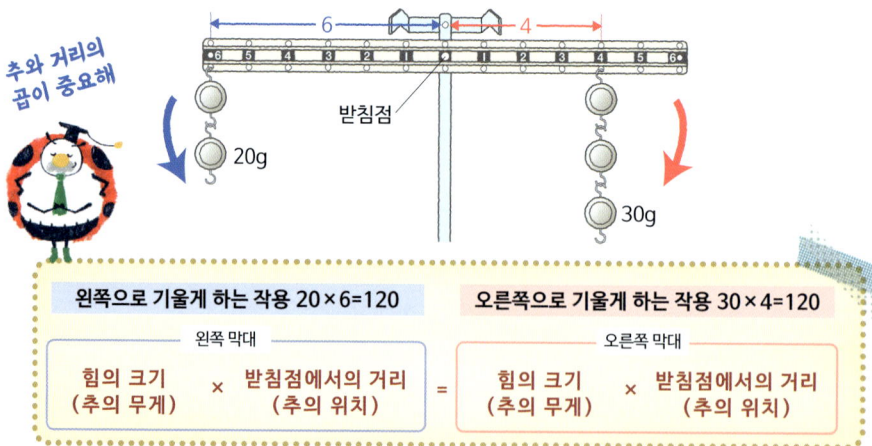

★★★ 지렛대의 평형

지렛대가 수평을 이루어 평형이 되었을 때는 지렛대를 기울게 하는 작용의 크기(모멘트)가 왼쪽 막대와 오른쪽 막대에서 같습니다. 지렛대를 기울게 하는 작용의 크기는

힘의 크기(추의 무게) × 받침점에서의 거리(추의 위치)

로 나타냅니다.

① 그림1의 지렛대가 수평을 이루어 평형이 된 때,

왼쪽으로 기울게 하는 작용   오른쪽으로 기울게 하는 작용
  20 × 5   A × 2

의 관계가 성립합니다.
A=20×5÷2=50이므로 50g의 추를 달면 수평으로 평형을 이룹니다.

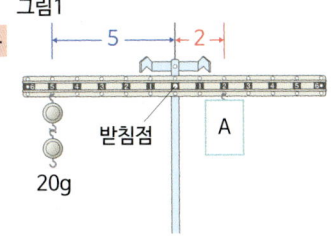
그림1

② 그림2와 같이 지렛대를 같은 방향으로 기울게 하는 추가 두 군데 이상 있을 때는 기울게 하는 작용의 크기를 더합니다.

왼쪽으로 기울게 하는 작용   40 × 4 = 160
오른쪽으로 기울게 하는 작용
                    30 × 2 + 20 × 5 = 160

왼쪽과 오른쪽으로 기울게 하는 작용의 크기는 같아서 수평으로 평형을 이룹니다.

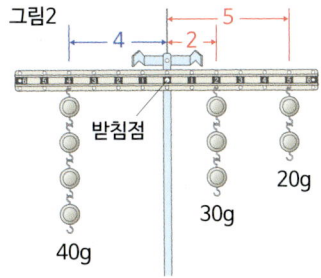
그림2

③ 그림3에서 용수철저울을 위에서 끄는 작용은 지렛대를 왼쪽으로 기울게 하는 작용과 같습니다.

왼쪽으로 기울게 하는 작용
                    20 × 2 + 20 × 4 = 120
오른쪽으로 기울게 하는 작용   40 × 3 = 120

왼쪽과 오른쪽으로 기울게 하는 작용의 크기는 같아서 수평으로 평형을 이룹니다.

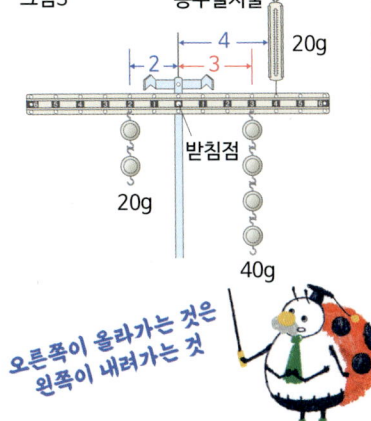
그림3

오른쪽이 올라가는 것은 왼쪽이 내려가는 것

COLUMN 더 자세히 위의 그림3에서 용수철저울이 20g의 힘으로 오른쪽 막대를 위로 잡아당기는 작용은 왼쪽 막대의 받침점에서 4의 위치에 추를 20g 매달았을 때와 같습니다.

제5장 힘의 작용

★★★ 받침점이 끝에 있는 지렛대

아래의 그림1과 같이 받침점이 막대의 끝에 있는 지렛대에서는, 추는 지렛대를 오른쪽으로 기울게 하는 작용을 하고 있습니다. 용수철저울은 지렛대를 들어 올려 왼쪽으로 기울게 하는 작용을 하고 있습니다.

왼쪽으로 기울게 하는 작용   20×6 = 120
오른쪽으로 기울게 하는 작용   30×4 = 120

왼쪽과 오른쪽에서 기울게 하는 작용의 크기가 같아서 지렛대는 수평으로 평형을 이룹니다.

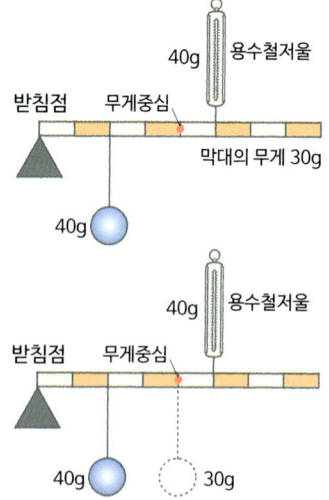

받침점이 끝에 있는 지렛대의 경우는, 그림2와 같이 지렛대를 왼쪽으로 늘려서 용수철저울이 잡아당기는 힘과 같은 무게의 추를 받침점에서부터 같은 위치(6의 위치)에 매단 경우와 같다고 생각할 수도 있습니다.

★★★ 막대의 무게를 생각하는 지렛대

막대와 같은 무게의 추를 막대의 중심 위치에 매단다고 생각하고 막대에는 무게가 없다고 합시다. 그림에서 막대는 두께나 재질이 균일하고 무게는 30g입니다. 이와 같은 무게의 추를 막대의 무게중심 (이 막대에서는 중심)에 달았다고 생각하고 지렛대의 평형을 알아봅시다.

왼쪽으로 기울게 하는 작용   40×5 = 200
오른쪽으로 기울게 하는 작용
　　　　　　　　　40×2 + 30×4 = 200

지렛대는 수평으로 평형을 이룹니다.

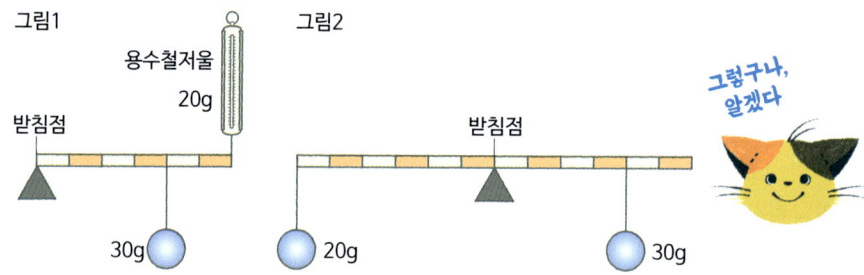

COLUMN 더 자세히　막대의 두께가 다른 경우는 막대의 중심 위치를 오른쪽 페이지에 나타낸 것과 같은 방법으로 구하고, 그 위치에 막대와 동일한 무게의 추를 매단다고 생각해서 지렛대의 평형을 구합니다.

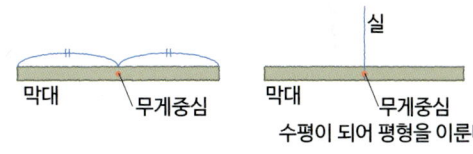

★★★ 무게중심

어떤 물체에도 물체 무게의 모든 것이 모인 한 점이 있습니다. 이 무게의 중심이 되는 점을 무게중심이라고 합니다. 물체의 무게중심에서 받치면 물체는 어느 쪽으로도 기울지 않고 정지해서 평형이 됩니다.

● 두께나 재질이 균일한 막대의 무게중심

무게중심은 막대의 중심에 있습니다. 무게중심에 실을 달아서 매달면 막대는 수평이 되어 평형을 이룹니다.

● 불규칙한 모양의 판의 무게중심

오른쪽 그림과 같이 판의 A점을 실로 매달았을 때, 판의 중심은 A점에서 직선 아래로 연장한 점선상에 있습니다. 실로 매단 위치를 B점으로 바꿔도 판의 무게중심은 변하지 않기 때문에 판의 무게중심은 A점과 B점에서 연장한 점선의 교차점이 됩니다.

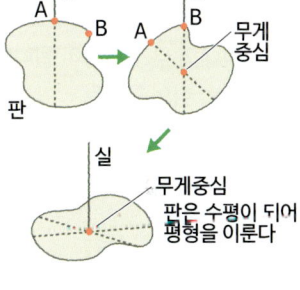

● 두께가 다른 것의 무게중심

야구방망이처럼 두께가 다른 물체의 무게중심은 다음과 같이 구합니다.

① 방망이(길이 96cm)의 양 끝 A, B를 각각 용수철저울로 약간 들어 올려 용수철저울에 나타난 눈금을 읽습니다

② 방망이의 무게는 ①에서 측정한 2개의 용수철 스프링이 나타낸 무게의 합입니다
640+320=960[g]

③ 방망이의 무게중심을 받침점으로 하는 지렛대의 수평을 생각합니다. 받침점을 중심으로 오른쪽으로 기울게 하는 작용과 왼쪽으로 기울게 하는 작용의 크기는 같습니다
무게중심의 위치는 방망이 길이 96cm를 1:2로 나눈 위치에 있습니다.

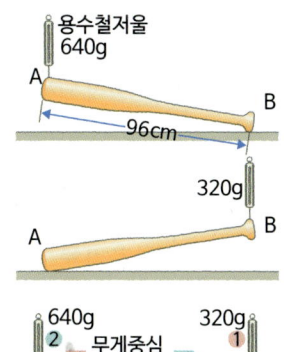

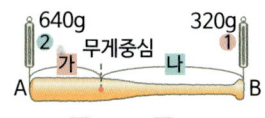

2 × 가 = 1 × 나
가 : 나 = 1 : 2
가 = 96 [cm] × $\frac{1}{3}$ = 32 [cm]

COLUMN 더 자세히 — 야구방망이가 아니라 두께가 균일한 960g의 봉이라면 2개의 용수철저울로 들어 올릴 때에 나타나는 눈금은 어느 쪽의 용수철저울도 480g 을 나타냅니다.

제5장 힘의 작용

★★★ 지렛대의 받침점이 받는 힘

수평으로 평형을 이루고 있는 지렛대에는 받침점의 좌우로 지렛대를 기울게 하는 작용이 동일하며 그와 동시에 위 방향의 힘과 아래 방향의 힘이 평형을 이루고 있습니다.

> 지렛대를 왼쪽으로 기울게 하는 힘 = 지렛대를 오른쪽으로 기울게 하는 힘
> 위 방향 힘의 합계 = 아래 방향 힘의 합계

오른쪽 그림에서 막대 두께와 재질이 균일하고 무게는 20g이라고 합시다. 막대의 무게는 막대의 중심(무게중심)에서 아래 방향으로 작용합니다. 받침점이 받는 힘은 추의 무게와 막대의 무게의 합이 됩니다.
아래 방향의 힘의 합계는
10+20+30=60[g]
받침점이 받는 힘은 60[g]입니다.

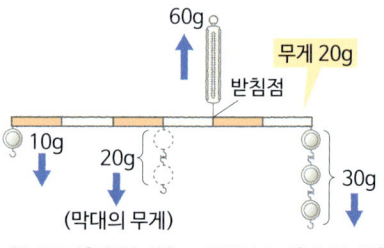

왼쪽으로 기울게 하는 작용   오른쪽으로 기울게 하는 작용
10×4 + 20×1 = 30×2

★★★ 천칭(양팔저울)

천칭은 막대를 한 점을 중심으로 받쳐서 수평으로 평형을 이루고, 지렛대의 평형을 이용해서 물체를 추와 평형이 되게 함으로써 물체의 무게를 재는 도구입니다. 추나 물체를 올리는 접시의 위치는 받침점에서 좌우 동일한 거리에 있기 때문에, 천칭이 수평으로 평형일 때는 물체의 무게와 추의 무게가 같을 때입니다. 천칭의 받침점은 막대의 무게중심에 있으므로 천칭의 평형에는 막대의 무게는 관계가 없습니다.

윗접시저울도 받침점에서 좌우 같은 거리에 접시가 있고 분동과 평형이 되도록 해서 물건의 무게를 잽니다.

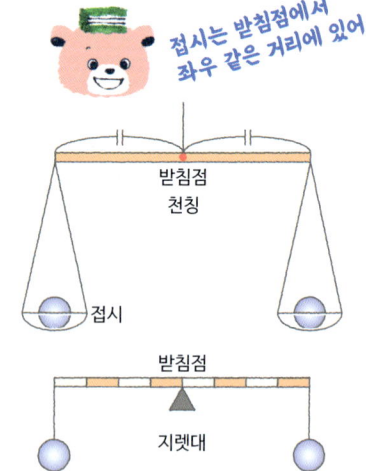

접시는 받침점에서 좌우 같은 거리에 있어

 COLUMN 더 자세히 천칭의 막대는 수평으로 평형을 이루는 점을 받침점으로 하면 어떠한 형태의 막대도 쓸 수 있습니다.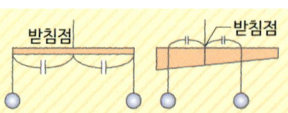

대저울

대저울은 지렛대를 기울게 하는 작용의 크기가 좌우에서 같을 때에 평형을 이루는 것을 이용해서 물체의 무게를 재는 옛날 저울입니다.

눈금을 붙인 장대 끝에 접시를 매달고 받침점의 위치는 고정해둡니다. 접시 위에 무게를 재고 싶은 물건을 올리고 일정한 무게의 추를 움직여서 장대가 수평으로 평형을 이루는 곳을 찾습니다.

그때의 추가 있는 곳의 눈금이 그릇에 올린 물건의 무게가 됩니다.

수평으로 평형을 이루고 있을 때, 다음 식이 성립됩니다.

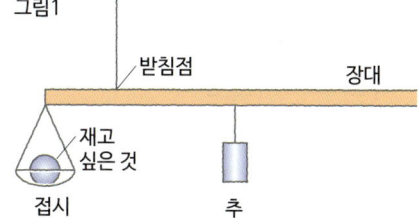

물건의 무게 × 받침점에서 접시까지의 거리 = 추의 무게 × 받침점에서 추까지의 거리

예를 들어 그림2와 같이 장대만 수평으로 평형일 때, 장대와 그릇의 무게는 생각하지 않는다고 하면, 물체의 무게 A는
A×10=20×35, 20×35÷10=70이므로 A는 70g입니다.

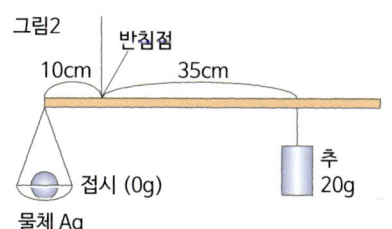

● 대저울 눈금 그리는 법

그림3의 대저울에서 추의 무게는 20g, 접시의 무게를 10g이라고 합시다. 접시에 아무것도 올리지 않으면 추는 받침점에서 5cm의 위치에서 수평으로 평형을 이루므로 이 위치를 0이라고 합시다. 접시에 10g인 물체를 올리면 추는 받침점에서 10cm 위치에서 평형입니다. 같은 식으로 눈금을 그려가면 1눈금이 5cm 간격이고 1눈금이 10g을 나타내는 대저울이 완성됩니다.

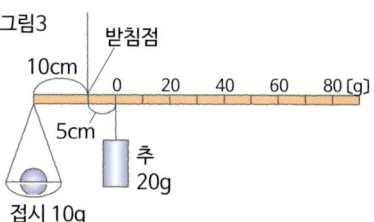

제5장 힘의 작용

지렛대를 이용한 도구

〈받침점이 작용점과 힘점 사이에 있는 지렛대 (작용점—받침점—힘점)〉

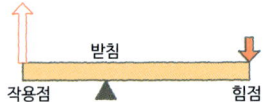

받침점과 작용점의 거리, 또는 받침점과 힘점의 거리를 바꿈으로써 작은 힘으로 작업할 수 있습니다.

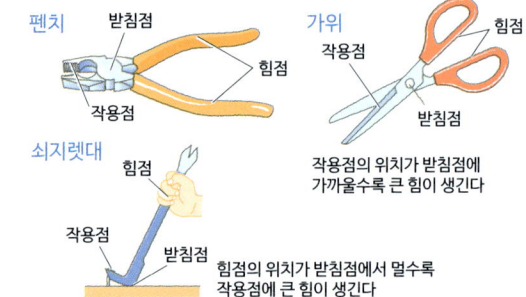

펜치 / 가위 / 쇠지렛대

작용점의 위치가 받침점에 가까울수록 큰 힘이 생긴다

힘점의 위치가 받침점에서 멀수록 작용점에 큰 힘이 생긴다

〈작용점이 받침점과 힘점 사이에 있는 지렛대 (받침점—작용점—힘점)〉

받침점에서 작용점까지의 거리보다 받침점에서 힘점까지의 거리가 길기 때문에 작은 힘으로 큰 힘을 만들 수 있습니다.

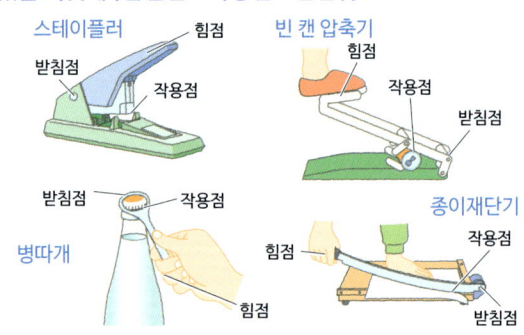

스테이플러 / 빈 캔 압축기 / 병따개 / 종이재단기

〈힘점이 작용점과 받침점 사이에 있는 지렛대 (받침점—힘점—작용점)〉

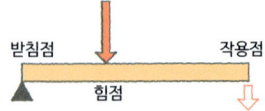

힘점에 가해지는 힘보다 작용점에서 생기는 힘이 항상 작아집니다. 힘점이 작용점에 가까우면 세밀한 작업에 적합합니다.

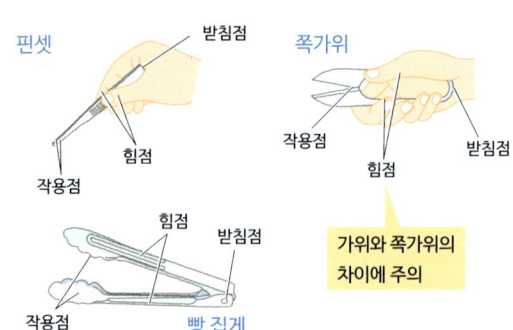

핀셋 / 쪽가위 / 빵 집게

가위와 쪽가위의 차이에 주의

COLUMN 더 자세히

받침점에서의 거리는 힘이 작용하는 방향의 수직으로 잽니다. 쇠지렛대와 같은 경우, 받침점에서의 거리는 오른쪽 그림의 a, b입니다.

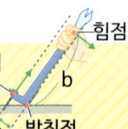

03 축바퀴와 도르래

1 축바퀴

중요도 ★★★
축바퀴

축바퀴는 반지름이 큰 바퀴(원판)와 반지름이 작은 축(원판)의 중심을 맞추어 고정시키고 바퀴와 축이 함께 돌게 만든 것입니다. 바퀴와 축에는 별도의 끈으로 묶어놓았습니다. 지렛대와 같은 작용으로, 축에 매단 추를 들어 올릴 때 바퀴가 당기는 힘을 작게 할 수 있습니다.

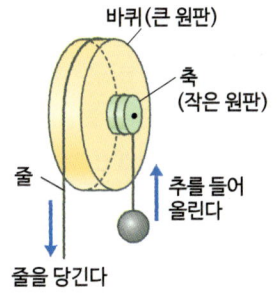

★★★ ### 축바퀴의 평형

축바퀴의 평형은 지렛대의 평형과 같습니다. 축바퀴는 회전의 중심을 받침점으로 하고, 바퀴의 반지름을 긴 막대로 하는 받침점이 중심에 있는 지렛대로 생각할 수 있습니다. 지렛대를 기울게 하는 작용과 마찬가지로 축바퀴를 회전시키는 작용의 크기는

　　바퀴가 받는 힘 × 바퀴의 반지름

으로 나타내며 축바퀴가 평형이 되었을 때 다음 식이 성립됩니다.

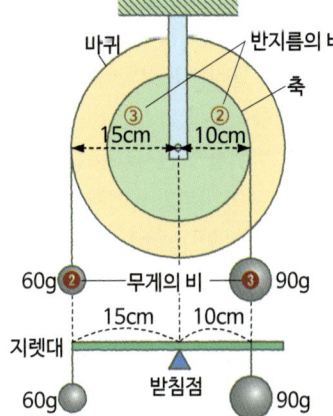

| 바퀴가
받는 힘
(추의 무게) | × | 바퀴의
반지름 | = | 축이
받는 힘
(추의 무게) | × | 축의
반지름 |

(위 그림의 경우) 바퀴…60 × 15=900　축…90 × 10=900

COLUMN 더 자세히

지렛대의 경우와 마찬가지로 축바퀴의 반지름의 비와 추의 무게의 비는 서로 반대가 되는 관계입니다. 위의 그림의 경우, 반지름의 비는 ③ : ②, 무게(힘)의 비는 ❷ : ❸입니다.

제5장 힘의 작용

★★★ 축바퀴 줄의 움직임

축바퀴의 바퀴와 축(작은 원판)은 붙어 있어서 회전하는 각도는 항상 같습니다. 바퀴의 반지름과 축의 반지름의 비는 각각 움직이는 거리의 비와 같아집니다.

바퀴의 반지름 : 축의 반지름 = 바퀴가 움직이는 거리 : 축이 움직이는 거리

오른쪽 그림과 같이 반지름 20cm 와 반지름 8cm 인 원판으로 만들어진 축바퀴에서는, 반지름 20cm 의 원판에 매단 끈을 10cm 잡아당기면 지름 8cm 의 원판의 줄에 붙은 추는 4cm 올라갑니다.

20 : 8 = 10 : □이므로 □ =4[cm]

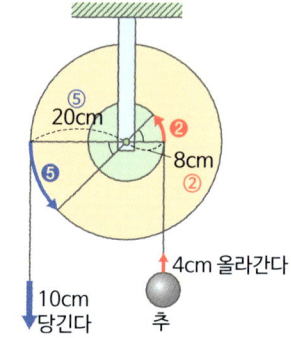

축바퀴의 반지름의 비는 ⑤ : ②
줄이 움직이는 거리의 비도 ⑤ : ②

★★★ 축바퀴의 이용

드라이버(나사돌리개)는 손잡이 부분을 축으로 해서 나사를 돌리는 도구입니다.
예를 들어 손잡이 부분(바퀴)을 10kg의 힘으로 돌리면 축바퀴를 회전시키는 힘(바퀴가 받는 힘×바퀴의 반지름)이 바퀴와 축에서 같기 때문에
10[kg]×15[mm] =□[kg] ×3[mm] 이므로 □는 50kg입니다.

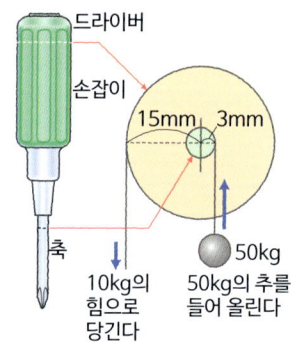

즉, 드라이버의 축 부분에는 가해진 힘의 5배만큼의 힘이 작용합니다. 드라이버 외에 수도 꼭지의 손잡이, 자동차 핸들, 문고리 등 축바퀴 구조는 다양한 것에 쓰이고 있습니다.

수도꼭지의 손잡이

자동차 핸들

문고리

연필깎이 (원운동 한다)

송곳

비와 비의 계산

비는 두 수량을 비교할 때, 한쪽의 수량이 다른 한쪽의 수량 대비 몇 배만큼인가 하는 관계를 나타낸 것입니다.

두 수 a, b를 비교할 때, a가 b의 몇 배인지를 나타내는 관계를 b에 대한 a의 비, 또는 a와 b의 비라고 합니다. 이를 $a:b$로 나타내고 a 대 b라고 읽습니다. 또 $\frac{a}{b}$ $(=a \div b)$를 비의 값이라고 합니다. 비의 값은 b를 1로 봤을 때, a가 몇 개에 해당하는지를 나타낸 수입니다.

비는 같은 수를 곱하거나 같은 수로 나눠도 변하지 않습니다. 이것을 사용하면 오른쪽과 같이 분수나 소수가 들어간 비나 큰 수의 비를 작은 정수로 고칠 수 있습니다.

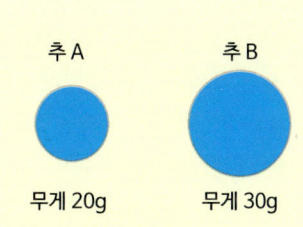

추 A 추 B
무게 20g 무게 30g

- A, B추의 무게의 비율은
  $$20:30$$
  이를 추 A, B의 무게의 비라고 합니다.
  비는 두 수량의 비율을 2개의 수의 짝으로 나타낸 것입니다.
- $20:30$ 의 비의 값은
  $$20 \div 30 = \frac{20}{30} = \frac{2}{3}$$
  A의 무게는 B의 $\frac{2}{3}$가 됩니다.
- 분수의 비나 큰 수의 비를 간단한 정수의 비로 고치는 방법
  $$\frac{1}{3} : \frac{1}{4} = \frac{1}{3} \times 12 : \frac{1}{4} \times 12$$
  $$= 4 : 3$$
  $$8 : 20 = (8 \div 4) : (20 \div 4)$$
  $$= 2 : 5$$

비례식

두 비를 등호(=)로 연결한 식을 비례식이라고 합니다.

$$a : b = c : d$$

이는 $a:b$와 $c:d$의 비의 값이 같다는 것을 나타내고 있습니다.

이 식은 다음과 같은 성질이 있습니다.

뒤바꿔도 성립한다 $a:b=c:d \rightarrow b:a=d:c$

비의 값이 같기 때문에 $\frac{a}{b}=\frac{c}{d}$ ⇨ $a \times d = b \times c$

a와 b의 역수의 비 $\frac{1}{a} : \frac{1}{b}$ 을 $a:b$의 역비라고 합니다. $\frac{1}{a} : \frac{1}{b} = b:a$가 됩니다.

제 5 장 힘의 작용

2 도르래

중요도
★★★ ### 도르래

도르래는 축을 중심으로 회전하게 한 원판입니다. 원판 주위에는 홈이 있어서 그 홈에 줄 등을 걸고 작은 힘으로 무거운 것을 들어 올리거나 힘의 방향을 바꾸기 위해 사용합니다. 도르래를 천장 등에 고정하는 고정도르래와, 줄을 걸면 도르래가 위로 움직이는 움직도르래라는 두 가지 사용법이 있습니다.

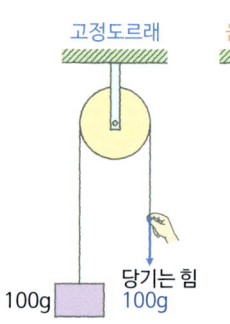

작은 힘으로도 가능한 건 움직도르래!

★★★ ### 고정도르래

고정도르래는 중심축이 천장이나 받침 등에 고정되어 있어 움직이지 않는 도르래를 말합니다. 고정도르래는 도르래의 중심을 받침점으로 하고 받침점에서 같은 거리에 힘점과 작용점이 있는 지렛대와 같고 다음과 같은 특징이 있습니다.

- 힘을 가하는 방향을 바꿀 수 있고, 어느 방향으로 당겨도 힘의 크기는 같다
- 줄을 당기는 힘은 추의 무게와 같은 크기
- 줄 하나에 추가 연결되어 있기 때문에 추가 올라가는 거리와 줄을 당긴 길이는 같다

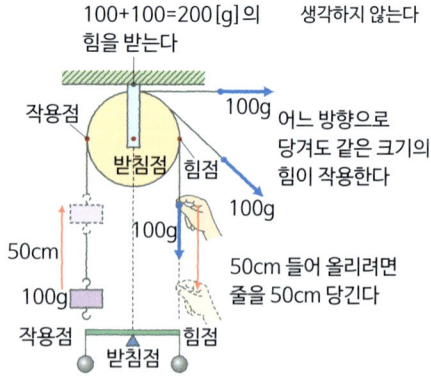

COLUMN 더 자세히 — 고정도르래와 움직도르래라는 도르래가 있는 것이 아닙니다. 도르래의 사용법이 다를 뿐이며 완전히 같은 도르래입니다.

★★★ 움직도르래

도르래에 추를 달고 줄 한쪽을 천장에 고정시키고 다른 한쪽 끝은 손으로 잡습니다. 줄을 위로 잡아당기면 추가 도르래와 함께 올라옵니다. 이러한 도르래를 움직도르래라고 합니다. 움직도르래는 막대의 끝에 받침점이 있는 지렛대와 같습니다.

- 도르래와 추는 천장과 손의 두 군데에서 붙잡고 있으므로 추를 끌어올리는 힘은 추 무게의 $\frac{1}{2}$이 된다
- 추를 도르래의 양쪽에서 들어 올리기 때문에 줄을 잡아당기는 길이는 추를 들어 올린 높이의 2배가 된다

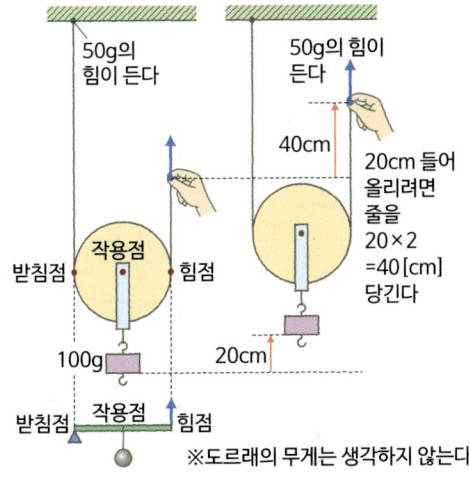

※도르래의 무게는 생각하지 않는다

★★★ 도르래의 무게

도르래에 무게가 있을 때, 움직도르래의 경우는 줄에 작용하는 힘이 변합니다.

- ●고정도르래…줄을 잡아당기는 힘에는 도르래의 무게는 관계없습니다. 도르래를 고정한 부분에는 도르래의 무게가 더해집니다.
- ●움직도르래…줄을 천장에 고정시킨 부분이 받는 힘과 줄을 당기는 힘은 각각 (추의 무게 + 도르래의 무게)의 $\frac{1}{2}$의 크기가 됩니다.

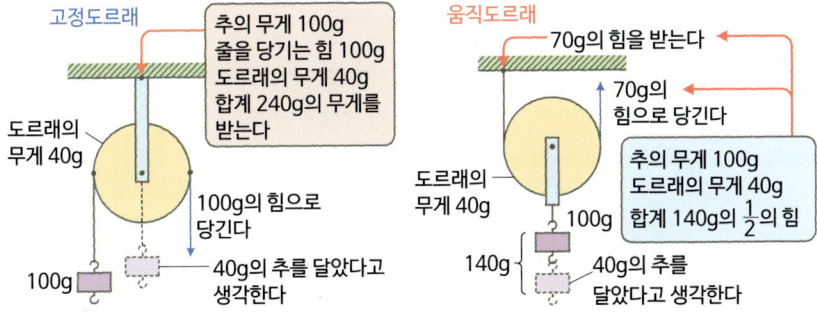

COLUMN 더 자세히

움직도르래는 받침점에서 힘점, 작용점까지의 거리의 비가 2:1이므로 힘점, 작용점이 받는 힘의 크기의 비는 1:2가 됩니다.

제5장 힘의 작용

비교: 축바퀴, 고정도르래, 움직도르래

	축바퀴	고정도르래	움직도르래
구조와 지렛대	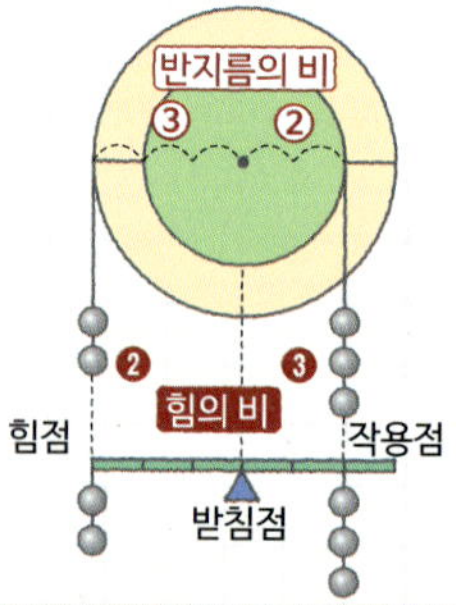 반지름의 비 ③ ② / 힘의 비 ② ③ / 힘점, 받침점, 작용점	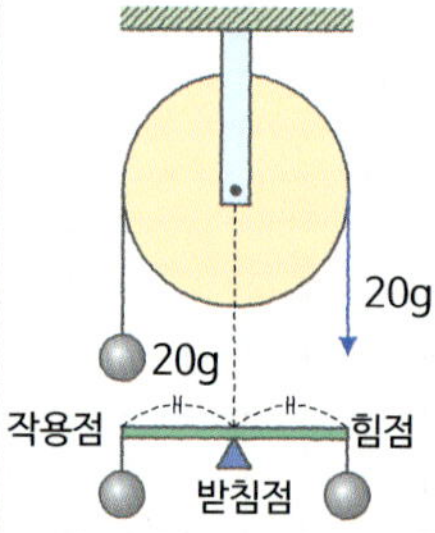 작용점 — 받침점 — 힘점, 20g ↓ 20g	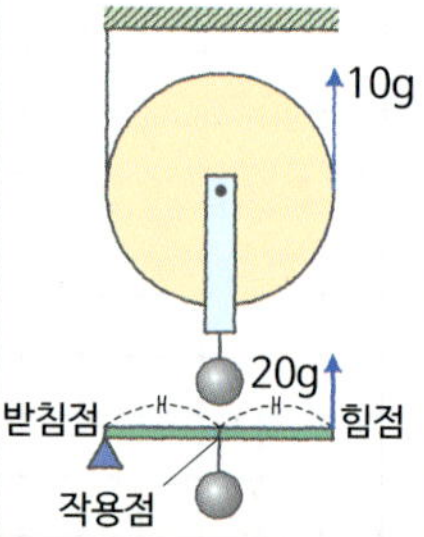 받침점 — 힘점, 10g, 20g, 작용점
줄을 당기는 힘	바퀴의 반지름 : 축의 반지름 = 축이 받는 힘 : 바퀴가 받는 힘	추의 무게와 같다	추의 무게의 $\frac{1}{2}$
줄을 당기는 길이	바퀴의 반지름 : 축의 반지름 = 바퀴의 줄이 움직인 길이 : 축의 줄이 움직인 길이	추를 들어 올리는 높이와 같다	추를 들어 올리는 높이의 2배

※도르래의 무게는 생각하지 않는다

중요도 ★★★ 복합도르래의 평형

고정도르래나 움직도르래를 몇 개 조합하면 무거운 것을 작은 힘으로 들어 올릴 수 있습니다. 평형이 되었을 때 다음과 같이 말할 수 있습니다.

- 한 줄에 작용하는 힘의 크기는 어디서든 같다
- 두 줄 이상의 줄을 사용해 도르래를 조합해도 각각의 줄에 작용하는 힘은 어디서든 같다
- 줄에 작용하는 힘의 크기와 줄을 잡아당기는 거리의 관계는, 줄을 잡아당기는 힘의 크기가 $\frac{1}{2}$, $\frac{1}{3}$, …이 되면 줄을 잡아당기는 거리는 2배, 3배, …가 된다.
- 하나의 움직도르래에 대해 위 방향으로 잡아당기는 힘의 합계(Ⓐ+Ⓑ)와 추가 움직도르래를 아래 방향으로 당기는 힘의 크기는 같다.

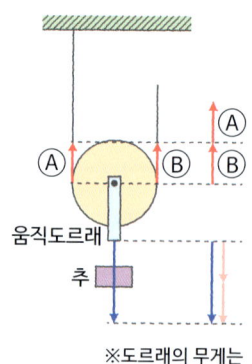

※도르래의 무게는 생각하지 않는다

예1 【그림1】 1줄에 작용하는 힘의 크기는 어디서든 같습니다. 그 크기를 ①이라고 하면 300g의 추를 ① + ① = ②의 크기로 지탱하고 있습니다. ①의 크기는 300 ÷ 2=150[g]. 줄을 잡아당기는 힘이 추 무게의 $\frac{1}{2}$이므로 줄을 잡아당기는 거리는 추를 들어 올리는 높이의 2배가 됩니다.

예2 【그림2】 움직도르래에는 줄이 3줄 걸려 있으므로 줄은 ① + ① + ① = ③의 크기로 추를 지탱하고 있습니다. ①의 크기는 300 ÷ 3=100[g]. 줄을 잡아당기는 힘이 추의 무게의 $\frac{1}{3}$이므로 줄을 잡아당기는 거리는 추를 들어 올리는 높이의 3배가 됩니다.

예3 【그림3】 2개의 움직도르래가 있고 각각 ① + ① = ②의 크기로 지탱하고 있기 때문에 줄은 추를 ① +① +① +① =④의 크기로 지탱하고 있습니다. ①의 크기는 300 ÷ 4=75[g]. 줄을 잡아당기는 힘이 추의 무게의 $\frac{1}{4}$이므로 줄을 잡아당기는 거리는 추를 들어 올리는 높이의 4배가 됩니다.

예4 【그림4】 2줄과 2개의 움직도르래를 쓰고 있습니다. 줄 P에 작용하는 힘의 크기를 ①이라고 합시다. 움직도르래 A가 줄 Q를 지탱하는 힘은 ① + ① = ②가 됩니다. 거기에, 줄 Q는 추를 ② + ② = ④의 크기로 지탱하고 있습니다. ①의 크기는 300÷ 4=75[g]. 줄을 잡아당기는 힘이 추의 무게의 $\frac{1}{4}$이므로 줄을 잡아당기는 거리는 추를 들어 올리는 높이의 4배가 됩니다.

※도르래와 막대의 무게는 생각하지 않는다

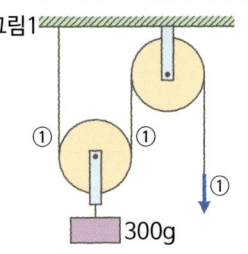
그림1

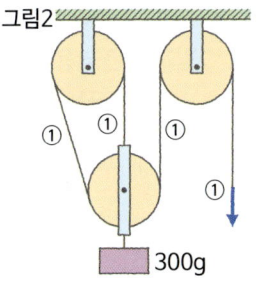
그림2

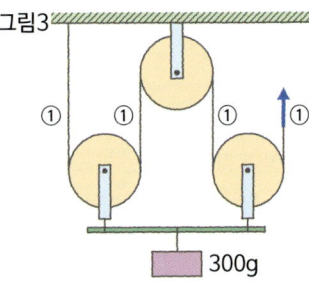
그림3

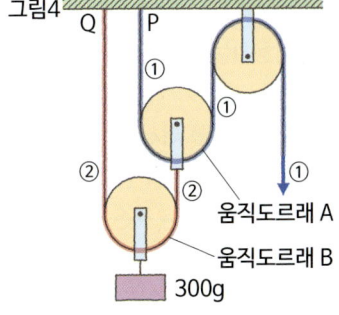
그림4 / 움직도르래 A / 움직도르래 B

COLUMN 더 자세히 줄이나 도르래를 고정하고 있는 부분이 받는 힘은, 예를 들어 그림2에서는 ①의 힘의 크기는 100g이기 때문에 각각의 고정도르래 부분에는 ① + ① =200[g]의 힘을 받습니다.

제5장 힘의 작용

04 힘과 용수철

1 힘과 무게

중요도 ★★★
힘

물체에 힘을 가하면 늘어나거나 줄어들거나 휘거나 모양이 변합니다. 또 물체가 움직이기 시작하거나 멈추거나 움직이는 모습도 변화합니다.

힘에는 다음 그림과 같은 작용이 있습니다. 힘은 눈에 보이는 것은 아니지만 물체의 모습을 관찰해서 물체에 작용하는 힘을 알 수 있습니다.

형태를 바꾼다 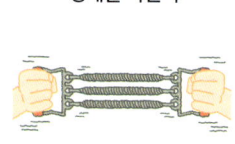   떠받친다    운동의 상태를 바꾼다
공의 방향이나 속도가 바뀌었네

↑ 힘의 작용

고무밴드를 손으로 잡아당겨 힘을 가하면 힘을 받은 고무밴드는 늘어나서 변형됩니다. 물체에 힘이 작용할 때는 반드시 힘을 가하고 있는 것이 있습니다. 힘에는 자석과 자석 또는 자석과 철 사이에 작용하는 <u>자기력(자석의 힘)</u>, 지구가 물체를 잡아당기는 힘인 <u>중력</u>, 고무나 용수철에 있는 힘인 탄성력 등이 있습니다.

★★★ **힘을 나타내는 방법**

힘이 작용하는 것은 힘의 크기뿐만 아니라 힘의 방향에 의해 변합니다. 그렇기 때문에 힘의 크기와 방향을 화살표를 써서 나타냅니다. 힘의 크기는 화살표의 길이로, 힘의 방향은 화살표의 방향으로, 힘이 작용하고 있는 곳은 화살표의 끝부분으로 표시합니다.

↑ 힘을 나타내는 방법

  COLUMN 더 자세히 힘에는 그 외에도, 물체가 움직일 때 움직임을 방해하는 방향으로 작용하는 마찰력이나, +와 − 전기 사이에 작용하는 전자기력 등이 있습니다.

★★★ 중력

지구가 지구의 중심을 향해 당기는 힘을 중력이라고 합니다. 중력은 지구상의 모든 것에 작용하고 있는 힘입니다. 손으로 공을 들면 '무게'를 느끼는 것은 공에 작용하고 있는 중력을 느끼기 때문입니다. 지구상에서 물체가 아래로 떨어지는 것은 중력이 있기 때문입니다.

★★★ 달의 중력

지구와 같이 달에서도 그 중심을 향해 당기는 힘인 '중력'이 있습니다. 달의 중력은 지구의 중력보다 작고 지구의 중력의 약 $\frac{1}{6}$ 크기입니다. 체중이 30kg인 사람이 달에 가서 체중을 재면 5kg이 됩니다.

↑ 지구와 달에서의 중력

살이 빠진… 게 아니구나

★★★ 무게

물체에 작용하는 중력의 크기를 무게라고 합니다. 중량이라고도 합니다. 무게는 재는 장소에 따라서 변합니다. 같은 물체라도 장소에 따라 무게는 달라질 수 있습니다. 무게는 용수철저울이나 지시저울(앉은뱅이저울)로 잴 수 있습니다.

●질량

국제우주정거장과 같은 곳에서 우주비행사나 물체가 둥실둥실 떠 있는 것을 본 적이 있지요? 우주정거장에서는 밖에서 보기에는 중력이 없는 상태(무중력상태)이기 때문에 무게는 0입니다. 하지만 우주비행사나 물체가 없어진 것은 아닙니다. 무게가 중력의 크기를 나타내는 데 반해, 중력의 크기에 따라 변화하지 않는 물질 그 자체의 양을 질량이라고 합니다. 질량은 윗접시저울을 사용해서 잽니다.

●중력의 정체는? 만유인력

질량을 갖는 것은 아무리 작은 것이라도 서로 잡아당기고 있습니다. 이 책과 여러분도 작은 힘으로 서로 잡아당기고 있습니다. 이 힘을 만유인력이라고 합니다. 지구상에서 중력이 생기는 것은 지구와 물체가 만유인력으로 서로 잡아당기고 있기 때문입니다.

COLUMN 깨알지식: 윗접시저울로 물체의 질량을 잴 수 있는 이유는, 윗접시저울 좌우에 올려진 물체와 분동이 평형을 이룰 때 분동의 질량과 비교해서 재는 기구이기 때문입니다.

제5장 힘의 작용

2 용수철의 성질

중요도
★★★ ### 용수철

용수철(나선형 용수철)이나 고무를 손으로 잡아당기면 용수철이나 고무는 늘어납니다. 더 잡아당기면 더 많이 늘어나는데 손을 놓으면 원래 형태로 돌아갑니다. 용수철이나 고무처럼 물체에 힘을 가하면 형태가 바뀌고 힘을 가하는 것을 그만두면 원래 형태로 돌아가려고 하는 성질을 탄성이라고 합니다. 용수철은 탄성을 이용한 부품입니다.

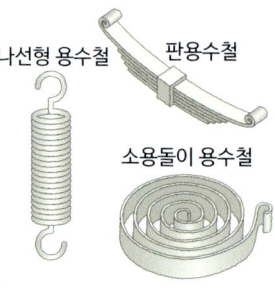
↑ 여러 가지 용수철

금속선을 말아서 만든 나선형 용수철이나, 강철판을 겹친 판용수철, 얇은 강철판을 감은 소용돌이 용수철 등이 있습니다.

★★★ ### 용수철의 늘어난 길이

용수철(나선형 용수철)에 추를 달면 용수철은 늘어납니다. 용수철에 단 추의 무게가 2배, 3배, …가 되면 용수철의 길이도 2배, 3배, …로 늘어납니다. 추의 무게와 용수철의 늘어나는 정도는 비례 관계에 있습니다. 용수철저울은 용수철의 성질을 이용해서 무게를 재는 도구입니다.

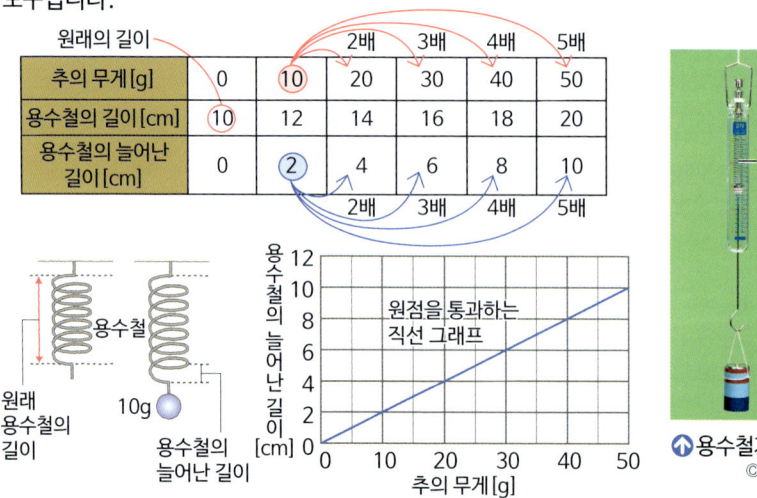

↑ 용수철저울

●용수철의 길이

용수철에 추를 달았을 때의 용수철 전체의 길이는 다음과 같이 나타냅니다.

　　용수철 전체의 길이 = 용수철의 원래 길이 + 용수철의 늘어난 길이

용수철에 매단 추의 무게와 비례하는 것은 '용수철의 늘어난 길이'이며 '용수철의 길이'는 아닙니다.

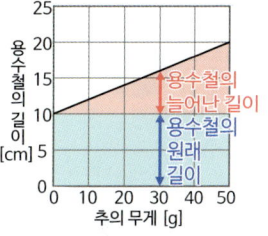

★★★ 용수철의 연결방법과 용수철의 늘어난 길이

그림1의 용수철 2개를 직렬로 연결했을 때와 병렬로 연결했을 때의 용수철의 늘어난 길이는 다음과 같습니다. (용수철의 무게와 막대의 무게는 생각하지 않습니다.)

〈2개의 용수철을 직렬로 연결〉

2개의 용수철을 직렬로 연결하면 추의 무게는 2개의 용수철에 각각 영향을 줍니다. 그림2와 같이 연결하면 각각의 용수철은 5cm씩 늘어납니다.

그림3에서는 위에 있는 용수철은 추 A, B의 무게의 합인 200g의 영향을 받기 때문에 용수철의 늘어난 길이는 10cm가 됩니다. 아래의 용수철은 추 B의 무게만큼만 영향을 받기 때문에 용수철의 늘어난 길이는 5cm입니다. 2개의 용수철의 늘어난 길이의 합계는 15cm입니다.

무게가 어떻게 영향을 주는지가 다르네!

〈2개의 용수철을 병렬로 연결〉

2개의 용수철을 병렬로 연결하고 추를 가운데 달면 각각의 용수철에 추의 무게가 절반씩 영향을 줍니다.

그림4와 같이 연결하면 용수철은 각각 2.5cm씩 늘어납니다.

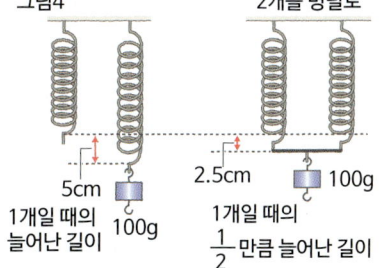

COLUMN 더 자세히 용수철의 늘어난 길이처럼, 물체가 변형된 크기가 가해진 힘의 크기와 비례하는 것을 훅의 법칙이라고 합니다.

제5장 힘의 작용

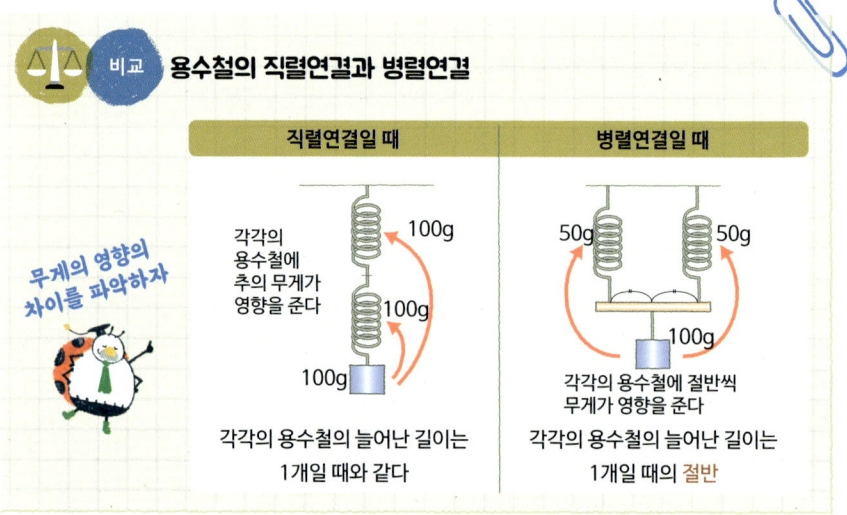

★★★ 용수철의 힘의 평형

그림1은 같은 용수철에 추를 여러 가지 방법으로 매단 것입니다. 이때, 어떤 용수철에도 같은 크기의 힘이 작용하며 용수철의 늘어난 길이는 같습니다.

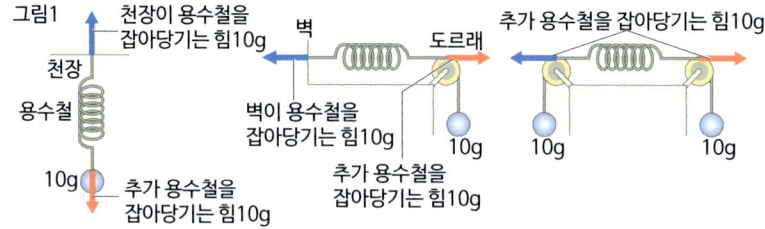

그림2와 같이 용수철저울에 매단 것을 지시저울에 올렸을 때, 용수철저울과 지시저울이 나타내는 값의 합계가 물체의 무게가 됩니다. 위 방향에 작용하는 힘의 합계와 아래 방향에 작용하는 힘이 평형을 이루고 있습니다.

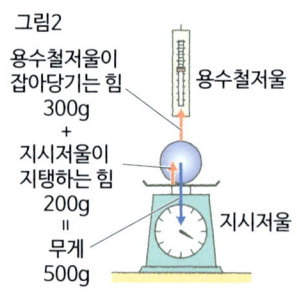

용수철저울이 물체를 잡아당기는 힘
+
지시저울이 물체를 지탱하는 힘
=
물체의 무게

COLUMN 더 자세히
물체에 작용하는 2개의 힘이 다음 세 가지 조건에 맞을 때, 2개의 힘은 평형을 이룹니다.
①힘의 크기가 같다 ②힘의 방향이 반대 ③2개의 힘이 같은 직선상에 있다

★★★ 힘의 평형

물체의 힘이 작용하고 있는데 움직이지 않고 멈춰 있을 때, 물체에 작용하는 힘은 평형을 이루고 있다고 합니다.

⬆ 좌우에서 평형을 이루는 힘　　　　　　　⬆ 중력과 평형을 이루는 힘

줄다리기에서 좌우에서 당기고 있는데 어디로도 움직이지 않을 때, 좌우의 힘은 평형을 이루고 있다고 합니다.
또 책상 위의 물체에는 중력이 작용하고 있는데도 움직이지 않는 것은, 책상이 물건을 밀어내는 힘이 작용해서 중력과 평형을 이루고 있기 때문입니다.

★★★ 작용·반작용

스케이트보드를 탄 사람이 벽을 밀면 벽을 민 방향과는 반대 방향으로 사람이 움직입니다. 이는 벽에서 사람을 밀어내는 힘이 작용했기 때문입니다. 이때, 사람이 벽을 미는 힘을 작용, 벽이 사람을 밀어내는 힘을 반작용이라고 합니다.

스타팅블록은 사람이 블록을 차는 힘의 반작용으로 빠르게 박차고 나갈 수 있게 합니다.

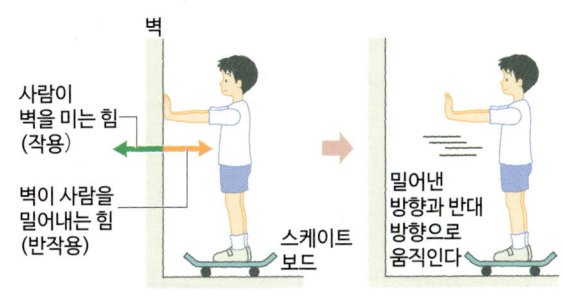

  작용·반작용은 2개의 물체 사이에서 서로 힘을 미치는 관계인데, 두 힘의 평형은 하나의 물체에 작용하는 두 힘의 관계입니다.

제5장 힘의 작용

05 부력

중요도 ★★★

압력

물체를 누르는 힘의 작용은 힘이 가해지는 면적에 따라 변화합니다.
아래 그림과 같은 물체를 스펀지 위에 올렸을 때, 스펀지에 접하는 면적이 작은 쪽이 스펀지가 많이 눌립니다. 이것은 일정한 면적을 누르는 힘이 힘을 받는 면적의 크기에 따라 다르기 때문입니다.

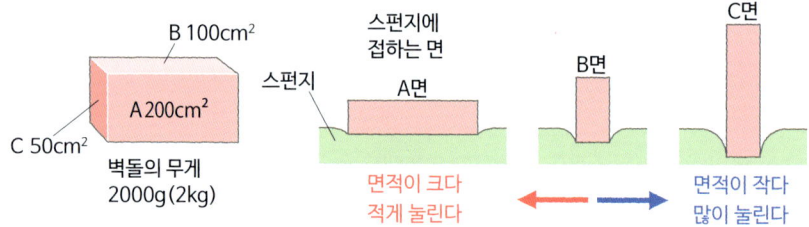

일정한 면적을 수직으로 누르는 힘을 압력이라고 합니다. 힘이 작용하는 면적이 클수록 압력은 작아집니다. 압력은 면에 수직으로 작용하는 힘의 크기를 힘이 작용하는 면적으로 나눠서 구할 수 있습니다.

$$압력 = \frac{면을\ 수직으로\ 누르는\ 힘의\ 크기}{힘이\ 작용하는\ 면적}$$

- 힘이 작용하는 면적이 같다면 힘의 크기가 클수록 압력은 커집니다(압력은 힘의 크기에 비례합니다).

- 면에 작용하는 힘의 크기가 같다면 면적이 작을수록 압력은 커집니다(압력은 면적에 반비례합니다).

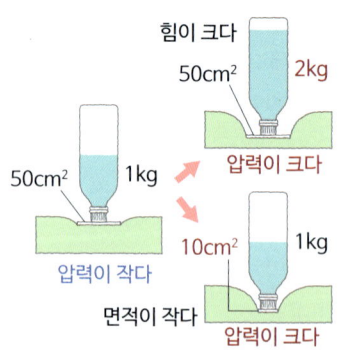

↑ 압력과 힘·면적의 관계

COLUMN 더 자세히 위의 그림에서 벽돌의 A~C면을 스펀지에 접촉시켰을 때의 압력은 면적에 반비례해서 A:B:C=1:2:4가 되며 C일 때가 가장 커집니다.

★★★ 압력과 여러 가지 도구

압력의 크기는 힘이 작용하는 면적에 따라 변화합니다. 우리 주변에 있는 물건들은 힘을 받는 면적을 바꿔서 압력을 크게 하거나 작게 해서 원하는 압력을 얻습니다.

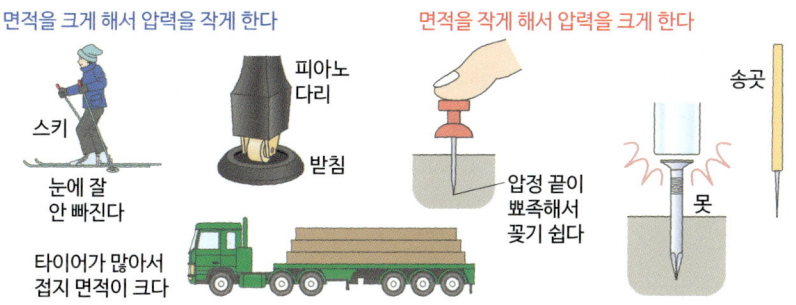

★★★ 수압

물의 무게에 의해 발생하는 압력을 수압(물의 압력)이라고 합니다. 어떤 깊이의 수압은 그 깊이의 지점 위에 있는 물의 무게 때문에 생깁니다. 따라서 수압은 물의 깊이에 비례하고, 물이 깊을수록 커집니다.

오른쪽 그림과 같이 구멍을 뚫은 페트병에 물을 넣으면 수면에서 깊은 쪽에 있는 구멍일수록 물이 세차게 나옵니다. 수압은 수면에서 깊은 쪽이 크기 때문입니다.

↑ 물의 깊이와 수압

물의 무게에 의해 생기는 수압은 아래 방향뿐만 아니라 다양한 방향에서 작용하며 물의 깊이가 같다면 수압의 크기는 같습니다.

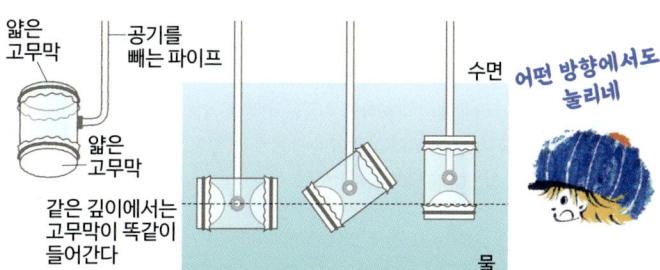

COLUMN 더 자세히   수압은 물을 넣은 용기나 물속 물체의 면에 수직으로 작용합니다. 또 수압의 크기는 물의 깊이에 따라 달라지고, 용기에 넣은 물의 양이나 용기의 형태 등은 상관없습니다.

제5장 힘의 작용

★★★ 부력

물속에 고무공을 넣고 손을 놓으면 공은 물 위로 작용하는 힘(위쪽 방향의 힘)을 받아서 수면으로 떠오릅니다. 물속에 있는 것이 받는 이러한 힘을 부력이라고 합니다.

물체에 작용하는 부력의 크기는 물체를 용수철저울에 매달고 공기 중에서의 무게와 물속에 넣었을 때의 무게를 재서 그 차이로 구할 수 있습니다.

> 부력 = 공기 중에서의 무게
>   − 물속에서의 무게

오른쪽 그림과 같이 공기 중에서의 무게는 125g, 물속에 넣었을 때의 무게는 75g일 때, 부력의 크기는 125−75=50[g] 입니다.

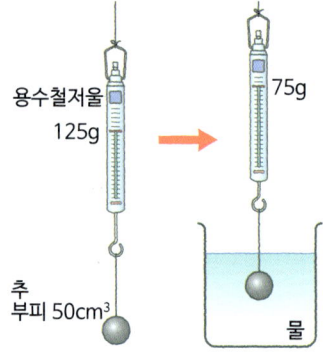
⬆ 부력의 크기

부력의 크기는 물체가 밀어낸 물의 무게(물체의 부피와 같은 부피의 물의 무게)와 같습니다. 물의 부피 $1cm^3$의 무게는 1g이므로, 물체가 받은 부력 50g은 물체가 밀어낸 물의 부피 $50cm^3$의 무게입니다. 따라서 물체 전체가 물속에 있으면 부력은 수면에서의 깊이와는 상관없이 일정합니다.

●부력이 발생하는 이유

물속에 있는 물체가 부력을 받는 것은 물체에 작용하는 수압에 의한 힘의 차이가 발생하기 때문입니다.
① 물체의 옆에 작용하는 수압은 같은 깊이에서는 크기가 같고 방향만 반대이므로 평형을 이룹니다.
② 물체의 아래에서 작용하는 수압은 위에서 작용하는 수압보다 크기 때문에 위와 아래의 수압에 의한 힘의 차이가 발생하며, 이것이 물체에 위쪽 방향인 부력으로 작용합니다.

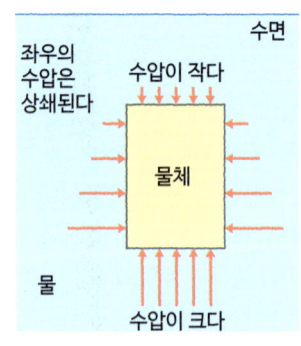
⬆ 부력이 생기는 이유

COLUMN 깨알지식 부력의 크기는 물이 아닌 액체에서도 생기며, 물체가 밀어낸 만큼의 액체 무게와 크기가 같습니다. 고대 그리스의 아르키메데스가 발견해서 아르키메데스의 원리라고 합니다.

★★★ 부력의 평형

물체가 수면에 떠 있을 때 물체에 작용하는 무게(중력의 크기)와 위쪽 방향으로 작용하는 부력의 크기가 같아지며 평형을 이룹니다.

오른쪽 그림과 같이 무게 40g, 부피 100cm³인 나무토막이 물에 떠 있습니다. 이때 나무토막에 작용하는 부력의 크기는 나무토막의 무게와 같은 40g입니다. 이것은 물체가 물속에 가라앉은 부분의 부피만큼의 물의 무게와 같기 때문입니다. 1cm³인 물의 무게가 1g이므로 물에 물체가 가라앉은 부분의 부피는 40cm³라는 것을 알 수 있습니다.

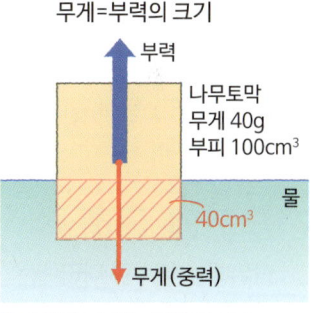

⬆ 수면에 떠 있는 물체의 부력

● 지시저울에 올릴 때

그림1과 같이 물이 담긴 비커(무게 500g)를 지시저울에 올리고, 무게 80g, 부피 20cm³인 추를 물에 담그면 지시저울은 580g을 나타냅니다.

    비커와 물의 무게 + 추의 무게 = 500 + 80 = 580 [g]

그림2와 같이 물에 담근 추를 용수철저울에 달아서 물에 넣으면 용수철저울은 60g을 나타내고 부력은 80 - 60 = 20 [g] 입니다.

    지시저울이 받는 힘
    = 비커와 물의 무게 + (추의 무게 - 용수철저울이 위로 당기는 힘)
    = 비커와 물의 무게 + 추에 작용하는 부력

이므로 지시저울의 눈금은 500 + 20 = 520 [g] 을 나타냅니다.

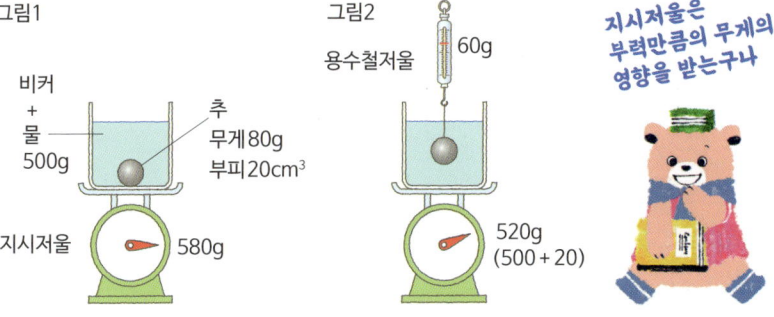

지시저울은 부력만큼의 무게의 영향을 받는구나

 **COLUMN 깨알지식**

물보다 무거운 소금물에 나무토막을 넣으면, 나무토막이 잠긴 부분에 해당하는 소금물의 부피는 물에 잠겼을 때의 부피보다 작습니다. 물보다 가벼운 알코올에 나무토막을 넣으면, 나무토막이 잠긴 부분에 해당하는 알코올의 부피는 물에 잠겼을 때의 부피보다 큽니다.

673

다양한 단위 일람

단위란 측정할 때의 기준이 되는 것입니다. 예를 들어 길이의 경우는 'm'라는 기준의 길이를 정하고 '이 기준의 몇 배인가'로 길이를 나타냅니다.

단위에는 'm', '초' 등과 같이 세계 공통으로 쓰고 있는 기본 단위와, 속도 단위인 'm/s (초속 ○○미터)' 등과 같이 단위를 합쳐서 만든 조합단위가 있습니다.

접두어에 대해

단위에는 배수를 나타내는 기호를 붙여서 큰 수나 작은 수를 나타낼 수 있습니다. 이 기호를 접두어라고 합니다. 예를 들어 1km는 1,000m이고 1m의 1,000배를 나타냅니다. 이 때, 'm' 앞에 있는 'k'는 '1,000배'라는 의미의 접두어입니다.

접두어의 예

명칭	기호		배수
테라	T	1조	1 000 000 000 000
기가	G	10억	1 000 000 000
메가	M	100만	1 000 000
킬로	k	1000	1 000
헥토	h	100	100
데카	da	10	10
데시	d	10분의 1	0.1
센티	c	100분의 1	0.01
밀리	m	1000분의 1	0.001
마이크로	μ	100만 분의 1	0.000 001
나노	n	10억 분의 1	0.000 000 001

길이

명칭	기호	변환
밀리미터	mm	$1mm = \frac{1}{1000}m$
센티미터	cm	1cm=10mm
미터	m	1m=100cm
킬로미터	km	1km=1000m

무게

명칭	기호	변환
밀리그램	mg	$1mg = \frac{1}{1000}g$
그램	g	1g=1000mg
킬로그램	kg	1kg=1000g
톤	t	1t=1000kg

면적

명칭	기호	변환
제곱센티미터	cm^2	$1cm^2=0.0001m^2$
제곱미터	m^2	$1m^2=10000cm^2$
제곱킬로미터	km^2	$1km^2=1000000m^2$
아르	a	$1a=100m^2$
헥타르	ha	$1ha=100a=10000m^2$

변환도 할 수 있도록 하자!

다양한 단위를 확실히 구분해서 사용할 수 있게 해야겠지!

그럼 그럼

부피

명칭	기호	변환
세제곱센티미터	cm^3	$1cm^3=0.000001m^3$
세제곱미터	m^3	$1m^3=1000000cm^3$
밀리리터	mL	1mL=0.001L=0.01dL
데시리터	dL	1dL=0.1L=100mL
리터	L	1L=1000mL

시간

명칭	기호	변환
초	초(s)	$1초=\frac{1}{60}분$
분	분(m 또는 min)	1분=60초
시간	시간 또는 시(h)	1시간=60분=3600초
일	일(d)	1일=24시간=1440분=86400초

속도

명칭	기호	변환
초속 ○○센티미터	cm/초, cm/s	1cm/초=60cm/분
초속 ○○미터	m/초, m/s	1m/초=60m/분=3600m/시
분속 ○○미터	m/분, m/m	1m/분=60m/시
시속 ○○킬로미터	km/시, km/h	$1km/시=\frac{1}{60}km/분$

※ '분속'은 잘 쓰지 않는다.

압력·기압

명칭	기호	변환
파스칼	Pa	
헥토파스칼	hPa	1hPa=100Pa
기압	기압(atm)	1기압=101325Pa=1013.25hPa

온도와 열량

명칭	기호	변환
도(섭씨)	℃	
줄	J	1J=약 0.24cal
칼로리	cal	1cal=약 4.2J

전기

명칭	기호	나타내는 양, 변환
밀리암페어	mA	전류　1mA=0.001A
암페어	A	전류　1A=1000mA
볼트	V	전압
옴	Ω	전기저항(저항)
와트	W	전력　1000W=1kW
와트시	Wh	전력량 1000Wh=1kWh

밀도

명칭	기호
세제곱센티미터당 그램	g/cm^3

찾아보기

※ 생 = 생명편, 지 = 지구편, 물 = 물질편, 에 = 에너지편

ㄱ

가랑잎나비	생 031
가로막 (횡격막)	생 157
가스버너	물 490
가시 영상	지 242
가시나무	생 045
가열해서 결정을 추출한다	물 448
가을 별자리	지 270
가을의 대사각형	지 271
가을의 일곱 가지 풀	생 043
가을장마전선	지 251
각막	생 152
각섬석	지 377
간	생 162
간조와 만조	지 299
갈래꽃 (이판화)	생 083
갈래꽃류	생 119
갈비뼈	생 146
감 씨앗	생 071
감각	생 151
감각기관	생 151
감람석	지 377
감의 배	생 070
감자	생 111
감자·고구마의 성장 방식	생 092
감자의 성장 방식	생 092
갑각류	생 188
강과 모래밭에 있는 돌의 모양	지 348
강낭콩	생 106

강낭콩 씨앗	생 071
강물의 작용	지 347
강아지풀	생 042
강의 흐름과 땅의 변화	지 351
갖춘꽃	생 082
개	생 150
개고사리	생 119
개구리	생 150
개기월식	지 303
개기일식	지 301
개망초	생 040
개미	생 027
개미귀신	생 026
개보리뺑이	생 039
개화전선	생 039
거름종이	물 453
거름종이에 거르는 방법	물 453
거문고자리	지 269
거미	생 030
거미류	생 187
거북이	생 137
거울에 반사된 햇빛	에 514
거울에 비치는 상	에 515
거울에 비치는 상 그리기	에 516
거울에 비치는 상의 개수	에 517
거지덩굴	생 041
건	생 148
건류	물 489
건습계	지 237
건전지	에 556

건전지 끼우개	에 559
건전지의 구조	에 556
건전지의 병렬연결	에 572
건전지의 연결방법과 모터	에 568
건전지의 종류	에 557
건전지의 직렬연결	에 571
검류계 (간이검류계)	에 570
검정말	생 103
겉불꽃	물 485
겉씨식물	생 117
게아재비	생 215
게의 유생	생 201
겨우살이	생 091
겨울 동물의 모습	생 055
겨울 별자리	지 272
겨울 식물의 모습	생 046
겨울눈	생 047
겨울새	생 060
겨울에 꽃이 피는 식물	생 046
겨울의 대삼각형	지 273
겨울잠	생 055
겨울잠쥐	생 055
결정	물 451
겹눈	생 028
경도	지 309
경사면을 구르는 추의 속도	에 637
경사면을 내려오는 추의 운동	에 637
경사면을 내려오는 추의 힘	에 641
경석	지 372

경선·················· 지 309	공기의 부피와 온도········ 물 408	구름이 만들어지는 원리··· 지 234
경실·················· 생 068	공기의 성분·········· 물 481	구리의 연소·············· 물 492
경통·················· 생 202	공기의 성질·········· 물 404	구불구불한 모양의 강······ 지 350
경통 상하식 현미경····· 생 202	공기총··············· 물 405	구상성단················ 지 332
곁뿌리················ 생 098	공룡················· 지 364	구실잣밤나무············· 생 045
계절과 낮의 길이····· 지 314	공벌레··············· 생 030	구연산(구연산 수용액)··· 물 464
계절과 태양의 남중고도··· 지 312	공변세포············· 생 103	구운 백반··············· 물 438
계절의 변화··········· 지 311	공생················· 생 199	국제우주정거장(ISS)······ 지 334
계절풍·············· 지 253	공작새··············· 생 141	국화··················· 생 042
고구마·············· 생 111	공전················· 지 283	굴광성·················· 생 077
고구마의 성장 방식···· 생 093	공전궤도············· 지 284	굴절각·················· 에 518
고기압·············· 지 248	공전궤도면··········· 지 284	굴지성·················· 생 077
고래················ 생 150	공전주기············· 지 283	귀뚜라미················ 생 024
고막················ 생 153	과산화수소수········· 물 497	귀의 구조와 역할········ 생 153
고무 자석··········· 에 541	관다발··············· 생 100	귀화생물················ 생 198
고무의 성질·········· 에 647	관수리··············· 생 207	귓속뼈(이소골)·········· 생 153
고무의 힘············ 에 64/	관절················· 생 147	균류···················· 생 197
고생대··············· 지 364	관찰 방법············ 생 018	그린커튼················ 생 208
고정도르래··········· 에 660	관천망기············· 지 244	그림자·················· 에 511
고체················· 물 422	광구················· 지 295	그림자의 1년 동안의 움직임
고체가 녹은 용액의 특징	광년················· 지 262	···················· 지 315
···················· 물 458	광물················· 지 377	그림자의 하루 동안의 움직임
고추좀잠자리·········· 생 054	광발아 씨앗············ 생 068	···················· 지 222
곤충················· 생 020	광섬유················ 에 519	그물맥·················· 생 102
곤충 이외의 벌레······ 생 030	광원(발광체)·········· 에 510	극····················· 에 545
곤충류··············· 생 187	광전지(태양전지)······· 에 599	극야···················· 생 314
곤충의 겨울나기······· 생 056	광전지의 전류와 햇빛··· 에 600	극피동물················ 생 189
곤충의 다리의 구조와 역할	광축················· 에 522	근육···················· 생 148
···················· 생 029	광합성··············· 생 109	금목서·················· 생 042
곤충의 몸의 구조······ 생 027	광화학스모그·········· 생 211	금성···················· 지 324
곤충의 입의 구조와 역할··· 생 028	괭이밥··············· 생 091	금성이 보이는 방식······ 지 327
골격················· 생 146	구더기··············· 생 026	금속·············· 물 491, 에 563
골격근··············· 생 148	구름················· 지 234	금속의 가열·············· 물 415
골반················· 생 146	구름 영상············· 지 242	금속의 부피와 온도········ 물 412
골수················· 생 148	구름과 날씨의 변화····· 지 239	금속의 연소·············· 물 491
공기 중의 수증기······ 지 233	구름의 양과 날씨······ 지 239	금속이 녹을 때 발생하는 열
공기가 데워지는 방법··· 물 418	구름의 종류··········· 지 240	···················· 물 468

677

ㄱ

금환일식	지 301
기공	생 103
기공의 열리고 닫힘	생 103
기관	생 030
기관지	생 156
기록 방법	생 018
기록온도계(자기온도계)	지 226
기문	생 030
기실	생 138
기압	지 248
기온	지 224
기온 및 지온과 태양의 높이	지 228
기온과 동물의 1년	생 058
기온과 식물의 1년	생 048
기온의 1년 동안의 변화	지 229
기온의 변화와 날씨	지 228
기온의 하루 동안의 변화	지 227
기체	물 422
기체가 녹은 용액의 특징	물 458
기체가 물에 녹는 양	물 445
기체검지관	물 484
기화	물 427
긴급지진속보	지 383
김	물 424
꺾꽂이	생 093
꺾은선그래프	지 231
꼬마전구	에 554
꼬마전구·건전지의 연결방법과 전류	에 578
꼬마전구에 불이 켜지는 연결방법	에 561
꼬마전구의 병렬연결	에 576
꼬마전구의 직렬연결	에 576
꽃가루	생 079
꽃가루관	생 089
꽃가루를 옮기는 방식	생 089
꽃가루의 역할	생 086
꽃가루주머니	생 079
꽃등에	생 050
꽃받침	생 080
꽃밥	생 079
꽃의 구조	생 078
꽃잎	생 080
꽈리	생 041
꿀벌	생 050
꿩	생 141
끓는점	물 426
끓다	물 427
끓임쪽(비등석)	물 422

ㄴ

나그네새	생 060
나란히맥	생 102
나무가스	물 489
나무의 건류	물 489
나무의 연소	물 487
나무타르	물 489
나비	생 028
나침반	지 223
나팔꽃	생 041
낙엽수	생 045
난반사	에 515
난백	생 138
난생	생 137
난소	생 131
난황	생 138
날개	생 029
남십자자리	지 275
남자와 여자의 몸	생 131
남중	지 305
남중고도	지 306
남중시각	지 307
남쪽물고기자리	지 271
남천	생 091
낮의 길이	지 306
내골격	생 189
내장근	생 148
내행성	지 326
내호흡	생 158
냉이	생 038
넙다리뼈	생 146
네발나비	생 056
네오디뮴 자석	에 540
노두	지 355
노랑쐐기나방	생 056
녹나무	생 047
녹는점	물 426
녹말(전분)	생 073
녹말(탄수화물)	생 163
녹조	생 214
농게	생 188
높층구름(고층운)	지 241
뇌조	생 057
누에	생 026
누에나방	생 023
눈	지 235
눈금실린더(메스실린더)	물 441
눈동자	생 152
눈의 구조와 역할	생 151
니크롬선	에 608

ㄷ

| 다도해 | 지 389 |
| 다리 | 생 029 |

다슬기	생 215	
다시마	생 120	
다양하게 이용되는 공기	물 407	
다양한 기체의 성질	물 504	
다이아몬드링	지 301	
다이옥신	생 213	
다지류	생 188	
단백질	생 163	
단성화	생 081	
단층	지 366	
단풍	생 044	
단풍나무	생 044	
단풍철쭉	생 044	
달	지 294	
달걀의 구조	생 138	
달의 공전	지 292	
달의 모양 변화 (달의 참과 이지러짐)	지 290	
달의 바다	지 294	
달의 자전	지 292	
달의 중력	에 665	
달의 하루 동안의 움직임	지 288	
달팽이관	생 153	
닭	생 141	
닭의장풀	생 040	
담비	생 057	
당근	생 111	
대기	지 253	
대동맥	생 176	
대류	물 418	
대류권	지 253	
대륙이동설	지 390	
대리석	지 362	
대만다람쥐	생 198	
대물렌즈	생 202	
대장	생 163	
대저울	에 655	

대정맥	생 176	
대지의 변동과 지형	지 387	
댐	지 352	
더듬이	생 028	
데네볼라	지 267	
데네브	지 269	
도꼬마리	생 090	
도라지	생 043	
도롱뇽	생 186	
도르래	에 660	
도르래의 무게	에 661	
도마뱀붙이	생 186	
도체	에 563	
도토리	생 045	
도플러 효과	에 535	
독수리성운	지 333	
독수리자리	지 269	
돋보기	생 019	
돋보기로 모은 햇빛	에 521	
돌참나무	생 045	
동맥	생 175	
동맥혈	생 175	
동물의 분류	생 182	
동물의 탄생방식	생 137	
동물플랑크톤	생 201	
동백나무	생 046	
동지	지 310	
두견새	생 051	
두루마리구름(층적운)	지 242	
두루미	생 183	
드라이아이스	물 425	
등골나물	생 043	
등골뼈	생 146	
등립상조직	지 376	
등압선	지 246	
땀	생 181	
땀샘	생 181	

때목말	생 201	
떠돌이새	생 060	
떡갈나무	생 091	
떡쑥	생 038	
떡잎	생 070	
뜸	지 252	

ㄹ

라이페이스(리파아제)	생 167	
레굴루스	지 267	
로제트 잎	생 046	
리겔	지 273	
리사이클	생 212	
리아스식해안	지 389	
리트머스종이	물 459	
림프관	생 170	

ㅁ

마가목	생 044	
마그네슘의 연소	물 492	
마그마	지 371	
마그마의 점성과 화산의 모양	지 373	
마타리	생 043	
막대그래프	지 231	
막대의 무게를 생각하는 지렛대	에 652	
만능시험지(pH시험지)	물 461	
만유인력	에 665	
만화경	에 517	
말매미	생 053	
말미잘	생 189	
말테이스(말타아제)	생 167	
맑음	지 239	
망막	생 152	

679

ㅁ

매미	생	025
매화	생	036
맥박	생	173
맨드라미	생	042
맨틀	지	386
머리뼈	생	146
머위	생	037
먹이그물	생	196
먹이를 통한 생물끼리의 관계	생	194
먹이사슬	생	194
메꽃	생	041
메뚜기	생	025
메타세쿼이아	지	364
메테인하이드레이트	에	625
메트로놈	에	636
면사포구름(권층운)	지	241
멸종위기종	생	216
명왕성	지	330
명주잠자리	생	026
모기	생	024
모노글리세리드(모노글리세라이드)	생	168
모노코드	에	530
모래	지	358
모세혈관	생	175
모종판	생	093
모터	에	589
모터가 회전하는 방법	에	590
목동자리	지	267
목련	생	036
목성	지	325
목성형 행성	지	323
목초액	물	489
몸이 움직이는 원리	생	149
무	생	039
무게	물 398, 에 665	
무게 측정 방법	물	400
무게중심	에	653
무궁화	생	040
무배유 종자	생	069
무변태	생	025
무색광물	지	377
무지개	에	520
무척추동물	생	187
문맥	생	177
물	물	466
물고기의 호흡	생	158
물관	생	099
물로켓	물	407
물방개	생	029
물벼룩	생	201
물속의 작은 생물	생	200
물의 가열	물	423
물의 변화	물	422
물의 부피와 온도	물	410
물의 성질	물	405
물의 순환	지	232
물의 작용으로 만들어진 지층	지	356
물이 데워지는 방법	물	417
물이 식을 때의 모습	물	429
물질	물	494
물질의 연소	물	480
물질이 계속해서 연소하기 위한 조건	물	481
물질이 녹는 양과 물의 양	물	443
물질이 녹는 양과 온도	물	445
물질이 물에 녹는 양	물	443
물질이 연소하기 전과 후의 공기의 변화	물	482
물체	물	494
물체가 보이는 이유	에	510
물체의 속도와 충돌	에	639
물체의 질량과 충돌	에	639
뭉게구름(적운)	지	242
미각	생	151
미국가재	생	053
미국너구리	생	198
미나리	생	038
미역	생	120
민들레	생	046
민들레 꽃의 구조	생	083
민물참게	생	215
밀도	물	402
밀도를 구하는 방법	물	402
밀도에 따른 물체의 뜸과 가라앉음	물	403
밀잠자리	생	052
밑씨	생	079

ㅂ

바늘구멍 사진기(핀홀 카메라)	에	512
바람의 작용	에	646
바람이 부는 원리	지	252
바이메탈	물	414
바이오매스	생	214
바이오매스발전	에	625
바지락	생	188
박각시나방	생	053
박새	생	051
박쥐	생	150
반고리관	생	153
반그림자	에	511
반딧불이	생	052
반려암	지	375
반비례	물	444
반사각	에	514

반사경 … 생 202	백열전구 … 에 555	볼록렌즈를 통과하는 빛의 진행 … 에 522
반사성운 … 지 333	백엽상 … 지 227	
반사의 법칙 … 에 514	백일홍나무(배롱나무) … 생 040	볼록렌즈를 통과한 꼬마전구의 빛 … 에 525
반상조직 … 지 376	백조자리 … 지 269	
반정 … 지 376	백혈구 … 생 174	봄 동물의 모습 … 생 050
받침점 … 에 648	버저 … 에 591	봄 별자리 … 지 266
받침점이 끝에 있는 지렛대 … 에 652	번데기 … 생 021	봄 식물의 모습 … 생 036
	벌 … 생 027	봄에 꽃이 피는 식물 … 생 036
발광다이오드 … 생 208, 에 569	벚꽃 … 생 036	봄에 씨앗을 뿌리는 식물 … 생 038
발생하는 수소의 부피 … 물 471	벚꽃의 구조 … 생 083	봄의 대삼각형 … 지 267
발아 … 생 066	베가 … 지 269	봄의 일곱 가지 풀 … 생 038
발아 모습 … 생 071	베네딕트 시약 … 생 165	봉선화 … 생 041
발아와 양분 … 생 073	베텔게우스 … 지 273	봉선화의 꽃가루 … 생 088
발아의 조건 … 생 066	벼 씨앗 … 생 071	봉선화의 꽃가루관 … 생 089
발열량 … 에 610	벼의 발아 … 생 068	부력 … 에 672
발열량과 전류의 크기 … 에 611	벽오동 … 생 047	부력의 평형 … 에 673
발전 … 에 595	변온동물 … 생 184	부분월식 … 지 303
발전 방법 … 에 620	별꽃 … 생 039	부분일식 … 지 301
발전과 전지 … 에 596	별의 1년 동안의 움직임 … 지 282	부정합 … 지 367
발전기 … 에 596	별의 등급 … 지 260	부착실 … 생 128
발화점 … 물 481	별의 밝기 … 지 260	부피 … 물 401
방광 … 생 181	별의 색깔과 온도 … 지 261	부피가 변하는 이유 … 물 408
방사선 … 에 623	별의 하루 동안의 움직임 … 지 276	부화 … 생 021
방산충 … 생 201	별자리 … 지 262	북극성 … 지 264
방아깨비 … 생 053	별자리의 1년 동안의 이동 변화 … 지 285	북극성 찾는 방법 … 지 265
방울벌레 … 생 054		북극여우 … 생 057
방전 … 에 580	별자리판(별자리조견) … 지 263	북두칠성 … 지 265
방출성운 … 지 333	보름달 … 지 289	북두칠성의 하루 동안의 움직임 … 지 277
배 … 생 070	보링 … 지 355	
배설 … 생 180	복사 … 물 419	분꽃 … 생 041
배수장치 … 지 344	복수초 … 생 037	분동 … 물 442
배젖 … 생 070	복숭아꽃 … 생 036	분해자 … 생 197
배추흰나비 … 생 022	복장뼈 … 생 146	분화구 … 지 294
배축 … 생 070	복합도르래의 평형 … 에 662	불꽃심 … 물 485
백목련 … 생 036	본그림자 … 에 511	불완전탈바꿈 … 생 020
백반(명반) … 물 438	볼록렌즈 … 에 522	불필요한 물질 … 생 180
백야 … 지 314	볼록렌즈로 만드는 상 … 에 523	붉은 양배추 지시약 … 물 460

붉은등거미············생 198	사막화·············생 210	새털구름(권운)·········지 240
붕산···············물 438	사방댐·············지 352	샘창자(십이지장)·······생 162
붕산수··············물 463	사슴··············생 140	샛별··············지 328
브러시·············에 589	사슴벌레············생 052	생강··············생 111
브로콜리············생 106	사암··············지 361	생물 수량의 균형·······생 196
블랙배스············생 198	사자··············생 140	생물과 공기, 물, 먹이의
블랙홀·············지 333	사자자리············지 267	관계 정리·········생 206
블록(호안 블록)········지 352	사자자리 유성군·······지 331	생물과 공기의 관계······생 204
블루길·············생 198	삭··············지 288	생물과 물의 관계·······생 205
비(비례식)···········에 659	산개성단············지 332	생물농축············생 213
비···············지 235	산당화(명자나무)·······생 036	생물다양성···········생 207
비금속·············에 563	산성··············물 462	생물량 피라미드········생 196
비늘구름(권적운)·······지 240	산성비·············생 212	생산자·············생 197
비닐선·············에 558	산소··············물 496	생장점·············생 099
비둘기·············생 150	산을 깎아 만든 도로·····지 355	서리··············지 235
비례··············물 444	산호 화석···········지 365	서모그래피···········물 416
비층구름(난층운)·······지 240	산화··············물 493	서양민들레···········생 037
비칼리아············지 364	산화물·············물 493	서향··············생 036
비파나무············생 046	살갈퀴·············생 037	석기··············지 376
빗장뼈·············생 146	삼각주·············지 350	석산(꽃무릇)··········생 042
빛에너지············에 618	삼나무·············생 117	석영··············지 377
빛의 굴절···········에 518	삼나무의 꽃가루········생 088	석탄의 건류··········물 489
빛의 반사···········에 514	삼림파괴············생 210	석회석·············물 499
빛의 직진···········에 510	삼엽충·············지 364	석회수·············물 465
뻐꾸기·············생 051	상···············에 515	석회암·············지 362
뼈···············생 146	상동기관············생 150	선상지·············지 350
뼈와 뼈의 연결 방식·····생 147	상록수·············생 045	설탕··············물 439
뿌리골무············생 099	상방치환법···········물 503	설탕물·············물 466
뿌리의 구조··········생 098	상수리나무···········생 045	섬록암·············지 375
뿌리의 역할··········생 099	상승기류············물 480	성게··············생 189
뿌리털·············생 098	상층운·············지 243	성단··············지 332
	상태변화············물 424	성운··············지 333
ㅅ	상태변화에 따른 부피와 질량의	성장의 조건··········생 075
	변화············물 430	성충··············생 021
사람··············생 150	상현달·············지 289	세균류·············생 197
사람의 생명의 탄생······생 132	새우의 유생··········생 201	세라티움············생 201
사마귀·············생 029	새의 부리와 발········생 183	세포··············생 135

세포막················생 135	솔이끼··············생 120	수증기 영상·········지 242
세포질················생 135	송곳니··············생 195	수증기가 생긴 것을 확인하는
세포호흡·············생 158	송사리 기르는 방법·····생 127	방법················물 488
소금··················물 438	송사리 알의 변화······생 128	수축················물 409
소나기구름(적란운)····지 240	송사리의 산란········생 127	수평단층············지 366
소나무···············생 090	송사리의 수컷과 암컷···생 126	순따주기············생 092
소나무 꽃의 구조·····생 085	송사리의 알··········생 185	순무················생 039
소나무의 꽃가루······생 088	송사리의 혈액 흐름 관찰·생 178	숯··················물 489
소리굽쇠·············에 528	쇠무릎···············생 090	숯의 연소············물 490
소리에너지···········에 619	수국················생 040	숯전지···············에 581
소리의 3요소·········에 529	수꽃················생 080	숲의 식물과 변천·····생 116
소리의 공명··········에 528	수달················생 216	스위치··············에 558
소리의 높이··········에 529	수력발전·············에 620	스테이지 상하식 현미경·생 202
소리의 반사··········에 527	수리부엉이···········생 061	스테이지(재물대)·····생 202
소리의 속도··········에 533	수매화···············생 088	스피카··············지 267
소리의 전달··········에 526	수분················생 086	습곡················지 366
소리의 크기(소리의 세기)	수산화나트륨 수용액···물 465	습도················지 236
·····················에 531	수산화나트륨 수용액과 금속	습도표··············지 237
소리의 파동··········에 527	·····················물 470	승화················물 428
소리의 흡수··········에 528	수산화칼슘 수용액····물 465	시각················생 151
소비자···············생 197	수상치환법···········생 503	시리우스············지 273
소장·················생 163	수선화···············생 037	시상화석············지 363
소장의 구조··········생 169	수성················지 323	시신경··············생 152
소켓·················에 559	수세미 꽃의 구조·····생 080	시온잉크············물 418
소행성···············지 330	수세미의 1년········생 048	시온테이프··········물 417
소화·················생 161	수세미의 꽃가루······생 088	시차················지 308
소화관···············생 161	수소················물 500	시도················생 162
소화기관·············생 161	수술················생 079	식물의 기체의 출입···생 113
소화된 영양분의 흡수··생 169	수압················에 671	식물의 물이 통과하는 길·생 104
소화액···············생 164	수염뿌리············생 098	식물의 분류·········생 117
소화효소·············생 166	수온 재는 방법·······생 019	식물의 양분·········생 107
속도·················에 534	수은················물 403	식물의 잎이 줄기에 달려 있는
속불꽃···············물 485	수정(동물)···········생 127	방식과 햇빛·········생 112
속씨식물·············생 117	수정(식물)···········생 089	식물의 호흡·········생 113
손난로···············물 494	수정란··············생 128	식물플랑크톤········생 201
손발전기·············에 597	수정체··············생 152	식염수··············물 466
솔귀뚜라미···········생 054	수증기··············물 424	식초················물 464

683

식혀서 결정을 추출한다······물 449
신기루·····································에 520
신생대·····································지 364
실상·······································에 524
실험용 가스레인지····················물 413
실험용 지렛대··························에 649
심근·······································생 148
심방·······································생 172
심성암····································지 375
심실·······································생 172
심장·······································생 172
심장박동································생 172
싸리·······································생 043
쌍둥이자리·····························지 274
쌍둥이자리 유성군·················지 331
쌍떡잎식물······························생 118
쌍안실체현미경······················생 129
쏠개(담낭)······························생 162
쏠개즙(담즙)··························생 166
씨감자····································생 092
씨껍질····································생 070
씨방·······································생 078
씨앗·······································생 066
씨앗을 만들지 않는 식물······생 119
씨앗을 옮기는 방식················생 090
씨앗의 구조···························생 069

ㅇ

아가미····································생 159
아가미호흡·····························생 159
아라크노이디스쿠스···············생 201
아르크투루스·························지 267
아미노산································생 168
아밀레이스(아밀라아제)
···생 166
아이오딘 녹말 반응················생 074

아이오딘-아이오딘화칼륨 용액
···생 073
아킬레스건·····························생 148
안갖춘꽃································생 082
안개·······································지 235
안개구름(층운)······················지 241
안드로메다자리······················지 271
안산암····································지 374
안타레스································지 269
알···생 021
알끈·······································생 138
알니코 자석···························에 541
알데바란································지 274
알마 망원경···························지 335
알에서 태어나는 동물···········생 137
알주머니································생 056
알코올램프·····························물 414
알타이르································지 269
암꽃·······································생 080
암모나이트·····························지 364
암모니아································물 500
암모니아수·····························물 465
암발아 씨앗···························생 068
암술·······································생 078
암술머리································생 078
암흑성운································지 333
압력·······································에 670
앞니·······································생 195
애기동백나무·························생 046
애매미····································생 053
애벌레(유충)··························생 021
액상화현상·····························지 383
액체·······································물 422
액체의 부피와 온도················물 411
액화·······································물 428
약모밀····································생 041
약포지····································물 442

양달과 응달···························지 223
양떼구름(고적운)··················지 241
양미역취································생 042
양분을 저장하는 곳················생 111
양상추 꽃·····························생 068
양서류····································생 182
양성화····································생 081
양수·······································생 132
양지나무································생 114
양지식물································생 114
양치식물································생 119
양파·······································생 106
어금니····································생 195
어깨뼈····································생 146
어류·······································생 182
어린뿌리································생 070
어린잎····································생 070
얼룩말····································생 196
얼음을 가열했을 때의 모습
···물 429
엉겅퀴····································생 040
에나멜선································에 558
에너지····································에 618
여과·······································물 453
여과액····································물 453
여름 동물의 모습··················생 052
여름 별자리···························지 268
여름 식물의 모습··················생 040
여름새····································생 060
여름에 꽃이 피는 식물··········생 040
여름의 대삼각형····················지 269
여치·······································생 054
역단층····································지 366
역암·······································지 360
연골(물렁뼈)························생 147
연꽃(연근)·····························생 111
연료전지································에 601

연소 … 물 494	옥수수 … 생 105	요산 … 생 180
연어의 알 … 생 137	옥수수 꽃의 구조 … 생 085	용수철 … 에 666
연어의 일생 … 생 130	옥수수 씨앗 … 생 071	용수철의 늘어난 길이 … 에 666
연주운동 … 지 284	옥수수의 꽃가루 … 생 088	용수철의 연결방법과 용수철의
연체동물 … 생 188	옥수수의 발아 모습 … 생 072	늘어난 길이 … 에 667
열과 온도 … 물 421	옥시던트 … 생 211	용수철의 힘의 평형 … 에 668
열기구 … 물 419	온난전선 … 지 250	용암 … 지 372
열대야 … 지 230	온대저기압 … 지 249	용액 … 물 436
열대저기압 … 지 255	온도계 … 지 224, 물 411	용액과 금속 … 물 468
열량 … 물 421	온도계 사용방법 … 지 225	용액에 녹아 있는 물질 … 물 458
열매와 씨앗이 생기는 구조	온도에 따른 물질의 상태변화	용액의 농도 … 물 455
… 생 089	… 물 426	용액의 농도를 묽게 하는 방법
열섬 현상 … 지 230	온실효과 … 생 210	… 물 456
열쇠층 … 지 368	온실효과가스 … 생 210	용액의 농도와 질량의 관계
열에너지 … 에 619	올빼미 … 생 061	… 물 456
열의 이동 … 물 421	올챙이 … 생 051	용액의 부피 … 물 440
열점(핫스폿) … 지 387	옮겨심기 … 생 092	용액의 분류 … 물 459
염 … 물 472	옴의 법칙 … 에 608	용액의 종류 … 물 437
염기성 … 물 464	완두콩 … 생 106	용액의 질량 … 물 440
염산 … 물 463	완전중화 … 물 474	용해도 … 물 446
염산과 금속 … 물 469	완전중화 할 때의 부피	용해도 곡선 … 물 446
염색체 … 생 135	… 물 475	용해도 곡선과 추출되는
염소 … 물 502	완전탈바꿈 … 생 020	결정의 양 … 물 450
염화수소 … 물 502	왕거미 … 생 187	우산이끼 … 생 120
엽록체 … 생 103	왕귀뚜라미 … 생 054	우엉 … 생 111
영구자석 … 에 540	왕벚나무 … 생 039	우화 … 생 021
영원 … 생 186	왕사마귀 … 생 050	운동에너지 … 에 619
영원의 알 … 생 185	왕새우 … 생 188	운반 … 지 346
오른나사의 법칙 … 에 592	왕잠자리 … 생 052	운석 … 지 330
오리온자리 … 지 273	왜행성 … 지 331	움직도르래 … 에 661
오실로스코프 … 에 530	외골격 … 생 189	원뿌리 … 생 098
오존층 … 생 212	외떡잎식물 … 생 118	원자 … 에 564
오존홀 … 생 212	외래종 … 생 198	원자력발전 … 에 622
오줌 … 생 181	외이도 … 생 153	월령 … 지 292
오줌관(요관) … 생 180	외행성 … 지 326	월식 … 지 302
오징어 … 생 189	외호흡 … 생 158	위 … 생 162
오차 … 에 632	왼돌이물달팽이 … 생 215	위도 … 지 309

위선	지 309	
위성	지 262	
위액	생 166	
위장	생 031	
위치에너지	에 619	
윗접시저울	물 441	
유글레나	생 200	
유도전류	에 605	
유리체	생 152	
유문암	지 374	
유배유 종자	생 069	
유색광물	지 377	
유성	지 331	
유수지	지 352	
유전	생 135	
유전자	생 136	
유지매미	생 053	
유채꽃	생 037	
유황산화물	생 211	
육식동물	생 195	
육풍	지 252	
융기	지 388	
융털(융털돌기)	생 169	
융해	물 427	
은목서	생 042	
은하	지 333	
은하계(우리은하)	지 332	
은하수	지 332	
은행나무	생 044	
음색	에 531	
음원(발음체)	에 526	
음지나무	생 114	
음지식물	생 114	
응결(결로)	지 233	
응고	물 427	
응회암	지 362	
이끼식물	생 120	
이동	생 060	
이산화망가니즈	물 497	
이산화탄소	물 498	
이산화탄소가 생긴 것을 확인하는 방법	물 488	
이산화황	물 502	
이슬점	지 236	
이암	지 361	
이자(췌장)	생 162	
이자액(췌액)	생 166	
인간의 생활과 공기	생 208	
인간의 생활과 물	생 208	
인간의 생활과 음식	생 209	
인공수분	생 087	
인공위성	지 334	
인공지능(AI)	에 616	
인대	생 147	
인터넷	에 616	
일기기호	지 246	
일기도	지 246	
일기도 기호	지 246	
일몰	지 305	
일식	지 300	
일일초	생 041	
일주운동	지 279	
일출	지 305	
입	생 028	
입사각	에 514	
잎 내부의 구조	생 102	
잎맥	생 101	
잎몸	생 101	
잎에 생긴 녹말을 확인하는 방법	생 108	
잎에 생긴 양분의 이동	생 111	
잎의 구조	생 101	
잎의 역할	생 103	
잎자루	생 101	

ㅈ

자가수분	생 087	
자갈	지 358	
자궁	생 132	
자귀나무	생 040	
자극	생 151	
자기력	에 544	
자기력선	에 548	
자기장	에 548	
자기장의 방향	에 548	
자나방	생 031	
자벌레	생 031	
자석	에 540	
자석 만드는 방법	에 547	
자석에 붙는 것	에 543	
자석에 붙은 쇠못의 극	에 547	
자석을 붙였을 때의 극	에 547	
자석을 잘랐을 때의 극	에 546	
자석의 극의 성질	에 546	
자석의 이용	에 542	
자연 속의 물	지 233	
자외선	생 212	
자운영	생 037	
자작나무	생 044	
자전	지 279	
자전축	지 279	
자주괭이대나물	생 037	
자철석	에 541	
자포동물	생 189	
작용·반작용	에 669	
작용점	에 648	
작은개자리	지 274	
작은곰자리	지 264	
잠자리	생 025	
잡식동물	생 196	
장구벌레	생 026	

장기 ········· 생 177	전압 ········· 에 574	제방 ········· 지 352
장마전선 ········· 지 251	전압계 ········· 에 575	제비 ········· 생 051
장석 ········· 지 377	전열선 ········· 에 606	제비꽃 ········· 생 091
장수풍뎅이 ········· 생 023	전열선과 발열 ········· 에 607	제비의 1년 ········· 생 059
장액 ········· 생 166	전열선의 굵기(단면적)와 전류	조류(동물) ········· 생 183
장지뱀의 알 ········· 생 185	········· 에 609	조류(식물) ········· 생 120
재결정 ········· 물 451	전열선의 길이와 전류 ········· 에 609	조매화 ········· 생 088
재생 가능한 에너지 ········· 에 625	전열선의 병렬연결과 발열량	조연성 ········· 물 497
저기압 ········· 지 248	········· 에 612	조절나사 ········· 생 202
저녁매미 ········· 생 053	전열선의 직렬연결과 발열량	조팝나무 ········· 생 036
적도 ········· 지 309	········· 에 612	졸참나무 ········· 생 045
적외선 영상 ········· 지 242	전원장치 ········· 에 587	좀(좀벌레) ········· 생 025
적조 ········· 생 214	전자 ········· 에 564	종가시나무 ········· 생 045
적혈구 ········· 생 174	전자기유도 ········· 에 605	종달새 ········· 생 051
전갈자리 ········· 지 269	전자석 ········· 에 582	종달새의 알 ········· 생 185
전갈자리의 하루 동안의 움직임	전자석을 만드는 방법 ········· 에 583	종벌레 ········· 생 201
········· 지 278	전자석의 극 ········· 에 584	종자식물 ········· 생 117
전기가 통하는 것, 통하지 않는 것	전자석의 극을 구별하는 방법	주머니나방(노롱이나방)
········· 에 562	········· 에 585	········· 생 056
전기에너지 ········· 에 618	전자석의 세기와 전류의 크기	주상해분(트로프) ········· 지 387
전기의 전환과 이용 ········· 에 614	········· 에 585	주요동 ········· 지 380
전기자동차 ········· 생 208	전자석의 세기와 코일을	줄기세포 ········· 생 136
전기저항(저항) ········· 에 608	감은 횟수 ········· 에 586	줄기의 구조 ········· 생 099
전도(열전도) ········· 물 416	전자오르골 ········· 에 569	줄기의 역할 ········· 생 100
전력 ········· 에 615	전자저울 ········· 물 400	중력 ········· 에 665
전력량 ········· 에 615	절대등급 ········· 지 261	중생대 ········· 지 364
전류 ········· 에 565	절연체(부도체) ········· 에 563	중성 ········· 물 466
전류계 ········· 에 587	절지동물 ········· 생 187	중성 수용액 ········· 물 466
전류에 의한 발열 ········· 에 606	점광원 ········· 에 510	중성 수용액과 금속 ········· 물 471
전류의 단위 ········· 에 565	접안렌즈 ········· 생 202	중층운 ········· 지 243
전류의 크기와 나침반의 움직임	정단층 ········· 지 366	중화 ········· 물 472
········· 에 593	정류자 ········· 에 589	중화 반응으로 만들어진 물질
전반사 ········· 에 519	정맥 ········· 생 175	········· 물 472
전선 ········· 에 558	정맥혈 ········· 생 175	중화와 열 ········· 물 473
전선 ········· 지 249	정소 ········· 생 131	증류 ········· 물 431
전선 주위의 자기장 ········· 에 592	정체전선 ········· 지 251	증류수 ········· 물 431
전선면 ········· 지 249	정합 ········· 지 367	증발 ········· 물 427

687

증산작용················생 104	지질시대·················지 365	**ㅊ**
지각······················지 386	지질주상도···············지 368	
지구······················지 324	지층······················지 354	참매미···················생 053
지구상의 방위···········지 286	지층의 변형··············지 366	참새······················생 183
지구상의 시각···········지 286	지층의 역전··············지 366	참수리···················생 183
지구상의 위치···········지 309	지평선···················지 280	참억새···················생 043
지구온난화··············생 209	지표면의 기울기에 따른	채소······················생 106
지구의 공전··············지 284	물의 흐름···············지 342	채송화···················생 041
지구의 내부 구조········지 386	지표면의 온도(지온)····지 223	채층······················지 296
지구의 자석··············에 546	진공······················에 527	책상조직·················생 102
지구의 자전··············지 279	진달래꽃의 구조·········생 084	처녀자리·················지 267
지구형 행성··············지 323	진도······················지 381	처트······················지 362
지네······················생 030	진동······················에 526	척추동물·················생 182
지동설···················지 287	진동수···················에 530	척추동물의 골격········생 150
지렁이···················생 189	진딧물···················생 199	척추동물의 분류········생 185
지렛대···················에 648	진앙······················지 379	척추동물의 심장 구조
지렛대를 기울게 하는 작용	진원······················지 379	·······················생 179
(모멘트)···············에 650	진자······················에 630	천구······················지 280
지렛대를 이용한 도구····에 656	진자 추의 힘·············에 640	천구의 남극·············지 280
지렛대의 받침점이 받는 힘	진자가 1회 왕복하는 시간	천구의 북극·············지 280
························에 654	(주기)···················에 631	천구의 적도·············지 280
지렛대의 작용···········에 649	진자가 1회 왕복하는 시간을	천동설···················지 287
지렛대의 종류···········에 648	구하는 방법············에 632	천막벌레나방············생 056
지렛대의 평형···········에 651	진자시계·················에 636	천왕성···················지 325
지방······················생 163	진자의 길이가 변하는 진자	천적······················생 199
지방산···················생 168	························에 633	천정······················지 280
지시약···················물 459	진자의 속도··············에 633	천체······················지 260
지시저울·················물 400	진폭······················에 531	천칭(양팔저울)··········에 654
지열발전·················에 624	진흙······················지 358	철가루···················에 541
지진······················지 379	질경이···················생 041	철솜······················물 492
지진계···················지 379	질량······················에 665	철써기···················생 054
지진에 따른 대지의 변화	질산칼륨 결정···········물 451	철의 연소················물 492
························지 382	질소······················물 499	첫울음···················생 134
지진의 흔들림이 전달되는 방식	질소산화물··············생 211	청각······················생 151
························지 380	집중호우·················지 255	청동오리·················생 055
지진이 일어나는 원리····지 381	집파리···················생 028	청솔귀뚜라미············생 054
지진해일·················지 382	짚신벌레·················생 201	청신경···················생 153

체관	생	099
체내수정	생	138
체순환	생	176
체외수정	생	138
초기미동	지	380
초기미동 계속시간	지	381
초록벌레	생	026
초승달	지	288
초식동물	생	195
초음파	생	532
초의 연소	물	486
초점	에	522
초점거리	에	522
촉각	생	151
촉매	물	497
촛불	물	485
최고온도계	지	226
최저온도계	지	226
추분	지	310
축바퀴	에	657
축바퀴 줄의 움직임	에	658
축바퀴의 이용	에	658
축바퀴의 평형	에	657
축전지	에	580
춘분	지	310
충돌	에	638
충매화	생	088
충전식 전지	에	580
치자나무	생	040
칠성무당벌레	생	024
칠엽수	생	047
칡	생	043
침	생	164
침강	지	388
침식	지	346
침의 작용을 알아보는 실험	생	165

ㅋ

카스토르	지	274
카시오페이아자리	지	265
컴퓨터	에	616
케토세로스	생	201
코로나	지	297
코스모스	생	042
코의 구조와 역할	생	154
코일	에	582
코일 모터	에	591
코일 주위의 자기장	에	594
코페르니쿠스	지	287
콘덴서	에	602
콘덴서의 구조	에	603
콜리플라워	생	106
콩팥 (신장)	생	180
쾌청	지	239
큰개불알풀	생	037
큰개자리	지	274
큰고니	생	055
큰곰자리	지	265
큰달맞이꽃	생	041
클로스테리움	생	201
클립	생	202

ㅌ

타가수분	생	087
탄산수	물	463
탄산수소나트륨 수용액	물	465
탄소의 순환	생	204
탄수화물	생	163
탈피	생	021
태반	생	133
태백성	지	328
태생	생	139
태아	생	132
태아의 성장	생	133
태양	지	295
태양계	지	322
태양계 바깥천체	지	331
태양계 소천체	지	331
태양고도	지	305
태양광발전	생 208, 에	624
태양력	지	317
태양의 1년 동안의 움직임	지	310
태양의 높이와 지표면이 따뜻해지는 원리	지	229
태양의 하루 동안의 움직임	지	222
태음력	지	317
태풍	지	254
탯줄	생	132
터빈 (날개바퀴)	에	621
턱잎	생	101
털매미	생	053
털보말벌	생	052
털진득찰	생	090
텃새	생	060
토끼풀	생	037
토란	생	111
토석류	지	351
토성	지	325
톡토기	생	025
통꽃 (합판화)	생	084
통꽃류	생	119
퇴적	지	347
퇴적암	지	360
투명반구	지	304
튤립	생	037
트립신	생	167

ㅍ

파력발전……………………에 624
파리………………………생 029
파충류……………………생 183
패랭이꽃…………………생 043
팬지………………………생 037
팽나무……………………생 044
팽창………………………물 409
팽창률……………………물 412
페가수스자리……………지 271
페놀프탈레인 용액………물 461
페라이트 자석……………에 540
페르세우스자리 유성군…지 331
펩신………………………생 167
펩티데이스(펩티다아제)
　……………………………생 168
편서풍……………………지 253
평행광선(광선)…………에 511
폐…………………………생 156
폐동맥……………………생 176
폐색전선…………………지 251
폐순환……………………생 176
폐정맥……………………생 176
폐포(허파꽈리)…………생 156
폐호흡……………………생 156
포도당……………………생 168
포말하우트………………지 271
포유류……………………생 184
포합………………………생 147
포화………………………물 445
포화수증기량……………지 236
포화용액…………………물 446
폭염………………………지 230
폴룩스……………………지 274
표준시……………………지 308
표준화석…………………지 364
표피………………………생 102
푸드 마일리지……………생 209
푸줄리나…………………지 364
풀무치……………………생 027
풍년화……………………생 036
풍력………………………지 247
풍력발전………………생 208, 에 624
풍매화……………………생 088
풍속………………………지 247
풍이………………………생 052
풍차………………………에 646
풍향………………………지 247
풍화………………………지 358
프레온가스………………생 212
프레파라트(현미경 표본)
　……………………………생 202
프로그램…………………에 616
프로미넌스(홍염)………지 296
프로키온…………………지 273
프리즘……………………에 519
프톨레마이오스…………지 287
플라스틱 자석……………에 541
플랑크톤…………………생 200
플레이아데스성단………지 274
플레이트(판)……………지 382
피부의 구조와 역할………생 154
피부호흡…………………생 159
필라멘트…………………에 554

ㅎ

하방치환법………………물 503
하안단구…………………지 389
하적호……………………지 351
하지………………………지 310
하층운……………………지 243
하현달……………………지 289
한랭전선…………………지 250
합선………………………에 560
항문………………………생 163
항성………………………지 261
항온동물…………………생 184
해구………………………지 387
해면조직…………………생 102
해바라기…………………생 041
해바라기 씨앗……………생 071
해바라기의 꽃가루………생 088
해부방법…………………생 171
해부현미경………………생 129
해시계……………………지 223
해안단구…………………지 388
해왕성……………………지 326
해일………………………지 255
해저드맵…………………지 383
해저산맥…………………지 387
해캄………………………생 201
해풍………………………지 252
핵(세포)…………………생 135
핵(코어)…………………지 386
핵분열……………………에 623
햇빛………………………지 222
햇빛의 나아감……………에 510
햇빛의 세기와 광합성·호흡
　……………………………생 114
행성………………………지 262
행성상성운………………지 333
행성이 보이는 방식………지 326
허블 우주망원경…………지 335
허상………………………에 523
헤모글로빈………………생 174
혀의 구조와 역할…………생 154
현무암……………………지 374
현미경……………………생 202
혈관………………………생 174

혈소판	생 174	환경호르몬(내분비 교란물질)	
혈액	생 173		생 213
혈액순환	생 176	환형동물	생 189
혈장	생 174	활단층	지 367
협죽도	생 040	황도	지 316
형성층	생 100	황산구리	물 439
혜성	지 330	황소자리	지 274
호랑가시나무	생 042	황엽	생 044
호랑나비	생 023	황화수소	물 502
호흡	생 155	회로	에 560
호흡운동	생 157	회로도	에 566
홀씨(포자)	생 120	회전판	생 202
홀씨주머니(포자낭)	생 120	후각	생 151
홍채	생 152	휘석	지 377
홑눈	생 028	휘파람새	생 051
화강암	지 375	흐르는 물의 작용	지 346
화력발전	에 621	흐림	생 239
화산	지 371	흑두무미	생 055
화산·지진과 플레이트의 움직임		흑운모	지 377
	지 384	흑점	지 296
화산가스	지 372	흙 알갱이 크기와 물 빠짐의 원리	
화산암	지 374		지 342
화산의 작용으로 만들어진 지층		흡수된 영양분의 이동	생 170
	지 359	흰눈썹뜸부기	생 207
화산자갈	지 372	흰뺨검둥오리	생 183
화산재	지 359	힘	에 664
화산탄	지 372	힘을 나타내는 방법	에 664
화산활동에 따른 대지의 변화		힘의 평형	에 669
	지 378	힘점	에 648
화석	지 363		
화석연료	생 210, 에 622		
화성	지 324		
화성암	지 374		
화쇄류	지 378		
화초의 겨울나기	생 046		
화학에너지	에 619		
환경문제	생 209		

생 136	
LED	에 569
N극과 S극	에 545
pH	물 462
pH측정기	물 461
P파	지 380
S파	지 380
V자 계곡	지 349

기타

24절기	지 317
3대 영양소	생 163
BTB 용액(BTB액)	물 461
DNA	생 136
iPS세포(유도만능줄기세포)	

초등과학백과

초판 1쇄 펴낸날 2021년 3월 17일
초판 12쇄 펴낸날 2025년 8월 8일
지은이 Gakken Plus
옮긴이 이보형·김종완·이현종
펴낸이 한성봉
편집 안상준
콘텐츠제작 안상준
디자인 최세정
마케팅 오주형·박민지·이예지
경영지원 국지연·송인경
펴낸곳 동아시아사이언스
등록 2020년 2월 7일 제2020-000028호
주소 서울시 중구 필동로8길 73 [예장동 1-42] 동아시아빌딩
전자우편 easkids@daum.net
전화 02) 757-9724, 5
팩스 02) 757-9726
ISBN 979-11-970475-7-2 73400

※ 동아시아사이언스는 동아시아 출판사의 어린이·청소년 브랜드입니다.
※ 잘못된 책은 구입하신 서점에서 바꿔드립니다.

만든 사람들
편집 안상준
디자인 최세정